Speth
Waltermann
Hartmann
Härter
Hug
Kaier

Betriebswirtschaftslehre mit Rechnungswesen für das Wirtschaftsgymnasium

Band 1

Speth
Waltermann
Hartmann
Härter
Hug
Kaier

Betriebswirtschaftslehre mit Rechnungswesen für das Wirtschaftsgymnasium

Band 1

Merkur
Verlag Rinteln

Wirtschaftswissenschaftliche Bücherei für Schule und Praxis
Begründet von Handelsschul-Direktor Dipl.-Hdl. Friedrich Hutkap †

Verfasser:

Dr. Hermann Speth, Dipl.-Hdl., Wangen im Allgäu

Aloys Waltermann, Dipl.-Kfm. Dipl.-Hdl., Fröndenberg

Gernot Hartmann, Dipl.-Hdl., Emmendingen

Friedrich Härter, Dipl.-Volkswirt, Sexau

Hartmut Hug, Dipl.-Hdl., Argenbühl

Alfons Kaier, Dipl.-Hdl., Überlingen

* * * * *

12. Auflage 2015

Gesamtherstellung:
MERKUR VERLAG RINTELN Hutkap GmbH & Co. KG, 31735 Rinteln

E-Mail: info@merkur-verlag.de
lehrer-service@merkur-verlag.de

Internet: www.merkur-verlag.de

ISBN 978-3-8120-**0497-8**

Vorwort

In den Lehrplänen aller Bundesländer für das Wirtschaftsgymnasium gibt es das Fach Betriebswirtschaftslehre mit Rechnungswesen bzw. Wirtschaft. Unabhängig von den verschiedenen Lehrplänen der einzelnen Bundesländer soll den darzustellenden Lehr- und Lerninhalten für dieses Fach eine Konzeption zugrunde gelegt werden, die eine möglichst weitgehende Akzeptanz erwarten lässt. Dafür sind zwei Bände vorgesehen.

Auf folgende Besonderheiten soll hingewiesen werden:

- Die vorliegende Neuauflage berücksichtigt in besonderer Weise die aktuellen Lehrpläne für das Fach Wirtschaft (Einführungsphase) in Thüringen, für das Fach Betriebswirtschaftslehre mit Rechnungswesen und Controlling in Schleswig-Holstein (Kernbereiche 1 bis 4) und für das Fach Betriebswirtschaft (Vorstufe) in Hamburg.
- Der Lernbereich 2 „Einführung in das betriebliche Rechnungswesen" vermittelt die Grundkenntnisse, die für die Erstellung eines einfachen Jahresabschlusses erforderlich sind. Weiterführende Buchungsfälle werden bei den betriebswirtschaftlichen Stoffgebieten behandelt, bei denen sie angesiedelt sind. Dem Schüler wird damit verdeutlicht, dass das Rechnungswesen ein Abbild betriebswirtschaftlicher Abläufe darstellt.
- Alle Probleme werden in dem Dreischritt: Beispiel, Aufgabenstellung und Lösung bearbeitet und bieten die Möglichkeit für einen interaktiven Lernprozess.
- Als zusätzliche Vertiefung dienen neben zahlreichen Aufgabenstellungen besonders hervorgehobene Merksätze und Zusammenfassungen. Die Merksätze und Zusammenfassungen dienen den Lernenden zu problemlosen Wiederholungen im Schnelldurchlauf.
- Die Aufgabenstellungen in Form von Fragen, Fallstudien, Entscheidungsbewertungstabellen, Planspielen und Rollenspielen eröffnen dem Lehrer einen weiten pädagogischen Spielraum.
- Zahlreiche Abbildungen, Schaubilder, Beispiele, Begriffsschemata, Gegenüberstellungen und Zusammenfassungen erhöhen die Anschaulichkeit und Einprägsamkeit der Informationen.
- Fachwörter, Fachbegriffe und Fremdwörter werden grundsätzlich im Text oder in Fußnoten erklärt.
- Bei den Buchungen im Lernbereich 2 wurden bei den Einführungsbeispielen einheitlich die folgenden Farben gewählt: Aktivkonten: grün, Passivkonten: rot, Aufwandskonten: violett und Ertragskonten: blau. Ab Kapitel 9 halten wir die konsequente Farbzuordnung nicht mehr für erforderlich. Daher dienen die Farben danach nur noch als Hervorhebung der Unterschiede.
- Ein ausführliches Stichwortverzeichnis hilft Ihnen dabei, Begriffe und Erläuterungen schnell aufzufinden.

Wir wünschen uns eine gute Zusammenarbeit mit allen Benutzern dieses Buchs und sind für jede Art von Anregungen und Verbesserungsvorschlägen im Voraus dankbar.

Die Verfasser

Inhaltsverzeichnis

Lernbereich 1: Unternehmen in ihrer grundlegenden Struktur

Lernbereich 2: Einführung in das betriebliche Rechnungswesen

Lernbereich 3: Rechtsordnung als Rahmenbedingung für unternehmerische Entscheidungsprozesse

Lernbereich 4: Rechtsform der Unternehmung als Rahmenbedingung für unternehmerische Entscheidungsprozesse

Lernbereich 5: Materialbeschaffungsprozesse

Lernbereich 6: Leistungserstellungsprozesse

Lernbereich 1: Unternehmen in ihrer grundlegenden Struktur

1 Unternehmen im gesamtwirtschaftlichen Gefüge

1.1 Begriffe Betriebswirtschaftslehre und Unternehmen

(1) Begriff Betriebswirtschaftslehre

Die **Betriebswirtschaftslehre** hat zwei Schwerpunkte. Zum einen möchte sie die **betrieblichen Abläufe im Unternehmen erklären** und **Empfehlungen für unternehmerisches Handeln** entwickeln. Zum anderen untersucht sie die **Beziehungen zwischen dem Unternehmen und anderen Wirtschaftseinheiten** (z. B. private Haushalte, Banken, Staat), denn unternehmerisches Handeln muss sich an den rechtlichen und gesellschaftlichen Vorgaben ausrichten.

(2) Begriff Unternehmen

Unternehmen beziehen in aller Regel eine Reihe von Vorleistungen (Werkstoffe, Maschinen, Strom, Wasser, Erfindungen, Dienstleistungen). Durch den **Einsatz der eigenen Leistung** verändert das Unternehmen die übernommenen Vorleistungen und schafft **neue Sachgüter** (z. B. Lebensmittel, Kleidung, Fahrzeuge) oder **Dienstleistungen** (z. B. Transporte, Beratung durch einen Rechtsanwalt).

Ein **Unternehmen**[1] ist eine planvoll organisierte Wirtschaftseinheit, in der Sachgüter und Dienstleistungen beschafft, erstellt und verkauft werden.

1.2 Betrieblicher Leistungsprozess am Beispiel des Industriebetriebs

(1) Begriff Industriebetrieb

Im **Industriebetrieb** verbinden sich

- **soziale Elemente (Menschen)** mit
- **technischen Elementen (Anlagen)** und
- **Werkstoffen**, um
- auf **ingenieurwissenschaftlicher Grundlage**
- **Sachgüter** mit dazugehörigen **Dienstleistungen**

zu schaffen.

Durch den Verkauf der Sachgüter soll ein **Erfolg** erzielt werden.

1 Die Begriffe Unternehmung und Betrieb werden hier aus Vereinfachungsgründen gleichbedeutend (synonym) verwendet.

(2) Modell eines industriellen Sachleistungsprozesses

Beispiel:

Angenommen, eine Möbelfabrik stellt lediglich Labormöbel her.

Zu beschaffen sind (neben den bereits vorhandenen bebauten und unbebauten Grundstücken, Maschinen, Fördereinrichtungen und der Betriebs- und Geschäftsausstattung):

- **Rohstoffe:** Holz, Spanplatten, Kunststofffurniere;
- **Vorprodukte** (Fertigteile, Fremdbauteile): Scharniere, Schlösser;
- **Hilfsstoffe:** Lacke, Farben, Schrauben, Muttern, Nägel;
- **Betriebsstoffe:** Schmiermittel, Reinigungsmittel.

Außerdem sind die erforderlichen Mitarbeiter, sowie die notwendigen Geldmittel, die zum Teil aus Erlösen (dem Umsatz), zum Teil aus Krediten und Beteiligungen bestehen, bereitzustellen.

Die Fertigerzeugnisse werden anschließend geprüft und bis zur Auslieferung in das Fertigerzeugnislager genommen.

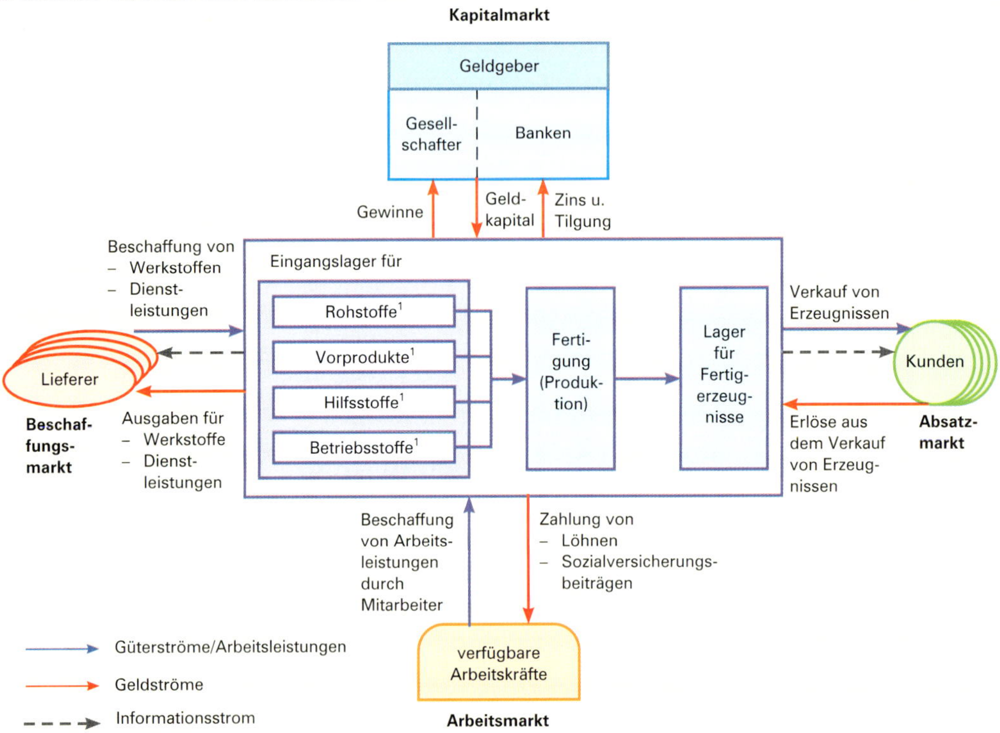

(3) Erläuterungen zu den Hauptfunktionen eines Industriebetriebs

Beschaffung	Als Beschaffung bezeichnet man alle Tätigkeiten, die darauf abzielen, die Güter und Dienstleistungen zu erwerben, die notwendig sind, um eine reibungslose Produktion zu garantieren. In der Regel werden die bezogenen Materialien anschließend gelagert.

1 Vgl. hierzu S. 19.

Leistungserstellung	Gegenstand der Leistungserstellung ist zunächst die zielgerichtete Planung des Leistungserstellungsprozesses. Es ist z. B. zu entscheiden, in welchen Qualitäten und Mengen die Erzeugnisse hergestellt werden sollen. Außerdem ist über die Planung, Lenkung, Durchführung und Kontrolle der Fertigung sowie der anschließenden Lagerung der fertiggestellten Erzeugnisse zu entscheiden.
Absatz	Der Absatz beinhaltet den Verkauf der Sachgüter und Dienstleistungen und ermöglicht durch den Rückfluss der eingesetzten Geldmittel die Fortsetzung (Finanzierung) der Beschaffung, der Leistungserstellung und des Absatzes.
Finanzierung	Die Finanzierung hat die Aufgabe, die zur Durchführung der erforderlichen Zahlungen notwendigen finanziellen Mittel in Form von Eigen- oder Fremdkapital zu beschaffen.

1.3 Abhängigkeit des Industrieunternehmens von den Beschaffungs- und Absatzmärkten durch Güter-, Geld- und Informationsströme

(1) Grundüberlegungen

Durch den Verkauf der hergestellten Güter oder erbrachten Dienstleistungen erhält das Unternehmen einen Geldwert (Einnahmen), den es dazu nutzt, alle anfallenden Ausgaben sowie die Investitionsgüter zu finanzieren. Dem **Güterstrom** steht damit – in entgegengesetzter Richtung – ein **Geldstrom** (Wertestrom) gegenüber.

- Jedem **Zugang an Gütern oder Dienstleistungen** steht ein **Abgang an Geldmitteln** an die Vorstufe gegenüber.
- Jedem **Abgang an Gütern oder Dienstleistungen** steht ein **Zugang an Geldmitteln** aus der Nachstufe gegenüber.

Damit der Güter- und Geldstrom in Gang kommt bzw. aufrechterhalten wird, muss das Unternehmen die geeigneten Lieferer auswählen und die möglichen (potenziellen) Kunden finden. Hierzu ist ein **Informationsstrom** erforderlich, der von den Kunden, als den Abnehmern der Leistungen, ausgeht und über das eigene Unternehmen bis zu den Lieferanten reicht.

(2) Informationsstrom, Güterstrom, Geldstrom

Informations-strom	Der Industriebetrieb bietet seine Sachgüter und Dienstleistungen am Markt an. Er erhält daraufhin Anfragen, gibt Angebote ab und erhält so Aufträge. Damit entsteht ein Informationsstrom vom Kunden über den eigenen Betrieb bis zum Lieferanten. Der Auftrag muss bearbeitet werden. Geht man von der Annahme aus, dass das Unternehmen nur aufgrund eines Kundenauftrags fertigt, dann müssen die Produktionsabläufe nach Eingang des Kundenauftrags geplant und gesteuert werden. Hierfür ist der Bezug von Gütern und/oder Dienstleistungen notwendig, welche beim Lieferer bestellt werden müssen.

2 Speth u.a. - ISBN 978-3-8120-0497-8

Güterstrom	Die Lieferung der bestellten Werkstoffe löst einen Güterstrom vom Lieferer zum Kunden aus, denn die bezogenen Güter werden verarbeitet, die entstandenen Teile und Baugruppen zu Enderzeugnissen montiert und für den Versand an den Kunden bereitgestellt. Der Güterstrom läuft dem Informationsstrom entgegen.
Geldstrom	Im Gegenzug für die Lieferung der Fertigerzeugnisse erhält das Unternehmen vom Kunden einen Geldstrom, und zwar in der Regel in Form von Einnahmen. Dieser Strom an Zahlungsmittel wird benötigt, um die Ausgaben für die Leistungserstellung (z. B. Löhne, Energie, Materialverbrauch, Zinsen) und die Anlagegüter zu finanzieren. Damit entsteht ein Geldstrom vom Kunden zum Lieferer.

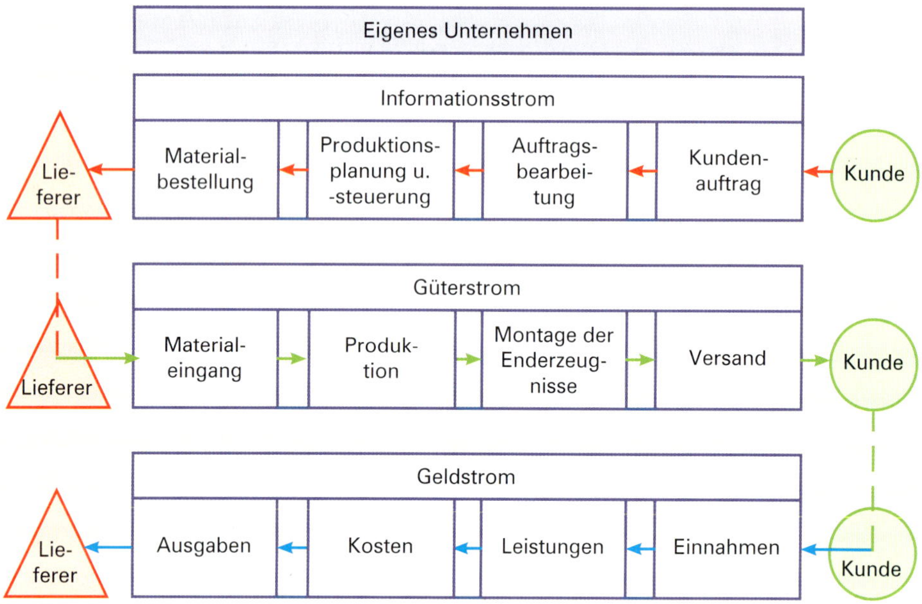

1.4 Betriebliche Produktionsfaktoren

Zur Herstellung der vorgegebenen Produkte muss sich zunächst jedes Unternehmen die erforderlichen betriebswirtschaftlichen Produktionsfaktoren beschaffen. Betriebliche Produktionsfaktoren sind:

(1) Menschliche Arbeitskraft

Zur Leistungserstellung bedarf es geistiger und körperlicher Anstrengungen der Menschen. Jedes Unternehmen benötigt somit Mitarbeiter die Maschinen bedienen, Fahrzeuge führen oder Handarbeiten ausführen. Es handelt sich hierbei um **ausführende Arbeiten.**

Daneben bedarf es Mitarbeiter, die die betriebliche Leistungserstellung planen, entscheiden, anordnen, organisieren und kontrollieren. Man bezeichnet diese Form der Arbeit als **dispositive (leitende) Arbeit.**

(2) Betriebsmittel

Darunter werden die Gegenstände erfasst, mit deren Hilfe die Leistungen erstellt werden: Gebäude, Grundstücke, Maschinen, Werkzeuge usw. Neben diesen **materiellen**[1] **Betriebsmitteln** gibt es auch noch **Rechte (immaterielle**[1] **Betriebsmittel)** wie z.B. Lizenzen,[2] Markenzeichen, Miet- und Pachtverträge.

(3) Materialien (Werkstoffe)

Rohstoffe	Rohstoffe werden nach der Bearbeitung oder Verarbeitung wesentliche Bestandteile der Fertigerzeugnisse, z.B. Eisen und Stahl im Maschinenbau; Wolle und Baumwolle in der Textilindustrie.	
Fremdbauteile (Vorprodukte)	Fremdbauteile sind zusammengesetzte Produkte von Vorlieferern, die zur Erstellung eigener Produkte benötigt werden, z.B. Schlösser in einer Möbelfabrik, Autositze für die Automobilindustrie, Elektromotoren in der Maschinenindustrie.	
Hilfsstoffe	Dies sind Stoffe, die bei der Bearbeitung verbraucht werden, um das Erzeugnis herzustellen, die aber nicht als wesentliche Bestandteile der Fertigerzeugnisse zu betrachten sind, z.B. Farben in der Tapetenherstellung oder Lacke, Schrauben, Muttern, Nieten in der Automobilindustrie.	
Betriebsstoffe	Sie dienen dazu, die Maschinen zu „betreiben", z.B. Schmierstoffe, Kühlmittel, Reinigungsmittel. Sie gehen nicht in das fertige Produkt ein.	
Handelswaren	Sie sind fertige Waren, die der Industriebetrieb unverändert weiterverkauft, z.B. eine Möbelfabrik kauft Bilder, Wäsche und Teppiche ein, die sie an interessierte Kunden weiterverkauft.	

Zusammenfassung

- **Unternehmen** sind Wirtschaftseinheiten, die planvoll handeln. Sie beschaffen Sachgüter und Dienstleistungen, stellen hieraus gegebenenfalls eigene Erzeugniss her und verkaufen ihre Leistungen.
- **Industrieunternehmen** zeichnen sich dadurch aus, dass sie auf der Grundlage von besonderen Kenntnissen ingenieurwissenschaftlicher Art Sachgüter herstellen und diese verkaufen.
- Ihre Hauptfunktionen bestehen daher in **Beschaffung, Produktion, Absatz** und **Finanzierung.**
- Eine **Auftragserteilung** durch einen Kunden löst einen **Informations-, Güter-** und **Geldstrom** aus.

1 **Materiell:** stofflich, körperlich.
Immateriell: unstofflich, geistig.

2 **Lizenz** ist das Recht, ein Patent zu verwerten.

Übungsaufgaben

1
1. Unternehmen und Industrieunternehmen stehen zueinander im Verhältnis eines Ober- zu einem Unterbegriff. Erläutern Sie, was die Begriffe gemeinsam haben und worin der Unterschied liegt!
2. Nennen Sie die Hauptaufgaben eines Industriebetriebs und bilden Sie hierfür jeweils Beispiele aus Ihrer Erfahrungswelt!

2
1. Erläutern Sie die Begriffe Güterstrom, Geldstrom und Informationsstrom!
2. Ordnen Sie folgende Ereignisse den drei Strömen zu:

Nr.	Ereignis	Art des Stromes
2.1	Kunde erhält von uns ein Angebot	
2.2	Kunde schickt uns einen Auftrag	
2.3	Wir richten eine Anfrage an einen Lieferer	
2.4	Lieferer schickt uns Rohmaterial zusammen mit Lieferschein	
2.5	Werkstoffe werden gegen Materialentnahmeschein dem Lager entnommen	
2.6	Auf unserem Bankkonto wird uns eine Lastschrift des Lieferers belastet	

2 Unternehmensleitbild

Grundelemente eines Unternehmensleitbildes sind die Grundwerte und Überzeugungen, die Verhaltensregeln, Standards und Symbole[1] des Unternehmens.

Grundelemente	Erläuterungen	Beispiele
Grundwerte und Überzeugungen (Wozu gibt es uns?)	Sie fragen nach dem **„Warum"** des unternehmerischen Handelns und geben dem Unternehmen Orientierung.	„Mit unseren Produkten wollen wir stets Pioniere sein – dem Markt weit voraus. Wir glauben, dass es besser ist, der Öffentlichkeit neue Produkte vorzuführen, als sie zu fragen, was für Produkte sie gerne hätte."
Verhaltensregeln (Was wollen wir erreichen?)	Sie sollen dafür sorgen, dass alle Beteiligten des Unternehmens sich entsprechend den Grundwerten und Überzeugungen verhalten.	„Wir liefern nur Erzeugnisse mit maximaler Qualität aus und gehen hierfür keine Kompromisse ein."
Standards und Symbole (Welches sind unverwechselbare Elemente unseres Handelns?)	Es handelt sich um unternehmenstypische Erkennungszeichen bezüglich **Verhalten, Kommunikation** und **Erscheinungsbild.**	**Verhalten:** Es wird eine kundenorientierte Produktberatung durchgeführt. **Kommunikation:** Die Produkte werden ausschließlich über das eigene Filialnetz verkauft und ausgeliefert. **Erscheinungsbild:** Es wird ein einheitliches Firmenlogo verwendet.

1 **Symbol**: Kennzeichen.

Beispiel: Unternehmensleitbild der Sportartikelfabrik Sport-Burr KG

Steigerung der Unternehmenswerte

Wir möchten unsere Position als führender Sportartikelhersteller langfristig ausbauen und setzen dabei auf profitables Wachstum und nachhaltige Wertsteigerung.

Wir treiben INNOVATIONEN voran – und gestalten die Zukunft

Aus Ideen und Erfindungen entwickeln wir erfolgreiche Sportprodukte. Kreativität und Erfahrung sichern uns eine Spitzenstellung.

Dies erreichen wir auch dadurch, dass wir vertrauensvolle und langfristige Geschäftsbeziehungen mit zuverlässigen, innovativen Lieferanten pflegen.

Unsere Kunden

Die Zufriedenheit unserer Kunden steht im Mittelpunkt unserer Zielsetzungen. Wir pflegen langfristige, europaweite Kundenbeziehungen und erreichen mit hervorragenden Produkten sowie einem umfassenden Netz von Beratung und Dienstleistungen optimale Kundennähe.

Unsere Mitarbeiter

Die Basis unserer Unternehmung bilden unsere motivierten und verantwortungsbewussten Mitarbeiter. Die Kompetenz unserer Mitarbeiter fördern wir durch kontinuierliche Weiterbildung und sichern damit langfristig Arbeitsplätze.

Unsere Prozesse[1]

Unsere Geschäftsprozesse werden laufend überprüft und nach technischen und wirtschaftlichen Maßstäben optimiert. Sämtliche Geschäftsprozesse werden durch schonenden Einsatz von Ressourcen umweltverträglich gestaltet.

Unterstützung

Wir unterstützen soziale und Umweltschutzprojekte und gehen Partnerschaften mit Unternehmen und Organisationen ein, deren Produkte und Dienstleistungen zu einer nachhaltigen Entwicklung beitragen.

3 Unternehmensziele

(1) Begriff Unternehmensziele

Die Unternehmensziele leiten sich aus dem Unternehmensleitbild ab. Sie geben der Unternehmensleitung, den Bereichsleitern, den Abteilungsleitern und den Mitarbeitern eine Orientierung für die Steuerung und Kontrolle der betrieblichen Prozesse. Damit diese Orientierung zweifelsfrei möglich ist, sind die Unternehmensziele **eindeutig zu formulieren** und **verbindlich festzulegen.**

Unternehmensziele beschreiben einen zukünftigen, erstrebenswerten Zustand des Unternehmens, den der zuständige Entscheidungsträger anzustreben hat.

(2) Gliederung der Unternehmensziele nach dem angestrebten Erfolg des Unternehmens

Die Ziele der Unternehmen nach dem angestrebten Erfolg sind dreifacher Art: Zum einen möchten die Unternehmen einen Erfolg erzielen **(ökonomische Ziele)**, zum anderen tragen die Unternehmen Verantwortung gegenüber ihren Mitarbeitern **(soziale Ziele)** und gegenüber der Umwelt **(ökologische Ziele)**.

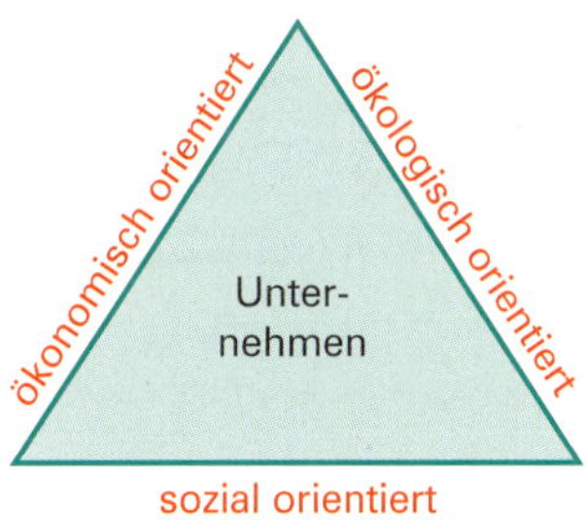

1 Siehe hierzu S. 36.

Ökonomische Ziele (Beispiele)	**Ökologische Ziele** (Beispiele)	**Soziale Ziele** (Beispiele)
■ Absicht der Gewinnerzielung ■ Steigerung des Umsatzes ■ Sicherung der ständigen Zahlungsbereitschaft ■ Risikostreuung durch breites Produktprogramm ■ Verdrängung von Konkurrenten ■ Streben nach Marktmacht ■ Streben nach hohem Qualitätsstandard	■ Abfallvermeidung ■ Benutzung umweltfreundlicher Werkstoffe ■ Produktion recycelbarer Produkte ■ Verminderung von Produktionsemissionen[1] ■ Reduzierung von Lärmbelastungen ■ Nutzung erneuerbarer Energien	■ Gerechte Entlohnung ■ Gleich hohe Entgelte von Mann und Frau bei gleicher Arbeit ■ Arbeitsplatzsicherung ■ Ergonomische Arbeitsplatzgestaltung ■ Altersabsicherung und Betriebsrente ■ Aufgreifen von Anregungen der Mitarbeiter

Alle Unternehmensziele sind so zu formulieren, dass mit all denen, mit denen das Unternehmen in Kontakt tritt (z. B. Lieferanten, Kunden) fair umgegangen wird. Außerdem hat das Unternehmen bei der Formulierung der Unternehmensziele darauf zu achten, dass künftige Generationen überall eine lebenswerte Umwelt vorfinden und ihre Bedürfnisse befriedigen können **(Gesichtspunkt der Nachhaltigkeit**[2]**)**.

(3) Beispiel für die Formulierung von Unternehmenszielen

Unternehmensziele werden auf der Grundlage des Unternehmensleitbildes entwickelt. Sie haben die Aufgabe, der Unternehmensleitung und allen Mitarbeitern konkrete Orientierung zur Bewältigung ihrer betrieblichen Aufgaben zu geben.

Beispiel: Unternehmensziele der Sportartikelfabrik Sport-Burr KG, abgeleitet aus dem Unternehmensleitbild von S. 21

- Wir streben hohe Kundenzufriedenheit und langfristige Kundenbeziehungen an. Wir liefern pünktlich.
- Wir entwickeln unsere Produkte kundenorientiert und gefährden niemals die Sicherheit unserer Kunden.
- Wir übernehmen bei der Gewinnerzielung soziale und ökologische Verantwortung gegenüber den im Unternehmen tätigen Menschen, den Kapitalgebern und Kunden.
- Wir streben die langfristige Sicherung und finanzielle Unabhängigkeit unseres Unternehmens an.
- Wir erreichen unsere Erfolge durch kompetente Mitarbeiter, deren Qualifikation wir intensiv fördern.
- Der Führungsstil ist von dem Ziel einer hohen Arbeitsmotivation, Arbeitszufriedenheit und Arbeitsqualität geprägt.
- Wir berücksichtigen bei unseren Planungen und Investitionsentscheidungen systematisch ökologische Anforderungen des Umwelt- und Klimaschutzes.
- Wir sehen uns als gute Bürger, die sich für das soziale und kulturelle Leben insbesondere in der Region Soest engagieren. Wir fördern daher ausgewählte Projekte und Initiativen.

1 **Emission:** (emittere [lat.]) bedeutet so viel wie Aussendung, Freilassung, Ausströmen z. B. von luft- und wasserverunreinigenden Stoffen (z. B. Chemikalien, Stäube usw.). Die auf die Umwelt (z. B. Menschen, Tiere, Pflanzen) einwirkenden (eindringenden) oder dort bereits vorhandenen Schadstoffkonzentrationen werden **Immissionen** genannt.

2 Vgl. auch die Ausführungen zur Nachhaltigkeit auf S. 371 ff.

(4) Zielharmonie und Zielkonflikte zwischen den Unternehmenszielen aufzeigen

- **Zielkonflikt:** Die Verfolgung eines wirtschaftlichen und/oder ökologischen Ziels beeinträchtigt oder verhindert die Erreichung eines anderen wirtschaftlichen und/oder ökologischen Ziels.
- **Zielharmonie:** Die Förderung eines wirtschaftlichen/ökologischen Ziels begünstigt zugleich die Förderung eines oder mehrerer anderer wirtschaftlicher/ökologischer Ziele.

Zielharmonie zwischen ökologischen und ökonomischen Unternehmenszielen

Bisherige Untersuchungen zeigen weitgehend übereinstimmend, dass zumindest in den größeren von Umweltproblemen besonders betroffenen Unternehmen (Branchen) zwischen den **ökologischen** und **ökonomischen Unternehmenszielen** grundsätzlich eine sich gegenseitig ergänzende, fördernde Zielbeziehung **(Zielharmonie)** besteht.

Dies ist deshalb der Fall, weil gerade der Umweltschutz vielfältige Innovationsmöglichkeiten (z. B. Entwicklung und Anwendung umweltschonender Rohstoffe, Entwicklung einer Technologie für erneuerbare Energie) bietet.

In dem Ausmaß, in dem es den Unternehmen gelingt, ihre Umweltschutzziele zu verwirklichen, erhöht sich z. B. auch deren Umsatz, ihr Umsatzanteil am gesamten Markt, ihre Marktmacht, ihr langfristiger Gewinn und das Produkt- und Firmenimage in der Öffentlichkeit. Dadurch werden die Unternehmensexistenz und die Arbeitsplätze gesichert, neue Arbeitsplätze geschaffen sowie die Wettbewerbsfähigkeit verbessert.

Zielkonflikte/Zielharmonie zwischen ökonomischen und sozialen Unternehmenszielen

Häufig bestehen dagegen **Zielkonflikte** zwischen den **ökonomischen** und den **sozialen Zielen.** Strebt ein Unternehmen z. B. zugleich Arbeitsplatzsicherung und Kostensenkung an, kann ein Zielkonflikt vorliegen, weil durch den Einsatz von Kosten sparenden Maschinen Arbeitskräfte „freigesetzt", d. h. entlassen werden müssen.

Ein Beispiel für **Zielharmonie** zwischen ökonomischen und sozialen Zielen ist das konjunkturelle Kurzarbeitergeld (Kug).[1] Angesichts einer globalen Rezession und sinkender Absatzzahlen bestünde die übliche Reaktion der Anpassung im Abbau von Arbeitsplätzen. Viele Unternehmen verzichten jedoch darauf und wählen dagegen das Instrument der Kurzarbeit. Dies bindet die Arbeitskräfte an das Unternehmen und erspart diesem beim beginnenden Aufschwung die Suche nach den knappen Fachkräften.

Zusammenfassung

- Das **Unternehmensleitbild** formuliert die grundlegenden Zwecke, Zielrichtungen, Gestaltungsprinzipien und Verhaltensnormen der Unternehmung.
- **Ziele** sind Maßstäbe – angestrebte Ereignisse oder Zustände –, an denen unternehmerisches Handeln gemessen werden kann.

1 **Konjunkturelles Kurzarbeitergeld (Kug)** wird gewährt, wenn in Betrieben oder Betriebsabteilungen die regelmäßige betriebsübliche wöchentliche Arbeitszeit infolge wirtschaftlicher Ursachen oder eines unabwendbaren Ereignisses vorübergehend verkürzt wird.

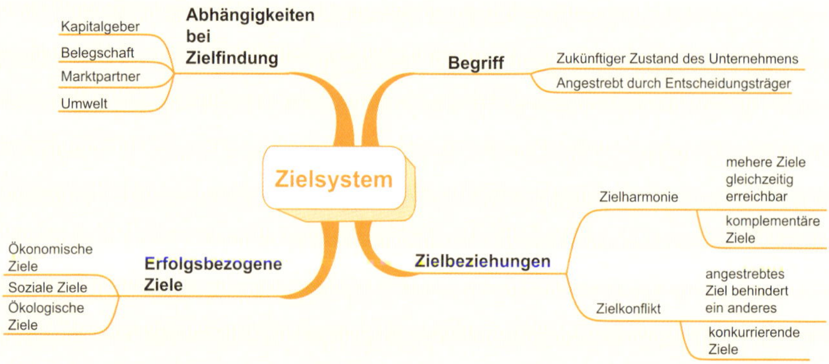

- Unter mehreren als wünschenswert erkannten Zielen kann ein **Zielkonflikt** (Konkurrenzbeziehung) oder eine **Zielharmonie** bestehen.
- **Zielkonflikte** ergeben sich z.B. aus den verschiedenen **Anspruchsgruppen** eines Unternehmens und deren Interessen.

Übungsaufgaben

3

1. Entscheiden Sie, welche(s) der nachgenannten Ziele zu den ökonomischen Zielen, den ökologischen Zielen, den sozialen Zielen gehören (gehört)!
   - 1.1 Gewinnziel,
   - 1.2 Streben nach Macht und/oder Prestige,
   - 1.3 Gewinnung politischen Einflusses,
   - 1.4 Umsatzsteigerung,
   - 1.5 Erhöhung des Marktanteils,
   - 1.6 Unternehmenswachstum,
   - 1.7 Verminderung der Umweltbelastungen,
   - 1.8 Arbeitsplatzsicherung,
   - 1.9 Streben nach Unabhängigkeit,
   - 1.10 Versorgung der Bevölkerung mit lebensnotwendigen Erzeugnissen oder Dienstleistungen,
   - 1.11 Verpflichtung gegenüber Familientradition,
   - 1.12 Kostendeckung,
   - 1.13 Kostensenkung.
2. Nennen Sie ein Beispiel für eine Zielkombination, bei der ein Zielkonflikt besteht!
3. Nennen Sie ein Beispiel für eine Zielkombination, bei der Zielharmonie besteht!

4

1. Zwischen dem Umweltschutzziel und den ökonomischen und sozialen Zielen ergeben sich teils konkurrierende und teils komplementäre Beziehungen.

   Aufgaben:

   Stellen Sie dar, welcher Zielkonflikt bzw. welche Zielharmonie zwischen dem Umweltschutzziel und den nachstehend genannten Zielen besteht! Begründen Sie Ihre Antworten!
   - 1.1 Langfristige Gewinnmaximierung,
   - 1.2 Sicherung und Vermehrung der Arbeitsplätze,
   - 1.3 Verbesserung des Unternehmensimages.
2. Frank Mahle hat vor Kurzem die Werkzeugfabrik seines Vaters übernommen. Er beabsichtigt, einige Änderungen vorzunehmen. Insbesondere will Frank Mahle neben dem Unternehmensziel „Betriebserhaltung" auch das Ziel „Umweltbewusstsein" verstärkt verfolgen.

   Aufgaben:
   - 2.1 Erläutern Sie die genannten Unternehmensziele!
   - 2.2 Nennen Sie außerdem zwei weitere Unternehmensziele!

4 Organisationsformen des Industriebetriebs

4.1 Begriff Organisation

Organisation ist ein System von **geplanten Regelungen** und **Arbeitsanweisungen,** durch das der **Betriebsaufbau** und die **betrieblichen Abläufe** gestaltet werden.

Die Organisation als System von Regelungen und Anweisungen setzt Tätigkeiten voraus, die

- regelmäßig anfallen **(Wiederholbarkeit),**
- in gleicher oder wenigstens ähnlicher Weise bewältigt werden müssen **(Gleichartigkeit)** und
- auf mehrere Personen (Stellen), Abteilungen oder Abteilungsgruppen verteilt werden können **(Teilbarkeit).**

Beispiel:

Das Öffnen der Briefpost ist eine Tätigkeit, die sich ständig wiederholt. Es handelt sich außerdem um eine gleichbleibende Tätigkeit, die von einer Person bzw. von mehreren Personen in einer Abteilung (z. B. in der Poststelle) vorgenommen werden kann.

Im Rahmen der Organisation werden die anstehenden Aufgaben in einzelne Teilaufgaben zerlegt und an Mitarbeiter verteilt, es werden Anordnungsbefugnisse übertragen und Menschen und Sachen einander zugeordnet. Insbesondere sind zu regeln: die **Rangordnungsverhältnisse der Mitarbeiter** zueinander **(Aufbauorganisation)** und der **Ablauf der Arbeitsprozesse (Ablauforganisation).**[1]

Art der Organisation	Erläuterungen	Beispiele
Aufbau-organisation	Sie legt die Aufgaben und Zuständigkeiten von Mitarbeitern fest. Sie befasst sich mit Institutionen, Stellen, Abteilungen.	Sie sagt u. a. darüber etwas aus, welcher Mitarbeiter für den Verkauf der Erzeugnisgruppe A zuständig ist.
Ablauf-organisation	Sie legt die zeitliche und räumliche Ordnung der Arbeitsabläufe fest. Sie befasst sich mit Arbeits- und Bewegungsabläufen.	Sie legt u. a. die zeitliche Reihenfolge der Arbeitsgänge bei der Herstellung einer Werkzeugmaschine fest.

4.2 Aufbauorganisation

4.2.1 Aufgabengliederung

(1) Begriff Aufbauorganisation

Die **Aufbauorganisation** legt die **Aufgaben** und **Zuständigkeiten** von Mitarbeitern fest. Die Gestaltung erfolgt über die Bildung von **Stellen** und **Abteilungen.**

1 Es handelt sich hier um eine theoretische Begriffstrennung. In der Realität sind die Organisationsstruktur eines Betriebs und die darin anfallenden Abläufe untrennbar miteinander verbunden, d.h., die Organisation von Ablauf und Aufbau müssen synchron (gleichzeitig, gleichlaufend) erfolgen.

(2) Aufgabengliederung

Zu Beginn der organisatorischen Arbeiten muss die bereits festgelegte Gesamtaufgabe des Betriebs zerlegt werden. Die Zerlegung der Gesamtaufgabe kann grundsätzlich nach zwei Gesichtspunkten vorgenommen werden: nach **Aufgaben (Funktionen)** oder nach **Objekten.**

Einteilungs-gesichtspunkte	Erläuterungen	Beispiele
Aufgaben (Funktionen)	Die Aufgliederung der Gesamtaufgabe erfolgt nach den betrieblichen Aufgaben. Die Gesamtaufgaben werden in **Hauptaufgaben** und in größeren Betrieben noch in **Teilaufgaben** gegliedert.	**Hauptaufgabe:** Materialwirtschaft **Teilaufgabe:** ■ Einkauf ■ Lager
Objekte	Die Aufgliederung der Gesamtaufgabe erfolgt nach Objekten, z.B. Warengruppen, Kundengruppen u.Ä.	Eine Möbelfabrik gliedert sich z.B. nach den Warengruppen ■ Wohnzimmermöbel ■ Küchenmöbel ■ Schlafzimmermöbel

Wird die Unternehmensorganisation nach den Funktionen ausgerichtet, so spricht man auch von einer **aufgabenorientierten Unternehmensorganisation.**

4.2.2 Stellenbildung

(1) Begriff Stellenbildung

Ziel der Aufgabengliederung ist es, abgegrenzte Teilaufgaben zu definieren. Mehrere dieser Teilaufgaben (z.B. Werkstoffe und Dienstleistungen einkaufen, Belege buchen, Eingangsrechnungen prüfen) werden im folgenden Schritt, der Stellenbildung, zu größeren Aufgabeneinheiten zusammengefasst, die von einer Person bewältigt werden können. Die von einer Person durchzuführende Arbeit nennt man **Stellenaufgabe.** Die mit einer Stellenaufgabe betraute Person besetzt eine **Stelle,** sie ist Stelleninhaber. Die Stelle ist das **Grundelement der Aufbauorganisation.**

> Die Zusammenfassung von Teilaufgaben zu einem Arbeitsbereich für eine Person bezeichnet man als **Stellenbildung.**

(2) Stellenbeschreibung

> Die **Stellenbeschreibung** hat die Einordnung einer Stelle in den hierarchischen Aufbau eines Betriebs sowie die Aufgaben (Funktionen) einer Stelle deutlich zu machen.

Vorteile der Stellenbeschreibung sind z.B.

- schnelle Einarbeitung neuer Stelleninhaber,
- Verringerung von Streitigkeiten wegen unklarer Zuständigkeiten,
- eindeutige Regelung der Über-, Neben- und Unterordnungen (Weisungsrechte),
- Grundlage für die Personalentwicklungsplanung.

Die Vorteile verkehren sich jedoch ins Gegenteil, wenn die Stellenbeschreibungen nicht an die sich ständig verändernden Arbeitsbedingungen angepasst werden.

Beispiel einer Stellenbeschreibung:

Stellenbeschreibung für die Terminkontrolle im Einkauf

1. **Bezeichnung der Stelle:** Terminsachbearbeiter.
2. **Zeichnungsvollmacht:** keine.
3. **Der Stelleninhaber ist unterstellt:** dem Facheinkäufer von Arbeitsplatz 2.
4. **Vertretung des Stelleninhabers:** Facheinkäufer des Arbeitsplatzes 2.
5. **Anforderungen an den Stelleninhaber:**
   - allgemeine Einkaufskenntnisse,
   - Zuverlässigkeit,
   - schnelles Erfassen von Zusammenhängen und
   - selbstständiges Arbeiten im Rahmen des ihm übertragenen Aufgabengebiets.
6. **Aufgaben und Zielsetzung der Stelle:**

   Der Stelleninhaber ist für die Überwachung der vereinbarten Liefertermine aller von uns erteilten Bestellungen verantwortlich. Er hat dafür zu sorgen, dass diese auch termingerecht erfüllt werden.

   Er hat die erforderlichen Maßnahmen zu ergreifen, um einen Lieferverzug durch rechtzeitige Erinnerung und Mahnung beim Lieferanten zu vermeiden. Im Fall eines unabwendbaren Lieferverzugs ist die unverzügliche Information der betreffenden Facheinkäufer erforderlich. Zur Erfüllung dieser Aufgabe steht dem Stelleninhaber Folgendes zur Verfügung:
   - ein an Lieferterminen orientiertes EDV-System,
   - eine wöchentliche Terminüberwachungs-Liste,
   - ein selbstständig geführtes Wiedervorlage-System, das es ermöglicht, ein ganzes Kalenderjahr im Überblick zu behalten,
   - ein EDV-gesteuertes Mahnwesen mit den Mahnstufen I, II und III sowie
   - eine wöchentliche Terminbesprechung mit der Arbeitsvorbereitung.

   Darüber hinaus steht dem Stelleninhaber ein PC mit Internetverbindung, das Telefax und ein Telefon zur Verfügung. Bei extrem wichtigen Terminen ist der Facheinkäufer zu verständigen, der sich in diesen Fällen direkt mit dem Lieferanten wegen einer geeigneten Lösung in Verbindung zu setzen hat.
7. **Tätigkeitsbeschreibung:**

7.1 Routinemäßige Kontrollen:
- Jeder Auftrag ist mit einem Liefertermin versehen. Ist dieser vorgegebene Termin überschritten, erscheint der Auftrag in der Terminüberwachungs-Liste.
- Ist die Lieferung eine Woche nach dem geforderten bzw. vereinbarten Liefertermin noch nicht erfolgt, wird eine Mahnung abgesandt. Diese Mahnung wird mit einem zusätzlichen Durchschlag versehen, wobei der Lieferant aufgefordert wird, diesen, mit den aktuellen Lieferdaten ausgefüllt, an uns zurückzusenden.
- Gleichzeitig nimmt der Stelleninhaber diesen Auftrag auf „Termin", d.h., er legt ihn in sein Ablagesystem zur Wiedervorlage ab.

  Wichtig: Innerhalb einer Woche müssen sämtliche Aufträge mindestens einmal terminlich bearbeitet werden.

7.2 Gezielte Terminreklamationen:
- Bearbeitung der Reklamationslisten der Fertigungssteuerung LABOR und METALL.

Die in diesen Listen aufgeführten Aufträge sind per E-Mail, Telefax oder per Telefon zu reklamieren. Diese Aufträge werden ebenfalls zur Wiedervorlage einsortiert. Das signalisiert dem Stelleninhaber, dass diese Aufträge einer ganz besonders scharfen Überwachung und Kontrolle zu unterziehen sind. Das reklamierte Material wird bereits in der Fertigung benötigt oder muss innerhalb weniger Tage vorliegen, um einen kontinuierlichen Fertigungsablauf zu gewährleisten. Nach Erhalt der Reklamationsantworten ist die Reklamationsliste mit den entsprechenden Angaben an die jeweilige Fertigungssteuerung zurückzugeben.

- In gleicher Weise wird verfahren, wenn Terminanfragen direkt aus dem Meisterbereich bzw. den jeweiligen Betriebsleitungen und der Dispostelle kommen.
- Aufträge aus wichtigen und dringenden Kommissionen behält der Facheinkäufer bei sich. Dies bedeutet, dass alle Aufträge aus dieser Kommission zweimal wöchentlich zu überwachen sind.
- Einmal pro Woche erfolgt eine Terminüberwachung im Laborbereich durch die Auftragskontrolldatei (AUKODA). Aus dieser Auftragskontrolldatei ist einmal zu entnehmen, ob überhaupt Zukaufteile in dieser Kommission enthalten sind und welchen Versand- bzw. Auslieferungstermin die jeweilige Kommission hat. Aufträge dieser Kommission werden terminlich anhand der in der AUKODA festgelegten Produktionsendtermine überprüft. Der Terminsachbearbeiter entscheidet selbstständig, ob und in welcher Form diese Aufträge zu reklamieren sind. Wird eine Mahnung vorgenommen, ist dieser Auftrag zusätzlich zur „Wiedervorlage" zum entsprechenden Termin einzusortieren.

7.3 Prüfung der Eingangsrechnungen:

Täglich erhält der Stelleninhaber alle Rechnungen. Dadurch ist er laufend über die Eingänge unterrichtet und kann deshalb gegebenenfalls notwendige Terminreklamationen verhindern. Zu diesen Rechnungen sind die jeweiligen Aufträge herauszusuchen.

8. Zusammenarbeit mit anderen Abteilungen:

Vom Stelleninhaber wird eine gute und positive Zusammenarbeit mit den entsprechenden Sachbearbeitern folgender Abteilungen verlangt: Wareneingang, Fertigungssteuerung und Dispositionsstelle.

9. Vergütung

Die Stelle ist der Entgeltgruppe 10 zugeordnet.

4.2.3 Abteilungsbildung

Ein formales Kriterium zur Aufgabenverteilung ist die **Rangbildung** der Stellen. Dies rührt daher, dass es im Betrieb **Ausführungsaufgaben** und **Leitungsaufgaben** gibt. Aufgabe der **Instanz**[1] ist es, die rangniedrigeren Stellen zu leiten. Die Instanz mit den dazugehörigen rangniedrigeren Stellen zusammen bilden eine Abteilung.

> ! Eine **Abteilung** besteht aus mindestens einer **Instanz** und mehreren zugeordneten rangniedrigeren Stellen.

Werden mehrere Instanzen stufenweise wiederum einer übergeordneten Instanz zugeordnet, so entsteht damit die Unternehmenshierarchie.

1 **Instanz**: zuständige Stelle.

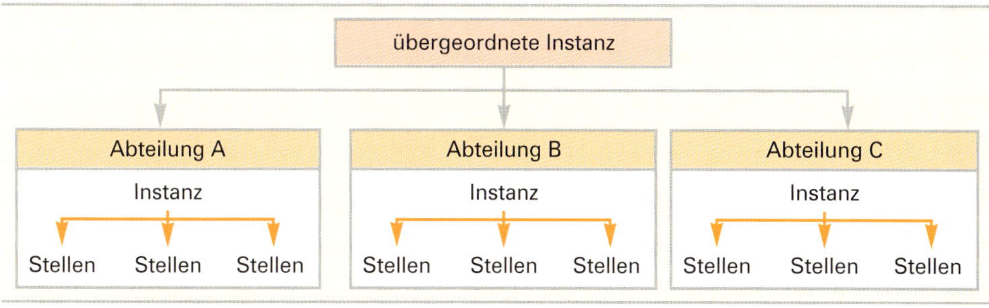

4.2.4 Organisationsplan (Organigramm)

Das Ziel der Aufgabengliederung ist die Bildung von Stellen und Abteilungen. Deren Zuordnung wird in Stellen- und Abteilungsplänen dokumentiert. Damit sind die organisatorischen Einheiten in ihrer Aufgabenstellung, Rangordnung zueinander und Beziehungsgestaltung festgeschrieben.

Stellen- und Abteilungspläne weisen die in einem Betrieb zu bildenden Stellen und Abteilungen aus und beschreiben deren Aufgabenbereiche, Rangordnung und Stellung im Betriebsaufbau.

Werden die einzelnen Stellen- und Abteilungspläne zu einem Gesamtplan zusammengefasst, so ergibt dies den Organisationsplan (ein Organigramm). Er bildet die organisatorische Aufbaustruktur des Betriebs vollständig ab.

- Der **Organisationsplan (das Organigramm)** fasst die einzelnen Stellen- und Abteilungspläne zusammen. Er zeigt die vollständige organisatorische Aufbaustruktur des Betriebs.
- Der Organisationsplan ist in der Regel eine **grafische Darstellung** der formalen Organisation.

Beispielhaft wird hier der Organisationsplan einer Kaffeerösterei vorgestellt (siehe Darstellung S. 30).

4.2.5 Nachteile der Aufbauorganisation

(1) Konflikte zwischen den Aufgabenbereichen

Eine Ausrichtung der Unternehmensorganisation an den betrieblichen Aufgaben führt zu Nachteilen, denn die Anstrengungen der einen Abteilung, im Sinne des Gesamtunternehmens gewinnmaximierend zu handeln, führen unter Umständen zu Kollisionen[1] mit den Anstrengungen der anderen Abteilungen. Die nachfolgende Grafik zeigt einen derartigen **Konflikt zweier Aufgabenbereiche** auf, die im Grunde dasselbe Ziel verfolgen, nämlich den Gewinn des Unternehmens zu maximieren.

1 **Kollision:** Widerstreit; nicht miteinander vereinbarer Interessen.

Organisationsplan einer Kaffeerösterei

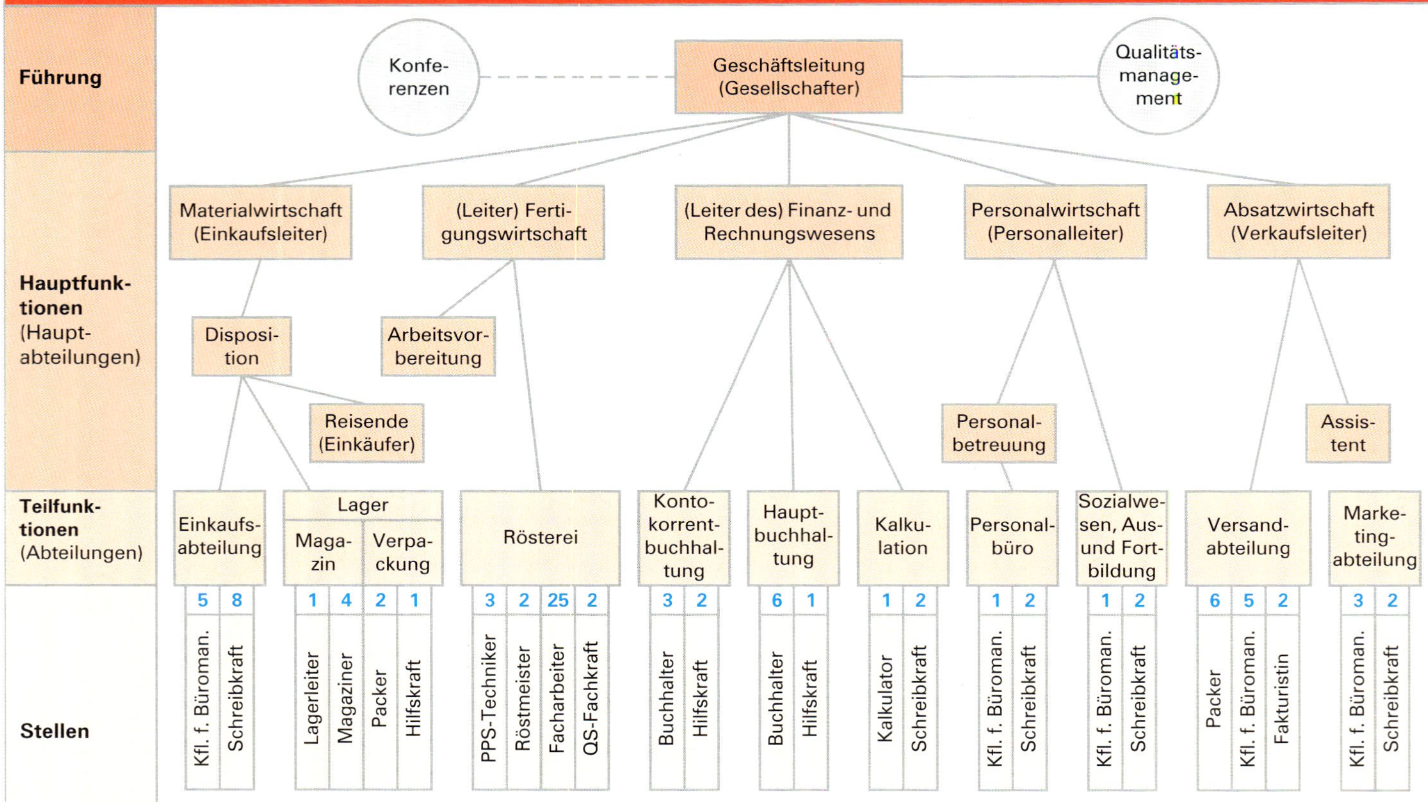

Die blauen Zahlen 1, 2 usw. bedeuten die jeweilige Mitarbeiterzahl.

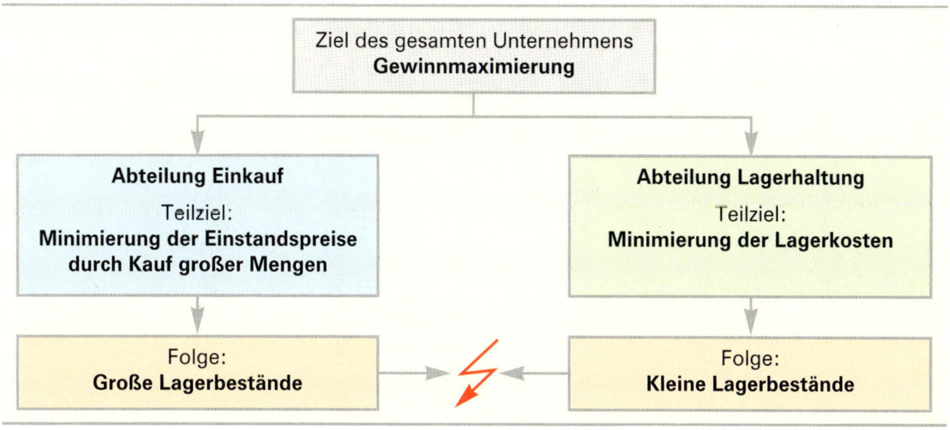

Die Abteilung Einkauf erstrebt die Zielerreichung für das gesamte Unternehmen durch Bemühungen um möglichst günstige Einkaufspreise. Dies erreicht sie, indem sie in großen Mengen einkauft, was zwangsläufig wiederum zu hohen Lagerbeständen führt. Genau dieses Ergebnis steht aber im Konflikt zum Teilziel der Lagerhaltung, welche ihre Kosten dadurch minimieren will, indem sie die Lagerbestände möglichst gering hält.

(2) Probleme bei der Auftragsabwicklung zwischen den Abteilungen

Bei den aufgabenorientierten Organisationen verlaufen die betrieblichen Prozesse „quer" zu den Aufgaben.

Die nebenstehende vereinfachte Abbildung verdeutlicht, wie der Prozess einer „Auftragsbearbeitung" die verschiedenen Aufgabenbereiche berührt.

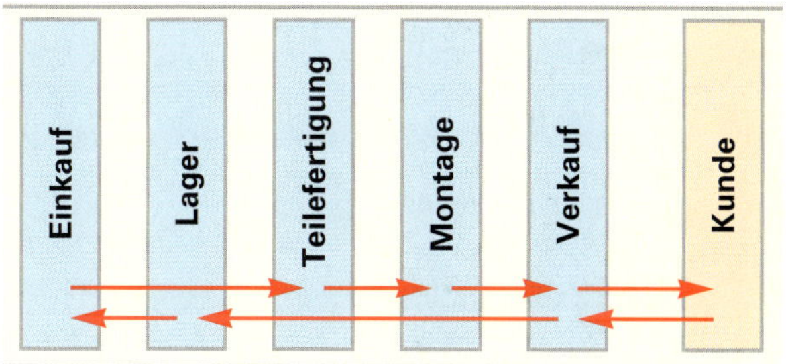

Die aufgabenorientierte Organisation eines Unternehmens führt zwangsläufig zu **Transport- und Wartezeiten** zwischen den einzelnen spezialisierten Aufgabenbereichen, zu **Zeitverzögerungen** aufgrund nicht nahtloser Weiterbearbeitung, Rückfragen usw. Durch die langen Durchlaufzeiten für die Beantwortung von Kundenanfragen, Auftragsbestätigungen, Auftragsabwicklung **leidet die Servicequalität** und die **Nähe zum Kunden.**

Zusammenfassung

- **Organisation** ist ein System von Regelungen und Arbeitsanweisungen, durch das der Betriebsaufbau und die betrieblichen Abläufe gestaltet werden.
- Die **Aufbauorganisation** legt die Aufgaben und Zuständigkeiten von Mitarbeitern fest.
- Die Aufgabenbereiche können nach **Aufgaben (Funktionen)** und nach **Objekten** untergliedert werden.

- Nach dem **Umfang der Aufgabenbereiche** entstehen

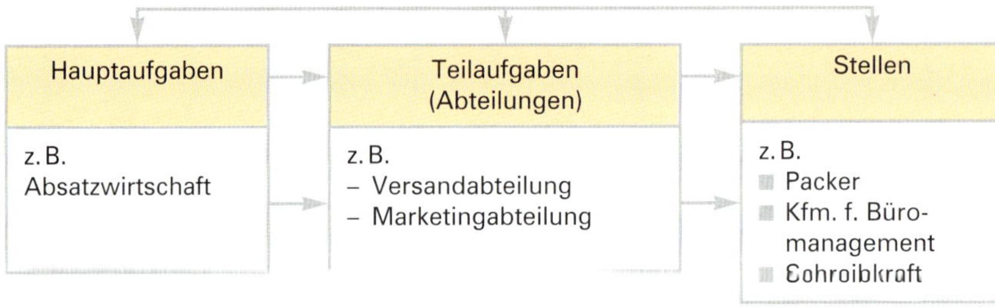

- Unter einer **Stelle** verstehen wir die Zusammenfassung von Teilaufgaben zu einem Arbeitsbereich für eine Person. Für eine Stelle wird in der Regel eine Stellenbeschreibung angefertigt.
- Eine **Abteilung** besteht aus mindestens einer **Instanz** und mehreren zugeordneten rangniedrigeren **Stellen.**
- Das Ergebnis der Aufgabengliederung ist die Festlegung von **Stellen- und Abteilungsgliederungsplänen.** Ihre Zusammenfassung ergibt den **Organisationsplan** (das **Organigramm**) des Betriebs.
- **Nachteile** der aufgabenorientierten Organisation sind:
  - Zwischen den einzelnen Aufgabenbereichen können Konflikte entstehen.
  - Bei der Auftragsabwicklung kommt es zu Zeitverzögerungen, worunter die Servicequalität und die Nähe zum Kunden leidet.

Übungsaufgabe

5

1. Beschreiben Sie den Begriff Organisation mit eigenen Worten!
2. Erläutern Sie, wo Sie die Hauptaufgabe der betrieblichen Organisation sehen!
3. Beschreiben Sie den Begriff Aufbauorganisation mit eigenen Worten!
4. Beschreiben Sie die Kriterien, nach denen die betriebliche Gesamtaufgabe gegliedert werden kann!
5. Erläutern Sie den Begriff Stellenbildung!
6. Beschreiben Sie anhand eines Beispiels die Möglichkeiten der Stellenbildung!
7. Stellen Sie dar, was durch eine Stellenbeschreibung alles geregelt werden muss!
8. Erklären Sie den Begriff Abteilungsbildung!
9. Grenzen Sie die Begriffe Stelle, Instanz und Abteilung voneinander ab! Fertigen Sie hierzu eine Skizze an!
10. Nennen Sie die Hauptaufgabenbereiche, die ein Industriebetrieb hat!
11. Beschreiben Sie die Aufgabe eines Organisationsplans!

4.3 Ablauforganisation

(1) Begriff

Unter **Ablauforganisation** versteht man die **optimale Gestaltung von Arbeitsabläufen**. Die Gestaltung erfordert, dass zunächst die für den Arbeitsvorgang benötigten **Arbeitsschritte** bestimmt werden und anschließend die **Reihenfolge der Arbeitsschritte** festgelegt wird.

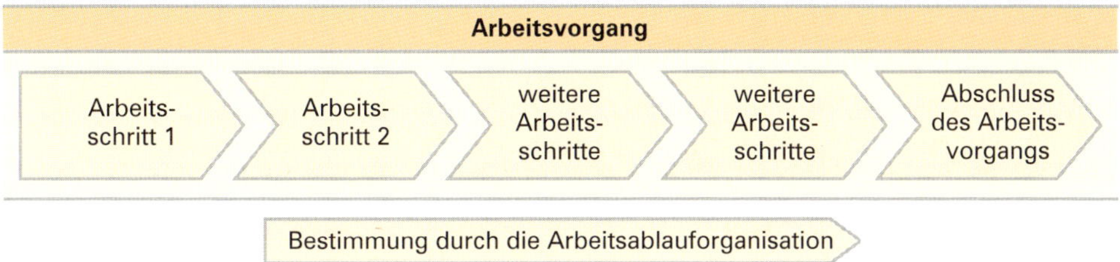

(2) Darstellung von Arbeitsabläufen

Mit **Arbeitsablaufdiagrammen (Arbeitsablaufkarten)** können **einfache Arbeitsabläufe** grafisch dargestellt werden. Die Teilaufgaben werden dabei senkrecht in ihrer **zeitlichen Abfolge** angegeben. Dadurch werden die Vor- und Nachteile des betreffenden Arbeitsablaufs besser sichtbar gemacht. Gleichzeitig bietet sich die Möglichkeit, Verbesserungsvorschläge zu machen.

Symbolik	Tätigkeit	Beispiel
(Pfeil)	Transport	Arbeiter bringt Werkstoffe (z.B. Bretter) zum Arbeitsplatz
(Dreieck)	Lagerung	gehobelte Bretter werden aufgeschichtet
(Kreis)	Bearbeitung	Bretter werden auf gleiche Länge gesägt
(Rechteck)	Prüfung	Meister prüft stichprobenweise die Qualität der Hölzer
(Halbkreis)	Wartezeiten	Arbeiter wartet auf Empfang der Bretter im Rohstofflager
(Kreis im Viereck)	Bearbeitung und Prüfung	Arbeiter prüft die Bretter und sägt sie anschließend auf gleiche Länge

Beispiel:

Die Arbeitsgangfolge „Verpacken“ soll in einem Arbeitsablaufdiagramm erfasst werden. Dabei wird der gesamte Arbeitsgang in seine Elemente zerlegt: (1) die Ware wird zum Verpackungsstand transportiert, (2) die Ware wird verpackt, (3) die verpackte Ware wird zur Waage gebracht und (4) gewogen, (5) die Versandpapiere werden aufgeklebt und – (6) nach Ablauf einer Wartezeit von 2 Minuten – (7) zur Versandstelle gebracht. Anschließend (8) wird die abgepackte Ware in der Versandstelle gelagert.

Das **Arbeitsablaufdiagramm** mit den „Istwerten“ kann wie folgt gestaltet sein:

3 Speth u.a. - ISBN 978-3-8120-0497-8

Arbeitsgangfolge: *Verpackung* **Erzeugnisnummer:** *4813*						**Anfang:** *Transport vom Fertigwarenlager* **Ende:** *Lagerung in der Versandstelle*		
Beschreibung	Symbole					Entfernung in m	Zeit in Min.	Bemerkungen für eine Verbesserung
	●	➔	▬	D	▼			
1. Zum Verpackungsstand		●				12	2,5	*Verkürzung*
2. Verpacken	●						5,0	*Verkürzung*
3. Zur Waage		●				2	0,5	
4. Wiegen	●						0,5	
5. Aufkleben der Versandpapiere	●						1,0	
6. Wartezeit				●			2,0	
7. Zur Versandstelle		●				5	2,5	*Verkürzung*
8. Lagerung					●		3,0	
Entfernung / Zeit insgesamt						19	17,0	

Erläuterungen:

Der Organisator hat auf dem Ablaufdiagramm mehrere „Verkürzungen" vorgeschlagen. Die Transportzeit zum Verpackungsstand kann verringert werden, wenn die Fertigwaren auf Rollen befördert werden. Die bisherige Beförderung erfolgt mit Handkarren. Auch das Verpacken lässt sich rationalisieren. Der Organisator schlägt vor, auf das bisher verwendete Packpapier zu verzichten und dafür stärkeren Karton zu verwenden. Die Packmaterialkosten ändern sich dadurch nicht. Die nach dem Aufkleben der Versandpapiere entstehende Wartezeit ist überflüssig, wenn zum Transport zur Versandstelle ebenfalls Rollen verwendet werden.

Das **Arbeitsablaufdiagramm** mit den **„Sollwerten"** (Soll: erstrebter Zustand) sieht dann wie folgt aus:

Arbeitsgangfolge: *Verpackung* **Erzeugnisnummer:** *4813*						**Anfang:** *Transport vom Fertigwarenlager* **Ende:** *Lagerung in der Versandstelle*		
Beschreibung	Symbole					Entfernung in m	Zeit in Min.	Bemerkungen für eine Verbesserung
	●	➔	▬	D	▼			
1. Zum Verpackungsstan		●				12	1,0	
2. Verpacken	●						3,0	
3. Zur Waage		●					0,5	
4. Wiegen	●					2	0,5	
5. Aufkleben der Versandpapiere	●						1,0	
6. Zur Versandstelle		●				5	1,0	
7. Lagerung					●		3,0	
8.								
Entfernung / Zeit insgesamt						19	10,0	

In der Praxis begnügt man sich häufig damit, auf dem Arbeitsablaufdiagramm den **Soll-zustand** darzustellen.

Zusammenfassung

- **Ziel der tätigkeitsorientierten Ablauforganisation** ist es, einen optimalen Arbeitsablauf festzulegen. Hierzu werden Anzahl und Reihenfolge der Arbeitsschritte festgelegt.
- Die **grafische Darstellung des Arbeitsablaufs** kann durch **Arbeitsablaufdiagramme** erfolgen. Das Arbeitsablaufdiagramm eignet sich zur grafischen Darstellung einfacher, nicht verzweigter Arbeitsvorgänge.

Übungsaufgabe

6

1. Erläutern Sie den Begriff Ablauforganisation!
2. Stellen Sie dar, auf welche Weise Arbeitsabläufe dargestellt werden können!
3. Entwerfen Sie ein Arbeitsablaufdiagramm für die Arbeitsfolge „Ausgangsrechnungen schreiben". Die Arbeiten werden von einer Arbeitskraft allein erledigt (es handelt sich um einen Kleinbetrieb). Der Arbeitsplatz des Sacharbeiters befindet sich in der Abteilung „Hauptbuchhaltung". Beginn der Tätigkeit: Lieferscheine von der Verkaufsabteilung; Ende der Tätigkeit: Ablage der Rechnungskopien.

   Folgende Tätigkeiten sind zu erfassen (ungeordnete Reihenfolge):

   3.1 Lieferscheine werden in der Verkaufsabteilung abgeholt (10 m, 3 Minuten);

   3.2 Lieferscheine werden sortiert (0 m, 20 Minuten);

   3.3 Die Rechnungen werden geschrieben (0 m, 60 Minuten);

   3.4 Rechnungen werden auf Übereinstimmung mit den Lieferscheinen geprüft (0 m, 30 Minuten);

   3.5 Ablage für Lieferscheine (6 m, 15 Minuten);

   3.6 Ablage der Rechnungskopien (6 m, 15 Minuten).

   Aufgabe:

   Zeichnen Sie den Arbeitsfluss in das von Ihnen entworfene Arbeitsablaufdiagramm ein!
4. „Die Ablauforganisation hat ihren Ansatzpunkt dort, wo die Aufbauorganisation endet."

   Aufgabe:

   Beschreiben Sie unter Verwendung dieser Aussage den Unterschied zwischen der Ablauf- und der Aufbauorganisation!

4.4 Prozessorientierte Organisation

4.4.1 Optimierung der Arbeitsabläufe durch die Bildung von Geschäftsprozessen

(1) Merkmale von Geschäftsprozessen

Beim Konzept der Geschäftsprozesse ist das Unternehmen bestrebt, die anfallenden Aufgaben in **zusammenhängende Folgen von Tätigkeiten (Geschäftsprozesse)** einzubinden (z. B. Auftragsabwicklung, Personaleinstellung, Mahnwesen, Zahlungsabwicklung), um einen zuvor festgelegten Auftrag zu erfüllen.

Geschäftsprozesse werden nur für solche betrieblichen Abläufe beschrieben (modelliert), die sich in einer **gewissen Regelmäßigkeit wiederholen** (z. B. Bewerbungsverfahren für neue Mitarbeiter, Lagerbestandsbuchführung, Kundenservice, Bearbeiten und Buchen von Eingangsrechnungen). Für einmalig durchzuführende Projekte (z.B. Erstellen einer neuen Lagerhalle, Gründung eines Unternehmens), wird kein modellhafter Prozessablauf beschrieben.

Ein weiteres Kriterium von Geschäftsprozessen ist, dass durch den Einsatz von betrieblichen Leistungsfaktoren (z.B. Mitarbeiter, Funktionen der Software) der Outputfaktor einen höheren Wert aufweist als der Inputfaktor, d.h. eine **Wertschöpfung** (ein **Wertzuwachs**) entstanden ist. Die Wertschöpfung verursacht Kosten (z.B. Verbrauch von Material, Arbeitsstunden, Betriebsmittel). Die aufgewendeten Kosten sind jedoch nur dann sinnvoll eingesetzt, wenn der erstellte Wert dem **Kunden einen Nutzen** bringt, d. h. er bereit ist, hierfür einen Preis zu zahlen. Der **Kunde** ist somit der **entscheidende Bezugspunkt** für Geschäftsprozesse: Er **löst den Geschäftsprozess** aus, er bestimmt **Art und Umfang des Wertschöpfungsprozesses** und er **beendet** ihn, indem er seinen Kundenwunsch als erfüllt betrachtet.

Merkmale von Geschäftsprozessen

- Zusammenhängende Folge von Tätigkeiten.
- Betrieblicher Ablauf wiederholt sich in gewisser Regelmäßigkeit.
- Wertzuwachs beim Output gegenüber dem Input.
- Geschäftsprozess bringt dem Kunden einen Nutzen.

Geschäftsprozesse können auch die Unternehmensgrenzen überschreiten, wenn z.B. versucht wird, den **gesamten Datenfluss vom Vorlieferanten bis zum Endkunden** zu erfassen. Angestrebt wird damit eine unternehmensübergreifende Abwicklung der anfallenden Geschäftsprozesse **(unternehmensübergreifende Geschäftsprozesse).**

- Geschäftsprozesse bestehen aus einer **zusammenhängenden, abgeschlossenen Folge von Tätigkeiten,** die zur **Erfüllung einer betrieblichen Aufgabe** notwendig sind und den **Kunden einen Nutzen liefern.**
- Geschäftsprozesse werden nur für sich als **wiederholende betriebliche Abläufe** beschrieben (modelliert).

(2) Arten von Geschäftsprozessen

Kernprozesse

- **Kernprozesse** sind jene Geschäftsprozesse, die **direkt** zur **Wertschöpfung**[1] beitragen. Sie erbringen zum einen die **Hauptleistung** des Unternehmens und liefern zum anderen den **Hauptnutzen für die Kunden.**
- Kernprozesse machen die **Kernkompetenz (den Wettbewerbsvorteil) eines Unternehmens** aus und besitzen daher eine hohe strategische Bedeutung.
- Wir unterscheiden **vier Kernprozesse:**
  - den **Innovationsprozess** (Forschung und Produktentwicklung),
  - den **Absatzprozess,**
  - den **Leistungserstellungsprozess** und
  - den **Beschaffungsprozess.**

Im Einzelnen sind die Kernprozesse durch folgende **Merkmale** gekennzeichnet:

- Kernprozesse tragen direkt zur **Wertschöpfung** des Unternehmens bei,
- Kernprozesse bringen dem Kunden einen wahrnehmbaren Nutzen, für den dieser zu zahlen bereit ist **(Kundennutzen),**
- Kernprozesse nutzen die eingesetzten Ressourcen[2] unternehmensspezifisch einmalig **(Nicht-Imitierbarkeit**[3]**),**
- Kernprozesse liefern eine Problemlösung (z. B. Produkt, Dienstleistung), die kein anderes Unternehmen in vergleichbarer Weise erbringen kann **(Nicht-Substituierbarkeit),**
- Kernprozesse sind langfristig ausgelegt und leiten sich aus der entwickelten Unternehmensphilosophie ab **(unternehmensstrategisch bedeutsam)** und
- Kernprozesse besitzen einen nach klaren Maßstäben (z. B. Qualität, Kosten, Geschwindigkeit) definierten Output **(Ergebnisorientierung).**

Unterstützende Prozesse

Unterstützende Prozesse sind notwendig, um die Kernprozesse ausführen zu können. Sie leisten eine **Wertschöpfung für die Kernprozesse** und sind wichtig für das langfristige Überleben des Unternehmens.

Die unterstützenden Prozesse kann man in **Serviceprozesse** und in **Managementprozesse** aufgliedern.

- Zu den **Serviceprozessen** gehören z. B. die Beschaffung von Mitarbeitern, deren Fort- und Weiterbildung, die Personalbetreuung und die Beschaffung von Finanzmitteln.
- Zu den **Managementprozessen** gehören z. B. die Formulierung der Unternehmenspolitik, die strategische Planung, die Führung und Steuerung des Unternehmens.

1 Die **Wertschöpfung** entsteht dadurch, dass **bezogene Mittel** durch die **Leistung des Unternehmens** in **andere Erzeugnisse (Dienstleistungen)** mit einem **höheren Wert** umgewandelt werden. Die Wertschöpfung zeigt somit die **Differenz** zwischen dem **Wert der erstellten Leistung** und den **eingesetzten Vorleistungen** auf.

2 **Ressource** (franz.): Hilfsmittel, Hilfsquellen.

3 **Imitation** (lat., franz.): Nachahmung.

(3) Zusammenhänge zwischen Kern-, Management- und Serviceprozessen

Schematisch gesehen können die Zusammenhänge zwischen Kern-, Management- und Serviceprozessen im Industriebetrieb wie folgt dargestellt werden:

Erläuterungen:

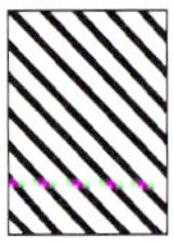

An den so gekennzeichneten Stellen schneiden sich die Kern- mit den Service- bzw. den Managementprozessen.

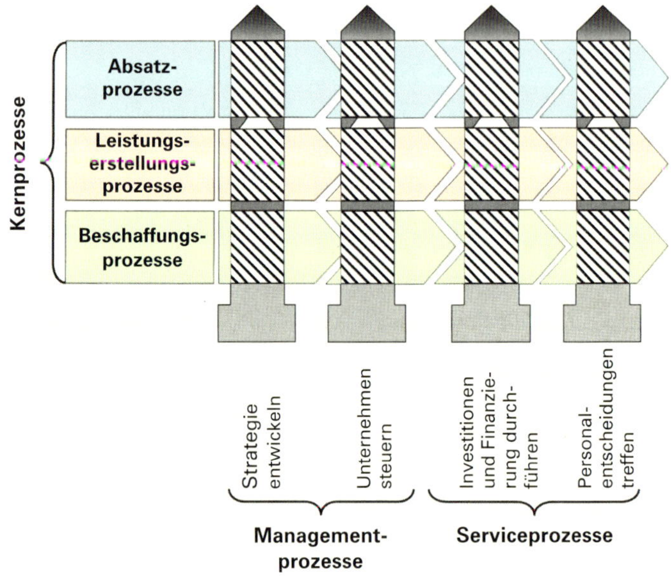

(4) Darstellung von Geschäftsprozessen

Die Geschäftsprozessbeschreibungen stellen Organisationsrichtlinien und Handlungsanweisungen dar. Für die Beschreibung von Geschäftsprozessen bieten sich textliche und grafische Darstellungsformen an. Im Folgenden beschränken wir uns auf die grafische Darstellung von Geschäftsprozessen nach der Methode der **ereignisgesteuerten Prozessketten (EPK)**.

Die wichtigsten Beschreibungsmittel der EPK-Methode sind **Funktionen** zur Beschreibung von betriebswirtschaftlichen Vorgängen, **Ereignisse,** die einen eingetretenen Zustand repräsentieren, und **Operatoren,** die die Ablauflogik von Geschäftsprozessen beschreiben. In der Darstellung wechseln sich Ereignisse und Funktionen ab, wobei diese Folge durch Operatoren unterbrochen sein kann. Die Regeln der Geschäftsprozessmodellierung geben dabei vor, dass eine Tätigkeit (Funktion) begonnen wird, wenn ein bestimmtes Ereignis eingetreten ist. Zusätzlich ist zu beachten, dass eine ausgeführte Funktion durch ein Ereignis beendet wird.

Im Einzelnen werden folgende grafische Elemente (Darstellungsweisen) verwendet:[1]

Elemente	Beschreibung der Elemente	Zusätzliche Bemerkungen
	Das **Ereignis** beschreibt das Eintreten eines Zustandes, der eine Handlung (Funktion) auslöst bzw. das Ergebnis einer Funktion sein kann.	Jeder Geschäftsprozess beginnt mit einem **Start-/Auslöseereignis** und endet mit einem **End-/Ergebnisereignis.** Da dieses Element ein Ereignis beschreibt, das soeben eingetroffen ist, sollte hierfür auch als Zeitangabe das Partizip Perfekt[2] verwendet werden. (Bsp.: Auftrag **ist eingetroffen,** Rechnung **ist bezahlt.**)
	Die **Funktion** beschreibt, was nach einem auslösenden Ereignis gemacht werden soll.	Funktionen verbrauchen Mittel (Ressourcen) und Zeit. Da dieses Element eine Tätigkeit beschreibt, sollten auch Tätigkeitswörter verwendet werden. (Bsp.: Mahnung schreiben, Fälligkeit prüfen).
	Die **Organisationseinheit** gibt an, welche Stelle die bestimmte Funktion ausführt.	Die Organisationseinheit gibt an, **wer** die angegebene Funktion ausführt. Dieses Element ist daher mit der betreffenden Funktion auf gleiche Höhe zu zeichnen.
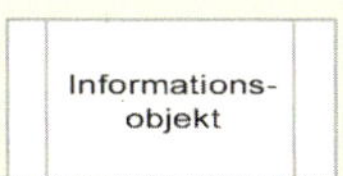	Mit dem **Informationsobjekt** werden die für die Durchführung der Funktion benötigten Daten angegeben.	Das Informationsobjekt kann nur mit Funktionen verbunden werden.
	Die 3 verschiedenen logischen **Operatoren** ermöglichen es, Verzweigungen zwischen Ereignissen und Funktionen bzw. umgekehrt einzufügen.	∧ = UND ∨ = ODER XOR = **exklusives** ODER
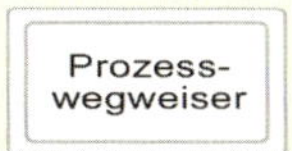	Der **Prozesswegweiser** (Unterprozess) ermöglicht es, einzelne Geschäftsprozesse miteinander zu verbinden.	
	Der **Kontrollfluss** gibt alle möglichen Durchgänge durch eine EPK wieder. Der Kontrollfluss kann mittels der Operatoren aufgespaltet werden.	Die Elemente der EPK sollten so angeordnet werden, dass der Kontrollfluss weitgehend von oben nach unten verläuft.
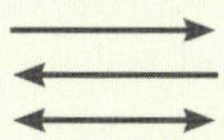	Der **Informationsfluss** zeigt den Datenfluss zwischen Informationsobjekt und Funktion auf.	■ Schreiben ■ Lesen ■ Schreiben und Lesen

1 Die dargestellten Elemente sind der LEU-Handreichung LP 02 BK WI 0302.doc (Baden-Württemberg) entnommen. Autoren sind: Heinz Baumgartner, Klaus Ebert und Karsten Schleider.

2 Das Partizip Perfekt stellt den Abschluss oder Vollzug eines Geschehens als eine (im Sprechzeitpunkt) gegebene Tatsache oder Eigenschaft fest.

Beispiel: Darstellung des Teilprozesses „Angebote vergleichen und bestellen"

Die eingegangenen Angebote werden mithilfe eines Kalkulationsprogramms verglichen. In der Regel erhält der günstigste Lieferer den Zuschlag. Bei ihm wird daher bestellt.

Teilprozess: Angebote vergleichen und bestellen

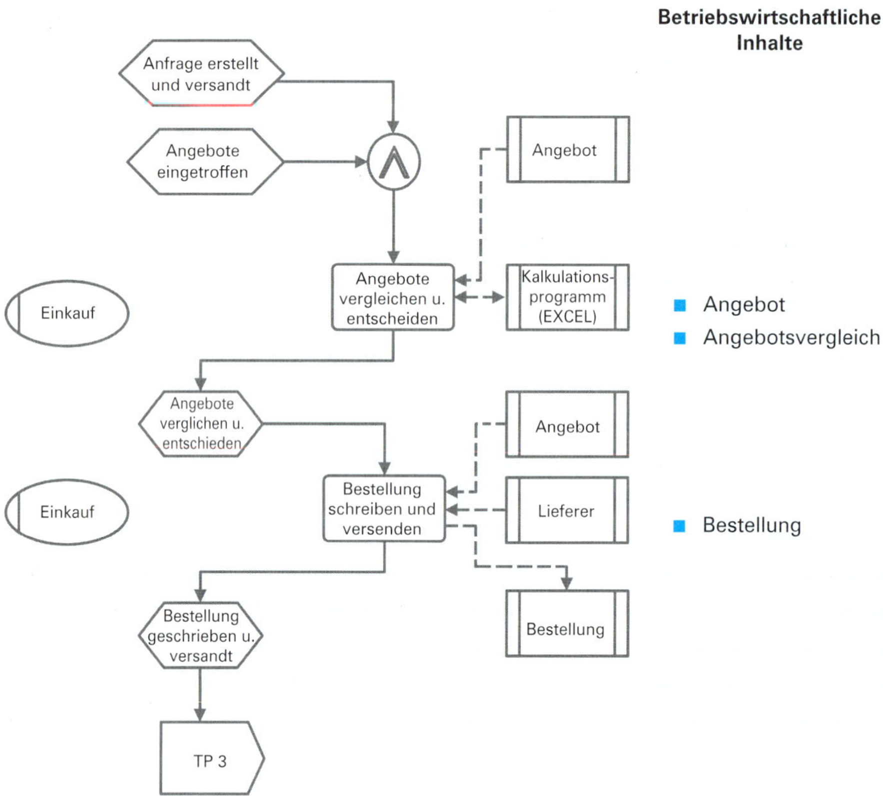

4.4.2 Auswirkungen der Geschäftsprozessbildung auf die Organisationsform

In einer **prozessorientierten Organisation** wird die darstellte Form der **Auftragsbearbeitung** z. B. dadurch gelöst, dass alle bisher isolierten Teilaufgaben **einem** oder **mehreren Prozessverantwortlichen** übertragen werden. Eine Weitergabe der Aufgabe mit den beschriebenen negativen Wirkungen ist damit vermieden. Der Geschäftsprozess wird angestoßen durch den Eingang des Kundenauftrags, und er wird beendet mit der Leistungsübergabe an den Kunden **(„Kunde-Kunde"-Prozesskette)**.

Schematisch gesehen ist der **Ablauf** der **Auftragsbearbeitung** damit wie folgt denkbar:

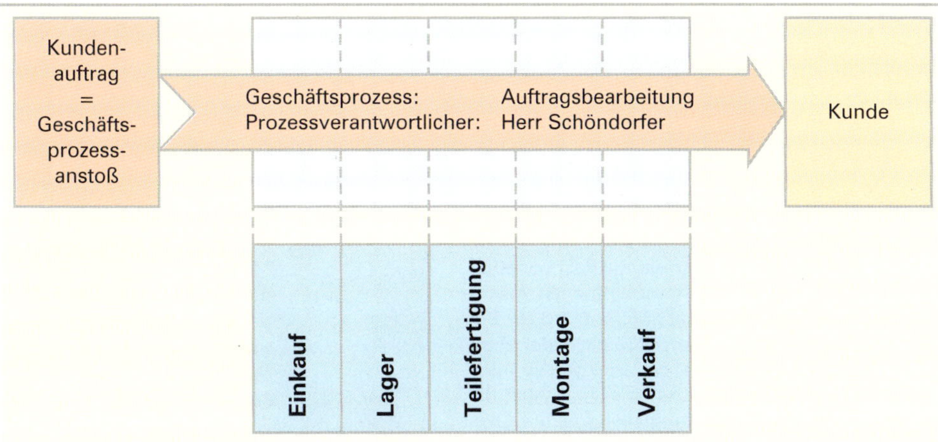

Durch die **prozessorientierte Organisation** ergeben sich insbesondere folgende **Vorteile**:

- Eine teamorientierte Arbeitsorganisation der Prozessverantwortlichen unterstützt **kurze Kommunikationswege.**
- Die Denkrichtung der Mitarbeiter orientiert sich nicht mehr an den Bereichsinteressen, sondern stellt die **reibungslose Abwicklung des Auftrags** in den Vordergrund.
- Die Gestaltung der Prozesse ist ausgerichtet auf die **Bedürfnisse der Kunden** bzw. auf die **Anforderungen des Markts.**
- Die Mitarbeiter tragen ein höheres Maß an Verantwortung und entwickeln daher ein **ausgeprägteres Kostenbewusstsein.**
- **Flachere Hierarchien.**

Zusammenfassung

- **Geschäftsprozesse** sind durch folgende Merkmale charakterisiert:
  - Zusammenhängende abgeschlossene Folgen von Tätigkeiten zur Erfüllung einer betrieblichen Aufgabe,
  - sich wiederholende betriebliche Abläufe beschreiben,
  - führen zu einem Wertzuwachs (einer Wertschöpfung),
  - liefern einen Kundennutzen.
- Geschäftsprozesse können nach der **Bedeutung der Geschäftsprozesse** für den Betrieb in Kernprozesse und unterstützende Prozesse untergliedert werden.
  - **Kernprozesse** tragen direkt zur Wertschöpfung bei, erbringen die Hauptleistung des Unternehmens, liefern den Hauptnutzen für die Kunden. Wichtige Kernprozesse sind: der Innovationsprozess, der Absatzprozess, der Leistungsprozess und der Beschaffungsprozess.
  - **Unterstützende Prozesse** leisten einen Wertschöpfungsbeitrag für Kernprozesse. Zu unterscheiden sind **Serviceprozesse** und **Managementprozesse.**
- Der logische und zeitliche Ablauf eines Geschäftsprozesses lässt sich durch **„ereignisgesteuerte Prozessketten"** grafisch darstellen.
- Die **Unternehmensorganisation** kann sich auch an **Geschäftsprozessen** ausrichten.
- Die **prozessorientierte Organisation** gliedert die Organisation des Unternehmens nach **kundenorientierten Prozessen.**

Übungsaufgaben

7

1. Erklären Sie, welche Nachteile mit einer aufgabenorientierten Unternehmungsorganisation verbunden sind!
2. Vergleichen Sie die Durchführung der Auftragsbearbeitung innerhalb einer aufgabenorientierten Organisation mit jener innerhalb einer prozessorientierten Organisation!
3. Nennen Sie Vorteile, die sich aus einer prozessorientierten Unternehmensorganisation ergeben!
4. Bei der Wohnmobilvermietung Lustig OHG wird die eintreffende Post von Kunden, die ein Wohnmobil mieten möchten, von Frau Abel geöffnet und zur Bearbeitung an Herrn Kleiner oder Frau Seitz weitergereicht. Bisher gab es keine feste Regel dafür, an wen Frau Abel die Post zur Bearbeitung weiterreichte. Dies führte schon wiederholt zu Problemen, wenn z.B. Frau Seitz einen Vorgang zur Bearbeitung erhielt, von dem sie nicht wusste, dass Herr Kleiner bereits Vorarbeiten und u.U. auch bindende Zusagen geleistet hatte.

Aufgabe:

Erstellen Sie Regeln für den Ablauf der Weitergabe, damit in Zukunft solche Probleme vermieden werden können!

8

1. 1.1 Beschreiben Sie die Kernaussage der Geschäftsprozess-Konzeption!
   1.2 Stellen Sie dar, welche Zielsetzungen die Geschäftsprozess-Konzeption verfolgt!
2. Erläutern Sie an einem Beispiel die Merkmale von Geschäftsprozessen und stellen Sie dar, warum es für die Praxis wichtig ist, zwischen Kern-, Management- und Serviceprozessen zu unterscheiden!
3. Entscheiden Sie, ob es sich bei den nachfolgenden Prozessen um Geschäftsprozesse handelt. Begründen Sie Ihre Entscheidung!
   3.1 Überprüfung eines Rohstoffeinkaufs,
   3.2 Gründung einer Filiale,
   3.3 Abwicklung der monatlichen Lohnbuchhaltung,
   3.4 Inventur im Fertigungslager,
   3.5 Schulung der Auszubildenden,
   3.6 Schadensfeststellung nach einer Überschwemmung des Fabrikgeländes,
   3.7 Einstellung eines Mitarbeiters als Softwareverwalter,
   3.8 Qualitätsprüfung.
4. Ausgangspunkt ist die Thüringer Büromöbel AG. Sie produziert Büromöbel und Regale. Es fallen folgende Geschäftsprozesse an:
   4.1 Die Thüringer Büromöbel AG bestätigt einen Auftrag über 150 m^2 Spanplatten.
   4.2 Die Thüringer Büromöbel AG stellt einen neuen Außendienstmitarbeiter ein.
   4.3 Die Geschäftsleitung entschließt sich für die Herstellung einer neuen Kollektion von Regalen. Die Konstruktionsabteilung entwickelt entsprechende Modelle.
   4.4 Die Geschäftsleitung veranlasst die Überprüfung der Kundendatensätze.

4.5 Die Buchhaltung erstellt den Jahresabschluss für die Thüringer Büromöbel AG.

4.6 Der Fertigungsleiter der Thüringer Büromöbel AG erstellt einen Maschinenbelegungsplan für die anstehende Kalenderwoche.

4.7 Die Geschäftsleitung der Thüringer Büromöbel AG überlegt, in Zukunft auch Polstermöbel herzustellen und will damit in den kommenden zwei Jahren eine Umsatzsteigerung von 20 % erzielen.

Aufgabe:

Entscheiden Sie, ob es sich bei den Geschäftsprozessen jeweils um einen Kernprozess oder um einen unterstützenden Prozess handelt. Begründen Sie Ihre Entscheidung!

5. 5.1 Interpretieren Sie den folgenden Teilprozess!

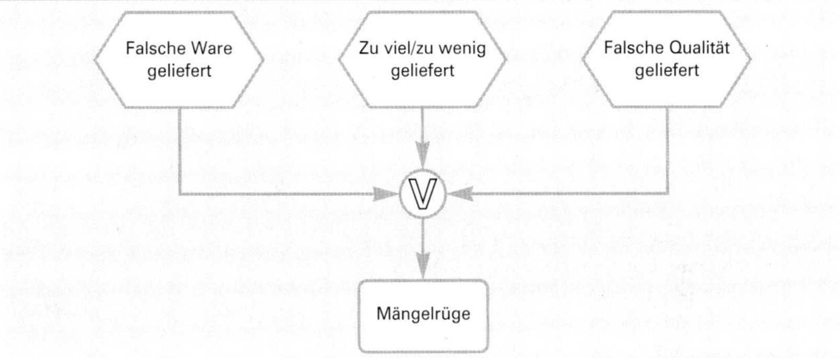

5.2 Beschreiben Sie, wie sich der Aussagewert des obigen Geschäftsprozesses ändern würde, wenn statt des einfachen ODER ein XOR als Verknüpfung eingefügt wäre!

6. Erstellen Sie die Auszüge aus einer Ereignisprozesskette, die jeweils folgende Abläufe abbildet:

6.1 Nachdem die Ware versandfertig gemacht wurde, kann sie mit der Deutschen Post AG oder mit UPS versandt werden.

6.2 Erklären Sie, warum die Verknüpfung in Aufgabe 6.1 nicht mit OR hergestellt werden kann!

7. 7.1 Erklären Sie in Worten den nachfolgenden Auszug aus dem Teilprozess „Rechnung prüfen und bezahlen“!

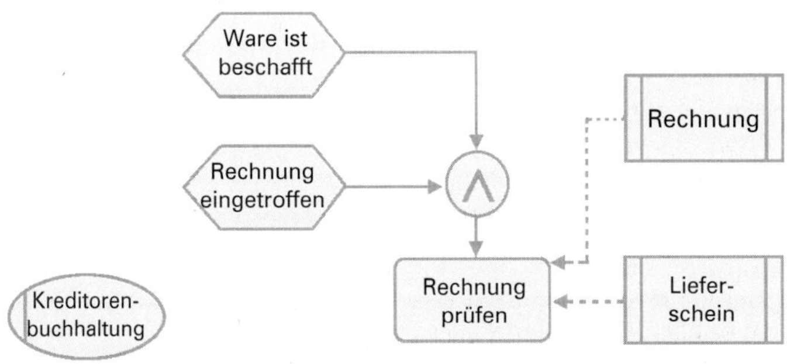

7.2. Beschreiben Sie, in welcher Weise hierbei die Dokumente benutzt werden!

7.3 Erläutern Sie, welchen Vorteil es bringt, dass bei der Organisationseinheit der Name der Stelle (hier: Kreditorenbuchhaltung) und nicht der Name des Sachbearbeiters angegeben wird!

Lernbereich 2: Einführung in das betriebliche Rechnungswesen

1 Aufgaben der Buchführung

1.1 Bereiche des Rechnungswesens

Das Rechnungswesen erfasst die betrieblichen Prozesse eines Unternehmens und stellt die Ergebnisse der Geschäftsleitung zur Auswertung zur Verfügung. In großen Unternehmen umfasst das Rechnungswesen vier Bereiche.

Buchführung (Finanzbuchführung, Geschäftsbuchführung)	■ Erfasst zu Beginn der Geschäftsperiode das Vermögen und das eingesetzte Kapital des Unternehmens. ■ Hält alle Wertveränderungen (Einnahmen, Ausgaben) während des Jahres fest. ■ Ermittelt den Gewinn bzw. Verlust des Unternehmens. ■ Erfasst am Ende der Geschäftsperiode die Bestände und Veränderungen von Vermögen und eingesetztem Kapital. ■ Erfasst alle Wertveränderungen des Unternehmens, auf die die Kosten- und Leistungsrechnung anschließend zurückgreifen kann. ■ Bildet die Grundlage für die Kosten- und Leistungsrechnung.
Kosten- und Leistungsrechnung	■ Ermittelt die Selbstkosten der einzelnen Erzeugnisse und die Preise, zu denen die Erzeugnisse angeboten werden können. ■ Stellt den Kosten die Leistungen gegenüber und ermittelt damit den Erfolg aus der Produktion und dem Verkauf der Erzeugnisse. ■ Stellt Informationen zur Vorbereitung und Kontrolle von Produktionsentscheidungen bereit.
Statistik	■ Sammelt betriebliche und außerbetriebliche Daten, bereitet die Daten auf und analysiert sie durch Erstellen von Kennziffern und Grafiken. ■ Durch die Interpretation der Daten werden Unternehmensentscheidungen vorbereitet. ■ Zur eigenen Standortbestimmung können die Zahlen verglichen werden mit – den Zahlen des **eigenen Betriebes** aus früheren Perioden **(innerbetrieblicher Vergleich),** – den Werten **anderer Betriebe** der gleichen Branche oder mit den Durchschnittswerten der Branche **(zwischenbetrieblicher Vergleich).**
Planung und Controlling	■ Unternehmerische Zielvorgaben werden formuliert und als Sollwerte vergeben. ■ Das Controlling meldet, wenn die Umsetzung der Sollwerte gefährdet ist. ■ Das Controlling sorgt dafür, dass bei Planabweichungen Gegenmaßnahmen ergriffen werden. ■ Auf der Grundlage der vom Rechnungswesen bereitgestellten Daten stellt das Controlling Informationen zur Planung, Überwachung und Steuerung des Unternehmens bereit.

1.2 Buchführung als grundlegender Teil des Rechnungswesens

Die kaufmännische Buchführung erfüllt eine Vielzahl von Aufgaben, die einerseits der **Unternehmensleitung** dienen **(interne Aufgaben)** und andererseits für **außerhalb des Unternehmens stehende Personen** bzw. **Institutionen** gedacht sind **(externe Aufgaben)**.

(1) Aufgaben aus der Sicht der Unternehmensleitung

Buchführung als Gedächtnisstütze	Ursprünglich diente die Buchführung als Gedächtnisstütze. Sobald das Geschäftsvolumen einen bestimmten Umfang überschreitet, ist es dem Kaufmann nicht mehr möglich, alles im Kopf zu behalten. Das gilt besonders für die noch nicht vollständig abgewickelten Geschäfte (Zielgeschäfte, Ratengeschäfte). Diese Aufgabe der Gedächtnisstütze übernimmt die Buchführung auch heute noch.
Buchführung als Instrument der Ergebnisermittlung (Erfolgsermittlung)	Jeder Kaufmann möchte sich nach einer gewissen Zeit (Monat, Vierteljahr, Halbjahr), spätestens nach einem Jahr, Rechenschaft über seine Geschäftstätigkeit ablegen. Er möchte wissen, wie erfolgreich er innerhalb der Geschäftsperiode gewesen ist. Das **Ergebnis** der Geschäftstätigkeit kann ein **Gewinn,** im ungünstigen Fall aber auch ein **Verlust** sein. Der Begriff Ergebnis ist also als eine **neutrale Größe** anzusehen. Er darf nicht mit dem Gewinn gleichgesetzt werden. 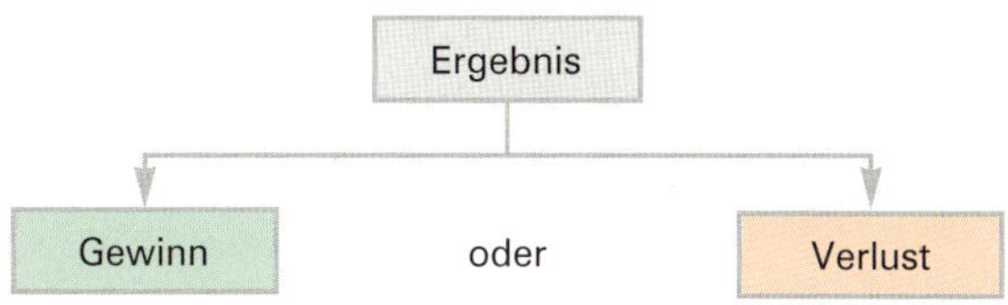
Buchführung als Instrument der Vermögens- und Schuldenermittlung	Ein Kaufmann will sich zu jeder Zeit über den **Stand seines Vermögens und der Schulden** informieren können. Beides kann er mithilfe der Buchführung erreichen, da sie alle Wertveränderungen erfasst. Allerdings ist die Blickrichtung der Ergebnisermittlung und der Vermögens- und Schuldenermittlung unterschiedlich. Die **Vermögens- und Schuldenrechnung** bezieht sich auf einen bestimmten **Zeitpunkt,** die **Ergebnisermittlung** auf einen bestimmten **Zeitraum.**
Buchführung als Grundlage der Kosten- und Leistungsrechnung (Kalkulation)	Die Kalkulation ermittelt die **Selbstkosten** und die **Verkaufspreise** für die Produkte. Voraussetzung hierfür ist, dass alle Kosten des Unternehmens vorliegen. Da die Buchführung alle **Werteveränderungen des Betriebs** erfasst, kann die Kostenrechnung hierauf zurückgreifen. Die Buchführung bildet somit auch die Grundlage für die Kosten- und Leistungsrechnung.
Buchführung als Instrument der Betriebskontrolle	Sobald ein Unternehmen eine bestimmte Größe übersteigt, ist es der Geschäftsleitung nicht mehr möglich, alle Auswirkungen der Geschäftsvorfälle am Ort des Geschehens zu kontrollieren. Mithilfe der Buchführung können die erforderlichen **Kontrollen** jedoch vom Schreibtisch aus erfolgen. Die Geschäftsleitung braucht sich nur die gewünschten Zahlen aus der Buchführung vorlegen zu lassen.

Dabei kann sie erkennen, ob z.B. irgendwelche Aufwendungen gestiegen sind oder die Umsätze in einer Abteilung oder bei einem bestimmten Artikel nicht den Erwartungen entsprechen. Dann kann sie den **Ursachen** auf den Grund gehen und gegebenenfalls die erforderlichen Maßnahmen ergreifen. Insoweit ist die Buchführung auch ein Instrument der Betriebskontrolle. Mit Recht bezeichnet man die **Buchführung** als das **Spiegelbild der Geschäftstätigkeit.**

Die Buchführung bildet die **Grundlage des gesamten Rechnungswesens.** Bevor weitere Teilbereiche des Rechnungswesens wie die Kostenrechnung, die Planungsrechnung oder die Statistik tätig werden können, müssen die Ausgangsdaten sowie die durch die Geschäftstätigkeiten hervorgerufenen Wertveränderungen durch die Buchführung festgehalten werden.

(2) Aufgaben aus der Sicht von außenstehenden Personen bzw. Institutionen

Neben dem hohen Eigeninteresse der Geschäftsleitung an der Buchführung gibt es noch Interessenten, die außerhalb des Unternehmens stehen und dennoch ein berechtigtes Interesse an der Buchführung eines Unternehmens, insbesondere an deren Ergebnissen in Form der Bilanz und der Gewinn- und Verlustrechnung, nachweisen können. Die wichtigsten **außenstehenden Interessenten** sind:

- Die **Steuerbehörde,** weil für die Berechnung bestimmter Steuern (z.B. Einkommensteuer, Umsatzsteuer, Gewerbesteuer) das Zahlenmaterial der Buchführung zugrunde gelegt wird. Die Buchführung liefert die Unterlagen zur Steuerveranlagung.
- Die **Banken,** da sie bei Kreditgewährungen durch die Vorlage bestimmter Zahlen der Buchführung ihr Risiko besser abschätzen können.
- Die **Kapitalgeber** (z.B. Mitinhaber, Gläubiger), die ihr Geld eingebracht haben, besitzen ein Recht auf Information. Dieses Recht kann mithilfe der Buchführungsergebnisse befriedigt werden.
- Die **Mitarbeiter** haben ein Recht auf Unterrichtung über die wirtschaftliche und soziale Lage ihres Unternehmens [§ 43 I, II BetrVG].
- Die **Gerichte** gehen bei Vermögensstreitigkeiten im Zweifel von der Richtigkeit der Zahlen der Buchführung aus.

Aufgaben der Buchführung	
Für die **Unternehmensleitung**	Für **Außenstehende**
Sie dient als: ▪ Gedächtnisstütze ▪ Mittel zur Feststellung des Ergebnisses ▪ Mittel zur Feststellung der Vermögensverhältnisse ▪ Grundlage für die Kalkulation ▪ Kontrollmittel	**Sie informiert:** ▪ Banken ▪ Steuerbehörden ▪ Kapitalgeber ▪ Mitarbeiter **Vor Gericht dient sie als:** ▪ Beweismittel

2 Einführung in die Buchführung über das Konto Kasse

(1) Begriff Geschäftsvorfälle

In den privaten Unternehmen fällt täglich eine Vielzahl von baren und unbaren Vorgängen an, die den Wert des Vermögens und/oder der Schulden verändern. Man bezeichnet sie als Geschäftsvorfälle.

Geschäftsvorfälle sind Vorgänge, die
- eine Veränderung der **Vermögenswerte** bzw. der **Schulden** auslösen,
- zu **Geldeinnahmen** oder **Geldausgaben** führen und gegebenenfalls
- einen Werteverzehr (**Aufwand**) oder einen Wertezuwachs (**Ertrag**) darstellen.

(2) Erfassung von Geschäftsvorfällen am Beispiel des Kontos Kasse

Standpunkt für die Erfassung von Geschäftsvorfällen

Ein Geschäftsvorfall kann unter Umständen die Grenzen des eigenen Betriebes überschreiten.

Beispiel:

Wir kaufen einen PC bar

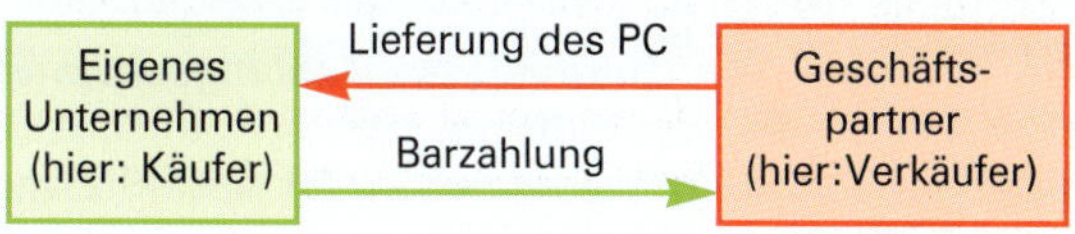

Auf der einen Seite stehen **wir,** das eigene Unternehmen, als Käufer. Auf der anderen Seite findet sich der Geschäftspartner, hier ein Verkäufer.

Wir versetzen uns in die Rolle eines Kaufmanns, der **seine** Bücher zu führen hat, und betrachten **alle** Geschäftsvorfälle aus der **Sicht des eigenen Unternehmens.** Wie der Geschäftsvorfall entsprechend bei unserem Geschäftspartner zu buchen wäre, bleibt in der Regel außerhalb der Betrachtung.

Beispiel:

Kauf von Rohstoffen bar → d.h. „**Wir** kaufen Rohstoffe bar."

Banküberweisung eines Kunden → d.h. „Der Kunde überweist **uns** einen Rechnungsbetrag."

Zahlung einer Liefererrechnung durch Banküberweisung → d.h. „**Wir** zahlen eine Liefererrechnung durch Banküberweisung."

Kassenbuch

Wir gehen von einer kleinen Werkzeugfabrik aus, die neben dem Verkauf an Großkunden noch einen kleinen Werksverkauf für die Handwerker der Region gegen Barzahlung betreibt. Die täglichen Einnahmen und Ausgaben erfasst der Werksverkauf über ein Kassenbuch.

Im Kassenbuch werden alle Barvorgänge entsprechend der zeitlichen Reihenfolge aufgezeichnet. Damit kann jederzeit ein **rechnerischer (buchhalterischer) Kassenbestand (Soll-Kassenbestand)** ermittelt werden. Dieser Kassenbestand laut Kassenbuch muss dann mit dem **tatsächlichen Bargeldbestand in der Kasse (Ist-Kassenbestand)** übereinstimmen.

Beispiel für ein Kassenbuch:

Das Kassenbuch der Werkzeugfabrik Edgar Rohmer KG weist für den 13. Juni 20.. folgende Daten aus:

Vorgang	Einnahme/Bestand in EUR	Ausgabe in EUR
Kassenanfangsbestand	1750,00	
Barverkauf an Fritz Müller	6500,00	
Aushilfslohn bezahlt		620,00
Einlösung einer Nachnahme		1480,00
Bareinzahlung vom Bankkonto	1980,00	
Barverkauf Anton Beyer	1460,00	
Kassenschlussbestand	9590,00	

Die Eintragungen im Kassenbuch werden täglich an die Buchhaltung weitergeleitet und dort auf dem Konto Kasse gebucht.

Einführung des Kontos Kasse

Auf dem **Konto Kasse** werden grundsätzlich **zwei Vorgänge** erfasst: **Zahlungseingänge** und **Zahlungsausgänge.** Es bietet sich daher an, zwischen diesen beiden unterschiedlichen Vorgängen, die es zu erfassen gilt, eine Trennungslinie zu ziehen. Zu diesem Zweck teilen wir unser Aufzeichnungsblatt in zwei Hälften und vereinbaren, dass wir unsere **Geldeingänge** auf der **linken Hälfte der Seite** erfassen (wir nennen sie **Sollseite**[1]) und die **Geldausgänge** auf der **rechten Seite** (diese nennen wir **Habenseite**[1]). Diese Art der Erfassung der Geschäftsvorfälle nennen wir **Kontoform.** Das Konto, auf dem die Kassenvorgänge festgehalten werden, bezeichnet man als **Konto Kasse.**

Beispiel:

Wir beziehen uns auf die Angaben im Kassenbuch und buchen die Einnahmen und Ausgaben auf dem Kassenkonto.

Lösung:

Soll		Kasse	Haben
Anfangsbestand	1750,00	Aushilfslohn	620,00
Fritz Müller	6500,00	Nachnahme	1480,00
Bank	1980,00		
Anton Beyer	1460,00		

1 Die Seitenbezeichnungen **„Soll"** und **„Haben"** hängen mit der Entwicklungsgeschichte der Buchführung zusammen. Es sind Restbestände aus der Führung der ersten Konten, bei denen es sich um Personenkonten handelte (Kunden **„sollen"** zahlen [aufgrund von Warenlieferungen] und sie **„haben"** gezahlt [Zahlungen]). Diese für **alle** Konten geltenden Seitenbezeichnungen können bei anderen Konten nicht mehr zum Konteninhalt in Beziehung gebracht werden.

Zur Feststellung des Schlussbestands muss das Konto **abgeschlossen** werden. Den ermittelten Schlussbestand nennt man in der Sprache des Buchhalters **Saldo,** den Vorgang des Kontoabschlusses bezeichnet man als **Saldieren.**

Um **nach dem Abschluss** weitere Eintragungen vornehmen zu können, muss ein bereits abgeschlossenes Konto wieder **neu eröffnet** werden. Dabei wird der Wert des **Schlussbestands (Saldo)** beim Abschluss auf dem neu zu eröffnenden Konto als **Anfangsbestand (Saldovortrag)** übernommen.

Dies ergibt folgende Darstellung:

Abschluss des Kontos:[1]

Soll		Kasse	Haben
Anfangsbestand	1750,00	Aushilfslohn	620,00
Fritz Müller	6500,00	Nachnahme	1480,00
Bank	1980,00	Schlussbestand (Saldo)	9590,00
Anton Beyer	1460,00		
	11690,00		11690,00

Neueröffnung des Kontos:

Soll		Kasse	Haben
Anfangsbestand (Saldovortrag)	9590,00		

Schematische Darstellung:

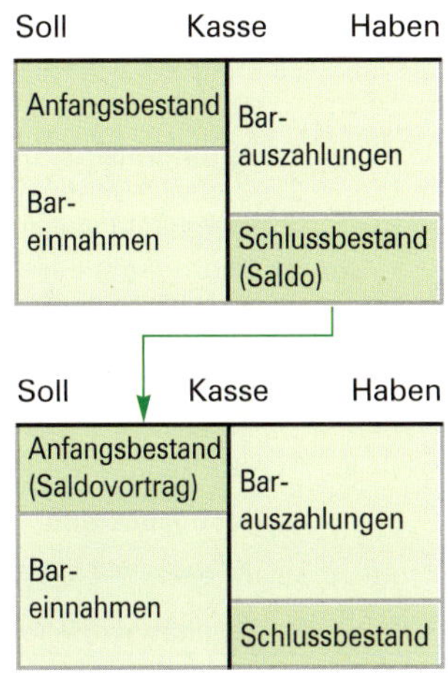

Erläuterungen:

Der ermittelte **Restbetrag (Saldo)** auf einem Konto heißt **Schlussbestand.** Dieser steht immer auf der wertmäßig kleineren Seite. Das ist bei einem Kassenkonto die Habenseite (niemand kann mehr Geld aus der Kasse entnehmen als vorher hineingelegt wurde).

Der **Anfangsbestand (Saldovortrag)** auf dem neu eröffneten Konto steht immer auf der entgegengesetzten Seite wie der Schlussbestand (Saldo). Da auf dem Kassenkonto der Schlussbestand auf der Habenseite steht, muss der Anfangsbestand auf der Sollseite erscheinen.

Der Abschluss eines Kontos vollzieht sich in fünf Schritten:

- **1. Schritt:** Das Wort Schlussbestand (Saldo) wird auf der wertmäßig kleineren Seite eingetragen.
- **2. Schritt:** Die wertmäßig größere Seite wird addiert.
- **3. Schritt:** Die errechnete Summe wird auf die wertmäßig kleinere Seite übertragen.
- **4. Schritt:** Der Schlussbestand (Saldo) wird ermittelt und zum Ausgleich der Seiten auf der wertmäßig kleineren Seite eingetragen.
- **5. Schritt:** Die Abschlussstriche sind zu ziehen.

1 Auf die **Entwertung des freien Raums** beim Abschluss des Kontos durch die sogenannte „Buchhalternase“ wird im Folgenden **verzichtet.** Dies entspricht der Vorgehensweise in der EDV-Buchhaltung.

4 Speth u.a. - ISBN 978-3-8120-0497-8

Übungsaufgaben

9 1. Führen Sie das Konto **Kasse** und schließen Sie es nach Buchung der Geschäftsvorfälle ab!

Bearbeitungshinweis: Denken Sie daran, dass alle Geschäftsvorfälle jeweils nur nach ihrer Auswirkung auf den Kassenbestand befragt werden müssen. Für die Beantwortung gibt es nur zwei Möglichkeiten: Entweder der Kassenbestand nimmt durch den Geschäftsvorfall zu oder er nimmt ab. Zugänge gehören bei der Kasse auf die Sollseite, Abgänge auf die Habenseite.

I. Anfangsbestand:

Die Kasse weist einen Anfangsbestand (Saldovortrag) von 2160,00 EUR aus.

II. Geschäftsvorfälle:

Es ereignen sich folgende Geschäftsvorfälle, die den Kassenbestand verändern:

1. Barverkauf von Waren	3070,00 EUR
2. Zeitungsinserat bar bezahlt	190,00 EUR
3. Kauf von Briefmarken	45,00 EUR
4. Barzahlung eines Kunden	910,00 EUR
5. Mietzahlung unseres Mieters bar	300,00 EUR
6. Barzahlung einer Lieferantenrechnung	1940,00 EUR
7. Barverkauf von Waren	180,00 EUR
8. Provisionszahlung bar	2700,00 EUR

2. Führen Sie das Konto **Kasse** und schließen Sie es nach Buchung der Geschäftsvorfälle ab!

I. Anfangsbestand:

Die Kasse weist einen Anfangsbestand von 2370,00 EUR aus.

II. Geschäftsvorfälle:

Es ereignen sich folgende Geschäftsvorfälle, die den Kassenbestand verändern:

1. Ein Kunde zahlt einen Rechnungsbetrag bar	350,00 EUR
2. Wir kaufen Waren bar ein	500,00 EUR
3. Wir heben vom Bankkonto ab und legen das Geld in die Geschäftskasse	1000,00 EUR
4. Wir zahlen die Aushilfslöhne bar	900,00 EUR
5. Wir kaufen Waren bar	850,00 EUR
6. Wir kaufen Büromaterial bar	78,00 EUR
7. Wir kaufen einen Bürostuhl bar	425,00 EUR
8. Wir zahlen auf unser Bankkonto bar ein	400,00 EUR

10 1. Führen Sie aufgrund der folgenden Belege für Beauty Moments Emmy Reisacher e.Kfr. das Konto Kasse!

2. Formulieren Sie die Geschäftsvorfälle, die diesen Belegen zugrunde liegen!

3. Schließen Sie das Kassenkonto nach Buchung der Geschäftsvorfälle ab! Die Kasse weist einen Anfangsbestand von 10400,25 EUR aus.

Beleg 1

Beauty Moments
Emmy Reisacher e. Kfr.

Beauty Moments Emmy Reisacher e. Kfr., Neuwerk 10, 59494 Soest

Markus Böhlen
Beringweg 22
59494 Soest

Kunden-nummer	Rechnungs-nummer	Rechnungs-datum	Auftrags-nummer	Auftrags-datum	Liefer-datum	Bestell-nummer
24003	1502	18.03.20..			08.03.20..	26831

Barverkauf

Pos.	Art.-Nr.	Bezeichnung	Menge	Einzelpreis EUR	Gesamtpreis EUR
1	0563	Gutschein Sauerstofflifting	2	125,00	250,00
2	0561	Gutschein Hotstonemassage	2	80,00	160,00
				Rechnungsbetrag	410,00

Betrag dankend erhalten
Reisacher

Zahlungsbedingungen: Barzahlung

Hinweis: Die Umsatzsteuer wird hier und bei den folgenden Belegen der Aufgabe nicht ausgewiesen. Die Umsatzsteuer wird erst später behandelt.

Beleg 2

Autohaus Werner OHG

Autohaus Werner OHG · Dieselstraße 14 · 59494 Soest

Beauty Moments
Emmy Reisacher e. Kfr.
Neuwerk 10
59494 Soest

Betriebs-Nr. 13625305
Auftrags-Nr.
Kunden-Nr.
Abn.-Gr.
Telefon
02921 52566-6837
Telefax
02921 65356
Volksbank Hellweg
BIC: GENODEM1SOE
IBAN: DE98414601160000431801

Amtl. Kennzeichen	Typ/Modell	Fahrzeug-Ident-Nr.	Zulassungstag	Anmeldung	km-Stand	KD-Meister
SO-MI 720	4A2084	WAUZZZ4AZRN042867	16.10.20..	–	32375	Neubarth

Lieferdatum: 18.03.20..
Rechnungsdatum: 18.03.20..

Barverkauf Nr. 11471

Gemäß unserer Lieferbedingungen erhielten Sie folgendes Gebrauchtfahrzeug

Golf Trendline 1,2 TSI, „Königsblau" 9744,00 EUR

Mit freundlichen Grüßen

Autohaus Werner OHG

Betrag dankend erhalten
i.A. Meyer

Sitz der Unternehmung: Soest · Registergericht: Soest; HRA 1718 · Steuer-Nr. 73501/09931

Beleg 3

DEUTSCHE POST AG
59494 SOEST
1313-0108 0037 18. MÄRZ 20..

*130,00 EUR

POSTWERTZEICHEN

Beleg 4

Nessensohn Werkverkauf GmbH Thomasstraße 51 Soest

Beauty Moments Emmy Reisacher e.Kfr.
Neuwerk 10
59494 Soest

278.0001

Datum *18. März 20..*	EUR	Cent
Lagerregal	*150*	*00*
Schreibtisch	*128*	*00*
	278	*00*
Eingeräumter Sonderrabatt wegen Räumungsverkauf 25%		

Zu reduzierten Preisen kein Umtausch möglich!

Verk. *[signature]* 6-003677

W. Kohlhammer Druckerei GmbH + Co. Stuttgart, Abt. Kassenblock

Beleg 5

Quittung

EUR Betrag	*120,64*
Nr.	inclusive % MwSt./Betrag
Betrag in Worten	*einhundertzwanzig*-------------------------
von	*Beauty Moments Emmy Reisacher e.Kfr.*
für	*Zulassungskosten für SO-MI 720*
	dankend erhalten
Datum/Ort	*18. März 20..*

Buchungsvermerke

Stempel/Unterschrift des Empfängers
Autohaus Werner OHG
Dieselstr. 14
59494 Soest
i.A. Kupfer

Zweckform Quittung

Beleg 6

RAN-STATION
Konrad Wessle

* 57,41 Liter SÄULENR 3*
Super Blfr. A 67,11 EUR

TOTAL 67,11 EUR

#31366 18.03.20..18:57 B01 K.0001
Der Verkauf von Kraft- und Schmierstoffen erfolgt im Namen und für Rechnung der Westfalentank GmbH & Co.KG, Im Wasen 4, 59555 Lippstadt
StNr.Kraftst.: 121/174/54108
StNr.Shopware: 91389/17030
Vielen Dank für Ihren Einkauf und gute Fahrt!

3 Inventur und Inventar

3.1 Inventur

3.1.1 Ablauf der Inventur

Nach § 240 HGB ist jeder Kaufmann verpflichtet, „zu Beginn seines Handelsgewerbes" (d.h. bei der Gründung) und danach „für den Schluss eines jeden Geschäftsjahres" seine Vermögens- und Schuldposten mit ihren Werten anzugeben. Diese Aufstellung nennt der Gesetzgeber **Inventar.**

Durch den Vorgang der **Inventur** wird vor Ort festgestellt, welche Vermögens- und Schuldwerte tatsächlich vorhanden sind. Die Inventur ist also eine **Tätigkeit (körperliche Bestandsaufnahme).**

- Man geht in das Lager und schaut z.B. nach, welche Menge einer **Werkstoffart**[1] noch vorhanden ist. Typische Tätigkeiten für diesen ersten Vorgang der Inventur sind: Zählen, Messen, Wiegen, notfalls auch Schätzen. Durch die Rechnung Menge · Einstandspreis wird anschließend der Wert der vorhandenen Werkstoffe ermittelt.
- Zur Feststellung des Wertes an **Bargeld** muss das in der Kasse vorhandene Geld gezählt werden.
- Bei anderen Geldvermögensarten, z.B. dem **Bankguthaben,** geben die Kontoauszüge Auskunft über das gegenwärtige Guthaben.
- **Kundenforderungen** bzw. **Lieferantenschulden** werden namentlich aufgelistet. Die ermittelten Salden lässt man sich von den einzelnen Kunden bzw. Lieferanten bestätigen.
- Der Wert der einzelnen Gegenstände der **Betriebs- und Geschäftsausstattung** wird unter Berücksichtigung planmäßiger Abschreibungsbeträge ermittelt.

Beispiel für eine Inventur-Aufnahmeliste (Einzelinventurliste):

Inventur-Aufnahmeliste

Filiale: *Hamburg*	**Blatt-Nr.:** *14*	**Aufnahme:**	*Fischer*
Abteilung: *Möbel*	**Datum:** *31.12.20..*	**Ausrechnung:**	*Troll*
		Kontrolle:	*Spralte*

Position	Menge	Artikelnummer	Artikelbezeichnung	Warengruppe	Nettoverkaufspreis in EUR	Einstandspreis in EUR
(1)	*30*	*30111*	*Matratzen*	*5*	*299,00*	*185,00*
(2)	*25*	*30222*	*Tische*	*7*	*119,00*	*69,00*
(3)						

Die **Inventur** ist die mengen- und wertmäßige Erfassung aller Vermögens- und Schuldenwerte eines Kaufmanns zu einem bestimmten Zeitpunkt. Die Inventur ist also eine Tätigkeit.

1 Zu den Werkstoffen zählen z.B. Rohstoffe, Betriebsstoffe, Hilfsstoffe. Wiederholen Sie hierzu S. 19.

3.1.2 Arten (Verfahren) der Inventur

(1) Stichtagsinventur (Normalverfahren)

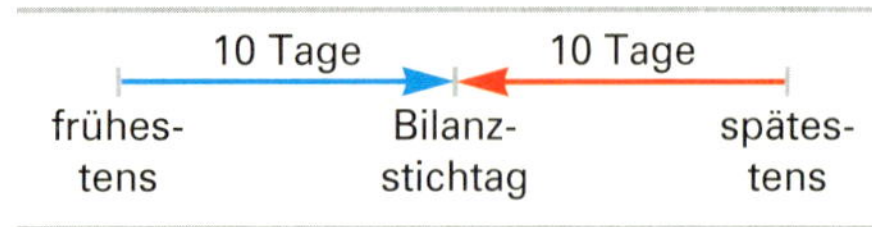

Grundsätzlich sind zu Beginn eines Handelsgewerbes und zum Schluss eines jeden Geschäftsjahres alle Vermögens- und Schuldenposten aufgrund einer körperlichen Bestandsaufnahme genau zu verzeichnen und zu bewerten. Diese zeitraubenden Inventurarbeiten sind aber in der Praxis häufig an einem Tag nicht zu bewältigen. Die Inventurarbeiten dürfen daher auch zeitnah **um den Stichtag herum** durchgeführt werden. Als zulässige Zeitspanne um den Bilanzstichtag gelten 10 Tage vor bzw. 10 Tage nach dem Bilanzstichtag.

(2) Verlegte Inventur

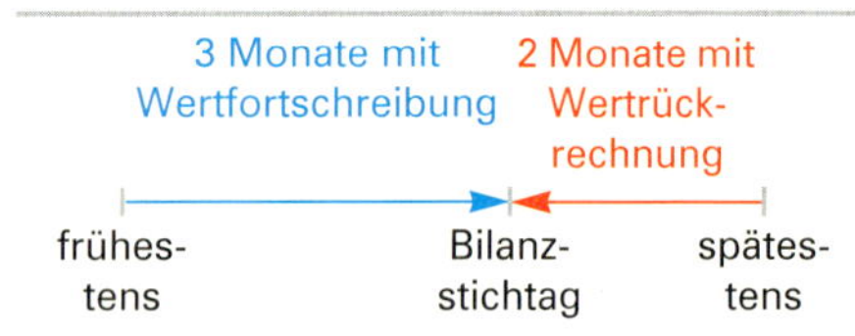

Sind für einen bestimmten Tag innerhalb von **drei Monaten vor dem Bilanzstichtag** oder innerhalb von **zwei Monaten nach dem Bilanzstichtag** die Werte von Vermögensgegenständen durch eine körperliche Bestandsaufnahme ermittelt und in einem gesonderten Verzeichnis festgehalten worden, dann braucht für diese Vermögensgegenstände eine körperliche Inventur zum Bilanzstichtag nicht mehr vorgenommen zu werden. Allerdings muss sichergestellt sein, dass durch eine ordnungsmäßige **Fortschreibung** bzw. **Rückrechnung** der Wert am Bilanzstichtag zuverlässig ermittelt werden kann.

(3) Permanente Inventur

Werden alle Zu- und Abgänge der Vermögensgegenstände nach Art, Menge und Wert fortlaufend in einer Bestandsdatei erfasst, kann auf eine körperliche Bestandsaufnahme zum Bilanzstichtag gänzlich verzichtet werden. Allerdings muss dann die Bestandsdatei zu einem **beliebigen** anderen **Zeitpunkt innerhalb des Jahres** durch eine körperliche Bestandsaufnahme überprüft werden.

Die permanente Inventur hat den Vorteil, dass die starke Arbeitsbelastung, die die Stichtagsinventur mit sich bringt, auf das Jahr verteilt wird und gegebenenfalls eine Betriebsschließung vermieden werden kann.

(4) Stichprobeninventur

Erfahrungsgemäß macht bei den Warenvorräten eine relativ kleine Menge (z.B. 20 % der Waren) den größten Teil des Wertes (z.B. 80 %) aus. Das ist die geeignete Situation für die Anwendung der Stichprobeninventur.

Für die **kleine Warenmenge** mit einem **hohen Wertanteil** wird eine **vollständige körperliche Bestandsaufnahme** durchgeführt. Für die **große Warenmenge** mit vergleichsweise **niedrigem Wertanteil** wird eine **Stichprobeninventur** durchgeführt.

Bei dem Teil der Warenvorräte, bei dem das Stichprobenverfahren infrage kommt, wird zunächst für einen kleinen Teil der Warenmenge (z.B. für 2 % bis 5 %) eine körperliche Bestandsaufnahme durchgeführt. Aus diesen ausgewählten einzelnen Waren (den Stichproben) wird ein Durchschnittswert ermittelt.

Durch Multiplikation der Gesamtmenge dieses Teils der Warenmenge mit dem ermittelten Durchschnittswert der Stichproben erhält man den Gesamtwert für diesen Teil der Warenvorräte.

3.1.3 Zielsetzung der Inventur

Die vom Gesetzgeber geforderte Inventur ist wesentlicher Bestandteil einer ordnungsmäßigen Buchführung. Die Inventur dient in erster Linie dem **Schutz der Gläubiger.** Durch eine körperliche Bestandsaufnahme soll überprüft werden, ob die in der Buchführung **ausgewiesenen Bestände (Sollbestände)** mit den **tatsächlichen Beständen (Istbeständen) übereinstimmen.** Treten Differenzen zwischen Soll- und Istbeständen auf, müssen die Ursachen aufgedeckt und entsprechende Korrekturen in der Buchführung vorgenommen werden, damit solche Differenzen nicht noch weitergeschleppt werden. Insofern übt die **Inventur** gegenüber der Buchführung eine **Kontrollfunktion** aus.

3.2 Inventar

Das **Inventar** ist das übersichtlich zusammengestellte **wertmäßige Ergebnis** der Inventur. Das Inventar ist also ein Verzeichnis über die tatsächlich vorhandenen Vermögens- und Schuldenwerte an einem bestimmten Tag (Stichtag).

!

Obschon es **keine gesetzlichen Vorschriften** für die **formale Darstellung eines Inventars** gibt, hat es sich in der Praxis allgemein durchgesetzt, dass die Ergebnisse der Inventur nochmals zusammengefasst werden. Bei einzelnen Posten wird dann auf die Einzelverzeichnisse verwiesen.

Das Beispiel auf S. 56 soll als Muster für den Inhalt und den Aufbau eines Inventarverzeichnisses und für die darin verwendeten Begriffe dienen.

Erläuterungen zum Inhalt und Aufbau des Inventars von S. 56:

Das Inventar besteht aus drei Teilen: dem **Vermögen**, den **Schulden** und dem **Reinvermögen (Eigenkapital).**

- Das **Vermögen** gibt Aufschluss darüber, welche Gegenstände in einem Unternehmen vorhanden sind. Man unterscheidet zwischen Anlage- und Umlaufvermögen.
  - Zum **Anlagevermögen** gehören alle Vermögensposten, die dazu bestimmt sind, dem Unternehmen langfristig zu dienen. Sie bilden die Grundlage für die Betriebsbereitschaft.

    Beispiele:

    Lizenzen, geschützte Marken, Gebäude, Grundstücke, Maschinen, Betriebs- und Geschäftsausstattung, Beteiligung an anderen Unternehmen.

  - Zum **Umlaufvermögen** zählen alle Vermögensposten, die dadurch charakterisiert sind, dass sie sich durch die Geschäftstätigkeit laufend verändern.

    Beispiele:

    Kassenbestand, Guthaben bei Kreditinstituten, Werkstoffe, Handelswaren, Forderungen aus Lieferungen und Leistungen.

- Die **Schulden (Verbindlichkeiten)** stellen Fremdkapital dar, das Dritte dem Unternehmen zur Verfügung stellen. Sie werden z.B. nach der Art der Schuld gegliedert.

  Beispiele:

  Verbindlichkeiten gegenüber Kreditinstituten, Verbindlichkeiten aus Lieferungen und Leistungen.

Inventar zum 31. Dezember
der Möbelfabrik Franz Merkurius e. Kfm., Weißensee Str. 101, 99610 Sömmerda

A. Vermögen		
I. Anlagevermögen:		
1. Grundstücke		
– Dürener Straße 101	175 000,00 EUR	
– Georgstraße 21	125 000,00 EUR	300 000,00 EUR
2. Bauten auf eigenen Grundstücken		
– Fabrikgebäude Dürener Straße 101	429 450,00 EUR	
– Verwaltungsgebäude Georgstraße 21	675 000,00 EUR	1 104 450,00 EUR
3. Maschinen lt. Inventurliste 1		749 800,00 EUR
4. Fuhrpark		
– Pkw: SÖM – BE 44	45 800,00 EUR	
– Lkw: SÖM – LU 855	98 750,00 EUR	144 550,00 EUR
5. Betriebs- und Geschäftsausstattung		
– Lagereinrichtung lt. Inventurliste 2	45 600,00 EUR	
– Verwaltungseinrichtung lt. Inventurliste 3	29 275,00 EUR	
– EDV-Anlagen lt. Inventurliste 4	20 725,00 EUR	95 600,00 EUR
II. Umlaufvermögen:		
1. Rohstoffe lt. Inventurliste 5		350 750,00 EUR
2. Hilfsstoffe lt. Inventurliste 6		118 450,00 EUR
3. Betriebsstoffe lt. Inventurliste 7		147 620,00 EUR
4. Fertigerzeugnisse		
– 360 Schränke V 17/2	203 400,00 EUR	
– 210 Schreibtische S 22/4	193 200,00 EUR	
– Diverse Kleinmöbel lt. Inventurliste 8	310 400,00 EUR	707 000,00 EUR
5. Unfertige Erzeugnisse lt. Inventurliste 9		70 200,00 EUR
6. Forderungen aus Lieferungen und Leistungen		
– Möbelhaus Schmid OHG, Dresden	12 125,00 EUR	
– Möbel Meierhofer KG, Chemnitz	11 900,00 EUR	
– Möbel Discount Erfurt GmbH	9 550,00 EUR	33 575,00 EUR
7. Kassenbestand lt. Inventurliste 10		1 250,00 EUR
8. Guthaben bei Banken		
– Guthaben Commerzbank Sömmerda	28 780,00 EUR	
– Guthaben Nordthüringer Volksbank	5 900,00 EUR	34 680,00 EUR
Summe des Vermögens (Rohvermögens)		3 857 925,00 EUR
B. Schulden		
1. Verbindlichkeiten gegenüber Kreditinstituten		
– Darlehen bei der Commerzbank Sömmerda	890 600,00 EUR	
– Kontokorrentkredit bei der Nordthüringer Volksbank	50 145,00 EUR	940 745,00 EUR
2. Verbindlichkeiten aus Lieferungen und Leistungen		
– Metall- und Kunststoffwerke Leipzig AG	55 150,00 EUR	
– Großhandelshaus Stark GmbH Münster	47 350,00 EUR	102 500,00 EUR
3. Liefererdarlehen bei der Rado GmbH Leipzig		73 000,00 EUR
Summe der Schulden		1 116 245,00 EUR
C. Ermittlung des Reinvermögens (Eigenkapitals)		
Summe des Vermögens		3 857 925,00 EUR
– Summe der Schulden		1 116 245,00 EUR
= Reinvermögen (Eigenkapital)		2 741 680,00 EUR

Übungsaufgabe

11 1. Nennen Sie die Gesetzesvorschrift, die den Kaufmann zur Aufstellung eines Inventars verpflichtet!

2. Nennen Sie drei Angaben, die in einem Inventar enthalten sein müssen!

3. Ermitteln Sie, zu welchen Zeitpunkten jeweils ein Inventar aufgestellt werden muss!

4. Erläutern Sie die Begriffe Inventar und Inventur!

5. Erklären Sie, welche praktische Bedeutung die Inventur im Zusammenhang mit der Buchführung hat!

6. Begründen Sie, welche Werte beim Auftreten von Differenzen zwischen Soll- und Istwerten berichtigt werden müssen!

7. Stellen Sie aufgrund der angegebenen Inventurergebnisse ein Inventar auf!

Bebaute Grundstücke		478790,00 EUR
Fabrikgebäude		2121180,00 EUR
Verwaltungsgebäude		535925,00 EUR
Büroeinrichtung lt. Inventurliste 1		148500,00 EUR
Maschinen lt. Inventurliste 2		2470100,00 EUR
Werkzeuge lt. Inventurliste 3		272800,00 EUR
Fuhrpark: 2 Lkw	205000,00 EUR	
3 Pkw	64300,00 EUR	269300,00 EUR
Betriebs- und Geschäftsausstattung lt. Inventurliste 4		330000,00 EUR
Rohstoffe lt. Inventurliste 5		1420000,00 EUR
Betriebsstoffe lt. Inventurliste 6		87200,00 EUR
Hilfsstoffe lt. Inventurliste 7		54750,00 EUR
Unfertige Erzeugnisse lt. Inventurliste 8		321800,00 EUR
Fertige Erzeugnisse lt. Inventurliste 9		1790000,00 EUR
Kundenforderungen lt. bestätigter Saldenliste		222400,00 EUR
Kassenbestand lt. Inventurliste 10		15100,00 EUR
Guthaben bei Kreditinstituten		
– Guthaben auf dem Kontokorrentkonto bei der A-Bank		29900,00 EUR
Verbindlichkeiten gegenüber Kreditinstituten		
– Darlehen bei der B-Bank		3720000,00 EUR
Verbindlichkeiten aus Lieferungen und Leistungen:		
– Göttinger Maschinen AG	820000,00 EUR	
– Technik & Service Fritz GmbH	188100,00 EUR	1008100,00 EUR

4 Bilanz

4.1 Gesetzliche Grundlagen zur Aufstellung der Bilanz

(1) Aufstellungspflicht

Nach § 242 HGB hat der Kaufmann zu Beginn seines Handelsgewerbes und danach für den Schluss eines jeden Geschäftsjahres eine Bilanz[1] aufzustellen, aus der das Verhältnis zwischen seinem Vermögen und seinen Schulden erkennbar ist.

Im Gegensatz zum Inventar stellt die Bilanz eine **kurz gefasste Übersicht** dar, die es ermöglicht, das Verhältnis zwischen Vermögen und Schulden in kurzer Zeit zu erkennen. Die Bilanz ist eine **Kurzfassung des Inventars.**

(2) Form und Gliederung der Bilanz nach § 266 HGB

Nach § 266 I, S. 1 HGB ist die Bilanz in **Kontoform** aufzustellen. Die **linke Seite der Bilanz** ist die **Aktivseite.** Auf ihr stehen die **Aktiva (Vermögensposten).** Die **rechte Seite der Bilanz** ist die **Passivseite.** Auf ihr stehen die **Passiva.** Die Passivseite der Bilanz weist das Kapital, getrennt nach Kapitalgebern (**Eigenkapital** und **Verbindlichkeiten** [**Fremdkapital**]) aus.

In der Schule können wir uns – besonders im Anfangsunterricht – nur mit einfachen Bilanzen beschäftigen. Wir verwenden daher für unsere vorläufige Arbeit folgendes vereinfachte Bilanzschema, welches sich an der Praxis orientiert.

Aktiva	Bilanz zum 31. Dezember 20.. Passiva
I. Anlagevermögen	**I. Eigenkapital**
1. Grundstücke und Bauten	**II. Verbindlichkeiten**
2. technische Anlagen und Maschinen	1. Verbindlichkeiten gegenüber Kreditinstituten
3. And. Anl., Betr.- u. G.-Ausstattung[2]	2. Verbindlichkeiten aus Lieferungen und Leistungen
II. Umlaufvermögen	3. Sonstige Verbindlichkeiten[4]
1. Roh-, Hilfs- und Betriebsstoffe	
2. unfertige Erzeugnisse	
3. fertige Erzeugnisse und Waren[3]	
4. Ford. aus Lieferungen u. Leistungen	
5. Kassenbestand	
6. Guthaben bei Kreditinstituten	

Beispiel:

Wir stellen zu dem Inventar auf S. 56 die entsprechende Bilanz auf!

1 Das Wort **Bilanz** stammt aus dem Italienischen. Dort heißt es so viel wie Gleichgewicht bzw. Waage.

2 Zu diesem Bilanzposten gehört bei Kapitalgesellschaften auch der Fuhrpark. In Bilanzen von Nichtkapitalgesellschaften wird der Fuhrpark häufig als gesonderter Bilanzposten ausgewiesen.

3 Es handelt sich um **fertige** Waren (sogenannte **Handelswaren**), die der Industriebetrieb einkauft und unverändert weiterverkauft, z. B. eine Möbelfabrik kauft Bilder, Wäsche und Teppiche ein, die sie an interessierte Kunden weiterverkauft.

4 Zu diesem Bilanzposten zählen z. B. ein Liefererdarlehen, Sonstige Verbindlichkeiten gegenüber dem Finanzamt und Verbindlichkeiten gegenüber Sozialversicherungsträgern.

Lösung:

Aktiva	Bilanz der Möbelfabrik Franz Merkurius e. Kfm. zum 31. Dez. 20..		Passiva
I. Anlagevermögen		**I. Eigenkapital**	2741680,00
1. Grundstücke u. Bauten	1404450,00	**II. Verbindlichkeiten**	
2. techn. Anl. u. Maschinen	749800,00	1. Verbindlichkeiten gegenüber Kreditinstituten	940745,00
3. andere Anlagen, Betriebs- u. Geschäftsausstattung	240150,00	2. Verbindlichkeiten aus Lieferungen und Leistungen	102500,00
II. Umlaufvermögen		3. Sonstige Verbindlichkeiten	73000,00
1. Roh-, Hilfs- u. Betr.-Stoffe	616820,00		
2. unfertige Erzeugnisse	70200,00		
3. fert. Erzeugn. u. Waren	707000,00		
4. Ford. a. Lief. u. Leist.	33575,00		
5. Kassenbestand	1250,00		
6. Guthaben b. Kreditinstituten	34680,00		
	3857925,00		3857925,00

Sömmerda, den 10. März 20..   *Franz Merkurius*

Die Bilanz lässt auf einen Blick erkennen, wer das Kapital aufgebracht hat (Passivseite) und wie es verwendet wurde (Aktivseite).

Aktiva	Bilanz der Möbelfabrik Franz Merkurius e. Kfm.		Passiva
Wie wurde das Kapital verwendet?		**Wer** hat das Kapital aufgebracht?	
I. Anlagevermögen	2394400,00	**I. Eigenkapital**	2741680,00
II. Umlaufvermögen	1463525,00	**II. Verbindlichkeiten**	1116245,00
Vermögen	3857925,00	**Kapital**	3857925,00
↑		↑	
Verwendung finanzieller Mittel (Investierung)		**Beschaffung** finanzieller Mittel (Finanzierung)	

Die **Aktivseite** der Bilanz gibt die **Mittelverwendung (Investierung)** des Unternehmens wieder, die Passivseite die **Mittelbeschaffung (Finanzierung).**

(3) Bilanzgleichungen

Für jede Bilanz gilt folgende Grundgleichung:

$$\text{Aktiva} \triangleq \text{Passiva}$$

Dabei gilt:

$$\text{Aktiva} \triangleq \text{Vermögen}$$
$$\text{Passiva} \triangleq \text{Eigenkapital} + \text{Fremdkapital}^{1}$$

1 Unter dieser mehr betriebswirtschaftlichen Betrachtungsweise benutzen wir den Begriff **Fremdkapital** (statt Verbindlichkeiten).

Hieraus lassen sich folgende weitere **Bilanzgleichungen** ableiten:

Für die Berechnung des Vermögens

Vermögen ≙ Eigenkapital + Fremdkapital

Für die Berechnung des Kapitals

Eigenkapital ≙ Vermögen – Fremdkapital
Fremdkapital ≙ Vermögen – Eigenkapital

(4) Aussagekraft der Bilanz

Am vorgegebenen Beispiel der Möbelfabrik Franz Merkurius e.Kfm. soll ein kurzer Überblick über die Aussagekraft einer Bilanz gegeben werden. Wir beschränken uns dabei auf eine **vertikale** Betrachtung und Auswertung jeweils **innerhalb einer Bilanzseite,** indem wir das Verhältnis (in Prozent)

- des Anlage- und Umlaufvermögens sowie
- des Eigen- und Fremdkapitals

zur Bilanzsumme aufzeigen.

Aktiva — Bilanz der Möbelfabrik Franz Merkurius e.Kfm. — Passiva

Wie wurde das Kapital verwendet?			**Wer** hat das Kapital aufgebracht?		
I. Anlagevermögen	2394400,00	62,1 %	**I. Eigenkapital**	2741680,00	71,1 %
II. Umlaufvermögen	1463525,00	37,9 %	**II. Verbindlichkeiten**	1116245,00	28,9 %
Vermögen	3857925,00	100,0 %	**Kapital**	3857925,00	100,0 %
↑ **Verwendung** finanzieller Mittel (Investierung)			↑ **Beschaffung** finanzieller Mittel (Finanzierung)		

Zur Vermögenszusammensetzung:

Das Anlagevermögen hat einen höheren Prozentanteil an der Bilanzsumme als das Umlaufvermögen. Dies erklärt sich daraus, dass eine Möbelfabrik zur Produktion Hallen, Lagerbestände, Maschinen, Fließbänder u.Ä. benötigt. Diese Anlagegüter binden viel Kapital. Man bezeichnet eine solche Vermögensstruktur daher als kapitalintensiv. Mit zunehmender Automatisierung steigt der Anteil des Anlagevermögens.

Zum Umlaufvermögen einer Möbelfabrik gehören in erster Linie die Roh-, Hilfs- und Betriebsstoffe sowie die Fertigerzeugnisse.

Zur Kapitalzusammensetzung:

Die Betrachtung der Passivseite zeigt, dass der Anteil des Eigenkapitals deutlich höher ist als jener des Fremdkapitals. Die Möbelfabrik ist also in geringem Maße von den Gläubigern abhängig und ihre Zinsbelastung ist überschaubar.

Übungsaufgabe

12 1. Stellen Sie unter Beachtung des einfachen Bilanzgliederungsschemas auf S. 58 aus dem Inventar der Aufgabe 11, Nr. 7. (S. 57) die entsprechende Bilanz auf!

2. Erstellen Sie für die Plastikwerke Hübner e.Kfm. aufgrund folgender Angaben die Bilanz und berechnen Sie das Verhältnis von Anlage- und Umlaufvermögen sowie von Eigen- und Fremdkapital zur Bilanzsumme:

Fertige Erzeugnisse	620400,00 EUR	Kassenbestand	17000,00 EUR
Handelswaren	68200,00 EUR	Verbindlichkeiten gegenüber Kreditinstituten	1810000,00 EUR
Grundstücke u. Bauten	570800,00 EUR	Roh-, Hilfs- und Betriebsstoffe	490500,00 EUR
Ford. a. Lief. u. Leist.	115000,00 EUR	Guthaben bei Kreditinst.	48400,00 EUR
Verbindl. a. Lief. u. Leist.	975000,00 EUR	Liefererdarlehen	97700,00 EUR
Techn. Anl. u. Maschinen	1700400,00 EUR		
Büroausstattung	75150,00 EUR		
Fuhrpark	82200,00 EUR		

3. Beurteilen Sie die Vermögens- und Kapitalstruktur der Plastikwerke Hübner e.Kfm.!

4.2 Gegenüberstellung von Inventar und Bilanz

Inventar	Bilanz
■ Das Inventar ist eine **ausführliche wert- und mengenmäßige** Gegenüberstellung der Vermögens- und Schuldposten.	■ Die Bilanz ist eine gedrängte wertmäßige Gegenüberstellung aller Vermögens- und Schuldposten.
■ Im Inventar werden alle selbstständig bewertbaren Gegenstände eines Postens erfasst. Es ist **sehr ausführlich** und dadurch **unübersichtlich.**	■ Die Bilanz weist jeden Posten nur mit einer Summe aus. Sie ist weniger ausführlich, dadurch aber übersichtlich.
■ Im Inventar stehen Vermögen und Schulden **untereinander.**	■ In der Bilanz stehen Vermögen und Schulden nebeneinander.
■ Die Differenz zwischen Vermögen und Schulden heißt **Reinvermögen.**	■ Die Differenz zwischen Vermögen und Schulden heißt Eigenkapital.
■ Das Inventar bzw. die Inventur übt gegenüber den Ergebnissen der Buchführung eine **Kontrollfunktion** aus.	■ Die Bilanz baut auf den Zahlenunterlagen der Buchführung und denen der Inventur auf.
■ Das Inventar (die Inventur) dient **innerbetrieblichen Zwecken** (Soll-Ist-Vergleich).	■ Die Bilanz informiert die Außenwelt.
■ Gesetzliche **Gliederungsvorschriften** für das Inventar **bestehen nicht.**	■ Es bestehen **gesetzliche Gliederungsvorschriften.**

4.3 Zusammenhang zwischen Inventur, Inventar, Bilanz und Buchführung

Bevor die Bilanz aufgrund der Buchführung erstellt werden kann, muss geprüft werden, ob die in der Buchführung ausgewiesenen Bestände **(Sollbestände)** mit den tatsächlich vorhandenen Beständen **(Istbestände)** übereinstimmen. Es könnten ja Unregelmäßigkeiten (z.B. Rechenfehler, Diebstahl) aufgetreten sein. Diese Sicherstellung erfolgt über die Inventur. Inventur und Inventar stehen **außerhalb der Buchführung.**

- Man unterscheidet **Inventurbestand (Istbestand)** und **Buchbestand (Sollbestand).**
- Der **Buchbestand** muss eventuell durch Korrekturbuchungen dem **Istbestand** entsprechend **angepasst werden.**

Liegen Abweichungen zwischen Soll- und Istbeständen vor, müssen die Gründe dafür aufgedeckt und entsprechende Korrekturen in der Buchführung vorgenommen werden, damit die Werte der Buchführung auch mit den tatsächlich vorhandenen übereinstimmen. Die Inventur – mit dem Inventar als Ergebnis – hat also gegenüber der Buchführung eine **Kontrollfunktion.**

Die nachfolgende Grafik zeigt den Ablauf der Abstimmung zwischen Buchführung und Bilanz aufgrund der Inventur.

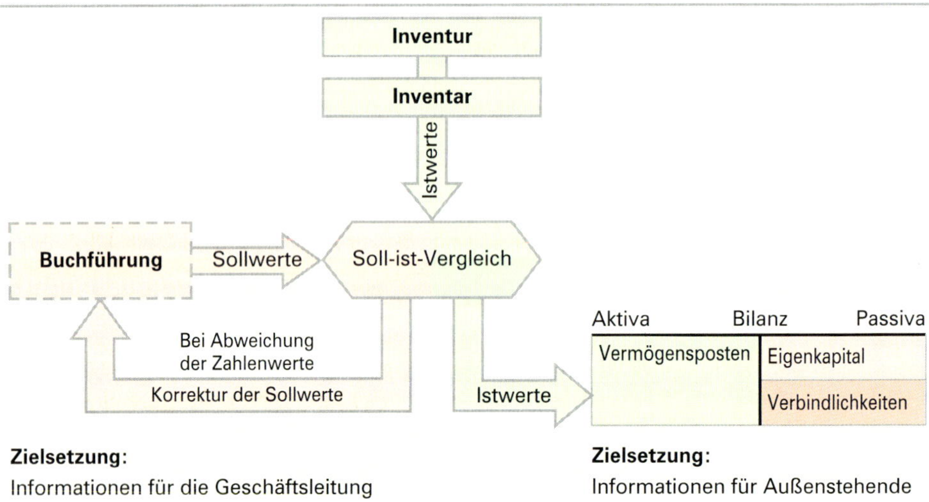

Übungsaufgabe

13
1. Geben Sie einige wichtige Unterscheidungsmerkmale zwischen Inventar und Bilanz an!
2. Nennen Sie die beiden Hauptgruppen auf der Aktivseite der Bilanz!
3. 3.1 Erläutern Sie den Begriff Anlagevermögen!
   3.2 Nennen Sie drei Posten, die zum Anlagevermögen gehören!
4. 4.1 Erläutern Sie den Begriff Umlaufvermögen!
   4.2 Nennen Sie vier Posten, die zum Umlaufvermögen zählen!
5. Deuten Sie das Wort Bilanz!
6. Stellen Sie die Grundgleichung einer Bilanz auf!
7. Beschreiben Sie, wie das Eigenkapital rechnerisch zu ermitteln ist!
8. Erläutern Sie den Inhalt der beiden Bilanzseiten!
9. Erläutern Sie den Zusammenhang zwischen Buchführung, Inventar (Inventur) und Bilanz!

4.4 Wertveränderungen der Bilanzposten durch Geschäftsvorfälle (vier Grundfälle)

Die Bilanz stellt die Werte des Vermögens und der Schulden zu einem ganz bestimmten Zeitpunkt dar, und zwar im Allgemeinen für den Schluss eines jeden Geschäftsjahres. Durch Gegenüberstellung der Werte am Schluss des laufenden Geschäftsjahres mit den Werten am Schluss des vorangegangenen Geschäftsjahres können die Wertveränderungen der einzelnen Bilanzposten festgestellt werden. Ursache für diese Wertveränderungen sind die **Geschäftsvorfälle.** Will man diese Wertveränderungen in der übersichtlichen Form einer Bilanz verfolgen, müssten Bilanzen in kürzeren Zeitabständen aufgestellt werden, aus theoretischer Sicht nach jedem Geschäftsvorfall. Dies ist zu umständlich. Daher werden die Veränderungen aufgrund der Geschäftsvorfälle außerhalb der Bilanz, nämlich in der Buchführung, festgehalten.

Zunächst jedoch benutzen wir diese unrealistische Sicht. Sie erleichtert es uns, die unterschiedlichen Auswirkungen der verschiedenen Geschäftsvorfälle auf die Vermögens- und Schuldenwerte in der Bilanz darzustellen.

- **Bilanzen** gelten immer nur für einen ganz **bestimmten Zeitpunkt.**
- Die in der Bilanz dargestellten Werte werden durch jeden danach erfolgten **Geschäftsvorfall verändert.**
- **Geschäftsvorfälle** sind Vorgänge, die Veränderungen des Vermögens bzw. der Schulden auslösen.
- Die Veränderungen aufgrund der Geschäftsvorfälle werden in der **Buchführung** festgehalten.
- Unter **Buchführung** versteht man die planmäßige und lückenlose Erfassung aller Geschäftsvorfälle eines Betriebs innerhalb eines bestimmten Zeitabschnitts.

Beispiel:

Ausgangsbilanz

Aktiva		Passiva	
Techn. Anlagen u. Maschinen	37000,00	Eigenkapital	42000,00
Roh-, Hilfs- u. Betriebsstoffe	2000,00	Verb. a. Lief. und Leistungen	16000,00
Fertige Erzeugnisse	3000,00		
Kassenbestand	4000,00		
Guthaben bei Kreditinstituten	12000,00		
	58000,00		58000,00

Anmerkung:

Wegen der geringen Anzahl von Posten wird auf die Gliederung in Anlagevermögen und Umlaufvermögen bzw. Eigenkapital und Verbindlichkeiten verzichtet.

Aufgabe:

Stellen Sie nach jedem Geschäftsvorfall die Bilanz neu auf, geben Sie an, in welche Richtung (+ oder –) sich die einzelnen Bilanzposten geändert haben und charakterisieren Sie jeweils die Bilanzveränderungen. Machen Sie außerdem eine Aussage über die Bilanzsumme.

Lösung:

1. Geschäftsvorfall: Wir kaufen Rohstoffe gegen Barzahlung für 1800,00 EUR.

Auswirkungen auf die Bilanz

Aktiva **1. veränderte Bilanz** Passiva

Aktiva		Passiva	
Techn. Anlagen u. Maschinen	37000,00	Eigenkapital	42000,00
Roh-, Hilfs- u. Betriebsstoffe	3800,00	Verb. a. Lief. und Leistungen	16000,00
Fertige Erzeugnisse	3000,00		
Kassenbestand	2200,00		
Guthaben bei Kreditinstituten	12000,00		
	58000,00		58000,00

Roh-, Hilfs- u. Betriebsstoffe	(Aktivposten)	+
Kassenbestand	(Aktivposten)	–

AKTIVTAUSCH
Die Bilanzsumme bleibt unverändert

Erläuterungen:

Es werden zwei Aktivposten verändert. Der Aktivposten Roh-, Hilfs- u. Betriebsstoffe nimmt um 1800,00 EUR zu, der Aktivposten Kassenbestand nimmt um den gleichen Betrag ab.

2. Geschäftsvorfall: Eine Verbindlichkeit aus Lieferungen und Leistungen von 5000,00 EUR wird in ein Liefererdarlehen (Bilanzposition „Sonstige Verbindlichkeiten“) umgewandelt.

Auswirkungen auf die Bilanz

Aktiva **2. veränderte Bilanz** Passiva

Aktiva		Passiva	
Techn. Anlagen u. Maschinen	37000,00	Eigenkapital	42000,00
Roh-, Hilfs- u. Betriebsstoffe	3800,00	Verb. a. Lief. und Leistungen	11000,00
Fertige Erzeugnisse	3000,00	Sonstige Verbindlichkeiten	5000,00
Kassenbestand	2200,00		
Guthaben bei Kreditinstituten	12000,00		
	58000,00		58000,00

Sonstige Verbindlichkeiten	(Passivposten)	+
Verb. a. Lief. und Leistungen	(Passivposten)	–

PASSIVTAUSCH
Die Bilanzsumme bleibt unverändert

Erläuterungen:

Die Veränderungen erfolgen auf der Passivseite. Der Passivposten Verbindlichkeiten aus Lieferungen und Leistungen nimmt um 5000,00 EUR ab. In Höhe des gleichen Betrages kommt der neue Passivposten Sonstige Verbindlichkeiten hinzu.

3. Geschäftsvorfall: Eine Verbindlichkeit aus Lieferungen und Leistungen in Höhe von 3000,00 EUR wird durch eine Banküberweisung getilgt.

Auswirkungen auf die Bilanz

Aktiva		**3. veränderte Bilanz**	Passiva
Techn. Anlagen u. Maschinen	37000,00	Eigenkapital	42000,00
Roh-, Hilfs- u. Betriebsstoffe	3800,00	Verb. a. Lief. und Leistungen	8000,00
Fertige Erzeugnisse	3000,00	Sonstige Verbindlichkeiten	5000,00
Kassenbestand	2200,00		
Guthaben bei Kreditinstituten	9000,00		
	55000,00		55000,00

Verb. a. Lief. und Leistungen (Passivposten) –
Guth. bei Kreditinstituten (Aktivposten) –

AKTIV-PASSIVMINDERUNG
Die Bilanzsumme wird verringert

Erläuterungen:

Es werden ein Aktivposten und ein Passivposten berührt. Der Passivposten Verbindlichkeiten aus Lieferungen und Leistungen nimmt um 3000,00 EUR ab, der Aktivposten Guthaben bei Kreditinstituten nimmt ebenfalls um den gleichen Betrag ab.

4. Geschäftsvorfall: Wir kaufen Betriebsstoffe auf Ziel (Kredit) für 6000,00 EUR.

Auswirkungen auf die Bilanz

Aktiva		**4. veränderte Bilanz**	Passiva
Techn. Anlagen u. Maschinen	37000,00	Eigenkapital	42000,00
Roh-, Hilfs- u. Betriebsstoffe	9800,00	Verb. a. Lief. und Leistungen	14000,00
Fertige Erzeugnisse	3000,00	Sonstige Verbindlichkeiten	5000,00
Kassenbestand	2200,00		
Guthaben bei Kreditinstituten	9000,00		
	61000,00		61000,00

Roh-, Hilfs- u. Betr.-Stoffe (Aktivposten) +
Verb. a. Lief. und Leistungen (Passivposten) +

AKTIV-PASSIVMEHRUNG
Die Bilanzsumme wird erhöht

Erläuterungen:

Es werden ein Aktivposten und ein Passivposten berührt. Der Aktivposten Roh-, Hilfs- und Betriebsstoffe nimmt um 6000,00 EUR zu, der Passivposten Verbindlichkeiten aus Lieferungen und Leistungen nimmt ebenfalls um diesen Betrag zu.

Ein Blick auf das Eigenkapital zeigt, dass bei allen vier Geschäftsvorfällen das Eigenkapital unverändert blieb. Es handelte sich also um **erfolgsunwirksame (erfolgsneutrale) Geschäftsvorfälle.**

- Jeder Geschäftsvorfall verändert die Bilanz.

5 Speth u.a. - ISBN 978-3-8120-0497-8

- Bezüglich der Auswirkungen von Geschäftsvorfällen auf die Bilanz sind nur vier Grundfälle denkbar:
  - **Aktivtausch:** Ein Aktivposten nimmt im gleichen Maße ab, wie ein anderer Aktivposten zunimmt. Die Bilanzsumme bleibt unverändert.

    Beispiel: Wir kaufen Rohstoffe gegen Barzahlung.
  - **Passivtausch:** Ein Passivposten nimmt im gleichen Maße ab, wie ein anderer Passivposten zunimmt. Die Bilanzsumme bleibt unverändert.

    Beispiel: Eine Verbindlichkeit aus Lieferungen und Leistungen wird in ein Liefererdarlehen umgewandelt.
  - **Aktiv-Passivminderung:** Auf der Aktiv- und der Passivseite nimmt jeweils ein Posten um den gleichen Wert ab. Die Bilanzsumme wird verringert.

    Beispiel: Wir zahlen eine Liefererrechnung durch Banküberweisung (wobei das Bankkonto ein Guthaben aufweist).
  - **Aktiv-Passivmehrung:** Auf der Aktiv- und der Passivseite nimmt jeweils ein Posten um den gleichen Wert zu. Die Bilanzsumme wird dadurch erhöht.

    Beispiel: Wir kaufen Betriebsstoffe auf Ziel (Kredit).
- Geschäftsvorfälle, die das **Eigenkapital nicht verändern,** nennt man **ergebnisunwirksame** (ergebnisneutrale) **Geschäftsvorfälle.**

Übungsaufgaben

14 **I. Geschäftsvorfälle:**

1.	Wir zahlen eine Lieferantenrechnung durch Banküberweisung	4500,00 EUR
2.	Wir kaufen einen Schreibtisch bar	1020,00 EUR
3.	Wir kaufen Hilfsstoffe bar	821,00 EUR
4.	Wir zahlen ein Liefererdarlehen durch Banküberweisung zurück	9500,00 EUR
5.	Ein Kunde zahlt einen Rechnungsbetrag durch Banküberweisung	1100,00 EUR
6.	Wir kaufen einen Laptop bar	845,00 EUR
7.	Wir heben von unserem Bankkonto bar ab und legen das Geld in die Geschäftskasse	3000,00 EUR
8.	Eine Verbindlichkeit aus Lieferungen und Leistungen wird in ein Liefererdarlehen umgewandelt	12000,00 EUR
9.	Wir zahlen auf unser Bankkonto bar ein	3400,00 EUR
10.	Verkauf eines nicht mehr benötigten Büroschrankes zum Buchwert gegen Bankscheck	250,00 EUR
11.	Wir kaufen Rohstoffe auf Ziel	14250,00 EUR

II. Aufgaben:

1. Geben Sie bei den angegebenen Geschäftsvorfällen jeweils die Änderungen der Bilanzposten an!
2. Zeigen Sie auf, um welchen der vier Grundfälle es sich jeweils handelt!

Bearbeitungshinweis: Zur Lösung der Aufgabe verwenden Sie bitte das folgende Schema:

Nr.	Bilanzposten		Art des Grundfalles
1.	Verb. aus Lief. u. Leistungen Guthaben bei Kreditinstituten	– 4500,00 – 4500,00	Aktiv-Passivminderung

15 1. Lesen Sie die nachfolgenden Aussagen zur Bilanz:

1.1 Der Geschäftsvorfall führt zu einer Vermehrung des Vermögens und der Schulden.

1.2 Der Geschäftsvorfall führt zu einer Vermehrung eines Vermögenspostens und gleichzeitig zu der Verminderung eines anderen Vermögenspostens.

1.3 Der Geschäftsvorfall führt zu einer Verminderung des Vermögens und der Schulden.

1.4 Der Geschäftsvorfall erhöht die Bilanzsumme.

Aufgabe:

Bilden Sie zu jeder angegebenen Aussage als Beispiel einen Geschäftsvorfall!

2. In einem Industriebetrieb weist die Bilanz folgende Veränderungen auf:

2.1	Kassenbestand	+	1400,00 EUR
	Forderungen aus Lieferungen und Leistungen	–	1400,00 EUR
2.2	Verbindlichkeiten gegenüber Kreditinstituten	–	5000,00 EUR
	Guthaben b. Kreditinstituten	–	5000,00 EUR
2.3	Verbindlichkeiten aus Lieferungen und Leistungen	–	10000,00 EUR
	Sonstige Verbindlichkeiten	+	10000,00 EUR
2.4	Roh-, Hilfs- und Betriebsstoffe	+	4100,00 EUR
	Verbindlichkeiten aus Lieferungen und Leistungen	+	4100,00 EUR

Aufgabe:

Formulieren Sie jeweils den zugrundeliegenden Geschäftsvorfall und geben Sie an, um welche Art der Bilanzveränderung es sich handelt!

5 Bestandskonten

5.1 Von der Bilanz zu den Konten

Es ist nicht notwendig, nach jedem Geschäftsvorfall eine Bilanz neu zu erstellen. Stattdessen erfassen wir die Wertveränderungen aufgrund der Geschäftsvorfälle **außerhalb der Bilanz auf besonderen Konten der Buchführung.** Wir richten für jeden Vermögens- bzw. Schuldposten ein Konto ein, tragen den vorhandenen Anfangsbestand vor und notieren die Veränderungen aufgrund der Geschäftsvorfälle. Die **Gesamtheit der benötigten Konten** bezeichnet man als **Buchführung.**

Auf diesen Konten werden Bestände und deren Veränderungen erfasst. Diese Konten nennt man deshalb **Bestandskonten** (bzw. **Bilanzkonten**).

- In der **Buchführung** werden alle **Veränderungen der Bestände** auf Konten erfasst. Ursache für diese Veränderungen sind die **Geschäftsvorfälle.**
- In unserer Buchführung führen wir **Vermögenskonten (Aktivkonten)** und **Schuldkonten (Passivkonten).** Zu den Schuldkonten gehört auch das **Eigenkapitalkonto.**
- Die **Vermögens- und Schuldkonten** bilden die Gruppe der **Bestandskonten (Bilanzkonten).**

Beispiel:

Die Anfangsbestände zu Beginn der Geschäftsperiode sind in nachfolgender Bilanz zusammengefasst.

Aufgabe:

Richten Sie für die einzelnen Bilanzposten Konten ein und tragen Sie die Bilanzwerte als Anfangsbestände darauf vor!

Dabei vereinbaren wir, dass wir die **Anfangsbestände** bei den **Aktivkonten auf der Sollseite** und die **Anfangsbestände** bei den **Passivkonten** auf der **Habenseite** eintragen. Zu beachten ist, dass die Bezeichnung der Bilanzposten nicht mit der Bezeichnung der Konten übereinstimmen muss und dass für bestimmte Bilanzposten eventuell auch mehrere Konten einzurichten sind.

Lösung:

Ausgangsbilanz

	Aktiva		Passiva		
①	Roh-, Hilfs- u. Betriebsstoffe[1]	25 000,00	Eigenkapital	32 000,00	①
②	Ford. aus Lief. u. Leistungen	5 000,00	Verb. gegen. Kreditinstituten[4]	3 000,00	②
③	Kassenbestand[2]	2 500,00	Verb. aus Lief. u. Leistungen	5 000,00	③
④	Guthaben bei Kreditinstituten[3]	7 500,00			
		40 000,00		40 000,00	

In unserer Buchführung haben wir

Aktivkonten

	Soll	Rohstoffe	Haben
①	AB	14 000,00	

	Soll	Hilfsstoffe	Haben
①	AB	8 000,00	

	Soll	Betriebsstoffe	Haben
①	AB	3 000,00	

	Soll	Ford. a. Lief. u. Leistungen	Haben
②	AB	5 000,00	

	Soll	Kasse	Haben
③	AB	2 500,00	

	Soll	Bank	Haben
④	AB	7 500,00	

Passivkonten

Soll	Eigenkapital		Haben	
		AB	32 000,00	①

Soll	Langfr. Bankverbindlichkeiten		Haben	
		AB	3 000,00	②

Soll	Verb. a. Lief. u. Leistungen		Haben	
		AB	5 000,00	③

Bilanzkonten
(Bestandskonten)

1 Der Bilanzposten „Roh-, Hilfs- und Betriebsstoffe" wird in die drei Konten „Rohstoffe", „Hilfsstoffe" und „Betriebsstoffe" aufgegliedert.

2 Für den Bilanzposten „Kassenbestand" bezeichnen wir das einzurichtende Konto mit **Kasse.**

3 Für den Bilanzposten „Guthaben bei Kreditinstituten" bezeichnen wir das einzurichtende Konto kurz mit **Bank.**

4 Für den Bilanzposten „Verbindlichkeiten gegenüber Kreditinstituten" ist je nach Art der Verbindlichkeiten das Konto **„Langfristige Bankverbindlichkeiten "** oder **„Kurzfristige Bankverbindlichkeiten"** einzurichten.

5.2 Buchungen auf Aktivkonten (Vermögenskonten)

5.2.1 Begriffsklärungen, Buchungsregeln und die einseitigen Buchungen auf den Aktivkonten (Vermögenskonten)

(1) Begriffsklärungen

Die Hauptaufgabe der Industriebetriebe besteht darin, die zu verkaufenden Produkte selbst herzustellen. Sie kaufen hierfür **Werkstoffe**[1] (Roh-, Hilfs- und Betriebsstoffe) ein und verarbeiten diese im Produktionsprozess zu neuen Produkten (Erzeugnissen), die sie am Markt absetzen.

Zur Ergänzung der Produktpalette kaufen Industriebetriebe häufig noch fertige Waren (sogenannte **Handelswaren**) hinzu, die sie dann unverändert weiterverkaufen.

Beispiel:

Eine Möbelfabrik kauft Bilder, Wäsche und Teppiche ein, die sie an interessierte Kunden weiterverkauft.

Für Handelswaren sowie für jede Art von Werkstoffen ist ein besonderes Konto einzurichten. Da wir auf diesen Konten die Bestände ausweisen, gehören sie zu den **Bestandskonten (Bilanzkonten)**. Es handelt sich um **Aktivkonten.**

(2) Buchungsregeln für die Buchungen auf den Aktivkonten

Bei den **Aktivkonten** gehören

- der **Anfangsbestand** und die **Zugänge** auf die **Sollseite,**
- die **Abgänge** und der **Schlussbestand** (Saldo) auf die **Habenseite.**

Soll — Aktivkonten — Haben

Soll	Haben
Anfangsbestand (AB)	Abgänge
Zugänge	Schlussbestand (SB)

Bei den folgenden Aufgaben sollen die Auswirkungen von Geschäftsvorfällen zunächst nur im Hinblick auf **ein Konto** betrachtet werden. Dieses Konto soll jeweils ein **Aktivkonto** sein. Auf diese Weise werden die Auswirkungen eines Geschäftsvorfalles zunächst nur **einseitig beurteilt,** nämlich im Hinblick auf das vorgegebene Vermögenskonto.

Übungsaufgabe

16 Führen Sie die folgenden Aktivkonten und stellen Sie jeweils durch Abschluss der Konten den Schlussbestand fest!

Betriebs- und Geschäftsausstattung[2]

Anfangsbestand	3750,00 EUR
1. Wir kaufen einen Laptop bar	1350,00 EUR
2. Wir verkaufen ein ausgedientes Faxgerät bar zum Buchwert	50,00 EUR

---

1 Vgl. hierzu die Ausführungen auf S. 19.

2 Bis zur Einführung des Kontenrahmens verwenden wir dieses Sammelkonto für alle Büro- und Betriebseinrichtungsgegenstände.

Kasse	
Anfangsbestand	560,00 EUR
3. Ein Kunde zahlt einen Rechnungsbetrag bar	2000,00 EUR
4. Wir heben Bargeld vom Bankkonto ab und legen das Geld in die Geschäftskasse	1200,00 EUR
5. Wir kaufen einen Laptop bar	1350,00 EUR
6. Wir verkaufen ein ausgedientes Faxgerät bar zum Buchwert	50,00 EUR
Bank[1]	
Anfangsbestand	5150,00 EUR
7. Wir heben Bargeld vom Bankkonto ab und legen das Geld in die Geschäftskasse	1200,00 EUR
8. Ein Kunde überweist einen Rechnungsbetrag auf unser Bankkonto	1500,00 EUR
Forderungen aus Lieferungen und Leistungen	
Anfangsbestand	4150,00 EUR
9. Ein Kunde zahlt einen Rechnungsbetrag bar	2000,00 EUR
10. Ein Kunde überweist einen Rechnungsbetrag auf unser Bankkonto	1500,00 EUR

5.2.2 Überleitung zum System der doppelten Buchführung

(1) Erfassung der doppelseitigen Auswirkungen von Geschäftsvorfällen mithilfe eines Überlegungsschemas

Bisher haben wir die Auswirkungen eines Geschäftsvorfalls nur einseitig betrachtet, nämlich in seiner Auswirkung auf **ein einzelnes Konto.** Jetzt wollen wir den Gechäftsvorfall in seinen gesamten Auswirkungen betrachten. Dies verlangt, dass wir unseren Betrachtungshorizont erweitern.

Bisher fragten wir:

„Wie wird dieses **eine** Konto durch den Geschäftsvorfall verändert?"

Jetzt stellen sich zwei Fragen.

1. „Welche Konten werden durch diesen Geschäftsvorfall verändert?"
2. „Wie verändert sich jeweils der Bestand auf den Konten?"

Beispiel:

Geschäftsvorfall: Ein Kunde zahlt bar 2000,00 EUR.

bar → Konto Kasse → Bestand nimmt zu —daher→ Sollseite

Kunde → Konto Forderungen a. Lief. u. Leist. → Bestand nimmt ab —daher→ Habenseite

1 In diesem Lehrbuch gehen wir davon aus, dass das Bankkonto immer ein Guthaben aufweist.

Um die Auswirkungen von mehreren Geschäftsvorfällen übersichtlich darstellen zu können, schlagen wir das folgende **Überlegungsschema** vor:

Nr.	Geschäftsvorfall	I. Welche Konten werden berührt?	II. Wie verändert sich jeweils der Bestand auf den Konten?	III. Auf welcher Kontoseite ist jeweils zu buchen? Soll	Haben
1.	Ein Kunde zahlt einen Rechnungsbetrag bar 2000,00 EUR.	Kasse →	Zugang →	2000,00	
		Ford. a. L. u. L. →	Abgang →		2000,00

Übungsaufgaben

Stellen Sie anhand des Überlegungsschemas fest, welche Konten durch die folgenden Geschäftsvorfälle berührt werden, welche Veränderung sich auf dem jeweiligen Konto ergibt und auf welcher Seite demnach zu buchen ist!

17

1.	Ein Kunde zahlt einen Rechnungsbetrag bar	350,00 EUR
2.	Wir kaufen Büroschränke gegen Banküberweisung	1250,00 EUR
3.	Wir verkaufen einen gebrauchten Schreibtisch bar zum Buchwert	150,00 EUR
4.	Ein Kunde bezahlt einen Rechnungsbetrag mit Bankscheck	720,00 EUR
5.	Wir heben Bargeld vom Bankkonto ab und legen das Geld in die Geschäftskasse	900,00 EUR
6.	Wir kaufen eine kleine EDV-Anlage gegen Bankscheck	4310,00 EUR
7.	Wir verkaufen einen nicht mehr benötigten Büroschrank gegen Bankscheck zum Buchwert	680,00 EUR
8.	Wir kaufen einen gebrauchten Kombi gegen Barzahlung	7500,00 EUR
9.	Kundenüberweisung lt. Bankauszug	910,00 EUR

18

1.	Wir heben Bargeld vom Bankkonto ab und legen das Geld in die Kasse	10000,00 EUR
2.	Wir kaufen einen Kombiwagen bar	42000,00 EUR
3.	Ein Kunde zahlt einen Rechnungsbetrag bar	1200,00 EUR
4.	Wir zahlen auf das Bankkonto bar ein	500,00 EUR
5.	Wir kaufen ein Kopiergerät gegen Bankscheck	1750,00 EUR
6.	Wir richten bei der Bank ein Konto ein und zahlen darauf bar ein	500,00 EUR
7.	Ein Kunde überweist einen Rechnungsbetrag auf unser Bankkonto	3200,00 EUR
8.	Die Forderung gegenüber dem Kunden (vgl. Nr. 7) beträgt nur 2300,00 EUR. Wir zahlen daher dem Kunden den irrtümlich zu viel gezahlten Betrag durch Banküberweisung zurück.	900,00 EUR
9.	Ein Kunde zahlt einen Rechnungsbetrag mit Bankscheck	780,00 EUR
10.	Wir verkaufen einen veralteten Computer bar zum Buchwert	500,00 EUR
11.	Wir kaufen einen Papier-Schredder bar	325,00 EUR
12.	Wir kaufen einen neuen Computer gegen Banküberweisung	1500,00 EUR

(2) Buchung von Geschäftsvorfällen im System der doppelten Buchführung

Um die Vorteile der neuen Sichtweise, bei der als Ausgangspunkt nicht ein bestimmtes Konto, sondern der Geschäftsvorfall gewählt wird, besser verstehen zu können, greifen wir auf die Aufgabe Nr. 16 auf der S. 69f. zurück. Bei der alten Sichtweise, bei der wir von einem bestimmten Konto ausgingen, musste jeder Geschäftsvorfall zweimal erscheinen, da jeder Geschäftsvorfall zwei Konten berührt (vgl. in Aufgabe 16 z.B. Nr. 3 und Nr. 9, Nr. 8 und Nr. 10 usw.). Bei der neuen Vorgehensweise, bei der wir den Geschäftsvorfall als Ausgangspunkt unserer Bearbeitung wählen, kommen wir bei der gleichen Aufgabe mit der Hälfte der Geschäftsvorfälle aus. Wir wählen dabei nur eine andere Form der Aufgabenstellung und kommen zu den gleichen Ergebnissen auf den Konten.

Beispiel mit Lösung (Rückgriff auf Aufgabe 16):

I. Anfangsbestände:

Forderungen aus Lieferungen und Leistungen 4150,00 EUR; Betriebs- und Geschäftsausstattung 3750,00 EUR; Bank 5150,00 EUR; Kasse 560,00 EUR.

II. Aufgaben:

1. Stellen Sie mithilfe des eingeführten Überlegungsschemas jeweils fest, wie sich die folgenden Geschäftsvorfälle auf die Kontobestände auswirken!
2. Übertragen Sie die Ergebnisse auf die Konten und ermitteln Sie den Schlussbestand!

Lösungen:

Zu 1.: Feststellung der Auswirkungen der Geschäftsvorfälle mithilfe des eingeführten Überlegungsschemas

Nr.	**III. Geschäftsvorfälle:**	I. Welche Konten werden berührt?	II. Wie verändert sich jeweils der Bestand auf den Konten?	III. Auf welcher Kontoseite ist zu buchen? Soll	Haben
1.	Ein Kunde zahlt einen Rechnungsbetrag bar 2000,00 EUR	Kasse Ford. a. L. u. L.	Zugang[1] Abgang[1]	2000,00	 2000,00
2.	Ein Kunde überweist einen Rechnungsbetrag auf unser Bankkonto 1500,00 EUR	Bank Ford. a. L. u. L.	Zugang Abgang	1500,00	 1500,00
3.	Wir kaufen einen Laptop bar 1350,00 EUR	Betr.- u. G.-Ausst. Kasse	Zugang Abgang	1350,00	 1350,00
4.	Wir verkaufen ein ausgedientes Faxgerät bar zum Buchwert 50,00 EUR	Kasse Betr.- u. G.-Ausst.	Zugang Abgang	50,00	 50,00
5.	Wir heben vom Bankkonto bar ab und legen das Geld in die Geschäftskasse 1200,00 EUR	Kasse Bank	Zugang Abgang	1200,00	 1200,00

1 **Hinweis**: Die scheinbare Gesetzmäßigkeit in Spalte II (Zugang einerseits, Abgang andererseits) haben wir bewusst nicht angesprochen. Dieses Wechselspiel gilt nur im Bereich der Aktivkonten. Nach Einbeziehung der Schuldkonten (Passivkonten) werden wir sehen, dass durchaus auf beiden Konten ein Zugang bzw. Abgang möglich ist, ohne dass dabei das aus Spalte III ableitbare Grundprinzip des Systems der doppelten Buchführung (Sollbuchung entspricht der Habenbuchung) durchbrochen wird.

Zu 2.: Übertragung der festgestellten Auswirkungen auf die Konten und Abschluss der Konten

Soll	Betriebs- u. Geschäftsausst.		Haben
AB	3750,00	Kasse	50,00
Kasse	1350,00	SB	5050,00
	5100,00		5100,00

Soll	Kasse		Haben
AB	560,00	BGA	1350,00
Ford.a.L.u.L.	2000,00	SB	2460,00
BGA	50,00		
Bank	1200,00		
	3810,00		3810,00

Soll	Bank		Haben
AB	5150,00	Kasse	1200,00
Ford.a.L.u.L.	1500,00	SB	5450,00
	6650,00		6650,00

Soll	Forderungen a. Lief. u. Leist.		Haben
AB	4150,00	Kasse	2000,00
		Bank	1500,00
		SB	650,00
	4150,00		4150,00

Erläuterungen zu den Buchungen auf den Konten:

- Die erforderlichen Buchungen auf den Konten sind jeweils aus dem Überlegungsschema abzulesen. Aus dem Geschäftsvorfall Nr. 1 ist z.B. ablesbar, dass auf dem Kassenkonto auf der Sollseite 2000,00 EUR einzutragen sind und auf dem Konto Forderungen aus Lieferungen und Leistungen ebenfalls 2000,00 EUR, allerdings auf der Habenseite.
- Um feststellen zu können, wie es zu diesem Betrag auf dem betreffenden Konto gekommen ist, trägt man in Höhe des gebuchten Betrages jeweils das andere Konto (das sogenannte Gegenkonto) ein. Aus praktischen Gründen (Platzmangel, Zeit) kann der Kontoname abgekürzt werden.

- Jeder Geschäftsvorfall wird **doppelt gebucht** und berührt (mindestens) **zwei Konten.**
- Bei jedem Geschäftsvorfall wird der Betrag auf einem Konto auf der **Sollseite** und auf einem anderen Konto auf der **Habenseite** gebucht.
- Für jeden Geschäftsvorfall gilt: **gebuchter Sollbetrag ≙ gebuchter Habenbetrag.** Das ist das **Grundprinzip** des Systems der doppelten Buchführung.[1]

Übungsaufgaben

19 **I. Anfangsbestände:**

Grundstücke und Bauten[2] 420000,00 EUR; Betriebs- und Geschäftsausstattung 20000,00 EUR; Forderungen aus Lieferungen und Leistungen 16450,00 EUR; Kasse 3500,00 EUR; Bank 9100,00 EUR.

1 Das System der doppelten Buchführung war bereits im Mittelalter bekannt. Es ist von dem Grundgedanken her so genial, dass es sich bis in unsere heutigen Tage bewährt hat.

2 Bis zur Einführung des Kontenrahmens wird der Wert der Grundstücke und Bauten nicht aufgeteilt und der angegebene Anfangsbestand daher auf dem gleichlautenden Konto erfasst.

II. Geschäftsvorfälle:

1.	Wir kaufen ein Kopiergerät bar	3000,00 EUR
2.	Wir heben vom Bankkonto ab und legen das Geld in die Geschäftskasse	2500,00 EUR
3.	Wir kaufen einen Aktenschrank und zahlen mit Bankscheck	1750,00 EUR
4.	Ein Kunde überweist einen Rechnungsbetrag auf unser Bankkonto	2000,00 EUR
5.	Wir kaufen Schreibtische gegen Banküberweisung	2000,00 EUR
6.	Ein nicht mehr benötigtes Notebook wird zum Buchwert bar verkauft	250,00 EUR

III. Aufgaben:

1. Richten Sie für die angegebenen Anfangsbestände die Konten ein und tragen Sie die Anfangsbestände vor!
2. Erfassen Sie die Veränderungen durch die Geschäftsvorfälle zunächst in dem eingeführten Überlegungsschema und übertragen Sie diese unter Angabe des entsprechenden Gegenkontos anschließend auf die Konten!
3. Schließen Sie die Konten ordnungsmäßig ab!

20 **I. Anfangsbestände:**

Betriebs- und Geschäftsausstattung 12400,00 EUR; Forderungen aus Lieferungen und Leistungen 10400,00 EUR; Kasse 1700,00 EUR; Bank 4200,00 EUR.

II. Geschäftsvorfälle:

1.	Wir kaufen eine Werkbank gegen Banküberweisung	1400,00 EUR
2.	Ein Kunde zahlt den Rechnungsbetrag bar	2200,00 EUR
3.	Wir kaufen einen Aktenvernichter gegen Bankscheck	460,00 EUR
4.	Wir heben vom Bankkonto ab und legen das Geld in die Geschäftskasse	900,00 EUR
5.	Ein Kunde zahlt den Rechnungsbetrag durch Überweisung auf das Bankkonto	1050,00 EUR
6.	Wir verkaufen ein gebrauchtes Lagerregal zum Buchwert bar	400,00 EUR

III. Aufgaben:

1. Richten Sie für die angegebenen Anfangsbestände die Konten ein und tragen Sie die Anfangsbestände vor!
2. Erfassen Sie die Veränderungen durch die Geschäftsvorfälle zunächst in dem eingeführten Überlegungsschema und übertragen Sie diese anschließend unter Angabe des entsprechenden Gegenkontos auf die Konten!
3. Schließen Sie die Konten ordnungsmäßig ab!

5.3 Buchungen auf Passivkonten (Schuldkonten)

Der gegensätzliche Charakter von Vermögen und Schulden führt zwangsläufig dazu, dass auf den Passivkonten **anders** zu buchen ist als auf den Aktivkonten. Auf einem Konto, das durch die zweiseitige Verrechnungsmöglichkeit charakterisiert ist (Soll- oder Habenseite), kann das Wort „anders" nur bedeuten: „auf der **anderen Kontoseite"**. Das führt zu der Konsequenz, dass auf den **Passivkonten** der **Anfangsbestand** und die **Zugänge** auf der **Habenseite,** die **Abgänge** und der **Schlussbestand** auf der **Sollseite** zu buchen sind.

Buchungsregeln:

Bei den **Passivkonten** erscheinen

- der **Anfangsbestand** und die **Zugänge** auf der **Habenseite,**
- die **Abgänge** und der **Schlussbestand** (Saldo) auf der **Sollseite.**

Soll — Passivkonten — Haben

Soll	Haben
Abgänge	Anfangsbestand
Schlussbestand	Zugänge

Beispiel:

Wir kaufen bei der Karl Sende OHG Büromöbel auf Ziel (Zahlung später) für 5000,00 EUR.

Aufgabe:

Buchen Sie den Geschäftsvorfall auf den entsprechenden Konten!

Lösung:

Der Geschäftsvorfall besagt, dass wir bei der Karl Sende OHG Waren einkaufen und zunächst Verbindlichkeiten eingehen, weil wir die Rechnung nicht unverzüglich zahlen. Die Karl Sende OHG ist unser Lieferant. Verbindlichkeiten bei Lieferanten buchen wir auf dem Passivkonto „Verbindlichkeiten aus Lieferungen und Leistungen".

Der Geschäftsvorfall berührt also die beiden Konten **Betriebs- und Geschäftsausstattung** und **Verbindlichkeiten aus Lieferungen und Leistungen.**

Betrachtungspunkt: Konto Betriebs- und Geschäftsausstattung

Durch den Kauf der Büromöbel nimmt der Bestand auf dem Konto Betriebs- und Geschäftsausstattung **zu.** Das Konto Betriebs- und Geschäftsausstattung ist ein Aktivkonto. Der **Zugang** auf einem **Aktivkonto** wird nach den festgelegten Buchungsregeln auf der **Sollseite** erfasst.

Betrachtungspunkt: Konto Verbindlichkeiten aus Lieferungen und Leistungen

Durch den Einkauf der Büromöbel auf Ziel nehmen die Verbindlichkeiten aus Lieferungen und Leistungen **zu.** Das Konto Verbindlichkeiten aus Lieferungen und Leistungen ist ein Passivkonto. Der **Zugang** bei **Passivkonten** wird nach den geltenden Buchungsregeln auf der **Habenseite** erfasst.

Soll — Betr.- u. Geschäftsausstattung — Haben

Soll		Haben	
Verb.a.L.u.L.	5000,00		

Soll — Verbindlichkeiten a. Lief. u. Leist. — Haben

Soll		Haben	
		BuG.-Ausst.	5000,00

Erläuterungen:

Wir stellen fest, dass auf beiden Konten ein Zugang zu verzeichnen ist. Damit wird klargestellt, dass das Prinzip der doppelten Buchführung nicht in einem Wechsel von Zugang und Abgang besteht. Das ist, wie dieser Fall zeigt, eben nicht so. Dagegen bleibt das Grundprinzip der doppelten Buchführung (Sollbuchung auf dem einen Konto, Habenbuchung auf dem anderen Konto) selbstverständlich erhalten. Um nachvollziehen zu können, wie es jeweils zu dem Betrag auf dem Konto gekommen ist, tragen wir vor dem Betrag jeweils das andere Konto (Gegenkonto) ein.

Übungsaufgaben

21 Stellen Sie mithilfe des unten vorgegebenen Überlegungsschemas dar, wie die nachfolgenden Geschäftsvorfälle zu buchen sind!

1.	Wir kaufen ein Notebook auf Ziel	340,00 EUR
2.	Wir bezahlen eine bereits gebuchte Liefererrechnung mit Bankscheck[1]	1 210,00 EUR
3.	Wir kaufen ein Lagerregal auf Ziel	980,00 EUR
4.	Wir tilgen einen Teil des Bankdarlehens durch Banküberweisung	600,00 EUR
5.	Ein Kunde zahlt einen Rechnungsbetrag bar[1]	55,00 EUR
6.	Kauf eines Laptops auf Ziel	3 980,00 EUR
7.	Zielkauf eines Bürosessel für das Chefbüro	1 720,00 EUR
8.	Kauf eines Büroschrankes auf Ziel	598,00 EUR

Bearbeitungshinweis:

Um Fehler zu vermeiden, verwenden Sie bitte das nachfolgende **Überlegungsschema.** Da wir es jetzt mit zwei unterschiedlichen Kontoarten zu tun haben, müssen wir das bereits auf S. 71 eingeführte Überlegungsschema um eine Spalte erweitern.

Nr.	Geschäftsvorfall	I. Welche Konten werden berührt?	II. Um welche Kontoart handelt es sich?	III. Wie verändert sich jeweils der Bestand auf den Konten?	IV. Auf welcher Kontoseite ist jeweils zu buchen? Soll	Haben
1.	Wir kaufen ein Notebook auf Ziel 340,00 EUR	Betr.- u. G.-Aust. Verb. a. L. u. L.	Aktivkonto Passivkonto	Zugang Zugang	340,00	 340,00

22 Stellen Sie mithilfe des Überlegungsschemas dar, wie die nachfolgenden Geschäftsvorfälle zu buchen sind!

1.	Barverkauf einer nicht mehr benötigten Maschine zum Buchwert von	450,00 EUR
2.	Ein Kunde überweist einen Rechnungsbetrag auf unser Bankkonto	3 470,00 EUR
3.	Einkauf von Büroschränken auf Ziel	1 760,00 EUR
4.	Rücksendung eines bereits bei uns gebuchten Büroschranks an den Lieferer im Wert von	500,00 EUR
5.	Zahlung einer Liefererrechnung durch Banküberweisung	2 543,00 EUR
6.	Barabhebung vom Bankkonto zur Auffüllung der Geschäftskasse	2 000,00 EUR
7.	Barkauf eines Schreibtisches für das Chefbüro	1 780,00 EUR
8.	Ein Geschäftsfahrzeug wird zum Buchwert gegen Barzahlung verkauft	8 000,00 EUR
9.	Ein Geschäftsfahrzeug wird zum Buchwert von gegen Barzahlung verkauft	4 500,00 EUR
10.	Bareinzahlung auf das Bankkonto	4 200,00 EUR
11.	Ein Kunde zahlt eine Rechnung durch Banküberweisung	430,00 EUR
12.	Wir zahlen die Tilgungsrate für das Bankdarlehen durch Banküberweisung	500,00 EUR

1 Bei Zahlungen an Lieferanten bzw. Zahlungseingängen von Kunden ist stets davon auszugehen, dass die entsprechenden Eingangs- bzw. Ausgangsrechnungen bereits gebucht wurden, auch wenn nicht ausdrücklich darauf hingewiesen wird.

5.4 Buchungssatz

5.4.1 Einfacher Buchungssatz ohne Buchungen nach Belegen

Das bisher benutzte „Überlegungsschema" (vgl. S. 76) zur Festlegung der erforderlichen Buchungen auf den Konten ist recht aufwendig. Es genügt, wenn wir uns in Zukunft auf zwei Angaben beschränken:

- die **Konten,** auf denen zu buchen ist,
- die Angabe der **Kontoseite,** auf der jeweils zu buchen ist.

Diese beiden Angaben sind in den Spalten I und IV unseres Überlegungsschemas enthalten. Die übrigen Spalten (II und III) sind daher entbehrlich. Eine solche auf das Mindestmaß beschränkte Buchungsanweisung nennen wir **Buchungssatz.**

Beispiel:

Geschäftsvorfall	Konten	Soll	Haben
Wir kaufen einen Büroschrank auf Ziel für 800,00 EUR	Betriebs- u. Geschäftsausstattung an Verbindlichkeiten a. L. u. L.	800,00	 800,00

Buchungssatz

Erläuterungen:

- Da bezüglich der Kontoseite immer nur zwei Möglichkeiten infrage kommen können (Soll- oder Habenseite), hat man die Vereinbarung getroffen, dass das Konto, auf dem auf der **Sollseite** zu buchen ist, immer **zuerst** genannt wird. Des Weiteren hat man vereinbart, **vor** das Konto, auf dem auf der Habenseite zu buchen ist, das Wörtchen **„an"** zu setzen. Unter Beachtung dieser Vereinbarung kann ein Buchungssatz daher immer nur lauten:

  Konto mit der **Sollbuchung**
  an Konto mit der **Habenbuchung.**

- Zur Vereinheitlichung der Schreibweise legen wir fest, dass beim Bilden von Buchungssätzen für jedes Konto eine Zeile benutzt wird. Es sollen auch immer die drei Spalten des oben dargestellten Schemas eingerichtet werden. Nur so ist eine eindeutige Zuordnung von Konto und Betrag möglich.

Zur Bildung des richtigen Buchungssatzes müssen auch weiterhin die Denkschritte 1–5 vollzogen werden.

Beispiel:

Geschäftsvorfall: Wir kaufen eine Schleifmaschine auf Ziel für 1 500,00 EUR.

Aufgabe:

Bilden Sie zu dem Geschäftsvorfall den Buchungssatz!

Lösung:

Wir fragen:	Wir antworten:		
1. Welche Konten werden berührt?	Das Konto Maschinen und das Konto Verbindlichkeiten aus Lieferungen und Leistungen.		
2. Um welche Kontoart handelt es sich jeweils?	Das Konto Maschinen ist ein Aktivkonto. Das Konto Verbindlichkeiten aus Lieferungen und Leistungen ist ein Passivkonto.		
3. Welche Veränderungen ergeben sich jeweils auf den Konten?	Der Maschinenbestand nimmt durch Einkäufe zu, die Verbindlichkeiten aus Lieferungen und Leistungen nehmen ebenfalls zu.		
4. Welche Buchungsregeln sind jeweils anzuwenden?	Zugänge auf dem Konto Maschinen (Aktivkonto) erscheinen auf der Sollseite. Zugänge auf dem Konto Verbindl. a. Lief. u. Leist. (Passivkonto) gehören auf die Habenseite.		
5. Wie lautet der Buchungssatz?	Konten	Soll	Haben
	Maschinen an Verbindl. a. Lief. u. Leist.	1500,00	 1500,00

Übungsaufgaben

23 Bilden Sie zu folgenden Geschäftsvorfällen die Buchungssätze bzw. formulieren Sie zu den angegebenen Buchungssätzen die Geschäftsvorfälle:

1.	Wir zahlen auf unser Bankkonto bar ein	1400,00 EUR
2.	Wir zahlen eine Lieferantenrechnung durch Banküberweisung	375,00 EUR
3.	Ein Kunde zahlt einen Rechnungsbetrag bar	570,00 EUR
4.	Wir kaufen eine Vitrine für die Ausstellungshalle bar	1250,00 EUR
5.	Wir kaufen einen Büroschrank bar	1320,00 EUR
6.	Wir zahlen die Tilgungsrate für ein Bankdarlehen bar	2000,00 EUR
7.	Ein Kunde zahlt einen Rechnungsbetrag durch Banküberweisung	650,00 EUR
8.	Wir heben vom Bankkonto bar ab und legen das Geld in die Kasse	750,00 EUR
9.	Formulieren Sie die zugrunde liegenden Geschäftsvorfälle!	

Nr.	Konten	Soll	Haben
9.1	Verbindlichkeiten a. Lief. u. Leist. an Bank	900,00	 900,00
9.2	Kasse an Bank	500,00	 500,00
9.3	Fuhrpark an Kasse	23800,00	 23800,00

10.	Barverkauf eines nicht mehr benötigten Computers zum Buchwert	1050,00 EUR
11.	Kauf einer Stanzmaschine auf Ziel	22400,00 EUR
12.	Kauf eines Baugrundstücks gegen Bankscheck	105900,00 EUR
13.	Wir kaufen Lagerregale auf Ziel	1 500,00 EUR

14. Wegen eines Materialfehlers werden Lagerregale im Wert von 300,00 EUR an den Lieferer zurückgeschickt.
15. Ein Kunde zahlt eine Rechnung durch Banküberweisung — 775,00 EUR
16. Ein Kunde zahlt einen Rechnungsbetrag bar — 700,00 EUR
17. Eine Liefererrechnung wird durch Bankscheck beglichen — 450,00 EUR

24 Bilden Sie zu folgenden Geschäftsvorfällen die Buchungssätze bzw. formulieren Sie zu den angegebenen Buchungssätzen die Geschäftsvorfälle!

1. Banküberweisung der Eingangsrechnung ER 541 — 7170,00 EUR
2. Aufnahme eines Darlehens bei der Bank. Die Bank stellt uns den Darlehensbetrag auf dem Girokonto zur Verfügung — 50000,00 EUR
3. Zielkauf eines gebrauchten Kombiwagens — 8200,00 EUR
4. Zieleinkauf einer Verpackungsmaschine für das Lager — 48800,00 EUR
5. Teilweise Tilgung der Darlehensschuld durch Bankabbuchung — 3800,00 EUR
6. Wir verkaufen nicht mehr benötigte Lagerregale gegen Barzahlung — 970,00 EUR
7. Kauf einer DV-Anlage auf Ziel — 17430,00 EUR
8. Rücksendung eines bereits gebuchten mangelhaften Aktenschrankes — 625,00 EUR
9. Kauf einer Fertiggarage gegen Bankscheck — 15400,00 EUR
10. Begleichung der Eingangsrechnung mit Banküberweisung — 9190,00 EUR
11. Zur Erhöhung unseres Bankguthabens tätigen wir eine Bareinzahlung — 6000,00 EUR
12. Kauf von Büromöbeln auf Ziel — 12600,00 EUR
13. Wir kaufen einen neuen Pkw für unseren Reisenden. Den alten Pkw nimmt das Fahrzeughaus mit 9300,00 EUR in Zahlung. Den Restbetrag in Höhe von 31000,00 EUR zahlen wir mit Bankscheck.
14. Wir zahlen eine Eingangsrechnung durch Banküberweisung — 4312,00 EUR
15. Formulieren Sie die zugrunde liegenden Geschäftsvorfälle!

Nr.	Konten	Soll	Haben
15.1	Fuhrpark	44800,00	
	an Bank		44800,00
15.2	Langfr. Bankverbindlichkeiten	8000,00	
	an Bank		8000,00

5.4.2 Einfacher Buchungssatz mit Buchungen nach Belegen

(1) Grundsätzliches

In der Praxis existiert über jeden Geschäftsvorfall ein Beleg, d.h., die Buchungssätze werden dort immer nur aufgrund von Belegen (Überweisungen, Rechnungen, Quittungen, Lohnlisten usw.) gebildet.

In der Praxis gilt der Grundsatz: **Keine Buchung ohne Beleg!**

(2) Bearbeitung der Belege

Die **Buchungsanweisung (Buchungssatz, Kontierung)** wird auf dem Beleg festgehalten. Zu diesem Zweck benutzt man in der Regel einen sogenannten **Kontierungsstempel,** mit dem man die benötigten Spalten auf den Beleg aufdruckt, sodass diese nur noch mit den erforderlichen Daten versehen werden müssen. Da später so gebucht wird wie kontiert wurde, ist die Kontierungsarbeit von grundlegender Bedeutung.

An die Kontierung schließt sich dann der eigentliche **Buchungsvorgang** an. Hierbei wird bei jeder Buchung im Grundbuch[1] die Belegnummer vermerkt (z.B. ER 9 entspricht der Eingangsrechnungsnummer 9), um jederzeit von der Buchung auf den Beleg schließen zu können. Da der Buchhalter auch den Beleg mit einem Buchungsvermerk versieht (Buchungsnummer, Seitennummer, Datum, Zeichen des Buchhalters), kann umgekehrt auch vom Beleg auf die Buchung geschlossen werden.

Beispiel:

Franz Kayser GmbH
Metallwarenhandel Mannheim

ER 9 ← Beleg-Nummerierung

Telefon 0621 2371

F. Kayser GmbH · Edisonstr. 15 · 68309 Mannheim

Herbert Loske e.Kfm.[2]
Theodor-Storm-Straße 9–11
23795 Bad Segeberg

Bankkonten:
Deutsche Bank Mannheim
BIC: DEUTDESMXXX
IBAN: DE42 6707 0010 0003 1010 11
Commerzbank Mannheim
BIC: COBADEFF670
IBAN: DE22 6704 0031 0000 1174 60

EINGEGANGEN
1. AUG. 20..
Erl. ....

Bei Bezahlung und Schriftwechsel angeben

Kundennummer	Rechnungsnummer	Datum
411/721	679	31. Juli 20..

Rechnung

Liefer-datum	Menge	Artikel-nummer	Bezeichnung	Einzelpreis in EUR	Gesamtpreis in EUR
17. Juli 20..	5	17/411	Lagerregale	2459,71	12298,55*

Konten	Soll	Haben
Betr.- u. G.-Ausst.	12298,55	
an Verb.a.L.u.L.		12298,55
Gebucht: J VIII/7 2. Aug./Hu		

← Vorkontierung

Abkürzungen:
J: Journal
VIII: August
7: Journalseite 7
2. Aug.: Buchungsdatum
Hu: Buchhalter Huchler

Bei Barzahlung innerhalb 8 Tagen 2 % Skonto. Die Ware bleibt bis zur völligen Bezahlung unser Eigentum.
Sitz der Gesellschaft: Mannheim; RG Mannheim: HRA 2785[2] Steuer-Nr.: 91479/17040[2]

* Da die Umsatzsteuer aufgrund des Bildungsplans noch nicht behandelt wurde, bleibt sie hier unberücksichtigt.

1 Im **Grundbuch** werden die Buchungen in zeitlicher Reihenfolge (chronologisch) erfasst. Zu Einzelheiten siehe S. 91 f.

2 Bei **allen Kaufleuten** ist auf den **Geschäftsbriefen** die Firma, die Bezeichnung als Kaufmann (z.B. e.Kfm., GmbH, KG, AG), der Ort der Handelsniederlassung, das Registergericht (HRA → für Einzelunternehmen und Personengesellschaften, HRB → für Kapitalgesellschaften) und die Nummer, unter der die Firma in das Handelsregister eingetragen ist, anzugeben. Zudem muss die Steuernummer oder die Umsatzsteuer-Identifikationsnummer des Bundesamtes für Finanzen ausgewiesen werden [§ 14 IV, S. 1, Nr. 2 UStG]. Zu weiteren Pflichtangaben nach dem Umsatzsteuergesetz siehe S. 121.

- Belege dokumentieren den Geschäftsvorfall und bilden die Grundlage für die Überprüfung der ordnungsmäßigen Verbuchung.
- Durch entsprechende Vermerke muss vom Beleg aus auf die Buchung und umgekehrt geschlossen werden können.

Übungsaufgabe[1]

25
1. Formulieren Sie aufgrund der vorliegenden Belege den jeweils zugrunde liegenden Geschäftsvorfall!
2. Bilden Sie die Buchungssätze für die Claus Weber GmbH, Mozartstr. 15, 99423 Weimar!

Beleg 1

Maschinenfabrik Friedrich Pappe GmbH, Karlsruhe

Friedrich Pappe GmbH, Seegasse 4, 76228 Karlsruhe

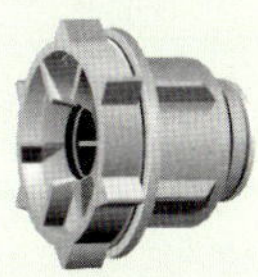

Druckerei
Claus Weber GmbH
Mozartstr. 15
99423 Weimar

Rechnung Nr. 65017 Rechnungsdatum: 27. Januar 20..

Liefer-datum	Menge	Artikel-Nr.	Artikelbezeichnung	Preis je Artikel	Gesamtbetrag
20. Jan. 20..	5	234 176	Lagerregale 2000 Stahl	3070,00 EUR	15350,00 EUR

Es gelten unsere umseitigen Lieferungs- und Zahlungsbedingungen.

Sitz der Gesellschaft: Karlsruhe, Amtsgericht Karlsruhe HRB 1350 Steuer-Nr.: 71020/1793

Beleg 2

Sparkasse Mittelthüringen HELADEF1WEM Einzahlung

Kontoinhaber: Name, Vorname/Firma (max. 27 Stellen)
Claus Weber GmbH 99423 Weimar

IBAN: DE 83 8205 1000 0000 5237 98 Betrag: 500,00

Handelnde Person bei regelm. Einzahler/Abheber; Art der Legitimation; Kennwort

Bearbeitungshinweise
☐ Legi. gepr. ☐ Finanztransaktion erfaßt
☐ VL/SVS SPF: ☐ neues Konto ✗ 27. 01. 20.. Weber
Datum, Unterschrift des Einzahlers

off-line Stelle | Valuta
Text-Schl. | Neuer Buchsaldo | T T M M J J

Für Einzahlung auf fremde Girokonten bitte Zahlscheine verwenden.

Beleg 3

DURCHSCHRIFT EUR **Quittung**

Betrag: 3 8 0,4 0
Nr. 1/14 inclusive % MwSt./Betrag
Betrag in Worten: dreihundertachtzig ----------------------
von: Franz Keller
für: Rechnung vom 25. Januar 20..
dankend erhalten
Datum/Ort: Weimar, 27. Januar 20..
Buchungsvermerke Stempel/Unterschrift des Empfängers
Claus Weber GmbH
99423 Weimar
Weber

Beleg 4

Beleg für den Kontoinhaber/Zahler-Quittung

Sparkasse Mittelthüringen | HELADEF1WEM
Name und Sitz des überweisenden Kreditinstituts | BIC

Nur für Überweisungen in Deutschland, in andere EU-/EWR-Staaten und in die Schweiz, sowie nach Monaco in Euro.

Angaben zum Zahlungsempfänger: Name, Vorname/Firma (max. 27 Stellen, bei maschineller Beschriftung max. 35 Stellen)
Lener-Service Handelsgesellschaft Soest

IBAN: DE33414500750000345987

BIC des Kreditinstituts/Zahlungsdienstleisters (8 oder 11 Stellen): WELADED1SOS
Die Angabe des BIC kann entfallen, wenn die IBAN des Zahlungsempfängers mit DE beginnt.

Betrag: Euro, Cent: 460,94

Kunden-Referenznummer - Verwendungszweck, ggf. Name und Anschrift des Zahlers - (nur für Zahlungsempfänger)
Rechnung vom 27. Jan. 20..

noch Verwendungszweck (insgesamt max. 2 Zeilen à 27 Stellen, bei maschineller Beschriftung max. 2 Zeilen à 35 Stellen)

Angaben zum Kontoinhaber/Zahler: Name, Vorname/Firma, Ort (max. 27 Stellen, keine Straßen- oder Postfachangaben)
Claus Weber GmbH, Weimar

IBAN: DE 83 8205 1000 0000 5237 98

Datum: 27.01.20.. Unterschrift(en): Weber

1 Bei den Belegen in der Aufgabe 25 wird auf den Ausweis der Umsatzsteuer verzichtet, weil die Buchung der Umsatzsteuer noch nicht behandelt wurde.

6 Speth u.a. - ISBN 978-3-8120-0497-8

Beleg 5

BüTop

Büromöbel Topauer KG

Büromöbel Topauer KG, Tengstr. 28, 80798 München

Druckerei
Claus Weber GmbH
Mozartstr. 15
99423 Weimar

Kunden-nummer	Rechnungs-nummer	Rechnungs-datum	Liefer-datum	Auftrags-datum	Bestell-nummer
24003	1502	27-01-20..	10-01-20..	08-01-20..	268F1

Rechnung

Pos.	Art.Nr.	Bezeichnung	Menge	Einzelpreis EUR	Gesamtpreis EUR
1	20100	Computertisch Standard 160 x 80 x 75	12	525,00	6300,00
2	10100	Schreibtisch Eibe furniert 180 x 80 x 75	8	980,00	7840,00
			Rechnungsbetrag		14140,00

Zahlungsbedingungen: Innerhalb 8 Tagen abzüglich 2 % Skonto = 278,84 EUR
Innerhalb 30 Tagen rein netto

Sitz der Gesellschaft: München
Registergericht München
HRA 8966
UID-Nr. DE 129 000 000

St.-Nr. 91417/77040

Tengstr. 28
80798 München
Tel. 089 25919-0
Fax 089 25919-10

Postbank München
0134383464, BLZ 700 100 80
HypoVereinsbank München
Nr. 4 646 232, BLZ 700 202 70

Beleg 6

Maschinenfabrik Hans Werner GmbH
ESSEN

Hans Werner GmbH, Winkelstr. 20, 45149 Essen

Druckerei
Claus Weber GmbH
Mozartstr. 15
99423 Weimar

Rechnung 144/80

Ihre Bestellung	Unsere Lieferung	Rechnungsdatum
15.01.20..	28.01.20..	28.01.20..

Menge	Warenbezeichnung	Einzelpreis EUR	Gesamtbetrag EUR
15	Papier-Palette	480,00	7200,00

Beleg 7

Autohaus Franz Sauer e.Kfm.
Schubertstr. 14 99423 Weimar

Autohaus F. Sauer e.Kfm. · Schubertstr. 14 · 99423 Weimar

Druckerei
Claus Weber GmbH
Mozartstr. 15
99423 Weimar

Rechnung 5192

Ihre Bestellung	Unsere Lieferung	Rechnungsdatum
20.01.20..	30.01.20..	04.02.20..

Wir danken für Ihren Auftrag und berechnen Ihnen wie folgt
1 Kombiwagen gebraucht 21800,00 EUR

Zahlungsziel: 10 Tage 3% Skonto, 30 Tage netto Kasse

Beleg 8

Beleg für den Kontoinhaber/Zahler-Quittung

Sparkasse Mittelthüringen
Name und Sitz des überweisenden Kreditinstituts

HELADEF1WEM
BIC

Nur für Überweisungen in Deutschland, in andere EU-/EWR-Staaten und in die Schweiz, sowie nach Monaco in Euro.

Angaben zum Zahlungsempfänger: Name, Vorname/Firma (max. 27 Stellen, bei maschineller Beschriftung max. 35 Stellen)
Hans Werner GmbH Essen

IBAN
DE34360501050077665532

BIC des Kreditinstituts/Zahlungsdienstleisters (8 oder 11 Stellen)
SPESDE3EXXX

Die Angabe des BIC kann entfallen, wenn die IBAN des Zahlungsempfängers mit DE beginnt.

Betrag: Euro, Cent
5680,00

Kunden-Referenznummer - Verwendungszweck, ggf. Name und Anschrift des Zahlers - (nur für Zahlungsempfänger)
Rechnung vom 05.02.20..

noch Verwendungszweck (insgesamt max. 2 Zeilen à 27 Stellen, bei maschineller Beschriftung max. 2 Zeilen à 35 Stellen)

Angaben zum Kontoinhaber/Zahler: Name, Vorname/Firma, Ort (max. 27 Stellen, keine Straßen- oder Postfachangaben)
Claus Weber GmbH

IBAN
DE 83 8205 1000 0000 5237 98

113 377.000 35735

Datum: 27.01.20..
Unterschrift(en): Weber

Beleg 9

Bürotechnik + Organisation Haffner
Ibsenstr. 18 | 99425 Weimar | 03643 7721

Fa. Claus Weber GmbH

Anz.	Datum 02.02.20..	Einzelpreis EUR	Gesamtpreis EUR
3	Aktenvernichter	415,00	1 245,00
	Betrag dankend erhalten.		

Be

Verk. Be | 000195-11 | Bei Irrtum oder Umtausch bitte diesen Beleg vorlegen.

Haffner Bürotechnik + Organisation
St.-Nr. 44 111 17931

5.4.3 Zusammengesetzter Buchungssatz

Sind für einen Buchungssatz **mehr als zwei Konten** erforderlich, spricht man von einem **zusammengesetzten Buchungssatz.** Auch für den zusammengesetzten Buchungssatz gilt, dass bei jedem Buchungssatz die Summe der gebuchten Sollbeträge mit der Summe der gebuchten Habenbeträge übereinstimmen muss.

Beispiel:

I. Anfangsbestände:

Verbindlichkeiten a. Lief. u. Leist. 10000,00 EUR; Bank 7000,00 EUR; Kasse 5000,00 EUR.

II. Geschäftsvorfall:

Wir zahlen eine bereits gebuchte Eingangsrechnung über 3700,00 EUR, und zwar durch Banküberweisung 3000,00 EUR, in bar 700,00 EUR.

III. Aufgaben:

1. Buchen Sie den Geschäftsvorfall auf den Konten!
2. Bilden Sie den Buchungssatz!

Lösungen:

Zu 1.: Buchung auf den Konten

Soll — Bank — Haben

Soll		Haben	
AB	7000,00	Verb.a.L.u.L.	3000,00

Soll — Verbindl. a. Lief. u. Leist. — Haben

Soll		Haben	
Ba/Ka	3700,00	AB	10000,00

Soll — Kasse — Haben

Soll		Haben	
AB	5000,00	Verb.a.L.u.L.	700,00

Zu 2.: Buchungssatz

Geschäftsvorfall	Konten	Soll	Haben
Wir bezahlen eine bereits gebuchte Eingangsrechnung über 3700,00 EUR durch Banküberweisung 3000,00 EUR und Barzahlung 700,00 EUR	Verbindl. a. Lief. u. Leist. an Bank an Kasse	3700,00	 3000,00 700,00

Für den **einfachen Buchungssatz** wie für den **zusammengesetzten Buchungssatz** gilt:

Summe der gebuchten Sollbeträge ≙ Summe der gebuchten Habenbeträge

Übungsaufgaben

26 Bilden Sie zu den folgenden Geschäftsvorfällen die Buchungssätze bzw. ermitteln Sie die Geschäftsvorfälle!

1. Ein Kunde zahlt einen Rechnungsbetrag über 725,00 EUR
   in bar — 225,00 EUR
   durch Banküberweisung — 500,00 EUR
2. Wir kaufen Lagerregale für insgesamt 3500,00 EUR
   gegen Barzahlung — 1500,00 EUR
   auf Ziel — 2000,00 EUR
3. Wir verkaufen einen nicht mehr benötigten Lieferwagen in Höhe des Buchwertes von 3800,00 EUR gegen Barzahlung — 800,00 EUR
   Restforderung — 3000,00 EUR
4. Ein Kunde zahlt einen Rechnungsbetrag über 1750,00 EUR
   durch Banküberweisung — 1000,00 EUR
   bar — 750,00 EUR
5. Wir bezahlen eine Liefererrechnung über 2550,00 EUR
   bar — 550,00 EUR
   durch Banküberweisung — 2000,00 EUR
6. Wir kaufen einen Kombiwagen zum Preis von 25000,00 EUR
   gegen Barzahlung — 5500,00 EUR
   durch Banküberweisung — 10000,00 EUR
   Restverbindlichkeit — 9500,00 EUR
7. Wir tilgen eine Darlehensschuld bei der Bank über 5000,00 EUR
   bar — 1500,00 EUR
   durch Banküberweisung — 3500,00 EUR
8. Formulieren Sie die zugrunde liegenden Geschäftsvorfälle!

Nr.	Konten	Soll	Haben
8.1	Betriebs- und Geschäftsausstattung an Bank an Kasse	3750,00	 3000,00 750,00
8.2	Verbindlichkeiten a. Lief. u. Leist. an Bank an Kasse	2350,00	 2000,00 350,00

Nr.	Konten	Soll	Haben
8.3	Bank Kasse an Forderungen a. Lief. u. Leist.	750,00 250,00	 1 000,00
8.4	Unbebaute Grundstücke an Bank an Kasse	400 000,00	 370 000,00 30 000,00

27 1. Formulieren Sie aufgrund des Belegs die zugrundeliegenden Geschäftsvorfälle!

2. Bilden Sie die Buchungssätze für die Druckerei Schön & Dörfer OHG, Gaußstr. 15, 24143 Kiel!

Deutsche Bank AG

Kiel

BIC: DEUTDEHH212
IBAN: DE93 2127 0020 0056 3471 20

Kontoauszug Nr. 28 vom 24.05.20.. Blatt 1

Buchungstag/Wert/Vorgang			Soll	Haben
		ALTER SALDO VOM 21.05.20..		7 929,80 H
2405	2405	Frieda Freund e.Kfr. Erlangen Rechnung 20.05.20..		3 160,10 H
2405	2405	Alltrop GmbH Rechnung 17.05.20..		6 985,40 S

SCHÖN DÖRFER OHG
GAUßSTR. 15
24143 KIEL

NEUER SALDO 4 104,50 H

5.5 Eröffnung und Abschluss der Bestandskonten (Eröffnungsbilanzkonto und Schlussbilanzkonto)

Das **Prinzip der doppelten Buchführung** ist ein **generelles Prinzip** und gilt folglich auch für die Anfangs- und Schlussbestände auf den Konten. Wenn bei der Eröffnung der Konten mit den Anfangsbeständen und beim Abschluss der Konten mit den Schlussbeständen jeweils eine Gegenbuchung erfolgen soll, benötigen wir dafür entsprechende Gegenkonten. Die **Buchung der Anfangsbestände** erfolgt mithilfe des **Eröffnungsbilanzkontos (EBK)** und die **Buchung der Schlussbestände** erfolgt über das **Schlussbilanzkonto (SBK).**

- Das **Eröffnungsbilanzkonto** und das **Schlussbilanzkonto** bringen die **Geschlossenheit des Systems der doppelten Buchführung** zum Ausdruck.
- Durch die beiden Konten wird sowohl bei der Erfassung der Anfangsbestände als auch bei der Erfassung der Schlussbestände **jeder Betrag doppelt gebucht.**

Beispiel:

I. Anfangsbestände:

Betriebs- u. Geschäftsausstattung 41355,00 EUR; Kasse 1670,00 EUR; Bank 33975,00 EUR; Forderungen aus Lieferungen und Leistungen 12150,00 EUR; Rohstoffe 24570,00 EUR; Verbindlichkeiten aus Lieferungen und Leistungen 13220,00 EUR; Langfristige Verbindlichkeiten gegenüber Kreditinstituten 5000,00 EUR; Eigenkapital 95500,00 EUR.

II. Geschäftsvorfälle:

1.	Wir verkaufen nicht mehr benötigte Lagerschränke bar zum Buchwert	2500,00 EUR
2.	Neuanschaffung einer Büroeinrichtung gegen Banküberweisung	30000,00 EUR
3.	Ein Kunde überweist einen Rechnungsbetrag auf das Bankkonto	2120,00 EUR
4.	Zur Auffüllung des Kassenbestandes heben wir vom Bankkonto bar ab	500,00 EUR
5.	Wir zahlen eine Lieferantenrechnung bar	1200,00 EUR
6.	Teilweise Tilgung des Bankdarlehens bar	1000,00 EUR

III. Aufgaben:

1. Eröffnen Sie die Konten mit den angegebenen Anfangsbeständen mithilfe des Eröffnungsbilanzkontos!
2. Bilden Sie zu den Geschäftsvorfällen die Buchungssätze und buchen Sie die Vorgänge anschließend auf den eröffneten Konten!
3. Schließen Sie die Konten über das Schlussbilanzkonto ab!

Lösungen:

Zu 2.: Bildung der Buchungssätze für die Geschäftsvorfälle

Nr.	Konten	Soll	Haben
1.	Kasse	2500,00	
	an Betriebs- u. Geschäftsausstattung		2500,00
2.	Betriebs- u. Geschäftsausstattung	30000,00	
	an Bank		30000,00
3.	Bank	2120,00	
	an Ford. a. Lief. u. Leist.		2120,00
4.	Kasse	500,00	
	an Bank		500,00
5.	Verb. a. Lief. u. Leist.	1200,00	
	an Kasse		1200,00
6.	Langfr. Bankverbindlichkeiten	1000,00	
	an Kasse		1000,00

Zu 1. und 3.:

Soll	Eröffnungsbilanzkonto		Haben
Eigenkapital	95 500,00	BGA	41 355,00
Verb.a.L.u.L.	13 220,00	Kasse	1 670,00
Lfr.B.Verb.	5 000,00	Bank	33 975,00
geg. Kr.-Inst.		Ford.a.L.u.L.	12 150,00
		Rohstoffe	24 570,00
	113 720,00		113 720,00

Soll	Betr.- u. Geschäftsausstattung		Haben
EBK	41 355,00	Ka	2 500,00
Ba	30 000,00	SBK	68 855,00
	71 355,00		71 355,00

Soll	Kasse		Haben
EBK	1 670,00	V.a.L.u.L.	1 200,00
BGA	2 500,00	L.V.g.Kr.-Inst.	1 000,00
Ba	500,00	SBK	2 470,00
	4 670,00		4 670,00

Soll	Bank		Haben
EBK	33 975,00	BGA	30 000,00
Ford.a.L.u.L.	2 120,00	Ka	500,00
		SBK	5 595,00
	36 095,00		36 095,00

Soll	Forderungen a. Lief. u. Leist.		Haben
EBK	12 150,00	Ba	2 120,00
		SBK	10 030,00
	12 150,00		12 150,00

Soll	Rohstoffe		Haben
EBK	24 570,00	SBK	24 570,00

Soll	Eigenkapital		Haben
SBK	95 500,00	EBK	95 500,00

Soll	Verbindlichkeiten a. Lief. u. Leist.		Haben
Ka	1 200,00	EBK	13 220,00
SBK	12 020,00		
	13 220,00		13 220,00

Soll	Langfr. Bankverbindlichkeiten		Haben
Ka	1 000,00	EBK	5 000,00
SBK	4 000,00		
	5 000,00		5 000,00

Soll	Schlussbilanzkonto		Haben
BGA	68 855,00	Eigenkapital	95 500,00
Kasse	2 470,00	Vb.a.L.u.L.	12 020,00
Bank	5 595,00	Lfr. B.Verb.	4 000,00
Ford.a.L.u.L.	10 030,00		
Rohstoffe	24 570,00		
	111 520,00		111 520,00

Erläuterungen:

- Die Buchung der Anfangsbestände führt dazu, dass die Anfangsbestände der Aktivkonten auf der Habenseite des Eröffnungsbilanzkontos und die Anfangsbestände der Passivkonten auf der Sollseite des Eröffnungsbilanzkontos erscheinen. Im Vergleich zum Schlussbilanzkonto sind die Seiten vertauscht. Das zeigt, dass das **Eröffnungsbilanzkonto** lediglich ein **Hilfskonto** ist, um das System der doppelten Buchung nicht zu durchbrechen. Gleichzeitig aber wird damit auch die Gleichheit der Soll- und Habenbeträge zu Beginn der Geschäftsperiode dokumentiert. Das ist ein **Grundprinzip des Systems der doppelten Buchführung,** das zu jeder Zeit als Kontrollmechanismus in diesem System eingebaut ist, denn auch bei der Eröffnung der Konten muss sichergestellt sein, dass die Summe der gebuchten Sollbeträge mit der Summe der gebuchten Habenbeträge übereinstimmt.
- Das **Schlussbilanzkonto** hat die Aufgabe, die vom Unternehmen verwendeten Aktiv- und Passivkonten einander gegenüberzustellen. Das **Schlussbilanzkonto** dient allein **innerbetrieblichen Zwecken** und ist an **keine gesetzlichen Gliederungsvorschriften** gebunden. Anders die **Schlussbilanz.** Sie dient außenstehenden Personen (z.B. Mitinhabern, Gläubigern) oder Institutionen (z.B. Steuerbehörde, Gerichte, Banken) als Auskunfts- und Beweismittel und **unterliegt gesetzlichen Vorschriften.** Das Schlussbilanzkonto darf somit nicht mit der Schlussbilanz verwechselt werden.

Beachte:

Das Eröffnungsbilanzkonto und das Schlussbilanzkonto wurden hier aus methodischen und systematischen Überlegungen dargestellt. Ob in den nachfolgenden Übungsaufgaben das Eröffnungsbilanzkonto geführt werden soll, bleibt der individuellen Entscheidung der Lehrenden vorbehalten. In elektronischen Finanzbuchhaltungssystemen ist es allerdings aus abstimmungstechnischen Gesichtspunkten unverzichtbar.

Übungsaufgaben

28 **I. Anfangsbestände:**

Unbebaute Grundstücke 965000,00 EUR; Maschinen 470500,00 EUR; Betriebs- und Geschäftsausstattung 84900,00 EUR; Rohstoffe 54800,00 EUR; Forderungen aus Lieferungen und Leistungen 105450,00 EUR; Bank 17770,00 EUR; Kasse 25100,00 EUR; Eigenkapital 892320,00 EUR; Verbindlichkeiten gegenüber Kreditinstituten 450000,00 EUR; Verbindlichkeiten aus Lieferungen und Leistungen 381200,00 EUR.

II. Geschäftsvorfälle:

1.	Eingangsrechnung für Büromöbel	27500,00 EUR
2.	Von der bereits gebuchten Büromöbellieferung schicken wir einen nicht bestellten Posten zurück	4000,00 EUR
3.	Ein Kunde zahlt einen Rechnungsbetrag durch Banküberweisung	32000,00 EUR
4.	Wir tilgen teilweise die Darlehensschuld bei der Bank durch Barzahlung	7200,00 EUR
5.	Wir kaufen eine Abfüllmaschine auf Ziel	87700,00 EUR
6.	Wir zahlen eine Lieferantenrechnung über 28 570,00 EUR	
	bar	6570,00 EUR
	durch Bankscheck	22 000,00 EUR
7.	Barkauf mehrerer Schreibtische für das Büro	2600,00 EUR
8.	Kauf eines Grundstücks für einen Parkplatz auf Ziel	67000,00 EUR

III. Aufgaben:

1. Eröffnen Sie die Konten mithilfe des Eröffnungsbilanzkontos!
2. Bilden Sie die Buchungssätze und buchen Sie auf den Konten!
3. Schließen Sie die Konten über das Schlussbilanzkonto ab!

29 **I. Anfangsbestände:**

Unbebaute Grundstücke 200000,00 EUR; Bebaute Grundstücke 335850,00 EUR; Betriebs- und Geschäftsausstattung 228710,00 EUR; Kasse 7350,00 EUR; Bank 62550,00 EUR; Forderungen aus Lieferungen und Leistungen 98720,00 EUR; Rohstoffe 165750,00 EUR; Verbindlichkeiten aus Lieferungen und Leistungen 154820,00 EUR; Langfristige Bankverbindlichkeiten 200000,00 EUR; Eigenkapital 744110,00 EUR.

II. Geschäftsvorfälle:

1.	Einkauf einer Maschine	23500,00 EUR
	gegen Banküberweisung	12000,00 EUR
	auf Ziel	11500,00 EUR
2.	Ein Kunde bezahlt einen Rechnungsbetrag über 1250,00 EUR,	
	bar	750,00 EUR
	durch Banküberweisung	500,00 EUR
3.	Barkauf eines Laptops	950,00 EUR
4.	Teilrückzahlung eines Bankdarlehens durch Banküberweisung	4500,00 EUR
5.	Barverkauf eines nicht benötigten Büroschrankes zum Buchwert	650,00 EUR
6.	Begleichung einer Eingangsrechnung in Höhe von 7820,00 EUR,	
	bar	2350,00 EUR
	durch Banküberweisung	5470,00 EUR

III. Aufgaben:

1. Eröffnen Sie die Konten mithilfe des Eröffnungsbilanzkontos!
2. Bilden Sie die Buchungssätze und buchen Sie auf den Konten!
3. Schließen Sie die Konten über das Schlussbilanzkonto ab!

5.6 Zusammenhang zwischen Bestandskonten, Inventur, Inventar und Bilanz

Die Bestandskonten – unter Einbeziehung des Schlussbilanzkontos und des Eröffnungsbilanzkontos – bilden eine in sich geschlossene Einheit: Das **Kontensystem der doppelten Buchführung.**

Die Bilanz baut auf den Zahlen der Buchführung auf, wobei diese Zahlen jedoch vor ihrer Übernahme in die Bilanz durch die Inventur auf ihre Richtigkeit hin überprüft werden. Vom buchtechnischen Standpunkt aus und auch von der Tatsache ausgehend, dass die Bilanz für die Öffentlichkeit entsprechend aufbereitet werden muss [§§ 247, 266 HGB], stehen **Inventur** (bzw. **Inventar**) und **Bilanz außerhalb der Buchführung.**

Die grafische Darstellung auf S. 90 verfeinert gegenüber der Darstellung von S. 62 den Zusammenhang zwischen dem Kontensystem der Buchführung und der Bilanz sowie der Inventur (bzw. dem Inventar).

Innerhalb der Buchführung haben wir Konten

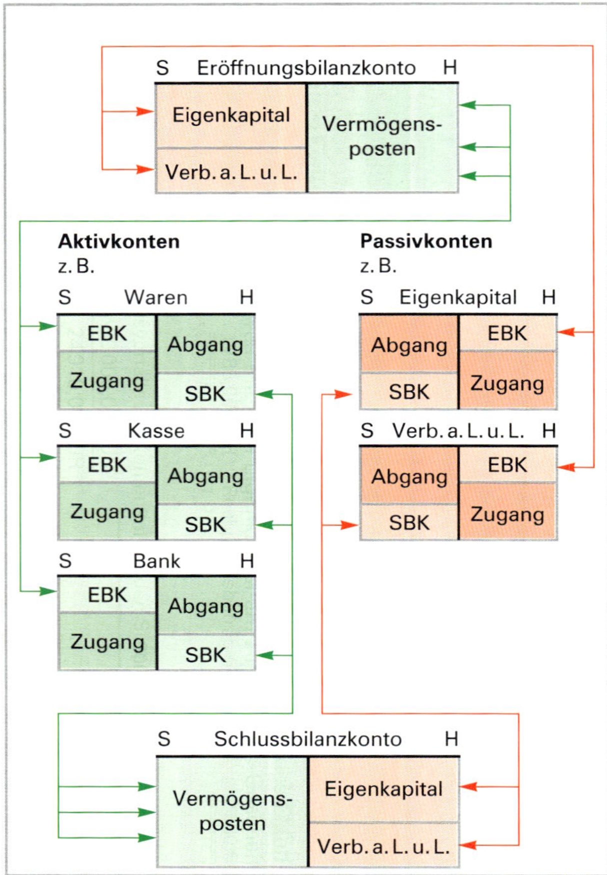

Zielsetzung:
Informationen für die Geschäftsleitung

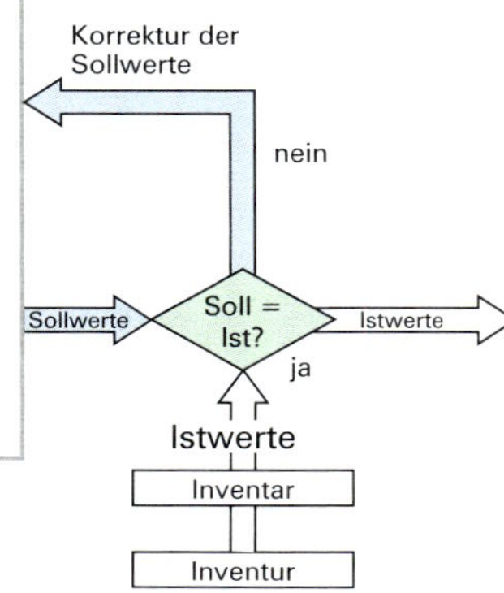

Außerhalb der Buchführung haben wir Bilanzen:

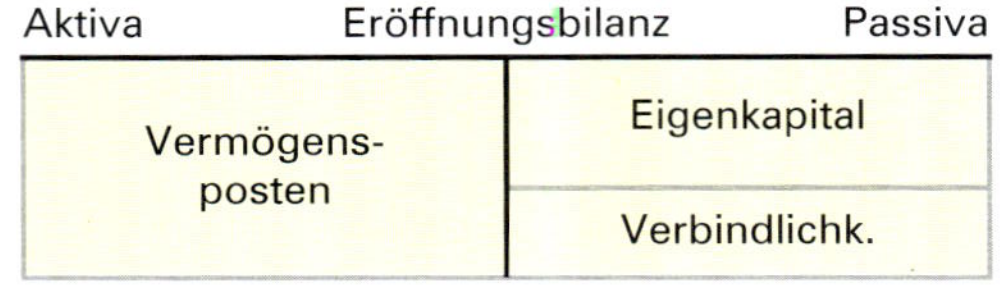

Streng genommen gibt es im Leben eines Unternehmens nur eine Eröffnungsbilanz, nämlich die bei der Gründung. Jede Schlussbilanz kann jedoch als Eröffnungsbilanz für die neue Geschäftsperiode betrachtet werden.

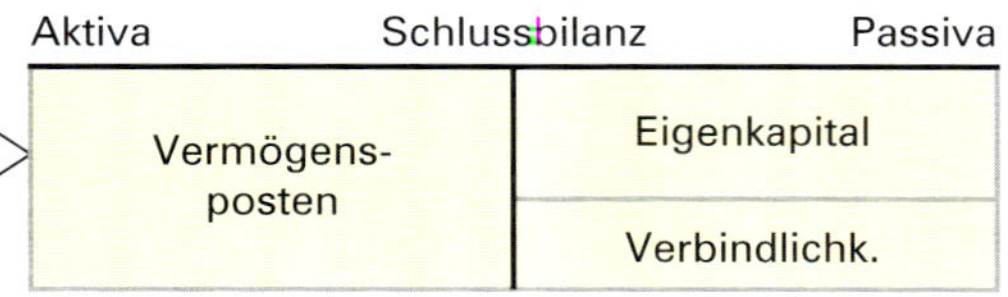

Zielsetzung:
Informationsinstrument für Außenstehende

6 Organisation der Buchführung

6.1 Bücher der Buchführung

(1) Allgemeines

Aufgrund der dynamischen Weiterentwicklung der Informationstechnologie muss man sich lösen von einer allzu wörtlichen Vorstellung des Wortbestandteils „Buch“, wenn von „Buchführung“ die Rede ist. Die Grundsätze ordnungsmäßiger DV-gestützter Buchführungssysteme (GoBS) klären die rechtlichen Ansprüche, welche an moderne, IT-gestützte Buchführungssysteme gestellt werden. So müssen z.B. Geschäftsvorfälle (von der Aufzeichnung im Grundbuch über das Hauptbuch, GuV bzw. Bilanz) nachprüfbar und rückverfolgbar sein. Mit Ausnahme der Jahresabschlüsse und der Eröffnungsbilanz ist die Speicherung der aufbewahrungspflichtigen Unterlagen auf digitalen Datenträgern zulässig, wenn diese jederzeit verfügbar sind und unverzüglich lesbar gemacht werden können [§ 147, Abs. 2, AO].

(2) Grundbuch und Hauptbuch

Grundbuch

Alle Geschäftsvorfälle müssen lückenlos und fortlaufend aufgezeichnet werden. Man spricht auch von **chronologischer Aufzeichnungspflicht** [vgl. § 239 II HGB]. Unabhängig von der Art des dabei verwendeten Mediums wird die Zusammenfassung dieser Eintragungen als **Grundbuch** bezeichnet.

Beispiel:

Grundbuch: Monat Februar 20..					Seite
Tag	Beleg-Nr.	Geschäftsvorfall	Buchungssatz	Soll	Haben
15. Febr.	173	Zahlung einer Eingangsrechnung durch Banküberweisung	Verb. a. L. u. L. an Bank	500,00	500,00

Hauptbuch

Die zeitliche Auflistung der Buchungen allein genügt nicht. Sie müssen vielmehr auch in ihren **sachlichen** Auswirkungen dargestellt werden, d.h., die Buchungen im Grundbuch sind auf die Sachkonten zu übertragen. Dies geschieht im sogenannten **Hauptbuch.** Die Sachkonten werden daher auch als **Hauptbuchkonten** bezeichnet. Erst durch die sachliche Aufgliederung ist der Stand des Vermögens und der Schulden ersichtlich.

Beispiel:

Die Buchung im Grundbuch führt zu der nachfolgenden Buchung im Hauptbuch.

S	Verbindl. a. Lief. u. Leist.		H
Bank	500,00	AB	45000,00

S	Bank		H
AB	3000,00	V.a.L.u.L.	500,00

- Im **Grundbuch** werden alle Geschäftsvorfälle **chronologisch,** d. h. in der zeitlichen Reihenfolge ihres tatsächlichen Anfalls erfasst.
- Im **Hauptbuch** werden mithilfe von Konten die **sachlichen** Auswirkungen aller Geschäftsvorfälle erfasst.

(3) Zusammenhang von Beleg, Grundbuch und Hauptbuch

Grundlage aller Buchungen sind die vorkontierten Belege. Im Grundbuch erfolgen die Buchungen in zeitlicher Reihenfolge, während auf den Konten des Hauptbuches die sachlichen Auswirkungen der Geschäftsvorfälle erfasst werden.

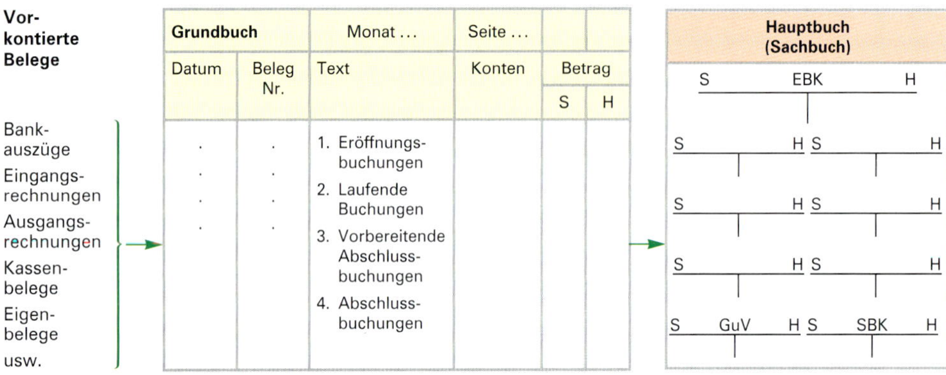

chronologische (zeitliche) Reihenfolge der Buchungen

sachliche Ordnung der Buchungen

(4) Nebenbücher

Wenn sich auf den Konten des Hauptbuches eine Vielzahl von Veränderungen ergibt oder zusätzliche Daten erfasst werden sollen, können zur Entlastung des Hauptbuches **Nebenbücher** geführt werden. Die Nebenbücher erfassen den Buchungsinhalt für jeden einzelnen Beleg und ergänzen somit die zusammengefassten Buchungsinhalte des Hauptbuches. Wegen dieses sachlichen Zusammenhangs muss jedem Nebenbuch, in dem die Einzelvorgänge erfasst werden, ein Konto des Hauptbuches entsprechen, das die gesammelten Werte periodenweise aufnimmt. Wichtige Nebenbücher sind: das Kundenbuch (Debitorenbuch), das Lieferantenbuch (Kreditorenbuch), das Kassenbuch, das Lagerbuch, das Anlagebuch.

Nebenbücher erfassen alle Wertveränderungen **im Einzelnen.** Diese werden periodenweise gesammelt und auf die Hauptbuchkonten übertragen. Erst nach dieser Übertragung ist das Hauptbuch abschlussfähig.

6.2 Kontenrahmen als Organisationsmittel der Buchführung

6.2.1 Allgemeines zum Kontenrahmen

Die Buchführung eines Kaufmanns besteht aus einer Vielzahl von Konten. Um hierüber die wünschenswerte Übersicht zu behalten, bedarf es einer Ordnung. Sie wird mithilfe des Kontenrahmens erreicht. Dieses bewährte Ordnungsmittel wurde bereits 1937 in der deutschen Wirtschaft eingeführt. Neben dem genannten Zweck der Übersichtlichkeit sollte mit der Einführung des Kontenrahmens auch die Vergleichbarkeit und Kontrolle der Betriebe besser ermöglicht werden. Die Einführung eines Kontenrahmens kann nur als Empfehlung an die Betriebe angesehen werden, eine gesetzliche Verpflichtung dazu besteht nicht.

Um den individuellen Bedürfnissen optimal zu entsprechen, hat jeder Wirtschaftszweig seinen eigenen Kontenrahmen entwickelt. Daneben haben bekannte Softwarefirmen spezielle EDV-Kontenrahmen herausgebracht. Das dabei zugrunde gelegte Ordnungsprinzip ist einheitlich.

6.2.2 Bedeutung des Kontenrahmens

Dadurch, dass nicht mehr jeder Unternehmer seine Buchführung nach eigenem Ermessen und Gutdünken aufbaut, werden insbesondere folgende zwei Vorteile erzielt:

- Der Inhalt der einzelnen Konten ist genau bestimmt. Dadurch können die verschiedenen Inhalte scharf gegeneinander abgegrenzt werden. Verschiedene Industrieunternehmen buchen daher unter der gleichen Kontenbezeichnung den gleichen Inhalt. Dadurch wird die **Organisation** der Buchführung **einheitlicher** und **übersichtlicher.**
- Durch die Vereinheitlichung der Buchführung von der Grundkonpeztion her ist es dem Unternehmer möglich, Vergleiche vorzunehmen, und zwar
  - **innerhalb des Unternehmens:** Vergleich der Entwicklung der Konteninhalte von Rechnungsjahr zu Rechnungsjahr **(Zeitvergleich),** aber auch
  - **außerhalb des Unternehmens:** z.B. Vergleich der eigenen Buchführungsergebnisse mit denen anderer Unternehmen **(Betriebsvergleich).**

6.2.3 Vom Kontenrahmen zum Kontenplan

Innerhalb des Kontenrahmens, dessen Anwendung allen Unternehmen des betreffenden Wirtschaftszweiges empfohlen wird, stellt jeder Betrieb den individuellen Bedürfnissen entsprechend seinen eigenen **Kontenplan** auf. In diesem werden jene Konten ausgelassen, die für den betreffenden Betrieb keine Bedeutung haben.

- Der **Kontenrahmen** bezieht sich auf eine bestimmte **Wirtschaftsbranche.**
- Der **Kontenplan** bezieht sich auf einen bestimmten **Betrieb.**

Mithilfe der zehn Ziffern unseres Zahlensystems wird die Gesamtmenge der Konten nach sachlichen Gesichtspunkten (z.B. alle Finanzanlagen, alle Ertragskonten usw.) zunächst in 10 **Kontenklassen** gegliedert.

Beispiel:

Kontenklasse 0	Kontenklasse 1	Kontenklasse 2
AKTIVA		
Anlagevermögen		Umlaufvermögen

Da es in jeder Kontenklasse mehrere Konten gibt, muss man zur eindeutigen Unterscheidung eine zweite Ziffer hinzufügen. Dabei beginnt man ebenfalls wieder mit der Ziffer 0. Diese zweistellige Kontenkennzeichnung bildet jeweils eine **Kontengruppe**.

Beispiel:

Kontenklasse 0	usw.
AKTIVA	
Anlagevermögen	
. . 02 **Konzessionen und Lizenzen** . . 05 **Grundstücke und Gebäude**	

Da auch innerhalb einer Kontengruppe im Allgemeinen unterschiedliche Konten vorkommen, muss jede Kontengruppe wieder nach dem gleichen Verfahren unterteilt werden. Man spricht dann von einer bestimmten **Kontoart**. Notfalls müssen zu einer Kontoart auch **Kontounterarten** gebildet werden.

Beispiel:

Kontenklasse 0	usw.
AKTIVA	
Anlagevermögen	
. . 05 **Grundstücke und Gebäude** 0500 Unbebaute Grundstücke 0510 Bebaute Grundstücke 0530 Betriebsgebäude 0540 Verwaltungsgebäude 0550 Andere Bauten →	**Erläuterungen:** 0550 **Andere Bauten**[1] → Kontenklasse 0: Immaterielle Vermögensgegenstände und Sachanlagen → Kontengruppe 05: Grundstücke usw. → Kontoart 0550: Andere Bauten Wir sagen auch: Das Konto Andere Bauten hat die **Kontonummer 0550**

1 Die EDV-Kontenrahmen verwenden im Allgemeinen für jede Kontoart des Hauptbuches eine vierstellige Kontoziffer. Personenkonten (Lieferer- und Kundenkonten) haben dann weitere Kontoziffern. Dieser 4-stelligen Kontobezifferung wollen wir uns anschließen.

6.2.4 Aufbauprinzip eines Kontenrahmens am Beispiel des Industriekontenrahmens

Der Industriekontenrahmen ist ein abschlussorientierter Kontenrahmen. Das bedeutet, dass sich die Reihenfolge der Kontengruppen an den Abschlussgliederungsprinzipien der Bilanz und der Gewinn- und Verlustrechnung bei Kapitalgesellschaften orientiert.

Da sich diese Gliederungsprinzipien für den Jahresabschluss – besonders die für die Bilanz, wenn auch in vereinfachter und verkürzter Form – auch bei Nichtkapitalgesellschaften immer stärker durchsetzen, ist damit die Erstellung des Jahresabschlusses wesentlich erleichtert. Das gilt besonders beim Einsatz eines Finanzbuchhaltungsprogrammes. Im DV-System wird hinterlegt, auf welchen Posten der Bilanz bzw. der Gewinn- und Verlustrechnung der Saldo eines Kontos im Rahmen des automatisierten Jahresabschlusses übertragen werden soll.

In seiner Grobstruktur weist der angesprochene Industriekontenrahmen in den einzelnen Kontenklassen folgende Positionen aus:

Klasse 0:	Immaterielle Vermögensgegenstände und Sachanlagen	←	Bestandskonten
Klasse 1:	Finanzanlagen	←	Bestandskonten
Klasse 2:	Umlaufvermögen und aktive Rechnungsabgrenzung	←	Bestandskonten
Klasse 3:	Eigenkapital und Rückstellungen	←	Bestandskonten
Klasse 4:	Verbindlichkeiten und passive Rechnungsabgrenzung	←	Bestandskonten
Klasse 5:	Erträge	←	Ergebniskonten
Klasse 6:	Betriebliche Aufwendungen	←	Ergebniskonten[1]
Klasse 7:	Weitere Aufwendungen	←	Ergebniskonten[1]
Klasse 8:	Ergebnisrechnungen	←	Abschlusskonten
Klasse 9:	Kosten- und Leistungsrechnung (KLR)[2]		

In den folgenden Kapiteln werden wir die Buchungssätze nur noch unter Zuhilfenahme des Industriekontenrahmens (IKR) bilden, d.h., bei den Buchungen im Grundbuch setzen wir vor den Kontonamen die entsprechende Kontonummer und im Hauptbuch werden die Gegenkonten nur mit den Kontonummern angegeben.

Beispiel:

Geschäftsvorfall:

Wir zahlen eine bereits gebuchte Eingangsrechnung über 3850,00 EUR

durch Banküberweisung	3000,00 EUR
in bar	850,00 EUR

Aufgaben:

1. Buchen Sie den Geschäftsvorfall auf den Konten!
2. Bilden Sie den Buchungssatz zu dem Geschäftsvorfall!

1 Vgl. hierzu Kapitel 7, S. 98 ff.

2 In der Praxis wird die Kosten- und Leistungsrechnung tabellarisch durchgeführt. Die Kosten- und Leistungsrechnung wird in Band 2 behandelt.

Lösungen:

Zu 1.: Buchung auf den Konten

S	2800 Bank		H
AB	5 000,00	4400	3 000,00

S	2880 Kasse		H
AB	3 140,00	4400	850,00

S	4400 Verbindl. a. Lief. u. Leist.		H
2800/2880	3 850,00	AB	10 000,00

Zu 2.: Buchungssatz

Geschäftsvorfall	Konten	Soll	Haben
Wir zahlen eine bereits gebuchte Eingangsrechnung über 3 850,00 EUR	4400 Verbindl. a. L. u. L.	3 850,00	
durch Banküberweisung 3 000,00 EUR	an 2800 Bank		3 000,00
durch Barzahlung 850,00 EUR	an 2880 Kasse		850,00

Übungsaufgaben

30 1. Gegeben ist die Kontobezeichnung 0830!

1.1 Nennen Sie die Information, die die erste Ziffer 0 liefert!

1.2 Nennen Sie was die Ziffernfolge 08 besagt!

1.3 Nennen Sie was die Ziffernfolge 0830 ausdrückt!

2. 2.1 Nennen Sie die Ihnen bekannten Abschlusskonten und ordnen Sie ihnen jeweils die richtige Kontoziffernfolge zu! (Name des Kontos, Kontonummer)

2.2 Nennen Sie das Konto mit der Ziffernfolge 2030!

3. 3.1 Nennen Sie den Begriff mit dem der Industriekontenrahmen die Konten der Klasse 0 und 1 zusammenfasst!

3.2 Nehmen Sie zu dieser Begriffsbildung Stellung! Erklären Sie, wie sie begründbar ist!

31 Bilden Sie unter Angabe der Kontonummern und Kontonamen für folgende Geschäftsvorfälle die Buchungssätze:

1.	Kauf einer Schleifmachine bar		5 800,00 EUR
2.	Ein Kunde überweist einen Rechnungsbetrag auf unser Bankkonto		896,00 EUR
3.	Wir kaufen eine Glasvitrine bar		120,00 EUR
4.	Wir verkaufen einen gebrauchten Geschäftswagen bar		9 280,00 EUR
5.	Wir zahlen eine Liefererrechnung durch Banküberweisung		560,00 EUR
6.	Ein Kunde zahlt einen Rechnungsbetrag über		1 750,00 EUR
	in bar	750,00 EUR	
	per Bankscheck	1 000,00 EUR	
7.	Wir kaufen eine Verpackungsmaschine		11 600,00 EUR
	Finanzierung:		
	Bankscheck	3 500,00 EUR	
	Barzahlung	200,00 EUR	
	Restverbindlichkeit	7 900,00 EUR	

32 Bilden Sie die Buchungssätze für die folgenden Belege der Möbelfabrik Franz Heinzler e.Kfm.!

Beleg 1

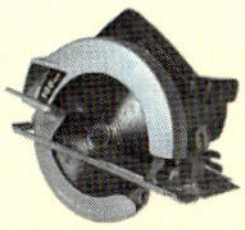

NÜMASCH AG

Budapester Str. 7 - 90459 Nürnberg

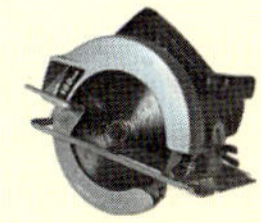

NÜMASCH AG, Postfach 145, 90458 Nürnberg

Möbelfabrik
Franz Heinzler e. Kfm.
Martinistr. 15
98693 Ilmenau

Kunden-nummer	Liefer-datum	Rechnungs-nummer	Rechnungs-datum	Bestell-nummer
35689	24. Juni 20..	5608-01	30. Juni 20..	14500

Rechnung Nr. 414

Pos.	Art.Nr.	Bezeichnung	Gesamtpreis
1	500	Sägemaschine, elektr.	10 000,00 EUR[1]

Bankverbindung: Deutsche Bank Nürnberg
UID-Nr. DE 129 044 007

IBAN 94 7607 0012 0655 3219 87
BIC DEUTDEMM760

NÜMASCH AG, Budapester Str.7, 90459 Nürnberg
Tel. 0911 2456-0
Fax 0911 2456-1

Sitz der Gesellschaft: Nürnberg

RG Nürnberg: HRB 7004

Steuer-Nr.: 72317/54690

Beleg 2

IBAN			BIC
DE87840510100001357894	SPARKASSE ARNSTADT – ILMENAU		HELADEF1ILK
Buchungs-tag	Tag der Wertstellung	Verwendungszweck/Buchungstext	alter Kontostand + 1 220,50
30.06.	30.06.	Rechnung Franz Zeh 16.06.20.. 1719	– 2 810,20
30.06.	30.06.	Bareinzahlung	+ 2 000,00

Möbelfabrik
Franz Heinzler e. Kfm.
Martinistr. 15
98693 Ilmenau

neuer Kontostand	Kontoauszug vom	Auszug	Blatt
+ 410,30	30.06.20..	21	1

Bitte beachten Sie die Hinweise auf der Rückseite

1 Auf die Buchung der Umsatzsteuer wird hier verzichtet, weil die Umsatzsteuer erst später behandelt wird.

7 Speth u.a. - ISBN 978-3-8120-0497-8

7 Ergebniskonten (Erfolgskonten)[1]

7.1 Aufwendungen, Erträge, Aufwandskonten, Ertragskonten

(1) Aufwendungen und Erträge

Die bisherigen Buchungen berührten alle Arten von Aktiv- und Passivkonten – außer einem: dem Eigenkapital. Das ändert sich jetzt.

Beispiel:

Eine Gehaltszahlung führt zu einer Verringerung des Eigenkapitals. Der Unternehmer tätigt diesen Aufwand in der Hoffnung, das erstellte Produkt verkaufen zu können. Der Verkauf des Produkts stellt einen Ertrag dar, der das Eigenkapital erhöht.

Das Eigenkapital kann entweder zunehmen oder abnehmen.

Soll	3000 Eigenkapital Haben
– Abgänge	Anfangsbestand
	+ Zugänge

Minderung des Eigenkapitals — Erhöhung des Eigenkapitals

Geschäftsvorfälle, die das Eigenkapital betreffen:

Beispiele:	Beispiele:
■ Aufwendungen für Roh-, Hilfs- und Betriebsstoffe	■ Verkauf von Erzeugnissen
■ Aufwendungen für Handelswaren	■ Verkauf von Handelswaren
■ Löhne, Gehälter	■ Erträge aus Wertpapieren
■ Aufwendungen für Mieten, Steuern, Versicherungen, Büromaterial …	■ Erträge aus Vermietung
	■ Zinserträge, Provisionserträge, Kursgewinne …

- **Abgänge beim Eigenkapital** nennen wir **Aufwendungen.**
- **Zugänge beim Eigenkapital** nennen wir **Erträge.**

(2) Aufwands- und Ertragskonten

Die direkte Buchung der Zu- und Abgänge des Eigenkapitals auf diesem Konto wäre mit deutlichen Nachteilen verbunden:

- In kürzester Zeit wäre das Konto Eigenkapital aufgrund der Vielzahl dieser Buchungen **sehr unübersichtlich.**
- Indem die verschiedensten Arten von Aufwendungen und Erträgen auf einem einzigen Konto gebucht würden, gäbe es keine Möglichkeit, detaillierte Aussagen darüber zu treffen, **durch welche Art von Aufwand und Ertrag und in welchem Maße der Geschäftserfolg bzw. -misserfolg verursacht** wurde.

1 Die Begriffe Ergebniskonten und Erfolgskonten sind identisch (gleichwertig). Beide Begriffe werden in Zukunft synonym verwandt.

Um diese Nachteile zu vermeiden, werden die Aufwendungen und Erträge nicht direkt auf dem Konto Eigenkapital gebucht, sondern es werden **Unterkonten des Eigenkapitals** gebildet. Die Aufwendungen werden auf **Aufwandskonten,** die Erträge auf **Ertragskonten** gebucht.

In schematischer Zusammenfassung ergibt sich die folgende Darstellung:

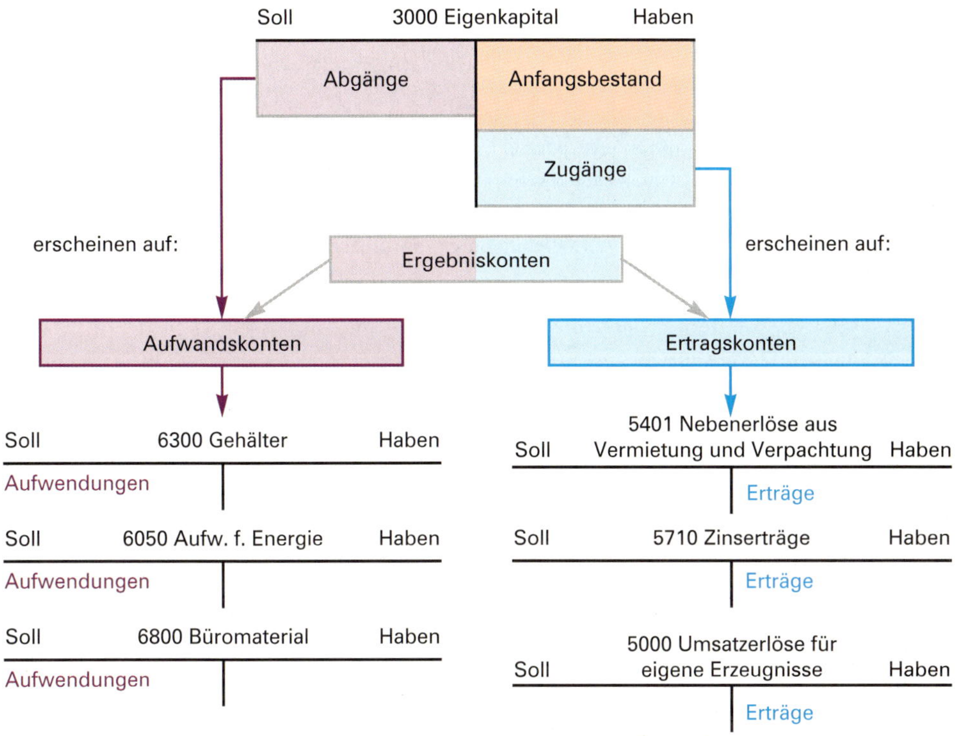

- **Aufwandskonten** erfassen die **Minderungen (Abgänge) beim Eigenkapital.**
- **Ertragskonten** erfassen die **Mehrungen (Zugänge) beim Eigenkapital.**

Durch die Aufwands- und Ertragskonten werden die **Ursachen des Unternehmensergebnisses** (Gewinn oder Verlust) deutlich. Die Aufwands- und Ertragskonten werden daher als **Ergebniskonten (Erfolgskonten)** bezeichnet. Geschäftsvorfälle, die das **Eigenkapital verändern,** bezeichnet man als **erfolgswirksame Geschäftsvorfälle.** Solche Geschäftsvorfälle, die das Eigenkapital nicht verändern, bezeichnet man als **erfolgsunwirksame (erfolgsneutrale) Geschäftsvorfälle.**

- Die Aufwands- und Ertragskonten sind **Unterkonten des Eigenkapitalkontos.**
- Bei den Aufwandskonten erscheinen die **Aufwendungen** immer auf der **Sollseite.**
- Bei den Ertragskonten erscheinen die **Erträge** immer auf der **Habenseite.**
- Für jede Aufwands- und Ertragsart wird jeweils ein **eigenes Konto** eingerichtet.

■ Da die Aufwands- und Ertragskonten Auskunft darüber geben, wodurch das Ergebnis (Gewinn oder Verlust) zustande gekommen ist, nennen wir sie **Ergebniskonten.**

Übungsaufgabe

33
1. Erläutern Sie den Zusammenhang zwischen den Ergebniskonten und dem Eigenkapitalkonto!
2. Begründen Sie, ob das System der doppelten Buchführung auch ohne die Einrichtung von Ergebniskonten funktionieren würde!
3. Begründen Sie, warum es auf den Ergebniskonten keine Anfangsbestände geben kann!
4. Nennen Sie die Auswirkungen der Aufwendungen auf das Eigenkapital!
5. Begründen Sie, weshalb Aufwendungen auf der Sollseite und Erträge auf der Habenseite gebucht werden!
6. Nennen Sie Gründe, warum die Aufwendungen und Erträge nicht direkt auf dem Eigenkapitalkonto gebucht werden!
7. Beurteilen Sie folgende Geschäftsvorfälle hinsichtlich ihrer Erfolgswirksamkeit. Sofern Sie nicht Eigentümer des Buches sind, übertragen Sie die Tabelle in Ihr Hausheft und kreuzen Sie die entsprechende Spalte in dem vorgesehenen Schema an!

Nr.	Geschäftsvorfälle	erfolgsunwirksam	erfolgswirksam	Aufwand	Ertrag
1.	Wir zahlen eine Liefererrechnung durch Banküberweisung				
2.	Wir verkaufen Handelswaren auf Ziel				
3.	Wir kaufen Büromaterial bar				
4.	Verbrauch von Rohstoffen				
5.	Ein Kunde zahlt durch Banküberweisung				
6.	Wir verkaufen Fertigerzeugnisse bar				
7.	Die Bank belastet uns mit Zinsen				
8.	Barzahlung für ein Werbeinserat				
9.	Banküberweisung für Grundsteuer				
10.	Barkauf eines Büroschrankes				

7.2 Buchungen auf den Ergebniskonten

(1) Buchungsregeln für die Ergebniskonten

Auf den Ergebniskonten gibt es nur Aufwendungen und Erträge. Die **Aufwendungen** (Abgänge auf dem Eigenkapitalkonto) sind auf der **Sollseite des entsprechenden Aufwandskontos** zu buchen. Die **Erträge** (Zugänge auf dem Eigenkapitalkonto) sind auf der **Habenseite des entsprechenden Ertragskontos** zu buchen. Daher kommen wir zu folgenden Buchungsregeln:

Soll	Aufwandskonto Haben
Aufwendungen	

Bei den Aufwandskonten erscheinen die **Aufwendungen** immer auf der **Sollseite.**

Soll Ertragskonto	Haben
	Erträge

Bei den Ertragskonten erscheinen die **Erträge** immer auf der **Habenseite.**

- Auf den **Ergebniskonten** gibt es **keinen Anfangsbestand, keine Zugänge, keine Abgänge** und **keinen Schlussbestand.** Diese Begriffe bleiben den Bilanzkonten (Bestandskonten) vorbehalten.
- Bei den **Ergebniskonten** gibt es nur **Aufwendungen** und **Erträge.**

(2) Beispiele für die Buchungen von Aufwendungen[1] und Erträgen

Bilden Sie zu den nachfolgenden Geschäftsvorfällen die Buchungssätze!

1. Geschäftsvorfall: Einkauf von Rohstoffen zum sofortigen Verbrauch. Wir bezahlen die Rechnung über 1 250,00 EUR durch Banküberweisung.

Konten	Soll	Haben
6000 Aufwendungen für Rohstoffe an 2800 Bank	1 250,00	 1 250,00

2. Geschäftsvorfall: Wir bezahlen die Leasingrate in Höhe von 1 050,00 EUR durch Banküberweisung.

Konten	Soll	Haben
6710 Leasing an 2800 Bank	1 050,00	 1 050,00

3. Geschäftsvorfall: Die Bank schreibt uns Zinsen in Höhe von 950,00 EUR gut.

Konten	Soll	Haben
2800 Bank an 5710 Zinserträge	950,00	 950,00

4. Geschäftsvorfall: Wir verkaufen eigene Erzeugnisse im Wert von 8 500,00 EUR gegen Bankscheck.

Konten	Soll	Haben
2800 Bank an 5000 Umsatzerlöse f. eig. Erzeugnisse	8 500,00	 8 500,00

1 Im Folgenden gehen wir davon aus, dass die Werkstoffe **fertigungssynchron** angeliefert werden, d.h., die eingekauften Werkstoffe werden sofort als Aufwand gebucht (Buchung nach dem **Just-in-time-Verfahren**).

Übungsaufgaben[1]

34 Bilden Sie zu den folgenden erfolgswirksamen Geschäftsvorfällen die Buchungssätze!

1.	Wir zahlen Miete für die Lagerräume durch Banküberweisung	4000,00 EUR
2.	Die Bank schreibt uns Zinsen gut	210,00 EUR
3.	Wir zahlen die Ausbildungsvergütung für einen kaufmännischen Auszubildenden bar	580,00 EUR
4.	Einkauf von Rohstoffen auf Ziel zum sofortigen Verbrauch	25000,00 EUR
5.	Zinslastschrift der Bank	651,00 EUR
6.	Verkauf von Erzeugnissen auf Ziel	56000,00 EUR
7.	Zahlung der Grundsteuer durch Banküberweisung	2380,00 EUR
8.	Für Büromaterialien wurden bar bezahlt	123,00 EUR
9.	Banküberweisung der Kfz-Steuer für die Betriebsfahrzeuge	630,00 EUR
10.	Einkauf von Hilfsstoffen bar zum sofortigen Verbrauch	2200,00 EUR

35 Bilden Sie für die folgenden erfolgsneutralen (erfolgsunwirksamen) und erfolgswirksamen Geschäftsvorfälle die Buchungssätze! Geben Sie in einer besonderen Spalte an, ob der Geschäftsvorfall erfolgswirksam oder erfolgsneutral ist!

1.	Verkauf von Erzeugnissen auf Ziel	75800,00 EUR
2.	Wir zahlen die Ausbildungsvergütung für einen gewerblichen Auszubildenden durch Banküberweisung	650,00 EUR
3.	Wir kaufen Hilfsstoffe bar zum sofortigen Verbrauch	500,00 EUR
4.	Wir zahlen eine Rechnung für Gebäuderenovierung durch Banküberweisung	8750,00 EUR
5.	Wir kaufen einen Büroschrank bar	850,00 EUR
6.	Wir zahlen Heizöl für eine Lagerhalle durch Banküberweisung	5300,00 EUR
7.	Einkauf von Betriebsstoffen auf Ziel zum sofortigen Verbrauch	1350,00 EUR
8.	Wir kaufen Büromöbel bar	1500,00 EUR
9.	Bareinkauf von Betriebsstoffen zum sofortigen Verbrauch	500,00 EUR
10.	Wir zahlen Reparaturkosten für eine Produktionsmaschine durch Banküberweisung	4000,00 EUR
11.	Ein Kunde überweist einen Rechnungsbetrag auf unser Bankkonto	250,00 EUR
12.	Bankgutschrift für erhaltene Provisionen	200,00 EUR
13.	Wir zahlen Reisekosten an unseren Vertreter durch Banküberweisung	6000,00 EUR
14.	Wir bezahlen die Leasingrate für den Geschäfts-Pkw bar	410,00 EUR
15.	Wir überweisen für eine Lieferrerrechnung durch die Bank	2720,00 EUR
16.	Zahlung der Garagenmiete für das Auslieferungsfahrzeug durch Bankdauerauftrag	140,00 EUR
17.	Wir kaufen einen Gabelstapler auf Ziel	7980,00 EUR
18.	Die Bank überweist Zinsen für das Termingeld	820,50 EUR
19.	Banküberweisung der Kfz-Steuer für das Auslieferungsfahrzeug	961,70 EUR

1 Sofern es sich um Zahlungen handelt, die als Aufwand zu erfassen sind, ist davon auszugehen, dass die zugrunde liegende Rechnung noch nicht gebucht wurde.

20. Wir zahlen Vertriebsprovisionen durch Bankscheck an einen Vertreter — 2040,00 EUR

21. Lastschrift der Bank zum Ausgleich der Telefonrechnung für das Geschäft — 1795,80 EUR

22. Einkauf von Hilfsstoffen zum sofortigen Verbrauch gegen Rechnung — 8730,20 EUR

23.

	Kontonummer	erstellt am	Auszug	Blatt
Nordthüringer Volksbank e.G.	IBAN: DE16820940540100108800 BIC: GENODEF1NDS	31.03.20..	17	1

Alter Kontostand					26271,59 +
30.03.	300104	30.03.	Provisionen	Gutschrift	7140,00 +
30.03.	300105	31.03.	Zinsen für Termingeld	Gutschrift	1000,00 +
31.03.	300108	31.03.	Kraftfahrzeugversicherung	Lastschrift	4651,71 –
31.03.	300109	31.03.	Zinsen für Bankdarlehen	Lastschrift	5000,00 –
31.03.	300110	31.03.	Gehälter	Lastschrift	5175,00 –
31.03.	300112	31.03.	Leasing für Geschäftswagen	Lastschrift	1230,00 –
Neuer Kontostand					18354,88 +

Rudolf Walterbeck e.Kfm.
Am Disselberg 101
99734 Nordhausen

Bitte Rückseite beachten.

Kontoauszug

36 Formulieren Sie aufgrund der vorliegenden Belege[1] die zugrunde liegenden Geschäftsvorfälle und buchen Sie die Belege im Grundbuch der Metallwerke Hans Wanner GmbH, Fritz-Reuter-Str. 80, 22177 Hamburg!

Beleg 1

EBE - WERKE AG
FLENSBURG

Hans Wanner GmbH
Fritz-Reuter-Str. 80
22177 Hamburg

Kurzmitteilung: 15.01.20..

Sehr geehrte Damen und Herren,

wir haben festgestellt, dass Sie unsere Rechnung Nr. 501 vom 10.01.20.. doppelt bezahlt haben.

Den Rechnungsbetrag in Höhe von 8140,20 EUR haben wir heute auf Ihr Konto bei der Commerzbank Hamburg zurücküberwiesen.

Mit freundlichen Grüßen
EBE-Werke AG
i.A. Potte

Beleg 2

NOTHHAFT
FÜR BÜRO, SCHULE UND ZUHAUSE
Tannenweg 8 22177 Hamburg

BARVERKAUF

Nopi Paketklebeband 66x50 57212				
57212	1,00	2,19	1	2,19 EUR
PRITT Klebestift WA 13 40 g				
PRI 371047	2,00	3,85	1	7,70 EUR
E-1800/0,1 FARBE 002 rot				
edd1800	1,00	2,89	1	2,89 EUR
Kopierpapier A4 weiß 80 g/qm				
8078451a8	1,00	3,49	1	3,49 EUR
		Gesamtsumme:		16,27 EUR

1 Bei den Belegen in dieser Aufgabe wird auf den Ausweis der Umsatzsteuer verzichtet, weil diese noch nicht behandelt wurde.

Beleg 3

Josef Sigg OHG
Buch- und Offsetdruck · Blumenstr. 17 · 30159 Hannover

Hans Wanner GmbH
Fritz-Reuter-Str. 80
22177 Hamburg

Rechnung Nr. 1572

Lieferdatum: 24.01.20..
Rechnungsdatum: 30.01.20..

Auftrags-Nr.		Preis in EUR
519	5 000 Vordrucke für Ausgangsrechnungen – Lieferschein Nr. 1010 –	295,00

Sitz der Gesellschaft: Hannover RG Hannover: HRA 195 Steuer-Nr.: 88712/15945

Beleg 4

```
DEUTSCHE POST AG
22177 HAMBURG
85051034    6941    15.01.20..

LABELFREIMACHUNG         1 STÜCK X 4,70 EUR
*4,70 EUR                               A,1

BRUTTOUMSATZ                    *4,70 EUR

VIELEN DANK FÜR IHREN BESUCH.
IHRE DEUTSCHE POST AG
```

Beleg 5

Firma: Möbelfabrik Tobias Hauser KG
Karlstraße 20–24 · 38259 Salzgitter

QUITTUNG

EINGEGANGEN
30. Jan. 20..

1 Büroschrank 1 927,80 EUR

Hans Wanner GmbH
Fritz-Reuter-Str. 80
22177 Hamburg

Betrag dankend erhalten
30.01.20..
Heim

Beleg 6

Kontoauszug Nr. 10 COMMERZBANK AG – BIC: DRESDEFFJ34
IBAN: DE33 2008 0092 0061 0984 50 * Datum 27. 01. 20.. * Blatt 1

	Wert	Buchungstext	Umsätze Soll	Umsätze Haben
		ALTER SALDO VOM 24.01.20..		12 895,40 H
6.1	26. 01. 20..	Rechnung 20.01.20..		8 720,10 H
6.2	26. 01. 20..	Zinsgutschrift		520,00 H
6.3	26. 01. 20..	Feuerversicherung (Lastschrift)	1 100,00 S	
6.4	26. 01. 20..	Grundsteuer (Geschäft)	1 450,50 S	

72189/0033794/00002/00006

Hans Wanner GmbH
Fritz-Reuter-Str. 80
22177 Hamburg

NEUER SALDO 19 585,00 H

Kontobezeichnung/Title of account Bitte entsprechenden Vermerk auf der Rückseite beachten Please see reverse

7.3 Abschluss der Aufwands- und Ertragskonten über das Gewinn- und Verlustkonto

Als Unterkonten des Eigenkapitals müssten die Ergebniskonten direkt über das Eigenkapitalkonto abgeschlossen werden. Aus Gründen der Übersichtlichkeit wird auf dem Konto Eigenkapital jedoch nur das **Gesamtergebnis,** d. h. die Differenz zwischen der Summe der Erträge und der Summe der Aufwendungen (Gewinn bzw. Verlust) in einer Summe ausgewiesen. Das bedeutet, dass die einzelnen Aufwendungen und Erträge auf einem Zwischenkonto einander gegenübergestellt werden müssen. Da aus der Gegenüberstellung aller Erträge mit allen Aufwendungen der Gewinn oder Verlust des Unternehmens errechnet wird, heißt dieses Zwischenkonto **Gewinn- und Verlustkonto (GuV-Konto).**

- Auf dem **GuV-Konto** werden die **Aufwendungen** und **Erträge** einander gegenübergestellt.
- Der **Saldo** auf dem GuV-Konto weist den **Gewinn** bzw. **Verlust** des Unternehmens aus.

Erträge > Aufwendungen = Gewinn
Erträge < Aufwendungen = Verlust

Der auf dem GuV-Konto ermittelte Gewinn oder Verlust wird anschließend auf das Konto **Eigenkapital** umgebucht. Das **GuV-Konto** ist daher ein **Unterkonto des Eigenkapitalkontos.** Dabei erhöht ein Gewinn das Eigenkapital, ein Verlust vermindert es.

Beispiel:

Das folgende Beispiel beschränkt die kontenmäßige Darstellung auf die Ergebniskonten. Die Bilanzkonten werden bewusst ausgeklammert, um den Abschluss der Ergebniskonten deutlich herausstellen zu können.

I. Anfangsbestand auf dem Konto 3000 Eigenkapital: 30 000,00 EUR

II. Erfolgswirksame Geschäftsvorfälle:

		Konten	Soll	Haben
1. Einkauf von Rohstoffen auf Ziel	20 000,00 EUR	6000 Aufw. f. Rohstoffe an 4400 Verb. a. L. u. L.	20 000,00	20 000,00
2. Kauf von Büromaterial bar	80,00 EUR	6800 Büromaterial an 2880 Kasse	80,00	80,00
3. Abbuchung der Stromkosten vom Bankkonto	150,00 EUR	6050 Aufw. f. Energie an 2800 Bank	150,00	150,00
4. Verkauf von Erzeugnissen auf Ziel	45 000,00 EUR	2400 Ford. a. L. u. L. an 5000 UE f. eig. Erz.	45 000,00	45 000,00
5. Gutschrift der Bank für Zinsen	140,00 EUR	2800 Bank an 5710 Zinserträge	140,00	140,00

III. Aufgabe:

Führen Sie den Abschluss der Ergebniskonten bis zum Eigenkapital durch!

Lösung:

Aufwandskonten

S	6000 Aufw. f. Rohstoffe		H
4400	20 000,00	8020	20 000,00

S	6800 Büromaterial		H
2880	80,00	8020	80,00

S	6050 Aufw. f. Energie		H
2800	150,00	8020	150,00

S	8020 GuV-Konto		H
6000	20 000,00	5000	45 000,00
6800	80,00	5710	140,00
6050	150,00		
3000	24 910,00		
	45 140,00		45 140,00

S	3000 Eigenkapital		H
8010	54 910,00	AB	30 000,00
		8020	24 910,00
	54 910,00		54 910,00

Ertragskonten

S	5000 UE. f. eig. Erzeugn.		H
8020	45 000,00	2400	45 000,00

S	5710 Zinserträge		H
8020	140,00	2800	140,00

Der Abschluss der Ergebniskonten vollzieht sich in drei Schritten:

1. **Schritt:** Abschluss der Aufwandskonten über das GuV-Konto.
2. **Schritt:** Abschluss der Ertragskonten über das GuV-Konto.
3. **Schritt:** Abschluss des GuV-Kontos über das Eigenkapitalkonto.

Aus dem vorhergehenden Geschäftsgang geht hervor, dass in der doppelten Buchführung auch eine **doppelte Möglichkeit der Ergebnisermittlung (Erfolgsermittlung)** besteht:

- **Im Ergebniskontenbereich:**

  Hier wird das Ergebnis (Gewinn oder Verlust) durch die Gegenüberstellung der Aufwendungen mit den Erträgen auf dem GuV-Konto ermittelt. Auf dem GuV-Konto sind auch die einzelnen Ertrags- und Aufwandsarten ersichtlich.

Summe der Erträge	45 140,00 EUR
– Summe der Aufwendungen	20 230,00 EUR
Ergebnis (Gewinn)	24 910,00 EUR

Soll	8020 GuV		Haben
6000	20 000,00	5000	45 000,00
6800	80,00	5710	140,00
6050	150,00		
3000	24 910,00		
	45 140,00		45 140,00

- **Im Bilanzkontenbereich:**

  Hier wird das Ergebnis (Gewinn oder Verlust) durch den Vergleich des Eigenkapitals am Ende des Geschäftsjahres mit dem Eigenkapital am Anfang des Geschäftsjahres ermittelt.

Eigenkapital am Ende des Geschäftsjahres	54 910,00 EUR
– Eigenkapital am Anfang des Geschäftsjahres	30 000,00 EUR
Ergebnis (Gewinn)	24 910,00 EUR

Soll	3000 Eigenkapital		Haben
8010	54 910,00	AB	30 000,00
		8020	24 910,00
	54 910,00		54 910,00

Übungsaufgabe

37 **I. Anfangsbestände:**

2800 Bank 150000,00 EUR; 3000 Eigenkapital 150000,00 EUR

II. Geschäftsvorfälle:

1.	Banküberweisung für den Beitrag zur Industrie- u. Handelskammer	2800,00 EUR
2.	Zinsgutschrift der Bank	490,00 EUR
3.	Die Reparaturkosten für ein Kopiergerät werden mit Bankscheck bezahlt	512,00 EUR
4.	Lohnzahlung durch Banküberweisung	1290,00 EUR
5.	Banküberweisung der Kfz-Steuer für die Betriebsfahrzeuge	950,00 EUR
6.	Mieteinnahmen per Bankscheck	4650,00 EUR
7.	Banküberweisung für die Feuerversicherung des Lagers	460,00 EUR
8.	Büromaterial wird mit Bankscheck gekauft.	370,00 EUR
9.	Wir erhalten Provision durch Banküberweisung	9980,00 EUR
10.	Ein Zeitungsinserat wird mit Banküberweisung beglichen	290,00 EUR

III. Aufgaben:

1. Eröffnen Sie die Konten Bank und Eigenkapital durch Vortrag der Anfangsbestände!
2. Bilden Sie die Buchungssätze und buchen Sie auf den Konten!
3. Führen Sie den Abschluss durch!

8 Geschäftsgang mit Bestands- und Erfolgskonten

Beispiel:

I. Anfangsbestände:

0500 Unbebaute Grundstücke 150000,00 EUR, 0510 Bebaute Grundstücke 350000,00 EUR, 0870 Büromöbel 80000,00 EUR, 2000 Rohstoffe 235000,00 EUR, 2400 Forderungen aus Lieferungen und Leistungen 160320,00 EUR, 2800 Bank 137850,00 EUR, 3000 Eigenkapital 575000,00 EUR, 4250 Langfristige Bankverbindlichkeiten 400000,00 EUR, 4400 Verbindlichkeiten aus Lieferungen und Leistungen 138170,00 EUR.

II. Kontenplan:

0500, 0510, 0870, 2000, 2400, 2800, 3000, 4250, 4400, 5000, 5710, 6000, 6700, 7020, 7510, 8000, 8010, 8020

III. Geschäftsvorfälle:

1.	Kauf von Rohstoffen auf Ziel	104500,00 EUR
2.	Kauf von Büromöbeln auf Ziel	14500,00 EUR
3.	Verkauf von Erzeugnissen auf Ziel	214948,00 EUR
4.	Banküberweisung für das gemietete Verwaltungsgebäude	12000,00 EUR
5.	Die Bank belastet unser Kontokorrentkonto mit den Halbjahreszinsen für das aufgenommene Bankdarlehen	16000,00 EUR
6.	Banküberweisung für die Grundsteuer	4000,00 EUR
7.	Bankgutschrift für Zinsen	1750,00 EUR

IV. Abschlussangabe:

Der Schlussbestand der Rohstoffe beträgt lt. Inventur 235000,00 EUR.

V. Aufgaben:

1. Buchen Sie die Anfangsbestände unter Einbeziehung des Eröffnungsbilanzkontos!
2. Bilden Sie die Buchungssätze für die Geschäftsvorfälle!
3. Buchen Sie auf den Konten!
4. Schließen Sie die Konten ab!

Lösungen:

Zu 2.: Buchungssätze für die Geschäftsvorfälle

Nr.	Konten	Soll	Haben
1.	6000 Aufwendungen für Rohstoffe an 4400 Verbindlichkeiten aus Lieferungen und Leistungen	104500,00	 104500,00
2.	0870 Büromöbel an 4400 Verbindlichkeiten aus Lieferungen und Leistungen	14500,00	 14500,00
3.	2400 Forderungen aus Lieferungen und Leistungen an 5000 Umsatzerlöse für eigene Erzeugnisse	214948,00	 214948,00
4.	6700 Mieten, Pachten an 2800 Bank	12000,00	 12000,00
5.	7510 Zinsaufwendungen an 2800 Bank	16000,00	 16000,00
6.	7020 Grundsteuer an 2800 Bank	4000,00	 4000,00
7.	2800 Bank an 5710 Zinserträge	1750,00	 1750,00

Zu 1., 3. und 4.: Buchung auf den Konten des Hauptbuches und Abschluss der Konten

Bilanzkonten-Bereich

Aktivkonten

0500 Unb. Grundstücke

S			H
8000	150 000,00	8010	150 000,00

0510 Beb. Grundstücke

S			H
8000	350 000,00	8010	350 000,00

0870 Büromöbel

S			H
8000	80 000,00	8010	94 500,00
4400	14 500,00		
	94 500,00		94 500,00

2000 Rohstoffe

S			H
8000	235 000,00	8010	235 000,00

2400 Ford. a. Lief. u. Leist.

S			H
8000	160 320,00	8010	375 268,00
5000	214 948,00		
	375 268,00		375 268,00

2800 Bank

S			H
8000	137 850,00	6700	12 000,00
5710	1 750,00	7510	16 000,00
		7020	4 000,00
		8010	107 600,00
	139 600,00		139 600,00

8000 EBK

S			H
3000	575 000,00	0500	150 000,00
4250	400 000,00	0510	350 000,00
4400	138 170,00	0870	80 000,00
		2000	235 000,00
		2400	160 320,00
		2800	137 850,00
	1 113 170,00		1 113 170,00

8010 SBK

S			H
0500	150 000,00	3000	655 198,00
0510	350 000,00	4250	400 000,00
0870	94 500,00	4400	257 170,00
2000	235 000,00		
2400	375 268,00		
2800	107 600,00		
	1 312 368,00		1 312 368,00

Passivkonten

3000 Eigenkapital

S			H
8010	655 198,00	8000	575 000,00
		8020	80 198,00
	655 198,00		655 198,00

4250 Langfr. Bankverb.

S			H
8010	400 000,00	8000	400 000,00

4400 Verb. a.L.u.L.

S			H
8010	257 170,00	8000	138 170,00
		6000	104 500,00
		0860	14 500,00
	257 170,00		257 170,00

Erfolgskonten-Bereich

Aufwandskonten

6000 Aufw. f. Rohstoffe

S			H
4400	104 500,00	8020	104 500,00

6700 Mieten/Pachten

S			H
2800	12 000,00	8020	12 000,00

7020 Grundsteuer

S			H
2800	4 000,00	8020	4 000,00

7510 Zinsaufwendungen

S			H
2800	16 000,00	8020	16 000,00

Ertragskonten

5000 UE. f. eig. Erz.

S			H
8020	214 948,00	2400	214 948,00

5710 Zinserträge

S			H
8020	1 750,00	2800	1 750,00

8020 GuV

S			H
6000	104 500,00	5000	214 948,00
6700	12 000,00	5710	1 750,00
7020	4 000,00		
7510	16 000,00		
3000	80 198,00		
	216 698,00		216 698,00

Übungsaufgaben

38 **I. Anfangsbestände:**

0510 Bebaute Grundstücke 120000,00 EUR; 0540 Verwaltungsgebäude 85000,00 EUR; 0810 Werkstätteneinrichtung 15000,00 EUR; 2800 Bank 16200,00 EUR; 2880 Kasse 5400,00 EUR; 3000 Eigenkapital 216600,00 EUR; 4400 Verbindlichkeiten aus Lieferungen und Leistungen 25000,00 EUR.

II. Kontenplan:

0510, 0540, 0810, 2800, 2880, 3000, 4400, 5000, 5710, 6000, 6700, 6800, 6820, 8010, 8020.

III. Geschäftsvorfälle:

1.	Einkauf von Rohstoffen zum sofortigen Verbrauch durch Banküberweisung	5300,00 EUR
2.	Kauf von Schreibwaren für das Büro bar	120,00 EUR
3.	Zinsgutschrift der Bank	350,00 EUR
4.	Verkauf von Erzeugnissen gegen Banküberweisung	11350,00 EUR
5.	Zahlung der Geschäftsmiete durch Banküberweisung	1100,00 EUR
6.	Die Telefongebühren werden vom Bankkonto abgebucht	215,00 EUR

IV. Aufgaben:

1. Erstellen Sie die Eröffnungsbilanz!
2. Bilden Sie für die Geschäftsvorfälle die Buchungssätze und buchen Sie auf den Konten!
3. Schließen Sie die Konten ab und geben Sie das neue Eigenkapital an!

39 **I. Anfangsbestände:**

0870 Büromöbel 234200,00 EUR; 2400 Forderungen aus Lieferungen und Leistungen 313800,00 EUR; 2800 Bank 66500,00 EUR; 2880 Kasse 22200,00 EUR; 3000 Eigenkapital ?; 4250 Langfristige Bankverbindlichkeiten 180000,00 EUR; 4400 Verbindlichkeiten aus Lieferungen und Leistungen 136700,00 EUR.

II. Kontenplan:

0870, 2400, 2800, 2880, 3000, 4250, 4400, 5000, 5710, 6160, 6700, 6820, 6830, 7510, 8010, 8020.

III. Geschäftsvorfälle:

1.	Wir begleichen eine Lieferantenrechnung durch Banküberweisung	11100,00 EUR
2.	Barkauf von Büromöbeln für das Chefzimmer	10460,00 EUR
3.	Wir zahlen Darlehenszinsen durch Banküberweisung	8380,00 EUR
4.	Barkauf von Briefmarken	55,00 EUR
5.	Die Telefongebühren werden von der Bank abgebucht	1190,00 EUR
6.	Teilweise Tilgung eines Bankdarlehens durch Banküberweisung	22000,00 EUR
7.	Verkauf von Erzeugnissen gegen Banküberweisung	29100,00 EUR
8.	Wir zahlen Geschäftsmiete per Bankscheck	9900,00 EUR
9.	Zahlung einer Kfz-Reparaturrechnung bar	3120,00 EUR
10.	Die Bank schreibt uns Zinsen gut	1220,00 EUR

IV. Aufgaben:

1. Erstellen Sie die Eröffnungsbilanz!
2. Eröffnen Sie die Konten und buchen Sie die Anfangsbestände!
3. Bilden Sie für die Geschäftsvorfälle die Buchungssätze und buchen Sie auf den Konten!
4. Schließen Sie die Konten über das Schlussbilanzkonto ab!

9 Abschreibungen

9.1 Ursachen der Abschreibung

Anlagegüter wie z. B. ein Gebäude, einen Aktenschrank, eine Maschine, einen Gabelstapler oder einen Lkw nutzt das Unternehmen langfristig. Durch den täglichen Gebrauch verlieren diese Güter an Wert (abnutzbare Güter[1]). Um ihren Wert auf dem Schlussbilanzkonto richtig darstellen zu können, ist ein bestimmter Betrag als **Wertminderung von den Anschaffungskosten** abzuschreiben.

Durch die **Abschreibung** werden die Anschaffungskosten (aufgrund der geschätzten jährlichen Wertminderung) auf die Jahre der Nutzung als Aufwand verteilt.

Für die Bemessung der Höhe der Abschreibung können folgende Gründe eine Rolle spielen:

Gebrauch	Jeder Gebrauchsgegenstand hat eine begrenzte Lebensdauer, die u. a. von der Häufigkeit der Nutzung abhängt. Je häufiger ein Gegenstand genutzt wird, desto schneller verschleißt er und desto mehr verliert er an Wert. Ein Auto, das 100 000 km gefahren wurde, ist weniger wert als das sonst gleiche Auto, das in der gleichen Zeit nur 50 000 km gefahren wurde.
Technischer Fortschritt	In unserer durch hohe Technisierung und starken Konkurrenzdruck gekennzeichneten Wirtschaft werden die Produkte immer weiter verbessert. Sobald ein verbessertes Produkt auf den Markt kommt, verliert das alte Produkt schlagartig an Wert.
Wirtschaftliche Überholung	Geht die Nachfrage nach einem Gut aufgrund neuer Erfindungen oder aufgrund des Modewechsels zurück, so hat das wertmindernde Rückwirkungen sowohl auf die Güter selbst als auch auf die zu ihrer Herstellung benötigten Maschinen.
Natürlicher Verschleiß	Selbst wenn ein Gegenstand überhaupt nicht genutzt würde und auch die übrigen Ursachen der Abschreibung nicht infrage kämen, würde z. B. durch Witterungseinflüsse (Wechsel von Wärme und Kälte, Nässe und Trockenheit) eine wertmindernde Veränderung des Gegenstandes eintreten. Infolge der Abschreibung vermindern sich die Anschaffungskosten jährlich um die mit der Abschreibung erfassten Wertminderung, sodass sich der Buchwert von Jahr zu Jahr verringert. Anschaffungskosten – Abschreibung = Buchwert

9.2 Berechnungsmethoden der Abschreibung

(1) Berechnung der Abschreibungen nach der linearen Methode

Bei der linearen Abschreibung wird ein **jährlich gleichbleibender Betrag** von den **Anschaffungskosten** des Anlagegutes abgeschrieben. Auf diese Weise werden die gesamten Anschaffungskosten gleichmäßig auf die Nutzungsdauer verteilt. Nach Ablauf der Nutzungsdauer ist der Buchwert gleich null.

1 Nicht abnutzbare Gegenstände des Anlagevermögens sind zum Beispiel Beteiligungen, unbebaute Grundstücke und der Wert des Grund und Bodens bebauter Grundstücke. Da unbebaute Grundstücke im Allgemeinen im Wert nicht sinken, ist eine planmäßige Abschreibung darauf nicht erlaubt. Bei bebauten Grundstücken ist daher immer nur vom Gebäudewert abzuschreiben.

Beispiel:

Die Anschaffungskosten eines Abfüllautomaten für Milch zu Beginn der Geschäftsperiode betragen 30000,00 EUR. Es wird eine Nutzungsdauer von sechs Jahren angenommen. In diesem Fall beträgt der jährliche Abschreibungsbetrag 5000,00 EUR und der Abschreibungssatz $16^2/_3$ %.

Aufgabe:

Führen Sie rechnerisch die Abschreibung über die gesamte Laufzeit durch!

Lösung:

	Anschaffungskosten	30000,00 EUR
–	$16^2/_3$ % Abschreibung 1. Jahr	5000,00 EUR
	Buchwert Ende 1. Jahr	25000,00 EUR
–	$16^2/_3$ % Abschreibung 2. Jahr	5000,00 EUR
	Buchwert Ende 2. Jahr	20000,00 EUR
–	$16^2/_3$ % Abschreibung 3. Jahr	5000,00 EUR
	Buchwert Ende 3. Jahr	15000,00 EUR
–	$16^2/_3$ % Abschreibung 4. Jahr	5000,00 EUR
	Buchwert Ende 4. Jahr	10000,00 EUR
–	$16^2/_3$ % Abschreibung 5. Jahr	5000,00 EUR
	Buchwert Ende 5. Jahr	5000,00 EUR
–	$16^2/_3$ % Abschreibung 6. Jahr	5000,00 EUR
	Buchwert Ende 6. Jahr	0,00 EUR[1]

$$\text{Jährlicher Abschreibungsbetrag} = \frac{\text{Anschaffungskosten}^{2}}{\text{Nutzungsdauer}}$$

$$\text{Jährlicher Abschreibungssatz} = \frac{100\ \%}{\text{Nutzungsdauer}}$$

Bei der linearen Abschreibung geht man davon aus, dass sich das Wirtschaftsgut gleichmäßig abnutzt. Ein eventuell höherer Wertverlust durch technische oder wirtschaftliche Überholung oder infolge eines unterschiedlich hohen Verschleißes durch unterschiedliche Nutzung in den verschiedenen Nutzungsjahren wird dabei nicht berücksichtigt.

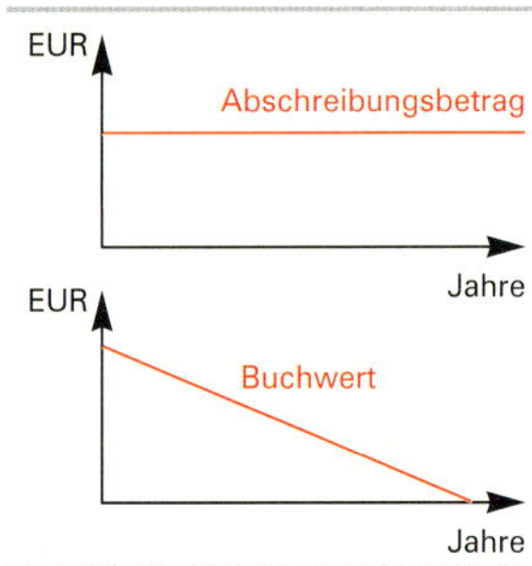

1 Die in der manuellen Buchführung übliche Abschreibung auf einen **Erinnerungswert** von 1,00 EUR, wenn das Wirtschaftsgut nach Ablauf der Nutzungsdauer noch weiter genutzt wird, ist in der als Nebenbuchhaltung betriebenen computerunterstützten Anlagenbuchführung nicht üblich. Hier wird auch bei Weiternutzung des Wirtschaftsgutes mit der letzten Rate auf den Restbuchwert von 0,00 EUR abgeschrieben.

2 Die **Berechnung der Anschaffungskosten** erfolgt nach folgendem Schema (siehe auch S. 147):

Anschaffungspreis:	Nettopreis ohne Umsatzsteuer
– Anschaffungspreisminderungen:	z. B. Rabatte, Skonti, Boni, sonstige Nachlässe
+ Anschaffungsnebenkosten:	typische Beispiele sind: Transport-, Umbau-, Montagekosten, Aufwendungen für Provisionen, Notariats-, Gerichts- und Registerkosten
= Anschaffungskosten	

Die lineare Abschreibungsmethode hat insbesondere folgende Vorteile:

- **einfache** und nur **einmalige Berechnung** des Abschreibungsbetrags;
- **gute Vergleichbarkeit** der aufeinanderfolgenden Erfolgsrechnungen;
- **gleichmäßige Aufwandsbelastung** bzw. **Belastung der Kostenrechnung** mit Abschreibungen.

Übungsaufgaben

40 Die Anschaffungskosten eines Autotelefons für den Geschäftswagen betragen zu Beginn der Geschäftsperiode 2100,00 EUR.

Aufgaben:

1. Berechnen Sie den jährlichen Abschreibungsbetrag bei linearer Abschreibung und einer angenommenen Nutzungsdauer von fünf Jahren!
2. Versuchen Sie eine Formulierung, in der das Wesen der Abschreibung zum Ausdruck kommt!

41 1. Eine Frankiermaschine wird am Ende des 3. Nutzungsjahres linear mit 930,00 EUR abgeschrieben, Abschreibungssatz: $12\,^1/_2\,\%$.

Aufgabe:

Berechnen Sie die Anschaffungskosten für die Frankiermaschine!

2.

Anlagegüter	Buchwert am 31. Dez.	Anschaffungskosten zu Beginn des Geschäftsjahres	Nutzungsdauer
Ladeneinrichtung (Werkstattverkauf)	52500,00 EUR	84000,00 EUR	8 Jahre
Kombiwagen	38000,00 EUR	57000,00 EUR	6 Jahre

Aufgaben:

2.1 Berechnen Sie den jeweiligen Abschreibungssatz bei linearer Abschreibung!

2.2 Ermitteln Sie, wie viel Jahre die beiden Anlagegüter bisher abgeschrieben worden sind!

(2) Berechnung der Abschreibungen nach der degressiven Methode

Bei der degressiven Abschreibung wird die Abschreibung durch einen gleichbleibenden Prozentsatz auf den jeweiligen Buchwert (Restbuchwert) ermittelt. Da der Buchwert von Jahr zu Jahr geringer wird, werden bei einem gleichbleibenden Prozentsatz auch die Abschreibungsbeträge von Jahr zu Jahr geringer.

Beispiel:

Die Anschaffungskosten eines Kombiwagens zu Beginn der Geschäftsperiode betragen 30000,00 EUR. Die betriebsgewöhnliche Nutzungsdauer beträgt 6 Jahre.

Aufgaben:

1. Führen Sie rechnerisch die Abschreibung über die gesamte Laufzeit durch! Der Abschreibungssatz beträgt 25%!
2. Berechnen Sie die Abschreibungsbeträge, wenn im vierten Nutzungsjahr von der degressiven zur linearen Abschreibung übergegangen wird!

8 Speth u.a. - ISBN 978-3-8120-0497-8

Lösungen:

Zu 1.: degressive Abschreibung		Zu 2.: Übergang zur linearen Abschreibung
Anschaffungskosten	30 000,00 EUR	
– 25 % Abschreibung 1. Jahr	7 500,00 EUR	
Buchwert Ende 1. Jahr	22 500,00 EUR	
– 25 % Abschreibung 2. Jahr	5 625,00 EUR	
Buchwert Ende 2. Jahr	16 875,00 EUR	
– 25 % Abschreibung 3. Jahr	4 218,75 EUR	
Buchwert Ende 3. Jahr	12 656,25 EUR	→ 12 656,25 EUR
– 25 % Abschreibung 4. Jahr	3 164,06 EUR	4 218,75 EUR
Buchwert Ende 4. Jahr	9 492,19 EUR	8 437,50 EUR
– 25 % Abschreibung 5. Jahr	2 373,05 EUR	4 218,75 EUR
Buchwert Ende 5. Jahr	7 119,14 EUR	4 218,75 EUR
– Abschreibung 6. Jahr (Restwert)	7 119,14 EUR	4 218,75 EUR
Buchwert Ende 6. Jahr	0,00 EUR	0,00 EUR

Erläuterungen:

- Bei degressiver Abschreibung sind die Abschreibungsbeträge in den **ersten Jahren höher als bei linearer Abschreibung.** Das ist zweifellos ein Vorteil, weil dadurch der anfänglich höhere Wertverlust beim Anlagegut ausgeglichen wird.
- Im Gegensatz zur linearen Abschreibung, bei der nach Ablauf der Nutzungsdauer die gesamten Anschaffungskosten abgeschrieben sind, wäre bei degressiver Abschreibung noch ein **erheblicher Restwert** vorhanden.
- Um auch bei (fortgesetzter) degressiver Abschreibung auf den Nullwert zu kommen, ist im letzten Jahr der zugrunde gelegten Nutzungsdauer der gesamte **verbleibende Restwert abzuschreiben.** Das führt dann zu einer sehr ungleichen Aufwandsbelastung.
- Um diesen Nachteil zu vermeiden, kann zu einem **beliebigen Zeitpunkt** ein **Wechsel zur linearen Abschreibung** vorgenommen werden. Dadurch wird dann der vorhandene Restwert gleichmäßig auf die noch verbleibende Nutzungsdauer verteilt. Allerdings ist es sinnvoll, diesen Wechsel zu dem Zeitpunkt vorzunehmen, von dem ab die Abschreibungsbeträge bei linearer Abschreibung höher sind als bei der degressiven Abschreibung. In unserem Beispiel wäre dieser Übergang im vierten Jahr sinnvoll.

  Angenommen, der Wechsel findet am Ende des vierten Jahres (also nach der dritten Abschreibung) statt, ergibt sich für die Restlaufzeit der drei Jahre folgende Berechnung für die jährlichen Abschreibungsbeträge: 12 656,25 EUR : 3 = 4 218,75 EUR.

Die Abschreibungsmethode hat insbesondere folgende Vorteile:

- Die degressive Abschreibung geht von der Überlegung aus, dass der Wertverlust eines Wirtschaftsgutes in den ersten Nutzungsjahren wesentlich höher ist als in den Folgejahren.
- Dem Risiko, dass durch den technischen Fortschritt das Wirtschaftsgut schnell an Wert verlieren kann, wird durch die anfangs hohe Abschreibung entsprochen.
- Durch die Addition der jährlich abnehmenden Abschreibungsbeträge mit den jährlich ansteigenden Wartungs- und Reparaturaufwendungen (durch die Abnutzung des Wirtschaftsgutes) wird eine etwa gleichmäßige Gesamtbelastung der Erfolgs- und Kostenrechnung in den einzelnen Jahren erreicht.

Beachte:

Die degressive Abschreibung ist **steuerrechtlich nicht erlaubt.**

(3) Berechnung der Abschreibung nach erbrachten Leistungseinheiten

Wenn es praktisch möglich und wirtschaftlich begründbar ist, kann bei beweglichen Wirtschaftsgütern des Anlagevermögens die Abschreibung auch auf der Grundlage der erbrachten Leistungseinheiten (z.B. Maschinenlaufstunden, gefahrene Kilometer, Stückzahl) berechnet werden. **Voraussetzung** dafür ist, dass

- der Umfang der insgesamt möglichen Leistungseinheiten (LE) geschätzt werden kann und
- die auf den Abschreibungszeitraum entfallenden Leistungseinheiten nachgewiesen werden können.

$$\text{Abschreibungsbetrag je Leistungseinheit} = \frac{\text{Anschaffungskosten}}{\text{mögliche Gesamtleistung}}$$

$$\text{Jährlicher Abschreibungsbetrag} = \text{Menge der jährlichen LE} \cdot \text{Abschreibungsbetrag je LE}$$

Übungsaufgaben

42 Die Anschaffungskosten für die Ladeneinrichtung zu Beginn der Geschäftsperiode betragen 35000,00 EUR. Die betriebsgewöhnliche Nutzungsdauer beträgt 8 Jahre. Abschreibungssatz: 20 %.

Aufgaben:

1. Führen Sie rechnerisch die degressive Abschreibung ohne Übergang zur linearen Abschreibung über die gesamte Laufzeit durch!
2. Führen Sie rechnerisch die degressive Abschreibung mit Übergang zur linearen Abschreibung nach dem vierten Jahr über die gesamte Laufzeit durch!

43 1. Ein zu Beginn der Geschäftsperiode angeschaffter Gabelstapler wird mit 15 % degressiv abgeschrieben. Sein Buchwert beträgt am Ende des 2. Jahres (nach der Abschreibung) 16545,25 EUR.

Aufgabe:

Berechnen Sie die Anschaffungskosten!

2. Die Anschaffungskosten einer Stanzmaschine zu Beginn der Geschäftsperiode betragen 180180,00 EUR. Die Gesamtleistung wird während der Nutzungsdauer von 14 Jahren vom Hersteller mit 234000 Stanzteilen angegeben.

Aufgaben:

2.1 Ermitteln Sie die Abschreibung in den ersten vier Jahren bei folgenden Jahresleistungen: 1. Nutzungsjahr: 16000 Stück, 2. Nutzungsjahr: 18400 Stück, 3. Nutzungsjahr: 21900 Stück, 4. Nutzungsjahr: 11500 Stück.

2.2. Erklären Sie, was betriebswirtschaftlich für eine Abschreibung nach Leistungseinheiten spricht!

(4) Beginn der Abschreibung abnutzbarer Anlagegüter im Jahr der Anschaffung

Die Abschreibung beginnt mit der **Anschaffung des Anlagegutes.** Wird ein Anlagegut im Laufe des Geschäftsjahres angeschafft, kann in diesem Jahr die **Abschreibung nur zeitanteilig** verrechnet werden, wobei **monatsgenau** gerechnet wird und der **Monat der Anschaffung mitgezählt** wird.

Beispiel:

Kauf von Lagerregalen am 30. September 2014 im Wert von 20000,00 EUR. Nutzungsdauer: 14 Jahre (Abschreibungssatz von 7,14 %). Eine Abschreibung auf die Lagerregale ist im Anschaffungsjahr nur für 4 Monate möglich.[1]

$$\text{Abschreibung} = \frac{20000 \cdot 7{,}14 \cdot 4}{100 \cdot 12} = \underline{\underline{476{,}00\ \text{EUR}}}$$

Übungsaufgaben

44 Die Anschaffungskosten für einen am 15. Juli 20.. gekauften neuen Großrechner betragen 42000,00 EUR. Die Nutzungsdauer beträgt sieben Jahre.

Aufgaben:

1. Erstellen Sie die Abschreibungstabelle für die gesamte Nutzungsdauer bei linearer Abschreibung!
2. Erklären Sie, warum die lineare Abschreibung für den Kaufmann sinnvoll ist!

45 1. 1.1 Die Anschaffungskosten für drei am 15. September 20.. gekaufte Laptops betragen 3528,00 EUR.

Aufgabe:

Ermitteln Sie den Bilanzwert der Laptops per 31. Dezember 20.. bei einer Nutzungsdauer von drei Jahren!

1.2 Erläutern Sie, wodurch sich die lineare und degressive Abschreibung unterscheiden!

2. Eine Werkzeugfabrik kauft zu Beginn des Geschäftsjahres einen neuen Lkw. Der Lkw mit einer Nutzungsdauer von neun Jahren wird nach dreimaliger linearer Abschreibung in der Buchführung mit den fortgeführten Anschaffungskosten in Höhe von 52800,00 EUR ausgewiesen.

Aufgaben:

2.1 Berechnen Sie die Anschaffungskosten!

2.2 Berechnen Sie die jährliche Abschreibung!

46 Für eine Verpackungsmaschine liegen folgende Informationen vor:

Anschaffungskosten:	15300,00 EUR
betriebliche Nutzungsdauer:	13 Jahre
geschätzte Gesamtkapazität:	2448000 Teile
geschätzte Maschinenleistung im 1. Nutzungsjahr:	194195 Teile
geschätzte Maschinenleistung im 2. Nutzungsjahr:	210480 Teile
geschätzte Maschinenleistung im 3. Nutzungsjahr:	244100 Teile

Aufgaben:

Erstellen Sie einen Abschreibungsplan für die ersten drei Nutzungsjahre

1. nach der linearen Abschreibung,
2. nach der degressiven Abschreibung bei einem Abschreibungssatz von 15 % sowie
3. nach der Abschreibung nach erbrachten Leistungseinheiten!

1 Da im ersten Jahr die Abschreibung nur für vier Monate erfolgen konnte, fehlt im letzten Jahr 2026 noch die Abschreibung für 8 Monate. Die Abschreibungszeit für die Lagerregale läuft daher von September 2014 bis August 2028.

9.3 Buchung der Abschreibungen

Die Wertminderung des Anlagevermögens stellt einen **betrieblichen Aufwand** dar. Er wird buchhalterisch auf dem Konto **6520 Abschreibungen auf Sachanlagen** erfasst.

Beispiel:

Die Anschaffungskosten zu Beginn einer Geschäftsperiode für eine EDV-Anlage betragen 21 000,00 EUR. Am Ende des Geschäftsjahres werden 7 000,00 EUR abgeschrieben.

Aufgaben:

1. Buchen Sie die Abschreibung auf Konten und schließen Sie die Konten ab!
2. Bilden Sie die Buchungssätze!

Lösungen:

Zu 1.: Buchung auf den Konten

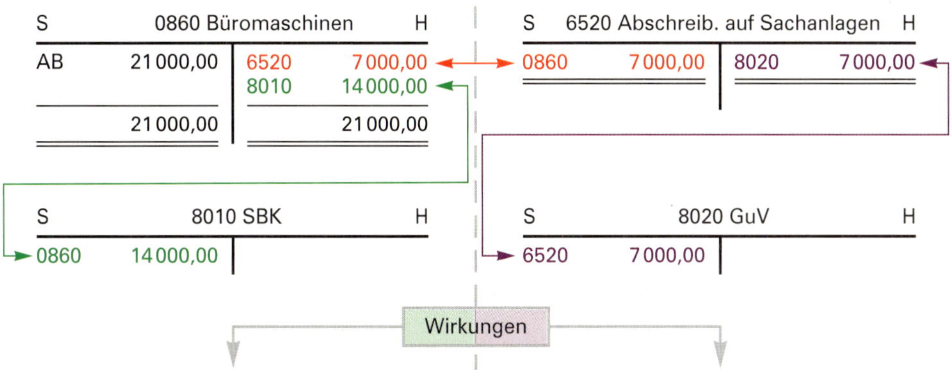

- Erfassung der Wertminderung bei den Vermögensgegenständen.
- Dadurch richtiger Ausweis der Vermögenswerte in der Bilanz.

- Erfassung der Vermögensminderung als Aufwand.
- Dadurch Verringerung des Gewinns.

Zu 2.: Buchungssätze

Geschäftsvorfälle	Konten	Soll	Haben
Buchung der Abschreibung	6520 Abschr. a. Sachanlagen an 0860 Büromaschinen	7 000,00	 7 000,00
Buchungen beim Abschluss	8010 SBK an 0860 Büromaschinen 8020 GuV an 6520 Abschr. a. Sachanlagen	14 000,00 7 000,00	 14 000,00 7 000,00

Erläuterungen:

Für die ergebniswirksame Erfassung der jährlichen Abschreibungen auf das abnutzbare Anlagevermögen richten wir das Aufwandskonto **6520 Abschreibungen auf Sachanlagen** ein. Das Abschreibungskonto erfasst am Jahresende den festgestellten Abnutzungsbetrag als Aufwand. Dieser erscheint auf der **Sollseite** des Kontos 6520 Abschreibungen auf Sachanlagen.

Die **Gegenbuchung** erfolgt direkt auf dem entsprechenden **Anlagekonto auf der Habenseite,** in unserem Fall auf dem Konto 0860 Büromaschinen. Dort bewirkt sie, dass der entsprechende Anlageposten auf den jeweils gültigen **Zeitwert** fortgeschrieben wird.

Übungsaufgaben

47 1. Wir kaufen (für die Warenauslieferung) zu Beginn des Geschäftsjahres einen Pkw für netto 27996,00 EUR zuzüglich 19% USt. Anzahlung 15000,00 EUR bar, 8000,00 EUR werden mit Bankscheck beglichen und der Rest ist in 3 Monaten zur Zahlung fällig.

Aufgaben:

1.1 Bilden Sie den Buchungssatz beim Kauf!

1.2 Bilden Sie den Buchungssatz für die Abschreibung am Ende des ersten Geschäftsjahres! Es wird linear abgeschrieben. Die Nutzungsdauer beträgt 6 Jahre.

2. Kauf eines kleinen Betonmischers für 9000,00 EUR zuzüglich 19% USt. Datum der Anlieferung: 15. August 20..., Nutzungsdauer: 6 Jahre.

Aufgaben:

2.1 Berechnen Sie die Abschreibung über die gesamte Nutzungsdauer nach dem linearen Abschreibungsverfahren!

2.2 Buchen Sie die Abschreibung am Ende des 3. Jahres auf Konten und schließen Sie die Konten über das SBK und über das GuV-Konto ab!

3. Wir kaufen zu Beginn des Geschäftsjahres einen Pkw zum Anschaffungspreis von 48500,00 EUR gegen Bankscheck. Der Autohändler gewährt uns einen Rabatt von 8% sowie 2% Skonto. Die Überführungskosten betragen 410,00 EUR, die Kosten für die Zulassung 118,40 EUR. Beide Beträge sind Nettowerte.

Aufgaben:

3.1 Berechnen Sie den jährlichen Abschreibungsbetrag bei linearer Berechnung und einer angenommenen Nutzungsdauer von sechs Jahren!

3.2 3.2.1 Richten Sie folgende Konten ein:
0840 Fuhrpark, 6520 Abschreibungen auf Sachanlagen, 8010 SBK, 8020 GuV!

3.2.2 Tragen Sie die Anschaffungskosten auf dem Fuhrparkkonto als Anfangsbestand vor und buchen Sie die Abschreibung im ersten Jahr! Schließen Sie anschließend die Konten ab!

48 Im Laufe des Geschäftsjahres werden folgende Anlagegüter per Bankscheck gekauft:

Lagerhaus	am 31. März	240000,00 EUR	20 Jahre Nutzungsdauer
Betriebsmaschinen	am 18. April	32000,00 EUR	10 Jahre Nutzungsdauer
Kombiwagen	am 19. Juni	42000,00 EUR	6 Jahre Nutzungsdauer
Notebook	am 15. Oktober	2400,00 EUR	3 Jahre Nutzungsdauer

Aufgaben:

1. Buchen Sie den Kauf am Anschaffungstag auf Konten! Der Anfangsbestand auf dem Bankkonto beträgt 420000,00 EUR.
2. Bilden Sie die Buchungssätze am Ende des 1. Geschäftsjahres bei direkter Abschreibung und linearer Berechnung der Abschreibung! Buchen Sie auf Konten!
3. Schließen Sie das Konto 6520 Abschreibungen auf Sachanlagen sowie die Anlagekonten ab!

10 Umsatzsteuer (Mehrwertsteuer)

10.1 Aufbau der Umsatzsteuer

(1) Betriebswirtschaftliche und rechtliche Grundlagen

Beispiel:

Bis der Kunde in einem Lebensmittelgeschäft eine Ecke Schmelzkäse kaufen kann, hat das Produkt in der Regel folgende Unternehmen durchlaufen:

Milcherzeugung im **landwirtschaftlichen Betrieb** → Verarbeitung zu Käse im **Milchwerk** → Fertigung im **Schmelzkäsewerk** → Vertrieb über den **Großhandel** zum → **Einzelhandel.**

Durch **Kosten** und **Gewinn** erhöht sich in jedem Unternehmen jeweils der **Wert** des Produkts. Diesen **Mehrwert** (Unterschied zwischen Verkaufswert und Einstandswert) besteuert der Staat, d.h., jeder **Unternehmer** hat von dem Mehrwert, der von seinem Unternehmen geschaffen wird, **Umsatzsteuern [USt]** zu entrichten. Aus diesem Grunde wird die Umsatzsteuer häufig auch als **Mehrwertsteuer** bezeichnet. Rechtliche Grundlage der Umsatzsteuer (Mehrwertsteuer) ist das **Umsatzsteuergesetz [UStG].**

In vereinfachter und verkürzter Form dargestellt beantwortet das Umsatzsteuergesetz folgende Fragen:

Wer ist umsatzsteuerpflichtig?	Der **Unternehmer,** der die Leistung ausführt. Er ist **Steuerschuldner.**
Welche Umsätze sind steuerpflichtig?	■ **Lieferungen,** die ein Unternehmer **im Inland gegen Entgelt** im Rahmen seines Unternehmens ausführt. ■ **Leistungen,** die ein Unternehmer **im Inland gegen Entgelt** im Rahmen seines Unternehmens ausführt (z.B. Reparaturen, Transport von Waren, Errichtung neuer Anlagen usw.). ■ Die **Einfuhr von Gegenständen** aus einem Drittlandsgebiet **in das Inland** (Einfuhrumsatzsteuer). ■ **Innergemeinschaftlicher Erwerb** im Inland **gegen Entgelt** (z.B. Kauf von Betriebsstoffen, eines Kassensystems).
Welche Umsätze sind steuerfrei (Beispiele)?	■ Ausfuhrlieferungen in ein Drittland;[1] ■ innergemeinschaftliche[2] Lieferungen; ■ Umsätze im Geld- und Kapitalverkehr (z.B. die Gewährung und die Vermittlung von Krediten, die Umsätze von Wertpapieren); ■ Vermietung und Verpachtung von Grundstücken; ■ Umsätze von Bausparkassenvertretern, Versicherungsvertretern und Versicherungsmaklern; ■ Umsätze aus der Tätigkeit als Arzt, Zahnarzt, Heilpraktiker und Krankengymnast; ■ Zahlung von Versicherungsbeiträgen.

1 **Drittlandstaaten** sind Staaten, die nicht zur Europäischen Union (EU) gehören.

2 **Gemeinschaftsgebiet** umfasst das Gebiet der europäischen Staaten, die der Europäischen Union angehören. EU-Länder sind: Belgien, Bulgarien, Dänemark, Deutschland, Estland, Finnland, Frankreich, Griechenland, Großbritannien, Irland, Italien, Kroatien, Lettland, Litauen, Luxemburg, Malta, Niederlande, Österreich, Polen, Portugal, Rumänien, Schweden, Slowakei, Slowenien, Spanien, Tschechien, Ungarn und Zypern (griechischer Landesteil).

Wie viel Prozent beträgt der Steuersatz?	■ Allgemeiner Steuersatz 19 % ■ Ermäßigter Steuersatz 7 % ■ Dem ermäßigten Steuersatz unterliegen z. B. die Personenbeförderung im Linienverkehr; der Verkauf von Grundnahrungsmitteln (außer dem Verzehr an Ort und Stelle); der Umsatz aus dem Verkauf von Büchern und Zeitschriften.
Von welchem Betrag wird die Umsatzsteuer berechnet?	■ Die Umsatzsteuer wird vom **Entgelt** berechnet. Das ist der vom Empfänger der Leistung zu **entrichtende Nettopreis (Bemessungsgrundlage).** ■ Die Umsatzsteuer fällt im Allgemeinen bereits dann an, wenn eine Lieferung bzw. Leistung erbracht wird, also die Forderung entsteht **(Sollbesteuerung).**

(2) Berechnung und Zahlungszeitpunkt der Zahllast

Bei der Berechnung der Umsatzsteuer wird zunächst vom gesamten Umsatzwert ausgegangen: 19 % bzw. 7 % vom Umsatzwert ergibt die vorläufige Umsatzsteuer. Die Umsatzsteuer stellt eine **Schuld** an das Finanzamt dar. Von dieser so berechneten Steuerschuld können die auf den **Eingangsrechnungen ausgewiesenen Umsatzsteuerbeträge** als sogenannte **Vorsteuer** abgezogen werden. Die Vorsteuer stellt für den Kaufmann eine **Forderung** an das Finanzamt dar. Die **Differenz zwischen Umsatzsteuer und Vorsteuer** ist dann die tatsächlich zu zahlende Steuerschuld. Wir nennen sie **Zahllast.**

Beispiel:

Die Stolz & Krug OHG führt als Handelsware Dachgepäckträger im Sortiment. Einkauf, Verkauf und Abrechnung der Umsatzsteuer mit dem Finanzamt für die Stolz & Krug OHG werden im Folgenden dargestellt.

Lieferer → Stolz & Krug OHG → Kunde

Wareneinkauf:		**Warenverkauf:**	
5 Trägersysteme		5 Trägersysteme	
je 300,00 EUR, netto	1 500,00 EUR	je 400,00 EUR, netto	2 000,00 EUR
+ 19 % USt	285,00 EUR	+ 19 % USt	380,00 EUR
Bruttopreis	1 785,00 EUR	Bruttopreis	2 380,00 EUR

Berechnung der USt vom Mehrwert	
Verkaufswert, netto	2 000,00 EUR
– Einkaufswert, netto	1 500,00 EUR
= Mehrwert	500,00 EUR
Davon 19 % USt	95,00 EUR

Abrechnung mit dem Finanzamt	
Einbehaltene USt (Verbindlichkeit an Finanzamt)	380,00 EUR
– Vorsteuer (Forderung an Finanzamt)	285,00 EUR
= Mehrwertsteuer (Zahllast an Finanzamt)	95,00 EUR

Auswirkungen der Umsatzsteuer auf den Erfolg eines Unternehmens:

Die Stolz & Krug OHG **zahlt USt**		Die Stolz & Krug OHG **erhält USt**	
▪ an den Lieferer lt. ER	285,00 EUR	vom Kunden lt. AR	380,00 EUR
▪ an das Finanzamt	95,00 EUR		
	380,00 EUR		

Erkenntnis:

- Durch die Umsatzsteuer entstehen der Stolz & Krug OHG keine Kosten (Aufwendungen). Die Umsatzsteuer ist daher ergebnisunwirksam. Sie ist ein **durchlaufender Posten.**
- Die Umsatzsteuer muss allein der **Endverbraucher** tragen. Endverbraucher sind in der Regel die **Privatverbraucher.** Der Endverbraucher ist **nicht** vorsteuerabzugsberechtigt.

(3) Voraussetzungen für den Vorsteuerabzug

Damit die Unternehmer und ihre Leistungsempfänger den Vorsteuerabzug erhalten, müssen die **Rechnungen** folgende **Angaben** enthalten:

- **Vollständiger Name** und **vollständige Anschrift** des leistenden Unternehmers und des Leistungsempfängers,
- die **Steuernummer** oder die **Umsatzsteuer-Identifikationsnummer,**
- das **Ausstellungsdatum,**
- eine **fortlaufende Nummer** mit einer oder mehreren Zahlenreihen, die zur Identifizierung der Rechnung vom Rechnungssteller einmal vergeben wird **(Rechnungsnummer),**
- die **Menge,** die **Art** und die **handelsübliche Bezeichnung** der gelieferten Gegenstände oder die Art und den Umfang der **sonstigen Leistung,**
- den **Zeitpunkt der Lieferung** oder **sonstigen Leistung,**
- das nach **Steuersätzen** und einzelnen **Steuerbefreiungen** aufgeschlüsselte Entgelt für die Lieferung oder sonstige Leistung sowie jede im Voraus vereinbarte Minderung des Entgelts,
- der **anzuwendende Steuersatz** sowie der auf das Entgelt entfallende Steuerbetrag oder im Falle einer Steuerbefreiung der Hinweis darauf, dass für die Lieferung oder sonstige Leistung eine Steuerbefreiung gilt.

Beachte:

Bei **Rechnungen** über **Kleinbeträge** von bis zu 150,00 EUR muss lediglich angegeben werden: Name und Anschrift des leistenden Unternehmens, Ausstellungsdatum, Menge bzw. Umfang und Art der Leistung, das Entgelt und der darauf entfallende Steuerbetrag in einer Summe sowie der anzuwendende Steuersatz.

(4) Zahlungszeitpunkt der Umsatzsteuer

Die Umsatzsteuer ist eine **Jahressteuer.** Der Unternehmer muss aber bis zum 10. Tag nach Ablauf des Voranmeldungszeitraums[1] eine **elektronische Umsatzsteuer-Voranmeldung** beim Finanzamt einreichen. Bei geringem Umsatz kann die Umsatzsteuer-Voranmeldung vierteljährlich eingereicht werden. Gleichzeitig ist für die darin zu ermittelnde Zahllast eine entsprechende Vorauszahlung auf die Jahressteuer zu leisten.

Beispiel:

Verkaufsumsatz im Monat Juni 20..	80 000,00 EUR	
19 % USt von 80 000,00 EUR		15 200,00 EUR
– Vorsteuer auf Eingangsrechnungen für den Monat Juni 20..		4 600,00 EUR
Zahllast (an das Finanzamt zu zahlen)		10 600,00 EUR

Sind die Vorsteuern eines Monats höher als die eigene Umsatzsteuerschuld (z.B. bei saisonalen Einkäufen), so erstattet das Finanzamt die überschüssigen Vorsteuern. Man spricht in diesem Zusammenhang von einem **Vorsteuerüberhang.**

Am Jahresende erfolgt die Endabrechnung mithilfe der **Jahressteuererklärung** und des **Jahressteuerbescheides.** Nachzahlungen bzw. Rückerstattungen sind nicht ausgeschlossen, da sich die Bemessungsgrundlage durch nachträgliche Skonti, Rabatte, Preisnachlässe oder aufgrund von Forderungsausfällen ändern kann.

10.2 Buchhalterische Erfassung der Umsatzsteuer bei den Grundfällen (Einkauf von Werkstoffen und Handelswaren sowie Verkauf von Fertigerzeugnissen und Handelswaren)

Da dem Unternehmen durch die Umsatzsteuer **keine Kosten** (Aufwendungen) entstehen, kann für die buchhalterische Erfassung nur der Bereich der **Bilanzkonten** infrage kommen.

Beispiele:

Kauf von Rohstoffen auf Ziel lt. folgender Eingangsrechnung:		Verkauf von Erzeugnissen auf Ziel lt. folgender Ausgangsrechnung:	
Rohstoffe, netto	1 500,00 EUR	Erzeugnisse, netto	2 000,00 EUR
+ 19 % USt	285,00 EUR	+ 19 % USt	380,00 EUR
Rechnungsbetrag (ER)	1 785,00 EUR	Rechnungsbetrag (AR)	2 380,00 EUR

Aufgabe:

Buchen Sie die beiden Geschäftsvorfälle auf Konten und bilden Sie anschließend die Buchungssätze!

1 **Voranmeldungszeitraum** ist das Kalendervierteljahr. Beträgt die Steuer für das vorangegangene Kalenderjahr mehr als 7 500,00 EUR (Normalfall), ist der Kalendermonat der Voranmeldungszeitraum [§ 18 II UStG].

Lösung:

S — 6000 Aufwend. f. Rohstoffe — H

Soll		Haben	
4400	1 500,00		

S — 2600 Vorsteuer — H

Soll		Haben	
4400	285,00		

S — 4400 Verbindlichkeiten a. Lief. u. Leist. — H

Soll		Haben	
		6000/2600	1 785,00

Konten	Soll	Haben
6000 Aufw. f. Rohstoffe 2600 Vorsteuer an 4400 Verb. a. L. u. L.	1 500,00 285,00	 1 785,00

Die **Umsatzsteuer auf Eingangsrechnungen** stellt eine **Forderung** des Unternehmers gegenüber dem Finanzamt dar. Sie wird auf einem Forderungskonto, genannt **Vorsteuer,** gebucht.

Das Konto **2600 Vorsteuer** ist ein **Aktivkonto.**

S — 2400 Forderungen a. Lief. u. Leist. — H

Soll		Haben	
5000/4800	2 380,00		

S — 5000 Umsatzerlöse f. eig. Erzeugnisse — H

Soll		Haben	
		2400	2 000,00

S — 4800 Umsatzsteuer — H

Soll		Haben	
		2400	380,00

Konten	Soll	Haben
2400 Ford. a. L. u. L. an 5000 UE f. eig. Erz. an 4800 Umsatzsteuer	2 380,00	 2 000,00 380,00

Die **Umsatzsteuer auf Ausgangsrechnungen** stellt eine **Verbindlichkeit** des Unternehmers gegenüber dem Finanzamt dar. Sie wird auf einem entsprechenden Schuldkonto, genannt **Umsatzsteuer,** gebucht.

Das Konto **4800 Umsatzsteuer** ist ein **Passivkonto.**

Beachte:

Die Umsatzsteuer erscheint nicht nur auf den Rechnungen der vorgestellten Geschäftsvorfälle, sondern ebenfalls bei einer Reihe weiterer Geschäftsvorfälle.

- **Auf der Eingangsseite**

Neben den Eingangsrechnungen für den Einkauf von Werkstoffen oder Handelswaren erhalten wir z. B. Rechnungen für den Kauf von Anlagegegenständen (Fahrzeugen, Teilen, die zur Betriebs- und Geschäftsausstattung zählen), Rechnungen von Handwerkern für Reparaturleistungen, Rechnungen für den Einkauf von Büromaterial usw. Die Umsatzsteuer dieser Rechnungen erscheint ebenfalls auf dem **Aktivkonto „Vorsteuer“.**

- **Auf der Ausgangsseite**

Neben dem Verkauf von Fertigerzeugnissen oder Handelswaren können gebrauchte Fahrzeuge oder Teile der Betriebs- und Geschäftsausstattung verkauft werden. Auch solche sogenannten Hilfsgeschäfte sind umsatzsteuerpflichtig. Beim Verkauf müssen wir Umsatzsteuer in Rechnung stellen. Sie erscheint auf dem **Passivkonto „Umsatzsteuer“.**

Übungsaufgaben

49 Bilden Sie zu den nachfolgenden Geschäftsvorfällen den Buchungssatz!

1.	Wir kaufen Handelswaren auf Ziel netto	1 350,00 EUR	
	+ 19 % USt	256,50 EUR	1 606,50 EUR
2.	Kauf von Rohstoffen gegen Bankscheck netto	3 198,00 EUR	
	+ 19 % USt	607,62 EUR	3 805,62 EUR
3.	Kauf von Betriebsstoffen bar netto	7 479,00 EUR	
	+ 19 % USt	1 421,01 EUR	8 900,01 EUR
4.	Wir verkaufen Handelswaren bar netto	10 391,20 EUR	
	+ 19 % USt	1 974,33 EUR	12 365,53 EUR
5.	Verkauf von Erzeugnissen auf Ziel netto	6 220,00 EUR	
	+ 19 % USt	1 181,80 EUR	7 401,80 EUR
6.	Banküberweisung des Kunden zum Ausgleich der Rechnung (vgl. Fall 5)		7 401,80 EUR
7.	Kauf von Hilfsstoffen gegen Rechnung netto	917,00 EUR	
	+ 19 % USt	174,23 EUR	1 091,23 EUR
8.	Banküberweisung an einen Lieferer zum Ausgleich der Rechnung (vgl. Fall 7)		1 091,23 EUR
9.	Für eine Reparaturleistung berechnen wir unserem Kunden netto	778,00 EUR	
	+ 19 % USt	147,82 EUR	925,82 EUR

10. Erklären Sie die Richtigkeit folgender Aussagen!

    10.1 Die Umsatzsteuer zahlt letztlich der Endverbraucher.

    10.2 Die Umsatzsteuer ist für ein Unternehmen ein „durchlaufender Posten" und deshalb erfolgsneutral.

50 Bilden Sie zu den nachfolgenden Belegen aus der Sicht der Tobias Hanselmann KG die Buchungssätze!

Beleg 1

FREIE TANKSTELLE
AUTOWASCHZENTRALE

Heinz Gruber GmbH · Breslauerstr. 10 · 25421 Pinneberg

Werkzeugfabrik
Tobias Hanselmann OHG
Eggerstedter Str. 20–24
25421 Pinneberg

Auftrags-Nr. 00-0398
Leistungsdatum: 28.07.20..

Geleistete Arbeiten

Arbeits-Nr.	Art der ausgeführten Arbeiten	EUR
92 3004	Fahrzeugwäsche mit Teilhochglanzprogramm Interieuer für den Geschäftswagen	71,43
	+ 19 % USt	13,57
		85,00

Beleg 2

Stadtschmiede GmbH
Bernd King
Ossenpadd 10
25421 Pinneberg

Stadtschmiede GmbH · Bernd King · Ossenpadd 10 · 25421 Pinneberg

Werkzeugfabrik
Tobias Hanselmann OHG
Eggerstedter Str. 20–24
25421 Pinneberg

Rechnung Nr. 176 Datum: 30.07.20..

Beschreibung	Menge	Stückpreis EUR pro m	Gesamtpreis EUR
Anfertigen von Geländer für die Fabrikhalle	20,4 m	195,00	3 978,00
		+ 19 % USt	755,82
Bitte um Überweisung innerhalb 14 Tage ohne Skontoabzug.			4 733,82

Beleg 3

Firma: Werkzeugfabrik Tobias Hanselmann OHG
Eggerstedter Straße 20–24 · 25421 Pinneberg

QUITTUNG

EINGEGANGEN
30. Juli 20..

1 Bürolampe	162,00 EUR
+ 19 % USt	30,78 EUR
	192,78 EUR

Elektro Heim
Stensstr. 40 a
45149 Essen

Betrag dankend erhalten
30.07.20..
Hauser

Beleg 4

GROßMANN
ELEKTROANLAGEN

Frank Großmann e. K. · Inhaber M. Hoppe
Elektrische Licht- und Kraftanlagen
Heidkamp Nord 15 · 25421 Pinneberg
St.-Nr. 24/199

Frank Großmann · Heidkamp Nord 15 · 25421 Pinneberg

Werkzeugfabrik
Tobias Hanselmann OHG
Eggerstedter Str. 20–24
25421 Pinneberg

Telefax 04101 2360-110

Ihr Zeichen, Ihre Bestellung vom	Unser Zeichen, Unsere Nachricht vom	Telefon, Name 04101 2360-200	Datum
	Ho	Herr Hoppe	28. Juli 20..

EINGEGANGEN
29. Juli 20..
Erl. ....

Rechnung – Nr. 9110 – 20..

Erbringung der Leistung: 03.03.20..
Elektroanschlüsse instand gesetzt

Pos. 001:	Montage Fink	2,5 Std.	41,80 EUR	104,50 EUR
Pos. 002:	Auszubildender (2. Jahr) Gromer	2,5 Std.	21,20 EUR	53,00 EUR
Pos. 003:	Fahrpauschale	1,00 Psch.	8,80 EUR	8,80 EUR
Pos. 004:	Klemmen	8 Stück	0,60 EUR	4,80 EUR
				171,10 EUR
		+ 19 % USt		32,51 EUR
		Gesamtsumme		203,61 EUR

HANDWERKERRECHNUNG
gemäß VOB innerhalb von 8 Tagen
nach Rechnungsdatum fällig! Ohne Abzug!
Rechnungsnummer bitte angeben!

Beleg 5

Kontoauszug

IBAN: DE 66 5901 0027 0061 0003 45
Datum 27.07.20..

Auszug 54
Blatt 1

Postbank

Buch	Wert	PN-Nummer	Vorgang/Buchungsinformation	Umsatz in Euro
			ALTER SALDO VOM 24.07.20..	19 710,50 H
26. 07. 20..			Hans Kempf GmbH Rechnung 20.07.20..	7 840,90 H
26. 07. 20..			Tilgung Darlehen	4 000,00 S
26. 07. 20..			Betriebsunterbrechungsversicherung	810,90 S
26. 07. 20..			Umsatzprovision an Mitarbeiter Meißner einschließlich 19% USt	2 380,00 S

Bitte beachten Sie die Hinweise auf der Rückseite

WERKZEUGFABRIK
TOBIAS HANSELMANN OHG
EGGERSTEDTER STR. 20–24
25421 PINNEBERG

NEUER SALDO 20 360,50 H

Postbank Pinneberg
25421 Pinneberg
BIC: PBNKDEFFXXX

Privatkunden Tel: 0180 3040700* Fax: 0180 3040800* · 7x24 Stunden
Geschäftskunden Tel: 0180 4440400** Fax: 0180 3040999* · 7x24 Stunden
* 9 Cent/Min. **20 Cent/Anruf · dt. Festnetz; Mobiltarif max. 42 Cent/Min. oder 60 Cent/Anruf

direkt@postbank.de
business@postbank.de
firmenkunden@postbank.de

www.postbank.de
USt.-IdNr. DE169824467

51 Buchen Sie im Grundbuch der Möbelfabrik Bruno Bernhardt GmbH folgende Geschäftsvorfälle:

1. Wir kaufen 100 Zeituhren zum Einbau in Küchenmöbel auf Ziel netto 1 430,00 EUR zuzüglich 19 % USt.
2. Wir bezahlen die bereits gebuchte Liefererrechnung über 1 700,00 EUR bar.
3. Einkauf von Spanplatten lt. Eingangsrechnung 2 737,00 EUR einschließlich 19 % USt gegen Bankscheck.

4. Ein Kunde bezahlt die Ausgangsrechnung durch Überweisung auf unser Bankkonto 2464,45 EUR.
5. Barzahlung einer noch nicht gebuchten Handwerkerrechnung für Malerarbeiten im Büro netto 300,00 EUR zuzüglich 19 % USt.
6. Wir kaufen einen PC gegen Barzahlung netto 1300,00 EUR zuzüglich 19 % USt.
7. Verkauf von Bürotischen auf Ziel. Rechnungsbetrag einschließlich 19 % USt 10055,50 EUR.
8. Kauf von Schreibwaren für das Büro bar 685,00 EUR zuzüglich 19 % USt.
9. Bankabbuchung für Telefongebühren einschl. 19 % Umsatzsteuer 1195,95 EUR.
10. Banküberweisung für Stromverbrauch lt. vorliegender Rechnung: Nettowert 2210,00 EUR zuzüglich 19 % USt.
11. Einkauf von Leim für die Fertigung 890,00 EUR zuzüglich 19 % USt gegen Bankscheck.
12. Einkauf von Schmieröl 1 420,00 EUR zuzüglich 19 % USt auf Ziel.
13. Bareinkauf von Schrauben und Nägeln in Höhe von 275,00 EUR zuzüglich 19 % USt.

52 Buchen Sie im Grundbuch die folgenden Geschäftsvorfälle für einen Industriebetrieb:

1. Wir verkaufen Erzeugnisse gegen Ratenzahlung. Anzahlung einschließlich 19 % USt bar: 38675,00 EUR.

   Restzahlung in 5 Raten
   (12500,00 EUR + 800,00 EUR Zinsen* + 19 % USt) zu je 15675,00 EUR.

   Bilden Sie die Buchungssätze am Verkaufstag!

   * **Hinweis:** Zinsen sind umsatzsteuerfrei, da ein Kreditvertrag vorliegt!

2. Wir zahlen für folgenden Beleg bar aus der Kasse:

   196,35 EUR einschließlich 19 % USt für Reparatur
   des Kopiergeräts erhalten.

   Hagen, den 2. April 20.. Ferner

3.	Bankgutschrift für Zinsen		720,00 EUR
4.	Barzahlung für Reparaturen am Maschinenpark, netto	874,00 EUR	
	+ 19 % USt	166,06 EUR	1040,06 EUR
5.	Verkauf von Erzeugnissen frei Haus lt. AR 143 netto	42765,00 EUR	
	+ 19 % USt	8125,35 EUR	50890,35 EUR

53 Buchen Sie im Grundbuch für die Stahlwerke Heimann KG die folgenden Geschäftsvorfälle:

1.	Nach Ablauf der Garantiefrist wird eine Stahltreppe von uns repariert. Wir stellen die Selbstkosten in Rechnung:		
	für Material und Arbeitsstunden	186,00 EUR	
	+ 19 % USt	35,34 EUR	221,34 EUR
2.	Verkauf von Erzeugnissen auf Ziel einschließlich 19 % USt		24276,00 EUR

3.

EVENTEC Randlinger & Jell

EVENTEC Randlinger & Jell · Kammer 12 · 83123 Amerang

Stahlwerke
Heimann KG
Heussstr. 12
99867 Gotha

Rechnungsdatum:	12.06.20..
Kunden-Nr.:	13483
Steuer-Nr.:	156 173 41503
USt-Id-Nr.:	DE 228 486 140
Lieferdatum:	12.06.20..

Rechnung-Nr. 2214

Pos.	Menge	Bezeichnung	Einzelpreis EUR	Gesamtbetrag EUR
1	1	Hochleistungskopierer	5 950,00	5 950,00
		Gesamtbetrag		5 950,00

Der Gesamtbetrag setzt sich aus netto 5 000,00 EUR zuzüglich 19 % USt. = 950,00 EUR zusammen.

Besuchen Sie auch unsere Internetadresse unter www.eventec-randlinger.de.

EVENTEC Randlinger & Jell Kammer 12 83123 Amerang
Tel.: 08075 8239 Fax: 08075 9752
Kreis- und Stadtsparkasse Wasserberg BIC: BYLADEM1WSB IBAN: DE52 7115 2680 0000 9627 87
Ust.Id-Nr.: DE 228 486 140
www.eventec-randlinger.de E-Mail: info@eventec-randlinger.de

Gerichtsstand Traunstein. Die Ware bleibt bis zur vollständigen Bezahlung Eigentum der Firma.

4.

Beleg für Kontoinhaber HELADEF1GTH

Kreissparkasse Gotha

Nur für Überweisungen in Deutschland, in andere EU-/EWR-Staaten und in die Schweiz sowie nach Monaco in Euro.

Angaben zum Zahlungsempfänger: Name, Vorname/Firma (max. 27 Stellen, bei maschineller Beschriftung max. 35 Stellen)
EVENTEC Randlinger & Jell, 83123 Amerang

IBAN Bei Überweisungen in Deutschland immer 22 Stellen ⟶ sonstige Länder 15 bis max. 34 Stellen
DE52711526800000962787

BIC des Kreditinstituts/Zahlungsdienstleisters (8 oder 11 Stellen)
BYLADEM1WSB
Die Angabe des BIC kann entfallen, wenn die IBAN des Zahlungsempfängers mit DE beginnt.

Betrag: Euro, Cent
5950,00

Kunden-Referenznummer - Verwendungszweck, ggf. Name und Anschrift des Zahlers - (nur für Zahlungsempfänger)
Rechnung-Nr. 2214 vom 12.06.20..

noch Verwendungszweck (insgesamt max. 2 Zeilen à 27 Stellen, bei maschineller Beschriftung max. 2 Zeilen à 35 Stellen)

Angaben zum Kontoinhaber: Name, Vorname/Firma, Ort (max. 27 Stellen, keine Straßen- oder Postfachangaben)
Heimann KG, 99867 Gotha

IBAN	Prüfziffer	Bankleitzahl des Kontoinhabers	Kontonummer (ggf. links mit Nullen auffüllen)	
DE	11	82052020	0094006491	16

111 360.002 SE 35784

Datum: 28.06.20..
Unterschrift(en): G. Heimann

5.

Beleg für Kontoinhaber HELADEF1GTH

Kreissparkasse Gotha

Nur für Überweisungen in Deutschland, in andere EU-/EWR-Staaten und in die Schweiz sowie nach Monaco in Euro.

Angaben zum Zahlungsempfänger: Name, Vorname/Firma (max. 27 Stellen, bei maschineller Beschriftung max. 35 Stellen)
Ulmer Walzwerke GmbH, Boschstr. 2, 89079 Ulm

IBAN Bei Überweisungen in Deutschland immer 22 Stellen ⟶ sonstige Länder 15 bis max. 34 Stellen
DE56630400530060001005

BIC des Kreditinstituts/Zahlungsdienstleisters (8 oder 11 Stellen)
COBADEFF630
Die Angabe des BIC kann entfallen, wenn die IBAN des Zahlungsempfängers mit DE beginnt.

Betrag: Euro, Cent
41184,00

Kunden-Referenznummer - Verwendungszweck, ggf. Name und Anschrift des Zahlers - (nur für Zahlungsempfänger)
Rechnung-Nr. 99493 für Stahllieferung vom

noch Verwendungszweck (insgesamt max. 2 Zeilen à 27 Stellen, bei maschineller Beschriftung max. 2 Zeilen à 35 Stellen)
3. Mai 20.. 34608,40 EUR zuzüglich 19% USt

Angaben zum Kontoinhaber: Name, Vorname/Firma, Ort (max. 27 Stellen, keine Straßen- oder Postfachangaben)
Heimann KG, 99867 Gotha

IBAN	Prüfziffer	Bankleitzahl des Kontoinhabers	Kontonummer (ggf. links mit Nullen auffüllen)	
DE	11	8205202	0094006491	16

111 360.002 SE 35784

Datum: 10. Mai 20..
Unterschrift(en): G. Heimann

6.

SIK – KAD 8/98 S

Bitte beachten Sie die Hinweise auf der Rückseite

IBAN		BIC
DE11820520200094006491	KREISSPARKASSE GOTHA	HELADEF1GTH

Buchungstag	Tag der Wertstellung	Verwendungszweck/Buchungstext		
			alter Kontostand	+ 4791,20
12.05.	12.05.	Dosenwerk WIPPER GMBH Urbanstr. 2 33106 Paderborn Rechnung-Nr. 2007 einschließlich 19% USt	9224	+ 2867,90

Stahlwerke
Heimann KG
Heussstr. 12
99867 Gotha

+ 7659,10
neuer Kontostand

	Kontoauszug vom	Auszug	Blatt
UST-ID DE 451710290	12.05.20..	24	1

50/00

10.3 Ermittlung und Buchung der Zahllast

(1) Ermittlung und Begleichung der Zahllast

Beispiel:

2600 Vorsteuer: Summe 1800,00 EUR; 4800 Umsatzsteuer: Summe 6000,00 EUR. Die Zahllast von 4200,00 EUR wird an das Finanzamt durch die Bank überwiesen.

Aufgaben:

1. Stellen Sie die Vorgänge auf Konten dar!
2. Bilden Sie die Buchungssätze!

Lösungen:

Zu 1.: Buchung auf den Konten

S 2600 Vorsteuer H

S		H	
Summe	1800,00	4800	1800,00

S 2800 Bank H

S		H	
AB	5000,00	4800	4200,00

S 4800 Umsatzsteuer H

S		H	
2600	1800,00	Summe	6000,00
2800	4200,00		
	6000,00		6000,00

Zu 2.: Buchungssätze

Geschäftsvorfälle	Konten	Soll	Haben
Ermittlung der Zahllast	4800 Umsatzsteuer an 2600 Vorsteuer	1800,00	 1800,00
Banküberweisung der Zahllast	4800 Umsatzsteuer an 2800 Bank	4200,00	 4200,00

(2) Ermittlung und Passivierung der Zahllast am Ende des Geschäftsjahres

Weil am Bilanzstichtag die **Zahllast** noch **nicht überwiesen** ist, muss sie **passiviert** werden, d.h. als Schuld gegenüber dem Finanzamt in das Schlussbilanzkonto übernommen werden.

Geschäftsvorfall	Konten	Soll	Haben
Die Zahllast im Monat Dezember ist am 31.12. zu passivieren 5000,00 EUR.	4800 Umsatzsteuer an 8010 SBK	5000,00	 5000,00

Beachte:

Ist innerhalb eines Abrechnungszeitraumes (Monats) die Vorsteuer höher als die Umsatzsteuer, was z.B. aufgrund von saisonbedingten Einkäufen durchaus vorkommen kann, entsteht ein sogenannter **Vorsteuerüberhang**. In diesem Fall ist die Forderung gegenüber dem Finanzamt höher als die Verbindlichkeit. Diesen Vorsteuerüberhang muss das Finanzamt auszahlen bzw. verrechnen.

Übungsaufgaben

54

S	2600 Vorsteuer	H	S	4800 Umsatzsteuer	H
2800	991,80			2880	4870,00
4400	3431,40			2800	12130,70

Aufgaben:

1. Übertragen Sie die Konten in Ihr Hausheft und ermitteln Sie buchhalterisch die Zahllast!
2. Die Zahllast ist zu passivieren.
3. Bilden Sie zu 1. und 2. die Buchungssätze!

55

S	2600 Vorsteuer	H	S	4800 Umsatzsteuer	H
Su	12900,00			Su	8300,00

Aufgaben:

1. Übertragen Sie die Konten in Ihr Hausheft und ermitteln Sie buchhalterisch den Vorsteuerüberhang!
2. Der Vorsteuerüberhang wird vom Finanzamt auf unser Bankkonto überwiesen.
3. Bilden Sie zu 1. und 2. die Buchungssätze!

56 Bilden Sie den Buchungssatz aus Sicht der Maschinenfabrik Wachter GmbH für den folgenden Beleg!

Beleg für Kontoinhaber HELADEF1WEM

Sparkasse Mittelthüringen Erfurt

Nur für Überweisungen in Deutschland, in andere EU-/EWR-Staaten und in die Schweiz sowie nach Monaco in Euro.

Angaben zum Zahlungsempfänger: Name, Vorname/Firma (max. 27 Stellen, bei maschineller Beschriftung max. 35 Stellen)
Finanzamt Erfurt

IBAN Bei Überweisungen in Deutschland immer 22 Stellen → sonstige Länder 15 bis max. 34 Stellen
DE10820510000008147954

BIC des Kreditinstituts/Zahlungsdienstleisters (8 oder 11 Stellen)
HELADEF1WEM
Die Angabe des BIC kann entfallen, wenn die IBAN des Zahlungsempfängers mit DE beginnt.

Betrag: Euro, Cent
16330,00

Kunden-Referenznummer - Verwendungszweck, ggf. Name und Anschrift des Zahlers - (nur für Zahlungsempfänger)
USt. VI/20.. St.Nr. 571/8054

noch Verwendungszweck (insgesamt max. 2 Zeilen à 27 Stellen, bei maschineller Beschriftung max. 2 Zeilen à 35 Stellen)

Angaben zum Kontoinhaber: Name, Vorname/Firma, Ort (max. 27 Stellen, keine Straßen- oder Postfachangaben)
Maschinenfabrik Wachter GmbH 99091 Erfurt

IBAN	Prüfziffer	Bankleitzahl des Kontoinhabers	Kontonummer (ggf. links mit Nullen auffüllen)	
DE	10	82051000	0008473972	16

111 360.002 SE 35784

Datum: 10. Juli 20..
Unterschrift(en): i. A. Wecker

9 Speth u.a. - ISBN 978-3-8120-0497-8

57 Bilden Sie den Buchungssatz für den nachfolgenden Beleg aus Sicht der Sportsware Meindl GmbH!

SPORT · JAKOB OHG

Skiausrüstungen
Sportartikelhersteller

Sport-Jakob KG, Nebelhornstr. 17–19, 87561 Oberstdorf

Sportsware Meindl GmbH
Kastanienweg 25
08280 Aue

Rechnung Nr. 901

Lieferdatum: 24. November 20..
Rechnungsdatum: 27. November 20..

10	Paar Kinderski mit Bindung		1040,00 EUR
10	Paar Skistöcke		385,00 EUR
			1425,00 EUR
	+ 19 % USt		270,75 EUR
			1695,75 EUR

Zahlungs- und Erfüllungsort sowie Gerichtsstand ist Oberstdorf. Die Ware bleibt bis zur vollständigen Bezahlung mein Eigentum.

Sitz der Gesellschaft: Oberstdorf RG Oberstdorf: HRA 510
Steuer-Nr. 90751/54303

11 Ermittlung und Buchung des Werkstoffverbrauchs

Bisher haben wir unterstellt, dass die benötigten Werkstoffe in der gleichen Periode vollständig verbraucht wurden. Unter dieser Annahme würden sich die Werkstoffbestände nicht verändern. Dies entspricht jedoch nicht der Realität. Dass die gelieferte Menge und die in der Produktion verbrauchte Menge nicht identisch sein muss, kann unterschiedliche Ursachen haben, z.B.

- Werkstofflieferungen verzögern sich oder entfallen ganz.
- Ein bereits eingeplanter Fertigungsauftrag wird storniert, die Werkstoffe hierfür sind bereits bestellt.
- Bestellt wird in optimaler Losgröße, produziert wird jedoch kontinuierlich.

Diese Vorgänge führen entweder zu einem Anwachsen der Werkstoffbestände **(Bestandsmehrung)** oder zu einem Abbau der Bestände **(Bestandsminderung)**. In diesen Fällen stimmt der tatsächliche Werkstoffverbrauch nicht mit der beschafften Menge überein.

Um von der gebuchten Beschaffungsmenge zur tatsächlichen Verbrauchsmenge zu gelangen, bedarf es einer Korrektur um die Höhe der Bestandsveränderung.

11.1 Bestandsmehrungen bei Werkstoffen

In Bezug auf den Verbrauch von **Roh-, Hilfs- und Betriebsstoffen** bedeutet „periodengerechter" Aufwand nichts anderes als den tatsächlichen Verbrauch einer Abrechnungsperiode zu erfassen. Eine **Bestandsmehrung** liegt vor, wenn der **Schlussbestand** einer Werkstoffart **höher** ist als der **Anfangsbestand.** Dies bedeutet, dass innerhalb dieser Periode mehr eingekauft als in der Produktion verbraucht wurde. Die nicht verbrauchte Menge wurde auf Lager genommen, daher die Bestandsmehrung.

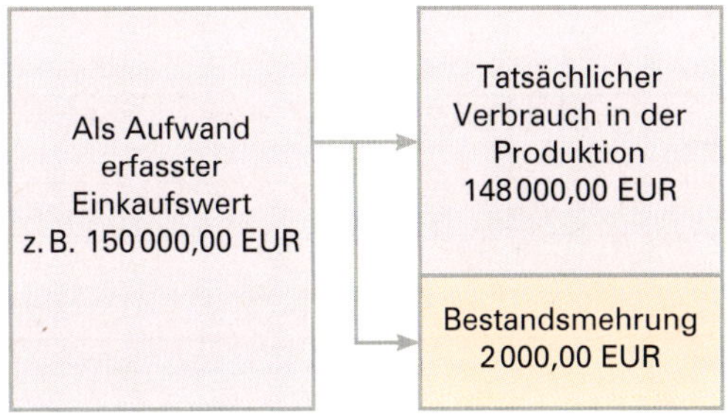

Beispiel:

I. Anfangsbestand:

2000 Rohstoffe 4 500,00 EUR

II. Geschäftsvorfälle:

1. Einkauf von Rohstoffen auf Ziel 150 000,00 EUR zuzüglich 19 % USt
2. Verkauf von Erzeugnissen auf Ziel 280 000,00 EUR zuzüglich 19 % USt

III. Schlussbestand:

Inventurbestand an Rohstoffen 6 500,00 EUR

IV. Aufgaben:

1. Ermitteln Sie rechnerisch:
   1.1 den Verbrauch an Rohstoffen,
   1.2 den Rohgewinn.
2. Stellen Sie die Angaben des Beispiels auf Konten dar, wobei bei den Geschäftsvorfällen die Gegenkonten anzugeben, aber nicht zu führen sind!
3. Bilden Sie den Buchungssatz für die Umbuchung der Bestandsmehrung!

Lösungen:

Zu 1.: Rechnerische Ermittlungen

1.1 Ermittlung des Verbrauchs an Rohstoffen

Einkauf von Rohstoffen in der Geschäftsperiode	150 000,00 EUR
– Bestandsmehrung	2 000,00 EUR
= Verbrauch innerhalb der Geschäftsperiode	148 000,00 EUR

1.2 Ermittlung des Rohgewinns

Umsatzerlöse für eigene Erzeugnisse	280 000,00 EUR
– Verbrauch von Rohstoffen	148 000,00 EUR
= Rohgewinn	132 000,00 EUR

Zu 2.: Darstellung auf den Konten[1]

S	2000 Rohstoffe		H
AB	4500,00	8010	6500,00
6000	2000,00		
	6500,00		6500,00

S	6000 Aufw. f. Rohstoffe		H
4400	150000,00	2000	2000,00
		8020	148000,00
	150000,00		150000,00

S	5000 UErl. f. eig. Erzeugnisse		H
8020	280000,00	2400	280000,00

S	8010 SBK		H
2000	6500,00		

S	8020 GuV		H
6000	148000,00	5000	280000,00
Rohg.	132000,00		
	280000,00		280000,00

Zu 3.: Bildung des Buchungssatzes für die Umbuchung der Bestandsmehrung

Geschäftsvorfall	Konten	Soll	Haben
Umbuchung der Bestandsmehrung von 2000,00 EUR	2000 Rohstoffe an 6000 Aufw. f. Rohstoffe	2000,00	 2000,00

Erläuterungen:

Die **Erhöhung** des Schlussbestandes bei den Rohstoffen bedeutet, dass ein Teil der eingekauften und als Aufwand gebuchten **Rohstoffe nicht verbraucht wurde.** Der zunächst gebuchte Aufwand ist um den Wert der Bestandsmehrung **zu hoch.** Er muss daher um den Wert der **Bestandsmehrung gemindert werden.**

Erkenntnis:

- Eine **Bestandsmehrung** muss bei den Werkstoffen vom als Aufwand gebuchten Einkaufswert **abgezogen** werden.
- Buchhalterisch erfolgt das durch eine entsprechende **Umbuchung der Bestandsmehrung.** Der Buchungssatz lautet:

  Bestandskonto der Klasse 2 (z.B. 2000 Rohstoffe)
  an Aufwandskonto der Klasse 6 (z.B. 6000 Aufwendungen f. Rohstoffe)

11.2 Bestandsminderungen bei Werkstoffen

Beispiel:

I. Anfangsbestand:

2000 Rohstoffe 3500,00 EUR

II. Geschäftsvorfälle:

1. Einkauf von Rohstoffen auf Ziel 150000,00 EUR zuzüglich 19% USt
2. Verkauf von Erzeugnissen auf Ziel 280000,00 EUR zuzüglich 19% USt

1 Der Übersicht wegen werden nur die Vorgänge auf den hier interessierenden Konten (2000, 5000, 6000) dargestellt. Die Gegenkonten beim Ein- bzw. Verkauf werden nicht geführt.

III. Schlussbestand:

Inventurbestand an Rohstoffen 2000,00 EUR

IV. Aufgaben:

1. Ermitteln Sie rechnerisch:
   1.1 den Verbrauch an Rohstoffen,
   1.2 den Rohgewinn.
2. Stellen Sie die Angaben des Beispiels auf Konten dar, wobei bei den Geschäftsvorfällen die Gegenkonten anzugeben, aber nicht zu führen sind!
3. Bilden Sie den Buchungssatz für die Umbuchung der Bestandsminderung!

Lösungen:

Zu 1.: Rechnerische Ermittlungen

1.1 Ermittlung des Verbrauchs an Rohstoffen

	Einkauf von Rohstoffen in der Geschäftsperiode	150000,00 EUR
+	Bestandsminderung	1500,00 EUR
=	Verbrauch innerhalb der Geschäftsperiode	151500,00 EUR

1.2 Ermittlung des Rohgewinns

	Umsatzerlöse für eigene Erzeugnisse	280000,00 EUR
–	Verbrauch von Rohstoffen	151500,00 EUR
=	Rohgewinn	128500,00 EUR

Zu 2.: Darstellung auf den Konten

S 2000 Rohstoffe H

AB	3500,00	8010	2000,00
		6000	1500,00
	3500,00		3500,00

S 6000 Aufw. f. Rohstoffe H

4400	150000,00	8020	151500,00
2000	1500,00		
	151500,00		151500,00

S 5000 UErl. f. eig. Erzeugnisse H

8020	280000,00	2400	280000,00

S 8010 SBK H

2000	2000,00		

S 8020 GuV H

6000	151500,00	5000	280000,00
Rohg.	128500,00		
	280000,00		280000,00

Zu 3.: Buchungssatz für die Umbuchung der Bestandsminderung

Geschäftsvorfall	Konten	Soll	Haben
Umbuchung der Bestandsminderung von 1500,00 EUR	6000 Aufw. f. Rohstoffe an 2000 Rohstoffe	1500,00	1500,00

Erläuterungen:

Die **Minderung** des Bestandes auf dem Rohstoffkonto bedeutet, dass über den Einkauf von Rohstoffen hinaus noch **Rohstoffe vom Reservelager verbraucht wurden.** Der beim Einkauf gebuchte Aufwand ist um diesen Wert **zu niedrig.** Er muss daher um den Wert der **Bestandsminderung erhöht werden.**

Beachte:

Eine **Bestandsminderung** muss bei den Werkstoffen zu dem als Aufwand gebuchten Einkaufswert **hinzugerechnet werden.**

Buchhalterisch erfolgt das durch eine entsprechende **Umbuchung der Bestandsminderung.** Der Buchungssatz lautet:

Aufwandskonto der Klasse 6 (z.B. 6000 Aufwendungen f. Rohstoffe)
an Bestandskonto der Klasse 2 (z.B. 2000 Rohstoffe)

Übungsaufgabe

58 1. Erläutern Sie folgende Sachverhalte:

1.1. Der Bestand an Handelswaren ist um 20000,00 EUR gestiegen.
1.2. Der Bestand an Rohstoffen ist um 40000,00 EUR gesunken.
1.3. Der Einkauf von Hilfsstoffen ist um 10000,00 EUR höher als der Verbrauch.
1.4. Der Verkauf von Handelswaren ist innerhalb der Geschäftsperiode um 150 Stück höher als der Einkauf in diesem Artikel.

2. I. **Werkstoffbestände**:

	Anfangsbestände	Schlussbestände
2000 Rohstoffe	310000,00 EUR	315000,00 EUR
2010 Vorprodukte	85000,00 EUR	91200,00 EUR
2020 Hilfsstoffe	47700,00 EUR	45000,00 EUR
2030 Betriebsstoffe	64400,00 EUR	59800,00 EUR

II. Kontenplan:

2000, 2010, 2020, 2030, 5000, 6000, 6010, 6020, 6030, 8010, 8020.

III. Geschäftsvorfälle:

1. Kauf von Rohstoffen auf Ziel 112700,00 EUR zuzüglich 19 % USt
2. Kauf von Vorprodukten auf Ziel 21100,00 EUR zuzüglich 19 % USt
3. Kauf von Hilfsstoffen mit Bankscheck 33300,00 EUR zuzüglich 19 % USt
4. Kauf von Betriebsstoffen auf Ziel 42100,00 EUR zuzüglich 19 % USt
5. Verkauf von eigenen Erzeugnissen auf Ziel 480000,00 EUR zuzüglich 19 % USt

(**Hinweis**: Die Gegenkonten sind anzugeben, aber nicht zu führen!)

IV. Aufgaben:

1. Ermitteln Sie rechnerisch den jeweiligen Werkstoffaufwand!
2. Ermitteln Sie rechnerisch den Rohgewinn!
3. Bilden Sie zu den Geschäftsvorfällen die Buchungssätze, übertragen Sie die Buchungssätze auf die Konten und schließen Sie die Konten über die entsprechenden Abschlusskonten ab!

12 Bestandsveränderungen bei fertigen und unfertigen Erzeugnissen

12.1 Bestandsveränderungen bei fertigen Erzeugnissen

12.1.1 Problemstellung

Sofern es sich um Bestandsveränderungen bei Werkstoffen handelt, wurden diese bereits im Kapitel 11,S. 130ff. behandelt. Bei den hier zu behandelnden Bestandsveränderungen handelt es sich um Bestandsveränderungen an fertigen und unfertigen Erzeugnissen.

In einem Industriebetrieb müssen die angebotenen Erzeugnisse zunächst im Produktionsprozess hergestellt werden. Die Herstellung dieser Erzeugnisse verursacht Aufwendungen an Werkstoffen und Arbeitsleistungen, die sich in den Herstellungskosten dieser Güter niederschlagen.

Bisher gingen wir davon aus, dass die Menge der hergestellten Güter mit der Menge der verkauften Güter innerhalb der Geschäftsperiode übereinstimmt. Diese Annahme ist jedoch unrealistisch und träfe nur durch Zufall ein. Wenn aber hergestellte und verkaufte Menge nicht übereinstimmen, dann beziehen sich die für die Produktion angefallenen Aufwendungen (Kosten) auf eine andere Gütermenge als die beim Verkauf erzielten Erträge (Verkaufserlöse; Leistungen). Ist z.B. die hergestellte Menge größer als die verkaufte, dann bedeutet dies, dass ein Teil der Produktion auf Lager genommen wurde (Bestandsmehrung an Fertigerzeugnissen). Wurde dagegen mehr verkauft als produziert, dann kann dieser Mehrverkauf nur aus dem Lager stammen. Ein aussagekräftiges Periodenergebnis entsteht aber nur, wenn sich die Aufwands- und Ertragsseite auf die gleiche Menge beziehen. Mit anderen Worten: Die Bestandsveränderungen müssen berücksichtigt werden.

- Stimmt die hergestellte Menge der Erzeugnisse mit der verkauften Menge **nicht** überein, müssen die **Bestandsveränderungen der fertigen Erzeugnisse** in die Ergebnisermittlung einbezogen werden.
- Die **Menge an Erzeugnissen** auf der Aufwands- und Ertragsseite **müssen sich entsprechen.**

12.1.2 Buchung von Bestandsveränderungen[1]

Beispiel:

I. Ausgangssituation:

In einem Industriebetrieb werden Kühlschränke einer bestimmten Art und Qualität hergestellt. Die Herstellungskosten eines Kühlschrankes betragen 1700,00 EUR. Davon entfallen 700,00 EUR auf Werkstoffkosten (500,00 EUR Rohstoffe, 200,00 EUR Hilfsstoffe) und 1000,00 EUR auf Fertigungslöhne. Der Nettoverkaufspreis eines Kühlschrankes beträgt 2000,00 EUR.

II. Anfangsbestände:

2800 Bank 175000,00 EUR, 3000 Eigenkapital 175000,00 EUR.

1 Moderne ERP-Softwaresysteme sind in der Lage, nach Abschluss des Produktionsprozesses bzw. beim Verkauf von Erzeugnissen automatisch auch die Bestandsveränderungen zu erfassen. Eine Buchung von Bestandsminderungen am Ende der Geschäftsperiode ist dann nur in Ausnahmefällen, z.B. Einstandspreisänderungen oder bei Inventurdifferenzen, notwendig.

(1) Fall 1: Keine Bestandsveränderung (die Menge der hergestellten und verkauften Erzeugnisse ist gleich)

Hinweis:

Um einen besseren Zugang in die schwierigen Gedankengänge bei Bestandsveränderungen an fertigen Erzeugnissen zu finden, gehen wir im ersten Fall von der unrealistischen Annahme aus, dass die innerhalb der Geschäftsperiode hergestellte und verkaufte Menge übereinstimmt. Erst danach wird als zweiter Fall eine Bestandsmehrung und als dritter Fall eine Bestandsminderung behandelt.

1. Beispiel (Fortführung der Ausgangssituation von S. 135):

III. Geschäftsvorfälle:

Innerhalb der Geschäftsperiode werden 100 Kühlschränke hergestellt, die auch in der gleichen Geschäftsperiode verkauft werden. Das führt zu folgenden Geschäftsvorfällen mit den entsprechenden Buchungssätzen:

Nr.	Geschäftsvorfälle	Konten	Soll	Haben
1.	Kauf von Rohstoffen 50 000,00 EUR zuzügl. 19 % USt gegen Bankscheck.	6000 Aufw. f. Rohstoffe 2600 Vorsteuer an 2800 Bank	50 000,00 9 500,00	 59 500,00
2.	Kauf von Hilfsstoffen 20 000,00 EUR zuzügl. 19 % USt gegen Bankscheck.	6020 Aufw. f. Hilfsstoffe 2600 Vorsteuer an 2800 Bank	20 000,00 3 800,00	 23 800,00
3.	Banküberweisung für Fertigungslöhne 100 000,00 EUR.	6200 Löhne an 2800 Bank	100 000,00	 100 000,00
4.	Verkauf der 100 hergestellten Kühlschränke zum Stückpreis von netto 2 000,00 EUR gegen Bankscheck: Nettowert 200 000,00 EUR + 19 % USt 38 000,00 EUR Bruttowert 238 000,00 EUR	2800 Bank an 5000 UE f. eig. Erz. an 4800 Umsatzsteuer	238 000,00	 200 000,00 38 000,00

IV. Abschlussangaben:

1. Lt. Inventur ist kein Schlussbestand an Fertigerzeugnissen vorhanden.
2. Die Umsatzsteuer ist zu passivieren.

V. Aufgaben:

1. Richten Sie die erforderlichen Konten ein und tragen Sie die angegebenen Anfangsbestände darauf vor!
2. Buchen Sie die vier Geschäftsvorfälle auf den entsprechenden Konten!
3. Richten Sie die beiden Abschlusskonten ein und schließen Sie die Konten ab!
4. Geben Sie das buchhalterische Ergebnis der Geschäftsperiode an und bestätigen Sie die Richtigkeit des Ergebnisses durch eine Berechnung außerhalb der Buchführung!

Lösungen:

Zu 1. bis 3.: Buchung auf den Konten

S	2600 Vorsteuer		H
2800	9 500,00	4800	13 300,00
2800	3 800,00		
	13 300,00		13 300,00

S	2800 Bank		H
8000	175 000,00	6000/2600	59 500,00
5000/4800	238 000,00	6020/2600	23 800,00
		6200	100 000,00
		8010	229 700,00
	413 000,00		413 000,00

S	3000 Eigenkapital		H
8010	205 000,00	8000	175 000,00
		8020	30 000,00
	205 000,00		205 000,00

S	4800 Umsatzsteuer		H
2600	13 300,00	2800	38 000,00
8010	24 700,00		
	38 000,00		38 000,00

S	6000 Aufw. f. Rohstoffe		H
2800	50 000,00	8020	50 000,00

S	6020 Aufw. f. Hilfsstoffe		H
2800	20 000,00	8020	20 000,00

S	6200 Löhne		H
2800	100 000,00	8020	100 000,00

S	5000 UE f. eig. Erz.		H
8020	200 000,00	2800	200 000,00

S	8010 SBK		H
2800	229 700,00	3000	205 000,00
		4800	24 700,00
	229 700,00		229 700,00

S	8020 GuV		H
6000	50 000,00	5000	200 000,00
6020	20 000,00		
6200	100 000,00		
3000	30 000,00		
	200 000,00		200 000,00

Zu 4.: Berechnung des Gesamtgewinns

Auf dem GuV-Konto wird ein Ergebnis (Gewinn) von 30 000,00 EUR ausgewiesen. Das wird durch folgende Berechnung außerhalb der Buchführung bestätigt:

	Verkaufserlös je Stück	2 000,00 EUR
–	Herstellungskosten je Stück	1 700,00 EUR
	Stückgewinn:	300,00 EUR
	Gesamtgewinn: 300 · 100 =	30 000,00 EUR

(2) Fall 2: Bestandsmehrungen

Beispiel:

III. 2. Sachverhalt (Fortführung der Ausgangssituation von S. 135):

Unter den gleichen Bedingungen werden innerhalb der Geschäftsperiode wiederum 100 Kühlschränke hergestellt, aber nur 60 Stück verkauft. Ein Anfangsbestand an Kühlschränken war nicht vorhanden. Daher ergeben sich folgende Geschäftsvorfälle mit den entsprechenden Buchungssätzen:

Nr.	Geschäftsvorfälle	Konten	Soll	Haben
1.	Kauf von Rohstoffen 50 000,00 EUR zzgl. 19 % USt gegen Bankscheck.	6000 Aufw. für Rohstoffe 2600 Vorsteuer an 2800 Bank	50 000,00 9 500,00	 59 500,00
2.	Kauf von Hilfsstoffen 20 000,00 EUR zzgl. 19 % USt gegen Bankscheck.	6020 Aufw. für Hilfsstoffe 2600 Vorsteuer an 2800 Bank	20 000,00 3 800,00	 23 800,00
3.	Banküberweisung für Fertigungslöhne 100 000,00 EUR.	6200 Löhne an 2800 Bank	100 000,00	 100 000,00

Nr.	Geschäftsvorfälle	Konten	Soll	Haben
4.	Verkauf der 60 hergestellten Kühlschränke zum Stückpreis von netto 2000,00 EUR gegen Bankscheck: Nettowert 120000,00 EUR + 19 % USt 22800,00 EUR Bruttowert 142800,00 EUR	2800 Bank an 5000 UE f. eig. Erz. an 4800 Umsatzsteuer	142800,00	 120000,00 22800,00

IV. Abschlussangaben:

1. Der Schlussbestand an Fertigerzeugnissen beträgt lt. Inventur 40 Stück zu Herstellungskosten von 1700,00 EUR je Stück = 68000,00 EUR.
2. Die Umsatzsteuer ist zu passivieren!

V. Aufgaben:

1. Richten Sie die erforderlichen Konten ein und tragen Sie die angegebenen Anfangsbestände darauf vor!
2. Buchen Sie die vier Geschäftsvorfälle auf den entsprechenden Konten!
3. Richten Sie die beiden Abschlusskonten ein und schließen Sie die Konten ab!
4. Bilden Sie zu den drei Schritten zur Erfassung der Bestandsmehrung die erforderlichen Buchungssätze!
5. Bestätigen Sie das buchhalterische Ergebnis durch eine Berechnung außerhalb der Buchführung!

Lösungen:

Zu 1. bis 3.: Buchung auf den Konten

S	2600 Vorsteuer		H
2800	9500,00	4800	13300,00
2800	3800,00		
	13300,00		13300,00

S	2800 Bank		H
8000	175000,00	6000/2600	59500,00
5000/4800	142800,00	6020/2600	23800,00
		6200	100000,00
		8010	134500,00
	317800,00		317800,00

S	3000 Eigenkapital		H
8010	193000,00	8000	175000,00
		8020	18000,00
	193000,00		193000,00

S	4800 Umsatzsteuer		H
2600	13300,00	2800	22800,00
8010	9500,00		
	22800,00		22800,00

S	6000 Aufw. f. Rohstoffe		H
2800	50000,00	8020	50000,00

S	6020 Aufw. f. Hilfsstoffe		H
2800	20000,00	8020	20000,00

S	6200 Löhne		H
2800	100000,00	8020	100000,00

S	5000 UE f. eig. Erz.		H
8020	120000,00	2800	120000,00

4.2

S	2200 Fert. Erzeugnisse		H
5202	68000,00	8010	68000,00

S	5202 Best.-Veränd. a. f. Erz.		H
8020	68000,00	2200	68000,00

4.1

S	8010 SBK		H
2200	68000,00	3000	193000,00
2800	134500,00	4800	9500,00
	202500,00		202500,00

4.3

S	8020 GuV		H
6000	50000,00	5000	120000,00
6020	20000,00	5202	68000,00
6200	100000,00		
3000	18000,00		
	188000,00		188000,00

Zu 4.: Buchungssätze

Nr.	Geschäftsvorfälle	Konten	Soll	Haben
4.1	Buchung des Schlussbestandes der 40 Kühlschränke zu den Herstellungskosten in Höhe von 1700,00 EUR je Stück = 68000,00 EUR.	8010 SBK an 2200 Fertige Erzeugnisse	68000,00	 68000,00
4.2	Umbuchung der Bestandsmehrung auf das Bestandsveränderungskonto 68000,00 EUR.	2200 Fertige Erzeugnisse an 5202 B.-Veränd. a. f. Erz.	68000,00	 68000,00
4.3	Abschluss des Kontos 5202 über das GuV-Konto.	5202 B.-Veränd. a. f. Erz. an 8020 GuV	68000,00	 68000,00

Zu 5.: Bestätigung des buchhalterischen Ergebnisses durch folgende Berechnung

	Verkaufserlöse	60 Stück zu je	2 000,00 EUR =	120000,00 EUR
+	Bestandsmehrung	40 Stück zu je	1 700,00 EUR =	68000,00 EUR
	Leistungen des Betriebes			188000,00 EUR
–	Kosten für 100 Stück zu je 1 700,00 EUR			170000,00 EUR
	Gewinn			18000,00 EUR

Erläuterungen zur Buchung des Falles der Bestandsmehrung:

Da 100 Kühlschränke hergestellt wurden, aber nur 60 Stück verkauft werden konnten, verbleiben 40 Kühlschränke als Lagerbestand. Es leuchtet ein, dass den Verkaufserlösen von 60 Stück (60 · 2000,00 EUR = 120000,00 EUR) nicht die Herstellungskosten für 100 Stück (100 · 1700,00 EUR = 170000,00 EUR) gegenübergestellt werden können. Dabei würde sich ein Verlust von 50000,00 EUR ergeben. Bei einem Stückgewinn von 300,00 EUR und einer Verkaufsmenge von 60 Stück muss sich aber ein Gewinn von 18000,00 EUR ergeben. Dieser Gewinn muss sich auch in der Buchführung als Saldo auf dem Gewinn- und Verlustkonto darstellen.

Da am Anfang keine fertigen Erzeugnisse vorhanden waren, am Ende der Geschäftsperiode jedoch 40 Kühlschränke im Lager verbleiben, bedeutet das eine Bestandsmehrung von 40 Kühlschränken. Die Herstellungskosten hierfür betragen: 40 · 1700,00 EUR = 68000,00 EUR. Um diesen Wert der Bestandsmehrung müssen wir daher die Ertragsseite (Verkaufserlöse) erhöhen.

Die **Summe aus Verkaufserlösen und dem Wert der Bestandsmehrung** wird auch als **Leistung** des Betriebes bezeichnet. Dieser Leistung des Betriebes sind die durch die Produktion innerhalb der Geschäftsperiode entstandenen **Aufwendungen (Kosten)** gegenüberzustellen. Auf beiden Seiten liegen dann gleiche Mengen zugrunde. Auf der Ertragsseite haben wir die Verkaufserlöse von 60 Kühlschränken und die Herstellungskosten von 40 Kühlschränken. Auf der Aufwandsseite haben wir die Aufwendungen von 100 Kühlschränken.

- Da am Ende der Geschäftsperiode unverkaufte Fertigfabrikate vorhanden sind, muss das Bestandskonto **2200 Fertige Erzeugnisse** eingerichtet werden.
- Das Aktivkonto 2200 Fertige Erzeugnisse wird über das **Schlussbilanzkonto** abgeschlossen.
- Die **Mengen der Erzeugnisse** auf der Aufwands- und Ertragsseite innerhalb einer Geschäftsperiode **müssen sich entsprechen.**
- Ist der Wert des **Schlussbestandes** an Erzeugnissen **höher** als der **Anfangsbestand** an Erzeugnissen, liegt eine **Bestandsmehrung** vor.

- Bei der Bestandsmehrung ist die **Herstellmenge** in einer Rechnungsperiode **größer als** die **Absatzmenge.**
- Für die Bestandsmehrung benötigen wir ein Erfolgskonto, das diesen Wert aufnimmt. Dieses Konto finden wir in der Kontenklasse 5 unter der Bezeichnung **5202 Bestandsveränderungen an fertigen Erzeugnissen.**
- Die **Bestandsmehrung**, die sich als Saldo auf dem Bestandskonto 2200 ergibt, ist daher auf das Ertragskonto 5202 umzubuchen und „wandert" von dort auf die **Habenseite des Gewinn- und Verlustkontos.**
- **Bestandsmehrungen** werden rechnerisch zu den **Erlösen** für die in der Rechnungsperiode verkauften Erzeugnisse **hinzuaddiert.**

Soll — 8020 GuV-Konto	Haben
Aufwendungen für die hergestellten Erzeugnisse der Rechnungsperiode	Erlöse für die verkauften Erzeugnisse der Rechnungsperiode + Bestandsmehrung (Wert der in der Rechnungsperiode hergestellten, aber noch nicht verkauften Erzeugnisse zu Herstellkosten)

Übungsaufgabe

59 **I. Anfangsbestände:**

2200 Fertige Erzeugnisse 17 000,00 EUR, 2800 Bank 396 000,00 EUR, 3000 Eigenkapital 362 000,00 EUR, 4800 Umsatzsteuer 51 000,00 EUR.

II. Kontenplan:

2200, 2400, 2600, 2800, 3000, 4800, 5000, 5202, 6000, 6020, 6200, 8010, 8020.

III. Geschäftsvorfälle:

1.	Einkauf von Rohstoffen durch Banküberweisung	135 000,00 EUR	
	+ 19 % Umsatzsteuer	25 650,00 EUR	160 650,00 EUR
2.	Verkauf von fertigen Erzeugnissen auf Ziel	270 000,00 EUR	
	+ 19 % Umsatzsteuer	51 300,00 EUR	321 300,00 EUR
3.	Einkauf von Hilfsstoffen durch Banküberweisung	39 000,00 EUR	
	+ 19 % Umsatzsteuer	7 410,00 EUR	46 410,00 EUR
4.	Banküberweisung für Fertigungslöhne		120 000,00 EUR

IV. Abschlussangaben:

1. Der Schlussbestand an fertigen Erzeugnissen beträgt lt. Inventur 22 500,00 EUR.
2. Die Zahllast ist zu passivieren.

V. Aufgaben:

1. Richten Sie die erforderlichen Konten ein und tragen Sie die Anfangsbestände darauf vor!
2. Bilden Sie zu den Geschäftsvorfällen die Buchungssätze und übertragen Sie die Buchungen auf die Konten des Hauptbuches!
3. Ermitteln Sie durch Abschluss der Konten das Ergebnis der Geschäftsperiode!
4. Bilden Sie für die Erfassung der Bestandsveränderungen an fertigen Erzeugnissen die drei erforderlichen Buchungssätze!

(3) Fall 3: Bestandsminderung

Beispiel:

III. 3. Sachverhalt:

Wir gehen von folgenden Annahmen aus:

Anfangsbestand auf dem Konto 2200 Fertigerzeugnisse	40 Kühlschränke
Wert der Fertigerzeugnisse	68 000,00 EUR
Anfangsbestand auf dem Konto 2800 Bank	175 000,00 EUR
Anfangsbestand auf dem Konto 3000 Eigenkapital	243 000,00 EUR

Innerhalb der Geschäftsperiode werden wiederum 100 Kühlschränke hergestellt, aber 120 Stück verkauft. Dadurch ergeben sich folgende Geschäftsvorfälle mit den entsprechenden Buchungssätzen:

Nr.	Geschäftsvorfälle	Konten	Soll	Haben
1.	Kauf von Rohstoffen 50 000,00 EUR zzgl. 19 % USt gegen Bankscheck.	6000 Aufw. für Rohstoffe 2600 Vorsteuer an 2800 Bank	50 000,00 9 500,00	 59 500,00
2.	Kauf von Hilfsstoffen 20 000,00 EUR zzgl. 19 % USt gegen Bankscheck.	6020 Aufw. für Hilfsstoffe 2600 Vorsteuer an 2800 Bank	20 000,00 3 800,00	 23 800,00
3.	Banküberweisung für Fertigungslöhne 100 000,00 EUR.	6200 Löhne an 2800 Bank	100 000,00	 100 000,00
4.	Verkauf der 120 hergestellten Kühlschränke zum Stückpreis von netto 2 000,00 EUR gegen Bankscheck: Nettowert 240 000,00 EUR + 19 % USt 45 600,00 EUR Bruttowert 285 600,00 EUR	2800 Bank an 5000 UE f. eig. Erz. an 4800 Umsatzsteuer	285 600,00	 240 000,00 45 600,00

IV. Abschlussangaben:

1. Der Schlussbestand an Fertigerzeugnissen beträgt lt. Inventur 20 Stück zu Herstellungskosten von 1 700,00 EUR je Stück = 34 000,00 EUR.
2. Die Zahllast ist zu passivieren!

V. Aufgaben:

1. Richten Sie die erforderlichen Konten ein und tragen Sie die angegebenen Anfangsbestände darauf vor!
2. Buchen Sie die vier Geschäftsvorfälle auf den entsprechenden Konten!
3. Richten Sie die beiden Abschlusskonten ein und schließen Sie die Konten ab!
4. Bilden Sie zu den drei Schritten zur Erfassung der Bestandsminderung die erforderlichen Buchungssätze!
5. Bestätigen Sie das buchhalterische Ergebnis durch eine Berechnung außerhalb der Buchführung!

Lösungen:

Zu 1. bis 3.: Buchung auf den Konten

S — 2600 Vorsteuer — H

S		H	
2800	9 500,00	4800	13 300,00
2800	3 800,00		
	13 300,00		13 300,00

S — 3000 Eigenkapital — H

S		H	
8010	279 000,00	8000	243 000,00
		8020	36 000,00
	279 000,00		279 000,00

S — 6000 Aufw. f. Rohstoffe — H

S		H	
2800	50 000,00	8020	50 000,00

S — 6020 Aufw. f. Hilfsstoffe — H

S		H	
2800	20 000,00	8020	20 000,00

S — 2800 Bank — H

S		H	
8000	175 000,00	6000/2600	59 500,00
5000/4800	285 600,00	6020/2600	23 800,00
		6200	100 000,00
		8010	277 300,00
	460 600,00		460 600,00

S — 4800 Umsatzsteuer — H

S		H	
2600	13 300,00	2800	45 600,00
8010	32 300,00		
	45 600,00		45 600,00

S — 6200 Löhne — H

S		H	
2800	100 000,00	8020	100 000,00

S — 5000 UE f. eig. Erz. — H

S		H	
8020	240 000,00	2800	240 000,00

S — 2200 Fert. Erzeugnisse — H

S		H	
8000	68 000,00	8010	34 000,00
		5202	34 000,00
	68 000,00		68 000,00

S — 5202 Best.-Veränd. a. f. Erz. — H

S		H	
2200	34 000,00	8020	34 000,00

4.2

4.1

S — 8010 SBK — H

S		H	
2200	34 000,00	3000	279 000,00
2800	277 300,00	4800	32 300,00
	311 300,00		311 300,00

4.3

S — 8020 GuV — H

S		H	
6000	50 000,00	5000	240 000,00
6020	20 000,00		
6200	100 000,00		
5202	34 000,00		
3000	36 000,00		
	240 000,00		240 000,00

Zu 4.: Buchungssätze

Nr.	Geschäftsvorfälle	Konten	Soll	Haben
4.1	Buchung des Schlussbestandes der noch vorhandenen Kühlschränke: 20 zu je 1 700,00 EUR = 34 000,00 EUR.	8010 SBK an 2200 Fertige Erzeugnisse	34 000,00	34 000,00
4.2	Umbuchung der Bestandsminderung von 34 000,00 EUR vom Konto 2200 auf das Konto 5202.	5202 B.-Veränd. a. f. Erz. an 2200 Fertige Erzeugnisse	34 000,00	34 000,00
4.3	Abschluss des Kontos 5202 über das GuV-Konto.	8020 GuV an 5202 B.-Veränd. a. f. Erz.	34 000,00	34 000,00

Zu 5.: Bestätigung des buchhalterischen Ergebnisses durch folgende Berechnung

Verkaufserlöse	120 Stück zu je	2000,00 EUR =	240000,00 EUR
– Bestandsminderung	20 Stück zu je	1700,00 EUR =	34000,00 EUR
Leistungen des Betriebes in dieser Geschäftsperiode			206000,00 EUR
– Kosten für 100 Stück zu je 1700,00 EUR			170000,00 EUR
Gewinn			36000,00 EUR

Dieses Ergebnis wird auch durch folgende Überlegung bestätigt:

Bei einem Stückgewinn von 300,00 EUR und einer Verkaufsmenge von 120 Stück muss das zu einem Gewinn von 120 · 300,00 EUR = 36000,00 EUR führen, der sich auch in unserer Buchführung als Saldo auf dem GuV-Konto darstellen muss.

Erläuterungen zur Buchung der Bestandsminderungen:

In diesem Fall wurden in der Geschäftsperiode mehr Kühlschränke verkauft, als in der gleichen Geschäftsperiode hergestellt wurden. Das war nur möglich, weil zu Beginn der Geschäftsperiode noch ein Lagerbestand von 40 Stück vorhanden war.

Da ein sinnvolles Ergebnis nur auf der Grundlage gleicher Mengen auf der Aufwands- und auf der Ertragsseite erzielt werden kann, müssen wir den Erlösen von 120 Stück auch die Aufwendungen von 120 Stück gegenüberstellen, d.h., wir müssen die Herstellkosten der 100 Stück um die Herstellkosten der Bestandsminderung von 20 Stück erhöhen. Dies kann buchhalterisch nur über die Sollseite des GuV-Kontos erfolgen.

- Die **Mengen an Erzeugnissen auf der Aufwands- und auf der Ertragsseite** innerhalb einer Geschäftsperiode **müssen sich entsprechen.**
- Ist der Wert des **Schlussbestandes** an Erzeugnissen **niedriger** als der **Anfangsbestand** an Erzeugnissen, liegt eine **Bestandsminderung** vor.
- Bei der Bestandsminderung ist die **Herstellmenge** in einer Geschäftsperiode (Abrechnungsperiode) **kleiner als** die **Absatzmenge.**
- **Bestandsminderungen** werden rechnerisch zu den Aufwendungen für die hergestellten Erzeugnisse hinzuaddiert und auf der **Sollseite** des **GuV-Kontos** erfasst.

Soll — 8020 GuV-Konto	Haben
Aufwendungen für die hergestellten Erzeugnisse der Rechnungsperiode + Bestandsminderungen (Dadurch werden die Aufwendungen der Rechnungsperiode an die in dieser Zeit erzielten Erlöse angepasst.)	Erlöse für die verkauften Erzeugnisse der Rechnungsperiode

Übungsaufgabe

60 **I. Anfangsbestände:**

2200 Fertige Erzeugnisse 51000,00 EUR, 2800 Bank 155000,00 EUR, 3000 Eigenkapital 206000,00 EUR.

II. Kontenplan:

2200, 2600, 2800, 3000, 4800, 5000, 5202, 6000, 6020, 6200, 8010, 8020.

III. Geschäftsvorfälle:

1. Kauf von Rohstoffen gegen Bankscheck 75000,00 EUR zuzüglich 19 % USt
2. Kauf von Hilfsstoffen gegen Bankscheck 30000,00 EUR zuzüglich 19 % USt
3. Verkauf von fertigen Erzeugnissen gegen Bankscheck 340000,00 EUR zuzüglich 19 % Umsatzsteuer
4. Banküberweisung für Fertigungslöhne 150000,00 EUR

IV. Abschlussangaben:

1. Der Schlussbestand an fertigen Erzeugnissen beträgt lt. Inventur 17000,00 EUR.
2. Die Umsatzsteuer ist zu passivieren!

V. Aufgaben:

1. Richten Sie die erforderlichen Konten ein und tragen Sie die Anfangsbestände darauf vor!
2. Bilden Sie zu den Geschäftsvorfällen die Buchungssätze nach dem verbrauchsorientierten Verfahren und übertragen Sie die Buchungen auf die Konten des Hauptbuches!
3. Ermitteln Sie durch Abschluss der Konten das Ergebnis der Geschäftsperiode!
4. Bilden Sie für die Erfassung der Bestandsveränderungen an fertigen Erzeugnissen die drei erforderlichen Buchungssätze!

12.2 Bestandsveränderungen bei unfertigen Erzeugnissen

Die Herstellung von Gütern verläuft über mehrere Produktionsstufen. Güter, die ihre endgültige Verkaufsreife noch nicht erreicht haben, bezeichnet man als **unfertige Erzeugnisse.** Bestandsveränderungen bei unfertigen Erzeugnissen haben in der Buchführung die gleichen Auswirkungen wie die Bestandsveränderungen an fertigen Erzeugnissen. Das bedeutet, dass **Bestandsmehrungen** auf der **Habenseite des GuV-Kontos** und **Bestandsminderungen** auf der **Sollseite des GuV-Kontos** erscheinen müssen.

Beispiel:

I. Sachverhalt:

Zu Beginn der Geschäftsperiode sind keine Bestände an fertigen und unfertigen Erzeugnissen vorhanden. Innerhalb der Geschäftsperiode wurden unter den uns bekannten Bedingungen 100 Kühlschränke hergestellt, die auch in dieser Geschäftsperiode verkauft wurden.

Des Weiteren nehmen wir an, dass 20 Kühlschränke ihre Endstufe noch nicht erreicht haben und als unfertige Erzeugnisse gelagert werden. Diese unfertigen Erzeugnisse sollen Herstellungsaufwendungen in Höhe von 300,00 EUR an Werkstoffen und 700,00 EUR an Fertigungslöhnen je Stück verursacht haben. Der Schlussbestand an unfertigen Erzeugnissen beträgt damit 20000,00 EUR.

II. Aufgaben:

1. Stellen Sie auf Konten nur dar, wie sich die Bestandserhöhung bei den unfertigen Erzeugnissen in der Buchführung auswirkt!
2. Bilden Sie die Buchungssätze
   2.1 für den Abschluss des Kontos 2100 Unfertige Erzeugnisse,
   2.2 für die Erfassung der Bestandsmehrung an unfertigen Erzeugnissen,
   2.3 für den Abschluss des Kontos 5201 Bestandsveränderungen an unfertigen Erzeugnissen und nicht abgerechneten Leistungen!

Lösungen:

Zu 1.: Buchung auf den Konten

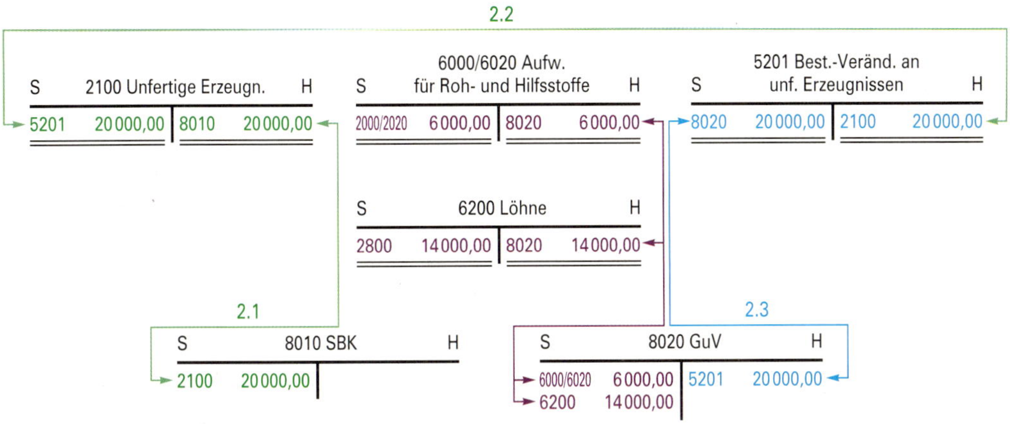

Zu 2.: Buchungssätze

Nr.	Geschäftsvorfälle	Konten	Soll	Haben
2.1	Erfassung des Schlussbestandes der unfertigen Erzeugnisse mit den Herstellungsaufwendungen in Höhe von 20000,00 EUR.	8010 SBK an 2100 Unfertige Erzeugn.	20000,00	20000,00
2.2	Umbuchung der Bestandsmehrung an unfertigen Erzeugnissen von dem Bestandskonto 2100 auf das Ertragskonto 5201.	2100 Unfertige Erzeugnisse an 5201 Be.-Veränd. a. unf. Erz.	20000,00	20000,00
2.3	Abschluss des Kontos 5201.	5201 Be.-Veränd.a.unf.Erz. an 8020 GuV	20000,00	20000,00

Übungsaufgaben

61 Zu Beginn der Geschäftsperiode befinden sich 20 Stück unfertige Erzeugnisse im Wert von 20000,00 EUR auf dem Lager. Am Ende der Geschäftsperiode sind nur noch 5 Stück im Wert von 5000,00 EUR vorhanden.

Aufgaben:

1. Richten Sie die Konten 2100 Unfertige Erzeugnisse, 5201 Bestandsveränderungen an unfertigen Erzeugnissen sowie die Konten 8010 SBK und 8020 GuV ein!

10 Speth u.a. - ISBN 978-3-8120-0497-8

2. Tragen Sie den Anfangsbestand an unfertigen Erzeugnissen auf dem Konto 2100 vor!
3. Stellen Sie die Auswirkungen der Bestandsminderung auf den Konten dar und bilden Sie dazu die entsprechenden Buchungssätze:
   3.1 für den Abschluss des Kontos 2100 Unfertige Erzeugnisse,
   3.2 für die Erfassung der Bestandsminderung an unfertigen Erzeugnissen,
   3.3 für den Abschluss des Kontos 5201 Bestandsveränderungen an unfertigen Erzeugnissen!
4. Bestände an fertigen Erzeugnissen:
   Anfangsbestand: 125 350,00 EUR; Schlussbestand: 150 000,00 EUR

   Aufgaben:

   4.1 Richten Sie die Konten 2200 Fertige Erzeugnisse, 5202 Bestandsveränderungen an fertigen Erzeugnissen, 8010 SBK und 8020 GuV ein!
   4.2 Tragen Sie den Anfangsbestand an fertigen Erzeugnissen auf dem entsprechenden Konto vor!
   4.3 Buchen Sie den Schlussbestand an fertigen Erzeugnissen sowie die Bestandsveränderungen!
   4.4 Schließen Sie das Konto 5202 Bestandsveränderungen an fert. Erzeugnissen ab!

62

	Anfangsbestände	Schlussbestände
2100 Unfertige Erzeugnisse	75 710,00 EUR	80 430,00 EUR
2200 Fertige Erzeugnisse	57 500,00 EUR	66 840,00 EUR

Die Aufwendungen betragen insgesamt: 521 300,00 EUR
Die Erträge betragen insgesamt: 804 890,00 EUR

Aufgaben:

1. Richten Sie folgende Konten ein:
   2100 Unfert. Erzeugnisse, 2200 Fert. Erzeugnisse, 5201 Bestandsveränd. an unfert. Erzeugnissen, 5202 Bestandsveränd. an fert. Erzeugnissen, 8010 SBK und 8020 GuV.
2. Tragen Sie die Summe der Aufwendungen und Erträge auf dem GuV-Konto ein!
3. Ermitteln Sie unter Einbeziehung der Bestandsveränderungen buchhalterisch den Erfolg des Industrieunternehmens!
4. Erklären Sie, wie die Bestandsveränderungen in die Erfolgsermittlung einbezogen werden müssen!
5. Begründen Sie, warum ein Mehrbestand an Erzeugnissen über die Habenseite und ein Minderbestand an Erzeugnissen über die Sollseite des GuV-Kontos abzuschließen ist!
6. Stellen Sie dar, worin die Gesamtleistung eines Industriebetriebs besteht!

63

	fertige Erzeugnisse	unfertige Erzeugnisse
1. Eröffnungsbestände	437 200,00 EUR	56 950,00 EUR
Schlussbestände	372 700,00 EUR	83 320,00 EUR
2. Eröffnungsbestände	201 500,00 EUR	196 510,00 EUR
Schlussbestände	241 100,00 EUR	127 790,00 EUR

Aufgabe:

Bilden Sie für beide Fälle die Buchungssätze für die Bestandsveränderungen bei den fertigen Erzeugnissen und den unfertigen Erzeugnissen!

13 Buchung besonderer Geschäftsvorfälle

13.1 Zugänge von Anlagegütern einschließlich Anschaffungsnebenkosten

Zum Anlagevermögen zählen die Vermögensposten, die dem Unternehmen langfristig dienen. Sie werden nur allmählich verbraucht (z B. Gebäude, Büromaschinen, Fuhrpark). Beim Erwerb werden die Güter des Anlagevermögens mit ihren **Anschaffungskosten** erfasst.

Die **Berechnung der Anschaffungskosten** erfolgt somit nach folgendem Schema:

Anschaffungspreis:	Nettopreis ohne Umsatzsteuer
– Anschaffungspreisminderungen:	z. B. Rabatte, Skonti, Boni, sonstige Nachlässe.
+ Anschaffungsnebenkosten:	Typische Beispiele sind: Transport-, Umbau-, Montagekosten, Aufwendungen für Provisionen, Notariats-, Gerichts- und Registerkosten.
= Anschaffungskosten	

Anmerkung:

Finanzierungskosten (z. B. Kreditzinsen, Diskont, Gebühren) gehören **nicht** zu den Anschaffungskosten.

Beispiel:

Kauf von Lagerregalen gegen Rechnungsstellung. Nettopreis: 19730,00 EUR zuzüglich 19 % USt. Die gesondert in Rechnung gestellten Transportkosten in Höhe von 1230,00 EUR zuzüglich 19 % USt wurden sofort bar bezahlt.

Die Rechnung für die Regale wird später durch Banküberweisung unter Abzug von 3 % Skonto beglichen.

Aufgaben:

1. Berechnen Sie die Anschaffungskosten!
2. Buchen Sie die Geschäftsvorfälle auf Konten!
3. Bilden Sie die Buchungssätze:
   3.1 Bei der Anschaffung der Lagerregale,
   3.2 bei der Zahlung:
      3.2.1 der Eingangsrechnung für die Transportkosten bar,
      3.2.2 der Eingangsrechnung für die Lagerregale durch Banküberweisung!

Lösungen:

Zu 1.: Berechnung der Anschaffungskosten

Anschaffungspreis	19730,00 EUR
– 3 % Skonto	591,90 EUR
	19138,10 EUR
+ Transportkosten	1230,00 EUR
Anschaffungskosten	20368,10 EUR

Zu 2.: Buchung auf Konten

S	0830 Lager- und Transporteinricht.		H
4400	19 730,00	4400	591,90
2880	1 230,00		

S	2600 Vorsteuer		H
4400	3 748,70	4400	112,46
2880	233,70		

S	2800 Bank		H
AB	40 000,00	4400	22 774,34

S	2880 Kasse		H
AB	4 780,00	0830/2600	1 463,70

S	4400 Verb. a. Lief. u. Leist.		H
0830/2600	23 478,70	0830/2600	23 478,70
2800			

Erläuterungen zu den Zahlengrundlagen für die Buchung:

Bei der Anschaffung:

Anschaffungskosten	19 730,00 EUR
+ 19 % USt	3 748,70 EUR
Verbindlichkeiten	23 478,70 EUR

Aufteilung des Skontobetrages:

119 % ≙ 704,36 EUR
19 % ≙ x EUR

$$x = \frac{704{,}36 \cdot 19}{119} = 112{,}46 \text{ EUR}$$

Berechnung des Zahlungsbetrages:

Rechnungsbetrag	23 478,70 EUR
– 3 % Skonto	704,36 EUR
Banküberweisung	22 774,34 EUR

Skontobetrag brutto	704,36 EUR
– Vorsteuerkorrektur	112,46 EUR
Skontobetrag netto	591,90 EUR

Zu 3.: Buchungssätze

Nr.	Geschäftsvorfälle	Konten	Soll	Haben
3.1	Buchung bei der Anschaffung der Lagerregale	0830 L.- u. Transporteinr. 2600 Vorsteuer an 4400 Verb. a. L. u. L.	19 730,00 3 748,70	 23 478,70
3.2.1	Buchung der Barzahlung der Transportkosten	0830 L.- u. Transporteinr. 2600 Vorsteuer an 2880 Kasse	1 230,00 233,70	 1 463,70
3.2.2	Buchung bei der Zahlung der Rechnung der Trans AG unter Abzug von 3 % Skonto durch Banküberweisung	4400 Verb. a. L. u. L. an 0830 L.- u. Transporteinr. an 2600 Vorsteuer an 2800 Bank	23 478,70	 591,90 112,46 22 774,34

- Beim Erwerb werden Anlagegüter mit den Anschaffungskosten bewertet.
- Anschaffungskosten = Listeneinkaufspreis + Nebenkosten – Nachlässe
- Spätere Nachlässe werden unmittelbar auf dem entsprechenden Anlagekonto gebucht.
- Spätere Nachlässe machen eine Korrektur der Vorsteuer erforderlich.
- Finanzierungskosten und Folgekosten gehören nicht zu den Anschaffungskosten.
- Gebühren einer Behörde unterliegen nicht der Umsatzsteuer.

Übungsaufgabe

Hinweis: Berechnen Sie vor der Buchung jeweils die Anschaffungskosten!

64 Bilden Sie zu den folgenden Vorgängen die Buchungssätze!

1. 1.1 Wir kaufen für unsere Büroräume Möbel im Werte von 14500,00 EUR zuzüglich 19 % USt. Der Lieferer räumt uns 10 % Rabatt ein.

   1.2 Die Begleichung der Rechnung erfolgt durch Banküberweisung unter Abzug von 2 % Skonto.

2. 2.1 Wir kaufen eine kleine Verpackungsmaschine zum Nettopreis von 1800,00 EUR zuzüglich 19 % USt. Die Transportkosten betragen 85,00 EUR zuzüglich 19 % USt. Nach einer Überprüfung der Anlage wird noch ein Zusatzgerät im Wert von 480,00 EUR zuzüglich 19 % USt hinzugekauft.

   2.2 Die Zahlung erfolgt in Höhe von 1200,00 EUR bar, über den Restbetrag erfolgt eine Banküberweisung.

3.

Automatenbau ✧ Franz Best OHG ✧

Franz Best OHG, Heidacker 20, 22523 Hamburg

Farbenfabrik
Beate Bunt GmbH
Liebigstraße 15
49074 Osnabrück

Auftragsbestätigung und Rechnung Nr. 1443

Lieferdatum: 10.05.20..
Rechnungsdatum: 14.05.20..

Sie kauften nach unseren Lieferungsbedingungen		
1 Kassensystem ML 120		15850,00 EUR
– 5 % Sonderrabatt		792,50 EUR
		15057,50 EUR
+ Fracht		675,00 EUR
+ Montage		520,00 EUR
		16252,50 EUR
+ 19 % USt		3087,98 EUR
		19340,48 EUR
– Anzahlung 01.04.	5000,00 EUR	
+ 19% USt	950,00 EUR	5950,00 EUR
Zahlung unter Abzug von 3 % Skonto bis 28. Mai 20..		13390,48 EUR

Sitz der Gesellschaft: Hamburg Registergericht Hamburg, HRA 545 Steuer-Nr.: 25954/82653

Bilden Sie die Buchungssätze

3.1 für die nebenstehende Rechnung vom 14.05. aus Sicht der Beate Bunt GmbH!

3.2 für die Zahlung der Rechnung am 28. Mai durch Banküberweisung unter Abzug von 3 % Skonto!

4. Kauf einer Abfüllanlage zu folgenden Bedingungen: Listeneinkaufspreis 100000,00 EUR, abzüglich 3 % Rabatt. Verpackungskosten 910,00 EUR, Fracht 1080,00 EUR, Fundamentierungskosten 2000,00 EUR, Aufwendungen für eine Sicherheitsprüfung 150,00 EUR jeweils zuzüglich 19 % Umsatzsteuer.

5. 5.1 Sie sind Mitarbeiter der Plastikwerke Paulußen GmbH und erhalten folgende Eingangsrechnung.

Maschinenfabrik Weingarten AG

Maschinenfabrik Weingarten AG · Industriestr. 1–20 · 88250 Weingarten

Plastikwerke Paulußen GmbH
Zum Erlenholz
07629 Hermsdorf

Lieferdatum: 16. Mai 20..
Rechnungsdatum: 20. Mai 20..

Rechnung Nr. 197/4

Menge	Bezeichnung	Gesamtpreis in EUR
1	Verpackungsautomat MS 100	3140,00
5	Zubehörteile	420,00
	Transportverpackung und Transportkosten	240,00
	4 Stunden Montagearbeiten	320,00
		4120,00
	+ 19% USt	782,80
		4902,80

Zahlungsbedingungen: 2% Skonto innerhalb 14 Tagen, 30 Tage Ziel

Sitz der Gesellschaft: Weingarten; Registergericht: Weingarten; HRB 99
Steuer-Nr.: 91510/71720

5.2 Die Zahlung am 23. Mai erfolgt unter Abzug von 2% Skonto durch Banküberweisung!

6. 6.1 Wir kaufen einen Geschäftswagen zum Listeneinkaufspreis von 28500,00 EUR zuzüglich 19% USt. Die Überführungskosten in Höhe von 680,00 EUR zuzüglich 19% USt sowie die Zulassungsgebühren in Höhe von 38,00 EUR werden bar bezahlt.

6.2 Die Zahlung der Eingangsrechnung erfolgt durch Bankscheck abzüglich $2\,^1/_2$% Skonto.

6.3 Der Pkw weist Lackschäden auf. Aufgrund unserer Reklamation erhalten wir vom Lieferer in Form einer Gutschrift einen Nachlass von 714,00 EUR (einschließlich 19% USt).

7. Zum Ausbau unseres Werkgeländes kaufen wir ein 4500 m^2 großes Grundstück zum Preis von 20,00 EUR je m^2. An Nebenkosten fallen an: Grunderwerbsteuer 3,5%, Notariatskosten 6420,00 EUR zuzüglich 19% USt, Zeitungsinserat 840,00 EUR zuzüglich 19% USt, Maklergebühren 5200,00 EUR zuzüglich 19% USt und Erschließungs- und Anliegerkosten 15,00 EUR je m^2.

Alle Zahlungen erfolgen durch Banküberweisung.

13.2 Personalentgelt

13.2.1 Rechtsrahmen des Arbeitsverhältnisses

13.2.1.1 Arbeitsvertrag

(1) Begriff des Arbeitsvertrags

Ein **Arbeitsvertrag** liegt vor, wenn Arbeitnehmer in einem **Unternehmen angestellt** sind, um nach **Weisungen des Arbeitgebers** Leistungen zu erbringen.

Die Besonderheit des Arbeitsvertrags besteht darin, dass ein Arbeitnehmer **abhängige** Arbeit zu verrichten hat. Der Arbeitsvertrag ist eine Sonderform des Dienstvertrags [§ 611 ff. BGB].[1] Für den Abschluss eines **Einzelarbeitsvertrags (Individualarbeitsvertrag)**[2] gibt es **keine gesetzliche Formvorschrift.**

§ 2 Nachweisgesetz [NachwG] bestimmt jedoch, dass der Arbeitgeber **spätestens einen Monat** nach dem vereinbarten Beginn des Arbeitsverhältnisses die **wesentlichen Vertragsbedingungen** schriftlich (nicht nur elektronisch) niederzulegen, die Niederschrift zu unterzeichnen und dem Arbeitgeber auszuhändigen hat.

Der Arbeitsvertrag kann geschlossen werden als

unbefristeter Arbeitsvertrag	befristeter Arbeitsvertrag
Er wird beendet durch ■ Kündigung von einem der beiden Vertragspartner. ■ vertragliche Vereinbarung zur Beendigung des Arbeitsvertrags (Aufhebungsvertrag).	Er wird beendet durch ■ das Erreichen eines kalendermäßig festgelegten Datums, z. B. „bis 31. 12. 20..“ ■ die Beendigung des im Arbeitsvertrag genannten Zwecks, z. B. „mit Projektende“.

(2) Inhalt von Arbeitsverträgen

Arbeitgeber und Arbeitnehmer sind grundsätzlich frei in ihrer inhaltlichen Ausgestaltung des Arbeitsvertrags. Wesentliche Inhalte des Arbeitsvertrags können sein:

Vertragsinhalte	Erläuterungen
Vertragsparteien	■ Arbeitgeber: Firma, Rechtsform und Sitz des Unternehmens. ■ Arbeitnehmer: Vor- und Zuname, Anschrift.
Vertragsbeginn	Genaues Datum für Beginn des Arbeitsverhältnisses.
Probezeit	Für Angestellte beträgt sie drei bis sechs Monate, für gewerbliche Arbeitnehmer gewöhnlich vier Wochen.
Tätigkeits-bezeichnung/ -beschreibung	Möglichst genaue Bezeichnung, z. B. Werkzeugmechaniker. Schlecht sind vage Bezeichnungen wie z. B. Kaufmann oder Mitarbeiter. Möglichst genaue und vollständige Wiedergabe aller Tätigkeiten (lt. Stellenbeschreibung) einschließlich der damit verbundenen Vollmachten.

1 Beim **Dienstvertrag** verpflichtet sich ein Vertragspartner zur Leistung der versprochenen Dienste, der andere Vertragspartner zur Zahlung der vereinbarten Vergütung. Es besteht lediglich die Verpflichtung zum „Tätigwerden“, nicht jedoch ein bestimmter Erfolg.

2 Man spricht von Einzelarbeitsvertrag (Individualarbeitsvertrag), weil er einzeln **(individuell)** zwischen einem Arbeitgeber und einem Arbeitnehmer abgeschlossen wird.

Vertragsinhalte	Erläuterungen
Dauer	Notwendig bei befristeten Arbeitsverhältnissen.
Arbeitszeit	■ Die regelmäßige Arbeitszeit ergibt sich aus dem Tarifvertrag, ersatzweise aus dem Arbeitszeitgesetz. ■ Abweichend hiervon kann die Arbeitszeit auch individuell vereinbart werden.
Urlaub	Mindestanspruch lt. Bundesurlaubsgesetz sind 24 Werktage pro Jahr, nach einer Wartezeit von 6 Monaten.
Arbeitsentgelt	Angaben über die Entgeltform (Zeitlohn, Akkordlohn, Gehalt), Höhe, Steigerung, Fälligkeit und Auszahlungsweise. Sozialleistungen wie Beiträge zur Vermögensbildung, Altersversorgung, Geschäftswagen u. Ä. sind ebenfalls festzuhalten.
Arbeitsverhinderung	Hier werden die Folgen einer unverschuldeten Arbeitsverhinderung und die Nachweispflicht bei Erkrankungen geregelt.
Kündigungsfrist	Sie kann frei vereinbart werden, sofern die gesetzlichen Kündigungsfristen [§ 622 BGB] bzw. weitere Vorschriften des Tarifvertrags beachtet werden.

(3) Rechte und Pflichten aus dem Arbeitsvertrag

Pflichten des Arbeitgebers (Rechte des Arbeitnehmers)	Pflichten des Arbeitnehmers (Rechte des Arbeitgebers)
■ **Zahlung der vereinbarten Vergütung.** ■ **Fürsorgepflicht:** Arbeitsbedingungen sind so zu gestalten, dass sie der Gesundheit der Beschäftigten nicht schaden. Der Arbeitnehmer ist zur Sozialversicherung anzumelden, die Beiträge dafür sind einzubehalten und an den Sozialversicherungsträger (z.B AOK) abzuführen. ■ **Informations- und Anhörungspflicht:** Der Arbeitnehmer hat z.B. das Recht, Einsicht in die Personalakte zu nehmen, sich bei ungerechter Behandlung zu beschweren, Verbesserungsvorschläge zu unterbreiten und Auskunft über die Zusammensetzung des Gehalts zu verlangen. ■ **Pflicht zur Ausstellung eines Zeugnisses:** Bei Beendigung des Arbeitsverhältnisses ist ein schriftliches Zeugnis auszustellen. Auf Verlangen des Arbeitnehmers muss ein qualifiziertes Zeugnis erteilt werden. ■ **Pflicht zur Urlaubsgewährung und Zahlung von Urlaubsentgelt:** Der Urlaub beträgt jährlich mindestens 24 Werktage. ■ **Entgeltfortzahlung an gesetzlichen Feiertagen** und im **unverschuldeten Krankheitsfall** bis zu sechs Wochen.	■ **Dienstleistungspflicht:** Die im Arbeitsvertrag übernommenen Arbeitsaufgaben sind ordnungsgemäß durchzuführen. ■ **Pflicht zur Verschwiegenheit.** ■ **Pflicht zur Einhaltung des gesetzlichen Wettbewerbsverbots:** Ohne Einwilligung des Arbeitgebers darf der Arbeitnehmer im Geschäftszweig des Arbeitgebers keine Geschäfte auf eigene oder fremde Rechnung tätigen. ■ **Schadensersatzpflicht:** Für Schäden, die dem Arbeitgeber vorsätzlich oder grob fahrlässig während der Arbeit oder auf dem Arbeitsweg zugefügt werden, haftet der Arbeitnehmer. Bei normaler („mittlerer") Fahrlässigkeit ist der entstandene Schaden zwischen Arbeitgeber und Arbeitnehmer aufzuteilen. Wenn dem Arbeitnehmer nur „leichte Fahrlässigkeit" vorgeworfen werden kann, trägt der Arbeitgeber den Schaden allein. ■ **Haftpflicht:** Bei grob fahrlässig oder vorsätzlich verursachten Schäden. ■ **Pflicht zur unverzüglichen Anzeige der Arbeitsunfähigkeit.** Dauert die Arbeitsunfähigkeit länger als drei Kalendertage, muss ein ärztliches Attest vorgelegt werden.

Beispiel für einen unbefristeten Arbeitsvertrag

Zwischen der Firma *Werkzeugfabrik Franz Klein GmbH, Planckstr. 11–14, 22765 Hamburg* im Folgenden (Firma)
und Frau/Herrn *Doris Walcher* im Folgenden (Arbeitnehmer)

wird nachfolgender – **unbefristeter Arbeitsvertrag** – vereinbart:

§ 1 Beginn des Arbeitsverhältnisses/Tätigkeit

Der Arbeitnehmer wird ab *15. 01. 20..* als *Assistentin des Geschäftsführers im Werk Hamburg, Planckstr. 11–14* eingestellt.

§ 2 Befristung/Beendigung des Arbeitsverhältnisses

Das Arbeitsverhältnis ist unbefristet.

Als Probezeit werden *3 Monate* vereinbart. Während dieser Zeit kann das Arbeitsverhältnis unter Einhaltung einer Frist von zwei Wochen gekündigt werden.

§ 3 Arbeitszeit

Die regelmäßige Arbeitszeit richtet sich nach der betriebsüblichen Zeit. Sie beträgt derzeit *40* Stunden in der Woche ohne die Berücksichtigung von Pausen.

Regelmäßiger Arbeitsbeginn ist um *8:00 Uhr*, Arbeitsende ist um *17:00 Uhr*.

Die Frühstückspause dauert von *10:00 Uhr* bis *10:15 Uhr*, die Mittagspause von *12:30 Uhr* bis *13:15 Uhr*.

Der Arbeitnehmer erklärt sich bereit, im Falle betrieblicher Notwendigkeit bis zu *2* Überstunden pro Woche zu leisten.

§ 4 Vergütung

Der Arbeitnehmer erhält eine monatliche Bruttovergütung von EUR *3 178,00*. Die Vergütung ist jeweils am Monatsende fällig und wird auf das Konto des Arbeitnehmers bei der *Hamburger Volksbank, Konto Nr. 114710, BLZ 201 900 03*, angewiesen.

Etwa angeordnete Überstunden werden mit einem Zuschlag von *20 %* vergütet.

§ 5 Urlaub

Der Arbeitnehmer hat Anspruch auf *24* Werktage Urlaub. Die Lage des Urlaubs ist mit der Firma abzustimmen.

§ 6 Arbeitsverhinderung

Im Falle einer krankheitsbedingten oder aus sonstigen Gründen veranlassten Arbeitsverhinderung hat der Arbeitnehmer die Firma unverzüglich zu informieren. Bei Arbeitsunfähigkeit infolge Erkrankung ist der Firma innerhalb von drei Tagen ab Beginn der Arbeitsunfähigkeit eine ärztliche Bescheinigung über die Dauer der voraussichtlichen Arbeitsunfähigkeit vorzulegen.

§ 7 Verschwiegenheitspflicht

Der Arbeitnehmer wird über alle betrieblichen Angelegenheiten, die ihm im Rahmen oder aus Anlass seiner Tätigkeit in der Firma bekannt geworden sind, auch nach seinem Ausscheiden Stillschweigen bewahren.

§ 8 Nebenbeschäftigung

Während der Dauer der Beschäftigung ist jede entgeltliche oder unentgeltliche Tätigkeit, die die Arbeitsleistung des Arbeitnehmers beeinträchtigen könnte, untersagt. Der Arbeitnehmer verpflichtet sich, vor jeder Aufnahme einer Nebenbeschäftigung die Firma zu informieren.

§ 9 Ausschlussklausel/Zeugnis

Ansprüche aus dem Arbeitsverhältnis müssen von beiden Vertragsteilen spätestens innerhalb eines Monats nach Beendigung schriftlich geltend gemacht werden. Andernfalls sind sie verwirkt.

Bei Beendigung des Arbeitsverhältnisses erhält der Arbeitnehmer ein Zeugnis, aus dem sich Art und Dauer der Beschäftigung sowie, falls gewünscht, eine Beurteilung von Führung und Leistung ergeben.

Hamburg, den 10. Januar 20..	*Hamburg, den 10. Januar 20..*
(Ort, Datum)	(Ort, Datum)
i. A. Mayer	*Doris Walcher*
(Firma)	(Arbeitnehmer)

13.2.1.2 Kündigung

13.2.1.2.1 Begriff Kündigung

Das Arbeitsverhältnis ist normalerweise ein **Dauervertrag,** der mit der **Kündigung** endet [§ 620 II BGB].

- Die **Kündigung** ist eine **einseitige empfangsbedürftige Willenserklärung** des Arbeitgebers oder Arbeitnehmers mit der der Arbeitsvertrag beendet werden soll. Die Kündigung muss **keine Begründung** enthalten
- Die Kündigung muss immer **schriftlich** erfolgen [§ 623 BGB].
- Die Kündigung ist **zugegangen,** wenn sie so in den **Machtbereich des Empfängers gelangt,** dass dieser unter gewöhnlichen Verhältnissen die Möglichkeit zur Kenntnisnahme hat.

13.2.1.2.2 Arten der Kündigung

(1) Gesetzliche Kündigung (ordentliche Kündigung)

Grundkündigungsfrist

Das Arbeitsverhältnis eines Arbeitnehmers kann vom Arbeitgeber und vom Arbeitnehmer mit einer Frist von **vier Wochen** zum **Fünfzehnten** oder zum **Ende eines Kalendermonats** gekündigt werden [§ 622 I BGB].

Verlängerte Kündigungsfristen für die Arbeitgeber

Bei längerer Betriebszugehörigkeit ab dem vollendeten **25. Lebensjahr** gelten für eine **Kündigung** durch den **Arbeitgeber** verlängerte gesetzliche Kündigungsfristen [§ 622 II BGB].[1]

Betriebszugehörigkeit ab dem 25. Lebensjahr	Kündigungsfristen zum Monatsende
ab 2 Jahre	1 Monat
ab 5 Jahre	2 Monate
ab 8 Jahre	3 Monate
ab 10 Jahre	4 Monate
ab 12 Jahre	5 Monate
ab 15 Jahre	6 Monate
ab 20 Jahre	7 Monate

Beispiel:

Die Mühlenbach-AG beschließt eine Reihe von Kündigungen. Den Betroffenen gehen die Kündigungen am 15. April zu:

(1) Carla Monti, 22 Jahre, seit 4 Jahren im Betrieb;

(2) Emil Huber, 30 Jahre, seit 7 Jahren im Betrieb und

(3) Hanna Schmidt, 42 Jahre, seit 20 Jahren im Betrieb.

Aufgabe:

Erläutern Sie, ab welchem Zeitpunkt diese Kündigungen rechtswirksam sind!

1 Der Europäische Gerichtshof (EuGH) hat diese bisher im deutschen Arbeitsrecht geltende Vorschrift, Beschäftigungszeiten vor der Vollendung des 25. Lebensjahres bei der Berechnung der Kündigungsfrist nicht zu berücksichtigen, in seinem Urteil vom 19.01.2010 verworfen (Rechtssache C-555/07). Da diese Regelung jüngere Arbeitnehmer wegen ihres Alters benachteilige und somit gegen das Diskriminierungsverbot verstoße, sind deutsche Gerichte angewiesen, diese Regelungen in laufenden Prozessen vor Arbeitsgerichten nicht mehr anzuwenden. Außerdem muss der Gesetzgeber das deutsche Kündigungsrecht ändern.

Lösung:[1]

(1) Carla Monti: Es gilt die Grundkündigungsfrist. Die Betriebszugehörigkeit wird erst ab dem 25. Lebensjahr berücksichtigt. Die Kündigung wird folglich am 15. Mai rechtswirksam.

(2) Emil Huber: Er ist ab dem 25. Lebensjahr 5 Jahre im Betrieb beschäftigt. Es gilt deshalb eine verlängerte Kündigungsfrist von 2 Monaten zum Monatsende. Die Kündigung ist frühestens zum 30. Juni rechtswirksam.

(3) Hanna Schmidt: Sie ist ab dem 25. Lebensjahr 17 Jahre im Betrieb beschäftigt. Für sie gilt eine Kündigungsfrist von 6 Monaten zum Monatsende. Es kann ihr also frühestens zum 31. Oktober rechtswirksam gekündigt werden.

(2) Vertragliche Kündigung

Die zwischen Mitarbeitern und Arbeitgebern vereinbarten Kündigungsfristen dürfen grundsätzlich **länger,** aber **nicht kürzer** als die gesetzlichen Kündigungsfristen sein.

(3) Fristlose Kündigung (außerordentliche Kündigung)

Das Arbeitsverhältnis kann von jeder Vertragspartei ohne Einhaltung einer Kündigungsfrist gelöst werden, wenn ein wichtiger Grund vorliegt [§ 626 BGB]. Wenn der Betriebsrat nicht vor der Kündigung unterrichtet wird, ist diese **unwirksam.**

Beispiele:

Verstöße gegen die Schweigepflicht; Diebstahl; grobe Beleidigungen; Tätlichkeiten; Mobbing (soziale Isolierung von Kollegen durch üble Nachrede, Missachtung und Unterstellungen); ungerechtfertigte Arbeitsverweigerung.

(4) Abmahnung

Die Arbeitnehmer haben das Recht, **vor einer Kündigung** durch den Arbeitgeber eine **Abmahnung** zu erhalten.

Mit der rechtswirksamen – gesetzlich nicht geregelten – Abmahnung muss ein konkreter Vorfall oder ein bestimmtes Fehlverhalten des Mitarbeiters (z. B. fehlende unverzügliche Krankmeldung, unpünktlicher Arbeitsbeginn) missbilligt und der Mitarbeiter aufgefordert werden, dieses Fehlverhalten künftig zu unterlassen. Weiterhin müssen bei weiteren Verfehlungen der gleichen Art Rechtsfolgen (z. B. die Kündigung des Arbeitsverhältnisses) angedroht werden.

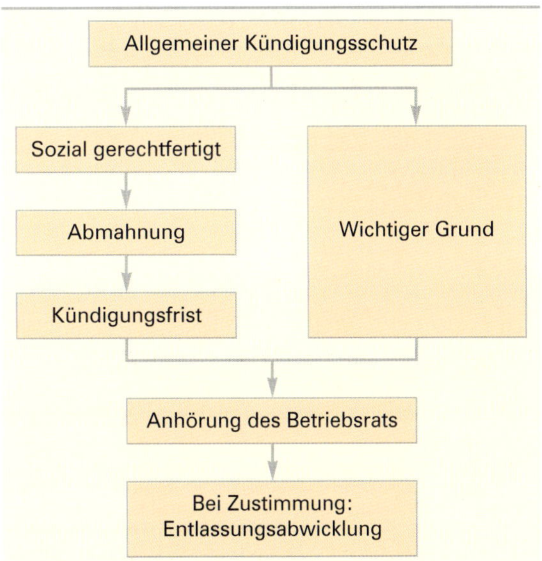

1 Unter Berücksichtigung der Rechtsprechung durch den EuGH ergeben sich folgende Lösungen:
(1) 1 Monat zum Monatsende, also 31. Mai,
(2) unverändert,
(3) 30. November.

Die Abmahnung hat eine Hinweis- und Warnfunktion. Entbehrlich ist eine Abmahnung bei gravierenden Vertragsverletzungen (z.B. Diebstahl, Unterschlagung), die auch ein Grund zu einer fristlosen Kündigung sind. Auf eine Abmahnung kann auch dann verzichtet werden, wenn sie wenig Erfolg versprechend ist. Dies gilt insbesondere dann, wenn erkennbar ist, dass der Mitarbeiter nicht gewillt ist, seinen Arbeitsvertrag zu erfüllen.

13.2.1.2.3 Kündigungsschutz

(1) Allgemeiner Kündigungsschutz

Der allgemeine Kündigungsschutz schützt Arbeitnehmer vor **sozial ungerechtfertigter Kündigung,** wenn das Arbeitsverhältnis im gleichen Unternehmen ohne Unterbrechung länger als sechs Monate bestanden hat und das Unternehmen in der Regel mehr als zehn Arbeitskräfte (Auszubildende nicht mitgerechnet) beschäftigt.

Eine **sozial ungerechtfertigte Kündigung** ist **rechtsunwirksam.** Bei notwendigen Entlassungen müssen z.B. die Dauer der Betriebszugehörigkeit, das Lebensalter und die Unterhaltspflichten der Arbeitnehmer berücksichtigt werden [§ 1 III KSchG].

Beispiel:

Einem einzelnen Mitarbeiter am Fließband in einer Werkzeugfabrik mit 2000 Mitarbeitern wird mit der Begründung gekündigt, es läge Auftragsmangel vor.

Sozial gerechtfertigt ist eine Kündigung z.B. in folgenden Fällen [§ 1 II KSchG]:

Kündigungsgrund	Beispiele
■ Der Kündigungsgrund liegt in der **Person** des Arbeitnehmers.	Eine Buchhalterin ist nicht in der Lage, sich auf ein neues Softwareprogramm umzustellen. – Ein Mitarbeiter leidet unter einer schweren Krankheit, sodass er seine Arbeit auf Dauer nicht mehr ausführen kann.
■ Der Kündigungsgrund liegt im **Verhalten** des Arbeitnehmers.	Ein Mitarbeiter an einer Stanzmaschine macht dauernd überdurchschnittlich viel Ausschuss. – Eine Kassiererin unterschlägt mehrere tausend Euro.
■ Die Kündigung ist durch **dringende betriebliche Erfordernisse** bedingt.	Personalabbau aufgrund von erforderlichen Rationalisierungsmaßnahmen. – Entlassungen aufgrund von nachhaltigem Auftragsmangel.

Der Personalabbau muss sozial gerecht verteilt werden. Die soziale Auswahl der zuerst zu entlassenden Beschäftigten darf z.B. nicht auf die Abteilung beschränkt werden, in der Personal eingespart werden soll.

(2) Besonderer Kündigungsschutz

Einen besonderen Kündigungsschutz genießen:

Auszubildende	Ihnen kann nach Ablauf der Probezeit während der Berufsausbildung nur aus einem wichtigen Grund gekündigt werden.
Betriebsratsmitglieder, Jugend- und Auszubildendenvertreter	Ihre Kündigung ist während ihrer Zugehörigkeit zum Betriebsrat bzw. zur Jugend- und Auszubildendenvertretung in der Regel unzulässig.

Frauen	Während der Schwangerschaft und bis zum Ablauf von vier Monaten nach der Entbindung besteht Kündigungsschutz.
Schwerbehinderte Menschen	Ihnen kann durch den **Arbeitgeber** ohne vorherige Zustimmung des Integrationsamtes nicht gekündigt werden. Die Kündigungsfrist beträgt mindestens vier Wochen.
Arbeitnehmer mit Elternzeit	Der Arbeitgeber darf das Arbeitsverhältnis höchstens 8 Wochen vor Beginn der Elternzeit und während der Elternzeit nicht kündigen.

Zusammenfassung

- Ein **Arbeitsvertrag** ist die rechtliche Grundlage für die Beziehung zwischen einem Arbeitgeber und einem Arbeitnehmer.
- In der Praxis wird der Arbeitsvertrag regelmäßig **schriftlich** abgeschlossen.
- Ein Arbeitsvertrag kann **befristet** oder **unbefristet** abgeschlossen werden.
- Der Inhalt eines Arbeitsvertrags ist an bestehende Gesetze und Tarifverträge gebunden. So sind z. B. bestimmte **Mindestinhalte vorgeschrieben** [§ 2 NachwG].
- Die **Kündigung** eines **Arbeitsvertrags** bedarf zur Rechtswirksamkeit der **Schriftform.** Sie muss zur Gültigkeit dem **Vertragspartner rechtzeitig zugehen.**
- Bei der Kündigung eines Arbeitsverhältnisses unterscheidet man die **gesetzliche** und die **vertragliche Kündigungsfrist.** Liegt ein wichtiger Grund vor, kann die Kündigung auch **fristlos** erfolgen.
- Wer länger als sechs Monate ohne Unterbrechung in einem Betrieb mit regelmäßig mehr als zehn Arbeitnehmern (Auszubildende nicht mitgerechnet) gearbeitet hat, genießt einen **allgemeinen Kündigungsschutz** gegen eine sozial ungerechtfertigte Kündigung.
- Einen **besonderen Kündigungsschutz** genießen z. B. Auszubildende, Betriebsratsmitglieder, Jugend- und Auszubildendenvertreter, werdende Mütter, schwerbehinderte Menschen und Arbeitnehmer während der Elternzeit.

Übungsaufgaben

65

1. Die Industriekauffrau Beate Braun stellt sich beim Personalchef der MicroTex Technologies GmbH vor. Dieser sagt ihr, dass sie am 15. des folgenden Monats ihre Arbeit in der Buchhaltung als Assistentin des Abteilungsleiters beginnen könne. Beate Braun sagt zu. Schriftlich wird nichts vereinbart.

   Aufgabe:

   Prüfen Sie, ob der Arbeitsvertrag rechtswirksam geschlossen ist!

2. Nach Abschluss der Ausbildung wird Leo Steinke als Angestellter der CLEAN-TEC OHG übernommen.

   Aufgaben:

   2.1 Nennen Sie die gesetzlichen Bestimmungen für den Arbeitsvertrag!

   2.2 Zeigen Sie an zwei Beispielen auf, welche Handlungen Leo Steinke danach nicht vornehmen darf!

3. Die Kniebis KG hat seit längerer Zeit ein anhaltendes Absatztief und ist derzeit personell überbesetzt. Sie überlegt Personal abzubauen.

Aufgaben:

Dem Mitarbeiter Albert Schön wurde fristgemäß zum 30. September gekündigt. Albert Schön hält die Kündigung für sozial ungerechtfertigt.

3.1 Erläutern Sie, wann eine Kündigung als sozial ungerechtfertigt bezeichnet wird!

3.2 Recherchieren Sie, an welches Gericht sich Albert Schön wenden kann, wenn die Kündigung vom Arbeitgeber nicht zurückgenommen wird!

4. Dem zwanzigjährigen Kevin Bär, der seit einem Jahr bei der Kniebis KG beschäftigt ist, wird zum 31. Dezember gekündigt. Es ist davon auszugehen, dass die Kündigung sozial gerechtfertigt ist.

4.1 Ermitteln Sie den Tag, an dem der Unternehmer spätestens kündigen muss!

4.2 Erläutern Sie, warum die Kündigung begründet werden muss!

4.3 Stellen Sie dar, was Kevin Bär gegen die Kündigung unternehmen könnte!

4.4 Nennen Sie zwei Gründe für eine fristlose Entlassung eines Mitarbeiters!

4.5 Kevin Bär erhielt rechtzeitig eine Abmahnung. Erklären Sie, was hierunter zu verstehen ist!

4.6 Nennen Sie einen Fall, bei dem eine Abmahnung entbehrlich ist!

66 1. Das Möbelhaus Matthias Maurer e.K. verkauft Möbel aller Art. Dort arbeiten 40 Mitarbeiter, welche sich auf 30 Vollzeitstellen verteilen und vier Auszubildende.

Aufgaben:

Nehmen Sie Stellung zu den folgenden Kündigungen!

1.1 Andrea Costa ist 30 Jahre alt, ledig und kinderlos. Seit acht Jahren ist sie in der Abteilung Verkauf tätig. Seit einem Bandscheibenvorfall vor zwei Jahren fehlte sie an insgesamt 156 Arbeitstagen. Mit einer Verbesserung des Gesundheitszustandes ist nicht zu rechnen. Ihr häufiges Fehlen verursacht ständig Kosten, da häufig die Personalplanung abgeändert werden muss, auch sind sehr viele Kunden verärgert, da Vorgänge durch ihre Krankheit nicht termingerecht bearbeitet wurden.

1.2 Ulrich Haller ist 42 Jahre alt, verheiratet und hat drei kleine Kinder. Er gehört dem Möbelhaus seit sieben Jahren an und ist in der Abteilung Verkauf beschäftigt. Insgesamt zeigt er gute fachliche Leistungen. Da er aber bereits zum dritten Mal eine unzulässig lange Mittagspause (über drei Stunden) gemacht hat, kündigt ihm sein Arbeitgeber, Matthias Maurer e.Kfm., hierauf. Sein Arbeitgeber hatte ihm bis zu diesem Zeitpunkt keine Abmahnung ausgesprochen.

1.3 Jürgen Schöllkopf ist 53 Jahre alt, verwitwet und hat vier Kinder. Er arbeitet seit 25 Jahren in der Rechnungserstellung. Aufgrund der Einführung einer vernetzten Auftragsabwicklung entfällt sein Arbeitsplatz, deshalb kündigt ihm sein Chef, Herr Eicher. Mit ihm in der Rechnungserstellung arbeitet noch Herr Munz (29 Jahre, ledig, seit drei Jahren im Betrieb, sehr gute Leistungen).

1.4 Helga Wöhrle ist 25 Jahre alt, ledig. Sie ist seit acht Monaten in der Abteilung Controlling tätig. Bisher hat sie stets gute Leistungen gezeigt. Sie verhält sich stets korrekt und erledigt die ihr gegebene Arbeit. Ihr Vorgesetzter, Oliver Bibel, kommt mit ihr als Person nicht klar, d.h., er findet sie unsympathisch, deswegen kündigt er ihr.

2. Die Umsatzerwartungen der Werkzeugfabrik Philip Leber OHG haben sich nicht erfüllt. Die Philip Leber OHG muss sich betriebsbedingt von zwei Mitarbeitern trennen. Sie werden beauftragt zu klären, ob in den folgenden Fällen eine Kündigung durch den Betrieb rechtswirksam erfolgen kann und welche Fristen zu beachten sind.

   Aufgaben:

   2.1 Auszubildender Ingo ist im zweiten Ausbildungsjahr zum Industriekaufmann.

   2.2 Eva Möhrle ist seit einem Jahr im Betrieb. Sie hat eine ärztliche Bescheinigung über eine Schwangerschaft vorgelegt.

   2.3 Jens Holder, 34 Jahre, alleinstehend, ist seit 10 Jahren im Betrieb.

   2.4 Charlotte Groß, 32 Jahre, verheiratet, keine Kinder, ist seit einem Jahr im Betrieb.

   2.5 Philip Leber will auch Kira Hübner, 28 Jahre, alleinerziehend, 2 Kinder, seit 2 Jahren im Betrieb, kündigen.

3. Die Mitarbeiterin Franziska Müller (28 Jahre; 5 Jahre im Betrieb) will zum 30. Juni kündigen.

   Aufgaben:

   3.1 Ermitteln Sie ihre Kündigungsfrist!

   3.2 Geben Sie das Datum an, an dem die Kündigung dem Arbeitgeber spätestens vorliegen muss!

   3.3 Franziska Müller kündigt am 30. Mai. Geben Sie an, wann ihr letzter Arbeitstag ist!

13.2.2 Lohn- und Gehaltsbuchungen

13.2.2.1 Aufbau der Lohn- und Gehaltsabrechnung

Die Lohn- und Gehaltsabrechnung vollzieht sich in drei Stufen:

- Ermittlung des **Arbeitsentgeltes** (Gesamtentgelt),
- Ermittlung des **Nettoentgeltes,**
- Ermittlung des **Auszahlungsbetrags.**

(1) Ermittlung des Arbeitsentgeltes (Bruttoentgeltes)

Zum Arbeitsentgelt (Arbeitslohn) gehören alle Einnahmen, die dem Arbeitnehmer aus dem Dienstverhältnis zufließen. Es ist gleichgültig, in welcher Form oder unter welcher Bezeichnung die Einnahmen gewährt werden. Neben **Geldbeträgen** können dem Arbeitnehmer auch **Sachwerte** (freie Kost und Wohnung oder Waren) zugeflossen sein. Welcher Wert für derartige Sachbezüge anzusetzen ist, richtet sich nach besonderen Verordnungen bzw. orientiert sich am Marktpreis. Neben den Sachbezügen zählen auch sogenannte **geldwerte Vorteile,** z.B. die kostenlose Zurverfügungstellung eines Geschäftswagens, zum Arbeitsentgelt. Dem Arbeitnehmer werden dann die ersparten Aufwendungen, die für ein eigenes Auto dieses Typs anfallen, als Arbeitslohn hinzugerechnet.

(2) Ermittlung des Nettoentgeltes

Zieht man vom steuer- und sozialversicherungspflichtigen Bruttoentgelt die vom Arbeitnehmer zu tragende Lohn- und Kirchensteuer, den zurzeit erhobenen Solidaritätszuschlag und den Arbeitnehmeranteil an den Sozialversicherungsbeiträgen (Kranken-, Renten-, Pflege- und Arbeitslosenversicherung) ab, erhält man das Nettoentgelt.

(3) Ermittlung des Auszahlungsbetrags

Das Nettoentgelt stellt nicht zwangsläufig auch den Auszahlungsbetrag dar. In vielen Fällen wird das Nettoentgelt um bestimmte Abzugsbeträge gekürzt. Als Abzugsbeträge können z.B. infrage kommen: vermögenswirksame Anlagen, Verrechnung von Vorschüssen, Kostenanteil für das Kantinenessen, Mietverrechnung für eine Werkswohnung, evtl. auch Lohnpfändungen.

In schematischer Darstellung erhalten wir folgendes **Abrechnungsschema:**

Ermittlung des Bruttoentgeltes	Addition von Gehalt, vermögenswirksame Leistungen des Arbeitgebers, Urlaubsgeld, Überstundenvergütungen, Sachwerte, geldwerte Vorteile
– Steuern[1]	Lohnsteuer, Solidaritätszuschlag, Kirchensteuer
– Sozialversicherungsbeiträge[2]	Kranken-, Pflege-, Renten- und Arbeitslosenversicherung (unter Berücksichtigung der Beitragsbemessungsgrenzen)
Nettoentgelt	
– sonstige Abzüge	Verrechnung von Vorschüssen, Kantinenessen, Lohnpfändung, vermögenswirksame Leistungen
Auszahlungsbetrag	

1 Vgl. hierzu die Ausführungen auf S. 161ff.

2 Zur Berechnung der Sozialversicherungsbeiträge siehe S. 163ff.

13.2.2.2 Berechnung der Lohnsteuer, des Solidaritätszuschlags und der Kirchensteuer

(1) Lohnsteuer und Solidaritätszuschlag

Nach dem Einkommensteuergesetz sind alle inländischen natürlichen Personen – von einer bestimmten Einkommenshöhe ab – zur Zahlung von Steuern aus dem Einkommen verpflichtet. Die Lohnsteuer ist eine Sonderform der Einkommensteuer. Besteuert werden dabei die **Einkünfte aus nichtselbstständiger Arbeit.** Die **Höhe der Lohn- bzw. Einkommensteuer** wird bestimmt durch die **Höhe des Bruttolohns** bzw. **-gehalts,** den **Familienstand,** die **Anzahl der Kinder** und durch bestimmte **Freibeträge.** Auf die Lohnsteuer wird derzeit ein Solidaritätszuschlag von 5,5 % erhoben.

Die **Feststellung der Lohnsteuer, der Kirchensteuer und des Solidaritätszuschlags** erfolgt mithilfe von **Lohnsteuertabellen,** aus denen die entsprechenden Beträge abgelesen werden können. Die allgemeine Lohnsteuertabelle enthält sechs **Lohnsteuerklassen,** in denen die persönlichen Verhältnisse des Arbeitnehmers berücksichtigt werden.

Übersicht über die Lohnsteuerklassen

Steuer-klasse	Personenkreis	Pauschbeträge u. Freibeträge[1]	EUR[2]
I	Arbeitnehmer, die (1) ledig oder geschieden sind, (2) verheiratet sind, aber von ihrem Ehegatten dauernd getrennt leben, oder wenn der Ehegatte nicht im Inland wohnt, (3) verwitwet sind, und bei denen die Voraussetzungen für die Steuerklasse III und IV nicht erfüllt sind.	Grundfreibetrag Arbeitnehmer-Pauschbetrag	8472,00 1000,00
II	Arbeitnehmer der Steuerklasse I, wenn bei ihnen der **Entlastungsbetrag für Alleinerziehende** zu berücksichtigen ist.	Grundfreibetrag Arbeitnehmer-Pauschbetrag	8472,00 1000,00
III	**Verheiratete** Arbeitnehmer, von denen nur ein Ehegatte in einem Dienstverhältnis steht oder der andere Partner zwar arbeitet, aber in der Steuerklasse V eingestuft ist, und verwitwete Arbeitnehmer für das Kalenderjahr, in dem der Ehegatte verstorben ist.	Grundfreibetrag Arbeitnehmer-Pauschbetrag	16944,00 1000,00
IV	**Verheiratete** Arbeitnehmer, wenn **beide** Ehegatten Arbeitslohn beziehen.	Grundfreibetrag Arbeitnehmer-Pauschbetrag	8472,00 1000,00
V	**Verheiratete** Arbeitnehmer, die unter die Lohnsteuerklasse IV fallen würden, bei denen jedoch ein Ehegatte nach Steuerklasse III besteuert wird.	Arbeitnehmer-Pauschbetrag	1000,00
VI	Arbeitnehmer, die aus **mehr** als einem Arbeitsverhältnis (von verschiedenen Arbeitgebern) Arbeitslohn beziehen.		

Neben dem Einsatz spezieller Anwendungsprogramme können die Steuerbeträge auch mithilfe von **Lohnsteuertabellen** ermittelt werden.

1 Aus Vereinfachungsgründen werden nur die wichtigsten Pauschalen und der wichtigste Freibetrag angeführt.
2 Stand Januar 2015.

11 Speth u.a. - ISBN 978-3-8120-0497-8

Auszug aus der allgemeinen Monats-Lohnsteuertabelle

MONAT 1938,–*

Lohn/ Gehalt bis €*	Abzüge an Lohnsteuer, Solidaritätszuschlag (SolZ) und Kirchensteuer (8%, 9%) in den Steuerklassen I–VI					I, II, III, IV		mit Zahl der Kinderfreibeträge . . . 0,5			1			1,5			2			2,5			3**		
		LSt	ohne Kinderfreibeträge SolZ	8%	9%		LSt	SolZ	8%	9%	SolZ	8%	9%	SolZ	8%	9%	SolZ	8%	9%	SolZ	8%	9%	SolZ	8%	9%
1 940,99	I,IV	193,50	10,64	15,48	17,41	I	193,50	6,53	9,50	10,68	–	4,02	4,52	–	–	–	–	–	–	–	–	–	–	–	–
	II	165,08	9,07	13,20	14,85	II	165,08	2,20	7,36	8,28	–	2,32	2,61	–	–	–	–	–	–	–	–	–	–	–	–
	III	17,66	–	1,41	1,58	III	17,66	–	–	–	–	–	–	–	–	–	–	–	–	–	–	–	–	–	–
	V	414,66	22,80	33,17	37,31	IV	193,50	8,55	12,44	13,99	6,53	9,50	10,68	0,41	6,64	7,47	–	4,02	4,52	–	1,79	2,01	–	–	–
	VI	445,33	24,49	35,62	40,07																				
1 943,99	I,IV	194,25	10,68	15,54	17,48	I	194,25	6,56	9,54	10,73	–	4,06	4,57	–	–	–	–	–	–	–	–	–	–	–	–
	II	165,75	9,11	13,26	14,91	II	165,75	2,31	7,40	8,33	–	2,36	2,65	–	–	–	–	–	–	–	–	–	–	–	–
	III	18,–	–	1,44	1,62	III	18,–	–	–	–	–	–	–	–	–	–	–	–	–	–	–	–	–	–	–
	V	415,66	22,86	33,25	37,40	IV	194,25	8,58	12,49	14,05	6,56	9,54	10,73	0,53	6,69	7,52	–	4,06	4,57	–	1,83	2,06	–	–	–
	VI	446,16	24,53	35,69	40,15																				
1 946,99	I,IV	194,91	10,72	15,59	17,54	I	194,91	6,60	9,60	10,80	–	4,10	4,61	–	0,02	0,02	–	–	–	–	–	–	–	–	–
	II	166,41	9,15	13,31	14,97	II	166,41	2,45	7,46	8,39	–	2,39	2,69	–	–	–	–	–	–	–	–	–	–	–	–
	III	18,33	–	1,46	1,64	III	18,33	–	–	–	–	–	–	–	–	–	–	–	–	–	–	–	–	–	–
	V	416,50	22,90	33,32	37,48	IV	194,91	8,62	12,54	14,11	6,60	9,60	10,80	0,66	6,74	7,58	–	4,10	4,61	–	1,86	2,09	–	0,02	0,02
	VI	447,33	24,60	35,78	40,25																				

Durch ein **elektronisches Verfahren zur Erhebung der Lohnsteuer** werden die Daten für die Besteuerung der Arbeitnehmer in einer Datenbank bei dem Bundeszentralamt für Steuern (BZSt) in Form von „**E**lektronischen **L**ohn**st**euer**a**bzugs**m**erkmalen" (kurz: **ELStAM**) gesammelt.

Die Finanzverwaltung ist dafür zuständig, dem Arbeitgeber die notwendigen Merkmale für die Besteuerung des Arbeitnehmers zu übermitteln. Der Arbeitgeber ist **verpflichtet,** die Lohnsteuerabzugsmerkmale seiner Mitarbeiter elektronisch aus der ELStAM-Datenbank der Finanzverwaltung abzurufen. Dazu muss er sich über das **ElsterOnline-Portal** bei der Finanzverwaltung authentifizieren.[1] Die dem Lohnsteuerabzug zugrunde gelegten Lohnsteuerabzugsmerkmale muss der Arbeitgeber **in der Gehaltsabrechnung** ausweisen.

Die Arbeitnehmer müssen bei Beginn des Arbeitsverhältnisses lediglich ihre **steuerliche Identifikationsnummer** und das **Geburtsdatum** angeben. Außerdem ist dem Arbeitgeber mitzuteilen, ob es sich um einen Haupt- oder Nebenjob handelt.

Am Ende des Jahres erhält der Arbeitnehmer vom Arbeitgeber eine **Lohnsteuerbescheinigung**[2] mit den Angaben über Bruttoverdienst und einbehaltene Abzüge (Lohnsteuer, Solidaritätszuschlag und Kirchensteuer). Sie dient dann dem Arbeitnehmer im Falle der Einkommensteuerveranlagung als Nachweis über die gezahlten Abzüge.

(2) Kirchensteuer

Die Kirchensteuer erheben die Kirchen von ihren Mitgliedern. Die Veranlagung erfolgt durch die Finanzämter, an die auch die Zahlungen zu leisten sind. Bei den Arbeitnehmern wird die Kirchensteuer zusammen mit der Lohnsteuer und dem Solidaritätszuschlag vom Arbeitgeber einbehalten und abgeführt. Zurzeit beträgt die Kirchensteuer 9 % von der zu zahlenden Lohn- bzw. Einkommensteuer. Lediglich in Baden-Württemberg und Bayern beträgt der Kirchensteuersatz 8 %.

1 **Authentifizieren:** beglaubigen, die Echtheit bezeugen.

2 Die Arbeitgeber sind verpflichtet, die ausgestellten Lohnsteuer-Bescheinigungen bis zum 28. Februar des Folgejahres elektronisch an die Finanzverwaltung zu übermitteln.

Beispiel:

Edda Meyer ist Angestellte bei der Lampenfabrik Franz Kraemer OHG. Sie bezieht für den Monat Juli ein Bruttogehalt in Höhe von 1941,00 EUR. Sie ist ledig (Lohnsteuerklasse I) und hat keine Kinder. Konfession: röm.-kath.

Bruttogehalt	1941,00 EUR
Lohnsteuer lt. LSt.-Tabelle (Klasse I, ohne Kinder)	194,25 EUR
Solidaritätszuschlag	10,68 EUR
Kirchensteuer 9 %	17,48 EUR.

Die Angestellte hat insgesamt 222,41 EUR an Steuern zu entrichten. (Siehe Auszug aus der Lohnsteuertabelle auf S. 162!)

Beachte:

Die Lohnsteuer wird im **Abzugsverfahren** erhoben, d.h., die Arbeitgeber sind verpflichtet, die Lohnsteuer, die Kirchensteuer und den Solidaritätszuschlag einzubehalten und bis zum 10. des folgenden Monats an das Finanzamt abzuführen.

13.2.2.3 Berechnung der Sozialversicherungsbeiträge

Die Sozialversicherung ist eine gesetzliche Versicherung (Pflichtversicherung), der ca. 90 % der Bevölkerung angehören. Sie soll die Versicherten vor finanzieller Not bei Krankheit **(gesetzliche Krankenkasse)**, bei Arbeitslosigkeit **(gesetzliche Arbeitsförderung)**, bei Pflegebedürftigkeit **(soziale Pflegeversicherung)** und bei Erwerbsunfähigkeit, meistens aus Altersgründen **(gesetzliche Rentenversicherung)**, schützen.

Außer der **Unfallversicherung**, die der Arbeitgeber allein zu tragen hat, müssen Arbeitnehmer und Arbeitgeber je 50 % der Beiträge zur Kranken-, Pflege-, Renten- und Arbeitslosenversicherung zahlen. Die Beiträge für jeden Sozialversicherungszweig werden bis zur jeweiligen **Beitragsbemessungsgrenze** über einen festen Prozentsatz vom jeweiligen Bruttoverdienst berechnet. Über die Beitragsbemessungsgrenze hinaus werden keine Beiträge zur jeweiligen Sozialversicherung erhoben.

Derzeit gelten für die Sozialversicherung folgende monatliche **Beitragssätze** bzw. **Beitragsbemessungsgrenzen** (seit 1. Januar 2015): [2]

			In den alten Bundesländern	In den neuen Bundesländern
Krankenversicherung:	14,6 %	Beitragsbemessungsgrenze[2]:	4125,00 EUR	4125,00 EUR
Pflegeversicherung:	2,35 %	Beitragsbemessungsgrenze[2]:	4125,00 EUR	4125,00 EUR
Rentenversicherung:	18,7 %	Beitragsbemessungsgrenze:	6050,00 EUR	5200,00 EUR
Arbeitslosenversicherung:	3,0 %	Beitragsbemessungsgrenze:	6050,00 EUR	5200,00 EUR

Beachte:

- Der Beitragssatz zur Krankenversicherung in Höhe von 14,6 % gilt bundeseinheitlich. Zusätzlich kann jede Krankenkasse einen einkommensabhängigen **Zusatzbeitrag** erheben. Der Zusatzbeitrag ist je nachdem, wie die Krankenkasse wirtschaftet,

1 Die Beitragssätze für die Sozialversicherung bzw. die Beitragsbemessungsgrenzen werden in der Regel jährlich neu festgelegt. Informieren Sie sich bitte über die derzeit geltenden Beitragssätze und Bemessungsgrenzen.

2 Die bundesweit geltende Versicherungspflichtgrenze für die gesetzliche Krankenversicherung und Pflegeversicherung beträgt 4575,00 EUR monatlich.

unterschiedlich hoch. Der durchschnittliche Zusatzbeitrag beträgt 0,9 %. Er ist eine Richtschnur für die Krankenkassen bei der Festlegung ihres individuellen Zusatzbeitragssatzes. An dem Zusatzbeitrag ist der **Arbeitgeber nicht beteiligt**.

- Für alle kinderlosen Pflichtversicherten erhöht sich der Beitrag zur Pflegeversicherung um 0,25 % des beitragspflichtigen Einkommens. Für diesen Personenkreis beträgt daher der Beitragssatz 1,425 %. An dieser Erhöhung ist der **Arbeitgeber nicht beteiligt**.

Beispiel 1:

Die kinderlose Edda Meyer, Angestellte bei der Lampenfabrik Franz Kraemer OHG, 25 Jahre alt, erhält ein Bruttogehalt in Höhe von 1941,00 EUR. Ihre Krankenkasse verlangt keinen Zusatzbeitrag.

Aufgaben:

Berechnen Sie

1. den Arbeitnehmeranteil zum Sozialversicherungsbeitrag,
2. den Arbeitgeberanteil zum Sozialversicherungsbeitrag!

Lösungen:

Bruttogehalt		1941,00 EUR
Krankenversicherung: 14,6 % (7,3 % AN-Anteil)	141,69 EUR	
Pflegeversicherung: 2,35 % (1,175 % AN-Anteil)	22,81 EUR	
Sonderbeitrag für kinderlose Arbeitnehmer: 0,25 %	4,85 EUR	
Rentenversicherung: 18,7 % (9,35 % AN-Anteil)	181,48 EUR	
Arbeitslosenversicherung: 3,0 % (1,5 % AN-Anteil)	29,12 EUR	
1. Arbeitnehmeranteil	379,95 EUR	
2. Arbeitgeberanteil (379,95 EUR – 4,85 EUR)	375,10 EUR	

Beispiel 2:

Der Abteilungsleiter Peter Sonnenschein arbeitet in Köln, ist verheiratet und hat ein Kind. Er verdient 6080,00 EUR. Herr Sonnenschein ist in der gesetzlichen Krankenkasse versichert. Seine Krankenkasse verlangt einen Zusatzbeitrag von 0,3 %.

Aufgaben:

Berechnen Sie

1. den Arbeitnehmeranteil zu den Sozialversicherungsbeiträgen,
2. den Arbeitgeberanteil zu den Sozialversicherungsbeiträgen!

Lösungen:

Bruttogehalt		6080,00 EUR
Krankenversicherung: 7,3 % (von 4125,00 EUR)	301,13 EUR	
Zusatzbeitragssatz: 0,3 % (von 4125,00 EUR)	12,38 EUR	
Pflegeversicherung: 1,175 % (von 4125,00 EUR)	48,47 EUR	
Rentenversicherung: 9,35 % (von 6050,00 EUR)	565,68 EUR	
Arbeitslosenversicherung: 1,5 % (von 6050,00 EUR)	90,75 EUR	
1. Arbeitnehmeranteil	1018,41 EUR	
2. Arbeitgeberanteil (1018,41 EUR – 12,38 EUR)	1006,03 EUR	

Die Arbeitnehmeranteile zur Sozialversicherung werden zusammen mit den Arbeitgeberanteilen vom Arbeitgeber an die zuständigen Krankenkassen abgeführt, welche die entsprechenden Beiträge an die Träger der Renten- und Arbeitslosenversicherung weiterleiten.

Übungsaufgabe

67 1. Ein Mitarbeiter erhält einschließlich vermögenswirksamer Leistung des Arbeitgebers (monatlich 36,00 EUR) einen Bruttolohn von 3610,00 EUR; Lohnsteuerklasse II/1. Abzüge: Vermögenswirksame Sparleistung 36,00 EUR, Lohnpfändung 110,00 EUR, Wareneinkauf im Betrieb 90,00 EUR zuzüglich 19 % USt, Miete für Geschäftswohnung 360,00 EUR.

Aufgabe:

Berechnen Sie den Auszahlungsbetrag für den Mitarbeiter! Die Kirchensteuer beträgt 9 %. Der Zusatzbeitrag seiner Krankenkasse beträgt 1,1 %.

3 608,99* MONAT

Lohn/ Gehalt	Abzüge an Lohnsteuer, Solidaritätszuschlag (SolZ) und Kirchensteuer (8%, 9%) in den Steuerklassen																									
	I–VI					I, II, III, IV																				
			ohne Kinderfreibeträge					mit Zahl der Kinderfreibeträge . . .																		
								0,5			1			1,5			2			2,5			3**			
bis €*		LSt	SolZ	8%	9%		LSt	SolZ	8%	9%	SolZ	8%	9%	SolZ	8%	9%	SolZ	8%	9%	SolZ	8%	9%	SolZ	8%	9%	
3 608,99	I,IV	625,16	34,38	50,01	56,26	I	625,16	29,01	42,20	47,47	23,90	34,76	39,11	19,04	27,70	31,16	14,45	21,02	23,64	10,11	14,70	16,54	5,71	8,76	9,86	
	II	588,16	32,34	47,05	52,93	II	588,16	27,07	39,38	44,30	22,05	32,08	36,09	17,30	25,16	28,31	12,80	18,62	20,94	8,55	12,44	14,—	0,41	6,64	7,47	
	III	348,66	19,17	27,89	31,37	III	348,66	15,06	21,90	24,64	7,86	16,10	18,11	—	10,56	11,88	—	5,70	6,41	—	1,65	1,85	—	—	—	
	V	990,41	54,47	79,23	89,13	IV	625,16	31,66	46,06	51,81	29,01	42,20	47,47	26,42	38,44	43,24	23,90	34,76	39,11	21,44	31,18	35,08	19,04	27,70	31,16	
	VI	1 026,66	56,46	82,13	92,39																					
3 611,99	I,IV	626,—	34,43	50,08	56,34	I	626,—	29,05	42,26	47,54	23,94	34,82	39,17	19,08	27,76	31,23	14,48	21,07	23,70	10,14	14,76	16,60	5,83	8,81	9,91	
	II	589,—	32,39	47,12	53,01	II	589,—	27,11	39,44	44,37	22,10	32,14	36,16	17,33	25,22	28,37	12,83	18,67	21,—	8,58	12,49	14,05	0,53	6,69	7,52	
	III	349,33	19,21	27,94	31,43	III	349,33	15,09	21,96	24,70	8,—	16,16	18,18	—	10,60	11,92	—	5,74	6,46	—	1,68	1,89	—	—	—	
	V	991,50	54,53	79,32	89,23	IV	626,—	31,71	46,12	51,89	29,05	42,26	47,54	26,46	38,50	43,31	23,94	34,82	39,17	21,48	31,24	35,15	19,08	27,76	31,23	
	VI	1 027,75	56,52	82,22	92,49																					
3 614,99	I,IV	626,91	34,48	50,15	56,42	I	626,91	29,10	42,33	47,62	23,98	34,89	39,25	19,13	27,82	31,30	14,52	21,13	23,77	10,18	14,81	16,66	5,96	8,86	9,97	
	II	589,91	32,44	47,19	53,09	II	589,91	27,16	39,51	44,45	22,14	32,21	36,23	17,38	25,28	28,44	12,87	18,72	21,06	8,62	12,54	14,11	0,66	6,74	7,58	
	III	350,—	19,25	28,—	31,50	III	350,—	15,13	22,01	24,76	8,13	16,21	18,23	—	10,65	11,98	—	5,78	6,50	—	1,72	1,93	—	—	—	
	V	992,58	54,59	79,40	89,33	IV	626,91	31,75	46,19	51,96	29,10	42,33	47,62	26,51	38,56	43,38	23,98	34,89	39,25	21,52	31,31	35,22	19,13	27,82	31,30	
	VI	1 028,83	56,58	82,30	92,59																					

2. Ein leitender Angestellter erhält ein Bruttogehalt von 5455,00 EUR einschließlich 36,00 EUR monatlich vermögenswirksame Leistung. Lohnsteuerklasse III/3. Für die Abwicklung eines Großauftrags erhält der Angestellte eine Sonderzahlung von 250,00 EUR. Abzüge: Vermögenswirksame Sparleistung 36,00 EUR, Tilgung und Zinsen für ein Arbeitgeberdarlehen 450,00 EUR, einbehaltener Vorschuss 500,00 EUR.

Aufgabe:

Berechnen Sie den Auszahlungsbetrag für den Angestellten! Die Kirchensteuer beträgt 9 %. Seine gesetzliche Krankenkasse verlangt einen Zusatzbeitrag von 0,7 %.

Kinderfreibetrag				0		0,5		1		1,5		2		2,5		3	
ab €	StK	Steuer	SolZ	KiStr	SolZ	KiStr	SolZ	KiStr	SolZ	KiStr	SolZ	KiStr	SolZ	KiStr	SolZ	KiStr	SolZ
5.703,00 €																	
	1	1.381,91	76,00	124,37	69,25	113,33	62,52	102,30	55,96	91,57	49,65	81,26	43,61	71,37	37,83	61,90	32,30
	2	1.336,16	-	-	66,74	109,21	60,04	98,24	53,57	87,67	47,37	77,51	41,42	67,79	35,73	58,47	30,30
	3	902,83	49,65	81,25	44,68	73,12	39,84	65,20	35,13	57,49	30,56	50,00	26,10	42,71	21,78	35,64	17,59
	4	1.381,91	76,00	124,37	72,63	118,85	69,25	113,33	65,88	107,81	62,52	102,30	59,21	96,89	55,96	91,57	52,78
	5	1.802,08	99,11	162,18	-	-	-	-	-	-	-	-	-	-	-	-	-
	6	1.838,33	101,10	165,44	-	-	-	-	-	-	-	-	-	-	-	-	-
5.706,00 €																	
	1	1.383,08	76,06	124,47	69,32	113,44	62,58	102,41	56,02	91,67	49,72	81,36	43,67	71,46	37,88	61,99	32,35
	2	1.337,33	-	-	66,80	109,31	60,10	98,35	53,64	87,77	47,43	77,61	41,48	67,88	35,79	58,56	30,35
	3	903,66	49,70	81,32	44,73	73,19	39,89	65,27	35,18	57,56	30,60	50,08	26,15	42,79	21,82	35,71	17,62
	4	1.383,08	76,06	124,47	72,69	118,95	69,32	113,44	65,95	107,92	62,58	102,41	59,27	96,98	56,02	91,67	52,84
	5	1.803,25	99,17	162,29	-	-	-	-	-	-	-	-	-	-	-	-	-
	6	1.839,50	101,17	165,55	-	-	-	-	-	-	-	-	-	-	-	-	-
5.709,00 €																	
	1	1.384,25	76,13	124,58	69,39	113,54	62,64	102,51	56,08	91,77	49,77	81,45	43,73	71,56	37,94	62,08	32,40
	2	1.338,50	-	-	66,87	109,42	60,17	98,46	53,70	87,87	47,49	77,71	41,53	67,97	35,84	58,65	30,40
	3	904,50	49,74	81,40	44,77	73,27	39,93	65,35	35,22	57,64	30,64	50,14	26,18	42,85	21,86	35,77	17,67
	4	1.384,25	76,13	124,58	72,76	119,07	69,39	113,54	66,01	108,02	62,64	102,51	59,33	97,09	56,08	91,77	52,90
	5	1.804,41	99,24	162,39	-	-	-	-	-	-	-	-	-	-	-	-	-
	6	1.840,66	101,23	165,65	-	-	-	-	-	-	-	-	-	-	-	-	-

Quelle: www.imacc.de

13.2.2.4 Buchung von Personalaufwendungen

Die erforderlichen Buchungen lassen sich mithilfe der nachfolgenden Fragen ableiten. Hierbei gehen wir von der Entgeltabrechnung von Edda Meyer, Angestellte der Lampenfabrik Franz Kraemer OHG für den Monat Juli aus.

Arbeitgeberanteil an der Sozialversicherung	Name	Bruttogehalt	Abzüge			Abzüge insgesamt	Nettogehalt (Auszahlungsbetrag)
			Lohnst./ Sol.-Zuschl.	Kirchensteuer	Sozialversicherung		
375,10	Edda Meyer	1941,00	204,93	17,48	379,95	602,36	1338,64

Aufwendungen des Arbeitgebers

Abzuführende Beträge (Verbindlichkeiten)
- an das Finanzamt
- an die zuständige Krankenkasse

Auszahlungsbetrag

(1) Welche Aufwendungen erwachsen der Lampenfabrik monatlich für diese Mitarbeiterin?

Für Edda Meyer hat die Lampenfabrik folgende Beträge aufzuwenden:

Personalkosten (Bruttogehalt)	1941,00 EUR
+ Sozialversicherungsbeiträge (Arbeitgeberanteil)	375,10 EUR
	2316,10 EUR

Diese beiden Aufwandsposten müssen auf entsprechenden Aufwandskonten in unserer Buchführung gebucht werden: das **Bruttogehalt** auf dem Konto **6300 Gehälter,** der **Arbeitgeberanteil zur Sozialversicherung** auf dem Konto **6400 Arbeitgeberanteil zur Sozialversicherung.**

(2) Welche Abzüge werden einbehalten?

An **Lohnsteuer, Solidaritätszuschlag und Kirchensteuer** werden 222,41 EUR (194,25 EUR + 10,68 EUR + 17,48 EUR) einbehalten. Solange die einbehaltenen Steuern nicht an das Finanzamt abgeführt sind, stellen sie für das Unternehmen Verbindlichkeiten dar. Die Buchung erfolgt auf dem Konto **4830 Sonstige Verbindlichkeiten gegenüber Finanzbehörden.**

Die **Sozialversicherungsbeiträge** umfassen 379,95 EUR. Sie werden am drittletzten Bankarbeitstag des laufenden Monats zur Zahlung an die zuständige Krankenkasse fällig (siehe S. 167), d. h. bevor durch die Entgeltabrechnung die Beitragspflicht entstanden ist. Es handelt sich somit um einen Vorschuss an die Sozialkassen. Dieser wird auf dem Konto **2640 Sozialversicherungs-Beitragsvorauszahlung** gebucht. Mit dem Arbeitnehmeranteil wird gleichzeitig auch der Arbeitgeberanteil abgeführt.

(3) Welcher Betrag wird monatlich an Edda Meyer ausbezahlt?

Edda Meyer erhält das Nettogehalt in Höhe von 1338,64 EUR ausgezahlt. In Höhe dieses Betrages erfolgt bei der Gehaltsauszahlung ein Abgang auf dem Zahlungskonto. Bei Bankzahlung, wie wir annehmen wollen, bedeutet das eine Habenbuchung auf dem Bankkonto.

(4) Wie sind die einzelnen Beträge bei der Lohn- und Gehaltsabrechnung zu buchen?

Es ergeben sich folgende Buchungen:[1]

1. Zum drittletzten Bankarbeitstag des laufenden Monats:	■ Zahlung der fälligen Sozialversicherungsbeiträge.
2. Am Monatsende	■ Buchung des Bruttogehaltes mit Auszahlung des Nettogehaltes, Verrechnung des Arbeitnehmeranteils zur Sozialversicherung und der Erfassung der einbehaltenen und abzuführenden Beträge an das Finanzamt. ■ Buchung des Arbeitgeberanteils zur Sozialversicherung mit Verrechnung des bereits bezahlten Arbeitgeberanteils zur Sozialversicherung.
3. Am 10. des folgenden Monats	■ Zahlung der einbehaltenen Lohnsteuer, der Kirchensteuer und des Solidaritätszuschlags.

Beispiel:

Wir greifen zurück auf die Gehaltsabrechnung von Edda Meyer (siehe S. 164).

Aufgabe:

Bilden Sie die Buchungssätze für die Gehaltsabrechnung!

Lösung:

Nr.	Konten	Soll	Haben
1.	2640 SV-Beitragsvorauszahlung	755,05	
	an 2800 Bank		755,05
2.	6300 Gehälter	1941,00	
	an 2800 Bank		1338,64
	an 2640 SV-Beitragsvorauszahlung		379,95
	an 4830 Sonstige Verbindlichkeiten geg. Finanzbehörden		222,41
	6410 AG-Anteil zur Sozialversicherung	375,10	
	an 2640 SV-Beitragsvorauszahlung		375,10
3.	4830 Sonstige Verbindl. geg. Finanzbehörden	222,41	
	an 2800 Bank		222,41

Erläuterungen:

- Die Sozialversicherungsbeiträge werden spätestens bis zum drittletzten Bankarbeitstag des laufenden Monats und damit vor der eigentlichen Gehaltsbuchung der Krankenkasse gemeldet und durch Bankeinzug bezahlt. Die Vorauszahlung der Sozialversicherungsbeiträge (755,05 EUR) wird auf dem Konto 2640 SV-Beitragsvorauszahlung erfasst (Sollbuchung).
- Zusammen mit der Gehaltsbuchung werden die einbehaltenen Sozialversicherungsbeiträge der Arbeitnehmer (379,95 EUR) sowie der Arbeitgeberanteil zur Sozialversicherung (375,10 EUR) mit dem Konto 2640 SV-Beitragsvorauszahlung verrechnet (Habenbuchung).

1 Alle Zahlungen erfolgen durch Banküberweisung.

Übungsaufgaben

68 1. Bilden Sie die Buchungssätze zu der folgenden Gehaltsabrechnung!

1.1 Wir überweisen die einbehaltenen Sozialversicherungsbeiträge für unsere Mitarbeiter in Höhe von 10 099,68 EUR durch die Bank.

1.2

Gehaltsliste Monat Juni				
Bruttogehälter	LSt, Sol.-Zuschlag und Kirchensteuer	Sozial-versicherung	Bank-überweisung	Arbeitgeber-anteil
25 440,00	3 869,00	5 196,12	16 374,88	4 903,56

2. Wir überweisen das Gehalt in Höhe von brutto 2980,00 EUR an eine Mitarbeiterin durch die Bank. Der Arbeitnehmeranteil zur Sozialversicherung beträgt 608,67 EUR, die Lohnsteuer, der Solidaritätszuschlag und die Kirchensteuer betragen 278,04 EUR. Der Arbeitgeberanteil zur Sozialversicherung beträgt 581,85 EUR. Die Sozialversicherungsbeiträge werden am drittletzten Bankarbeitstag überwiesen.

Aufgabe:

Bilden Sie die Buchungssätze für obige Angaben!

69 1. Wir zahlen einbehaltene Abzüge (Lohnsteuer, Solidaritätszuschlag und Kirchensteuer) in Höhe von 4670,00 EUR sowie die fällige Grundsteuer für die betrieblichen Grundstücke und Gebäude in Höhe von 3 120,80 EUR durch Banküberweisung.

Aufgabe:

Bilden Sie die Buchungssätze für die Geschäftsvorfälle!

2.

Gehaltsliste Monat Oktober					
Bruttogehälter	Lohnsteuer/ Sol.-Zuschlag	Kirchensteuer	Sozial-versicherung	Gesamt-abzüge	Auszahlung Bank
30 390,00	4 686,00	393,00	6 131,18	11 210,18	19 179,82

Aufgabe:

Bilden Sie die Buchungssätze bei einem Arbeitgeberanteil zur Sozialversicherung in Höhe von 5 857,67 EUR!

70 Ein Filialleiter erhält ein monatliches Grundgehalt von 3200,00 EUR. Sofern seine Verkaufserlöse 25000,00 EUR übersteigen, erhält er vom Mehrbetrag 3% Umsatzprovision, die im Folgemonat ausbezahlt wird.

Im Oktober beträgt sein Umsatz 51400,00 EUR.

Aufgaben:

1. Berechnen Sie den Auszahlungsbetrag vom November, wenn folgende Abzüge anfallen: Lohnsteuer, Solidaritätszuschlag und Kirchensteuer 1 041,75 EUR. Der Arbeitnehmeranteil zur Sozialversicherung beträgt 805,39 EUR! Der Arbeitgeberanteil zur Sozialversicherung beträgt 769,46 EUR.
2. Bilden Sie die Buchungssätze
   2.1 für die Zahlung der Sozialversicherungsbeiträge (Banküberweisung) und
   2.2 für die Gehaltsabrechnung (Banküberweisung)!

3. Beschreiben Sie die Auswirkungen eines Steuerfreibetrages als Lohnsteuerabzugsmerkmal für den Steuerpflichtigen bei seiner Gehaltsabrechnung!

71 Die Prokuristin Frieda Fleißig hat ein Bruttogehalt von 5708,000 EUR. Sie ist röm.-kath., unterliegt der Lohnsteuerklasse I und erhält einen Kinderfreibetrag. Frieda Fleißig ist in der gesetzlichen Krankenversicherung versichert. Ihre gesetzliche Krankenkasse verlangt einen Zusatzbeitrag von 0,9 %.

Aufgaben:

1. Erstellen Sie die Gehaltsabrechnung aufgrund der abgedruckten Lohnsteuertabelle! Zu den Abzügen für die Sozialversicherung vergleichen Sie bitte die Angaben auf S. 163f.
2. Berechnen Sie den Arbeitgeberanteil zur Sozialversicherung!
3. Bilden Sie die Buchungssätze
   3.1 für die Zahlung der Sozialversicherungsbeiträge (Banküberweisung),
   3.2 für die erstellte Gehaltsabrechnung (Banküberweisung)!

Kinderfreibetrag				0		0,5		1		1,5		2		2,5		3	
ab €	StK	Steuer	SolZ	KiStr	SolZ	KiStr	SolZ	KiStr	SolZ	KiStr	SolZ	KiStr	SolZ	KiStr	SolZ	KiStr	SolZ
5.703,00 €																	
	1	1.381,91	76,00	124,37	69,25	113,33	62,52	102,30	55,96	91,67	49,65	81,26	43,61	71,37	37,83	61,90	32,30
	2	1.336,16	-	-	66,74	109,21	60,04	98,24	53,57	87,67	47,37	77,51	41,42	67,79	35,73	58,47	30,30
	3	902,83	49,65	81,25	44,68	73,12	39,84	65,20	35,13	57,49	30,56	50,00	26,10	42,71	21,78	35,64	17,59
	4	1.381,91	76,00	124,37	72,63	118,85	69,25	113,33	65,88	107,81	62,52	102,30	59,21	96,89	55,96	91,57	52,78
	5	1.802,08	99,11	162,18	-	-	-	-	-	-	-	-	-	-	-	-	-
	6	1.838,33	101,10	165,44	-	-	-	-	-	-	-	-	-	-	-	-	-
5.706,00 €																	
	1	1.383,08	76,06	124,47	69,32	113,44	62,58	102,41	56,02	91,67	49,72	81,36	43,67	71,46	37,88	61,99	32,35
	2	1.337,33	-	-	66,80	109,31	60,10	98,35	53,64	87,77	47,43	77,61	41,48	67,88	35,79	58,56	30,35
	3	903,66	49,70	81,32	44,73	73,19	39,89	65,27	35,18	57,56	30,60	50,08	26,15	42,79	21,82	35,71	17,62
	4	1.383,08	76,06	124,47	72,69	118,95	69,32	113,44	65,95	107,92	62,58	102,41	59,27	96,98	56,02	91,67	52,84
	5	1.803,25	99,17	162,29	-	-	-	-	-	-	-	-	-	-	-	-	-
	6	1.839,50	101,17	165,55	-	-	-	-	-	-	-	-	-	-	-	-	-
5.709,00 €																	
	1	1.384,25	76,13	124,58	69,39	113,54	62,64	102,51	56,08	91,77	49,77	81,45	43,73	71,56	37,94	62,08	32,40
	2	1.338,50	-	-	66,87	109,42	60,17	98,46	53,70	87,87	47,49	77,71	41,53	67,97	35,84	58,65	30,40
	3	904,50	49,74	81,40	44,77	73,27	39,93	65,35	35,22	57,64	30,64	50,14	26,18	42,85	21,86	35,77	17,67
	4	1.384,25	76,13	124,58	72,76	119,07	69,39	113,54	66,01	108,02	62,64	102,51	59,33	97,09	56,08	91,77	52,90
	5	1.804,41	99,24	162,39	-	-	-	-	-	-	-	-	-	-	-	-	-
	6	1.840,66	101,23	165,65	-	-	-	-	-	-	-	-	-	-	-	-	-

4. Bilden Sie zu folgenden Geschäftsvorfällen die Buchungssätze!
   4.1 Lohnzahlung durch Banküberweisung:

Bruttolohn	2319,00 EUR
– Lohnsteuer, Soldidaritätszuschlag und Kirchensteuer	347,88 EUR
– Sozialversicherung	467,86 EUR
Auszahlungsbetrag	1503,26 EUR

Der Arbeitgeberanteil zur Sozialversicherung beträgt 446,99 EUR.

4.2 Buchen Sie folgende Lohnabrechnung eines Mitarbeiters:

Brutto-lohn	LSt/SolZ/ KiSt	Sozial-versicherung	einbeh. Miete	Auszahlung Bank	Arbeit-geberanteil
3622,00	486,30	739,79	720,00	1675,91	707,20

13.2.3 Betriebliche Vollmachten

Obwohl der Geschäftsleitung das Recht zusteht, alle Entscheidungen, die in einem Betrieb anfallen, selbst zu treffen, delegiert sie aus Gründen der Arbeitsüberlastung und/oder aus Gründen der Zweckmäßigkeit Aufgaben und Zuständigkeiten an Mitarbeiter.

Unter **Delegation** versteht man das Abgeben von Aufgaben und Zuständigkeiten an nachgeordnete Abteilungen und Stellen nachgeordnete Abteilungen und Stellen.

Damit der Mitarbeiter berechtigt ist, die ihm übertragene Aufgabe für das Unternehmen erfüllen zu können, benötigt er eine Vollmacht.

Eine **betriebliche Vollmacht (Vertretungsvollmacht)** ist das Recht, **im Namen und für Rechnung des Betriebs** (Arbeitgebers) **verbindlich Wiillenserklärung** abzugeben.

Die betriebliche Vollmacht bedarf **keiner bestimmten Form.** Sie kann in einer Stellen€beschreibung festgelegt sein oder mündlich erteilt werden. Sie wirkt sich nur auf den Betrieb und seine Mitarbeiter aus und ist daher lediglich im **Innenverhältnis wirksam.**

13.2.3.1 Gesetzlich geregelte Vollmachten

Die Vollmacht, Rechtsgeschäfte, insbesondere Verträge mit Außenstehenden, abzuschließen, also Waren zu kaufen und zu verkaufen, Arbeitsverträge einzugehen, Kündigungen auszusprechen, Geschäftsräume zu mieten, betreffen das **Außenverhältnis.**

Das Gesetz [HGB] regelt zwei Formen der Vollmacht:

- die Prokura und
- die Handlungsvollmacht

(1) Prokura

Umfang der Vollmacht

Wenn es für die Organisation des Betriebs notwendig ist, dass auch bei Abwesenheit des Unternehmers volle Handlungsfähigkeit in außergewöhnlichen Situationen besteht, wird einem Mitarbeiter **Prokura** erteilt.

Die **Prokura** ermächtigt zu allen Arten von gerichtlichen und außergerichtlichen Geschäften und Rechtshandlungen, die der Betrieb **irgendeines Handelsgewerbes** mit sich bringt [§ 49 HGB].

Erteilung der Vollmacht

Die Prokura muss vom Unternehmer bzw. Geschäftsführer, Vorstand oder seinem gesetzlichen Vertreter **ausdrücklich** erteilt und in das **Handelsregister eingetragen** werden.

Einschränkungen der Vollmacht

Prokuristen sind z. B. folgende gesetzliche Einschränkungen auferlegt: Sie dürfen für den Vollmachtgeber

- keine Grundstücke belasten,
- keine Grundstücke verkaufen,[1]
- keine Prokura erteilen,
- keine Gesellschafter aufnehmen,
- keine Bilanz und keine Steuererklärungen unterschreiben,
- keinen Eid für das Unternehmen leisten,
- die Firma nicht ändern oder löschen lassen,
- keine Eintragungen ins Handelsregister anmelden sowie
- keine Geschäfte vornehmen, die darauf abgestellt sind, den Betrieb einzustellen (z. B. Verkauf des Unternehmens, Insolvenzantrag stellen).

Unterschrift des Prokuristen.

Der Prokurist unterschreibt mit dem Zusatz „ppa." (**p**er **p**rocur**a**).

(2) Handlungsvollmacht

Umfang und Erteilung der Vollmacht

Für Abteilungsleiter oder Gruppenleiter ist es erforderlich, alle gewöhnlichen Rechtsgeschäfte in üblichem Umfang selbstständig durchführen zu können. Sie erhalten meist eine **allgemeine Handlungsvollmacht** [§ 54 HGB], die an keine bestimmte Form gebunden ist, also auch stillschweigend erfolgen kann. Sie wird nicht ins Handelsregister eingetragen.

> Die **allgemeine Handlungsvollmacht** erstreckt sich auf alle Geschäfte und Rechtshandlungen, die der Betrieb eines **bestimmten Handelsgewerbes gewöhnlich** mit sich bringt [§54 HGB].

Einschränkungen der Vollmacht

Personen mit allgemeiner Handlungsvollmacht sind alle Rechtsgeschäfte verboten, die auch den Prokuristen verboten sind. Weitere Einschränkungen sind, z. B. keine

- Grundstücke kaufen,
- Prozesse für das Unternehmen führen,
- Darlehen aufnehmen,
- allgemeine Handlungsvollmacht erteilen und übertragen sowie
- Bürgschaften eingehen,

es sei denn, der Handlungsbevollmächtigte erhält für die Vornahme derartiger Rechtsgeschäfte eine **besondere Vollmacht (Spezialvollmacht).**

1 Grundstücke können Prokuristen im Rahmen ihrer Vollmacht ohne Weiteres kaufen. Zur Veräußerung und Belastung von Grundstücken sind sie jedoch nur ermächtigt, wenn ihnen diese Befugnis vom Geschäftsinhaber besonders erteilt ist [§ 49 II HGB].

■ **Arten der Vollmacht**

Zur Handlungsvollmacht zählen auch Einzel- und Artvollmacht.

■ **Einzelvollmacht (Spezialvollmacht).** Sie liegt vor, wenn eine Person zur Vornahme eines **einzelnen (einmaligen) Rechtsgeschäfts** bevollmächtigt wird. Die Einzelvollmacht erlischt unmittelbar nach der Vornahme des einzelnen Rechtsgeschäfts.

Beispiele:

Eine Angestellte erhält die Vollmacht, ein Grundstück zu veräußern. – Eine Auszubildende erhält den Auftrag, Briefmarken zu kaufen.

■ **Artvollmacht.** Sie berechtigt zur Vornahme einer bestimmten immer **wiederkehrenden Art von Rechtsgeschäften.** Artbevollmächtigte können somit Rechtsgeschäfte gleicher Art im Namen und für Rechnung des Kaufmanns rechtswirksam abschließen.

Beispiele:

Zu den Artbevollmächtigten gehören Einkäufer, Verkäufer, Kassierer, Buchhalter (Unterschreiben von Überweisungen, Lastschriften usw.) und Reisende.

■ **Unterschrift des Handlungsbevollmächtigten.**

Inhaber der allgemeinen Handlungsvollmacht bzw. einer Einzel- und Artvollmacht unterschreiben mit dem **Zusatz „i. V.“** (in Vollmacht) oder **„i. A.“** (im Auftrag).

13.2.3.2 Möglichkeiten der gesetzlichen Vollmachten im Organisationsaufbau

Der Umfang der Vollmachten steht in direktem Zusammenhang mit dem organisatorischen Aufbau des Betriebs.

Geschäftsleitung
(Unternehmer, Vorstand, Geschäftsführer)

↓ erteilt

Hauptabteilungsleiter
(z. B. Verkauf) → Prokura

↓ erteilt

Abteilungsleiter
(z. B. Verkauf Haushaltsgeräte) → allgemeine Handlungsvollmacht
(z. B. Liefererdarlehen gewähren) → Einzelvollmacht

↓ erteilt

Stelle
(z. B. Reklamationen Haushaltsgeräte bearbeiten) → Artvollmacht
(z. B. Einzahlung der Tageseinnahmen bei der Bank) → Einzelvollmacht

Übungsaufgabe

72 1. Laut Stellenbeschreibung darf der Prokurist Heger Kredite nur in Absprache mit dem Geschäftsführer aufnehmen. In Abwesenheit des Chefs beantragt der Prokurist bei der Volksbank die Erhöhung des Kontokorrentkredits um 50000,00 EUR, die auch genehmigt wird.

Heger nimmt die 50000,00 EUR sofort in Anspruch, um die Lagerhalle ausbauen zu lassen. Mit dem Chef ist diese Maßnahme nicht abgesprochen.

Aufgaben:

1.1 Prüfen Sie aus rechtlicher Sicht, ob das Unternehmen an den vom Prokuristen geschlossenen Kreditvertrag mit der Volksbank gebunden ist!

1.2 Erläutern Sie, welche rechtlich begründeten Einwände der Unternehmer gegen das Verhalten des Prokuristen vorbringen kann!

1.3 Stellen Sie dar, welche Konsequenzen der Unternehmer ziehen kann!

2. Der Inhaber der Werkzeugfabrik Fritz Krause GmbH will seiner Angestellten Monika Heuer und seinem Angestellten Franz Schmitt Prokura erteilen.

Aufgaben:

2.1 Fritz Krause entschließt sich, Monika Heuer Prokura zu erteilen. Nennen Sie zwei Rechtshandlungen, die Monika Heuer aufgrund gesetzlicher Regelungen nicht vornehmen darf!

2.2 Bei der Erteilung der Prokura vereinbart der Unternehmer mit Monika Heuer, dass sie zum Abschluss von Geschäften über 30000,00 EUR nicht berechtigt ist.

Erläutern Sie, welche Bedeutung eine solche Vereinbarung im Innenverhältnis sowie im Außenverhältnis hat!

2.3 Der Angestellte Thorben Ehrler unterschreibt mit dem Zusatz „i.A.", die Angestellte Rosi Berg mit dem Zusatz „i.V.".

Erläutern Sie, auf welche unterschiedlichen Arten von Vollmachten die Zusätze hinweisen könnten!

3. Nennen Sie die Vollmachten, die in folgenden Fällen angesprochen sind!

3.1 Der Leiter des Rechnungswesens soll für den Betrieb die Verhandlungen über den Erwerb eines Grundstücks führen und zum Abschluss bringen.

3.2 Frau Schenkel, die seit Jahren die Abteilung Werbung leitet, soll eine Vollmacht erhalten, die sie berechtigt, alle Geschäfts- und Rechtshandlungen vorzunehmen, die in diesem Betrieb gewöhnlich vorkommen.

3.3 Für die Einkaufsabteilung soll ein Auszubildender eingestellt werden.

4. Der Inhaber der Löwen-Brauerei GmbH, Max Huber, 72076 Tübingen, erteilt seinem Mitarbeiter Kevin Schneider Einzelprokura. Während einer mehrwöchigen Abwesenheit des Geschäftsinhabers wegen einer Auslandsreise trifft Prokurist Schneider folgende Maßnahmen:

4.1 Er beschließt, außer Bier in Zukunft auch Limonade herzustellen.

4.2 Er stellt 10 Mitarbeiter ein, die für die Limonadenherstellung gebraucht werden.

4.3 Zur Vergrößerung des Betriebsgeländes erwirbt er ein Grundstück, das ihm preisgünstig angeboten wird.

4.4 Er verkauft gleichzeitig ein verkehrsungünstig gelegenes Grundstück.

4.5 Zum Kauf einer Abfüllanlage erhält er von der Bank einen langfristigen Kredit. Als Sicherheit lässt er eine Grundschuld auf das Geschäftsgrundstück eintragen.

4.6 Für die Dauer einer dreitägigen Abwesenheit überträgt er die Prokura an die Leiterin der Finanzabteilung, Klara Meier.

Aufgabe:

Entscheiden Sie begründet, welche Handlungen Kevin Schneider rechtswirksam vornehmen konnte, welche nicht!

Lernbereich 3: Rechtsordnung als Rahmenbedingung für unternehmerische Entscheidungsprozesse

1 Rechtliche Grundlagen

1.1 Rechtsordnung

Das Leben der Menschen in einer Gemeinschaft bedarf einer rechtlichen Ordnung. Die Freiheit des Einzelnen und sein natürliches Streben nach freier Entfaltung seiner Persönlichkeit muss ebenso geschützt werden, wie der Missbrauch der Freiheit durch den Einzelnen, durch soziale Gruppen oder durch den Staat verhindert werden muss.

Die **Rechtsordnung** ist die Gesamtheit aller geltenden Rechtsvorschriften (Rechtsnormen).

1.2 Privates und öffentliches Recht

(1) Privatrecht

Das **Privatrecht (Zivilrecht)** regelt vor allem die Rechte und Pflichten des einzelnen Staatsbürgers im Verhältnis zu den Rechten und Pflichten anderer Staatsbürger nach dem **Grundsatz der Gleichordnung (Gleichberechtigung).**

Das Privatrecht ist meistens **nachgiebiges Recht.**

Kennzeichnend für das Privatrecht ist der **Grundsatz der Vertragsfreiheit.**

Im Vordergrund des Privatrechts stehen die persönlichen Interessen der einzelnen Rechtssubjekte.

Beispiel:

Inhalt, Zeitpunkt des Vertragsabschlusses, Zeitdauer eines Vertragsverhältnisses usw. können zwischen den Vertragspartnern grundsätzlich frei vereinbart werden.

Bereiche des Privatrechts sind z. B.

- das Bürgerliche Recht [BGB],
- das Handelsrecht [HGB],
- das Gesellschaftsrecht [AktG, GmbHG, GenG],
- Teile des Urheberrechts [PatG, GeschmMG, GebrMG].

(2) Öffentliches Recht

Das **öffentliche Recht** regelt vor allem die Rechtsverhältnisse der Träger öffentlicher (staatlicher) Gewalt untereinander (z. B. Bund, Länder, Gemeinden) sowie die Rechte und Pflichten des einzelnen Staatsbürgers zum Staat. Im Rahmen des öffentlichen Rechts ist der einzelne Staatsbürger dem **Staat untergeordnet (Grundsatz der Unterordnung)**.

Das **öffentliche Recht ist meistens zwingendes Recht.** Im öffentlichen Recht gibt es keine Vertragsfreiheit. Im Vordergrund stehen die Interessen des Staates.

Bereiche des öffentlichen Rechts sind z. B.

- das Strafrecht,
- das Steuerrecht,
- die Straßenverkehrsordnung sowie
- Teile des Arbeits- und Sozialrechts.

Beispiel:

Wer einen Steuerbescheid erhält, kann nicht nach dem Grundsatz der Gleichberechtigung und Gleichordnung mit dem Staat (mit der betreffenden Behörde) über die Höhe der Steuerzahlung verhandeln und – wenn man sich nicht einigen sollte – die Steuerzahlung einfach ablehnen.

1.3 Rechtsobjekte und Rechtssubjekte

1.3.1 Rechtsobjekte

- Die „Gegenstände" des Rechtsverkehrs bezeichnet man als **Rechtsobjekte.**
- Zu den Rechtsobjekten gehören **Sachen** (körperliche Rechtsobjekte) und **Rechte** (nicht körperliche Rechtsobjekte).

- **Sachen** sind entweder **unbewegliche Sachen** (z. B. Grundstücke, Gebäude) oder **bewegliche Sachen** (z. B. Möbel, Lebensmittel, Kunstgegenstände). **Bewegliche Sachen** wiederum werden in **vertretbare Sachen** und **nicht vertretbare Sachen** untergliedert.

Bewegliche Sachen	Erläuterung	Beispiele
vertretbare Sachen	Sie werden im Rechtsverkehr nach Maß, Zahl oder Gewicht bestimmt [§ 91 BGB].	Heizöl, Zement, Papier, Werkzeuge, Nägel, Schrauben, Werkstoffe.
nicht vertretbare Sachen	Hier wird eine genau bestimmte Sache zur Lieferung geschuldet.	Ein Originalgemälde, eine bestimmte Maschine (Sonderanfertigung), ein bestimmtes Rennpferd.

- **Rechte** sind alle nicht körperlichen Gegenstände wie beispielsweise Forderungen, Patent- und Lizenzrechte, Miet- und Pachtrechte usw.

1.3.2 Rechtssubjekte

Rechtssubjekte sind Personen, die durch die Rechtsordnung mit Rechten und Pflichten ausgestattet sind bzw. ausgestattet werden können. Zu unterscheiden sind natürliche Personen und juristische Personen.

(1) Natürliche Personen

Natürliche Personen sind **alle Menschen.** Der Gesetzgeber verleiht ihnen **Rechtsfähigkeit.**

Beispiele:

Das Recht des Erben, ein Erbe antreten zu dürfen. – Das Recht des Käufers, Eigentum zu erwerben. – Die Pflicht, Steuern zahlen zu müssen. (Das Baby, das ein Grundstück erbt, ist Steuerschuldner, z.B. in Bezug auf die Grundsteuer.)

Die **Rechtsfähigkeit des Menschen** (der **natürlichen Personen**) beginnt mit der Vollendung der Geburt [§ 1 BGB] und endet mit dem Tod. Jeder Mensch ist rechtsfähig.

(2) Juristische Personen[1]

Juristische Personen sind „künstliche" Personen, denen der Staat die Eigenschaft von Personen kraft Gesetzes verliehen hat. Sie sind damit rechtsfähig, d.h. Träger von Rechten und Pflichten.

Beispiele für juristische Personen sind:

- **privatrechtliche Personenvereinigungen** (z.B. eingetragene Vereine, Gesellschaft mit beschränkter Haftung [GmbH], Aktiengesellschaft [AG]),
- **Vermögensmassen** (z.B. Stiftungen),
- **Körperschaften des öffentlichen Rechts** (z.B. Ärzte- und Rechtsanwaltskammern, Gemeinden, Handwerkskammern, öffentlich-rechtliche Hochschulen) und
- **Anstalten des öffentlichen Rechts** (z.B. öffentliche Rundfunkanstalten).

1.4 Rechts- und Geschäftsfähigkeit

(1) Begriff Rechtsfähigkeit

Rechtsfähigkeit ist die Fähigkeit von Personen, Träger von Rechten und Pflichten sein zu können.

Rechtsfähig sind natürliche Personen (Menschen) und juristische Personen.

(2) Begriff Geschäftsfähigkeit

Geschäftsfähigkeit ist die Fähigkeit von Personen, Willenserklärungen rechtswirksam abgeben, entgegennehmen (empfangen) und widerrufen zu können.

Zum Schutz Minderjähriger hat der Gesetzgeber die folgenden Vorschriften erlassen:

Geschäftsunfähigkeit

Kinder vor Vollendung des siebten Lebensjahres sind **geschäftsunfähig** [§ 104, Nr. 1 BGB]. Den Kindern sind Menschen, die sich in einem dauernden Zustand krankhafter Störung der Geistestätigkeit befinden, gleichgestellt [§ 104, Nr. 2 BGB].

1 **Juristisch:** rechtlich.

Rechtsfolge:

Geschäftsunfähige können keine rechtswirksamen Willenserklärungen abgeben. Verträge mit Kindern und Geschäftsunfähigen sind **immer nichtig,** d.h. von vornherein ungültig.

Da Geschäftsunfähige keine Rechtsgeschäfte abschließen können, brauchen sie einen **Vertreter,** der für sie handeln kann. Bei Kindern sind dies in der Regel kraft Gesetzes die Eltern. Man bezeichnet die Eltern daher auch als **„gesetzliche Vertreter"**.

Beschränkte Geschäftsfähigkeit

Minderjährige, die zwar das siebte Lebensjahr, aber noch nicht das achtzehnte Lebensjahr vollendet haben, sind **beschränkt geschäftsfähig** [§ 106 BGB].

Rechtsgeschäfte mit einem beschränkt Geschäftsfähigen bedürfen der **Zustimmung des gesetzlichen Vertreters.**

- Diese Zustimmung kann **im Voraus** erteilt werden. Sie heißt dann **Einwilligung** [§§ 107; 183, S. 1 BGB].
- Sie kann aber auch **nachträglich** gegeben werden. Die nachträglich erfolgte Zustimmung heißt **Genehmigung** [§§ 108, 184 I BGB].

Rechtsfolge:

Solange die Genehmigung des gesetzlichen Vertreters fehlt, ist ein durch den beschränkt Geschäftsfähigen abgeschlossenes **Rechtsgeschäft schwebend unwirksam.** Dies bedeutet, dass z.B. ein Vertrag (noch) nicht gültig, wohl aber genehmigungsfähig ist. Wird die **Genehmigung verweigert,** ist der **Vertrag von Anfang an ungültig.** Wird sie erteilt, ist der Vertrag **von Anfang an wirksam** [§§ 108 I, 184 I BGB].

Keiner Zustimmung bedürfen folgende Rechtsgeschäfte:

- Verträge, die dem beschränkt Geschäftsfähigen lediglich einen **rechtlichen Vorteil** bringen [§ 107 BGB].
- Verträge, bei denen die vertragsgemäßen Leistungen (z.B. die Kaufpreiszahlung) mit Mitteln erfüllt werden, die der beschränkt geschäftsfähigen Person vom gesetzlichen Vertreter zur freien Verfügung oder zur Erfüllung des Vertrags oder mit Zustimmung des gesetzlichen Vertreters von einem Dritten (z.B. den Großeltern, Patenonkel) überlassen wurden **(Taschengeldparagraf)** [§ 110 BGB].
- Rechtsgeschäfte, welche die **Eingehung, Erfüllung** oder **Aufhebung eines Dienst- oder Arbeitsverhältnisses** betreffen, wenn der gesetzliche Vertreter des Minderjährigen diesen zur Eingehung eines Dienst- oder Arbeitsverhältnisses ermächtigt hat [§ 113 I, S. 1 BGB].
- Rechtsgeschäfte, die der **Betrieb eines selbstständigen Erwerbsgeschäfts** (z.B. Handelsgeschäfts) mit sich bringt, wenn der gesetzliche Vertreter den beschränkt geschäftsfähigen Minderjährigen mit der erforderlichen Genehmigung des Familiengerichts zum selbstständigen Betrieb eines Erwerbsgeschäfts ermächtigt hat [§ 112 I, S. 1 BGB].

Unbeschränkte Geschäftsfähigkeit

Personen, die das achtzehnte Lebensjahr vollendet haben, sind **unbeschränkt geschäftsfähig** [§ 2 BGB]. Ausnahmen bestehen nur für Menschen, die sich in einem dauernden Zustand krankhafter Störung der Geistestätigkeit befinden.

12 Speth u.a. - ISBN 978-3-8120-0497-8

Rechtsfolge:

Die unbeschränkte Geschäftsfähigkeit bedeutet, dass von dem Erklärenden (der natürlichen Person) jedes Rechtsgeschäft, soweit dies gesetzlich erlaubt ist, rechtsgültig abgeschlossen werden kann. Eine Zustimmung gesetzlicher Vertreter und/oder die Genehmigung eines Familiengerichts ist nicht (mehr) erforderlich.

Zusammenfassung

- Die **Rechtsordnung** ist die Gesamtheit aller geltenden Rechtsvorschriften.
- Das **Privatrecht** regelt die Rechtsverhältnisse zwischen den einzelnen Staatsbürgern. **Merkmale:** Prinzip der Gleichordnung, nachgiebiges Recht, Vertragsfreiheit.
- Das **öffentliche Recht** regelt die Rechtsverhältnisse zwischen den Trägern der öffentlichen Gewalt sowie die Rechte und Pflichten des einzelnen Staatsbürgers gegenüber dem Staat. **Merkmale:** Prinzip der Unterordnung, zwingendes Recht, keine Vertragsfreiheit.
- Zu den **Rechtsobjekten** zählen **Sachen** und **Rechte.**
- Inhaber von Rechten bezeichnet man als **Rechtssubjekte (Personen).** Man unterscheidet **natürliche** und **juristische Personen.**
- **Rechtsfähigkeit** bedeutet, Rechte und Pflichten haben zu können.
- **Unbeschränkte Geschäftsfähigkeit** bedeutet, Rechtsgeschäfte ohne Zustimmung des gesetzlichen Vertreters abschließen, ändern und auflösen zu können.
- **Beschränkte Geschäftsfähigkeit** bedeutet, dass Rechtsgeschäfte eines beschränkt Geschäftsfähigen grundsätzlich der Zustimmung des gesetzlichen Vertreters bedürfen. Ausgenommen sind folgende Rechtsgeschäfte:
  - Rechtsgeschäft bringt lediglich einen rechtlichen Vorteil.
  - Die eingesetzten Mittel sind zur freien Verfügung überlassen worden.
  - Rechtsgeschäfte im Rahmen des genehmigten Arbeits- und Dienstverhältnisses.
  - Rechtsgeschäfte im Rahmen des genehmigten selbstständigen Erwerbsgeschäfts.
- **Geschäftsunfähigkeit** heißt, dass die Willenserklärungen geschäftsunfähiger Personen rechtlich unerheblich sind. Geschäftsunfähige können z.B. keine Rechtsgeschäfte abschließen und auflösen.

Übungsaufgabe

73

1. Unterscheiden Sie die Begriffe Rechtsfähigkeit und Geschäftsfähigkeit!
2. Erklären Sie, welche Rechtsgeschäfte eine beschränkt geschäftsfähige Person ohne Einwilligung des gesetzlichen Vertreters abschließen darf! Bilden Sie hierzu jeweils ein eigenes Beispiel!
3. Begründen Sie, warum das BGB bei den Stufen der Geschäftsfähigkeit feste Altersgrenzen zugrunde legt! Nennen Sie die Altersgrenzen!
4. Erklären Sie, welche Rechtsfolgen eintreten, wenn geschäftsunfähige, beschränkt geschäftsfähige oder voll geschäftsfähige Personen Willenserklärungen abgeben!

5. Lösen Sie folgende Rechtsfälle! Prüfen Sie jeweils die Rechtslage und begründen Sie Ihre Lösungen ausführlich mit den gesetzlichen Vorschriften (§§) des BGB:

   Aufgaben:

   5.1 Ein Kranker, der sich in einem Zustand dauernder Störung der Geistestätigkeit befindet, erhält von seinem Bruder ein Mietshaus geschenkt. Kann der Kranke Eigentümer des Hauses und wegen der Mieteinkünfte steuerpflichtig werden?

   5.2 Das Finanzamt verlangt von einem 4 Jahre alten Kind die Bezahlung rückständiger Steuern. Ist dies überhaupt möglich?

6. Die 8-jährige Monika erhält von ihrer Großmutter einen sehr wertvollen Ring geschenkt. Kann Monika den Ring ohne Zustimmung ihrer Eltern annehmen (behalten)? Wird Monika auch ohne Zustimmung der Eltern Eigentümerin des Rings?

7. Der 17-jährige Schüler Franz entnimmt seiner Sparbüchse 400,00 EUR und kauft sich davon ein Notebook, welches er auch gleich mitnimmt.

   Aufgaben:

   Prüfen Sie die Rechtslage, wenn

   7.1 keine Einwilligung der Eltern vorliegt,

   7.2 eine Einwilligung der Eltern vorliegt,

   7.3 die Eltern den Kauf nachträglich genehmigen,

   7.4 die Eltern nach Aufforderung durch den Verkäufer

      7.4.1 die Genehmigung verweigern,

      7.4.2 schweigen,

      7.4.3 erst nach drei Wochen den Kauf genehmigen und das Notebook inzwischen (ohne dass dies die Eltern wissen konnten) stark beschädigt ist!

8. Der 17-jährige Auszubildende Karl wohnt und arbeitet mit Zustimmung seiner Eltern in Sonneberg, während seine Eltern in Düsseldorf zu Hause sind.

   Aufgaben:

   8.1 Am Monatsende ist die Miete zu zahlen. Stellen Sie dar, ob Karl aus rechtlicher Sicht mit seiner Ausbildungsvergütung sein Zimmer bezahlen darf!

   8.2 Karl möchte sich von seiner Vergütung eine Stereoanlage kaufen. Klären Sie die Rechtslage!

   8.3 Prüfen Sie, ob Karl, falls er 750,00 EUR geschenkt bekommt, eine Stereoanlage kaufen kann!

   8.4 Erläutern Sie, wie im Fall 8.1 zu entscheiden ist, wenn Karl von zu Hause fortgelaufen ist und seit mehreren Monaten ohne Wissen der Eltern in Weimar arbeitet!

2 Rechtsgeschäfte

2.1 Zustandekommen und Arten von Rechtsgeschäften

2.1.1 Willenserklärung als wesentlicher Bestandteil eines Rechtsgeschäfts

(1) Willenserklärungen und Rechtsgeschäfte

Wenn wir Rechtsgeschäfte abschließen wollen (z. B. einen Kauf tätigen möchten), müssen wir unseren Willen äußern (erklären). Dies geschieht durch sog. **Willenserklärungen.**

- **Rechtsgeschäfte** kommen durch **Willenserklärungen** zustande.
- **Willenserklärungen** sind solche Äußerungen (Handlungen) einer Person (oder mehrerer Personen), die mit der Absicht vorgenommen werden, eine **rechtliche Wirkung** herbeizuführen.

(2) Bestandteile und Äußerungsformen der Willenserklärung

Die Willenserklärung besteht aus dem **Willen** (dem Motiv), der den Erklärenden zu einer Willensäußerung veranlasst, und der tatsächlichen **Erklärung.**

- **Willenselemente** sind der Handlungswille und der Geschäftswille.

Handlungswille	Die Erklärung muss **gewollt** sein. Keine Willenserklärung liegt z.B. vor, wenn eine Erklärung unter Zwang oder unter Drogeneinfluss abgegeben wird.
Geschäftswille	Der Erklärende muss eine **rechtsverbindliche Wirkung** beabsichtigen. Eine ausgesprochene Einladung ins Theater ist z.B. keine Willenserklärung.

- Der Handlungs- und Geschäftswille allein genügt nicht, wenn dieser nicht erklärt wird. Die **Erklärung** des Willens kann abgegeben werden durch:

unmittelbare Handlungen	Unmittelbare oder ausdrückliche Willenserklärungen (mündlich, fernmündlich, schriftlich, per FAX, E-Mail).
mittelbare (schlüssige) Handlungen	Konkludente[1] Willenserklärungen (z.B. Einsteigen in die Straßenbahn, Münzeinwurf in einen Automaten, Kopfnicken auf ein Angebot).
ausnahmsweise Schweigen	Grundsatz: Schweigen gilt als Ablehnung [§§ 108 II, S. 2; 177 II, S. 2 BGB]. Schweigen gilt z.B. als Zustimmung, wenn dies vertraglich vereinbart war.

2.1.2 Arten von Rechtsgeschäften

2.1.2.1 Einseitige Rechtsgeschäfte

Rechtsgeschäfte, die nur **eine Willenserklärung** benötigen, bezeichnet man als **einseitige Rechtsgeschäfte.**

Rechtsgeschäft	Erläuterungen	Beispiele
Empfangsbedürftige Willenserklärungen (Rechtsgeschäfte)	Bei **empfangsbedürftigen Willenserklärungen (empfangsbedürftigen Rechtsgeschäften)** ist die Willenserklärung erst rechtswirksam, wenn sie demjenigen **zugegangen** ist, für den sie bestimmt ist.	Eine **Kündigung** ist erst dann rechtswirksam, wenn sie dem Erklärungsempfänger rechtzeitig zugegangen ist.

1 **Konkludent** (lat.): was eine bestimmte Schlussfolgerung zulässt.

Rechtsgeschäft	Erläuterungen	Beispiele
Nicht empfangsbedürftige Willenserklärungen (Rechtsgeschäfte)	Bei **nicht empfangsbedürftigen Willenserklärungen (nicht empfangsbedürftigen Rechtsgeschäften)** ist die Willenserklärung rechtswirksam, sobald sie **abgegeben worden ist.**	Ein **Testament** ist bereits mit der Niederschrift rechtswirksam und nicht erst dann, wenn der Erbe das Testament empfangen oder gelesen hat.

Beim Zugang der empfangsbedürftigen Willenserklärung ist zu unterscheiden, ob sie unter Anwesenden oder unter Abwesenden abgegeben wird.

Unter Anwesenden	Unter Abwesenden
Abgegebene Willenserklärungen sind mit ihrer **Abgabe rechtswirksam.**	Die Willenserklärung ist dann zugegangen, wenn der Empfänger normalerweise von ihr **Kenntnis nehmen kann** (z.B. die Kündigung liegt im Briefkasten des Mitarbeiters zu Hause. Ob er sie liest, ist seine Sache).

Beachte:

Solange eine Willenserklärung **noch nicht rechtswirksam** geworden ist, kann sie **widerrufen** werden. Es reicht, wenn der Widerruf dem Empfänger spätestens gleichzeitig mit der Erklärung zugeht [§ 130 I, S. 2 BGB].

2.1.2.2 Zweiseitige Rechtsgeschäfte (Verträge)

- Rechtsgeschäfte, die zu ihrer Gültigkeit **mindestens zwei sich inhaltlich deckende Willenserklärungen benötigen,** sind **mehrseitige (zweiseitige) Rechtsgeschäfte.** Sie bezeichnet man als **Verträge.**
- Alle Verträge haben gemeinsam, dass sie durch **Antrag (1. Willenserklärung)** und **Annahme (2. Willenserklärung)** zustande kommen.

Je nachdem, ob sich aus den abgeschlossenen Verträgen nur für einen oder für beide Vertragspartner Leistungsverpflichtungen ergeben, unterscheidet man folgende Vertragsarten:

Rechtsgeschäft	Erläuterungen	Beispiele
Einseitig verpflichtende Verträge	Sie liegen vor, wenn nur einem Vertragspartner eine Verpflichtung zur Leistung auferlegt ist.	Ein einseitig verpflichtender Vertrag ist der Schenkungsvertrag. Der Schenker verpflichtet sich, dem Beschenkten das Geschenk zu übergeben und zu übereignen, während der Beschenkte keine Gegenleistung zu erbringen hat.
Mehrseitig verpflichtende Verträge	Es handelt sich um Rechtsgeschäfte, bei denen jeder Vertragsteil zu einer Gegenleistung als Entgelt für die Leistung des anderen Vertragsteils verpflichtet ist. Die weitaus meisten Rechtsgeschäfte sind zweiseitig verpflichtende Verträge.	■ Kaufvertrag, ■ Mietvertrag, ■ Pachtvertrag, ■ Darlehensvertrag, ■ Berufsausbildungsvertrag und ■ Reisevertrag.

2.1.3 Form der Rechtsgeschäfte

(1) Formfreiheit und Formzwang

Formfreiheit

Formfreiheit bedeutet, dass die Rechtsgeschäfte in jeder möglichen Form abgeschlossen werden können. Im Rahmen unserer geltenden Rechtsordnung besteht für die weitaus meisten Rechtsgeschäfte der Grundsatz der Formfreiheit.

Beispiel:

Die meisten Rechtsgeschäfte können mit beliebigen Mitteln, z.B. durch **Worte** (mündlich, fernmündlich, per Fax oder E-Mail), durch **schlüssige (konkludente) Handlungen** (Kopfnicken, Handheben, Einsteigen in ein Taxi usw.) und in bestimmten Fällen sogar durch **Schweigen** abgeschlossen werden.

Formzwang

Abweichend von dem Grundsatz der Formfreiheit gibt es bestimmte Gruppen von Rechtsgeschäften, für die das Gesetz bestimmte Formen vorschreibt **(gesetzliche Formen),** oder für die zwischen den Vertragsparteien eine bestimmte Form vereinbart wurde **(vertragliche Formen** genannt). Dieser sogenannte Formzwang dient vor allem

- der **Beweissicherung,**
- dem **Schutz vor voreiligen Verpflichtungen** (z.B. des Schenkers und des Bürgen) und
- einer genauen **Abgrenzung zwischen unverbindlichen Vorverhandlungen und verbindlichen Aufzeichnungen** (z.B. beim Testament und Erbvertrag).

(2) Gesetzliche Formen

Schriftform [§ 126 BGB]

Die Schriftform verlangt, dass die Erklärung niedergeschrieben und vom Erklärenden **eigenhändig durch Namensunterschrift** oder mittels **notariell beglaubigtem Handzeichen unterzeichnet** wird [§ 126 I BGB]. Bei mehrseitigen Rechtsgeschäften (z.B. Verträgen) muss die Vertragsurkunde grundsätzlich von allen Vertragsparteien unterschrieben sein [§ 126 II BGB].

Mögliche Anwendungsbereiche:

- Bürgschaftserklärung [§ 766 BGB],
- Beendigung von Arbeitsverhältnissen durch Kündigung [§ 623 BGB] oder Aufhebungsvertrag [§ 623 BGB],
- Berufsausbildungsvertrag [§ 11 BBiG],
- Verbraucherdarlehensvertrag [§ 492 BGB].

Elektronische Form [§ 126a BGB]

Die **gesetzliche Schriftform** kann grundsätzlich (soweit im Gesetz nichts Abweichendes bestimmt ist) durch die **elektronische Form ersetzt werden** [§ 126 III BGB]. Zur Rechtswirksamkeit muss der Aussteller der Erklärung seinen Namen hinzufügen und das elektronische Dokument mit einer qualifizierten elektronischen Signatur nach dem Signaturgesetz versehen werden [§ 126a BGB].

Mögliche Anwendungsbereiche:

- Onlinebanking,
- Kreditkartennutzung,
- Pay-TV, Teleshopping,
- elektronische Ausweispapiere,
- automatische Empfangsbestätigung von Schriftstücken im Schriftverkehr mit Behörden.

Textform [§ 126 b BGB]

Die Textform verlangt, dass die Erklärung in einer Urkunde abgegeben, die Person des Erklärenden genannt und der Abschluss der Erklärung durch eine Nachbildung der Namensunterschrift (Faksimile) oder anders erkennbar gemacht wird [§ 126 b BGB]. Dabei muss eine dauerhafte Wiedergabe der Schriftzeichen beim Empfänger möglich sein. Geeignet hierfür sind z. B. eine Website im Internet, eine E-Mail oder ein Computerfax.

Mögliche Anwendungsbereiche:

- Belehrung über das Widerrufsrecht beim Fernabsatzvertrag seitens des Unternehmens gegenüber dem Verbraucher [§ 355 II BGB].
- Garantieerklärungen [§ 443 BGB] beim Verbrauchsgüterkauf [§ 477 BGB].

Öffentliche Beglaubigung [§ 129 BGB]

Die öffentliche Beglaubigung ist eine Schriftform, bei der die **Echtheit der eigenhändigen Unterschrift des Erklärenden** von einem Notar beglaubigt wird [§ 129 I BGB]. Der Notar beglaubigt nur die Echtheit der Unterschrift, nicht jedoch den Inhalt der Urkunde. Die öffentliche Beglaubigung wird durch die notarielle Beurkundung der Erklärung ersetzt [§ 129 II BGB].

Mögliche Anwendungsbereiche:

Anmeldungen

- zum Handelsregister [§ 12 I HGB],
- zum Vereinsregister [§ 77 BGB] und
- zum Güterrechtsregister [§ 1560 BGB].

Beispiel für die Beglaubigung einer Unterschrift

Urkundenrolle Nummer: 333

Vorstehende, vor mir vollzogene (bzw. anerkannte) Unterschrift des Herrn Franz Müller, Kaufmann, wohnhaft in Karlsruhe, Benzstraße 57, geboren am 1. Januar 1952, beglaubige ich. Herr Müller wies sich durch seinen Personalausweis aus.

Altenburg, den 5. März 20. .
(Ort und Datum)

Notarielle Beurkundung [§ 128 BGB]

Sie erfordert ein Protokoll, in welchem der Beurkundungsbeamte die vor ihm abgegebenen Erklärungen beurkundet [§ 128 BGB]. Die Willenserklärungen werden also in einer öffentlichen Urkunde aufgenommen. Der Notar beurkundet die **Unterschrift** und den **Inhalt der Erklärungen**.

Mögliche Anwendungsbereiche:

- Grundstückskaufverträge [§ 311 b I, S. 1 BGB],
- Schenkungsversprechen [§ 518 I, S. 1 BGB],
- Erbverzichtsverträge [§ 2348 BGB],
- Erbverträge [§ 2276, S. 1 BGB].

Rechtsgeschäfte, die **nicht** in der vom **Gesetz vorgeschriebenen Form** erfolgt sind, sind grundsätzlich **nichtig**[1] [§ 125, S. 1 BGB].

1 Zur Nichtigkeit vgl. S. 187 f.

2.2 Wichtige Vertragsarten des Bürgerlichen Gesetzbuchs[1]

Werkvertrag [§§ 631 ff. BGB]	Abschluss zwischen **Unternehmer** und **Besteller**. Der Unternehmer verpflichtet sich zur **Herstellung** des versprochenen (vereinbarten) **Werks** und der Besteller zur Entrichtung der vereinbarten Vergütung. Der Unternehmer schuldet den **versprochenen Erfolg**, nicht die Arbeitsleistung an sich [§§ 631 – 650 BGB]. Hierin liegt der Unterschied zum Dienstvertrag, der allein die Dienstleistung als solche zum Gegenstand hat. **Beispiel:** Das Werkvertragsrecht bezieht sich z.B. auf unbewegliche Sachen (z.B. Errichten von Gebäuden), auf Verträge, deren Gegenstand keine Sachen sind (z.B. Erstellen von Gutachten, Planungsleistungen, künstlerische Aufführungen) und auf „reine" Reparaturaufträge (z.B. Reparatur eines Autos).
Werklieferungsvertrag [§ 651 BGB]	Auf Verträge über die Lieferung noch **herzustellender** (oder zu **erzeugender**) beweglicher Sachen (z.B. Herstellung eines Möbelstücks aus dem vom Besteller oder Schreiner gelieferten Holz) finden die **Vorschriften über den Kauf** Anwendung [§ 651 I, S. 1 BGB]. Der Unternehmer verspricht den **versprochenen Arbeitserfolg**.
Mietvertrag [§§ 535 ff. BGB]	Abschluss zwischen **Mieter** und **Vermieter**. Der Vermieter verpflichtet sich, dem Mieter gegen **Entgelt** (Mietzins) die vermietete bewegliche und unbewegliche Sache während der Mietzeit zum **Gebrauch** zu überlassen. Keine Fruchtziehung, d.h. keine Gewinnerzielung mit der Mietsache [§§ 535 – 580 a BGB]. **Beispiele:** Vermietung einer Datenverarbeitungsanlage. – Vermietung eines Einfamilienhauses.
Pachtvertrag [§§ 581 ff. BGB]	Abschluss zwischen **Pächter** und **Verpächter**. Der Verpächter verpflichtet sich, dem Pächter den **Gebrauch** des verpachteten Gegenstands und den **Genuss der Früchte** (den Ertrag) während der Pachtzeit zu gewähren. Der Pächter ist verpflichtet, dem Verpächter den vereinbarten **Pachtzins** zu zahlen [§§ 581 – 597 BGB]. Auch Rechte können Gegenstand eines Pachtvertrags sein. **Beispiele:** Verpachtung eines landwirtschaftlich genutzten Ackers. – Verpachtung eines Ladengeschäfts. – Verpachtung der Nutzungsrechte aus einem Patent.
Leihvertrag [§§ 598 ff. BGB]	Abschluss zwischen **Verleiher** und **Entleiher**. Der Verleiher verpflichtet sich, dem Entleiher den Gebrauch der Sache **unentgeltlich** zu gestatten. Der Entleiher ist verpflichtet, die geliehene Sache nach Ablauf der bestimmten Zeit zurückzugeben [§§ 598 – 606 BGB]. **Beispiel:** Die Schülerin Erna S. leiht ihrer Freundin ein Buch.

1 Zum Arbeitsvertrag siehe S. 151 ff., zum Kaufvertrag S. 285 ff.

Darlehensvertrag [§§ 488ff. BGB]	Das BGB kennt zwei Arten von Darlehensverträgen, den (Geld-)Darlehensvertrag und den Sachdarlehensvertrag. ■ **(Geld)-Darlehensvertrag:** Vertragsparteien sind der Darlehensgeber und der Darlehensnehmer. Durch den Darlehensvertrag wird der Darlehensgeber verpflichtet, dem Darlehensnehmer einen Geldbetrag in der vereinbarten Höhe zur Verfügung zu stellen. Der Darlehensnehmer übernimmt die Verpflichtung, den ihm vom Darlehensgeber überlassenen Geldbetrag bei Fälligkeit zurückzuerstatten und – falls es sich nicht um ein unentgeltliches Darlehen handelt – den geschuldeten Zins zu zahlen.
[§§ 607ff. BGB]	■ **Sachdarlehensvertrag:** Hier verpflichtet sich der Darlehensgeber dem Darlehensnehmer vertretbare Sachen (oder Wertpapiere) zu überlassen. Der Darlehensnehmer ist bei Fälligkeit zur Rückerstattung von Sachen (bzw. Wertpapieren) gleicher Art, Güte und Menge verpflichtet. Auch das Sachdarlehen kann entgeltlich [§ 607 I, S. 2 BGB] oder unentgeltlich sein. **Beispiele:** Effekten (z.B. Aktien, Staatsanleihen), Edelmetalle (z.B. Gold, Silber, Kupfer), standardisierte Produkte, sodass sie börsenmäßig gehandelt werden können (z.B. Baumwolle, Getreide), Mehl eines bestimmten Typs (z.B. Weizenmehl Type 405), Superbenzin bleifrei, Serienmaschinen, Kunstdrucke.

Zusammenfassung

- **Rechtsgeschäfte** kommen durch Willenserklärungen zustande.
- **Willenserklärungen** sind solche Äußerungen einer Person (oder mehrerer Personen), die mit der Absicht abgegeben werden, eine **rechtliche Wirkung** herbeizuführen.
- Willenserklärungen können **nicht empfangsbedürftig** oder **empfangsbedürftig** sein.
- Die meisten Willenserklärungen sind **empfangsbedürftig,** d.h., sie sind an bestimmte Personen zu richten. Sie werden rechtswirksam, wenn sie der Erklärungsempfänger rechtzeitig erhalten hat.
- Die Willenserklärung ist **rechtswirksam:**
  - bei **Abwesenden:** wenn sich die Willenserklärung im Zugriffsbereich des Empfängers befindet.
  - bei **Anwesenden:** mit der Abgabe der Willenserklärung.
- Zu unterscheiden sind: **einseitige** und **zweiseitige Rechtsgeschäfte.**
- Zu wichtigen **Vertragsarten** des BGB siehe Tabelle S. 184f.

Übungsaufgaben

74 1. Erklären Sie den Begriff „Rechtsgeschäft"!

2. Begründen Sie, ob in folgenden Fällen eine Willenserklärung vorliegt! Wenn ja, in welcher Form wurde die jeweilige Willenserklärung geäußert?

   2.1 Sie werden von Ihrem Onkel zu einer Ferienfahrt eingeladen.

   2.2 Sie steigen in Essen mit einem gültigem Fahrschein in die Straßenbahn ein.

2.3 Sie möchten mit Ihrem Freund nach dem Kinobesuch mit dem Taxi nach Hause fahren. Durch „Handheben" veranlassen Sie ein vorbeifahrendes Taxi zu halten, in das Sie dann unter Angabe Ihrer Wohnung einsteigen.

2.4 Sie entnehmen in einem Selbstbedienungsladen im Regal lagernde Waren und legen diese auf das Laufband der Kasse.

3. Prüfen Sie, ob ein- oder zweiseitige Rechtsgeschäfte vorliegen und wie die Willenserklärungen abgegeben wurden:

3.1 Der Hauseigentümer schließt mit Ihren Eltern einen Vertrag über die Benutzung von Wohnräumen ab.

3.2 Thomas Müller steigt in München in die U-Bahn ein.

3.3 Renate Kaiser bestellt bei amazon.de eine Konzertfilm-DVD.

3.4 Der Angestellte Max Lehmann kündigt seinen Arbeitsvertrag.

75 Begründen Sie, welche Verträge zwischen den Vertragspartnern abgeschlossen werden!

1. Beim Backen des „Geburtstagskuchens" stellen Sie fest, dass Sie vergessen haben, Butter einzukaufen. Sie gehen deshalb zur Nachbarin Müller und borgen sich zwei Pfund Butter.
2. Ihr Vater holt die zum Geburtstag eingeladene Oma mit dem Auto ab. Unterwegs „baut" Ihr Vater einen Unfall, weshalb das Auto zur Reparatur in die Werkstatt abgeschleppt wird. Ihr Vater erteilt dem Inhaber, Herrn Ketterer, gleich den Reparaturauftrag, um die entstandene „Blechbeule" auszubessern. Herr Ketterer nimmt den Auftrag an.
3. Auf Vorschlag Ihres Bruders Karl holt sich Ihr Vater für einen Tag bei einem Autoverleiher einen Pkw. Bei Rückgabe des Wagens zahlt Ihr Vater 70,00 EUR.
4. Um bei der Geburtstagsfeier tüchtig tanzen zu können, stellt Ihnen Ihr Freund Franz seine Stereoanlage zur Verfügung.

76

1. Erklären Sie anhand selbst gebildeter Beispiele, in welcher Form Willenserklärungen abgegeben werden können!
2. Begründen Sie die Notwendigkeit gesetzlicher Formvorschriften!
3. Erklären Sie, welchen Zweck die Vertragsparteien verfolgen, wenn diese für die abzuschließenden Rechtsgeschäfte eine bestimmte Form vereinbaren!
4. Die Eheleute Hans und Irma Holzmann besitzen mehrere Grundstücke. Sie wollen ihrer Tochter Heike an deren 18. Geburtstag ein Grundstück übertragen.

   Aufgabe:

   Stellen Sie dar, welcher Form die Übertragung des Grundstücks bedarf!
5. Karin Weber hat bis zum 31. März d. J. bei der Kreditbank AG gearbeitet. Ihr wurde versehentlich kein Arbeitszeugnis erteilt. Jetzt ruft sie in der Personalabteilung dieser Bank an und bittet darum, ihr möglichst sofort ein Arbeitszeugnis per Fax oder E-Mail zu übermitteln.

   Aufgabe:

   Prüfen Sie, ob dieses Verfahren grundsätzlich für diesen Zweck einsetzbar ist! Lesen Sie hierzu § 630 BGB! Begründen Sie Ihre Antwort.
6. Erläutern Sie, welchen Zweck das BGB verfolgt, wenn es bestimmt, dass Rechtsgeschäfte, die nicht in der vorgeschriebenen gesetzlichen Form erfolgt sind, grundsätzlich nichtig sind!

2.3 Nichtigkeit und Anfechtbarkeit von Rechtsgeschäften

2.3.1 Nichtigkeit von Rechtsgeschäften

Rechtsgeschäfte, die nach dem **Gesetz ungültig** sind, gelten als **von Anfang an nichtig** (ungültig).

Die Rechtsordnung verweigert Rechtsgeschäften, die nach dem Gesetz ungültig sind, jede Rechtsfolge. Sie möchte damit von derartigen Rechtsgeschäften abschrecken. Die Vertragspartner sollen von vornherein wissen, dass sie die Erfüllung nichtiger Rechtsgeschäfte gerichtlich nicht erzwingen können.

Die folgenden **Mängel** führen dazu, dass Verträge von Anfang an nichtig sind:

Arten der Mängel	Erläuterung
Mangel in der Geschäftsfähigkeit	■ Rechtsgeschäfte mit Geschäftsunfähigen [§ 105 I BGB]; ■ Rechtsgeschäfte mit **beschränkt Geschäftsfähigen,** sofern die **Zustimmung vom gesetzlichen Vertreter verweigert wird,** die Ausnahmeregelung des § 110 BGB (Taschengeldparagraf) nicht vorliegt und das Rechtsgeschäft dem beschränkt Geschäftsfähigen nicht ausschließlich rechtliche Vorteile bringt [§ 107 BGB].
Mangel im rechtsgeschäftlichen Willen	■ Zum Schein abgegebene Willenserklärungen **(„Scheingeschäfte"),** die ein anderes Rechtsgeschäft verdecken sollen [§ 117 BGB], z. B. Grundstückskaufvertrag über 230 000,00 EUR, wobei mündlich ein Kaufpreis von 280 000,00 EUR vereinbart wird, um Grunderwerbsteuer zu sparen;[1] ■ Offensichtlich nicht ernst gemeinte Willenserklärungen **(„Scherzgeschäfte")** [§ 118 BGB], z. B. das Angebot eines Witzbolds, seine Fahrkarte zum Mond für 5 000,00 EUR verkaufen zu wollen; ■ Rechtsgeschäfte, die im **Zustand der Bewusstlosigkeit** oder **vorübergehender Störung der Geistestätigkeit** abgeschlossen werden [§ 105 II BGB], (z. B. ein Betrunkener verkauft sein Auto).
Mangel im Inhalt des Rechtsgeschäfts	■ Rechtsgeschäfte, die ihrem **Inhalt nach gegen ein gesetzliches Verbot verstoßen** [§ 134 BGB], z. B. Rauschgift- und Waffengeschäfte.

1 Das **Scheingeschäft** (Kaufvertrag über 230 000,00 EUR) ist nichtig. Das gewollte Geschäft wäre gültig, wenn die Formerfordernisse gewahrt worden wären. Da in diesem Beispiel aber nur eine mündliche Absprache vorliegt, ist das gewollte Geschäft wegen Formmangels ebenfalls nichtig. Der Mangel wird aber durch eine nachfolgende Übereignung durch Einigung (Auflassung) und Grundbucheintragung [§§ 873 I; 925 BGB] des Grundstücks geheilt, sodass der Käufer 280 000,00 EUR zu zahlen hat [§ 311 b I, S. 2 BGB].

Arten der Mängel	Erläuterung
	■ Rechtsgeschäfte, die ihrem **Inhalt nach gegen die guten Sitten verstoßen** [§ 138 I BGB], insbesondere Wuchergeschäfte. Ein Wuchergeschäft liegt vor, wenn die Zwangslage (z.B. Notlage), die Unerfahrenheit, ein mangelndes Urteilsvermögen oder eine erhebliche Willensschwäche (z.B. der Leichtsinn) eines anderen vorsätzlich ausgenutzt wird **(subjektiver Tatbestand)** und ein auffälliges Missverhältnis zwischen der Leistung und Gegenleistung besteht **(objektiver Tatbestand)** [§ 138 II BGB].
Mangel in der Form	Rechtsgeschäfte, die gegen die **gesetzlichen Formvorschriften verstoßen** (z.B. ein mündlich abgeschlossener **Verbraucherdarlehensvertrag**), sind grundsätzlich nichtig [§§ 125, S. 1; 492 BGB].

2.3.2 Anfechtbarkeit von Rechtsgeschäften

Anfechtbare Rechtsgeschäfte sind **bis zu der erklärten Anfechtung** voll **rechtswirksam** (gültig). **Nach einer rechtswirksamen Anfechtung** wird das Rechtsgeschäft jedoch **von Anfang an nichtig (ungültig)** [§ 142 I BGB].

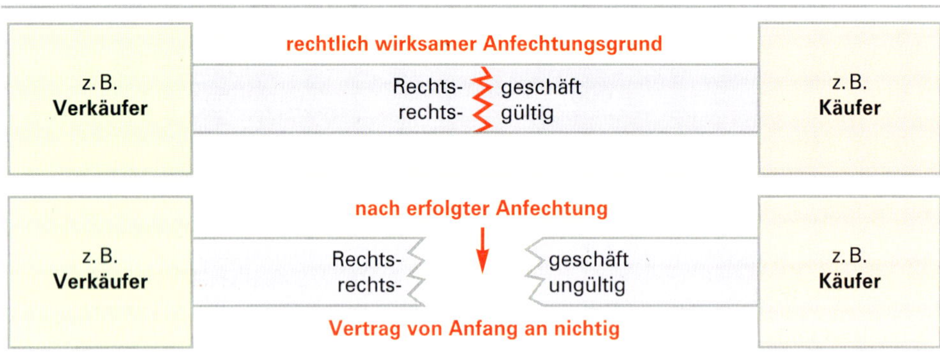

(1) Anfechtung wegen Irrtums

Eine Anfechtung wegen Irrtums ist nur bei folgenden gesetzlich geregelten Fällen möglich [§§ 119, 120 BGB]:

Formen des Irrtums	Beispiele
Irrtum in der Erklärungshandlung Hier verspricht oder verschreibt sich der Erklärende.	Der Verkäufer eines Autos will dieses für 12000,00 EUR anbieten, schreibt in seinem Angebot jedoch nur 10000,00 EUR.

Irrtum über den Erklärungsinhalt In diesem Fall hat sich der Erklärende über den Inhalt seiner Willenserklärung geirrt.	Herr Segmüller besucht in Köln die Messe „Inter Karneval“. Beim Besuch einer Gaststätte liest er auf der Speisekarte „halver Hahn“. Erfreut bestellt er in Erwartung eines halben Hähnchens.[1]
Irrtum bei der Übermittlung einer Willenserklärung	Ein Vertreter übermittelt ein Angebot falsch. Statt des richtigen Angebotspreises von 500,00 EUR enthält das Fax nur einen Preis von 50,00 EUR, weil sich die Sekretärin des Vertreters vertippt hat.
Irrtum über verkehrswesentliche Eigenschaften einer Person oder einer Sache	Eine Bank stellt einen Kassierer ein, über den sie nachträglich erfährt, dass dieser bereits Unterschlagungen bei seinem früheren Arbeitgeber begangen hat.

In den genannten Fällen muss die Anfechtung unverzüglich[2] nach Entdeckung des Anfechtungsgrunds erfolgen [§ 121 I, S. 1 BGB]. Der Anfechtende (der Irrende) ist höchstens zum Ersatz des Schadens verpflichtet, den der andere dadurch erlitten hat, dass er auf die Gültigkeit der Erklärung vertraute **(Vertrauensschaden)** [§ 122 I BGB].

Beachte:

Nicht anfechtbar sind:

Rechtsgeschäfte, die aufgrund eines rechtsunerheblichen Irrtums im Beweggrund **(Motivirrtum)** abgeschlossen worden sind (ausgenommen bei verkehrswesentlichen Eigenschaften von Personen und Sachen [§ 119 II BGB]).

Beispiel:

Ein Anleger kauft eine Aktie in der Erwartung, dass deren Kurs steigt. Sinkt der Kurs, kann er den Kaufvertrag nicht rechtswirksam anfechten.

(2) Anfechtung wegen arglistiger Täuschung

Eine **arglistige Täuschung** liegt beim **Vorspiegeln falscher** oder bei der **Unterdrückung wahrer Tatsachen** vor.

Beispiele:

- Ein Verkäufer verkauft einen Unfallwagen, verschweigt dem Käufer jedoch den Unfall, da dieser den Wagen bei Kenntnis des Unfalls nicht gekauft hätte. Der Käufer kann den Kaufvertrag nach § 123 I BGB wegen arglistiger Täuschung durch den Verkäufer anfechten.
- Ein Werbekaufmann wird aufgrund gefälschter Zeugnisse als Werbeleiter angestellt. Das Unternehmen kann den Anstellungsvertrag nach Kenntnis der Täuschung anfechten.
- Ein Kunde erhält unter Vorlage unwahrer Bauunterlagen einen Bankkredit. Die Bank kann den Kreditvertrag anfechten.

Die Anfechtung wegen arglistiger Täuschung muss **innerhalb eines Jahres nach Entdeckung der Täuschung** erfolgen [§ 124 I, II, S. 1, 1. HS BGB].

1 Ein halver Hahn ist in Köln ein Roggenbrötchen.

2 **Unverzüglich** bedeutet ohne schuldhaftes Zögern [§ 121 I, S. 1 BGB].

(3) Anfechtung wegen widerrechtlicher Drohung

Damit eine widerrechtliche Drohung vorliegt, müssen folgende Tatbestandsmerkmale vorliegen: Dem Erklärungsempfänger wird, falls er sich weigert, ein „Übel" (z.B. eine Körperverletzung) angedroht. Die Drohung muss widerrechtlich sein und der Drohende muss sich außerdem bewusst sein, dass seine Drohung den Willensentschluss des Bedrohten herbeiführt oder mitbestimmt hat. Die Anfechtung wegen widerrechtlicher Drohung muss **innerhalb eines Jahres vom Wegfall der Zwangslage** gerechnet, angefochten werden [§ 124 I, II, S. 1, 2. HS BGB].

Beispiele:

- Ein Räuber droht Ihnen: „Geld her oder das Leben!"
- Ein Gläubiger droht: „Bezahlung der Schulden oder das Leben"; oder er droht „sanft": „Wenn Sie nicht zahlen, erzähle ich Ihrer Frau, dass ich Sie am letzten Sonntag mit Ihrer Sekretärin gesehen habe."

Beachte:

Eine **Widerrechtlichkeit** liegt **nicht** vor, wenn der Erklärende ein Recht auf eine Erklärung des anderen hat und er ihn hierzu mit angemessenen Mitteln zwingt.

Beispiel:

Der Gläubiger droht dem säumigen Schuldner damit, ihn – falls er nicht leistet – „zu verklagen" oder „den Kaufvertrag durch Rücktritt aufzulösen".

Zusammenfassung

- **Nichtige Rechtsgeschäfte** sind von Anfang an nichtig (ungültig). Sie kommen erst gar nicht zustande. Das BGB versagt ihnen jede Rechtswirkung (Rechtsfolge).
- **Anfechtbare Rechtsgeschäfte** sind bis zur Anfechtung voll rechtswirksam (gültig).
- Nach einer rechtswirksamen (gesetzlich zugelassenen und fristgemäßen) **Anfechtung** werden die anfechtbaren **Rechtsgeschäfte rückwirkend, d.h. von Anfang an, nichtig.**

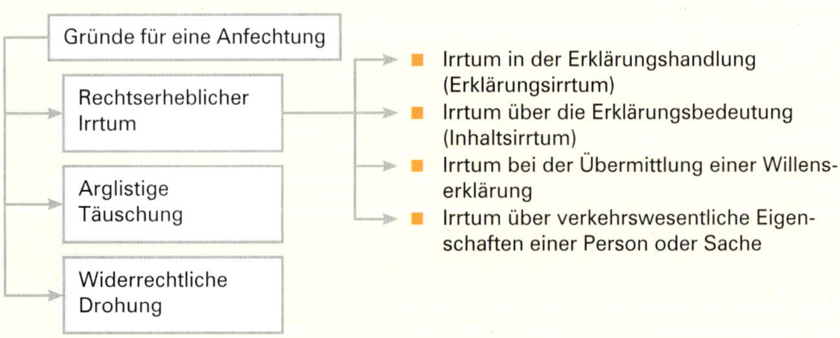

- Rechtsgeschäfte (Willenserklärungen), die einen der nachfolgenden Mängel aufweisen, sind von Anfang an nichtig.

Mangel in der Geschäftsfähigkeit	■ Willenserklärungen von **Geschäftsunfähigen** und beschränkt Geschäftsfähigen bei **fehlender Zustimmung des gesetzlichen Vertreters**
Mangel im rechtsgeschäftlichen Willen	■ **Scheingschäfte** ■ **Scherzgeschäfte** (offensichtlich nicht ernst gemeinte Willenserklärungen) ■ Im **Zustand der Bewusstlosigkeit** oder **vorübergehender Störung der Geistestätigkeit** abgegebene Willenserklärungen
Mangel im Inhalt des Rechtsgeschäfts	■ Rechtsgeschäfte, die gegen ein **gesetzliches Verbot** verstoßen ■ **Sittenwidrige Rechtsgeschäfte,** insbesondere Wuchergeschäfte
Mangel in der Form	■ Rechtsgeschäfte, die **nicht in der gesetzlich vorgeschriebenen** oder **in der im Rechtsgeschäft vereinbarten Form** abgeschlossen wurden

Übungsaufgabe

77

1. Erklären Sie, worin sich Nichtigkeit und Anfechtbarkeit von Verträgen unterscheiden, insbesondere hinsichtlich der Rechtsfolgen!
2. Erklären Sie, welchen Zweck das BGB mit der Nichtigkeit bestimmter Verträge verfolgt!
3. Erklären Sie den Unterschied zwischen Scheingeschäft und Scherzgeschäft!
4. Erklären Sie, unter welchen Voraussetzungen ein sittenwidriger Vertrag vorliegt!
5. Bilden Sie vier verschiedenartige „Irrtumsfälle", die eine Anfechtung des Irrenden zulassen!
6. Begründen Sie, warum bei einem Motivirrtum grundsätzlich keine Anfechtung möglich ist, in bestimmten Fällen das BGB jedoch dem Irrenden eine Anfechtung wegen eines Motivirrtums nicht verweigert!
7. Erklären Sie die Tatbestände einer „arglistigen Täuschung" und „widerrechtlichen Drohung"!
8. Entscheiden Sie in folgenden Rechtsfällen und begründen Sie Ihre Lösung mit den §§ des Gesetzes:

   8.1 Der Landkreis Plön nimmt das preisgünstige Angebot der Eutiner Baugesellschaft mbH über 18,2 Mio. EUR zum Bau eines neuen Berufschulzentrums an. Nach Abschluss des Werkvertrages stellt die Eutiner Baugesellschaft mbH fest, dass sie sich bei der Abgabe ihres Kostenvoranschlags (Angebots) geirrt hat. Die voraussichtliche Entwicklung der Einkaufspreise für die benötigten Baumaterialien (Zement, Ziegel, Kies, Baustahl usw.) wurde falsch eingeschätzt. Durch die angezogene Baukonjunktur sind die Preise der Baumaterialien stärker als erwartet gestiegen. Ein kostendeckendes Angebot müsste 20 Mio. EUR betragen. Die Eutiner Baugesellschaft mbH ficht deshalb ihr Angebot über 18,2 Mio. EUR wegen Irrtums in der Erklärungshandlung nach § 119 I BGB an.

   8.2 Der Eutiner Baugesellschaft mbH ist bei der Addition der Angebotssumme ein Fehler unterlaufen und deshalb beträgt der Angebotspreis nicht 20 Mio. EUR, sondern nur 18,2 Mio. EUR.

8.3 Herr Huber möchte seinem Nachbarn, Herrn Schreiner, schriftlich einen gebrauchten Pkw für 8500,00 EUR zum Verkauf anbieten, vertippt sich jedoch und schreibt statt 8500,00 EUR nur 6500,00 EUR. Schreiner nimmt das Angebot an. Der Wagen wird am folgenden Tag übergeben.

Als Schreiner kurz darauf bezahlen will, klärt sich alles auf.

8.4 Herr Huber bekommt seinen Pkw nicht los. Unter der Drohung, er werde ihn wegen Fahrens ohne Führerschein anzeigen, zwingt Huber seinen Freund Wolf zur Unterschrift des Vertrags. Der Wagen wird übergeben und sofort bezahlt.

9. Im Vertragsrecht unterscheidet man zwischen Nichtigkeit und Anfechtbarkeit. Entscheiden Sie, in welchem Fall Nichtigkeit vorliegt!

9.1 Verstoß gegen gesetzliche Formvorschriften,

9.2 Fehlen einer zugesicherten Eigenschaft,

9.3 Irrtum in der Erklärungshandlung,

9.4 arglistige Täuschung,

9.5 widerrechtliche Drohung.

3 Verjährung

3.1 Gegenstand, Begriff und Zweck der Verjährung

- Unter **Verjährung** versteht man den **Ablauf** der **Frist,** innerhalb der ein **Anspruch erfolgreich gerichtlich geltend gemacht werden kann.**
- Unter einem **Anspruch** versteht man das Recht, von einem anderen ein **Tun** oder ein **Unterlassen** zu verlangen.

Die Verjährung bedeutet jedoch nicht, dass der Anspruch nach vollendeter Verjährung erloschen ist. Dem Schuldner wird nach Ablauf der Verjährungsfrist gesetzlich lediglich das Recht eingeräumt, sich nach seinem freien Ermessen auf die vollendete Verjährung zu berufen und die Leistung zu verweigern. Er hat das Recht zur **„Einrede der Verjährung“.**[1] Erfüllt ein Schuldner also einen bereits verjährten Anspruch, kann er die Leistung nicht mehr erfolgreich zurückfordern.

Beispiel:

In Unkenntnis der bereits eingetretenen Verjährung des Zahlungsanspruchs seines Verkäufers zahlt der Käufer den Kaufpreis. Der Käufer kann die Zahlung nicht nach den Grundsätzen der ungerechtfertigten Bereicherung vom Verkäufer zurückfordern.

Zweck der **Verjährung** ist vor allem die **Rechts- und Beweissicherheit** des **Rechtsverkehrs** zu erhöhen.

1 Der Richter muss die Verjährung von Amts wegen nicht berücksichtigen.

3.2 Verjährungsfristen

Für die Verjährung gilt grundsätzlich die Regelfrist von 3 Jahren. Daneben gibt es noch eine Reihe von Sonderregelungen.

Verjährungsfristen			
Regelmäßige	**Besondere (Beispiele)**		
3 Jahre [§ 195 BGB]	2 Jahre [§ 438 I, Nr. 3 BGB]	5 Jahre [§ 438 I, Nr. 2 BGB]	30 Jahre [§§ 197, 199 II, III BGB]
Geltung ■ wiederkehrende Leistungen (Miete, Pacht, Zinsen) ■ Rechtsgeschäfte zwischen Kaufleuten bzw. Privatleuten ■ Ansprüche aus unerlaubten Handlungen (z. B. Körperverletzung) ■ Forderungen aufgrund arglistig verschwiegener Mängel ■ ...	**Geltung** ■ Sachmängelhaftung aus Kauf- und Werkverträgen	**Geltung** ■ Sachmängelhaftung aus Kauf von Baumaterial und Bauwerken	**Geltung** ■ rechtskräftige Urteile ■ Forderungen aus Insolvenz ■ Vollstreckungsbescheide ■ Schadensersatzansprüche aus Verletzungen des Lebens oder des Körpers ■ ...
Fristbeginn mit Schluss des Jahres, in dem der Anspruch entstanden ist [§ 199 BGB]	**Fristbeginn** Ablieferung der Kaufsache bzw. Abnahme des Werkes [§ 634a I, Nr. 1 BGB]	**Fristbeginn** Ablieferung der Kaufsache bzw. Übergabe des Bauwerkes [§ 634a I, Nr. 2 BGB]	**Fristbeginn** mit dem Datum der Fälligkeit des Anspruchs bzw. Rechtskraft der Entscheidung [§ 200 BGB]

Beispiel für eine regelmäßige Verjährungsfrist:

Das Autohaus Velter GmbH verkauft an das Einzelhandelsgeschäft Josef Krieger e. K. mit Vertrag vom 15. Februar 2015 einen zwei Jahre alten Kombiwagen. Zu welchem Zeitpunkt verjähren die Ansprüche auf Zahlung des Kaufpreises und Lieferung des Fahrzeugs?

Die Ansprüche sind am 15. Februar 2015 entstanden. Das Kaufhaus Velter GmbH und Josef Krieger e. K. haben jeweils Kenntnis von den den Anspruch begründenden Umständen und der Person des Schuldners erlangt. Die Verjährung beginnt daher gemäß § 199 I BGB am 31. Dezember 2015. Für das Rechtsgeschäft kommt die dreijährige regelmäßige Verjährungsfrist in Betracht. Die Ansprüche verjähren mit Ablauf des 31. Dezember 2018.

13 Speth u.a. - ISBN 978-3-8120-0497-8

3.3 Hemmung und Neubeginn der Verjährung

3.3.1 Hemmung der Verjährung

(1) Begriff Hemmung

- Die **Hemmung** bewirkt, dass der Ablauf der Verjährung für eine **bestimmte Zeit aufgehalten** wird [§ 209 BGB]. Nach Beendigung der Hemmung läuft die **Verjährungsfrist weiter**.
- Der Zeitraum der Hemmung, während dessen die Verjährung gehemmt ist, wird **nicht in die Verjährungsfrist eingerechnet.**

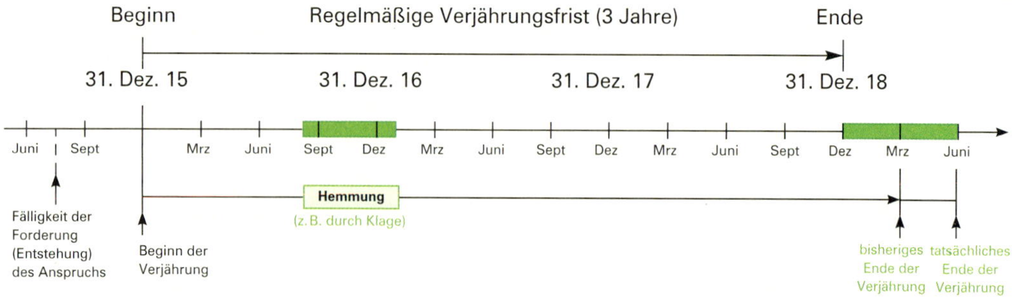

Die **Hemmung** dient dem **Gläubigerschutz.** Es können nämlich Umstände eintreten, die einen Gläubiger gewollt oder ungewollt an der Wahrnehmung (Durchsetzung) seiner Ansprüche hindern können. Der Gläubiger soll deshalb den Ablauf der Verjährung hinauszögern können.

(2) Hemmungsgründe

Hemmungsgründe sind z. B.

- noch **nicht abgeschlossene Verhandlungen** zwischen Gläubiger und Schuldner,
- die **Erhebung einer Leistungsklage, Zustellung eines gerichtlichen Mahnbescheids** und
- das Vorliegen eines **Leistungsverweigerungsrechts des Schuldners.**

3.3.2 Neubeginn der Verjährung

(1) Begriff Neubeginn

- Der **Neubeginn** der **Verjährung** bewirkt, dass die **bereits abgelaufene Verjährungsfrist** vom Zeitpunkt des Neubeginns der Verjährung an **nicht beachtet wird**.
- Die **Verjährungsfrist** beginnt **vom Zeitpunkt des Neubeginns** der Verjährung an in **voller Länge erneut** zu laufen.

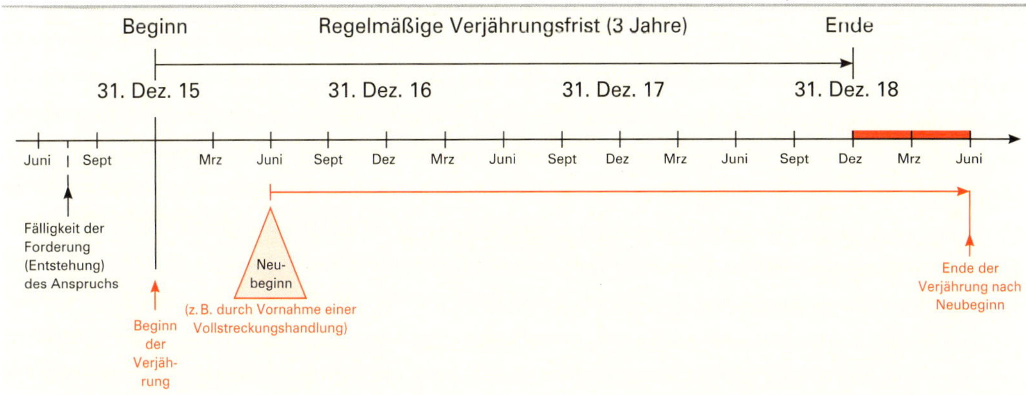

(2) Gründe für einen Neubeginn

Das Gesetz sieht zwei Fälle des **Neubeginns** der **Verjährung** vor [§ 212 BGB]:

- Bei einer **Anerkenntnis des Anspruchs** gegenüber dem Gläubiger durch den Schuldner (z. B. durch Abschlagszahlung, Zinszahlung, Sicherheitsleistung oder in anderer Weise [z. B. durch ausdrückliches Schuldanerkenntnis]) und
- wenn der Gläubiger eine **gerichtliche oder behördliche Vollstreckungshandlung** beantragt oder wenn sie vorgenommen wird.

Beispiel:

Ein in drei Jahren verjährender Anspruch des Gläubigers wäre ohne Hemmung und Neubeginn der Verjährung am 31. Dezember 2015 verjährt. Am 31. Dezember 2015 leistet der Schuldner eine Teilzahlung auf die Schuld. Damit liegt ein Neubeginn der Verjährung vor. Die Verjährung ist somit erst am 31. Dezember 2018 abgelaufen.

Zusammenfassung

- Nur **Ansprüche** unterliegen der Verjährung.
- Die **Verjährung** dient vor allem der **Rechts- und Beweissicherheit.**
- **Nach Vollendung der Verjährung** kann ein Anspruch bei einer berechtigten Einrede der Verjährung durch den Schuldner gerichtlich nicht mehr erfolgreich durchgesetzt werden.
- Die **regelmäßige Verjährungsfrist** beträgt 3 Jahre.
- Die Abhängigkeit des Beginns der regelmäßigen Verjährungsfrist von dem Kriterium „Kenntnis oder grob fahrlässige Unkenntnis" des Gläubigers kann zu einem endlosen Aufschub des Fristbeginns führen. Der Gesetzgeber hat deshalb **Verjährungshöchstfristen** festgelegt, nach deren Ablauf in jedem Fall – unabhängig von der Anspruchsentstehung oder Anspruchskenntnis – die Verjährung eintritt [§ 199 II, III, IV BGB].
- Die **Höchstfristen** betragen z. B. für
  - Schadensersatzansprüche aus der Verletzung des Lebens, der Gesundheit oder Freiheit von Personen 30 Jahre [§ 199 II BGB].
  - Schadensersatzansprüche wegen falscher Beratung 10 Jahre.

Übungsaufgabe

78 1. 1.1 Erklären Sie den Begriff Verjährung!

1.2 Begründen Sie die Notwendigkeit (den Zweck) und den Gegenstand der Verjährung!

2. Erläutern Sie, warum die regelmäßige Verjährungsfrist erst mit Ablauf des Jahres, in dem eine Forderung fällig wurde, beginnt!

3. Die Biehler Baustoffhandel KG in Nagold lieferte einem Tapezier- und Polstergeschäft mit Rechnung vom 20. April 15 Nadelfilz, Rechnungsbetrag 12300,00 EUR.

Aufgaben:

3.1 Nennen Sie das Verjährungsdatum!

3.2 Stellen Sie die Folgen dar, die die Verjährung für den Gläubiger hat!

3.3 Beschreiben Sie, welche Maßnahme die Biehler Baustoffhandel KG ergreifen muss, damit die Verjährung der Forderung erneut beginnt!

3.4 Erläutern Sie, welche Rechtswirkung die Hemmung auf die Verjährung einer Forderung hat!

4. Karl Lahm kaufte sich am 18. Juni 14 ein Fernsehgerät für 820,00 EUR bei der ElektroFisch KG, zahlbar am 1. Juli 14. Da Karl Lahm Ende 14 immer noch nicht bezahlt hatte, erhielt er von der Elektro-Fisch KG am 3. Januar 15 eine (kaufmännische) Mahnung. Daraufhin zahlte Lahm am 15. Januar 15 200,00 EUR an und bat um Stundung des Restbetrags bis 30. Juni 15. Die Elektro-Fisch KG gewährte Stundung bis 30. Mai 15 mit der Maßgabe, dass am 15. Februar 15 weitere 320,00 EUR abzuzahlen seien. Lahm überwies den geforderten Betrag tatsächlich am 15. Februar 15.

Aufgaben:

4.1 Stellen Sie dar, wann die Restforderung verjährt ist, falls weder Lahm noch die Elektro-Fisch KG etwas unternehmen!

4.2 Begründen Sie, ob sich an der Vollendung der Verjährung etwas ändert, wenn die Elektro-Fisch KG am 15. Juni 15 mahnt, weil Lahm nach Ablauf der Stundungsfrist nicht bezahlt!

4.3 Begründen Sie, ob sich der Verjährungszeitpunkt ändert, wenn die Elektro-Fisch KG die Geduld verliert und auf ihren Antrag hin am 15. Juni 15 eine gerichtliche Vollstreckungshandlung vorgenommen wird!

5. Das Schreibwarengeschäft Franz Fritzmaier e.Kfm. schuldet der Großhandlung Karl Klein OHG einen Rechnungsbetrag über 1465,20 EUR, fällig am 14. April 15. Die Rechnung ist dem Schreibwarengeschäft Franz Fritzmaier e.Kfm. am 6. April 15 zugegangen.

Aufgaben:

5.1 Notieren Sie, von welchem Tag an sich Fritzmaier im Zahlungsverzug befindet!

5.2 Stellen Sie dar, wann die Forderung der Großhandlung gegen Fritzmaier verjährt ist, wenn Fritzmaier am 5. Februar 16 eine Teilzahlung von 500,00 EUR einschließlich der bis dahin aufgelaufenen Zinsen leistet!

5.3 Erklären Sie, wie sich eine schriftliche Stundungsbitte des Schreibwarengeschäfts Franz Fritzmaier e.Kfm. auf die Verjährung auswirken würde!

Lernbereich 4: Rechtsform der Unternehmung als Rahmenbedingung für unternehmerische Entscheidungsprozesse

1 Handelsrechtliche Grundlagen der Unternehmung

1.1 Kaufmann

(1) Geltungsbereich des Handelsrechts

Für die wirtschaftliche Tätigkeit des Kaufmanns im rechtlichen Sinne gilt das Handelsrecht. Zum Handelsrecht gehören neben dem HGB und seinen Nebengesetzen (z.B. Scheck- und Wechselgesetz) u.a. das in verschiedenen Gesetzen geregelte Gesellschaftsrecht, das Rechte des gewerblichen Rechtsschutzes, sowie das Wertpapierrecht und das Bank- und Börsenrecht. Für den Kaufmann gilt das BGB nur subsidiär,[1] das bedeutet, dass das BGB nur insoweit Anwendung findet, als es für den Sachverhalt im Handelsrecht keine Sondervorschriften gibt.

> Das **Handelsrecht** ist das Sonderprivatrecht für den Kaufmann.

(2) Begriff Kaufmann

> **Kaufmann** im Sinne des HGB ist, wer ein **Handelsgewerbe** betreibt [§ 1 I HGB].

Ein Handelsgewerbe ist jeder Gewerbebetrieb,[2] wenn er einen nach Art oder Umfang in **kaufmännischer Weise eingerichteten Geschäftsbetrieb** erfordert. Merkmale eines kaufmännisch eingerichteten Geschäftsbetriebs sind z.B.

- doppelte Buchführung,
- Erreichen eines bestimmten Umsatzes,
- mehrere Beschäftigte,
- Produktvielfalt (Sach- und/oder Dienstleistungen),
- Gewinnziel und
- Zahl der Betriebsstätten.

(3) Abgrenzung des Begriffs Kaufmann vom Nichtkaufmann

> **Gewerbetreibende,** deren Unternehmen **keinen** nach Art oder Umfang eines in kaufmännischer Weise eingerichteten Geschäftsbetrieb erforderlich macht, sind keine Kaufleute.

Hierzu gehören vor allem alle **Kleinbetriebe** sowie die **freien Berufe** (z.B. Rechtsanwälte, Architekten, Ärzte mit einer eigenen Praxis).

---

1 **Subsidiär:** zur Aushilfe dienend.

2 Ein **Gewerbebetrieb** liegt vor, wenn die Tätigkeit selbstständig und auf Dauer angelegt ist, planmäßig betrieben wird, auf dem Markt nach außen in Erscheinung tritt, nicht gesetzes- oder sittenwidrig ist und in der Regel eine Gewinnerzielungsabsicht beinhaltet.

(4) Formen des Kaufmanns

Istkaufmann

Ein **Gewerbetreibender,** dessen Unternehmen eine **kaufmännische Einrichtung** erforderlich macht, ist **in jedem Fall Kaufmann,** gleichgültig, ob er bereits im Handelsregister eingetragen ist oder nicht. Man spricht deswegen auch vom **Istkaufmann** [§ 1 HGB].

Der Istkaufmann ist **verpflichtet,** sich mit ihrer Firma und mit sonstigen wichtigen Merkmalen ihres Handelsgewerbes (z. B. Niederlassungsort, Zweck des Unternehmens, Gesellschafter) in das Handelsregister eintragen zu lassen. Die Eintragung erklärt nach außen, dass es sich um ein kaufmännisches Unternehmen handelt. Die Eintragung wirkt nur noch **deklaratorisch,**[1] was besagt, dass die Rechtswirkung schon vor der Eintragung in das Handelsregister eingetreten ist.

Kannkaufmann

- Ein **Kleinbetrieb** ist **kein Kaufmann** im Sinne des § 1 HGB und unterliegt daher **nicht** den **Vorschriften des HGB.**
- Ein Kleingewerbetreibender **kann** sich aber in das **Handelsregister eintragen lassen.** Mit der Eintragung erlangt er die Kaufmannseigenschaft.
- Kleingewerbetreibende zählen deshalb zu den **Kannkaufmännern.**

Auch die Inhaber land- und forstwirtschaftlicher Betriebe und/oder ihrer Nebenbetriebe haben die Möglichkeit, sich ins Handelsregister eintragen zu lassen. Voraussetzung ist, dass diese Betriebe einen nach Art und Umfang in kaufmännischer Weise eingerichteten Geschäftsbetrieb erfordern [§§ 2, 3 II HGB].

Bei einem Kannkaufmann wirkt die Handelsregistereintragung **konstitutiv.**[2] Dies bedeutet, dass die Kaufmannseigenschaft erst mit der Handelsregistereintragung erworben wird.

Kaufmann kraft Rechtsform

Kaufmann kraft Rechtsform **(Formkaufmann)** sind die juristischen Personen des Handelsrechts ohne Rücksicht auf die Art der betriebenen Geschäfte und der Betriebsgröße.

Wichtige Beispiele für einen Kaufmann kraft Rechtsform sind die Gesellschaft mit beschränkter Haftung (GmbH))[3] sowie die Aktiengesellschaft (AG),[4] die mit der Eintragung in das Handelsregister Kaufmann werden. Bei einem Formkaufmann wirkt die Handelsregistereintragung **konstitutiv,** d. h., die Rechtswirkung tritt erst mit der Eintragung in das Handelsregister ein.

---

1 **Deklaratorisch** (lat.): erklärend, rechtserklärend. Deklaration (lat.): Erklärung, die etwas Grundlegendes enthält.

2 **Konstitutiv** (lat.): rechtsbegründend, rechtschaffend. Konstitution (lat.): Verfassung, Rechtsbestimmung.

3 Vgl. Kapitel 6, S. 229 ff.

4 Vgl. Kapitel 7, S. 240 ff.

1.2 Handelsregister

(1) Begriff Handelsregister

Das **Handelsregister** ist ein amtliches, öffentliches, elektronisch geführtes Verzeichnis aller Kaufleute eines Amtsgerichtsbezirks. Für die Führung des Handelsregisters sind die Amtsgerichte zuständig [§ 8 HGB; § 376 I FamFG].

- Für die **Anmeldungen zur Eintragung** ist eine **öffentliche Beglaubigung**[1] (z.B. durch einen Notar) erforderlich.
- Die für die Anmeldung erforderlichen **Unterlagen** sind **elektronisch einzureichen.**

(2) Aufgabe und Bedeutung des Handelsregisters

Die Aufgabe des Handelsregisters besteht darin, der **Öffentlichkeit** die Rechtsverhältnisse der eingetragenen kaufmännischen Gewerbebetriebe offenzulegen. Das Handelsregister ist frei zugänglich, d.h., jeder Interessierte kann ohne Angabe von Gründen in das Register Einsicht nehmen. Das Handelsregister gibt z.B. Auskunft über

- die Firma,
- die Rechtsform,
- den Gegenstand des Unternehmens,
- den (oder die) Geschäftsinhaber,
- die Haftungsverhältnisse,
- den Ort des Geschäftssitzes,
- die inländische Geschäftsanschrift der Handelsniederlassung,
- den Gegenstand des Unternehmens,
- die Vertretungsbefugnisse der Vertretungsorgane des Unternehmens und
- den Tag der Handelsregistereintragung.

Die Handelsregistereintragungen werden **elektronisch bekannt gemacht.** Auskünfte über die Eintragungen (z.B. Registerblätter, Gesellschafterlisten und Satzungen) können über das gemeinsame Justizportal aller Bundesländer (www.justiz.de) online eingesehen werden.[2] Zudem kann jeder auf elektronischem Wege (kostenpflichtig) Abschriften und Registerausdrucke erhalten.[3]

Das Handelsregister genießt **öffentlichen Glauben.** Zum Schutz des Vertrauens Dritter auf die bekannt gemachten Handelsregistereintragungen gilt die **Vermutung der Richtigkeit** der Handelsregistereintragungen.

(3) Abteilungen des Handelsregisters

Das Handelsregister besteht aus zwei Abteilungen:

Abteilung A	Abteilung B
Hier werden u.a. eingetragen: ■ Einzelkaufleute, ■ OHG, ■ KG.	Hier wird u.a. eingetragen: ■ GmbH, ■ AG.

1 **Beglaubigung:** Vom Notar wird die **Echtheit der eigenhändigen Unterschrift** des Erklärenden beglaubigt.

2 Die Einsichtnahme „vor Ort" ist grundsätzlich bei jedem Amtsgericht über ein Terminal möglich.

3 Außerdem besteht ein Unternehmensregister, das als bündelndes Portal über die Informationen des Handelsregisters hinaus alle wirtschaftlich relevanten Daten über Unternehmen zugänglich macht (www.unternehmensregister.de).

(4) Löschung

Die Löschung der Eintragung erfolgt dadurch, dass die Eintragung rot unterstrichen wird. Auf diese Weise können alle früheren Eintragungen zurückverfolgt werden.

1.3 Firma

(1) Begriff Firma

Die **Firma** ist der im Handelsregister eingetragene Name, unter dem ein Kaufmann sein Handelsgewerbe betreibt und seine Unterschrift abgibt [§ 17 I HGB]. Der Kaufmann kann unter seiner Firma klagen und verklagt werden [§ 17 II HGB].

Das Recht an einer bestimmten Firma ist gesetzlich geschützt. Das Gesetz schützt den Inhaber einer Firma beispielsweise davor, dass ein anderer Kaufmann am selben Ort eine nicht deutlich abweichende Firma annimmt [§ 30 HGB].

Eintragungsfähig ist – unabhängig von der Rechtsform des Unternehmens – jede Firma, die folgende Bedingungen erfüllt:

- Sie muss sich deutlich von **anderen Firmen unterscheiden** [§ 18 I HGB].
- Die **Geschäftsverhältnisse** müssen ersichtlich sein [§ 19 I HGB].
- Die **Haftungsverhältnisse** müssen offengelegt werden [§ 19 II HGB].
- Die Firma darf **nicht irreführend** sein (Irreführungsverbot nach § 18 II HGB).

Eine Firma ist von der Eintragung ins Handelsregister ausgeschlossen, wenn sie eine dieser Bedingungen nicht erfüllt.

(2) Firmenarten

Wenn die oben genannten vier Voraussetzungen erfüllt sind, können die einzutragenden Unternehmen zwischen folgenden Firmenarten wählen:

Firmenart	Erläuterungen	Beispiele
Personenfirmen	Sie enthalten einen oder mehrere Personennamen.	Schneider & Bauer KG
Sachfirmen	Sie sind dem Zweck des Unternehmens entnommen.	Vereinigte Münsterländer Lebensmittelfabriken GmbH
Fantasiefirmen	Es handelt sich um erdachte Namen.	Fantasia Verlagsgesellschaft mbH, Impex KG
Gemischte Firmen	Sie enthalten sowohl einen oder mehrere Personennamen als auch einen dem Zweck des Unternehmens entnommenen Begriff und/oder einen Fantasienamen.	Arzneimittelfabrik Peter & Schmid GmbH; Paradiso Ferienpark GmbH

(3) Rechtsformzusätze

Den einzelnen Rechtsformen der Unternehmen sind **verbindliche Firmenzusätze (Rechtsformzusätze)** zugeordnet.

- Die Firma der **Einzelunternehmung** muss die Bezeichnung „eingetragener Kaufmann" bzw. „eingetragene Kauffrau" enthalten. Allgemein verständliche Abkürzungen dieser Bezeichnungen sind zulässig (z.B. e.K., e.Kfm., e.Kfr.) [§ 19 I, Nr. 1 HGB].
- Die Firma der **offenen Handelsgesellschaft** muss die Bezeichnung „Offene Handelsgesellschaft" aufweisen. Eine allgemein verständliche Abkürzung dieser Bezeichnung wie z.B. OHG ist zulässig [§ 19 I, Nr. 3 HGB].
- Die Firma der **Aktiengesellschaft** muss die Bezeichnung „Aktiengesellschaft" [§ 4 AktG], die Firma der **Gesellschaften mit beschränkter Haftung** muss die Bezeichnung „Gesellschaft mit beschränkter Haftung" enthalten [§ 4 GmbHG]. Eine allgemein verständliche Abkürzung dieser Bezeichnung ist zulässig (z.B. AG bzw. GmbH).

Freiwillige Firmenzusätze haben die Aufgabe, den Informationsgehalt einer Firma zu verstärken.

Beispiel:

Die Inhaberin einer Schuhfabrik firmiert wie folgt: „Inge Kern GmbH – Fabrik für den modernen Schuh".

(4) Pflichtangaben auf Geschäftsbriefen

Für sämtliche kaufmännischen Unternehmen[1] sind auf allen **Geschäftsbriefen, die an einen bestimmten Empfänger gerichtet sind,** folgende Angaben **verpflichtend** vorgeschrieben [§ 37 a HGB]:

- die **Firma** (d.h. die Angabe der Rechtsform, z.B. „eingetragener Kaufmann"),
- der **Ort der Handelsniederlassung,**
- das **Registergericht,**
- die **Nummer,** unter der die Firma in das **Handelsregister eingetragen** ist und die Steuernummer [§ 14 I a UStG].

(5) Firmengrundsätze

Firmenwahrheit und -klarheit	Die Firma darf nicht über Art und/oder Umfang des Geschäfts täuschen.
Firmenöffentlichkeit	Jeder Kaufmann ist verpflichtet seine Firma und den Ort seiner Handelsniederlassung und deren spätere Änderungen zur Eintragung in das zuständige Handelsregister anzumelden. Damit wird erreicht, dass die Öffentlichkeit (also Kunden, Lieferanten, Banken, Behörden usw.) erfährt, unter welcher Firma Geschäftsvorgänge abgewickelt werden.

1 Pflichtangaben auf Geschäftsbriefen bestehen somit für die eingetragenen Einzelunternehmen, die offene Handelsgesellschaft [§ 125 a HGB], die Kommanditgesellschaft [§ 177 a HGB], die Aktiengesellschaft [§ 80 AktG], die Gesellschaft mit beschränkter Haftung [§ 35 a GmbHG] und die eingetragene Genossenschaft [§ 25 a GenG].

Firmen-ausschließlichkeit	Jede neue Firma muss sich von anderen an demselben Ort oder in derselben Gemeinde bereits bestehenden und in das Handelsregister eingetragenen Firmen deutlich unterscheiden. Bei gleichen Familiennamen der Inhaber muss ein Firmenzusatz eine eindeutige Unterscheidung ermöglichen.
Firmen-beständigkeit[1]	Die bisherige Firma kann beibehalten werden, wenn sich der Name des Inhabers ändert (z.B. bei Heirat), das Unternehmen durch einen neuen Inhaber fortgeführt wird (z.B. bei Verkauf oder Erbschaft) oder bei Eintritt eines zusätzlichen Mitinhabers (Gesellschafters). Voraussetzung für die Weiterführung der Firma ist die ausdrückliche Einwilligung des bisherigen Inhabers oder dessen Erben. Ein Zusatz, der auf das Nachfolgeverhältnis hinweist, ist möglich.

(6) Haftung bei Übernahme

Wer ein Handelsgeschäft erwirbt und dieses unter **Beibehaltung der bisherigen Firma** mit oder ohne Beifügung eines das Nachfolgeverhältnis andeutenden Zusatzes fortführt, **haftet für alle** im Betrieb des Geschäfts begründeten **Verbindlichkeiten des früheren Inhabers** [§ 25 I HGB]. Eine abweichende Vereinbarung ist Dritten gegenüber nur wirksam, wenn sie in das Handelsregister eingetragen und bekannt gemacht oder von dem Erwerber bzw. dem Veräußerer dem Dritten mitgeteilt wurde [§ 25 II HGB].

Wird die **Firma nicht fortgeführt,** haftet der Erwerber für die früheren Geschäftsverbindlichkeiten grundsätzlich nur dann, wenn ein **besonderer Verpflichtungsgrund** vorliegt, insbesondere wenn die Übernahme der Verbindlichkeiten vom Erwerber in handelsüblicher Weise (z.B. durch Rundschreiben) bekannt gemacht worden ist [§ 25 III HGB].

Zusammenfassung

- **Arten des Kaufmanns**

Istkaufmann	**Kannkaufmann**	**Kaufmann kraft Rechtsform (Formkaufmann)**
Alle Gewerbebetriebe, die einen in kaufmännischer Weise eingerichteten Geschäftsbetrieb benötigen	■ Kleinbetriebe ■ Land- und forstwirtschaftliche Betriebe, die nach Art und Umfang eine kaufmännische Einrichtung benötigen	Juristische Personen des Handelsrechts
Die Eintragung ins Handelsregister ist Pflicht	Die Eintragung ins Handelsregister ist freiwillig	Die Eintragung ins Handelsregister ist Pflicht
Eintragung wirkt deklaratorisch	Eintragung wirkt konstitutiv	

- Die **Firma** eines Kaufmanns ist sein im Handelsregister eingetragener Name, unter dem er seine Geschäfte betreibt und seine Unterschrift abgibt.
- Man unterscheidet **Personen-, Sach-, Fantasie-** und **gemischte Firmen.**

1 Der Grundsatz der Firmenbeständigkeit kann dem Grundsatz der Firmenwahrheit widersprechen, ist aber aus wirtschaftlichen Gründen gerechtfertigt. Denn viele alteingesessene Unternehmen haben sich im Laufe der Zeit einen guten Ruf erworben, sind also bei ihren Kunden bekannt. Um diesen Geschäftswert **(Goodwill)** nicht aufs Spiel zu setzen, muss es den Unternehmen erlaubt sein, auch bei Änderungen der Rechtsverhältnisse den bisherigen Namen beizubehalten.

Übungsaufgabe

79 1. Katja Stehlin übernimmt für verschiedene Verlage Setzarbeiten. Sie hat zwei Teilzeitangestellte beschäftigt. Ihr Gewerbebetrieb erfordert keinen nach Art oder Umfang in kaufmännischer Weise eingerichteten Geschäftsbetrieb. Dennoch möchte sich Frau Stehlin ins Handelsregister eintragen lassen.

Aufgaben:

1.1 Unterbreiten Sie drei Vorschläge für einen Firmennamen!

1.2 Erläutern Sie, was unter dem Begriff Firma zu verstehen ist!

1.3 Katja Stehlin möchte wie folgt firmieren:

Die Texterfassung e.K.

Beurteilen Sie, ob diese Firma zulässig ist!

1.4 Auf den Rat eines Bekannten hin meldet Katja Stehlin beim Amtsgericht folgende Firma an:

Die Texterfassung Inh. Katja Stehlin e.K.

Die Eintragung erfolgt am 24. Mai 20...

Stellen Sie dar, welche rechtliche Wirkung die Handelsregistereintragung für Katja Stehlin hat!

2. Der Installateurmeister Ernst Kopf hat vor Jahren einen kleinen Reparaturbetrieb gegründet, der sich gut entwickelte. Heute beschäftigt er fünf Gesellen und zwei Angestellte. Sein Betrieb ist kaufmännisch voll durchorganisiert. Im Handelsregister ist Ernst Kopf nicht eingetragen.

Aufgaben:

2.1 Beurteilen Sie, ob Ernst Kopf Kaufmann ist!

2.2 Der Steuerberater Klug macht Ernst Kopf darauf aufmerksam, dass er seinen Gewerbebetrieb ins Handelsregister eintragen lassen muss.
Unterbreiten Sie einen Vorschlag, wie die Firma lauten könnte!

2.3 Ernst Kopf lässt sich am 15. Februar 20.. unter der Firma „Ernst Kopf e.K. – Installateurfachbetrieb" ins Handelsregister eintragen.

Erläutern Sie, welche rechtliche Wirkung die Handelsregistereintragung hat!

3. Entscheiden Sie folgenden Rechtsfall:

Der Angestellte Fabian Kugel erwirbt die Lebensmittelfabrik Karl Klein e.K. Die neue Firma lautet „Fabian Kugel e.Kfm., Lebensmittelfabrik". Mit dem ehemaligen Inhaber Klein vereinbart Fabian Kugel, dass dieser die restlichen Verbindlichkeiten an die Lieferer persönlich zu begleichen habe. Karl Klein zahlt nicht. Bei Fälligkeit der Verbindlichkeiten verlangen die Gläubiger die Begleichung der Verbindlichkeiten von Fabian Kugel.

Klären Sie die Rechtslage!

4. Die Wirkung von Handelsregistereintragungen kann deklaratorisch oder konstitutiv sein.

Aufgaben:

4.1 Erklären Sie, was jeweils hierunter zu verstehen ist!

4.2 Ermitteln Sie, bei welchem Kaufmann die Handelsregistereintragung deklaratorisch, bei welchen sie konstitutiv ist!

2 Rechtsformen im Überblick

(1) Begriff Rechtsformen

Die **Rechtsform** stellt die Rechtsverfassung eines Unternehmens dar. Sie regelt die Rechtsbeziehungen innerhalb des Unternehmens und zwischen dem Unternehmen und Dritten.

(2) Einzelunternehmung

Der Begriff Unternehmer kommt von „etwas unternehmen". Unternehmer ist also, wer es selbst „unternimmt", Geschäfte in eigenem Namen und auf eigene Rechnung mit vollem Risiko zu tätigen. Unternehmer dieser (ursprünglichen) Art bezeichnet man daher als **Einzelunternehmer (Eigentümerunternehmer)**.

(3) Gesellschaftsunternehmen

- Bei den **Personengesellschaften** schließen sich mindestens zwei Unternehmer zusammen, die alle (bei der offenen Handelsgesellschaft) oder wenigstens teilweise (bei der Kommanditgesellschaft) die oben genannten Unternehmerfunktionen wahrnehmen.
- Die Möglichkeiten der Personengesellschaften, d.h. der Unternehmensformen, bei denen die Person als Gesellschafter im Vordergrund steht, reichen in vielen kapitalintensiven[1] Wirtschaftszweigen nicht aus, um den riesigen Kapitalbedarf zu decken. Es werden **Kapitalgesellschaften** wie z.B. die Aktiengesellschaften oder die Gesellschaften mit beschränkter Haftung gegründet. Die Kapitalgesellschaften sind unter anderem dadurch gekennzeichnet, dass die Unternehmerfunktionen „geteilt", d.h. von unterschiedlichen Personengruppen wahrgenommen werden. Die **Eigenkapitalaufbringung** erfolgt durch viele „kleine" oder auch „große" **Kapitalanleger** (z.B. durch die GmbH-Gesellschafter bzw. Aktionäre), wobei das Risiko auf den Wert der Kapitaleinlage beschränkt wird. Die Leitung der Kapitalgesellschaften obliegt angestellten Geschäftsführern (z.B. bei der GmbH) oder Direktoren (z.B. Vorstandsmitgliedern der AG), die selbst nicht am Unternehmen beteiligt sein müssen. Die Leiter (Geschäftsführer, Vorstandsmitglieder) der Kapitalgesellschaften werden deshalb als **Auftragsunternehmer** oder als **Managerunternehmer** bezeichnet.

---

1 Kapitalintensive Betriebe sind solche mit hohem Kapitalbedarf (z.B. Hochöfen, Stahlwerke, Werften, Eisenbahnen, Raffinerien).

Zusammenfassung

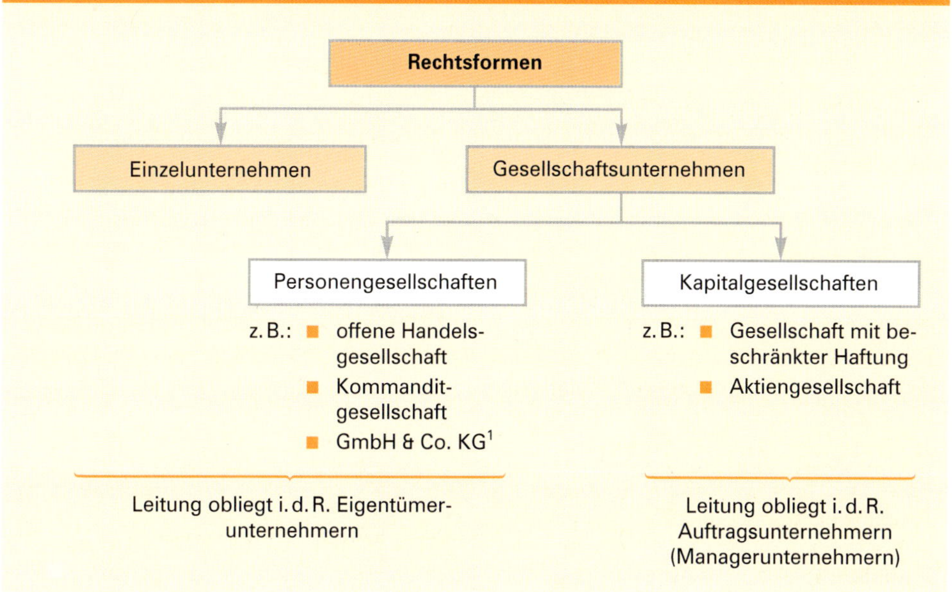

3 Einzelunternehmung

(1) Begriff Einzelunternehmer

Einzelunternehmer ist, wer es selbst „unternimmt", Geschäfte in **eigenem Namen** und auf **eigene Rechnung** mit **vollem Risiko** zu tätigen und hierzu sein **eigenes Geld- und Sachkapital** einsetzt.

(2) Firma

Die Firma der Einzelunternehmung richtet sich i.d.R. nach dem Vor- und Zunamen des Einzelunternehmers. Sie muss die Bezeichnung „eingetragener Kaufmann" bzw. „eingetragene Kauffrau" oder eine allgemein verständliche Abkürzung dieser Bezeichnung enthalten [§ 19 I, Nr. 1 HGB].

Beispiele:

Beauty-Farm Julia Starnecker, eingetragene Kauffrau; Textilwerke Daniel Schmidt e.Kfm.

1 Diese Rechtsform wird nicht behandelt.

(3) Voraussetzungen für die Unternehmensgründung und -führung

Wer erfolgreich ein Einzelunternehmen gründen und führen will, der muss nicht nur die persönlichen und wirtschaftlichen Voraussetzungen beachten, sondern weitere typische[1] Merkmale des Einzelunternehmens berücksichtigen.

Nur wer z.B. das Geschäftsführungs- und Vertretungsrecht der Gesellschafter, die Gesellschafterrisiken (Haftungsverhältnisse) und die Gewinn- und Verlustverteilung bei einem Einzelunternehmen kennt, kann die Vor- und Nachteile des Einzelunternehmens beurteilen sowie den persönlichen Zielsetzungen[2] entsprechend entscheiden, ob ein Einzelunternehmen oder ein Gesellschaftsunternehmen die günstigste Rechtsform für das zu gründende und zu führende Unternehmen ist.

Die folgende Tabelle informiert deshalb über die bei der Unternehmensgründung und -führung zu beachtenden Unternehmensmerkmale.

Personenzahl	Der Einzelunternehmer ist **alleiniger Inhaber** (Gesellschafter) des Unternehmens.
Geschäftsführung	Die Geschäftsführung, d.h., die Leitung des Unternehmens, obliegt dem Einzelunternehmer allein. Er trifft alle Anordnungen in seinem Betrieb (also im **Innenverhältnis**) allein, ohne andere anhören zu müssen.
Vertretung	Das Recht auf Vertretung des Unternehmens gegenüber Dritten (im **Außenverhältnis**) hat der Einzelunternehmer. Er schließt für das Unternehmen alle erforderlichen Rechtsgeschäfte mit Dritten ab (z.B. Kaufverträge, Mietverträge, Kreditverträge).
Haftungsverhältnisse[3]	Der Einzelunternehmer haftet für alle Verbindlichkeiten des Unternehmens mit seinem Geschäfts- und sonstigen Privatvermögen **unbeschränkt** und **unmittelbar (direkt).**
Eigenkapitalaufbringung	Das Eigenkapital stellt der Einzelunternehmer zur Verfügung. Über die **Höhe des aufzubringenden Eigenkapitals** gibt es **keine gesetzliche Vorschrift.**
Gewinn- und Verlustverteilung	Der Einzelunternehmer hat das Recht auf den gesamten **Gewinn.** Andererseits hat er den **Verlust** ebenfalls allein zu tragen.
Kreditwürdigkeit	Die Kreditwürdigkeit hängt vor allem von der **persönlichen Zuverlässigkeit,** Ehrlichkeit sowie den menschlichen und beruflichen **Erfahrungen, Kenntnissen, Fähigkeiten** sowie von der **Leistungsfähigkeit** und **-willigkeit** des Einzelunternehmers ab. Aufgrund der meistens beschränkten Finanzierung durch erzielte Gewinne und des relativ niedrigen, den Gläubigern haftenden Vermögens, ist die Kreditwürdigkeit nicht sehr hoch.

1 **Typisch:** Kennzeichnend, z.B. für eine bestimmte Rechtsform eines Unternehmens charakteristisch.

2 Die Gesellschafter können mit der Unternehmensgründung sehr unterschiedliche persönliche Zielsetzungen verfolgen. Gesellschafter möchten z.B. das zu gründende Unternehmen allein oder zusammen mit weiteren Gesellschaftern leiten. Die Gesellschafter sind bereit, mit ihrem gesamten Privatvermögen oder nur mit ihrem Gesellschaftsvermögen beschränkt für die Unternehmensverbindlichkeiten zu haften.

3 Die Haftung betrifft die Rechtsbeziehung des Unternehmens mit außenstehenden Dritten und damit das **Außenverhältnis.**

Form der Gründung	Für die Gründung des Einzelunternehmens bestehen **keine gesetzlichen Formvorschriften.** Erfordert ein Unternehmen eine kaufmännische Einrichtung, ist eine Eintragung ins Handelsregister erforderlich. Werden in das Einzelunternehmen **Grundstücke** eingebracht, ist die **Schriftform** mit **notarieller Beurkundung**[1] erforderlich [§ 311 b I, S. 1 BGB].

(4) Anmeldung des Unternehmens

Der Gründer **muss** sein neu zu gründendes Unternehmen vor allem bei folgenden öffentlichen Stellen anmelden:

Amtsgericht

Eine Anmeldung beim zuständigen **Amtsgericht** zur **Eintragung** in das **Handelsregister** ist erforderlich, sofern ein **Handelsgewerbe** vorliegt.

Gemeindebehörde

Der Gründer des Unternehmens muss sein zu gründendes Unternehmen bei der für den betreffenden Ort zuständigen Behörde, z.B. beim **Gewerbeamt** der Gemeinde [§ 14 GewO] anmelden.

Die Gewerbeanmeldung (Fachausdruck: Gewerbeanzeige) verfolgt den Zweck, dem Gewerbeamt jederzeit über Zahl und Art der ansässigen Gewerbebetriebe Kenntnis zu geben. Dadurch soll eine wirksame Überwachung der Gewerbebetriebe gewährleistet werden.

Mit der Gewerbeanzeige werden auch die sonstigen Meldeverpflichtungen erfüllt. Die nachfolgend genannten Stellen erhalten je eine Ausfertigung von der Gewerbeanzeige:

- das **Finanzamt,** um die Abführung der Steuern zu gewährleisten;
- die **Berufsgenossenschaft** als Träger der gesetzlich vorgeschriebenen Unfallversicherung;
- die **Industrie- und Handelskammer** bzw. die **Handwerkskammer** als berufsständische Vertretung;
- das **Gewerbeaufsichtsamt** als Aufsichtsbehörde für Anlagen, die einer besonderen Überwachung bedürfen (z.B. Dampfkesselanlagen, Aufzugsanlagen, Getränkeschankanlagen).

Die Gewerbeanzeige ist nicht immer ausreichend. Für bestimmte Gewerbezweige ist eine behördliche Genehmigung erforderlich (z.B. für Spielhallen, Makler, Bauträger, Gaststätten, Reisegewerbe).

Sozialversicherungsträger

Werden Arbeitnehmer beschäftigt, so ist eine Anmeldung bei den Sozialversicherungsträgern (gesetzliche Krankenkassen, gesetzliche Pflegekassen, Deutsche Rentenversicherung [gesetzliche Rentenversicherung], Bundesagentur für Arbeit [gesetzliche Arbeitsförderung] und z.B. Berufsgenossenschaften [gesetzliche Unfallversicherung]) erforderlich, um Versicherungsschutz zu erhalten.

---

1 Bei der Beurkundung werden die Willenserklärungen der Beteiligten von einem Notar in eine Urkunde aufgenommen. Der Notar beurkundet dabei die Unterschrift bzw. die Unterschriften und den Inhalt der Erklärungen.

(5) Auflösung des Unternehmens

Die Auflösung des Einzelunternehmens liegt allein im Entscheidungsbereich des Einzelunternehmens, es sei denn, das Unternehmen wird wegen Zahlungsunfähigkeit im Rahmen eines Insolvenzverfahrens[1] aufgelöst. Auch die Umwandlung in eine andere Rechtsform (z. B. in eine OHG) führt zur Beendigung (Auflösung) des Einzelunternehmens.

(6) Bedeutung, Vor- und Nachteile des Einzelunternehmens

Für einen **Unternehmer** hat diese Unternehmensform Vor- und Nachteile:

Vorteile (Gründungsmotive)	Nachteile
■ Keine Abstimmung der Entscheidungen mit anderen (Ausnahme: Mitbestimmung der Arbeitnehmer). ■ Schnelle Entscheidungsmöglichkeiten. ■ Rasche Anpassung an veränderte wirtschaftliche Verhältnisse (z. B. Aufnahme neuer Produkte). ■ Klarheit und Eindeutigkeit der Unternehmensführung. ■ Großes Eigeninteresse des Inhabers an der Arbeit, da ihm der Gewinn allein zusteht (Gewinn als Leistungsanreiz). ■ Keine Publizitätspflicht (Pflicht zur Veröffentlichung des Jahresabschlusses) bei kleinen und mittelgroßen Unternehmen.	■ Alleiniges Entscheidungsrecht liegt beim Einzelunternehmer (nachteilig bei unzureichender Qualifikation des Unternehmers). ■ Unter Umständen nachteilige Beeinflussung der betrieblichen Arbeit (des „Betriebsklimas") durch persönliche Charaktereigenschaften. ■ Gefahr, dass durch aufwendige Lebenshaltung des Inhabers die Existenz des Unternehmens aufs Spiel gesetzt wird. ■ In der Regel geringe Eigenkapitalkraft und beschränkte Kreditbeschaffungsmöglichkeiten. ■ Großes Haftungsrisiko.

Gesamtwirtschaftlich gesehen nimmt das Einzelunternehmen eine wichtige Stellung ein. Wir finden es in allen Wirtschaftsbereichen. In der Landwirtschaft, im Einzelhandel und im Handwerk stellen Einzelunternehmen die vorherrschende Unternehmensform dar. In der Industrie sind dagegen die Gesellschaftsunternehmen die wichtigsten Unternehmensformen.

Zusammenfassung

- Bei der **Einzelunternehmung** werden alle wichtigen Unternehmerfunktionen und Risiken vom Einzelunternehmer wahrgenommen, dem auch der Gewinn allein zusteht und der auch entstehende Verluste allein zu tragen hat.
- Wichtige **wirtschaftliche Voraussetzungen** sind, dass bei der Gründung und für die laufende Geschäftstätigkeit des Unternehmens (z. B. für den Einkauf, die Lagerhaltung, die Leistungserstellung und den Verkauf) ausreichend Finanzmittel vorhanden sind und das Unternehmen seine Leistungen auch langfristig mit Gewinn verkaufen kann.
- Das **Haftungsrisiko** ist aufgrund der unbeschränkten und unmittelbaren alleinigen Haftung des Einzelunternehmers für die Geschäftsverbindlichkeiten hoch.
- Die **Kreditwürdigkeit** der Einzelunternehmen hängt vor allem von der persönlichen Zuverlässigkeit sowie von den beruflichen Fähigkeiten und Kenntnissen der Einzelunternehmer ab.

1 **Insolvenz**: Zahlungsunfähigkeit.

- Einzelunternehmen verfügen grundsätzlich nur über ein **relativ niedriges Eigenkapital.** Aufgrund des niedrigen, den Gläubigern haftenden Eigenkapitals besteht für die Einzelunternehmen eine beschränkte Kreditbeschaffungsmöglichkeit.
- Einzelunternehmen müssen vom Gründer z.B. beim Amtsgericht zur Handelsregistereintragung, beim Gewerbeamt und (wenn Arbeitnehmer beschäftigt werden) bei den **verschiedenen Sozialversicherungsträgern** (z.B. bei der Krankenkasse, Bundesagentur für Arbeit und Berufsgenossenschaft) **angemeldet** werden.

Übungsaufgabe

80 1. Heinz Augustin, Angestellter eines Softwareunternehmens, möchte sich selbstständig machen und als Einzelunternehmer Anwendersoftware erstellen und anbieten.

Aufgaben:

1.1 Nennen Sie drei persönliche Voraussetzungen, die Heinz Augustin mitbringen sollte, um das Softwareunternehmen erfolgreich führen zu können!

1.2 Notieren Sie die öffentlichen Stellen, bei denen Heinz Augustin sein neu gegründetes Unternehmen anmelden muss! Geben Sie jeweils den Grund für die Anmeldepflicht an!

1.3 Nennen Sie drei Gründe, die Heinz Augustin zur Wahl dieser Rechtsform veranlasst haben könnten!

1.4 Nennen Sie die Abteilung des Handelsregisters, in welche die Firma „Heinz Augustin e.Kfm., IT-Kompetenz" eingetragen wird!

2. Nennen und beurteilen Sie je drei Vor- und Nachteile des Einzelunternehmens

2.1 aus der Sicht der Arbeitnehmer,

2.2 aus der Sicht des Einzelunternehmers!

4 Offene Handelsgesellschaft (OHG)

4.1 Begriff, Firma und Gründung der OHG

(1) Begriff

- Die **offene Handelsgesellschaft** (OHG) ist
  - eine **Gesellschaft,**
  - deren Zweck auf den Betrieb eines **Handelsgewerbes** unter **gemeinschaftlicher Firma** gerichtet ist und
  - bei der die **Haftung keines Gesellschafters gegenüber den Gesellschaftsgläubigern** (z.B. Lieferern) **beschränkt ist** [§ 105 I HGB].
- Die offene Handelsgesellschaft ist eine **Personengesellschaft.**

14 Speth u.a. - ISBN 978-3-8120-0497-8

(2) Firma

Die Firma, unter der die OHG ihre Rechtsgeschäfte abschließt (z.B. Kauf-, Miet-, Arbeitsverträge), muss die Bezeichnung „offene Handelsgesellschaft" oder eine allgemein verständliche Abkürzung dieser Bezeichnung enthalten [§ 19 I, Nr. 2 HGB].

Beispiele:

Karl Wagner OHG; Wagner & Wunsch – offene Handelsgesellschaft; Wunsch OHG, Kraftfahrzeughandel und -reparaturen; Kölner Kraftfahrzeughandel und -reparaturen OHG.

Haftet in einer offenen Handelsgesellschaft keine natürliche Person, muss die Firma eine Bezeichnung enthalten, welche die Haftungsbeschränkung anzeigt.

Beispiele:

Fritz Kleiner GmbH & Co. OHG, Hans Schmied AG & Co. OHG.

(3) Gründung

Zur Gründung der OHG sind **zwei Voraussetzungen** erforderlich:

Abschluss eines Gesellschaftsvertrags

Der Gesellschaftsvertrag regelt das Rechtsverhältnis der Gesellschafter untereinander [§ 109 HGB]. Er kann mündlich abgeschlossen werden. In der Praxis wird er aber aus Gründen der Rechtssicherheit (Beweissicherheit) regelmäßig **schriftlich** abgeschlossen.[1] Im Gesellschaftsvertrag werden alle wesentlichen Rechte und Pflichten, die die Gesellschafter geregelt sehen wollen, festgehalten, z.B. die Art und Höhe der Kapitaleinlage,[2] die Gewinn- und Verlustverteilung, die Höhe der Privatentnahmen usw.

Eintragung ins Handelsregister

Die OHG ist beim zuständigen Gericht zur Eintragung in das Handelsregister anzumelden [§ 106 I HGB]. Die Anmeldung beim Handelsregister muss von sämtlichen Gesellschaftern der OHG vorgenommen werden [§ 108 HGB]. Die **Anmeldung beim Registergericht** hat zu enthalten:

- Namen, Vornamen, Geburtsdatum und Wohnort jedes Gesellschafters,
- Firma der Gesellschaft und den Ort, wo sie ihren Sitz hat,
- Zeitpunkt des Geschäftsbeginns,
- Vertretungsmacht des Gesellschafters [§ 106 II HGB].

(4) Entstehung der Gesellschaft

Im Innenverhältnis	Das Unternehmen entsteht mit Abschluss des Gesellschaftsvertrags bzw. zu dem im Gesellschaftsvertrag festgelegten Termin.
Im Außenverhältnis	▪ Betreibt die OHG **ein Handelsgewerbe,** so ist sie nach **§ 1 I HGB** auch ohne Eintragung Kaufmann. In diesem Fall entsteht die OHG im Außenverhältnis, sobald ein Gesellschafter im Namen der OHG Geschäfte tätigt, z.B. einen Kaufvertrag abschließt **(deklaratorische Wirkung der Handelsregistereintragung)**. ▪ Erfordert das Unternehmen **keine kaufmännische Organisation,** entsteht die OHG im Außenverhältnis mit ihrer Eintragung (**konstitutive Wirkung der Handelsregistereintragung** [§ 1 II i.V. mit § 2 HGB].

1 Werden in die OHG Grundstücke eingebracht, ist Schriftform mit **notarieller Beurkundung** erforderlich (siehe §§ 311 b I, S. 1; 128 BGB).

2 Ebenso wie beim Einzelunternehmen gibt es bei der OHG keine gesetzliche Vorschrift über die Höhe des Eigenkapitals.

Beispiel für einen Gesellschaftsvertrag

Verhandelt in Münster, den 10. Mai 20..

Vor dem unterzeichnenden Notar Dr. jur. Wilhelm Ambach in Münster erschienen heute:

Friedrich Stolz, Münster, und Frank Krug, Münster

Genannte Personen gaben nachstehende Erklärung zur notarischen Niederschrift. Sie schließen nachstehenden

Gesellschaftsvertrag

§ 1 Gründer

Herr Stolz betreibt in Münster unter der Firma Friedrich Stolz e. Kfm. eine Kfz-Reparaturwerkstatt. Er nimmt Herrn Krug als Gesellschafter einer zu gründenden offenen Handelsgesellschaft auf.

§ 2 Firma

Die offene Handelsgesellschaft erhält die Firma Stolz & Krug OHG.

§ 3 Sitz der Gesellschaft

Der Niederlassungsort der Gesellschaft ist Münster.

§ 4 Gegenstand und Dauer des Unternehmens

Die Gesellschaft betreibt auf unbestimmte Zeit die Reparatur und den An- und Verkauf von Kraftfahrzeugen samt Zubehör.

§ 5 Einlagen

Herr Stolz bringt seinen Gewerbebetrieb ein. Der Wert der Einlage wird entsprechend der letzten Bilanz vom 31. Dezember 20.. und mit Zustimmung von Herrn Krug mit 800000,00 EUR angesetzt. Herr Krug beteiligt sich mit seinem Grundstück im Wert von 380000,00 EUR.

§ 6 Mitarbeit (Geschäftsführung, Vertretung)

(1) Jeder Gesellschafter hat der Gesellschaft Stolz & Krug OHG seine volle Arbeitskraft zu widmen.

(2) Zur Geschäftsführung und Vertretung der Gesellschaft ist jeder Gesellschafter für sich allein berechtigt und verpflichtet.

(3) Geschäfte, deren Gegenstand den Wert von 50000,00 EUR übersteigen, dürfen von beiden Gesellschaftern nur gemeinsam vorgenommen werden. Das Gleiche gilt uneingeschränkt für die Aufnahme von Krediten und das Eingehen von Wechselverbindlichkeiten.

§ 7 Privatentnahmen

Jeder Gesellschafter kann für seine Arbeitsleistung monatlich 5000,00 EUR Privatentnahmen tätigen.

§ 8 Gewinn- und Verlustverteilung

Am Gewinn und Verlust sind Herr Stolz mit 60 %, Herr Krug mit 40 % beteiligt.

§ 9 Kündigung

Die Frist zur Kündigung des Gesellschaftsvertrages beträgt 10 Monate zum Schluss des Kalenderjahres.

§ 10 Tod eines Gesellschafters

Stirbt ein Gesellschafter, so wird die Gesellschaft mit dessen Erben fortgesetzt. Diese sind von Geschäftsführung und Vertretung ausgeschlossen.

gez. Stolz gez. Krug gez. Ambach, Notar

4.2 Pflichten und Rechte der Gesellschafter im Innenverhältnis

(1) Begriff Innenverhältnis

- Unter **Innenverhältnis** verstehen wir die Rechtsbeziehungen der Gesellschafter untereinander.
- Innerhalb der Gesellschaft gelten zunächst die **Vereinbarungen des Gesellschaftsvertrags** sowie die **zwingenden Vorschriften des HGB.** Ist ein Sachverhalt im Gesellschaftsvertrag nicht geregelt, gelten die **Bestimmungen des HGB.**

Wagner & Wunsch OHG		
	Rechtsbeziehungen im **Innenverhältnis**:	
Gesellschafter Wagner	← geregelt durch: → Gesellschaftsvertrag, HGB und gegebenenfalls BGB	Gesellschafter Wunsch

(2) Pflichten der Gesellschafter im Innenverhältnis

Fristgemäße Leistung der festgesetzten Kapitaleinlage

Die Kapitaleinlagen können in Geld, in Sachwerten und/oder in Rechtswerten geleistet werden (z.B. Buchgeld, Gebäude, Grundstücke, Maschinen, Patente). Die Summe der geleisteten Kapitaleinlagen bildet als gemeinschaftliches Vermögen der Gesellschaft ein Sondervermögen [§ 718 I BGB] und steht den Gesellschaftern zur **gesamten Hand** zu [§ 719 BGB]. Das persönliche Eigentum der Gesellschafter an ihren Einlagen erlischt. Die Einlagen der Gesellschafter werden **gemeinschaftliches Vermögen (Gesamthandsvermögen)** aller Gesellschafter. Ein einzelner Gesellschafter kann damit nicht mehr über seinen Kapitalanteil verfügen. Grundstücke werden im Grundbuch auf die OHG eingetragen. Alle Gesellschafter können nur noch gemeinsam über den einzelnen Gegenstand verfügen.

Persönliche Arbeitsleistung

Die OHG wird allein schon deshalb zu den Personengesellschaften gerechnet, weil die Gesellschafter zur persönlichen Arbeitsleistung (Geschäftsführung) verpflichtet sind [§ 114 I HGB].

Pflichten der OHG-Gesellschafter (Innenverhältnis)

- Leistung der Kapitaleinlage
- Persönliche Arbeitsleistung
- Wettbewerbsenthaltung
- Verlustbeteiligung

Wettbewerbsenthaltung

Die enge persönliche Bindung an die OHG verlangt von den Gesellschaftern, dass sie keine Geschäfte im Wirtschaftszweig der OHG auf eigene Rechnung machen oder als persönlich haftende Gesellschafter an einer anderen gleichartigen Handelsgesellschaft teilnehmen (z.B. als Gesellschafter in einer anderen OHG). Bei einer Verletzung des Wettbewerbsverbots kann die Gesellschaft Schadensersatz fordern oder in das betreffende Geschäft (z.B. Vertrag) eintreten und die Herausgabe der bezogenen Vergütung bzw. die Abtretung des Anspruchs auf die Vergütung verlangen [§ 113 I HGB]. Ferner können die übrigen Gesellschafter die Auflösung der OHG verlangen [§ 113 IV HGB]. Ein Gesellschafter kann jedoch mit Einwilligung der übrigen Gesellschafter von diesem sogenannten Wettbewerbsverbot entbunden werden.

■ **Verlustbeteiligung**

Nach der gesetzlichen Regelung wird der Verlust zu gleichen Teilen (nach „Köpfen") verteilt [§ 121 III HGB]. Abweichende vertragliche Regelungen sind möglich.

(3) Rechte der Gesellschafter im Innenverhältnis

■ **Geschäftsführung**

Die Geschäftsführungsbefugnisse der Gesellschafter richten sich nach dem Gesellschaftsvertrag, bei fehlender Vereinbarung nach dem HGB [§§ 114 – 116 HGB].

■ Bei **gewöhnlichen Geschäften** besteht nach HGB **Einzelgeschäftsführungsrecht**, d. h., jeder einzelne Gesellschafter ist zur Vornahme aller Handlungen berechtigt, die der gewöhnliche Betrieb des Handelsgewerbes dieses Unternehmens mit sich bringt [§ 116 I HGB]. Widerspricht ein geschäftsführender Gesellschafter einer Geschäftsführungsmaßnahme eines Mitgesellschafters, so muss diese unterbleiben. Bei einem gewöhnlichen Geschäft steht jedem Gesellschafter ein **Vetorecht** zu.

Beispiele:

Arbeitsaufträge an Belegschaftsmitglieder erteilen, Rechnungen bezahlen, Bestellungen unterschreiben, Arbeitnehmer einstellen oder entlassen.

■ Bei **außergewöhnlichen Geschäften** besteht nach HGB **Gesamtgeschäftsführungsrecht**, d. h., es bedarf eines Gesamtbeschlusses aller Gesellschafter [§ 116 II HGB].

Eine Sonderregelung besteht bei der Ernennung eines Prokuristen.[1] Als ein außergewöhnliches Geschäft bedarf die Ernennung eines Prokuristen der Zustimmung aller Gesellschafter. Der Widerruf der Prokura kann dagegen durch jeden geschäftsführenden Gesellschafter in alleiniger Verantwortung erfolgen.

Beispiel:

Der geschäftsführende Gesellschafter Albrecht befürwortet einen riskanten Aktienkauf zur Geldanlage. Dem Mitgesellschafter Berthold ist das Risiko zu hoch. Das Geschäft muss unterbleiben.

Weitere Beispiele für außergewöhnliche Geschäfte: Grundstückskäufe bzw. -verkäufe, Aufnahme neuer Gesellschafter, Änderung des Unternehmenszwecks, Aufname von Großkrediten.

Der **Gesellschaftsvertrag** kann vorsehen, dass bei **allen Geschäften** die Zustimmung aller Gesellschafter, der Mehrheit der Gesellschafter oder die von mindestens zwei Gesellschaftern vorliegen muss **(Gesamtgeschäftsführungsbefugnis)**.

Auf Antrag der übrigen Gesellschafter kann einem Gesellschafter die Befugnis zur Geschäftsführung durch gerichtliche Entscheidung entzogen werden, wenn ein wichtiger Grund vorliegt (z. B. grobe Pflichtverletzung, Unfähigkeit zur ordnungsmäßigen Geschäftsführung [§ 117 HGB]).

■ **Kontrollrecht**

Im Rahmen des Geschäftsführungsrechts erwähnt das Gesetz [§ 118 HGB] ausdrücklich, dass die Gesellschafter (auch wenn sie von der Geschäftsführung ausgeschlossen sind) die Befugnis haben, sich über die Angelegenheiten der Gesellschaft persönlich zu unterrichten, in die Handelsbücher und Papiere der Gesellschaft einzusehen und sich hieraus einen Jahresabschluss (Bilanz und Gewinn- und Verlustrechnung) anzufertigen. Das Kontrollrecht ist zwingendes Recht, kann also nicht durch Gesellschaftsvertrag aufgehoben werden.

1 Siehe S. 170 f.

■ **Gewinnberechtigung**

Jeder Gesellschafter hat Anspruch auf einen Anteil am Jahresgewinn. Ist im Gesellschaftsvertrag nichts anderes vereinbart, gilt das HGB [§ 121 HGB]. Danach erhalten die Gesellschafter zunächst eine 4 %ige Verzinsung der (jahresdurchschnittlichen) Kapitalanteile. (Falls der Gewinn nicht ausreicht, erfolgt eine entsprechend niedrigere Verzinsung.) Ein über die 4 % hinausgehender Rest wird unter die Gesellschafter „nach Köpfen", d.h. zu gleichen Teilen verteilt.

■ **Recht auf Privatentnahme**

Rechte der OHG-Gesellschafter (Innenverhältnis)
■ Geschäftsführung ■ Kontrollrecht ■ Gewinnberechtigung ■ Privatentnahme ■ Aufwandsersatz ■ Kündigung ■ Liquidationsanteil

Da die Gesellschafter im Normalfall ihren Lebensunterhalt aus der Entlohnung ihrer unternehmerischen Tätigkeit bestreiten müssen, sieht das Gesetz vor, dass (bei fehlender sonstiger Vereinbarung) jeder Gesellschafter berechtigt ist, **während des Geschäftsjahrs** bis zu 4 % seines zu Anfang des Geschäftsjahrs vorhandenen Kapitalanteils zu entnehmen [§ 122 I HGB]. Dieses Recht zur Privatentnahme besteht auch dann, wenn die Gesellschaft derzeit Verluste erzielt. Will ein Gesellschafter mehr als 4 % bzw. mehr als den im Gesellschaftsvertrag vereinbarten Prozentsatz entnehmen, müssen die übrigen Gesellschafter zustimmen [§ 122 II HGB].

■ **Anspruch auf Aufwandsersatz**

Dieser Anspruch entsteht dann, wenn ein Gesellschafter im Rahmen seiner Geschäftsführung betriebliche Auslagen zunächst mit Privatmitteln begleicht [§ 110 HGB]. Ein Entgelt für ihre Tätigkeit als solche steht den Gesellschaftern nicht zu. Die Geschäftsführung ist durch die Gewinnbeteiligung abgegolten.

■ **Kündigungsrecht der Gesellschafter (Austritt aus der OHG)**

Wenn keine Vereinbarung zwischen den Gesellschaftern getroffen wurde, gilt die gesetzliche Regelung: Kündigungsmöglichkeit unter Einhaltung der Kündigungsfrist von mindestens 6 Monaten zum Schluss des Geschäftsjahrs [§ 132 HGB].

■ **Recht auf Liquidationserlös bei Auflösung der OHG** [§ 155 HGB]

Wird die OHG aufgelöst, so ist das nach Abzug der Schulden verbleibende Vermögen im Verhältnis der Kapitalanteile unter die Gesellschafter aufzuteilen **(Recht auf Liquidationserlös).** Verbleibt nach der Liquidation der OHG ein negativer Kapitalanteil, so haben die Gesellschafter eine entsprechende **Ausgleichszahlung** zu erbringen.

4.3 Pflichten und Rechte der Gesellschafter im Außenverhältnis

(1) Begriff Außenverhältnis

Unter **Außenverhältnis** versteht man die Rechtsbeziehungen der Gesellschafter gegenüber **außenstehenden Dritten.** Im Außenverhältnis **gelten grundsätzlich die Bestimmungen des HGB.** Abweichende Vereinbarungen müssen, soweit sie gesetzlich zulässig sind, im Handelsregister eingetragen werden.

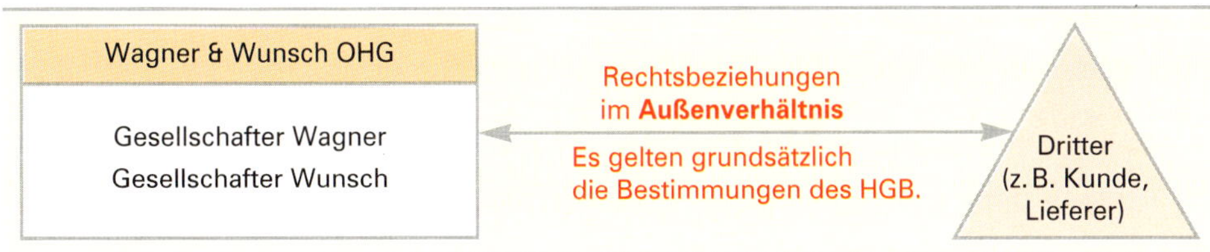

(2) Pflichten der Gesellschafter im Außenverhältnis

Haftung [§§ 128 – 130 HGB]

Da die OHG gewissermaßen aus der Kooperation (Zusammenarbeit) mehrerer Einzelunternehmer entsteht, entspricht die Haftung der OHG-Gesellschafter der eines Einzelunternehmers. Die OHG-Gesellschafter haften

unbeschränkt	Die OHG-Gesellschafter haften mit ihrem Geschäftsvermögen **und** mit ihrem sonstigen Privatvermögen.
unmittelbar	Die Gläubiger (z. B. die Lieferanten) können die Forderungen nicht nur der OHG gegenüber, sondern zugleich unmittelbar (direkt) gegenüber **jedem OHG-Gesellschafter** geltend machen. Dies bedeutet, dass jeder einzelne Gesellschafter durch die Gesellschaftsgläubiger verklagt werden kann. Der Gesellschafter kann nicht verlangen, dass der Gläubiger zuerst gegen die OHG klagt. Eine „Einrede der Vorausklage" steht dem Gesellschafter nicht zu.
gesamtschuldnerisch („solidarisch")	Jeder Gesellschafter haftet persönlich (allein) für die gesamten Schulden der Gesellschaft [§ 128 I HGB], nicht jedoch für die privaten Schulden der übrigen Gesellschafter.

Eine vertragliche Vereinbarung zwischen den Gesellschaftern, durch die die Haftung beschränkt wird (z. B. auf den übernommenen Kapitalanteil), ist nur im **Innenverhältnis** gültig [§ 128, S. 2 HGB].

Der Gläubiger kann seine Forderung somit nach Belieben von jedem Gesellschafter ganz oder teilweise verlangen. Der Gesellschafter hat nicht das Recht, vom Gläubiger zu verlangen, auch die anderen Gesellschafter in Anspruch zu nehmen bzw. zu verklagen. Hat ein Gesellschafter an einen Gläubiger eine Zahlung vorgenommen, so hat er gegenüber seinen Mitgesellschaftern einen Ausgleichsanspruch.

Beispiel:

Der Gesellschafter Haufe der Kleiner & Haufe OHG hat mit Kleiner im Gesellschaftsvertrag vereinbart, dass er für Verbindlichkeiten nur in Höhe von 25 000,00 EUR haftet. Wird Herr Haufe von einem Gläubiger der OHG mit 30 000,00 EUR in Haft genommen, so kann er von Herrn Kleiner den Mehrbetrag von 5 000,00 EUR fordern.

Haftung bei Eintritt [§ 130 I HGB]

Tritt ein Gesellschafter in eine bereits bestehende OHG ein, haftet er auch für die vor seinem Eintritt bestehenden Verbindlichkeiten der OHG. Schließen die Gesellschafter die Haftung aus oder wird die Haftung vertraglich eingeschränkt, so ist dies nur im Innenverhältnis gültig [§ 130 II HGB]. Ein Haftungsausschluss gegenüber Dritten ist nicht möglich.

■ **Haftung bei Austritt** [§ 160 I HGB]

Tritt ein Gesellschafter aus, haftet er noch fünf Jahre für die Verbindlichkeiten der OHG, die zum Zeitpunkt seines Ausscheidens bestanden [§ 160 I, S. 1 HGB].

(3) Rechte der Gesellschafter im Außenverhältnis

■ **Einzelvertretungsrecht** [§§ 125, 126 HGB]

Ist im Gesellschaftsvertrag nichts anderes bestimmt und im Handelsregister eingetragen, besteht Einzelvertretungsrecht, d.h., jeder einzelne Gesellschafter hat das Recht, die OHG (und damit die übrigen Gesellschafter) gegenüber Dritten zu vertreten und zu verpflichten (z.B. durch Kaufverträge, Darlehensverträge, Mietverträge, Arbeitsverträge). Dieses Einzelvertretungsrecht gilt somit für **gewöhnliche** und **außergewöhnliche Rechtsgeschäfte.** Zum Schutz der Dritten (z.B. Lieferer und Kunden) kann das Einzelvertretungsrecht **nicht** durch den Gesellschaftsvertrag beschränkt werden.

Beispiel:

Angenommen, die Arndt OHG hat drei Gesellschafter: Arndt, Brecht und Czerny. Im Gesellschaftsvertrag wurde Gesamtgeschäftsführung vereinbart, d.h., alle Geschäfte bedürfen eines Gesamtbeschlusses der Gesellschafter. Brecht kauft, ohne die übrigen Gesellschafter zu fragen und zu informieren, eine neue Maschine. Der Kaufvertrag ist rechtswirksam, weil Brecht das Einzelvertretungsrecht besitzt. Die übrigen Gesellschafter müssen den Vertrag gegen sich gelten lassen: Die OHG muss die Maschine abnehmen und bezahlen. Brecht hat jedoch gegen die Vereinbarungen über die Geschäftsführung verstoßen. Sollte durch seinen Vertragsabschluss der Gesellschaft ein Schaden entstehen, ist er gegenüber den übrigen Gesellschaftern schadensersatzpflichtig.

■ **Gesamtvertretungsrecht** [§ 125 II HGB]

Im Gesellschaftsvertrag kann Gesamtvertretung vereinbart werden. Dies bedeutet, dass ein Gesellschafter nur zusammen mit mindestens einem weiteren Gesellschafter Rechtsgeschäfte mit Dritten rechtswirksam für die OHG abschließen kann.

Die Gesamtvertretung ist Dritten gegenüber nur rechtswirksam, wenn sie im Handelsregister eingetragen oder dem Dritten z.B. durch Rundschreiben bekannt ist.

Der **Entzug der Vertretungsmacht** ist bei wichtigem Grund (z.B. Ernennung eines Prokuristen ohne Beschluss aller Gesellschafter) auf Antrag der übrigen Gesellschafter durch eine Gerichtsentscheidung möglich [§ 127 HGB]. Der Ausschluss eines Gesellschafters von der Vertretung ist von sämtlichen Gesellschaftern zur Eintragung in das Handelsregister anzumelden.

4.4 Auflösung der OHG

Auflösungsgründe können z.B. sein [§ 131 I HGB]:

- Ablauf der Zeit, für welche die OHG eingegangen ist,
- Beschluss der Gesellschafter,
- Eröffnung des Insolvenzverfahrens über das Vermögen der OHG,
- eine gerichtliche Entscheidung.

Ist im Gesellschaftsvertrag nichts anderes vereinbart, führt das Ausscheiden eines Gesellschafters nicht zur Auflösung der OHG.

4.5 Vor- und Nachteile der OHG

Vorteile	Nachteile
■ Ausnutzung unterschiedlicher Kenntnisse und Fähigkeiten der Gesellschafter verbessert die Geschäftsführung. ■ Die Umwandlung eines Einzelunternehmens in eine OHG vergrößert die Eigenkapitalbasis des Unternehmens. ■ Bei guten privaten Vermögensverhältnissen ist die Kreditwürdigkeit der OHG größer als die des Einzelunternehmens. ■ Da das Eigenkapital und die Unternehmensführung in einer Hand sind, ist das Interesse der Gesellschafter an der Geschäftsführung groß. ■ Verteilung des Unternehmerrisikos. ■ Bei kleinen und mittelgroßen Personengesellschaften keine Prüfungs- und Offenlegungspflicht.	■ Persönliche Meinungsverschiedenheiten zwischen den Gesellschaftern können den Bestand des Unternehmens gefährden (siehe Kündigungsrecht!). ■ Dem Wachstum des Unternehmens sind häufig finanzielle Grenzen gesetzt, weil das Eigenkapital der Gesellschafter zur Finanzierung großer Investitionen nicht ausreicht. ■ Fremdkapital kann nur in begrenztem Maße aufgenommen werden. ■ Durch aufwendige Lebenshaltung der Gesellschafter kann die Existenz des Unternehmens aufs Spiel gesetzt werden, da Kontrollorgane fehlen. ■ Unbeschränkte, direkte, gesamtschuldnerische Haftung der Gesellschafter.

4.6 Bedeutung der OHG

Die OHG ist der Modellfall (Prototyp) einer Personengesellschaft. Innerhalb der OHG kooperieren zwei oder mehrere Gesellschafter, die persönlich und unbeschränkt haften. Die OHG-Gesellschafter sind daher **Unternehmer im ursprünglichen Sinne,** d.h. Leute, die das Eigenkapital selbst aufbringen, die Geschäfte persönlich führen, das Unternehmen vertreten und das Risiko auf sich nehmen **(Eigentümerunternehmer).** Deshalb ist das Interesse der Gesellschafter am Wohlergehen des Unternehmens und an der Unternehmensführung normalerweise sehr groß (Leistungsanreiz durch die Chance, Gewinn zu erzielen). Somit ist die OHG die geeignete Unternehmensform für mittelgroße Unternehmen, die keinen allzu großen Bedarf an finanziellen Mitteln haben.

Zusammenfassung

- Die **OHG** ist u.a. durch folgende **Merkmale** charakterisiert: (1) Zusammenschluss von mindestens zwei Personen; (2) Handelsgewerbe; (3) gemeinschaftliche Firma; (4) unbeschränkte, unmittelbare und gesamtschuldnerische Haftung aller Gesellschafter.
- Die **Firma** muss die Bezeichnung „offene Handelsgesellschaft" oder eine allgemein verständliche Abkürzung dieser Bezeichnung enthalten [§ 19 I, Nr. 2 HGB].
- Zur **Gründung** ist erforderlich: (1) Gesellschaftsvertrag; (2) Eintragung ins Handelsregister.
- **Beginn der OHG:**
  - im **Innenverhältnis** beginnt das Unternehmen mit Abschluss des Gesellschaftsvertrags bzw. zum vereinbarten Termin.
  - im **Außenverhältnis** beginnt die OHG – sofern ein Handelsgewerbe im Sinne des § 1 II HGB betrieben wird – sobald ein Gesellschafter im Namen der OHG tätig wird. Wird kein Handelsgewerbe im Sinne des § 1 II HGB betrieben, beginnt die OHG mit der Eintragung ins Handelsregister.

- **Rechtsverhältnisse im Innenverhältnis:**
  - Die **Pflichten der Gesellschafter** sind: (1) Leistung der im Gesellschaftsvertrag vereinbarten **Kapitaleinlage;** (2) Pflicht zur **persönlichen Mitarbeit;** (3) **Verlusttragung** nach HGB oder nach Vertrag; (4) Einhaltung des **Wettbewerbsverbots.**
  - Die **Rechte der Gesellschafter** sind: (1) Recht auf **Geschäftsführung** (gesetzlich: Einzelgeschäftsführungsbefugnis bei gewöhnlichen Geschäften, Gesamtgeschäftsführungsbefugnis bei außergewöhnlichen Geschäften). Gesamtgeschäftsführungsbefugnis für gewöhnliche Geschäfte muss im Gesellschaftsvertrag vereinbart sein; (2) **Kontrollrecht** über Geschäftslage und -entwicklung; (3) **Recht auf Gewinnanteil** (gesetzlich: 4 % des jahresdurchschnittlichen Kapitalanteils, Rest Pro-Kopf-Anteil); (4) Recht auf **Privatentnahme** (gesetzlich höchstens jährlich bis zu 4 % des Eigenkapitalanteils zu Beginn des Geschäftsjahrs); (5) Anspruch auf **Aufwandsersatz;** (6) **Kündigungsrecht;** (7) Recht auf **Liquidationserlös** bei Auflösung der OHG.
- **Rechtsverhältnisse im Außenverhältnis:**
  - **Pflicht zur Haftung.** Die OHG-Gesellschafter haften unbeschränkt, unmittelbar und gesamtschuldnerisch (solidarisch).
  - **Recht auf Vertretung.** Gesetzlich: Einzelvertretungsmacht; Gesamtvertretung muss im Handelsregister eingetragen sein.

Übungsaufgaben

81 Frank Strobel, 40 Jahre alt, ist seit 15 Jahren im Verkauf des Autohauses Hans Stolz tätig, davon 10 Jahre als Verkaufsleiter. Strobel ist bereit, sich mit einem Grundstück im Wert von 380 000,00 EUR am Unternehmen zu beteiligen. Er möchte als gleichberechtigter Partner mitarbeiten und volle Verantwortung mitübernehmen. Stolz und Strobel entschließen sich zur Gründung einer OHG.

Aufgaben:

1. Begründen Sie, ob der Gesellschaftsvertrag einer Formvorschrift unterliegt!
2. Erläutern Sie die gesetzlichen Voraussetzungen, die bei der Gründung einer OHG bezüglich der Form des Gesellschaftsvertrags und hinsichtlich der Firmierung beachtet werden müssen!
3. Untersuchen Sie, ob die bisherige Firma „Kfz-Reparaturwerkstatt Friedrich Stolz e.Kfm." fortgeführt werden kann!
4. Stolz und Strobel schließen am 1. September 20.. einen Gesellschaftsvertrag ab. Die Handelsregistereintragung erfolgt am 14. November 20.. Prüfen Sie, wann die OHG entstanden ist!
5. Die Handelsgeschäfte werden am 15. September 20.. aufgenommen. Am 20. September kauft Frank Strobel eine Hebebühne im Wert von 140 000,00 EUR. Der Lieferer verlangt von Friedrich Stolz die Bezahlung der Rechnung. Beurteilen Sie die Rechtslage!
6. Stolz möchte im Januar des folgenden Jahres zwei Kfz-Mechaniker einstellen. Entscheiden Sie begründet, ob Stolz die Mechaniker einstellen darf!
7. Unterscheiden Sie die Vertretungsbefugnis von der Geschäftsführungsbefugnis!
8. Im Februar des folgenden Jahres nehmen Stolz und Strobel Franz Stang als neuen Gesellschafter in die OHG auf. Einige Wochen später wendet sich die Langinger KG, Lieferer für Autozubehör, mit ihrer Forderung über 9 700,00 EUR direkt an den neuen Gesellschafter. Dieser lehnt die Zahlung ab.

Beurteilen Sie die folgenden Argumente und begründen Sie Ihre Antwort:

8.1 Die Langinger KG soll sich direkt an die OHG wenden.

8.2 Die Verbindlichkeit sei von Stolz eingegangen worden, also müsse im Zweifel dieser zahlen.

8.3 Die Verbindlichkeit stamme aus dem vorigen Jahr, also aus der Zeit vor seinem Eintritt in die Gesellschaft.

8.4 Die Haftung austretender OHG-Gesellschafter ist gesetzlich nicht geregelt.

9. Laut Gesellschaftsvertrag darf Stang nur Geschäfte bis zu einer Höhe von 20 000,00 EUR ohne Einwilligung der anderen Gesellschafter vornehmen. Stang bestellt Ersatzteile im Wert von 25 000,00 EUR. Prüfen Sie, ob die Gesellschaft an die Willenserklärung gebunden ist!

10. Frank Strobel ist über den Vorfall so verärgert, dass er aus der OHG ausscheiden möchte. Ermitteln Sie, welche Regelung das HGB für das Ausscheiden eines OHG-Gesellschafters vorsieht!

11. Geben Sie wieder, wie die Gewinnverteilung der OHG gesetzlich geregelt ist!

12. Für den Bau eines Einfamilienhauses will Frank Strobel sein von ihm eingebrachtes unbebautes Grundstück zum Verkehrswert aus dem Vermögen der OHG entnehmen. Prüfen Sie, ob er gegen den Willen seiner Mitgesellschafter das Grundstück zurückerhalten kann!

82 Die Herren Meier, Schmidt und Kunz betreiben gemeinsam eine Möbelfabrik als OHG.

Aufgaben:

1. Nennen Sie zwei Gründe, die die Gesellschafter veranlasst haben könnten, die Gesellschaftsform der OHG zu wählen!

2. Formulieren Sie vier Firmierungsbeispiele!

3. Herr Meier und Herr Schmidt kaufen am 24. November 20.. gegen den Willen von Herrn Kunz ein zusätzliches Lagergebäude.

   3.1 Prüfen Sie, ob die OHG an diesen Vertrag gebunden ist!

   3.2 Der Verkäufer des Lagergebäudes verlangt am 25. November 20.. von Herrn Kunz die Bezahlung der gesamten Kaufsumme. Dieser lehnt entschieden ab. Er glaubt, ausreichende Gründe zu haben. Erstens war er gegen diesen Kauf. Zweitens müsse sich der Gläubiger doch erst einmal an die OHG wenden und, wenn diese nicht zahle, an die Gesellschafter, die den Kaufvertrag unterzeichnet haben. Drittens sehe er gar nicht ein, dass er alles zahlen solle. Wenn überhaupt, so zahle er höchstens den ihn betreffenden Anteil an der Kaufsumme, nämlich ein Drittel. Nehmen Sie zu diesen Aussagen Stellung!

   3.3 Am 30. Juni des folgenden Jahres scheidet Herr Kunz wegen bestehender Differenzen aus der Gesellschaft aus. Am 30. September des folgenden Jahres wendet sich der Verkäufer des Lagergebäudes erneut an ihn und fordert ihn auf, den noch offenen Restbetrag von 12 000,00 EUR zu bezahlen. Beurteilen Sie die Rechtslage!

4. Als Schmidt im Urlaub ist, kauft Meier ein Grundstück, das für die Erweiterung der Großhandlung notwendig ist. Schmidt, der von dem Grundstückskauf erst nachträglich Kenntnis erhält, ist gegen den Kauf.

   4.1 Prüfen Sie, ob Meier berechtigt war, das Grundstück zu kaufen!

   4.2 Untersuchen Sie, ob der Kaufvertrag für die OHG bindend ist!

   4.3 Entscheiden Sie, ob Schmidt die Zahlung des Kaufpreises verweigern kann, wenn der Verkäufer des Grundstücks von ihm den gesamten Kaufpreis fordert!

83 Axel Sterk betreibt als Einzelunternehmer die industrielle Herstellung und den Vertrieb von Gartenzwergen. Das Unternehmen firmiert unter „Gartenzwergfabrik Axel Sterk e.K." und ist in das Handelsregister eingetragen. Der Umsatz des Einzelunternehmens hat sich so vergrößert, dass es der Inhaber für zweckmäßig hält, den Betrieb zu erweitern. Sterk bietet Igor Wetzel an, ihn als Gesellschafter aufzunehmen. Wetzel ist hierzu bereit und bringt 140000,00 EUR Barvermögen und ein unbebautes Grundstück in die zu gründende OHG ein.

Am 15. August 20.. wird der Gesellschaftsvertrag abgeschlossen (siehe nachfolgenden Auszug). Die Eintragung in das Handelsregister erfolgt am 10. September 20..

Aufgaben:

1. Erklären Sie, welche rechtliche Wirkung die Handelsregistereintragung im vorgegebenen Fall hat!
2. Igor Wetzel schließt am 15. November 20.. mit der Seppl AG einen langfristigen Vertrag über die Lieferung von Ton im Wert von 62000,00 EUR. Als Sterk von der Lieferung erfährt, verweigert er die Bezahlung der Rechnung, da er den Preis für überhöht hält. Außerdem sei Wetzel nicht zum Abschluss des Kaufvertrags befugt gewesen. Die Seppl AG solle daher den Kaufpreis direkt von Wetzel einfordern.

   Erläutern Sie die Rechtslage!
3. Wetzel ist kaufmännisch nicht vorgebildet.
   3.1 Machen Sie ihm den Unterschied zwischen der unbeschränkten, persönlichen Haftung und der Verlustbeteiligung deutlich!
   3.2 Erläutern Sie ihm den Unterschied zwischen Geschäftsführung und Vertretung!
4. Sterk möchte im November 20.. für seine Sammlung eine Skulptur für 40000,00 EUR erwerben. Er beabsichtigt, den Betrag dem Gesellschaftsvermögen zu entnehmen. Beurteilen Sie die Rechtslage!
5. Das eingebrachte Grundstück von Igor Wetzel geht in das Gesellschaftsvermögen ein. Zeigen Sie auf, welche rechtlichen Konsequenzen sich daraus für Wetzel ergeben!
6. Erläutern Sie, warum Wetzel und Sterk im Gesellschaftsvertrag vereinbart haben, dass beim Ausscheiden eines Gesellschafters das Unternehmen nicht liquidiert (aufgelöst) werden soll!

5 Kommanditgesellschaft (KG)

5.1 Begriff, Firma und Gründung der KG

(1) Begriff

- Die **Kommanditgesellschaft (KG)** ist eine Gesellschaft mit mindestens zwei Personen, die ein **Handelsgewerbe** unter **gemeinschaftlicher Firma** betreibt, wobei mindestens ein Gesellschafter **unbeschränkt haftet (Komplementär)** und mindestens ein Gesellschafter **beschränkt haftet (Kommanditist).**[1]
- Die Kommanditgesellschaft ist eine **Personengesellschaft.**

1 Die KG muss mindestens einen Komplementär aufweisen. Tritt der einzige (letzte) Komplementär aus der KG aus, so führt dies zur Auflösung der KG. Führen die Kommanditisten die Gesellschaft ohne (neuen) Komplementär fort, dann wird die KG grundsätzlich zu einer OHG, d.h., die Kommanditisten haften unbeschränkt.

Es gibt bei der KG also mindestens einen Gesellschafter, der nach den Vorschriften des OHG-Rechts [§§ 128ff. HGB] haftet (den persönlich haftenden Gesellschafter, Komplementär), und auf der anderen Seite mindestens einen Gesellschafter (Kommanditist), dessen Haftung beschränkt ist. In der Praxis macht der Vorteil der Haftungsbeschränkung für die Kommanditisten die große Attraktivität der KG im Vergleich mit der OHG aus.

Außerdem bietet die KG die Möglichkeit, eine juristische Person als Komplementär einzusetzen. Ist eine GmbH Komplementär, so entsteht eine GmbH & Co. KG. Handelt es sich bei dem Komplementär um eine AG, so liegt eine AG & Co. KG vor.[1]

(2) Firma

Die Firma der KG muss die Bezeichnung „Kommanditgesellschaft" oder eine allgemein verständliche Abkürzung dieser Bezeichnung (z. B. KG) enthalten [§ 19 I, Nr. 3 HGB].

Beispiele:

Müller und Moser sind Vollhafter (Komplementäre), Krause ist Teilhafter (Kommanditist). Mögliche Firmen sind z. B.: Müller & Moser KG; Müller Kommanditgesellschaft; Mannheimer Import KG; Emmendinger Import-Export KG.

(3) Gründung

Der Gründungsablauf der KG entspricht derjenigen der OHG. Einzige Besonderheit: Wegen der beschränkten Haftung des Kommanditisten wird die **Höhe der Kommanditeinlagen ins Handelsregister** eingetragen [§ 162 I HGB]. Veröffentlicht wird jedoch nur die Zahl der Kommanditisten, nicht aber die Höhe ihrer Einlage. Die Anmeldung zum Handelsregister ist von allen Gesellschaftern vorzunehmen, also auch von den Kommanditisten.

5.2 Pflichten und Rechte der Komplementäre im Innenverhältnis und im Außenverhältnis

Beachte:

Für die Komplementäre gelten die gleichen Bestimmungen wie für die persönlich haftenden Gesellschafter einer OHG, d. h., es werden die für die OHG geltenden gesetzlichen Vorschriften angewendet [§ 161 II HGB]. Die eigenständige Regelung der KG in den §§ 162ff. HGB befasst sich nur mit der Sonderstellung des Kommanditisten.

5.3 Pflichten und Rechte der Kommanditisten im Innenverhältnis

Beachte:

Zunächst gelten immer die Vereinbarungen zwischen den Gesellschaftern und erst dann ersatzweise die gesetzlichen Bestimmungen des HGB.

1 Aus Vereinfachungsgründen wird auf diese Rechtsformen im Folgenden nicht eingegangen.

(1) Pflichten der Kommanditisten im Innenverhältnis

■ Fristgemäße Leistung der festgesetzten Kapitaleinlage

Die vertraglich festgelegte Kapitaleinlage **(Pflichteinlage)** kann in Geld, in Sachwerten und/oder in Rechtswerten erfolgen. Die Höhe der Pflichteinlage kann dabei von der in das Handelsregister eingetragenen Einlage, der **Haftsumme (Hafteinlage),** abweichen.

■ Verlustbeteiligung

Eine Verlustbeteiligung erfolgt bis zur Höhe des Kapitalanteils und der noch rückständigen Einlagen [§ 167 III HGB] in einem „angemessenen" Verhältnis der Kapitalanteile [§ 168 II HGB]. Wegen der Unbestimmtheit der gesetzlichen Regelung empfiehlt es sich, die Art und Weise der Verlustbeteiligung der Kommanditisten im Gesellschaftsvertrag eindeutig festzulegen.

Beispiel:

Bei der Müller KG (Müller und Moser sind Vollhafter, Krause ist Teilhafter) könnte die Verlustbeteiligung wie folgt geregelt sein: „Müller, Moser und Krause teilen sich einen eventuellen Verlust im Verhältnis 3 : 3 : 1."

(2) Rechte der Kommanditisten im Innenverhältnis

■ Kontrollrecht

Die Kommanditisten haben **kein ständiges Kontrollrecht.** Sie können jedoch Abschriften des Jahresabschlusses (Jahresbilanz mit Gewinn- und Verlustrechnung) verlangen und deren Richtigkeit unter Einsicht in die Geschäftsbücher und sonstiger Geschäftspapiere überprüfen [§ 166 I, II HGB].

■ Gewinnberechtigung und Gewinnverwendung

Nach dem Gesetz erhalten die Kommanditisten (und die Komplementäre) zunächst eine **4 %ige Verzinsung** der (durchschnittlichen) Kapitalanteile. Der eventuell verbleibende **Restgewinn ist in „angemessenem" Verhältnis** (z. B. nach den Kapitalanteilen) zu verteilen [§§ 167 f. i. V. m. §§ 120, 221 I und II HGB]. Wegen der Unbestimmtheit der gesetzlichen Regelung ist es erforderlich, im Gesellschaftsvertrag die Gewinnverteilung eindeutig zu regeln, um spätere Unstimmigkeiten zu vermeiden.

Beispiel:

Bei der Müller KG könnte die Gewinnbeteiligung wie folgt geregelt sein: „Aus dem Jahresreingewinn erhält jeder Gesellschafter zunächst eine 6 %ige Verzinsung der durchschnittlichen Kapitalanteile. Reicht der Gewinn nicht aus, erfolgt eine entsprechend niedrigere Verzinsung. Übersteigt der Jahresreingewinn 6 % der durchschnittlichen Kapitalanteile, wird der übersteigende Betrag im Verhältnis 3 : 3 : 1 verteilt."

Die Gewinnanteile der Kommanditisten werden ihren Kapitalanteilen nur so lange gutgeschrieben, bis diese voll geleistet sind [§ 167 II HGB]. Ist die Pflichteinlage der Kommanditisten erreicht, so haben sie Anspruch auf Auszahlung ihrer Gewinnanteile. Die im Unternehmen belassenen Gewinnanteile der Kommanditisten stellen „sonstige Verbindlichkeiten" der KG gegenüber den Kommanditisten dar.

Wird der Kapitalanteil des Kommanditisten durch Verlust oder Auszahlung gemindert, und zwar unter den auf die vereinbarte Einlage geleisteten Betrag, so kann der Kommanditist keine Auszahlung seines Gewinnanteils fordern. In diesem Fall wird der Gewinnanteil zur Auffüllung der Kommanditeinlage verwendet. Der Kommanditist ist dabei nicht verpflichtet, früher bezogene Gewinne wegen später eingetretener Verluste zurückzuzahlen [§ 169 II HGB].

Rechte des Kommanditisten (Innenverhältnis)

- Kontrolle
- Gewinnbeteiligung
- Widerspruch
- Kündigung

- **Privatentnahme**

Der Kommanditist hat **kein Recht auf Privatentnahmen** [§§ 169 I, 122 HGB].

- **Widerspruchsrecht**

Die Kommanditisten sind im Regelfall von der **Geschäftsführung ausgeschlossen.**[1] Sie können lediglich Handlungen der persönlich haftenden Komplementäre widersprechen, wenn diese über den gewöhnlichen Betrieb des Handelsgewerbes der KG hinausgehen, z. B. bei Grundstückskäufen und -verkäufen, bei der Aufnahme eines neuen Gesellschafters oder bei Änderung des Betriebszwecks [§ 164 HGB].

- **Kündigungsrecht**

Wenn keine abweichenden Vereinbarungen zwischen den Gesellschaftern getroffen wurden, gilt die gesetzliche Regelung: Kündigungsmöglichkeit unter Einhaltung einer Kündigungsfrist von mindestens 6 Monaten zum Schluss des Geschäftsjahres [§ 161 II i. V. m. § 132 HGB].

- Für die **Kommanditisten** besteht **kein gesetzliches Wettbewerbsverbot** [§ 165 HGB].

5.4 Pflichten und Rechte der Kommanditisten im Außenverhältnis

Beachte:

Im Außenverhältnis sind allein die gesetzlichen Bestimmungen des HGB maßgebend.

Vertretung	Kommanditisten sind nach dem HGB grundsätzlich **nicht** zur Vertretung der KG ermächtigt [§ 170 HGB].[2] Die Kommanditgesellschaft wird durch die Vollhafter vertreten. Möglich ist jedoch, einem oder mehreren Kommanditisten Handlungsvollmacht oder Prokura zu erteilen.
Haftung ■ **nach Eintragung der KG ins Handelsregister**	■ Soweit die Kommanditisten ihre vertraglich bestimmte und im Handelsregister **eingetragene Einlage geleistet** haben, haften sie mit ihrer Einlage nur mittelbar **(Risikohaftung)**[3] [§ 171 I, S. 1, 2. HS. HGB].

1 Durch Gesellschaftsvertrag kann einem Kommanditisten auch die Geschäftsführung übertragen werden.

2 Aufgrund des Gesellschaftsvertrags können jedoch auch die Kommanditisten das Vertretungsrecht haben.

3 Zur Risikohaftung siehe auch S. 244.

	■ Soweit ein Kommanditist seine **Einlage** nach Eintragung **noch nicht geleistet** hat, haftet er den Gesellschaftsgläubigern **persönlich in Höhe der ausstehenden Einlage** [§ 171 I, S. 1, 1. HS. HGB].
■ **bei Eintritt in eine bestehende KG**	Tritt ein Kommanditist in eine bestehende KG ein, so haftet der beitretende Kommanditist gegenüber einem gutgläubigen Dritten **in der Zeit zwischen seinem Eintritt und der Eintragung der Kapitaleinlage** in das Handelsregister **persönlich und unbeschränkt** [§ 176 II HGB].

5.5 Auflösung der KG

Es gelten die für die OHG angegebenen Auflösungsgründe (siehe S. 216).[1]

Beim Tod eines Kommanditisten wird die Gesellschaft, sofern keine abweichenden vertraglichen Regelungen getroffen worden sind, mit den Erben fortgesetzt [§ 177 HGB]. Die Erben des verstorbenen Kommanditisten sind zunächst Teilhafter der KG mit dem Recht, die geerbte Einlage zu kündigen.

5.6 Vor- und Nachteile der KG

Vorteile	Nachteile
■ Ausnutzung unterschiedlicher Kenntnisse und Fähigkeiten der Gesellschafter verbessert die Geschäftsführung. ■ Da das Eigenkapital und die Unternehmensführung in einer Hand sind, ist das Interesse der Gesellschafter an der Geschäftsführung groß. ■ Verteilung des Unternehmerrisikos.	■ Unbeschränkte, direkte, gesamtschuldnerische Haftung der Komplementäre. ■ Persönliche Meinungsverschiedenheiten zwischen den Gesellschaftern können den Bestand des Unternehmens gefährden (siehe Kündigungsrecht!). ■ Dem Wachstum des Unternehmens sind häufig finanzielle Grenzen gesetzt, weil das Eigenkapital der Gesellschafter zur Finanzierung großer Investitionen nicht ausreicht. Fremdkapital kann nur in begrenztem Maße aufgenommen werden. ■ Durch aufwendige Lebenshaltung der Gesellschafter kann die Existenz des Unternehmens aufs Spiel gesetzt werden, da Kontrollorgane fehlen.

5.7 Bedeutung der KG

Die Rechtsform der Kommanditgesellschaft ermöglicht den **Kommanditisten,** sich an einem Unternehmen durch Kapitaleinlagen zu beteiligen und die Haftung (das Risiko ihres Verlusts) auf diese Einlagen zu beschränken, ohne zur Geschäftsführung und Vertretung verpflichtet (und berechtigt) zu sein.

Für **Komplementäre** bietet die Rechtsform der KG die Möglichkeit, das Gesellschaftskapital sowie die Kreditbasis durch Aufnahme von Kommanditisten zu erweitern, ohne in der Geschäftsführung und Vertretungsbefugnis beschränkt zu werden.

1 Die KG muss mindestens einen Komplementär aufweisen. Tritt der einzige (letzte) Komplementär aus der KG aus, so führt dies zur Auflösung der KG. Führen die Kommanditisten die Gesellschaft ohne (neuen) Komplementär fort, dann wird die KG grundsätzlich zu einer OHG, d. h., die Kommanditisten haften unbeschränkt.

Zusammenfassung

- 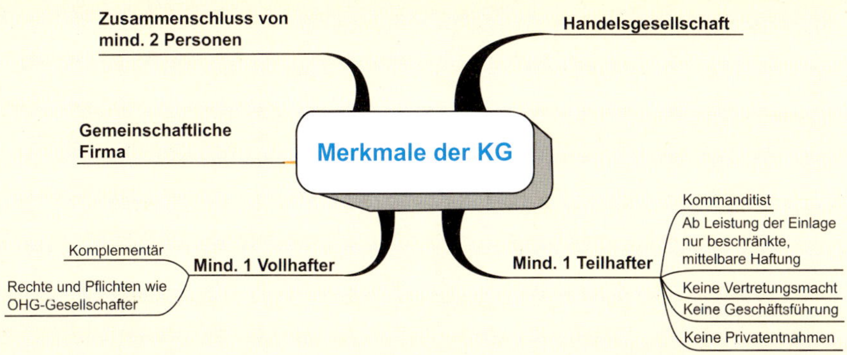

- **Beginn** der KG:
  - im **Innenverhältnis** beginnt das Unternehmen mit Abschluss des Gesellschaftsvertrags bzw. zum vereinbarten Termin.
  - im **Außenverhältnis** beginnt die KG – sofern ein Handelsgewerbe betrieben wird – sobald ein Gesellschafter im Namen der KG tätig wird. Wird kein Handelsgewerbe betrieben, beginnt die KG mit der Eintragung ins Handelsregister.

Vergleichsmerkmale	OHG	KG
Gründung	■ Gesellschaftsvertrag (notarielle Beurkundung, falls Grundstücke eingebracht werden [§ 311b BGB]). ■ Geld- oder Sachleistungen. Einlagen werden zu Gesamthandsvermögen [§ 719 BGB]. ■ Eintragung ins Handelsregister [§§ 106, 108 HGB].	Entspricht der OHG. Besonderheit: Die Höhe der Kommanditeinlage ist ins Handelsregister einzutragen [§ 162 I HGB].
Firma	Sach-, Personen-, Fantasiefirma oder gemischte Firma mit dem Zusatz OHG.	Sach-, Personen-, Fantasiefirma oder gemischte Firma mit dem Zusatz KG.
Geschäftsführung	Geschäftsführung erfolgt durch die OHG-Gesellschafter [§§ 114–116 HGB]. Für gewöhnliche Geschäfte: Einzelgeschäftsführungsbefugnis und -pflicht jedes Gesellschafters [§ 116 I HGB]. Für außergewöhnliche Geschäfte: Gesamtbeschluss (Gesamtgeschäftsführungsbefugnis) aller Gesellschafter [§ 116 II HGB].	Geschäftsführung erfolgt durch Komplementär(e). Die Kommanditisten haben (gesetzlich) keine Geschäftsführungsbefugnisse. Die gesetzlichen Regelungen bezüglich der Komplementäre entsprechen denen für die OHG-Gesellschafter [§ 161 II HGB].

15 Speth u.a. - ISBN 978-3-8120-0497-8

Vergleichs-merkmale	OHG	KG
Gewinn- und Verlust-verteilung	4% Verzinsung der (jahresdurchschnittlichen) Kapitalanteile; Restgewinn sowie Verlust zu gleichen Teilen (nach Köpfen) [§ 121 HGB].	4% Verzinsung der (jahresdurchschnittlichen) Kapitalanteile; Restgewinn „in angemessenem Verhältnis". Ergänzende gesellschaftsvertragliche Regelung somit erforderlich. Verlustverteilung gesetzlich in „angemessenem Verhältnis" der Kapitalanteile [§§ 121, 167, 168 HGB].
Vertretung	Vertretung durch OHG-Gesellschafter. Grundsätzlich besteht Einzelvertretungsbefugnis jedes Gesellschafters [§§ 125, 126 HGB].	Vertretung durch Komplementäre entsprechend den Regelungen für die OHG-Gesellschafter. Die Kommanditisten besitzen (gesetzlich) keine Vertretungsmacht [§§ 161 II, 170 HGB].
Gesell-schafter-risiko (Haftung)	Unmittelbare, unbeschränkte und gesamtschuldnerische Haftung jedes OHG-Gesellschafters [§§ 128, 129, 130, 159f. HGB].	Die Komplementäre haften wie die OHG-Gesellschafter. Die Haftung der Kommanditisten ist auf die Höhe ihrer geleisteten Einlagen beschränkt. Außerdem haften die Kommanditisten nur indirekt (Risikohaftung § 171 HGB).

Übungsaufgaben

84 1. Der bisherige Einzelunternehmer Fritz Irmler e. Kfm. möchte sich aus Altersgründen aus der Unternehmensführung zurückziehen. Zusammen mit seinen beiden Söhnen Hans und Heinrich gründet er eine KG. Kapitalmäßig möchte Fritz Irmler noch im Unternehmen verbleiben.

Aufgaben:

1.1 Nennen Sie zwei Gründe, die Herrn Irmler dazu bewogen haben könnten, eine KG zu gründen!

1.2 Erklären Sie anhand der angeführten Personen, wie man die Gesellschafter bei dieser Rechtsform bezeichnet und beschreiben Sie kurz deren Aufgaben!

1.3 Bilden Sie ein Beispiel, wie die Firma der KG lauten könnte!

1.4 Um die Liquidität der KG zu stärken, wollen die Söhne Hans und Heinrich ein Betriebsgrundstück verkaufen. Der Vater Fritz widerspricht dem Geschäft. Beurteilen Sie die Rechtslage!

2. Der Kommanditist Gerhard Paulußen beabsichtigt, in die am Ort bestehende Möbelfabrik Franz OHG als persönlich haftender Gesellschafter einzutreten.

Aufgaben:

2.1 Beurteilen Sie die Rechtslage!

2.2 Häufig wird eine OHG in eine KG umgewandelt, wenn ein OHG-Gesellschafter stirbt. Nennen Sie hierfür Gründe!

2.3 Kommanditgesellschaften sind oft „Familiengesellschaften", d.h., die Gesellschafter sind miteinander verwandt. Begründen Sie diese Tatsache!

2.4 Müller und Moser sind Vollhafter, Krause ist Teilhafter. Müller ernennt im Einverständnis mit Moser einen Prokuristen. Krause wurde nicht gefragt und ist auch nicht einverstanden. Analysieren Sie den Sachverhalt!

3. Die gute Fremdenverkehrssituation im Allgäu möchte der Inhaber des Unternehmens Ferien-Hotel Karl Müller e.K. in Füssen nutzen und sein Hotel durch einen großzügigen Anbau erweitern.

Seinem Nachbarn Heilmann, dessen angrenzendes Grundstück für den Bau von Hotelgaragen geeignet ist, bietet Müller an, sich als Gesellschafter an seinem Unternehmen zu beteiligen. Herr Heilmann ist dazu bereit, will aber nur teilweise haften und im Unternehmen nicht mitarbeiten. Auf seine Einlage in Höhe von 250000,00 EUR bringt er das angrenzende Grundstück im Wert von 150000,00 EUR ein und zahlt auf den Rest 65% bar ein. Auch der Innenarchitekt Kaiser beteiligt sich mit einer Bareinlage von 80000,00 EUR als Teilhafter an dieser neuen Kommanditgesellschaft.

Aufgaben:

3.1 Begründen Sie, welcher Form der Gesellschaftsvertrag bedarf!

3.2 Beurteilen Sie, ob die bisherige Firma Ferien-Hotel Karl Müller e. K. beibehalten werden kann!

3.3 Welche rechtliche Wirkung hat die am 1. Dez. 20.. erfolgte Eintragung der Gesellschaft ins Handelsregister? (Begründen Sie kurz Ihre Ansicht!)

3.4 § 162 II HGB lautet: „Bei der Bekanntmachung der Eintragung ist nur die Zahl der Kommanditisten anzugeben ...“

Nennen und erläutern Sie die maßgebenden Gründe dafür, dass alle weiteren im Handelsregister eingetragenen Tatbestände in Bezug auf die Teilhafter nicht publiziert werden!

3.5 Die Ferien-Hotel Müller KG schuldet der Möbelfabrik Bach GmbH für gelieferte Zimmereinrichtungen 43440,00 EUR. Die Möbelfabrik Bach GmbH fordert von Heilmann die Bezahlung der Einrichtungen. Untersuchen Sie, ob Heilmann die Zahlung verweigern kann!

3.6 Teilhafter Kaiser hat während seines Urlaubs am Bodensee für die Ferien-Hotelgesellschaft KG bei der Münster & Co. OHG, Großhandlung für Hotelbedarf, Konstanz, ein exklusives Kaffeeservice, das ihm besonders gut gefiel, im Wert von 35482,00 EUR eingekauft. Beurteilen Sie die Rechtslage!

3.7 Prüfen Sie, ob Heilmann und Kaiser das Recht haben, dem Verkauf eines Betriebsgrundstücks zu widersprechen!

3.8 Erklären Sie jeweils zwei Rechte und Pflichten der Kommanditisten!

3.9 Stellen Sie dar, wie bei der KG nach dem HGB die Gewinne und Verluste verteilt werden!

3.10 Nennen Sie zwei Gründe, die zur Auflösung der KG führen können! Muss die KG z.B. beim Tod von Kaiser aufgelöst werden?

85 Wolfgang Thein und Michael Kreher haben eine OHG gegründet. Der Gesellschaftsvertrag setzt den Beginn der OHG auf den 1. Januar 20.. fest, die Eintragung im Handelsregister erfolgt am 10. Januar 20..

Aufgaben:

1. Nach dem unerwarteten Tod Krehers wird die Gesellschaft mit dessen beiden volljährigen Söhnen als Kommanditisten fortgesetzt.

1.1 Die Kommanditisten wollen so weit wie möglich in die Rechte ihres verstorbenen Vaters eintreten. Weisen Sie nach, welche Rechte ihres Vaters ihnen nach dem Gesetz verschlossen bleiben!

1.2 Beurteilen und begründen Sie im Hinblick auf das Außen- und Innenverhältnis, ob die Kommanditisten bei entsprechendem Gesellschaftsvertrag eine dem Komplementär ähnliche „Machtposition" ausüben!

2. Beim Tode Theins wollen dessen Erben ebenfalls – wie die Erben Krehers – nur als Teilhafter in die Gesellschaft eintreten. Zeigen Sie, wie unter den gegebenen Umständen der Fortbestand des Unternehmens gewährleistet werden kann! (Mehrere Möglichkeiten!)

86 Frau Eva Schrade betreibt die sich seit mehreren Generationen in Familienbesitz befindliche Maschinenfabrik A. Schrade e.Kfr. Vor allem mit ihren Wärmepumpen hatte sie einen beachtlichen Geschäftserfolg.

Der ständige Zwang zu Neuerungen und der harte Preiskampf ließen Frau Schrade wenig Spielraum zur Selbstfinanzierung.[1] Deshalb musste sie verstärkt auf Fremdkapital ausweichen. Weitere Investitionen will sie deshalb vorrangig mit Eigenkapital durchführen. Sie entschließt sich deshalb dazu, eine offene Handelsgesellschaft oder eine Kommanditgesellschaft zu gründen. Von den von ihr angesprochenen Personen sind ihrer Ansicht nach der langjährige und erfolgreiche Vertreter Heinz Mann und dessen Frau Doris Waggis-Mann die geeignetsten Partner. Herr Mann will als Komplementär, Frau Waggis-Mann als Kommanditistin in die Maschinenfabrik A. Schrade e.Kfr. eintreten.

Im Gesellschaftsvertrag vom 31. März 20.. wird unter anderem Folgendes vereinbart:

§ 1 Frau Schrade bringt ihr Unternehmen in die KG ein. Das Eigenkapital der Maschinenfabrik A. Schrade e.Kfr. beträgt 3600000,00 EUR. Herr Mann leistet 800000,00 EUR in bar und bringt ein unbebautes Grundstück im Wert von 1000000,00 EUR ein. Die Einzahlung auf das Geschäftsbankkonto und die Übereignung des Grundstücks auf die KG erfolgt zum 30. April 20..

§ 2 Frau Waggis-Mann übernimmt eine Kommanditeinlage in Höhe von 500000,00 EUR. Am 30. April 20.. zahlt sie 300000,00 EUR auf das Geschäftsbankkonto ein. Den Restbetrag will sie am 30. Mai überweisen.

§ 3 Jeder Gesellschafter erhält 5% Guthabenzinsen. Der verbleibende Rest des Jahresgewinns wird im Verhältnis 4 (Schrade) : 3 (Mann) : 1 (Waggis-Mann) verteilt. Der Verlust wird im Verhältnis der Kapitalanteile der Gesellschafter verteilt.

§ 4 Die Gesellschaft beginnt am 30. April 20..

Die Eintragung der KG ins Handelsregister erfolgt am 14. Mai 20..

Aufgaben:

1. Nennen Sie die Rechtsform, die das Unternehmen von Frau Schrade aufweist!
2. Zählen Sie fünf wesentliche Merkmale der von Frau Schrade betriebenen Unternehmensform auf!
3. Begründen Sie, welcher Form der Gesellschaftsvertrag für diese KG genügen muss!
4. Erörtern Sie die Vorteile, die Frau Schrade durch die Gründung der KG hat!
5. Beurteilen Sie, welche Nachteile Frau Schrade durch die Gründung der KG auf sich nimmt!
6. Erläutern Sie, welche Gründe Frau Waggis-Mann und Herrn Mann bewogen haben können, als Gesellschafter in das Unternehmen von Frau Schrade einzutreten!
7. Bilden Sie mindestens zwei Beispiele für die Firmierung der KG!

1 **Selbstfinanzierung** ist die Bereitstellung von **Finanzmitteln** aus dem **Gewinn des Unternehmens.**

8. Erklären Sie die Geschäftsführungs- und Vertretungsbefugnisse der Komplementäre Eva Schrade und Heinz Mann, wenn der Gesellschaftsvertrag hierzu keine Regelungen enthält!

9. Die Kommanditistin Frau Waggis-Mann wird vom Finanzamt am 20. Mai 20.. aufgefordert, die für die KG fällige Umsatzsteuerschuld in Höhe von 210000,00 EUR zu überweisen. Prüfen Sie, ob sie zahlen muss!

10. Der Komplementär Mann möchte auf seinem eingebrachten Grundstück ein Privathaus errichten. Hierzu will er das Grundstück aus dem Vermögen der KG entnehmen. Untersuchen Sie, ob er hierzu die Zustimmung von Frau Schrade benötigt!

6 Gesellschaft mit beschränkter Haftung (GmbH)

6.1 Begriff, Kapital und Firma der GmbH

(1) Begriff GmbH

- Die **Gesellschaft mit beschränkter Haftung** (GmbH) ist eine **Handelsgesellschaft** mit **eigener Rechtspersönlichkeit (juristische Person[1])**.
- Die Gesellschafter sind mit einem oder mehreren Geschäftsanteilen an der Gesellschaft beteiligt, **ohne persönlich** für die Verbindlichkeiten der Gesellschaft **zu haften** [§ 13 I, II GmbHG].
- Die GmbH ist eine **Kapitalgesellschaft**.

Die **GmbH** hat **selbstständige Rechte und Pflichten.** Mithilfe ihrer Organe ist es möglich, Rechtsgeschäfte abzuschließen. Sie kann z.B. Eigentum an Grundstücken erwerben und vor Gericht klagen und verklagt werden. Die GmbH ist Gläubiger und Schuldner, nicht etwa die GmbH-Gesellschafter. Die **GmbH-Gesellschafter** statten die GmbH lediglich mit **Eigenkapital** aus, indem sie sich mit Geschäftsanteilen am Stammkapital der GmbH beteiligen.

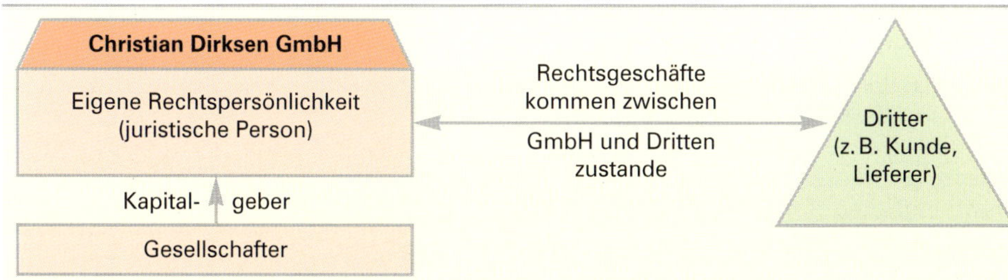

- Übernahme eines Geschäftsanteils
- Risiko, den Geschäftsanteil zu verlieren
- keine persönliche Haftung

1 **Zur Erinnerung: Juristische (rechtliche) Personen** sind „künstliche" Personen, denen der Staat die Eigenschaft von Personen kraft Gesetzes verliehen hat. Sie sind damit rechtsfähig, d.h. Träger von Rechten und Pflichten.

Die GmbH ist eine rechtliche Konstruktion, durch die unternehmerisches Kapital in einer juristischen Person verselbstständigt und die Haftung auf das Gesellschaftsvermögen begrenzt wird. Dies eröffnet Eigenkapitalgebern (Gesellschaftern) die Möglichkeit, ihr Risiko auf das eingesetzte Kapital zu begrenzen sowie ihre persönliche Haftung zu vermeiden. Es kommt zu einer rechtlichen **Trennung von Unternehmens- und Privatvermögen.** Bei der GmbH handelt es sich somit um eine **Kapitalgesellschaft.**

(2) Kapital der GmbH

Geschäftsanteil	Ein Geschäftsanteil ist der nominale Anteil am Stammkapital der GmbH. Er ist mit einem Nennbetrag versehen. Die **Nennbeträge** der einzelnen Geschäftsanteile können unterschiedlich hoch sein, müssen jedoch auf **volle Euro** lauten. Jeder Gesellschafter beteiligt sich im Rahmen der Errichtung (Gründung) der GmbH mit einem oder mehreren Geschäftsanteilen [§ 5 II GmbHG]. Die Summe der Nennbeträge aller Geschäftsanteile muss mit der Höhe des Stammkapitals übereinstimmen [§ 5 III GmbHG]. Geschäftsanteile können jederzeit – ohne dass eine Genehmigung der übrigen Gesellschafter eingeholt werden muss – veräußert werden. Der Wert der Geschäftsanteile kann steigen oder fallen, je nachdem wie erfolgreich die Geschäftstätigkeit der GmbH verläuft.	**Beispiel:** Florian Habel, Konstantin Schopel und Lasse Landmann wollen eine GmbH gründen. In dem Gesellschaftsvertrag setzen sie das Stammkapital auf 25000,00 EUR fest. Florian Habel, der auch zum Geschäftsführer der GmbH bestimmt wird, übernimmt einen Geschäftsanteil mit einem Nennbetrag in Höhe von 15000,00 EUR (Geschäftsanteil Nr. 1). Die beiden anderen Gesellschafter übernehmen jeweils einen Geschäftsanteil mit einem Nennbetrag in Höhe von 5000,00 EUR (Geschäftsanteile Nr. 2 und 3).
Stammeinlagen	Der Betrag, der auf einen Geschäftsanteil zu leisten ist, wird als Stammeinlage bezeichnet. Die Höhe der zu **leistenden Einlage** richtet sich nach dem bei der Gründung der Gesellschaft im Gesellschaftsvertrag festgesetzten Nennbetrag des Geschäftsanteils [§ 14 GmbHG].	
Stammkapital	Dies ist der in der Satzung festgelegte **Gesamtbetrag aller Geschäftsanteile.** Das Stammkapital muss mindestens 25000,00 EUR betragen [§ 5 I GmbHG]. Das Stammkapital wird in der offenzulegenden Bilanz als „gezeichnetes Kapital" ausgewiesen [§§ 266 III, 272 I HGB].	

(3) Firma

Die **Firma** der GmbH muss die Bezeichnung **„Gesellschaft mit beschränkter Haftung"** oder eine allgemein verständliche Abkürzung dieser Bezeichnung (z.B. GmbH) enthalten [§ 4 GmbHG].

Beispiele:

Albrecht Büller GmbH; Celler Maschinenfabrik GmbH; Albrecht Büller Maschinenfabrik GmbH; Backhaus Unternehmergesellschaft (haftungsbeschränkt).

6.2 Gründung der GmbH

(1) Errichtung der GmbH

Die GmbH kann durch **eine Person**[1] oder **mehrere Personen** errichtet werden [§ 1 GmbHG].

1 Bei einer **Einpersonen-GmbH** erfolgt die Gründung in einem vereinfachten Verfahren unter Zuhilfenahme eines Musterprotokolls, das dem Vertrag gleichsteht und vom Gesetz ebenfalls als „Gesellschaftsvertrag" bezeichnet wird [§ 2 Ia GmbHG].

Zur **Errichtung der GmbH** ist ein **notariell beurkundeter Gesellschaftsvertrag (Satzung)** erforderlich, der von sämtlichen Gesellschaftern unterzeichnet werden muss [§ 2 I GmbHG]. Der Gesellschaftsvertrag muss enthalten:

- die **Firma** und den **Sitz der Gesellschaft,**
- den **Gegenstand des Unternehmens,**
- den **Betrag des Stammkapitals** und
- die **Zahl und die Nennbeträge der Geschäftsanteile,** die jeder Gesellschafter gegen Einlage auf das Stammkapital (Stammeinlage) übernimmt [§ 3 GmbHG].

GmbH-Gesellschafter ist nur der, der in die **Gesellschafterliste** eingetragen ist [§ 16 I GmbHG]. Jeder Gesellschafter hat Anspruch darauf, in die Liste eingetragen zu werden.

Beachte:

Für **unkomplizierte Standardgründungen** steht den Gründern der GmbH ein **notariell zu beurkundendes Musterprotokoll** als Anlage zum GmbHG zur Verfügung. Als „einfache Standardgründung" gilt z.B. eine Bargründung[1] mit höchstens **drei Gesellschaftern** und **einem Geschäftsführer** [§ 2 Ia GmbHG]. Am Musterprotokoll dürfen keine Veränderungen oder Ergänzungen vorgenommen werden.

(2) Anmeldung der GmbH ins Handelsregister

Die **Anmeldung zur Eintragung in das Handelsregister** darf erst erfolgen, wenn auf **jeden Geschäftsanteil** – soweit nicht Sacheinlagen vereinbart sind – **ein Viertel des Nennbetrags** eingezahlt sind [§ 7 II, S. 1 GmbHG]. Insgesamt muss auf das Stammkapital mindestens so viel eingezahlt werden, dass der Gesamtbetrag der eingezahlten Geldeinlagen zuzüglich des Gesamtnennbetrags der Geschäftsanteile, für die Sacheinlagen zu leisten sind, die Hälfte des Mindeststammkapitals, d.h. 12500,00 EUR, erreicht [§ 7 II, S. 2 GmbHG]. Außerdem müssen die Nennbeträge und die laufenden Nummern der von jedem Gesellschafter übernommenen Geschäftsanteile ersichtlich sein [§ 8 I, Nr. 3 GmbHG].

Die GmbH als juristische Person mit Kaufmannseigenschaft entsteht erst durch die Eintragung der GmbH ins Handelsregister **(konstitutive Wirkung der Eintragung)** [§§ 11 I, 13 GmbHG]. Schließen die Gesellschafter **vor der Handelsregistereintragung** im Namen der Gesellschaft Rechtsgeschäfte ab, so haften die Handelnden persönlich und solidarisch [§ 11 II GmbHG].

6.3 Organe der GmbH

(1) Geschäftsführer

Die Geschäftsführer leiten die GmbH. Sie werden von der Gesellschafterversammlung gewählt oder durch den Gesellschaftsvertrag (Satzung) bestimmt. Die Zeitdauer der Bestellung ist nicht bestimmt. Die Geschäftsführer sind die gesetzlichen Vertreter der GmbH. Sind mehrere Geschäftsführer bestellt, besteht **Gesamtvertretungsbefugnis,** sofern der Gesellschaftsvertrag nichts anderes vorsieht [§ 35 II GmbHG]. Eine Beschränkung der Vertretungsmacht ist Dritten gegenüber unwirksam [§ 37 GmbHG].

---

1 Das bedeutet, dass **keine Sacheinlagen** getätigt werden dürfen.

Beispiel einer GmbH-Satzung:[1]

§ 1 Sitz der Gesellschaft

Die Gesellschaft hat ihren Sitz in Krefeld. Die Gesellschaft betreibt den Handel mit Trendsport-, Extremsport- und Funsportartikeln aller Art. Die Gesellschaft kann Filialen errichten und sich an anderen Firmen beteiligen.

§ 2 Name der Firma

Der Name der Firma lautet: Trend- und Funsport Center Krefeld GmbH

§ 3 Stammkapital

Das Stammkapital der Gesellschaft wird auf 60000,00 EUR festgesetzt. Darauf übernehmen Sven Wagner Geschäftsanteil 1: Nennwert 30000,00 EUR, Sonja Maunz Geschäftsanteil 2: Nennwert 20000,00 EUR und Max Moser Geschäftsanteil 3: Nennwert 10000,00 EUR.

§ 4 Geschäftsführung und Vertretung

Zu den ersten Geschäftsführern der Gesellschaft werden Sven Wagner und Sonja Maunz bestellt. Sie besitzen Einzelvertretungsmacht. Die arbeitsrechtlichen Bestimmungen sind in einem gesonderten Vertrag zu vereinbaren.

§ 5 Gesellschafterversammlung

Über wichtige Entscheidungen ist eine Gesellschafterversammlung abzuhalten und das Ergebnis zu protokollieren. Die Einberufung erfolgt zwei Wochen vor der Abhaltung der Versammlung unter Bekanntgabe der zu beschließenden Punkte.

§ 6 Beschlussfassung

Abgestimmt wird mit einfacher Mehrheit. Dabei gewährt jeder Euro eines Geschäftsanteils eine Stimme. Bei Stimmengleichheit gilt der Antrag als abgelehnt.

§ 7 Feststellung des Jahresabschlusses, Entlastung der Geschäftsführer

Die Gesellschafterversammlung hat auch über die Feststellung des Jahresabschlusses, die Gewinnverwendung und die Entlastung der Geschäftsführer zu beschließen.

§ 8 Übertragung von Geschäftsanteilen

Die Geschäftsanteile können nur mit Zustimmung der anderen Gesellschafter zum Ende eines Geschäftsjahres übertragen werden. Diese Übertragung muss der Gesellschaft mindestens vier Monate zuvor angezeigt werden.

§ 9 Einziehung von Geschäftsanteilen

Die Gesellschafter können auch die Einziehung von Geschäftsanteilen beschließen. Dies gilt besonders dann, wenn über das Vermögen eines Gesellschafters das Insolvenzverfahren eröffnet wurde. Der betroffene Gesellschafter hat dabei kein Stimmrecht.

§ 10 Auflösung der Gesellschaft

Wird die Gesellschaft durch Auflösung beendet, so ist aus den Reihen der Gesellschafter ein Liquidator zu bestellen. Dieser hat das Geschäftsvermögen zu veräußern, die Gläubiger zu befriedigen und den verbleibenden Überschuss entsprechend der Höhe der zuletzt von den Gesellschaftern gehaltenen Beteiligung zu verteilen.

Krefeld, den 15. September 20..

Den vorstehenden Vertrag beurkundet:

______________________________	______________________________
Unterschriften der Gesellschafter	Unterschrift des Notars

1 In Anlehnung an: Konz, Franz: 1000 Tipps und Tricks für Selbstständige und zur Existenzgründung, München 2002.

(2) Gesellschafterversammlung

Die Geschäftsführer leiten die Gesellschaft **nicht** in eigener Verantwortung; sie müssen vielmehr im Rahmen der Satzung und des Gesetzes die **Weisungen der Gesellschafter** unmittelbar befolgen. Aus diesem Grund ist die Gesamtheit (Versammlung) der Gesellschafter das **oberste Organ** der GmbH. In ihm nehmen die Gesellschafter ihre Rechte wahr. Beschlussfassungen erfolgen grundsätzlich mit der Mehrheit der abgegebenen Stimmen. Dabei gewährt **jeder Euro** eines Geschäftsanteils **eine Stimme.** Notariell zu beurkundende Satzungsänderungen bedürfen einer Mehrheit von drei Vierteln der abgegebenen Stimmen.

(3) Aufsichtsrat

Grundsätzlich benötigen Gesellschaften mit bis zu 500 Arbeitnehmern keinen Aufsichtsrat, es sei denn, die Satzung schreibt die Bestellung eines Aufsichtsrats vor [§ 52 I GmbHG]. Beschäftigt die GmbH **mehr als 500 Arbeitnehmer,** so **muss ein Aufsichtsrat gewählt werden** [§ 1 I Nr. 3 DrittelbG]. Durch die verschiedenen Gesetze zur Stärkung der Mitbestimmungsrechte der Arbeitnehmer und Gewerkschaften gelten bezüglich der **Wahl, Zusammensetzung** und **Zahl der Aufsichtsräte** unterschiedliche Vorschriften:

Größe der GmbH	Geltendes Gesetz	Vorschriften über den Aufsichtsrat (AR)
GmbH mit i. d. R. mehr als 500 bis zu 2000 Arbeitnehmer	Drittelbeteiligungsgesetz von 2004 [DrittelbG]	Der AR besteht aus mindestens 3 Personen oder aus einer höheren, durch drei teilbaren Mitgliederzahl. Die Gesellschafterversammlung wählt $^2/_3$, die Belegschaft $^1/_3$ der AR-Mitglieder **(„Drittel-Parität“).**
GmbH mit in der Regel mehr als 2000 Arbeitnehmer	Mitbestimmungsgesetz von 1976 [MitbestG 1976]	Der AR hat 12 bis 20 Mitglieder. Die Hälfte wird von der Gesellschafterversammlung gewählt. Ein AR-Mitglied wird von den leitenden Angestellten, die übrigen von der restlichen Belegschaft gewählt **(„gleichgewichtige Mitbestimmung“).**

Die **Aufgaben** des **Aufsichtsrats** sind vor allem:

- **Überwachung der Geschäftsführung,** Einsicht und Prüfung der Geschäftsbücher und Schriften sowie der Vermögensgegenstände,
- **Einberufung einer außerordentlichen Gesellschafterversammlung,** wenn es das Wohl der Gesellschaft erfordert (z. B. bei Eintritt hoher Verluste),
- **Prüfung des Jahresabschlusses.** Der Aufsichtsrat hat die Gesellschafterversammlung über das Ergebnis der Prüfung schriftlich zu unterrichten.

6.4 Pflichten und Rechte der Gesellschafter

(1) Pflichten der Gesellschafter

Leistung des Geschäftsanteils	Bei **nicht rechtzeitiger Einzahlung** sind **Verzugszinsen** zu entrichten [§ 20 GmbHG].
Nachschusspflicht	Die Satzung kann eine **beschränkte** oder **unbeschränkte Nachschusspflicht** vorsehen. Nachschüsse werden in der Regel dann verlangt, wenn die GmbH einen Eigenkapitalbedarf (z. B. für Investitionen) hat. Sie dienen nur mittelbar zur Sicherung der Gläubiger.

Risikohaftung[1]	Die **Gesellschafter** der GmbH **haften nicht** für die Verbindlichkeiten der Gesellschaft. Als juristische Person des Handelsrechts (Kapitalgesellschaft) haftet lediglich die GmbH selbst [§ 13 I, II GmbHG]. Das einzige Risiko, das der GmbH-Gesellschafter eingeht, ist, dass er den Wert seines Geschäftsanteils teilweise oder ganz verliert. Das Letztere ist der Fall, wenn die GmbH wegen Überschuldung oder Zahlungsunfähigkeit aufgelöst wird, also kein Eigenkapital mehr übrig bleibt. Die GmbH-Gesellschafter übernehmen daher nur eine „Risikohaftung“.

(2) Gegenüberstellung der Haftung bei einer OHG (Personengesellschaft) und einer GmbH (Kapitalgesellschaft)

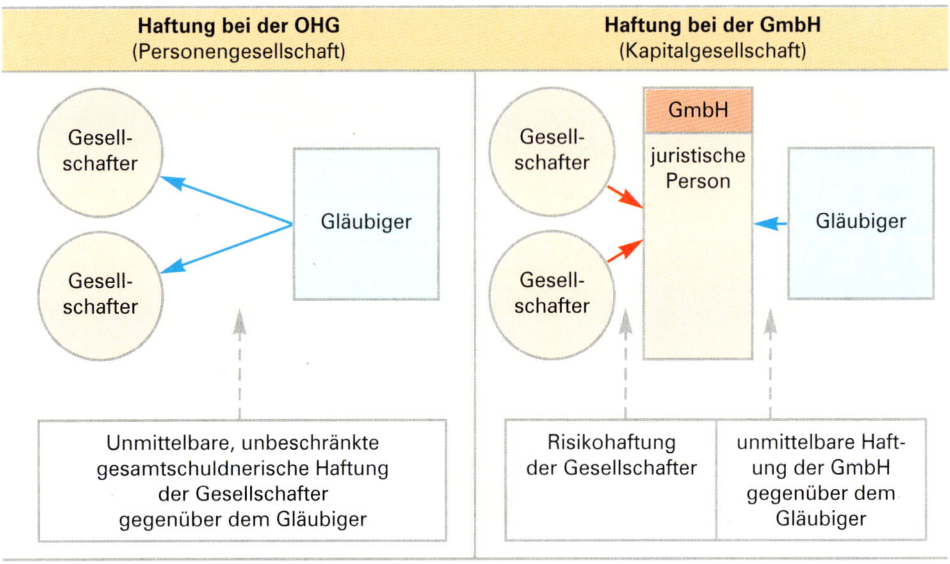

(3) Rechte der Gesellschafter

Gewinnanteil	Jeder Gesellschafter hat einen Anspruch auf den sich nach der jährlichen Bilanz ergebenden **Reingewinn.** Die Verteilung des Gewinns erfolgt nach dem Verhältnis der Geschäftsanteile. Im Gesellschaftsvertrag kann eine andere Gewinnverteilung vereinbart sein [§ 29 GmbHG].
Auskunfts- und Einsichtsrecht	Der Geschäftsführer hat einem Gesellschafter auf dessen Wunsch unverzüglich Auskunft über die Angelegenheit der Gesellschaft zu geben. Die Einsicht in die Bücher und Schriften ist dem Gesellschafter gestattet [§ 51 a GmbHG].
Geschäftsführungs- und Vertretungsrecht sowie Mitverwaltungsrecht	Aus der engen persönlichen Bindung der Gesellschafter an die GmbH ergibt sich für sie ein weitgehendes Mitverwaltungsrecht.

1 Siehe auch S. 244.

6.5 Unternehmergesellschaft als Sonderform der GmbH

Höhe des Kapitals	Die **Unternehmergesellschaft** (UG, „Mini-GmbH")[1] kann mit **einem geringeren Stammkapital** als dem Mindeststammkapital von 25000,00 EUR gegründet werden [§ 5a I GmbHG]. Das Stammkapital kann somit zwischen 1 EUR und 24999,00 EUR liegen. **Sacheinlagen sind ausgeschlossen** [§ 5a II GmbHG].
Firma	Die **Unternehmergesellschaft** muss in der Firma den Rechtsformzusatz **„Unternehmergesellschaft (haftungsbeschränkt)"** oder **„UG (haftungsbeschränkt)"** führen.
Anmeldung zum Handelsregister	Die Anmeldung einer Unternehmergesellschaft zur Handelsregistereintragung kann erst erfolgen, wenn das Stammkapital in voller Höhe eingezahlt ist.
Gewinnausschüttung	Die Unternehmergesellschaft darf ihre **Gewinne** – sofern sie welche erzielt – **zu höchstens $^3/_4$** an die Gesellschafter **ausschütten.** Sie muss **ein Viertel** des um einen Verlustvortrag aus dem Vorjahr geminderten Jahresüberschusses **ansparen, bis sie das Mindestkapital** von 25000,00 EUR erreicht hat. Der angesparte Betrag ist in eine gesetzliche Rücklage einzustellen. Die Rücklage darf nur verwandt werden zur **Erhöhung des Stammkapitals,** zum **Ausgleich eines Jahresfehlbetrags,** soweit er nicht durch einen Gewinnvortrag aus dem Vorjahr gedeckt ist, oder zum **Ausgleich eines Verlustvortrags aus dem Vorjahr,** soweit er nicht durch einen Jahresüberschuss gedeckt ist [§ 5a, III GmbHG].
Umwandlung in eine GmbH	Wenn das Mindestkapital von 25000,00 EUR erreicht ist, kann die Unternehmergesellschaft in eine „gewöhnliche" GmbH umgewandelt werden. Die UG ist als „Einbahnstraße" konzipiert. Das bedeutet, dass die UG nur im Rahmen einer **Erstgründung** errichtet werden kann und daher insbesondere eine Zurückführung der GmbH in eine UG nicht möglich ist.

6.6 Auflösung und Bedeutung der GmbH

(1) Auflösung der GmbH

Die Auflösung der GmbH ist in den §§ 60ff. GmbHG geregelt. Neben der zwangsweisen Auflösung durch das Gericht (im Rahmen eines Insolvenzverfahrens) wegen **Zahlungsunfähigkeit** oder **Überschuldung** kann die GmbH nach **Ablauf der im Gesellschaftsvertrag bestimmten Zeit,** durch **Beschluss der Gesellschafter** (grundsätzlich mit einer Mehrheit von drei Viertel der abgegebenen Stimmen) oder auch durch **gerichtliches Urteil** aufgelöst werden.

(2) Bedeutung der GmbH

Die Gesellschaft mit beschränkter Haftung ist vor allem bei Familienunternehmen und bei Unternehmen mittlerer Größe anzutreffen, weil für die Gründung ein sehr niedriges Anfangskapital (Eigenkapital) vorgeschrieben ist, die Haftung der Gesellschafter begrenzt ist, ein enges Verhältnis zwischen Gesellschaftern und Geschäftsführern besteht (die Gesellschafter häufig selbst Geschäftsführer sind) und die Gründung verhältnismäßig unkompliziert und kostengünstig ist. Hinzu kommt, dass bei kleineren Gesellschaften die Prüfungs- und Offenlegungspflicht entfällt.

---

1 Die Unternehmergesellschaft ist **keine eigene Rechtsform,** sondern lediglich eine besondere Variante der GmbH.

Häufig gründen auch Großunternehmen Gesellschaften mit beschränkter Haftung, die Teilfunktionen übernehmen (z.B. Forschung und Entwicklung, Erschließung neuer Rohstoffquellen, Wahrnehmung des Vertriebs). Daneben eignet sich die Rechtsform der GmbH auch zur Ausgliederung bestimmter kommunaler Aufgaben (z.B. können kommunale Wasserwerke, Versorgungsunternehmen, Krankenhäuser, Müllverbrennungsanlagen in Rechtsform der GmbH betrieben werden).

Zusammenfassung

- Die **GmbH** ist durch folgende **Merkmale** charakterisiert: (1) juristische Person; (2) Handelsgesellschaft; (3) Gesellschafter sind mit Geschäftsanteilen am Stammkapital beteiligt; (4) keine persönliche Haftung der Gesellschafter.
- Das **Stammkapital** beträgt mindestens 25000,00 EUR. Es ergibt sich aus der **Summe aller Geschäftsanteile.**
- Die **Unternehmergesellschaft** – eine Sonderform der GmbH – kann auch mit einem geringeren Stammkapital als das Mindeststammkapital von 25000,00 EUR gegründet werden.
- Jeder Gesellschafter übernimmt eine bestimmte Zahl an **Geschäftsanteilen.** Jeder Geschäftsanteil ist wiederum mit einem **Nennbetrag** versehen. Der Nennbetrag jedes Geschäftsanteils muss auf volle EUR lauten. Die Summe der Nennbeträge aller Geschäftsanteile muss mit dem Stammkapital übereinstimmen.
- Die **Firma der GmbH** muss die Bezeichnung „Gesellschaft mit beschränkter Haftung" oder eine allgemein verständliche Abkürzung dieser Bezeichnung enthalten.

  Die **Unternehmergesellschaft** muss in der Firma den Rechtsformzusatz „Unternehmergesellschaft (haftungsbeschränkt)" oder „UG (haftungsbeschränkt)" führen.
- Zur **Gründung der GmbH** sind erforderlich: (1) eine Person oder mehrere Personen; (2) notariell beurkundete Satzung; (3) Mindesteinzahlung 12500,00 EUR bzw. $^1/_4$ aller Geschäftsanteile; (4) Eintragung ins Handelsregister.
- Erst durch die Eintragung entsteht die GmbH als juristische Person mit Kaufmannseigenschaft **(konstitutive Wirkung der Eintragung).**
- **Organe der GmbH**
  - **Gesellschafterversammlung:** beschließendes Organ
  - **Geschäftsführer:** ausführendes Organ
  - **Aufsichtsrat:** kontrollierendes Organ
- Als juristische Person des Handelsrechts **haftet die GmbH** in Höhe des Stammkapitals selbst. Die Gesellschafter der GmbH haften nur indirekt, d.h., sie riskieren den Wert ihres Geschäftsanteils teilweise oder ganz zu verlieren **(Risikohaftung).**
- Die **Vertretung** der GmbH nach außen erfolgt durch den (die) Geschäftsführer. Soweit die Satzung nichts anderes bestimmt, besteht für eine aus mehreren Personen bestehende Geschäftsführung **Gesamtvertretungsmacht. Einzelvertretungsmacht** muss, um rechtswirksam zu sein, im **Handelsregister eingetragen** werden.
- Die **Geschäftsführung** erfolgt durch die Geschäftsführer, die Gesellschafter der GmbH und/oder auch andere unbeschränkt geschäftsfähige natürliche Personen.

  Wenn die Geschäftsführung mehrere Personen umfasst, besteht grundsätzlich **Gesamtgeschäftsführungsbefugnis**. Die Satzung kann Abweichendes bestimmen.

- In Gesellschaften mit mehr als 500 Arbeitnehmern ist ein **Aufsichtsrat** (AR) zwingend vorgeschrieben.
- Die **Zusammensetzung des AR** richtet sich nach der **Anzahl der beschäftigten Arbeitnehmer.**
- **Aufgaben des AR:** Überwachung der Geschäftsführung; Einsicht und Prüfung der Geschäftsbücher und Schriften sowie der Vermögensgegenstände; Einberufung einer außerordentlichen Gesellschafterversammlung; Prüfung des Jahresabschlusses, des Lageberichts und des Vorschlags für die Verwendung des Bilanzgewinns.
- Die **Auflösung der GmbH** erfolgt im Rahmen eines Insolvenzverfahrens, durch Beschluss der Gesellschafterversammlung oder aufgrund einer Satzungsbestimmung.

Übungsaufgaben

87

1. Die Heinz Kern OHG betreibt eine Großhandlung für Medizintechnik. Sie soll in eine GmbH umgewandelt werden. Gleichzeitig soll der bisherige Verkaufsleiter Fritz Dick als Gesellschafter in die neue GmbH aufgenommen werden.

   Aufgaben:

   1.1 Erläutern Sie, wodurch sich die Personengesellschaft von der Kapitalgesellschaft unterscheidet!

   1.2 Nennen Sie zwei Gründe, die für die Wahl der Gesellschaftsform GmbH sprechen!

   1.3 Klären Sie die finanziellen Voraussetzungen, die für die Anmeldung zur Eintragung der GmbH in das Handelsregister gegeben sein müssen!

   1.4 Unterbreiten Sie zwei Vorschläge für die Firmierung der GmbH!

   1.5 Vergleichen Sie die Haftungsverhältnisse bei der GmbH und der OHG!

   1.6 Zeigen Sie die Unterschiede bei der Vertretung der GmbH und der der OHG auf!

   1.7 Nennen Sie drei Gründe, die zur Auflösung der GmbH führen können!

2. Unterscheiden Sie zwischen Stammkapital, Stammeinlage und Geschäftsanteil!

3. Klären Sie mithilfe des Gesetzestextes, wie die Mindesteinzahlung der Gesellschafter im GmbHG geregelt ist!

4. An den Hernern Impfstoffwerken GmbH sind beteiligt:
   - Adam mit einem Geschäftsanteil von 25000,00 EUR,
   - Brecht mit einem Geschäftsanteil von 30000,00 EUR und
   - Czerny mit einem Geschäftsanteil von 45000,00 EUR.

   Aufgaben:

   4.1 Nennen Sie die Höhe des Stammkapitals!

   4.2 Untersuchen Sie, wie der Reingewinn in Höhe von 90000,00 EUR zu verteilen ist, wenn die Gewinnverteilung nach dem GmbHG erfolgt! Berechnen Sie den Gewinnanteil jedes Gesellschafters!

   4.3 Czerny möchte seinen Geschäftsanteil verkaufen. Prüfen Sie, ob und gegebenenfalls wie er das kann!

5. Vergleichen Sie die GmbH mit der Unternehmergesellschaft (haftungsbeschränkt) anhand folgender Vergleichsmerkmale: Gründung, Firma und Mindeststammkapital!

88 Die Albrecht Bühner OHG stellt Nahrungsergänzungsmittel her. An der OHG sind beteiligt Albrecht Bühner und Sigrid Bühner. Da auf dem Markt ein starker Wettbewerb herrscht, müssen erhebliche Investitionen vorgenommen werden. Albrecht Bühner entschließt sich daher, die OHG in eine GmbH umzuwandeln und zwei neue Gesellschafter aufzunehmen. Es sind dies Ingo Bach und Franz Werder.

Albrecht Bühner legt folgenden Vorschlag für einen Gesellschaftsvertrag vor (Auszug):

Auszug aus dem Gesellschaftsvertrag

§ 1 Firma: Albrecht Bühner GmbH

§ 2 Sitz der Gesellschaft: Dortmund

§ 3 Geschäftsbeginn: 10. August 12

§ 4 Die Geschäftsanteile betragen:

- Geschäftsanteil Nr.1, Albrecht Bühner Nennwert: 30000,00 EUR
- Geschäftsanteil Nr.2, Sigrid Bühner Nennwert: 20000,00 EUR
- Geschäftsanteil Nr.3, Ingo Bach Nennwert: 15000,00 EUR
  Einzahlung: 50 % bis zum 30. September 12
  50 % bis zum 31. Dezember 12
- Geschäftsanteil Nr.4, Franz Werder Nennwert: 40000,00 EUR

Das Stammkapital der Gesellschaft beträgt 105000,00 EUR.

§ 5 Gegenstand des Unternehmens ist die Produktion und der Vertrieb von Nahrungsergänzungsmitteln.

§ 6 Zu Geschäftsführern der GmbH werden bestellt:

- Albrecht Bühner, zuständig für Beschaffung und Produktion
- Sigrid Bühner, zuständig für Marketing und Vertrieb

Die Geschäftsführer besitzen Einzelvertretungsmacht.

Ingo Bach und Franz Werder sind von der Geschäftsführung ausgeschlossen.

Die notarielle Beurkundung des Gesellschaftsvertrags erfolgt am 30. Juli 20.., die Handelsregistereintragung am 30. August 20..

Aufgaben:

1. Stellen Sie dar, welche gesetzlichen Gesellschaftsrechte Albrecht Bühner und Sigrid Bühner haben, solange das Unternehmen als offene Handelsgesellschaft betrieben wird!
2. Erörtern Sie, welche Vorteile sich für die Gesellschafter insgesamt aus der Umwandlung in eine GmbH ergeben!
3. Prüfen Sie, was die GmbH unternehmen kann, wenn Ingo Bach den noch zu leistenden Restbetrag auf seinen Geschäftsanteil nicht vertragsgemäß zahlt!
4. Sigrid Bühner, zuständig für Marketing und Vertrieb, kauft ohne Wissen von Albrecht Bühner Rohstoffe im Wert von 56000,00 EUR ein. Albrecht Bühner verweigert die Zahlung mit der Begründung, der Kaufvertrag sei ohne sein Wissen abgeschlossen worden.

   Beurteilen Sie die Rechtslage!
5. Geben Sie in Stichworten an, welcher Punkt im Gesellschaftsvertrag der GmbH außer den in den §§ 1 – 6 genannten vertraglich noch geregelt werden sollten!
6. Ingo Bach und Franz Werder sind mit der Geschäftsführung von Sigrid Bühner nicht zufrieden und verlangen ihre Ablösung als Geschäftsführerin.

   Außerdem sind Bach und Werder der Meinung, die Kleber GmbH, ein starkes Konkurrenzunternehmen auf dem Nahrungsergänzungsmittelmarkt, zu übernehmen. Hierzu verlangen Sie eine Erhöhung des Stammkapitals um 200000,00 EUR.

   Beurteilen Sie die Erfolgsaussichten von Bach und Werder bezüglich der beiden Vorhaben bei den gegebenen Beteiligungsverhältnissen!

89 1. Bernd Roßdeutscher, Diplom-Ingenieur, und Hans-Joachim Gommeringer, Industriekaufmann, sind Gesellschafter der Klimatechnik Roßdeutscher OHG, die Messinstrumente und automatische Regler für Klimaanlagen produziert und vertreibt.

Bernd Roßdeutscher muss zu Beginn des Jahres 20.. seine Berufstätigkeit wegen Krankheit aufgeben. Da Hans-Joachim Gommeringer inzwischen das Seniorenalter erreicht hat, beschließen die Gesellschafter, die Klimatechnik Roßdeutscher OHG zum 31.03.20.. in eine GmbH umzuwandeln.

Aufgaben:

1.1 Bernd Roßdeutscher und Hans-Joachim Gommeringer behaupten, die Umwandlung bringe Vorteile hinsichtlich ihrer Haftung und Geschäftsführungspflicht.

Erläutern Sie diese Aussage!

1.2 Die Gesellschafter beabsichtigen die bisherige Firmenbezeichnung beizubehalten.

Prüfen Sie dieses Vorhaben aus juristischer und wirtschaftlicher Sicht!

2. Patrick Hirschfeldt, gelernter Schlosser, und Kathrin Grabisch, gelernte Bürokauffrau, wollen gemeinsam ihre Kenntnisse und Fertigkeiten selbstständig am Markt anbieten. Sie lassen bei der Notarin Elke Romländer das folgende Musterprotokoll beurkunden.

Urk.-Nr. 0001

Heute, den *15. November 20..* erschienen vor mir, *Elke Romländer*, Notar/in mit dem Amtssitz in *Hamm*,

Herr/~~Frau~~[1]

Hirschfeldt, Patrick, *geb. am 20.03.1975 in Unna, wohnhaft Am Lausbach 12, 59075 Hamm, PA-Nr. 10029990,*[2]

~~Herr~~/Frau[1]

Grabisch, Kathrin, *geb. am 10.04.1980 in Baden-Baden, wohnhaft Römerstraße 8, 59075 Hamm, PA-Nr. 26394029,*[2]

Herr/Frau[1]

....

.........................[2]

1. Die Erschienenen errichten hiermit nach § 2 Abs. 1a GmbHG eine Gesellschaft mit beschränkter Haftung unter der Firma *Hirschfeldt Reparaturdienstleistungen UG (haftungsbeschränkt)* mit Sitz in *Hamm*.
2. Gegenstand des Unternehmens ist *die Erbringung von Reparaturdiensten.*
3. Das Stammkapital der Gesellschaft beträgt *5000,00 EUR (i. W. Fünftausend Euro)* und wird wie folgt übernommen:

   Herr/~~Frau~~[1] *Hirschfeldt,* Patrick, übernimmt einen Geschäftsanteil mit einem Nennbetrag in Höhe von *4000,00 EUR* (i. W. *Viertausend Euro*) (Geschäftsanteil Nr. 1),

   ~~Herr~~/Frau[1] *Grabisch,* Kathrin, übernimmt einen Geschäftsanteil mit einem Nennbetrag in Höhe von *1000,00 EUR* (i. W. *Eintausend Euro*) (Geschäftsanteil Nr. 2).

   Die Einlagen sind in Geld zu erbringen, und zwar sofort in voller Höhe/~~zu 50 % sofort~~, im Übrigen sobald die Gesellschafterversammlung ihre Einforderung beschließt[3].
4. Zum Geschäftsführer der Gesellschaft wird Herr/~~Frau~~[4] *Hirschfeldt,* Patrick, geboren am *20.03.1975,* wohnhaft in *Am Lausbach 12, Hamm*, bestellt. Der Geschäftsführer ist von den Beschränkungen des § 181 des Bürgerlichen Gesetzbuchs befreit.
5. Die Gesellschaft trägt die mit der Gründung verbundenen Kosten bis zu einem Gesamtbetrag von 300 EUR, höchstens jedoch bis zum Betrag ihres Stammkapitals. Darüber hinausgehende Kosten tragen die Gesellschafter im Verhältnis der Nennbeträge ihrer Geschäftsanteile.

6. Von dieser Urkunde erhält eine Ausfertigung jeder Gesellschafter, beglaubigte Ablichtungen die Gesellschaft und das Registergericht (in elektronischer Form) sowie eine einfache Abschrift das Finanzamt – Körperschaftsteuerstelle – .

7. Die Erschienenen wurden ~~vom Notar~~ / von der Notarin insbesondere auf Folgendes hingewiesen:

   ....

   ....

Hinweise:

1 Nichtzutreffendes streichen. Bei juristischen Personen ist die Anrede Herr/Frau wegzulassen.

2 Hier sind neben der Bezeichnung des Gesellschafters und den Angaben zur notariellen Identitätsfeststellung ggf. der Güterstand und die Zustimmung des Ehegatten sowie die Angaben zu einer etwaigen Vertretung zu vermerken.

3 Nichtzutreffendes streichen. Bei der Unternehmergesellschaft muss die zweite Alternative gestrichen werden.

4 Nichtzutreffendes streichen.

Aufgaben:

2.1 Prüfen Sie, ob dieses Musterprotokoll den rechtlichen Anforderungen entsprechend erstellt wurde!

2.2 Nehmen Sie Stellung, aus welchem Grund der Gesetzgeber eine notarielle Beurkundung eines Gesellschaftsvertrags bzw. eines Musterprotokolls bei der Gründung einer GmbH festgelegt haben mag!

7 Aktiengesellschaft (AG)

7.1 Begriff, Firma und Gründung der Aktiengesellschaft

(1) Begriff

Die Aktiengesellschaft ist eine **juristische Person,** d. h. eine Personenvereinigung, der das Aktiengesetz die Eigenschaft einer Person verleiht. Dies bedeutet, dass die Aktiengesellschaft ab ihrer Eintragung in das Handelsregister **rechtsfähig** ist [§ 6 HGB; § 41 I AktG]. Sie selbst ist es, die Rechtsgeschäfte abschließt, klagen oder verklagt werden kann. Die Aktiengesellschaft ist Gläubiger oder Schuldner, nicht etwa ihre Geldgeber, die Aktionäre. Die Aktionäre statten die AG lediglich mit Eigenkapital aus, indem sie sich mit Einlagen (Aktien) am Grundkapital der AG beteiligen.[1] Wir halten fest: Die Aktiengesellschaft allein haftet für die Verbindlichkeiten der Gesellschaft [§ 1 AktG].

- Die **Aktiengesellschaft** ist eine **Handelsgesellschaft mit eigener Rechtspersönlichkeit (juristische Person),** deren Gesellschafter (Aktionäre) **mit Einlagen an dem in Aktien** zerlegten **Grundkapital** beteiligt sind, **ohne persönlich für die Verbindlichkeiten** der Gesellschaft zu **haften.**
- Die Aktiengesellschaft ist eine **Kapitalgesellschaft.**

1 Bei den Nennbetragsaktien bestimmt sich der Anteil der Aktien am Grundkapital nach dem Verhältnis ihres Nennbetrags zum Grundkapital, bei Stückaktien nach der Zahl der Aktien [§ 8 I, IV AktG].

Die Funktion der Aktiengesellschaft besteht vom Grundsatz her darin, eine Vielzahl von Kapitaleinsätzen zu organisieren. Der Prototyp dieser Gesellschaftsform stellt sich als eine Verknüpfung einer großen Anzahl eher passiver Aktionäre dar, die beruflich anderweitig gebunden sind und die ihre Beteiligung am Grundkapital einer Aktiengesellschaft in Form von Aktien als (zeitweilige) Kapitalanlage betrachten.

Beachte:

Die **juristischen Folgerungen** aus dieser Ausgangssituation sind: die Verselbstständigung des angesammelten Eigenkapitals in einer **juristischen Person mit Ausschluss der persönlichen Haftung der Gesellschafter,** die Zerlegung des Eigenkapitals in **standardisierte Anteile (Aktien)** und deren rechtlich erleichterte Übertragbarkeit, die **Verwaltung der Aktiengesellschaft durch Organe** und eine daran anknüpfende **komplizierte Unternehmensverfassung,** mannigfaltige **Schutzvorschriften für Aktionäre und Gläubiger.**

Die genannten Begriffsmerkmale machen die Aktiengesellschaft zur geeigneten Unternehmungsform zur Sammlung und zum risikoabhängigen wirtschaftlichen Einsatz einer Vielzahl kleinerer Kapitalien. Gleichzeitig erlaubt die Börse eine kurzfristige Rückführung des individuellen Kapitaleinsatzes in liquide Mittel trotz langfristiger Bindung des investierten Kapitals.

(2) Firma

Die Firma der AG muss die Bezeichnung Aktiengesellschaft oder eine allgemein verständliche Abkürzung dieser Bezeichnung (z.B. AG) enthalten [§ 4 AktG].

Beispiele:

Duisburger Motorenwerke Aktiengesellschaft; Münsterländer Spiegelglas Aktiengesellschaft; Volkswagenwerk Aktiengesellschaft; Mitter & Töchter AG; Spielwarenfabrik Spiwa AG.

(3) Gründung

Vom Gründer bzw. von den Gründern muss ein **Gesellschaftsvertrag (Satzung)** abgeschlossen werden, der von einem **Notar zu beurkunden ist** [§ 23 I AktG].

Bargründung	Hier erfolgt die Übernahme der Aktien gegen Geldeinzahlungen. Gesetzlich ist ein Mindestnennbetrag des Grundkapitals (Summe der auf den **Nennbetragsaktien** aufgedruckten Nennwerte) von 50000,00 EUR vorgeschrieben [§ 7 AktG].
Sachgründung	Hier bringen die Aktionäre statt der Geldeinlagen **Sacheinlagen** (z.B. Einbringung von Patenten und/oder Grundstücken) ein oder die AG tätigt **Sachübernahmen** (z.B. Übernahme von Gebäuden oder Maschinen). Sacheinlagen bzw. Sachübernahmen müssen in der Satzung festgehalten werden [§ 27 AktG].

Der übernommene Anteil am Grundkapital wird in Aktien verbrieft. Der Mindestnennwert einer **Nennbetragsaktie** beträgt 1,00 EUR. Höhere Nennbeträge müssen auf volle Euro lauten [§ 8 II AktG]. Der auf eine **Stückaktie** (Aktie ohne Nennbetrag; nennwertlose Aktie) entfallende anteilige Betrag des Grundkapitals (fiktiver Nennwert) darf 1,00 EUR nicht unterschreiten.

Nachdem die Gründer den Vorstand, den Aufsichtsrat sowie den Abschlussprüfer gewählt und einen Gründungsbericht (mit Prüfungsvermerk) erstellt haben, wird die Gesellschaft ins **Handelsregister eingetragen.** Mit der Eintragung ist die Aktiengesellschaft (juristische Person, Kaufmann) entstanden **(konstitutive Wirkung der Eintragung).**

16 Speth u.a. - ISBN 978-3-8120-0497-8

7.2 Organe der Aktiengesellschaft

Da die Aktiengesellschaft als juristische Person nicht wie ein Mensch handeln kann, braucht sie, um handlungsfähig zu sein, Organe. Diese Organe sind: der **Vorstand,** der **Aufsichtsrat** und die **Hauptversammlung**

Organe der AG		
Vorstand (leitendes Organ)	**Aufsichtsrat** (überwachendes Organ)	**Hauptversammlung** (beschließendes Organ)

7.2.1 Vorstand

Der Vorstand als leitendes Organ wird vom **Aufsichtsrat** auf höchstens 5 Jahre **bestellt** [§ 84 I AktG]. Er kann aus einer Person oder aus mehreren Personen bestehen [§ 76 III AktG]. Bei Gesellschaften mit einem Grundkapital von mehr als drei Millionen EUR muss er, soweit die Satzung nicht ausdrücklich anderes bestimmt, aus mindestens zwei Personen bestehen [§ 76 II AktG].

(1) Aufgaben des Vorstands

- **Geschäftsführung** nach innen und **Vertretung** der AG nach außen, z.B. Abschluss von Verträgen, Ernennung von Bevollmächtigten, Verkehr mit Behörden. Der Vorstand hat die AG in eigener Verantwortung zu leiten.

  Nach dem Gesetz besteht, sofern der Vorstand mehrere Mitglieder hat, **Gesamtgeschäftsführungsrecht** und **Gesamtvertretungsmacht**. Abweichende Bestimmungen müssen in der Satzung niedergelegt sein. Einzelvertretungsmacht muss aber, um wirksam zu sein, im Handelsregister eingetragen werden.

- **Regelmäßige Unterrichtung des Aufsichtsrats** über die Geschäftslage der AG.

- **Erstellung des Jahresabschlusses.** Er besteht aus der **Bilanz** mit der **Gewinn- und Verlustrechnung** und dem **Anhang.** Daneben hat der Vorstand mittlerer und großer Aktiengesellschaften einen **Lagebericht** aufzustellen. In diesem Lagebericht, der nicht Teil des Jahresabschlusses ist, ist zumindest der Geschäftsverlauf und die Lage der Kapitalgesellschaft darzustellen.

- **Einberufung der ordentlichen Hauptversammlung** mindestens einmal jährlich sowie einer außerordentlichen Hauptversammlung bei hohen Verlusten, Überschuldung oder Zahlungsunfähigkeit.

  Die ordentliche Hauptversammlung hat in den **ersten acht Monaten des Geschäftsjahres** zur Entgegennahme des Jahresabschlusses und des Lageberichts sowie zur Beschlussfassung über die Verwendung des Bilanzgewinns stattzufinden.

(2) Einhaltung des Wettbewerbsverbots [§ 88 AktG]

Die Vorstandsmitglieder dürfen ohne Einwilligung des Aufsichtsrats weder ein Handelsgewerbe betreiben noch im Geschäftszweig der Gesellschaft für eigene oder fremde Rechnung Geschäfte machen. Verstößt ein Vorstandsmitglied gegen dieses Verbot, so kann die Gesellschaft z.B. Schadensersatz fordern.

(3) Vergütung

Die Bezüge der Vorstandsmitglieder können sich zusammensetzen aus einem Gehalt, Gewinnbeteiligungen, Aufwandsentschädigungen, Versicherungsentgelte, Provisionen und Nebenleistungen jeder Art. Der Aufsichtsrat hat jedoch dafür zu sorgen, dass die Gesamtbezüge in einem angemessenen Verhältnis zu den Aufgaben des Vorstandsmitglieds und zur Lage der Gesellschafter stehen.

7.2.2 Aufsichtsrat

(1) Wahl, Zusammensetzung, Anzahl der Aufsichtsratsmitglieder

Der Aufsichtsrat besteht – sofern dem nicht andere Gesetze entgegenstehen – aus **mindestens drei Mitgliedern.**

Durch die verschiedenen Gesetze zur Stärkung der **Mitbestimmungsrechte** der Arbeitnehmer und Gewerkschaften gelten bezüglich der **Wahl, Zusammensetzung** und **Zahl der Aufsichtsräte** unterschiedliche Vorschriften, wie die folgende Übersicht zeigt.

Art der AG	Geltendes Gesetz	Vorschriften über den AR
Kleine Aktiengesellschaften (500 bis 2000 Arbeitnehmer) [§ 1 DrittelbG]	**DrittelbG 2004**	Der AR besteht aus mindestens 3 Personen oder aus einer höheren durch drei teilbaren Mitgliederzahl. Die HV wählt $^{2}/_{3}$, die Arbeitnehmer oder deren Delegierte wählen $^{1}/_{3}$ der AR-Mitglieder **(„Drittel-Parität").** Höchstzahl 21 Mitglieder.
Große Aktiengesellschaften (i.d.R. mehr als 2000 Arbeitnehmer) [§ 1 MitbestG]	**MitbestG 1976**	Der AR hat 12 bis 20 Mitglieder. Die Hälfte wird grundsätzlich von der HV gewählt (Vertreter der Aktionäre). Die übrigen AR-Mitglieder der Arbeitnehmer werden von den Delegierten der Arbeitnehmer oder direkt von den wahlberechtigten Arbeitnehmern gewählt **(„gleichgewichtige Mitbestimmung").**

Die Aufsichtsratsmitglieder werden von der **Hauptversammlung** sowie von der Belegschaft (den Arbeitnehmern) **für 4 Jahre gewählt.** Nur natürliche und unbeschränkt geschäftsfähige Personen können Aufsichtsratsmitglieder werden [§ 100 I AktG].

(2) Aufgaben des Aufsichtsrats

- **Bestellung des Vorstands,** Abberufung des Vorstands, wenn wichtige Gründe (z.B. Pflichtverletzungen) vorliegen, Überwachung des Vorstands, Einsicht und Prüfung der Geschäftsbücher.
- **Prüfung des Jahresabschlusses,** des Lageberichts und des Vorschlags für die Verwendung des Bilanzgewinns.
- **Einberufung einer außerordentlichen Hauptversammlung,** wenn es das Wohl der Gesellschaft erfordert (z.B. bei Eintritt hoher Verluste).

(3) Vergütung

Für seine Tätigkeit erhält der Aufsichtsrat in der Regel eine **Vergütung (Tantieme),** deren Höhe entweder in der Satzung festgelegt ist oder durch die Hauptversammlung beschlossen wird. Da die Aufsichtsratsmitglieder keine Angestellten der AG sind, erhalten sie **kein Gehalt.**

7.2.3 Hauptversammlung

Die Hauptversammlung als **beschließendes Organ** der Aktiengesellschaft ist die **Versammlung der Gesellschafter (Aktionäre).** In der Hauptversammlung nehmen die **Aktionäre ihre Rechte** durch **Ausübung des Stimmrechts** wahr [§ 118 I AktG].

Jedem Aktionär ist auf Verlangen in der Hauptversammlung vom Vorstand Auskunft über Angelegenheiten der Gesellschaft zu geben, soweit sie zur sachgemäßen Beurteilung des Gegenstands der Tagesordnung erforderlich ist [§ 131 I, S. 1 AktG]. Allerdings darf die Auskunft verweigert werden, wenn dadurch der Gesellschaft oder einem verbundenen Unternehmen ein nicht unerheblicher Nachteil zugefügt würde . Im Zweifelsfall entscheidet das Gericht über die Berechtigung einer Auskunftsverweigerung.

Wichtige **Aufgaben der Hauptversammlung** sind z. B.:

Wahl der AR-Mitglieder der Anteilseigner und Abberufung der AR-Mitglieder	**Beschließt über Grundfragen der AG** (z. B. Satzungsänderung, Kapitalerhöhung und -herabsetzung, Verschmelzung, Auflösung)	**Entlastung der Vorstands- und AR-Mitglieder** (Entlastung: nachträgliche Billigung der Tätigkeit des Vorstands und des AR)	**Beschluss über die Verwendung des Bilanzgewinns**

7.3 Pflichten und Rechte des Aktionärs

(1) Pflichten des Aktionärs

Leistung der übernommenen Kapitaleinlage [§ 54 AktG]	Bei **Geldeinlagen** muss der eingeforderte Betrag [§ 36 II AktG] mindestens ein Viertel des geringsten Ausgabebetrags und bei Ausgabe der Aktien für einen höheren als diesen auch den Mehrbetrag (das Agio) umfassen. **Sacheinlagen** sind (vor allem zum Gläubigerschutz) vollständig zu leisten.
Übernahme der Risikohaftung in Höhe des Aktienwerts [§ 1 I AktG]	Wer Aktien bei einer Gründung übernimmt oder über die Wertpapierbörse kauft, haftet nicht für die Verbindlichkeiten der Gesellschaft. Als juristische Person haftet lediglich die Aktiengesellschaft selbst. Das einzige Risiko, das der Aktionär eingeht, ist, dass er einen Kursverlust erleidet oder dass er im Extremfall den Wert der gesamten Aktien verliert. Das Letztere ist der Fall, wenn die Aktiengesellschaft z.B. wegen Überschuldung aufgelöst wird, also kein Eigenkapital mehr übrig bleibt. Man sagt daher, dass die Aktionäre lediglich eine „Risikohaftung" übernehmen.

(2) Rechte des Aktionärs

Dividendenrecht [§§ 58 IV, 60 I AktG]	Die Aktionäre haben – im Verhältnis zu ihrem Anteil am Grundkapital – Anspruch auf den Bilanzgewinn. Der Gewinnanteil je Aktie wird Dividende genannt. Das Anrecht auf Dividende wird in der Regel in einem Eurobetrag je Aktie ausgedrückt. Beträgt z. B. die Dividende 0,20 EUR je 1-EUR-Aktie, so schüttet die AG bei einem Grundkapital von 30 Mio. EUR 6 Mio. EUR Gewinn aus.

Bezugsrecht [§§ 186 I, III AktG]	Der Aktionär hat das Recht, dass ihm bei einer Kapitalerhöhung, gemäß seinem Anteil am bisherigen Grundkapital, junge Aktien zugeteilt werden. Allerdings kann das Bezugsrecht durch Beschluss der Hauptversammlung ganz oder teilweise ausgeschlossen werden.
Anteil am Liquidationserlös [§ 271 AktG]	Wird eine Aktiengesellschaft aufgelöst, so wird das Vermögen nach Abzug der Verbindlichkeiten anteilmäßig unter den Aktionären verteilt.
Recht auf Teilnahme an der Hauptversammlung [§§ 118, 175 AktG]	Jedem Aktionär steht das Recht zu, an der Hauptversammlung teilzunehmen und dort seine Aktionärsrechte wahrzunehmen.
Stimmrecht in der Hauptversammlung [§§ 133ff. AktG]	■ In der Hauptversammlung entscheiden die Aktionäre über die vom Gesetz bzw. in der Satzung festgelegten Fälle. ■ Das Stimmrecht der Aktionäre richtet sich an dem Aktiennennwert oder der Anzahl der Stückaktien aus, die sich im Eigentum des Aktionärs befinden [§ 134 I AktG].[1] Zur Ausübung des Stimmrechts muss der Aktionär nicht persönlich an der Hauptversammlung teilnehmen. Das Stimmrecht kann auch durch eine schriftlich beauftragte Person oder Institution (z.B. eine Bank) ausgeübt werden. ■ Jeder Beschluss der Hauptversammlung muss bei börsennotierten Aktiengesellschaften notariell beurkundet werden. Bei nicht börsennotierten Gesellschaften reicht eine vom Vorsitzenden des Aufsichtsrats zu unterzeichnende Niederschrift aus, soweit keine Beschlüsse gefasst werden, für die das AktG eine Dreiviertel- oder größere Mehrheit bestimmt (z.B. bei Satzungsänderungen) [§ 130 I AktG].

7.4 Auflösung der Aktiengesellschaft

Die Auflösung der Aktiengesellschaft ist in den §§ 262ff. AktG geregelt. Neben der zwangsweisen Auflösung im Rahmen eines **Insolvenzverfahrens** wegen **Zahlungsunfähigkeit** und/oder **Überschuldung** kann die AG auch durch **Beschluss der Hauptversammlung** mit einer Mehrheit von mindestens drei Viertel des bei der Beschlussfassung vertretenen Grundkapitals aufgelöst (beendet, liquidiert) werden. Die Satzung kann weitere Auflösungsgründe bestimmen.

7.5 Bedeutung der Aktiengesellschaft

(1) Leichtere Kapitalbeschaffung

Durch die Aufteilung des Grundkapitals in viele kleine Kapitalanteile sind die Aktiengesellschaften in der Lage, große Kapitalbeträge anzusammeln und zu investieren.

1 Ein Aktionär mit einem „Aktienpaket" zum Nennwert von 10000,00 EUR hat also das fünffache Gewicht gegenüber einem Aktionär, dem nur Aktien im Nennwert von 2000,00 EUR gehören. Da für die Beschlüsse der Hauptversammlung grundsätzlich die einfache Mehrheit der abgegebenen Stimmen genügt [§ 133 AktG], kann ein Großaktionär mit theoretisch 50%igem Aktienbesitz über den von ihm mitbestimmten Aufsichtsrat erheblichen Einfluss auf die Aktiengesellschaft gewinnen. Lediglich bei Satzungsänderungen [§ 179 AktG] und bei der Abberufung von Aufsichtsratsmitgliedern [§ 103 I AktG] ist eine Mehrheit von mindestens 75% des bei der Beschlussfassung vertretenen Grundkapitals erforderlich **(qualifizierte Mehrheit)** [§§ 179, 182ff. AktG]. Besitzt ein Aktionär also nur wenig mehr als 25%, so kann er solche Beschlüsse verhindern **(Sperrminorität)**.

Praktisch genügt eine geringere Mehrheit, weil bei der Hauptversammlung in aller Regel nicht alle Aktionäre erscheinen oder ihr Stimmrecht an andere (z.B. an ihre Bank) abtreten.

Die Aktiengesellschaft ist damit in der Regel die Unternehmensform für Großunternehmen. Ihr Gewicht in der Gesamtwirtschaft ist beträchtlich.

Die starke Marktstellung der großen Kapitalgesellschaften ermöglicht diesen, hohe soziale Leistungen für ihre Belegschaftsmitglieder zu erbringen (z.B. übertarifliche Löhne, zusätzliche Altersversorgung, Ferienheime usw.). Zum Abbau der Interessenkonflikte zwischen Arbeitnehmern (primäres Interesse an hohen Löhnen bzw. Sicherung des Arbeitsplatzes) und dem Kapital (primäres Interesse an der Kapitalbildung bzw. dem Unternehmenswachstum) tragen die verschiedenen Mitbestimmungsgesetze bei.

Schließlich sind die großen Unternehmen aufgrund ihrer Kapitalkraft in der Lage, kostspielige Forschungsvorhaben zu finanzieren und durchzuführen (z.B. Auffinden neuer Rohstoffquellen, Entwicklung neuer Technologien). Sie sind daher wesentliche Träger der weiteren Produktivitätsentwicklung. Andererseits sind sie aufgrund ihrer Größe wenig flexibel, weil grundsätzliche Entscheidungen lange brauchen.

Die Aktiengesellschaft ist die Unternehmensform für kapitalintensive Großbetriebe, die teure Betriebsanlagen benötigen, hohe Aufwendungen für Forschung und Entwicklung haben und eine Vielzahl von qualifizierten und hoch bezahlten Mitarbeitern anstellen.

(2) Kompetentere Unternehmensführung

Ein Vorteil der Trennung von Unternehmensleitung und Eigenkapitalaufbringung ist, dass ausgesuchte qualifizierte Fachleute mit der Unternehmensleitung beauftragt werden können. Allerdings birgt die Trennung von Eigenkapital und Management (Geschäftsleitung), also die Entstehung von „Manager-Unternehmern“, die Gefahr in sich, dass einzelne Personen ohne jeden Anteil am Eigenkapital des verwalteten und vertretenen Unternehmens ihre unbestreitbar große wirtschaftliche und politische Macht missbrauchen. Es ist daher kein Zufall, dass die Mitbestimmung gerade bei den Aktiengesellschaften am weitesten vorangetrieben wurde.

Die Führung der Aktiengesellschaft kann besonders geeigneten und tüchtigen Fachkräften übertragen werden. Durch die Verteilung der Verantwortung auf mehrere Personen wird das Problem einer guten Unternehmensführung besser abgesichert.

(3) Gesamtwirtschaftliche Bedeutung

Ein weiterer Vorteil der Aktiengesellschaft ist die beschränkte, mittelbare Haftung der Aktionäre. Damit kann auch ein wirtschafts- und sozialpolitisches Ziel der sozialen Marktwirtschaft, nämlich eine größere Unternehmensbeteiligung der Arbeitnehmer verfolgt werden.

Die Gefahr für eine marktwirtschaftlich orientierte Wirtschaftsordnung besteht allerdings darin, dass die Möglichkeit, jederzeit Aktien anderer Unternehmen aufkaufen zu können, die Konzentration (z.B. die Machtzusammenballung durch Konzernbildung) erleichtert. Durch hintereinandergeschaltete Beteiligungen kann so mit verhältnismäßig geringem Kapital eine Gruppe von Manager-Unternehmern (denen kein „Cent“ an den beherrschten Unternehmen „gehören“ muss) eine Vielzahl von Unternehmen beherrschen.

Aus gesamtwirtschaftlicher Sicht haben große Kapitalgesellschaften den Vorteil, dass sie zu einer breiteren Streuung der Beteiligung der Arbeitnehmer am Produktivvermögen beitragen können. Andererseits besteht die Gefahr, dass es über Verflechtungen zu einer Konzentration der Wirtschaftsmacht kommt.

7.6 Europäische Gesellschaft

Im Zuge der europäischen Integration haben auch die wirtschaftlichen Verflechtungen der europäischen Unternehmen untereinander zugenommen. Zudem sind die einzelnen Unternehmen durch die Globalisierung zunehmend der Konkurrenz großer Unternehmen aus dem Ausland ausgesetzt (sogenannte Global Player). Dies hat zu der Entwicklung neuer Rechtsformen auf der europäischen Ebene geführt, u.a. zu der Rechtsform der **Europäischen Gesellschaft (SE)**.

Gründung	Die Europäische Gesellschaft (**S**ocietas **E**uropaea **[SE]**) ist eine Aktiengesellschaft. Die Gründung einer SE erfolgt durch (1) Umwandlung einer AG, die eine Tochtergesellschaft[1] in einem anderen Land des Europäischen Wirtschaftsraums[2] unterhält, (2) Verschmelzung von Aktiengesellschaften aus mehreren europäischen Ländern, (3) Gründung einer gemeinsamen Tochtergesellschaft, (4) Gründung einer Holding-Gesellschaft[3] oder (5) Gründung einer Tochter-SE durch eine SE. Rechtsgrundlagen sind die Verordnung (EG) Nr. 2157/2001 des Rates[4] über das Statut der Europäischen Gesellschaft (SE) und die Richtlinie 2001/86/EG.
Sitz der Gesellschaft	Der Sitz der Europäischen Gesellschaft wird in ihrer Satzung bestimmt. Die Gesellschaft wird mit dem Firmenzusatz SE in das für ihren Sitz zuständige Handelsregister eingetragen. Die Rechtsform der Europäischen Gesellschaft erleichtert es den Unternehmen, sich im Europäischen Wirtschaftsraum grenzüberschreitend zu betätigen. Eine SE kann u.a. ihren Sitz von einem Mitgliedsland in ein anderes verlegen, ohne das Unternehmen in einem Mitgliedsland auflösen zu müssen, um dann in einem anderen Mitgliedsland ein neues zu gründen. Wenn eine Europäische Gesellschaft in einem anderen Land Fuß fassen möchte, braucht sie dort keine eigenständige Tochterunternehmung zu gründen. In der Rechtsform der SE kann sie europaweit als ein Unternehmen auftreten und rechtlich unselbstständige Zweigstellen (Niederlassungen) errichten. Die Vorteile liegen in der einfacheren Organisation und in der einheitlichen Leitung des Unternehmens.
Haftung	Die SE als juristische Person haftet den Gläubigern gegenüber mit ihrem gesamten Vermögen.
Kapitalaufbringung	Das in Aktien zerlegte Kapital der SE beträgt mindestens 120000,00 EUR.

1 Befinden sich im Rahmen von verbundenen Unternehmen bzw. Konzernen die Mehrheit der Anteile (z.B. Aktien) oder alle Anteile in der Hand der „Hauptgesellschaft", so spricht man von einer **Mutter-Tochter-Gesellschaft.** Die Muttergesellschaft ist das beherrschende, die Tochtergesellschaft das beherrschte Unternehmen.

2 Zum Europäischen Wirtschaftsraum (EWR) gehören die Mitgliedsländer der Europäischen Union und Island, Liechtenstein, Norwegen und die Schweiz.

3 Bei einer **Holdinggesellschaft** („Dachgesellschaft") werden die Aktien der Konzernunternehmen auf eine übergeordnete Gesellschaft übertragen, die lediglich Aufgaben der Verwaltung (Leitung) und Finanzierung übernimmt.

4 Der Rat der Europäischen Union ist das oberste rechtsetzende Organ der Gemeinschaft.

Geschäftsführung und Vertretung	Die Leitung einer Europäischen Gesellschaft kann **dualistisch**[1] – wie z. B. in Deutschland – oder **monistisch**[2] – wie im angelsächsischen Rechtsraum – aufgebaut sein. Bei der dualistischen Leitung obliegen Geschäftsführung und Vertretung dem Vorstand, der durch einen Aufsichtsrat überwacht wird. Das monistische System besitzt lediglich einen Board of Directors, der in Deutschland und in Österreich als Verwaltungsrat bezeichnet wird.

Zusammenfassung

- Die **AG** ist vor allem durch folgende **Merkmale** charakterisiert: (1) juristische Person; (2) Handelsgesellschaft; (3) Aktionäre sind mit Einlagen am Grundkapital beteiligt; (4) keine persönliche Haftung der Aktionäre.
- Die **Firma** der AG muss die Bezeichnung „Aktiengesellschaft" oder eine allgemein verständliche Abkürzung dieser Bezeichnung enthalten.
- Das **gezeichnete Kapital (Grundkapital)** ist in **Nennbetragsaktien** oder **Stückaktien** (nennwertlose Aktien) zerlegt. Diese Aktien verbriefen z. B. ein **Anteilsrecht am Eigenkapital der AG** und **Mitgliedschaftsrechte** (z. B. Stimmrecht in der Hauptversammlung).
- Die **Bestellung, Rechtsstellung und Aufgaben der Organe der Aktiengesellschaft** lassen sich aus nachstehender Abbildung entnehmen:

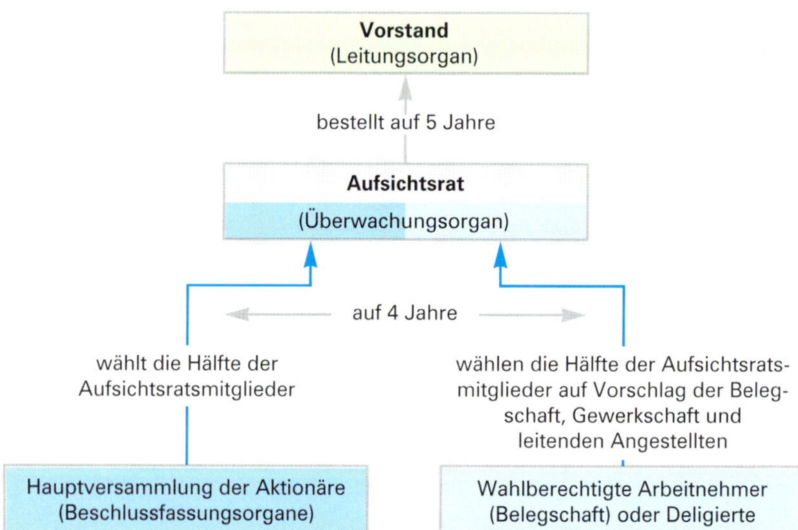

Wahl des Aufsichtsrats nach dem Gesetz über die Mitbestimmung der Arbeitnehmer (MitbestG: Mitbestimmungsgesetz) vom 4. Mai 1976

- Zur **Gründung** der AG sind erforderlich: (1) ein oder mehrere Gründer; (2) Satzung; (3) Mindestnennbetrag des Grundkapitals 50000,00 EUR; (4) Übernahme der Aktien durch die Gründer; (5) Eintragung ins Handelsregister.
- Die **Rechte des Aktionärs** umfassen: (1) Teilnahme an der HV; (2) Auskunftsrecht; (3) Recht auf Anfechtung eines HV-Beschlusses; (4) Gewinnbeteiligung; (5) Bezugsrecht auf junge

1 **Dualistisch** (lat.): doppelt, zweifach.
2 **Monistisch** (lat.): einfach.

Aktien; (6) Anspruch auf Liquidationserlös; (7) Entgegennahme des Jahresabschlusses, Lageberichts, Berichts des Aufsichtsrats und Beschluss über die Verwendung des Bilanzgewinns; (8) Entlastung des Vorstands und des Aufsichtsrats.

- Die **Pflichten des Aktionärs** sind: (1) Leistung der übernommenen Kapitaleinlage; (2) Übernahme der Risikohaftung.
- Die **Europäische Gesellschaft (Societas Europaea)** ist eine einheitliche europäische Aktiengesellschaft für im Europäischen Wirtschaftsraum tätige Kapitalgesellschaften.

Übungsaufgaben

90 In der Hauptversammlung der Steinbach AG ist die Mehrheit der Anwesenden der Meinung, dass der Vorstand den Umsatzrückgang des vergangenen Jahres durch leichtsinnige Geschäftsführung verschuldet habe. Man verlangt die Absetzung des Vorstands.

Aufgaben:

1. Nennen Sie den Personenkreis, der in der Hauptversammlung vertreten ist!
2. Prüfen Sie, ob die Hauptversammlung den Vorstand absetzen kann und wenn nein, stellen Sie dar, wer dies tun könnte!
3. Prüfen Sie, ob die Hauptversammlung überhaupt einen Einfluss darau hat, wer Vorstand einer AG wird!

91 Peter Kaiser, alleiniger Inhaber (Gesellschafter) einer Maschinenfabrik, hat ein neues patentiertes Verfahren zur Wiederaufbereitung (Recycling) von Kunststoffen entwickelt und möchte zur Auswertung seiner Erfindung eine Aktiengesellschaft gründen.

Aufgaben:

1. Nennen Sie zwei wichtige wirtschaftliche Entscheidungen, die bei der Gründung dieser AG außer der Wahl der Rechtsform getroffen werden müssen!
2. Geben Sie an, wie viel Personen zur Gründung einer Aktiengesellschaft erforderlich sind und wie viel Euro das Grundkapital mindestens betragen muss, das die Gesellschafter aufbringen müssen!
3. Bei der Gründerversammlung wird auch über eine Bargründung und/oder Sachgründung sowie über die Firma der zu gründenden AG gesprochen.
   3.1 Erklären Sie kurz die beiden Gründungsarten!
   3.2 Unterbreiten Sie einen Firmierungsvorschlag und erklären Sie kurz drei Grundsätze, die bei der Wahl der Firma berücksichtigt werden müssen!
4. Nachdem die Gründervoraussetzungen erfüllt sind, wird die Satzung am 28. Juli 20.. unterschrieben und die Aktiengesellschaft am 14. August 20.. beim Handelsregister angemeldet. Am 8. Oktober 20.. erfolgt die Handelsregistereintragung.
   4.1 Begründen Sie, in welcher Form der Gesellschaftsvertrag abgeschlossen werden muss!
   4.2 Nennen Sie zwei Stellen, bei denen die neu gegründete AG angemeldet werden muss und begründen Sie kurz diese Anmeldepflicht!
   4.3 Nennen Sie die Aufgaben die das Handelsregister hat und wo es geführt wird! Erläutern Sie die Rechtswirkung der erfolgten Handelsregistereintragung für die AG!
   4.4 Nennen Sie zwei eintragungspflichtige Tatsachen der AG!
   4.5 Begründen Sie, an welchem Tag die AG als juristische Person entstanden ist!
   4.6 Erklären Sie, warum eine AG sogenannte Organe haben muss! Nennen Sie die Organe und jeweils zwei ihrer Aufgaben!
   4.7 Nennen Sie zwei Gründe, die zur Auflösung der AG führen können!

5. Nennen und beurteilen Sie einige Vor- und Nachteile großer Aktiengesellschaften
   5.1 aus der Sicht der Kapitalgeber,
   5.2 aus der Sicht der in diesen Unternehmen Beschäftigten und
   5.3 aus der Sicht der Verbraucher!
6. Vergleichen Sie in gegenüberstellender Weise die OHG und die AG hinsichtlich folgender Probleme:
   6.1 Vorschriften zur Aufstellung des Gesellschaftsvertrags im Hinblick auf Inhalt und Form,
   6.2 Entstehung der beiden Gesellschaften,
   6.3 Eigentum am Vermögen nach Entstehen der Gesellschaften,
   6.4 Gründung einer Aktiengesellschaft und einer offenen Handelsgesellschaft,
   6.5 Haftung der Gründer vor dem Entstehen einer AG und einer OHG,
   6.6 unter welchen Voraussetzungen nach den gesetzlichen Bestimmungen bei der OHG und der AG nachträglich Gesellschaftsvertrags- bzw. Satzungsänderungen durchgeführt werden können,
   6.7 Geschäftsführungs- und Vertretungsrecht.

92 Die Baumwollfärberei Max Maier e. Kfm., ein Unternehmen mittlerer Größe, benötigt für die aus Konkurrenzgründen erforderlich gewordene Erweiterung und Rationalisierung ihres Betriebs zusätzliche Finanzierungsmittel. Die Beleihungsgrenzen der Hausbank würden eine etwa 40 %ige Finanzierung der Neuinvestitionen mit Fremdkapital gestatten. Da Maier aber das für die Restfinanzierung notwendige Eigenkapital nicht besitzt, sieht er sich gezwungen, in Zukunft mit Gesellschaftern zusammenzuarbeiten. Er gründet mit den Herren Merger und Baum die Heidelberger Textilveredelungs-GmbH, in die er selbst seinen bisherigen Betrieb einbringt, während sich Merger und Baum mit Bareinlagen beteiligen.

Aufgaben:

1. Erörtern Sie die Vorteile der GmbH gegenüber dem Einzelunternehmen und den Personengesellschaften!
2. Die Rechtsform der GmbH erschien den drei Gesellschaftern günstiger als die der Aktiengesellschaft. Nennen Sie drei mögliche Gründe!

   Vergleichen Sie hierbei auch die Gründungsvoraussetzungen bei der GmbH und AG!
3. Schlagen Sie Max Maier eine Regelung des Geschäftsführungsrechts und der Vertretungsmacht vor!
4. Vergleichen Sie die Rechte der Gesellschafterversammlung einer GmbH mit den Rechten der Hauptversammlung einer Aktiengesellschaft!
5. Beschreiben Sie die Haftung des Einzelunternehmers sowie die der Gesellschafter einer OHG und GmbH!
6. Führen Sie aus, wodurch sich die Gewinnverteilung der OHG von der der GmbH unterscheidet! Nennen Sie zwei weitere Merkmale, durch die sich eine Personengesellschaft von einer Kapitalgesellschaft unterscheidet!
7. Geben Sie drei Gründe an, warum viele „mittelgroße" Industrieunternehmen die Rechtsform der GmbH haben!

93 1. Entscheiden Sie bei den folgenden Problemlagen, welche Rechtsform am besten geeignet ist und begründen Sie Ihre Rechtsformwahl:
   1.1 Fritz Müller arbeitet als angestellter Bäckermeister in einer Brotfabrik. Sein großer Wunsch ist, selbst (allein) eine eigene Bäckerei zu haben und zu leiten. Aus einer unerwarteten Erbschaft stehen ihm 130000,00 EUR zur freien Verfügung. Soweit Kredite erforderlich sind, ist Fritz Müller bereit, mit seinem gesamten Privatvermögen unbeschränkt zu haften.

1.2 Fritz Müller und Max Kaiser entscheiden sich eine kleinere Brotfabrik zu gründen, die sie allein leiten wollen, ohne den Gläubigern des Unternehmens gegenüber unbeschränkt haften zu müssen!

1.3 Nennen Sie Gründe, warum die Rechtsform der Aktiengesellschaft in dem Fall 1.1 nicht geeignet ist!

2. Die bisherigen Einzelunternehmer Fritz Lang und Kurt Lehmann planen gemeinsam die Gründung eines Gesellschaftsunternehmens zur Herstellung von Büromöbeln.

Aufgaben:

2.1 Nennen Sie zwei Gründe, warum Lang und Lehmann ihre Unternehmen zunächst als Einzelunternehmen betrieben haben!

2.2 Beide Gesellschafter möchten das Geschäftsführungs- und Vertretungsrecht haben.
Prüfen Sie, bei welchen Unternehmensformen ihnen dies (gesetzlich) möglich ist!

2.3 Fritz Lang ist bereit, auch persönlich und unbeschränkt zu haften, Kurt Lehmann möchte jedoch nur mit seiner Kapitaleinlage und nicht direkt haften.
Begründen Sie, welche Unternehmensform beide Gründer wählen werden!

2.4 Nennen Sie Gründe, welche Lang und Lehmann veranlasst haben könnten, einen weiteren Gesellschafter als Voll- oder Teilhafter aufzunehmen!

2.5 Nach der Abwägung aller möglichen Vor- und Nachteile der verschiedenen Rechtsformen gründen Lang und Lehmann eine GmbH.
Nennen Sie zwei mögliche Gründe für die Wahl dieser Rechtsform!

2.6 Nach sechs Jahren sehr erfolgreicher Geschäftstätigkeit soll die GmbH in eine AG umgewandelt werden.
Nennen Sie zwei Gründe, die die Gesellschafter zur Wahl dieser Rechtsform veranlasst haben könnten!

3. Herr Krause hat als selbstständiger Ingenieur eine Kunststoffrecyclinganlage entwickelt und patentieren lassen. Er möchte diese Anlage industriell fertigen und hierzu ein Industrieunternehmen gründen.

Der Industrievertreter Kern und der Bankkaufmann Schmidt sind bereit, sich mit jeweils 600 000,00 EUR an dem zu gründenden Unternehmen zu beteiligen. Herr Krause kann Geldmittel von 80 000,00 EUR und ein baureifes Industriegrundstück im Wert von 1,2 Mio. EUR in das Unternehmen einbringen. Bei der Rechtsformwahl sind folgende Ziele und Problemlagen zu berücksichtigen:

- Der voraussichtliche Kapitalbedarf für die Finanzierung des erforderlichen Anlagevermögens liegt bei etwa 3,8 Mio. EUR.
- Alle Kapitalgeber (Gesellschafter) möchten das Geschäftsführungs- und Vertretungsrecht haben, jedoch nur beschränkt und mittelbar bis zur Höhe ihrer Geschäftsanteile haften.
- Die Rechtsform soll vom Wechsel der Gesellschafter unabhängig sein.
- Die Geschäftsanteile sollen möglichst leicht auf andere Gesellschafter übertragen werden können.
- Bei zusätzlichem hohem Eigenkapitalbedarf soll die Möglichkeit einer Eigenkapitalfinanzierung (Eigenkapitalbeteiligung) vieler Gesellschafter bestehen.

Aufgabe:

Begründen Sie, ob unter Beachtung der vorstehend genannten Bedingungen bei der Rechtsformwahl nur Zielharmonie besteht oder mögliche Zielkonflikte bestehen können und ob eine spätere Rechtsformumwandlung angebracht sein kann!

Lernbereich 5: Materialbeschaffungsprozesse

1 Einbettung der Beschaffungsprozesse in das Gesamtsystem betrieblicher Geschäftsprozesse

Die nebenstehende Abbildung dient der Standortbestimmung des Kapitels „Materialbeschaffungsprozesse", indem der Kernprozess Beschaffung besonders hervorgehoben wird. Dieser Kernprozess ist durch ein hohes Maß an Marktnähe gekennzeichnet, weil er die Unternehmensgrenzen auf der Seite des Beschaffungsmarktes überschreitet und Verbindung hat zu den Absatzprozessen des Lieferanten.

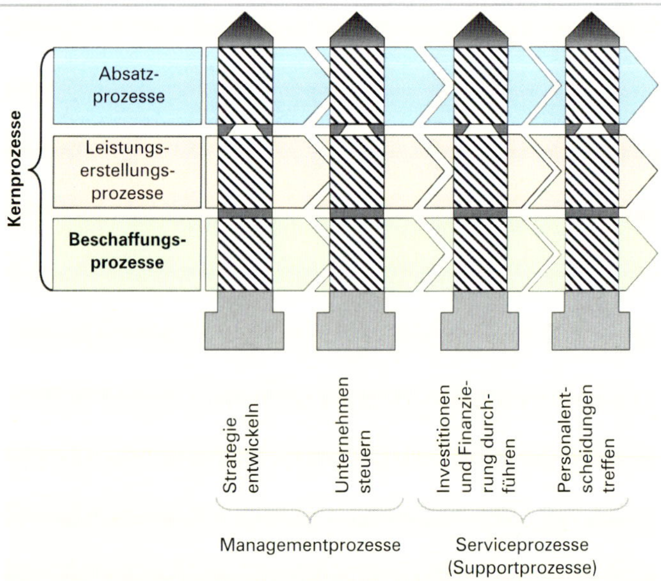

Gliedert man die Beschaffungsprozesse in ihre Teilprozesse auf, so können diesen die jeweiligen betriebswirtschaftlichen Inhalte zugeordnet werden (siehe S. 253).

2 Beschaffungsplanung

- Die **Beschaffung** umfasst die Bereitstellung von Materialien, Dienstleistungen, Betriebsmitteln,[1] Rechten sowie Informationen über den Beschaffungsmarkt für den Leistungsprozess eines Unternehmens.
- Die **Beschaffungsplanung** legt die für einen bestimmten Termin und eine bestimmte Periode zur Fertigung benötigten Materialien nach **Wert, Menge** und **Zeitraum** fest.

- Bei der **Mengenplanung** wird bestimmt, welche Mengen von jedem Material beschafft werden (Kapitel 2.2.1).
- Die **Zeitplanung** setzt den Zeitpunkt fest, zu welchem die zu beschaffenden Materialien zur Verfügung stehen müssen (Kapitel 2.2.2).
- Für die Mengen- und Zeitplanung ist es dabei von Bedeutung, die Bedarfsarten nach ihrem **Wertanteil am Gesamtbeschaffungswert** zu gliedern (**ABC-Analyse** Kapitel 2.1).

1 Betriebsmittel sind z. B. Maschinen, Verkaufsraum, Werkzeuge, Kassensysteme.

Beschaffungsprozesse	Teilprozesse	Betriebswirtschaftliche Inhalte
Planungsprozesse	Bezugsquellenermittlung	■ Informationen über Lieferer einholen[1] ■ Informationsquellen[1]

	Beschaffungsplanung	■ Beschaffungsplanung
		■ ABC-Analyse
		■ Bestellverfahren
		  ■ Mengenplanung
		  ■ Zeitplanung
		■ Bereitstellungsprinzipien
		  ■ Vorratshaltung
		  ■ Just in time

Steuerungsprozesse	Liefererauswahl	■ Angebotsvergleich
		  ■ Einfaktorenvergleich mit Bezugskalkulation
		  ■ Mehrfaktorenvergleich (Scoringmodell)

	Beschaffungsprozesse	■ Anfrage ■ Angebot ■ Bestellung ■ Kaufvertrag ■ Wareneingang/Warenkontrolle ■ Eingangsrechnung ■ Buchung des Wareneingangs/Zahlung

	Umgang mit Vertragsstörungen	■ Leistungsstörungen
		  ■ Mangelhafte Lieferung (Schlecht-Leistung)
		  ■ Lieferungsverzug (Nicht-Rechtzeitig-Lieferung)

Controllingprozesse[2]	Beschaffungs-Controlling	■ Bestandsoptimierung in der Lagerhaltung auf der Basis von Lagerkennziffern

1 Auf diese Themengebiete wird im Folgenden nicht eingegangen.

2 **Controlling** ist eine Methode, die den Steuerungsprozess von Führungspersonen durch die Bereitstellung entsprechender Informationen unterstützt. Siehe S. 332 ff.

2.1 ABC-Analyse

(1) Begriff ABC-Analyse

Für die Produktion eines iPhones benötigt man etwa 450 Teile. Einige dieser Teile sind teurer, einige billiger. Für eine ökonomisch sinnvolle Beschaffung der Teile ist von Bedeutung, die Teile nach ihrem **Wertanteil am Gesamtbeschaffungswert** zu gliedern. Es werden drei Gruppen von Gütern (Beständen) unterschieden: **A-Güter, B-Güter** und **C-Güter**. Dieses Verfahren bezeichnet man als **ABC-Analyse.**

> Die **ABC-Analyse** ist ein Verfahren zur Erkennung solcher Materialien, die aufgrund ihres **hohen wertmäßigen Anteils** am Gesamtbedarf von **besonderer Bedeutung** sind. Die aus der Analyse gewonnenen Informationen helfen dabei,
> - die Transparenz[1] der Materialwirtschaft zu erhöhen,
> - sich auf wirtschaftlich bedeutende Materialien zu konzentrieren,
> - hohen Arbeitsaufwand bei Materialien untergeordneter Bedeutung (C-Güter) zu vermeiden und damit
> - die Effizienz (Wirtschaftlichkeit) der gesamten Materialwirtschaft zu steigern.

In vielen (größeren) Unternehmen wird meistens eine große Anzahl verschiedenartiger Fertigungsmaterialien (Roh-, Hilfs-, Betriebsstoffe, Halbfabrikate) bzw. Handelswaren beschafft, die nur einen **geringen Anteil** (Prozentsatz) **am gesamten Beschaffungswert der eingekauften Materialien** haben.

Die ABC-Analyse wurde entwickelt, um festzustellen, bei welchen eingekauften und/oder lagernden Materialien es wirtschaftlich sinnvoll ist, eine intensive Beschaffungsmarktforschung und Einkaufsverhandlungen, eine genaue Mengen- und Zeitdisposition sowie Überwachung der Lagerbestände durchzuführen. Diese Maßnahmen verursachen den Unternehmen viel Zeit und Kosten.

Beispiel:

Ein Industriebetrieb benötigt 10 verschiedene Materialpositionen. Statistisch erfasst wurden die monatlichen Verbrauchszahlen in Stück und die Einstandspreise (Bezugspreise) je Stück.

Ein Beispiel für eine ABC-Analyse finden Sie auf S. 255.

Erläuterungen zu den Arbeitsschritten für eine ABC-Analyse (Tabelle 2):

1 Materialien nach dem Rang ihres Verbrauchswertes ordnen.
↓
2 Prozentanteil jedes Materials an der Gesamtverbrauchsmenge berechnen.
↓
3 Errechnete Prozentanteile schrittweise aufaddieren (kumulieren).
↓
4 Verbrauchswert berechnen.
↓
5 Prozentanteil jedes Materials am Gesamtverbrauchswert berechnen.
↓
6 Errechnete Prozentanteile schrittweise aufaddieren (kumulieren).
↓
7 Nach den kumulierten Prozentanteilen Gruppen bilden.

1 **Transparenz**: Durchscheinen, Durchsichtigkeit.

Tabelle 1:

Materialart	Verbrauchsmenge in Stück	Verbrauchsmenge in % des Gesamtverbrauchs	Einstandspreis je Stück in EUR	Verbrauchswert in EUR	Verbrauchswerte in % des gesamten Verbrauchswertes	Rang nach Verbrauchswert
T_1	4500	13,24	25,00	112500,00	15,85	2
T_2	700	2,06	145,00	101500,00	14,30	3
T_3	2700	7,94	15,00	40500,00	5,71	7
T_4	600	1,76	300,00	180000,00	25,36	1
T_5	450	1,32	150,00	67500,00	9,51	6
T_6	3000	8,82	25,00	75000,00	10,57	5
T_7	8200	24,12	2,00	16400,00	2,31	8
T_8	1000	2,94	95,00	95000,00	13,38	4
T_9	7150	21,03	1,00	7150,00	1,01	10
T_{10}	5700	16,76	2,50	14250,00	2,01	9
	34000	100,00[1]		709800,00	100,00[1]	

Tabelle 2:

Rang nach Verbrauchswert	[1] Materialart	Verbrauchsmenge in Stück	[2] Verbrauchsmenge in Prozent des Gesamtverbrauchs	[3] Kumulierte Verbrauchsmenge in Prozent	Einstandspreis je Stück	[4] Verbrauchswert in EUR	[5] Verbrauchswerte in Prozent des gesamten Verbrauchswertes	[6] Kumulierter Verbrauchswert in Prozent	[7] ABC-Klasse
1	T_4	600	1,76	1,76	300,00	180000,00	25,36	25,36	A
2	T_1	4500	13,24	15,00	25,00	112500,00	15,85	41,21	A
3	T_2	700	2,06	17,06	145,00	101500,00	14,30	55,51	A
4	T_8	1000	2,94	20,00	95,00	95000,00	13,38	68,89	A
5	T_6	3000	8,82	28,82	25,00	75000,00	10,57	79,46	B
6	T_5	450	1,32	30,15	150,00	67500,00	9,51	88,97	B
7	T_3	2700	7,94	38,09	15,00	40500,00	5,71	94,68	B
8	T_7	8200	24,12	62,21	2,00	16400,00	2,31	96,99	C
9	T_{10}	5700	16,76	78,97	2,50	14250,00	2,01	98,99	C
10	T_9	7150	21,03	100,00	1,00	7150,00	1,01	100,00	C
		34000	100,00[1]			709800,00	100,00[1]		

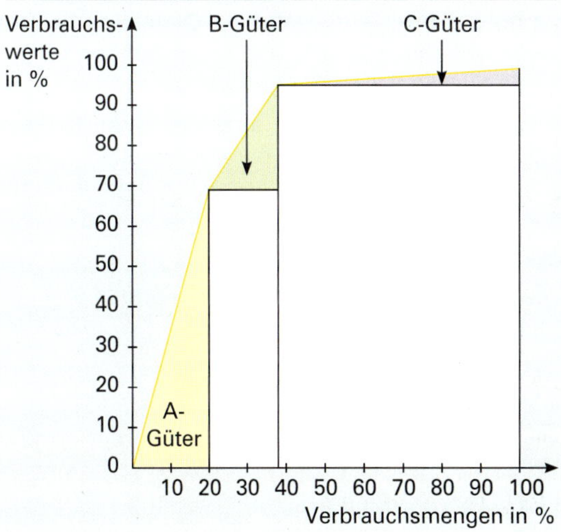

Auswertung:

A-Güter: 20 % des mengenmäßigen Materialverbrauchs haben einen Anteil von fast 70 % (genau: 68,9 %) am gesamten wertmäßigen Materialverbrauch (Beschaffungswert).

B-Güter: 18,1 % des mengenmäßigen Materialverbrauchs entsprechen einem Anteil von 25,8 % am gesamten wertmäßigen Materialverbrauch.

C-Güter: Die meisten Materialien (61,9 %) sind C-Güter. Auf sie entfällt nur ein Verbrauchswertanteil von 5,3 %.

1 Bedingt durch die Beschränkung auf zwei Nachkommastellen können geringe Rundungsdifferenzen in der Summenzeile auftreten.

(2) Bedeutung der ABC-Analyse

Die Auswertung der ABC-Analyse zeigt dem Unternehmen, bei welchen Gütern ein größerer Beschaffungsaufwand wirtschaftlich sinnvoll und größere Kostensenkungen (z.B. durch vereinbarte Rabatte bei größeren Bestellmengen, Einsatz billigerer Substitutionsgüter) erwartet werden können.

Die Festlegung der Schranken, mit deren Hilfe eine **Zuordnung zu den einzelnen Klassen** getroffen wird, liegt im **Ermessen der Unternehmen,** da es hierfür keine objektiv richtigen Maßstäbe gibt. Erfahrungsgemäß liegt die Schranke für A-Güter bei den ersten 75–80 % der kumulierten Verbrauchswerte in Prozent, die C-Güter bei den letzten 5 % der kumulierten Verbrauchswerte in Prozent. Dazwischen liegen die B-Güter.

(3) Schlussfolgerungen aus der ABC-Analyse für die Materialwirtschaft

Die Tätigkeiten (Aktivitäten) in der Materialwirtschaft konzentrieren sich in erster Linie auf die **A-Güter.** Sie bestehen zwar aus wenigen Lagerpositionen, verkörpern aber den überwiegenden Teil des Verbrauchswertes. Daher führen bereits geringe prozentuale Verbesserungen zu Einsparungen in hohen absoluten Euro-Beträgen.

Die Aktivitäten können sich z.B. auf folgende **Maßnahmen** richten:

- Intensive Bemühungen um Preis- und Kostensenkungen.
- Exakte Untersuchungsergebnisse darüber, ob Eigenproduktion oder Fremdbezug günstiger ist.
- Bedarfsgesteuerte Materialdisposition.
- Möglichst geringer Lagerbestand in Verbindung mit Sondervereinbarungen über Lieferzeiten.
- Beschaffung in bedarfsnahen, auftragsspezifischen kleinen Losen (Liefermengen).
- Verzicht auf Wareneingangskontrolle im eigenen Haus und Verlagerung der Qualitätsprüfung zum Lieferanten unter Vorgabe von Qualitätsstandards.
- Überlegungen, ob durch materialtechnische oder konstruktionstechnische Änderungen Kostenvorteile erzielt werden können.
- Strenge Kontrolle der Bestände, des Verbrauchs und gegebenenfalls der Lagerverluste.

Bei den **B-Gütern** darf der Berechnungsaufwand für eine optimale Bestellung nicht so hoch sein. Hier kann es sinnvoll sein, optimale Bestellmengen und Lagermengen für ganze **Materialgruppen** zu berechnen und Fehler in Kauf zu nehmen.

Die **C-Güter** bestehen aus vielen Lagerpositionen, verkörpern aber nur einen geringen Verbrauchswert. Zu hohe Lagerbestände beeinflussen daher die Wirtschaftlichkeit des Materialwesens in geringerem Umfang. Sie können daher großzügiger und mit **einfacheren Verfahren** disponiert werden durch:

- verbrauchsorientierte Materialbeschaffung,
- vereinfachtes Beschaffungsprogramm, z.B. Bestellrhythmusverfahren (siehe S. 262f.),
- großzügigere Lagerhaltung,
- gelockerte Überwachung.

Zusammenfassung

- Die **ABC-Analyse** ermittelt die Güter, welche den höchsten Anteil am Gesamtwert der Materialien haben.

- Die Güter mit einem **hohen wertmäßigen Anteil am Gesamtbedarf** sind für die Beschaffung von **hoher Bedeutung.**
- Die ABC-Analyse ist ein **Hilfsmittel** zur Aktivierung der in der Beschaffung liegenden Gewinnreserven.

Übungsaufgabe

94 Die Motorenwerke Anton Thomalla GmbH ermitteln zur Durchführung einer ABC-Analyse für seine Artikelgruppen A01 bis A10 folgende Zahlenwerte:

Artikel-gruppe	Jahresbedarf in Stück	Preis je ME in EUR
A01	100	290,00
A02	9000	1,60
A03	5000	2,80
A04	5000	1,50
A05	700	5,50
A06	700	7,10
A07	100	22,00
A08	18000	0,05
A09	20000	0,08
A10	32500	0,07

Aufgaben:

1. Führen Sie – gegebenenfalls mithilfe einer Tabellenkalkulation – eine ABC-Analyse entsprechend der Vorgabe von S. 255 durch!

ABC-Analyse, Tabelle 1

Artikel--gruppe	Jahres-bedarf in Stück	Preis je ME in EUR	Verbrauchs-menge in % des Gesamt-verbrauchs	Verbrauchs-wert in EUR	Verbrauchs-werte in % des gesamten Ver-brauchswertes	Rang nach Verbrauchs-wert
A01	100	290,00				
A02	9000	1,60				
A03	5000	2,80				
A04	5000	1,50				
A05	700	5,50				
A06	700	7,10				
A07	100	22,00				
A08	18000	0,05				
A09	20000	0,08				
A10	32500	0,07				
Summe						

17 Speth u.a. - ISBN 978-3-8120-0497-8

ABC-Analyse, Tabelle 2

Artikelgruppe nach Rang	Jahresbedarf in Stück	Preis je ME in EUR	Verbrauchsmenge in % des Gesamtverbrauchs	Verbrauchswert in EUR	Verbrauchswerte in % des gesamten Verbrauchswertes	Kumulierter Wertanteil in %	Kumulierter Mengenanteil in %
Summe							

2. Legen Sie fest, welche Artikelgruppen jeweils in die Klasse der A-, B- bzw. der C-Güter gehören und begründen Sie Ihre Entscheidung!
3. Setzen Sie die gewonnenen Erkenntnisse in eine aussagefähige Grafik um!
4. Nach Durchführung der ABC-Analyse ergeben sich für das Motorenwerk Anton Thomalla GmbH zwangsläufig Schlussfolgerungen im Bereich der Materialwirtschaft, die geeignet sind, einen Beitrag zur Kostensenkung zu erbringen. Nennen Sie – getrennt für die A- und die C-Güter – jeweils solche Maßnahmen!

2.2 Bestellverfahren

2.2.1 Mengenplanung

(1) Überblick

Das Hauptproblem der Mengenplanung im Beschaffungsbereich liegt in der Festlegung der **kostengünstigsten (optimalen) Bestellmenge.** Um sie zu ermitteln, muss zwischen den **Lagerhaltungskosten** und den **fixen Bestellkosten** ein Ausgleich gefunden werden.

(2) Fixe Bestellkosten[1]

Sie fallen bei jeder Bestellung an, gleichgültig wie groß die Menge bzw. wie hoch der Wert der bestellten Werkstoffe ist.

Beispiel:

Kosten der Bearbeitung der Bedarfsmeldung, der Angebotseinholung, der Wareneingangsprüfung und der Rechnungsprüfung.

1 Aus Vereinfachungsgründen wird unterstellt, dass jeder Bestellvorgang gleich hohe Kosten verursacht (fixe Bestellkosten).

(3) Lagerhaltungskosten

Zu den Lagerhaltungskosten zählen z. B. die Personalkosten für die im Lager beschäftigten Personen, die im Wert der gelagerten Güter gebundenen Zinsen und die Kosten des Lagerrisikos.

Beispiel für die Ermittlung der optimalen Bestellmenge:

Die fixen Bestellkosten je Bestellung betragen 50,00 EUR. Der Einstandspreis je Stück beläuft sich auf 30,00 EUR und der Lagerhaltungskostensatz[1] auf 25 %. Der Jahresbedarf beträgt 3600 Stück.

Außer Betracht bleibt, dass mit zunehmender Bestellgröße Mengenrabatte in Anspruch genommen werden können. Außerdem wird nicht berücksichtigt, dass bei größeren Bestellungen häufig Verpackungs- und Transportkosten eingespart werden können.

Aufgaben:

1. Ermitteln Sie rechnerisch die optimale Bestellmenge, indem Sie die Gesamtkosten für eine Bestellmenge von 50 bis 500 Stück jeweils in 50er-Schritten berechnen!
2. Stellen Sie die optimale Bestellmenge grafisch dar!

Lösungen:

Zu 1.: Berechnung der optimalen Bestellmenge

Bestellmenge in Stück	Anzahl der Bestellungen	Bestellkosten in EUR	Durchschn. Lagerbestand in Stück	Durchschn. Lagerbestand in EUR	Lagerhaltungskosten in EUR	Gesamtkosten in EUR
50	72	3600,00	25	750,00	187,50	3787,50
100	36	1800,00	50	1500,00	375,00	2175,00
150	24	1200,00	75	2250,00	562,50	1762,50
200	18	900,00	100	3000,00	750,00	1650,00
250	14,4	720,00	125	3750,00	937,50	1657,50
300	12	600,00	150	4500,00	1125,00	1725,00
350	10,29	514,29	175	5250,00	1312,50	1826,79
400	9	450,00	200	6000,00	1500,00	1950,00
450	8	400,00	225	6750,00	1687,50	2087,50
500	7,2	360,00	250	7500,00	1875,00	2235,00

Erläuterung:

Werden z. B. 50 Stück bestellt, muss der Bestellvorgang 72-mal wiederholt werden, um den Jahresbedarf von 3600 Stück zu beschaffen. Die fixen Bestellkosten betragen dann 3600,00 EUR und die Lagerhaltungskosten 187,50 EUR. Mit zunehmender Bestellmenge verringert sich die Anzahl der Bestellungen und damit sinken auch die fixen Bestellkosten, während im Gegenzug die Lagerhaltungskosten steigen. Da der Betrieb **beide Kostenarten** berücksichtigen muss, ist das Optimum erreicht, wenn die **Summe beider Kosten das Minimum** erreicht hat. Dieses Minimum liegt bei den vorgegebenen Mengenintervallen bei 200 Stück und 18 Bestellungen. Eine exakte Berechnung (mithilfe der Andler-Formel)[2] ermittelt eine optimale Bestellmenge von 219 Stück bei Gesamtkosten von 1643,17 EUR.

1 Der **Lagerhaltungskostensatz** gibt an, wie groß die Lagerkosten sind, gemessen am durchschnittlichen Lagerbestand, ausgedrückt in Prozent.

2 Siehe S. 264.

Zu 2.: Grafische Darstellung der optimalen Bestellmenge

Trägt man an der x-Achse die jeweilige Bestellmenge und an der y-Achse die Kosten ab, erhält man folgendes Bild:

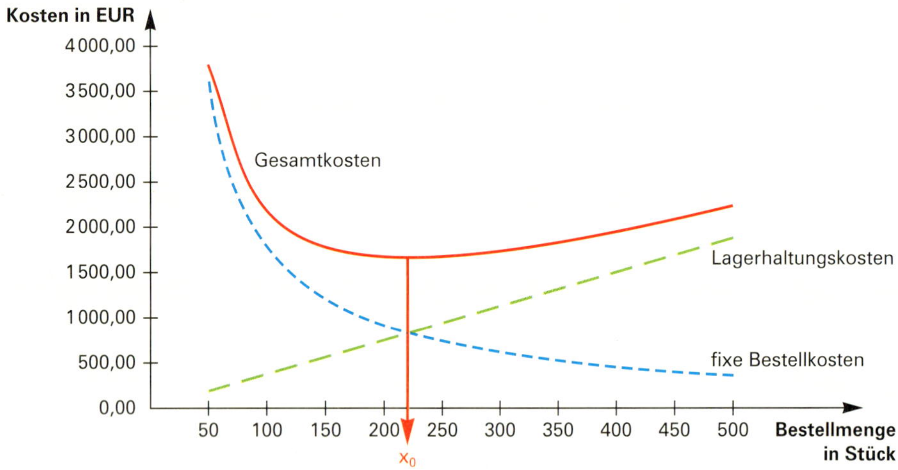

x_0: optimale Bestellmenge

- Die **optimale Bestellmenge** ist die Beschaffungsmenge, bei der die **Gesamtkosten** (Summe aus fixen Bestellkosten und Lagerhaltungskosten) **am niedrigsten** sind.
- Bei dieser Menge gleichen sich die **sinkenden fixen Bestellkosten** und die **steigenden Lagerhaltungskosten** aus.

Werden bei steigender Bestellgröße Liefererrabatte gewährt und/oder Transport- und Verpackungskosten gespart, vergrößert sich die optimale Bestellmenge. An der grundsätzlichen Aussage des Modells ändert sich nichts.

Die Anwendung dieser Modellrechnung in der Praxis ist ungleich komplizierter, weil zahlreiche Bedingungen berücksichtigt werden müssen, die hier vernachlässigt wurden (z.B. unterschiedliche Zahlungs- und Lieferungsbedingungen bei verschiedenen Lieferern). Außerdem ist die Ermittlung der optimalen Bestellmenge teuer, zumal sich verändernde Daten (z.B. Veränderungen der durchschnittlichen täglichen Materialentnahme) zu Neuberechnungen führen müssen. Die Ermittlung der optimalen Bestellmenge wird sich daher nur bei solchen Gütern lohnen, die einen **hohen wertmäßigen Jahresverbrauch** haben **(A-Güter).**[1] Voraussetzung zur Berechnung und Verwirklichung der optimalen Bestellmenge ist außerdem, dass der Lieferer die „optimale" Menge auch tatsächlich liefern kann, was nicht immer der Fall sein muss. Außerdem müssen die Lagergröße und die finanziellen Mittel ausreichen, die optimale Bestellmenge zu beschaffen.

1 Siehe S. 255.

2.2.2 Zeitplanung

(1) Problemstellung

Aufgabe der Zeitplanung ist es, die Bestelltermine für die Werkstoffe bzw. Handelswaren unter Einrechnung der Wiederbeschaffungszeit so zu bestimmen, dass

- **keine unnötigen Lagerzeiten** in Kauf genommen werden müssen, weil zu früh bestellt wurde, aber auch
- **keine Lieferungsverzögerungen** auf der Verkaufsseite auftreten, weil zu spät bestellt wurde.

(2) Bestellpunktverfahren

Beim **Bestellpunktverfahren** wird mit jeder Entnahme geprüft, ob damit der **Meldebestand unterschritten** wurde. Ist dies der Fall, wird eine Nachbestellung ausgelöst.

Aus Vereinfachungsgründen gehen wir im Folgenden davon aus, dass bei Erreichen des Meldebestands jeweils die **Fehlmenge bis zum Höchstbestand** aufgefüllt wird.[1] Die nachfolgende Grafik zeigt die „Sägezahnkurve„ des Lagerbestands im Zeitablauf.

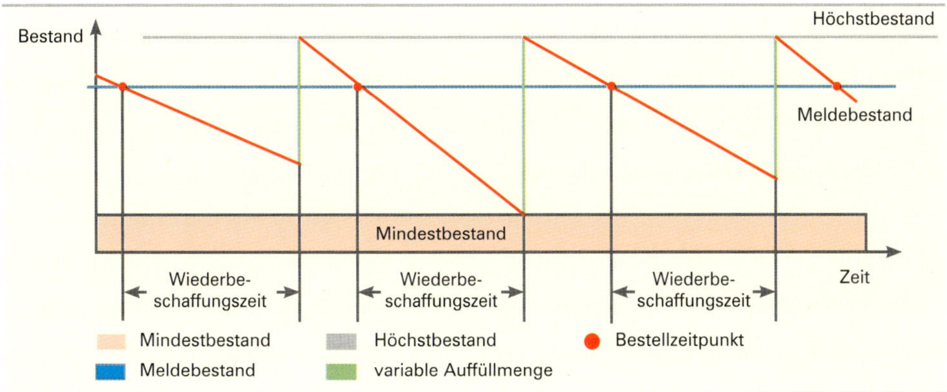

Erläuterungen:

Mindestbestand: Der Mindestbestand (Sicherheitsbestand) dient zur Abdeckung von Bestands-, Bedarfs- und Bestellunsicherheiten. Er steht nur für unvorhergesehene Ereignisse zur Verfügung.

Meldebestand: Erreicht der Lagerbestand diese Bestandshöhe, dann ist eine neue Bestellung auszulösen. Er wird wie folgt berechnet:

$$\text{Meldebestand} = \text{Mindestbestand} + \text{Wiederbeschaffungszeit} \cdot \text{Tagesverbrauch}$$

Höchstbestand: Er gibt an, welcher Warenbestand maximal eingelagert wird. Der Höchstbestand wird immer nach Eintreffen der bestellten Ware erreicht.

1 Alternativ gibt es auch den Fall, dass immer mit der konstanten optimalen Bestellmenge aufgefüllt wird.

- **Variable Auffüllmenge:** Es handelt sich um die Warenmenge, die bestellt werden muss, um das Lager bis zum Höchstbestand aufzufüllen.
- **Bestellzeitpunkt:** Zeitpunkt, zu welchem bestellt werden muss, um die Versorgung während der Wiederbeschaffungszeit sicherzustellen.
- **Wiederbeschaffungszeit:** Zeitbedarf für die gesamte Bearbeitungszeit der Bedarfsmeldung (z.B. Angebotseinholung, Angebotsprüfung, Verhandlungen), Durchführung der Bestellung, Laufzeit der Post, Lieferzeit, Zeit für Wareneingangskontrolle und Einlagerung.

Da die Wiederbeschaffungszeit immer gleich lang ist, der Tagesverbrauch aber schwanken kann, muss am Ende der Wiederbeschaffungszeit der Lagerbestand nicht unbedingt auf die Höhe des Mindestbestands abgesunken sein.

(3) Bestellrhythmusverfahren

Beim **Bestellrhythmusverfahren** erfolgt die Nachbestellung in festgelegten **Zeitabständen.**

Beispiel:

Tagesbedarf: 4 Elektromotoren; Mindestbestand: 8 Stück; Wiederbeschaffungszeit: 2 Tage; feste Bestellmenge (optimale Bestellmenge): 32 Stück; in der Wiederbeschaffungszeit werden (4 Stück · 2 Tage) 8 Stück verbraucht (konstanter Lagerabgang).

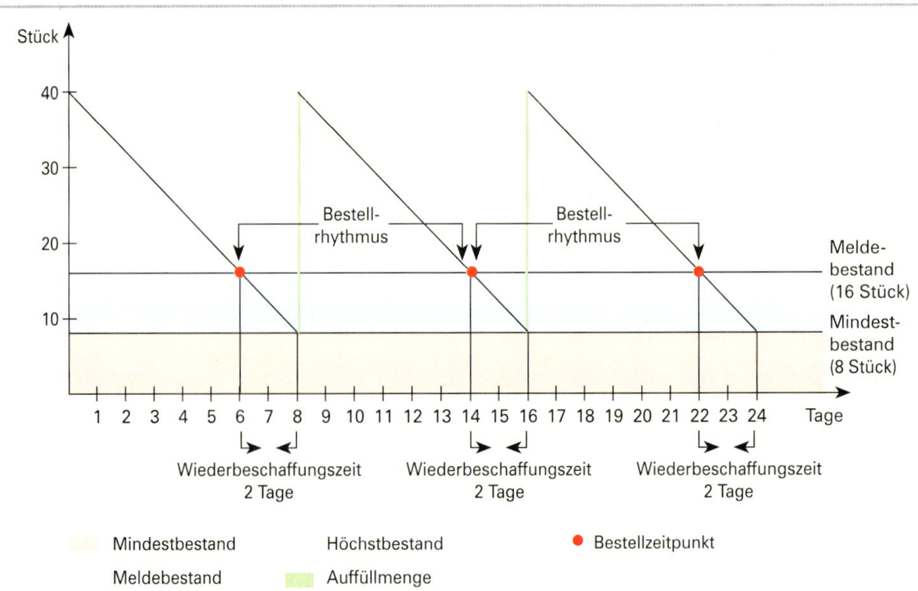

Erläuterungen:

■ **Mindestbestand:**	Im Beispiel beträgt der festgelegte Mindestbestand 8 Stück.
■ **Meldebestand:**	Im Beispiel beträgt der Meldebestand 16 Stück (8 Stück Mindestbestand + 4 Stück · 2 Tage Beschaffungsdauer).
■ **Wiederbeschaffungszeit:**	Sie beträgt 2 Tage.
● **Bestellzeitpunkt:**	Es wird in regelmäßigen Abständen von 8 Tagen bestellt (Bestellrhythmus). Da von einem konstanten Lagerabgang ausgegangen wird, setzt der Bestellrhythmus regelmäßig beim Erreichen des Meldebestands ein.
■ **Auffüllmenge:**	Die konstante Auffüllmenge (entspricht der optimalen Bestellmenge) beträgt 32 Stück (40 Stück – 8 Stück).

Stellt man die beiden Verfahren einander gegenüber, dann lassen sie sich durch folgende **Merkmale** kennzeichnen:

Bestellpunktverfahren	**Bestellrhythmusverfahren**
■ Es handelt sich um eine sehr sichere Strategie. Dadurch, dass mit jeder Entnahme geprüft wird, ob der Meldebestand erreicht ist, ist auch die Gefahr der Unterdeckung sehr gering. ■ Es ist geeignet für Güter, bei denen ein hoher Servicegrad verlangt wird. ■ Wird bis auf die Lagerobergrenze aufgefüllt, dann führt dies tendenziell zu hohen Beständen. ■ Der Kontrollaufwand ist relativ hoch. ■ Durch ständige Bestandskontrolle ist das Verfahren auch geeignet für Güter mit unregelmäßigem Bedarf.	■ Es wird nur in festen Zeitintervallen (Bestellrhythmus) nachbestellt. ■ Muss mit unregelmäßigem Bedarf gerechnet werden, dann besteht hier die große Gefahr der Unterdeckung. ■ Das Verfahren ist nur sinnvoll, wenn die Lagerabgangsraten relativ konstant sind. ■ Der Verwaltungsaufwand ist gering.

Zusammenfassung

- Das **Hauptproblem der Bestellmengenplanung** ist die Festlegung der **optimalen Bestellmenge,** denn es besteht ein Spannungsverhältnis zwischen den hohen Lagerkosten bei großen Lagervorräten einerseits und hohen fixen Bestellkosten bei niedrigen Lagervorräten andererseits.
- Die **optimale Bestellmenge** ist die Beschaffungsmenge, bei der die Gesamtkosten (Summe aus fixen Bestellkosten und Lagerhaltungskosten) am niedrigsten sind.
- Der **Bestellzeitpunkt** ist so festzulegen, dass Fertigung und/oder Absatz reibungslos durchgeführt werden können.
- Beim **Bestellpunktverfahren** wird bestellt, wenn der **Meldebestand erreicht** ist.
- Beim **Bestellrhythmusverfahren** erfolgt die Bestellung in **bestimmten Zeitabständen.**

Übungsaufgaben

95 Das Hauptproblem der Mengenplanung ist die Ermittlung der optimalen Bestellmenge.

Aufgaben:

1. Erläutern Sie, was unter der optimalen Bestellmenge zu verstehen ist!
2. Berechnen Sie mithilfe einer Tabelle (siehe S. 259) die optimale Bestellmenge aufgrund des Zahlenbeispiels von S. 259, wenn
   2.1 die fixen Bestellkosten sich auf 100,00 EUR verdoppeln und die übrigen Bedingungen gleich bleiben!
   2.2 der Lagerhaltungskostensatz auf 45 % steigt und die übrigen Bedingungen gleich bleiben!
3. Zeichnen Sie die entsprechenden Kostenkurven zu den Aufgaben 2.1 und 2.2!
4. Mithilfe der Andler-Formel lässt sich der exakte Wert für die optimale Bestellmenge bestimmen. Die Andler-Formel lautet:

$$Q_{opt} = \sqrt{\frac{200 \cdot F \cdot M}{P \cdot L}}$$

Q_{opt}: Optimale Bestellmenge
F: Fixe Bestellkosten
M: Jahresbedarf
P: Einstandspreis je Stück
L: Lagerhaltungskostensatz in Prozent

   Überprüfen Sie die Richtigkeit Ihrer Ergebnisse von 2.1 und 2.2!
5. Fassen Sie Ihre Erkenntnisse aus den Aufgaben 2. und 3. in Form von Regeln zusammen!
6. Nennen Sie je drei Beispiele für fixe Bestellkosten und Lagerhaltungskosten!
7. Geben Sie Argumente an, welche die exakte Ermittlung der optimalen Bestellmenge in der Praxis erschweren!

96 Eine Artikeldatei liefert folgende Zahlen:

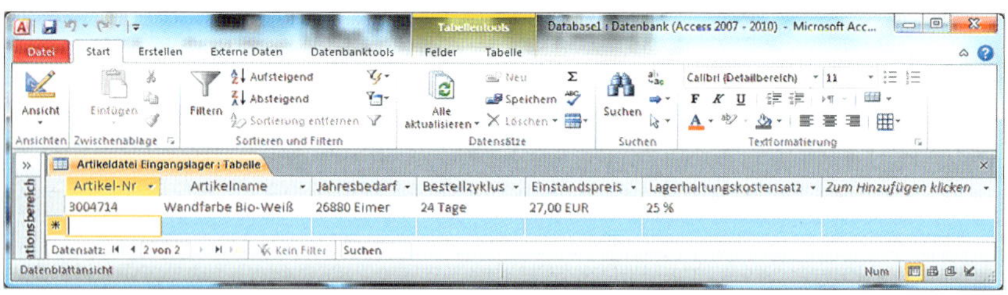

Artikeldatei Eingangslager : Tabelle

Artikel-Nr	Artikelname	Jahresbedarf	Bestellzyklus	Einstandspreis	Lagerhaltungskostensatz
3004714	Wandfarbe Bio-Weiß	26880 Eimer	24 Tage	27,00 EUR	25 %

Die fixen Bestellkosten je Bestelleinheit belaufen sich auf 80,00 EUR. Die Geschäftsleitung möchte den Bestellzyklus auf 30 Tage erhöhen.

Aufgabe:

Prüfen Sie, ob diese Erhöhung zu einer Kostenersparnis führt!

97 1. Die Büromöbel Singen AG verbraucht täglich 100 Stahlrahmen für die Herstellung von Schreibtischen.

Die Wiederbeschaffungszeit der Stahlrahmen beträgt 5 Tage, der Mindestbestand 600 Stück. Der Höchstbestand, der auf Lager genommen werden kann, beträgt 2000 Stück.

Aufgaben:

1.1 Berechnen Sie den Meldebestand!

1.2 Fertigen Sie eine Grafik über einen Zeitraum von 30 Tagen an!

2. Der Bedarf für das Fremdteil B 312 beträgt 30 Stück je Kalendertag, die Wiederbeschaffungszeit 8 Tage und der Mindestbestand 80 Stück. Die konstante Bestellmenge beträgt 480 Stück. Am Abend des 4. März beträgt der Lagerbestand 440 Stück.

   Aufgaben:

   2.1 Planen Sie die Bestellzeitpunkte (Daten angeben) für den Monat März!

   2.2 Zeichnen Sie die Bestandsentwicklung in ein Diagramm ein (vgl. S. 262)!

3. Beschreiben Sie anhand der nachfolgenden Grafik, welche Problematik mit dem Bestellrhythmusverfahren einhergehen kann!

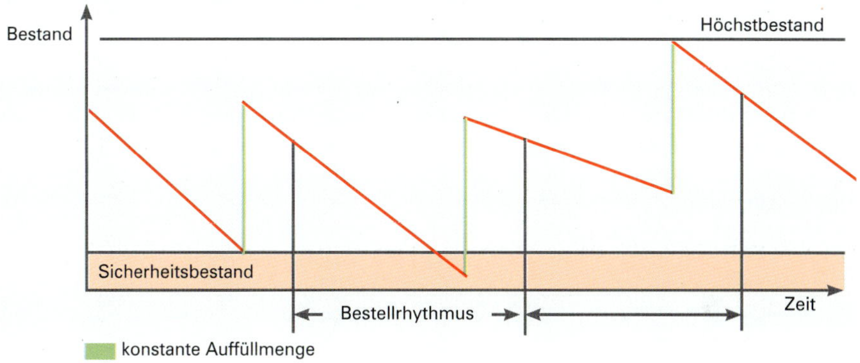

2.3 Bereitstellungsprinzipien

Grundsätzlich gibt es zwei Möglichkeiten, das Problem der Bereitstellung von Handelswaren und Werkstoffen zu lösen, nämlich die **Bedarfsdeckung durch Vorratshaltung** und die **Bedarfsdeckung ohne Vorratshaltung.**

2.3.1 Bedarfsdeckung durch Vorratshaltung

Die **Vorratshaltung** ist vor allem dann anzutreffen, wenn **Schwankungen des Beschaffungsmarktes** abgesichert sein müssen. Außerdem kann die Lagerung **geringwertiger Güter** mit relativ hohen Anschaffungsaufwendungen sinnvoll sein.

Vorteile	Nachteile
Sie liegen vor allem bei den günstigeren Beschaffungs- und Frachtkosten beim Bezug größerer Materialmengen sowie die größere Sicherheit der Bedarfsdeckung bei Beschaffungsschwierigkeiten.	Sie ergeben sich aus den hohen Kapitalbindungskosten und Lagerrisiken. Somit besteht ein ständiger Zielkonflikt zwischen dem Ziel, die Lagerkosten und Lagerrisiken möglichst niedrig zu halten und dem Ziel, den **Servicegrad** zu sichern oder zu verbessern.

Beispiel:

Von einem Lager werden im Laufe eines Vierteljahres 2700 Stück des Teils T 34 angefordert. Von diesen Anforderungen konnten 2592 Stück sofort aus dem Lagervorrat bedient werden. Der Servicegrad beträgt damit 96 %.

$$\text{Servicegrad} = \frac{\text{Anzahl der bedienten Lageranforderungen} \cdot 100}{\text{Gesamtzahl der Lageranforderungen}}$$

In der Praxis ist es kaum möglich, einen hundertprozentigen Servicegrad zu erreichen, wenn (zu) teure Sicherheitsbestände vermieden werden sollen. Welcher Servicegrad anzustreben ist, hängt vor allem von der Art der Produktion ab. Ist der Produktionsablauf starr, kann die Fertigung bereits beim Fehlen eines einzelnen Teils nicht weiterlaufen. Ist der Produktionsablauf flexibel, kann bei Fehlen eines oder mehrerer Teile mit der Fertigung anderer Produkte fortgefahren werden, wie dies z. B. bei der Fertigung nach dem **Baukastensystem**[1] der Fall sein kann.

2.3.2 Bedarfsdeckung ohne Vorratshaltung

(1) Begriff Just-in-time-Verfahren[2]

Die **lagerlose Sofortverwendung** ist Bestandteil eines Logistiksystems, bei dem die Materialbereitstellung genau zu dem von der Fertigungsplanung vorher bestimmten Zeitpunkt erfolgt. Man spricht von **fertigungssynchroner**[3] **Beschaffung** oder vom **Just-in-time-Verfahren.**

Das Prinzip der lagerlosen Sofortverwendung wird vor allem von Industriebetrieben angewendet, die ihren Bedarf an großvolumigen und hochwertigen Werkstoffen und Fertigteilen genau vorausberechnen können (z. B. Autoindustrie). Die Kapitalbindungs- und Lagerkosten werden auf die Zulieferbetriebe abgewälzt.

(2) Voraussetzungen des Just-in-time-Verfahrens

Um die Lieferung nach dem Just-in-time-Verfahren einführen zu können, sind folgende Voraussetzungen erforderlich:

- ständiger Bedarf des beschaffenden Unternehmens für das betreffende Material,
- langfristige Planung der Absatzmengen,
- wirksame Maßnahmen zur ständigen Qualitätskontrolle,
- ständige Lieferbereitschaft der beteiligten Lieferanten,

1 Beim Baukastensystem werden einzelne Teile (Baugruppen) wie z. B. Motoren und Karosserien eines Autoherstellers typisiert (vereinheitlicht), um sie dann (z. B. dem Bedarf entsprechend) kombinieren zu können.

2 **Just in time** (engl.): gerade rechtzeitig.

3 **Synchron**: gleichzeitig.

- genaue Abstimmung der Produktions- und Lieferpläne zwischen Lieferer, Spediteur und dem abnehmenden Industrieunternehmen,
- Datenaustausch zwischen allen Beteiligten, z.B. über Electronic Data Interchange,
- langfristige Verträge zwischen allen Beteiligten,
- ein Transportsystem, das jederzeit den ununterbrochenen Materialzufluss gewährleistet.

(3) Vor- und Nachteile des Just-in-time-Verfahrens

Vorteile
■ Die **Lagerkosten und -risiken entfallen,** weil das benötigte Material sofort zum Ort der Weiterverarbeitung bzw. -verwendung gebracht wird. ■ Es wird **weniger Kapital gebunden,** das dann für andere Unternehmensaufgaben bereitsteht. ■ Das Unternehmen kann sich rasch auf einen **Wechsel des Kundenbedarfs** einstellen und seine **Lieferbereitschaft erhöhen.** ■ Die Gefahr, Produkte **nicht absetzen** zu können, **sinkt**.

Nachteile
■ Verwundbarkeit des Unternehmens gegenüber Störungen im Nachschub z.B. durch Streiks, Zugverspätungen, Staus **(Terminrisiko)**. ■ Umweltbelastung bei der Belieferung durch Lastkraftwagen z.B. durch Versiegelung der Landschaft durch Straßenbau, Belastung der Luft durch Reifenabrieb und Abgase **(Umweltrisiko)**. Die Kosten für die Beseitigung der Umweltbelastung trägt jedoch nicht der Besteller der Werkstoffe (Kostenverursacher), sondern die Allgemeinheit. Man spricht dann von **„Social Costs"**. ■ Gefahr, dass es zu Produktionsstörungen kommt, da schadhafte Teile nicht durch eine Lagerentnahme ausgewechselt werden können **(Qualitätsrisiko)**. ■ Bestell- und Transportkosten steigen wegen häufiger Bestellungen **(Kostenrisiko)**. ■ Bei zahlreichen Werkstoffen ist die fertigungssynchrone Beschaffung nicht oder wenigstens nicht in ihrer extremen Anwendung durchführbar, weil die Vorlieferer ihre Produktion nicht an dem schwankenden Bedarf der Abnehmer ausrichten können oder wollen. Sie streben aus **kosten- und beschäftigungspolitischen Gründen** selbst eine kontinuierliche Produktion an.

Um die Abwicklung der Bestellungen möglichst rasch durchführen zu können, liegt es nahe, mit dem Lieferanten einen **Rahmenvertrag** abzuschließen. Ein solcher legt in der Regel für eine bestimmte Periode den Gesamtbedarf für eine Werkstoffart oder eine Werkstoffgruppe fest. Für die geplante Abnahmemenge werden die Preise, die Lieferungs- und die Zahlungsbedingungen festgelegt. Die Einzelbestellungen verweisen dann jeweils auf den Rahmenvertrag und beinhalten nur noch nähere Festlegungen in Bezug auf Artikel, Menge und Termin.

Zusammenfassung

- Grundsätzlich gibt es zwei Möglichkeiten, Werkstoffe bereitzustellen, nämlich die **Bedarfsdeckung durch Vorratshaltung** und die **Bedarfsdeckung ohne Vorratshaltung.**
- Die Bedarfsdeckung ohne Vorratshaltung kann als **Einzelbeschaffung im Bedarfsfall,** nach dem **Just-in-time-Verfahren** oder nach dem **Kanban-Verfahren** erfolgen.
- **Rahmenverträge** verringern die Kosten des Beschaffungsprozesses, indem
  - wiederholte Verhandlungsführungen über Preise, Lieferungs- und Zahlungsbedingungen entfallen sind
  - sich der verbleibende Restprozess weitestgehend automatisieren lässt.

Übungsaufgabe

98
1. Stellen Sie in einer Tabelle die Vor- und Nachteile der Vorratshaltung und des Just-in-time-Verfahrens einander gegenüber!
2. Beschreiben Sie den Unterschied zwischen dem Just-in-time-Verfahren und dem Kanban-Verfahren!
3. Erläutern Sie Vor- und Nachteile der Just-in-time-Beschaffung für Abnehmer und Zulieferer!
4. Stellen Sie dar, welche „Social Costs" durch die Verwirklichung des Just-in-time-Verfahrens entstehen können! (Social Costs sind Kosten, die nicht der Verursacher trägt, sondern die Allgemeinheit.)

3 Liefererauswahl (Angebotsvergleich)

3.1 Grundsätzliches

Hat die Beschaffungsmarktforschung mögliche Lieferer ermittelt, schließt sich der **Angebotsvergleich** an. Für den Angebotsvergleich kann ein einziges Kriterium (z.B. der Preis) oder aber eine Kombination von Kriterien herangezogen werden. Es sind zu unterscheiden:

- **quantitative,** d.h. **messbare Kriterien** (z.B. Preis, Zahlungsbedingungen, Lieferungsbedingungen) und/oder
- **qualitative,** d.h. **nicht messbare Kriterien** (z.B. Qualität, Lieferertreue, Image, technisches Know-how, Unterstützung bei Problemlösungen).

Als Instrumentarium zur Analyse der Kriterien kann der **Einfaktorenvergleich**[1] oder der **Mehrfaktorenvergleich (Scoring-Modell)** dienen.

3.2 Einfaktorenvergleich mit Bezugskalkulation

Legt man für einen Angebotsvergleich nur einen einzigen Auswahlgesichtspunkt (ein Kriterium) zugrunde, dann kommt man sehr schnell zu einer Lieferantenauswahl. Solche Einfaktorenvergleiche sind z.B. möglich in Bezug auf den Preis, die Lieferungs- und Zahlungsbedingungen oder die Produktqualität.

1 **Faktor:** Gesichtspunkt.

Beispiel für einen Einfaktorenvergleich (Preisvergleich von Angeboten):

Ein Betrieb erhält vier Angebote über den Bezug von 50 Schlössern. Die angebotenen Waren sind qualitätsmäßig vollkommen gleich. Die Lieferzeit beträgt in allen Fällen 14 Tage. Die Angebote lauten:

Angebot 1: Listeneinkaufspreis 569,00 EUR, Rabatt 6 %, Skonto 2,5 %, Bezugskosten 36,40 EUR.
Angebot 2: Listeneinkaufspreis 518,00 EUR, Rabatt 8 %, Skonto 2,0 %, Bezugskosten 71,50 EUR.
Angebot 3: Listeneinkaufspreis 550,00 EUR, Rabatt 9 %, Skonto 3,0 %, Bezugskosten 59,80 EUR.
Angebot 4: Listeneinkaufspreis 598,00 EUR, Rabatt 7 %, Skonto 0,0 %, Bezugskosten 44,20 EUR.

Aufgabe:

Berechnen Sie, welches Angebot den niedrigsten Bezugspreis bietet!

Lösung:

	Angebot 1		Angebot 2		Angebot 3		Angebot 4	
	%	EUR	%	EUR	%	EUR	%	EUR
Listeneinkaufspreis		569,00		518,00		550,00		598,00
– Rabatt	6	34,14	8	41,44	9	49,50	7	41,86
Zieleinkaufspreis		534,86		476,56		500,50		556,14
– Skonto	2,5	13,37	2	9,53	3	15,02	0	0,00
Bareinkaufspreis		521,49		467,03		485,48		556,14
+ Bezugskosten		36,40		71,50		59,80		44,20
Bezugspreis		557,89		538,53		545,28		600,34

Ergebnis: Den niedrigsten Bezugspreis für 50 Schlösser bietet das Angebot 2 mit 538,53 EUR.

3.3 Mehrfaktorenvergleich (Scoring-Modell)[1]

Ist für einen Angebotsvergleich nicht nur ein Kriterium entscheidend, dann entsteht sehr schnell eine komplexe[2] Situation, da die Kriterien unter Umständen einander zuwider laufen, wie z. B. Qualität und Preis. Ein günstiger Preis ist zumeist mit geringerer Qualität verbunden und umgekehrt.

Ein Instrument, um einen Angebotsvergleich unter Berücksichtigung mehrerer Kriterien durchzuführen, ist das **Scoring-Modell**. Dabei werden den Auswahlkriterien zunächst Gewichtungen zugeordnet (Spalte 2), die für alle Lieferanten gleichermaßen gelten. Danach werden die Lieferanten einzeln dahingehend analysiert, inwieweit sie die Auswahlkriterien erfüllen. Hierfür werden Punkte vergeben, z. B. 5: hohe Zielerfüllung, 0: keine Zielerfüllung (z. B. Spalte 3). Durch Multiplikation der Gewichtungen mit den einzelnen Punkten erhält man je Auswahlkriterium die gewichteten Punkte (z. B. Spalte 4). Ausgewählt wird jener Lieferant, dessen Summe der gewichteten Punkte maximal ist.

1 **Scoring-Modell:** Modell zur Bewertung von Handlungsalternativen. Kann hier übersetzt werden mit Punktebewertungsmodell. Den Mehrfaktorenvergleich bezeichnet man auch als **Nutzwertanalyse**.

2 **Komplex:** vielfältig verflochten.

Die Verwendung des Scoring-Modells hat den Vorteil, dass neben rein **quantifizierbaren Größen** (z.B. Preise) auch die Einbeziehung von **qualitativen Kriterien** (z.B. Qualität, Liefertreue usw.) möglich ist.

Beispiel:

Zur Auswahl stehen die drei Lieferanten Abel, Bebel und Cebel. Als Entscheidungsfaktoren spielen die Qualität, der Preis, die Liefertreue, der technische Kundendienst und die Unterstützung bei Problemlösungen eine Rolle. Die Gewichtungen für die Entscheidungsfaktoren sind der Spalte 2 zu entnehmen. Eine Beurteilung der Lieferanten ergab jeweils die in den Spalten 3, 5 und 7 dargestellten Punkte.

Entscheidungsbewertungstabelle:

		Abel		Bebel		Cebel	
Auswahl-Kriterien	**Gewichtung**	**Punkte Abel**	**Gewichtete Punkte Abel**	**Punkte Bebel**	**Gewichtete Punkte Bebel**	**Punkte Cebel**	**Gewichtete Punkte Cebel**
(1)	(2)	(3)	(4) = (2) · (3)	(5)	(6) = (2) · (5)	(7)	(8) = (2) · (7)
Qualität	0,30	5	1,5	4	1,2	3	0,9
Preis	0,30	4	1,2	5	1,5	5	1,5
Liefertreue	0,10	3	0,3	4	0,4	5	0,5
Technischer Kundendienst	0,20	5	1,0	3	0,6	4	0,8
Unterstützung bei Problemlösungen	0,10	2	0,2	2	0,2	3	0,3
Summe der Punkte	**1,00**		**4,2**		**3,9**		**4,0**

Erläuterung (am Beispiel Abel):

Die zeilenweise Multiplikation der Gewichtungen mit den Punkten Abels für die einzelnen Kriterien ergibt jeweils die gewichteten Punkte. Deren Summe beträgt bei Abel 420. Bebel und Cebel erhielten je 390 bzw. 400 Punkte. Somit fällt die Entscheidung zugunsten von Abel.

Zusammenfassung

- Für den **Angebotsvergleich** kann **ein einziges Kriterium (quantitative Angebotsvergleich)** oder eine **Summe von Kriterien (qualitative Angebotsvergleich)** herangezogen werden.
- Ein **Einfaktorenvergleich** berücksichtigt nur ein einzelnes Auswahlkriterium, in der Regel den Einstandspreis. Er wird durch die **Bezugskalkulation** ermittelt.
- Ein **Mehrfaktorenvergleich** erlaubt es, neben quantitativen auch qualitative Faktoren zu berücksichtigen. Eines dieser Verfahren ist das sogenannte **Scoring-Modell.** Das Scoring-Modell dient der Entscheidungsfindung zwischen mehreren Alternativen bei mehreren gegebenen Zielen mithilfe einer Entscheidungsbewertungstabelle.

Übungsaufgaben

99 1. Beschreiben Sie die Zielsetzung des Scoring-Modells an einem selbst gewählten Beispiel!

2. Vor der Kaufentscheidung ist es sinnvoll, einen Angebotsvergleich durchzuführen.

   2.1 Erklären Sie, welche betriebswirtschaftliche Aufgabe der Angebotsvergleich erfüllt!

   2.2 Nennen Sie wichtige Punkte der einzelnen Angebote, welche ein Einkäufer zu vergleichen hat!

3. Unter qualitativ gleichwertigen Werkstoffen gleich zuverlässiger Verkäufer soll ein rechnerischer Angebotsvergleich vorgenommen werden. Folgende Angebote liegen vor:

Lieferer Nr. 3102:	3500,00 EUR frei Lager, 3% Skonto;
Lieferer Nr. 3103:	3360,00 EUR frachtfrei (ab Bahnhof des Käufers);
Lieferer Nr. 3108:	3700,00 EUR ab Bahnhof des Verkäufers, $12\frac{1}{2}$% Rabatt und 2% Skonto.

Die Bahnfracht beträgt 200,00 EUR, die Kosten für die Anlieferung zum Bahnhof bzw. Zulieferung ab Bahnhof belaufen sich auf je 30,00 EUR.

Aufgabe:

Berechnen Sie das günstigste Angebot!

100 1. **Fallstudie: Angebotsvergleich**

Dem Vertriebsbüro der Topsound GmbH, Köln, wird am 10. Januar 20.. der Kundenauftrag Nr. C 732 über 1000 Stück unserer neuen Stereoanlage „Crash-micro-line" erteilt. In Zusammenarbeit mit dem Lager wird ermittelt, dass 300 Stück des Transistors TC 472 am Lager sind, aber insgesamt 5000 Stück benötigt werden.

Dem Einkauf liegen bis heute drei Angebote vor:

(1) Elektronik Werke Freiburg AG vom 15. Januar 20..:

„Wir bieten Ihnen, befristet bis zum 15. Februar 20.. Transistoren TC 472 für 2,87 EUR/Stück ab Werk an. Bei Abnahme ab 1000 Stück gewähren wir 5% und ab 5000 Stück 10% Mengenrabatt. Die Zahlung soll erfolgen innerhalb 10 Tagen nach Rechnungserhalt unter Abzug von 2% Skonto oder innerhalb 30 Tagen netto Kasse."

Hinweis: Die Frachtkosten von Freiburg bis Ulm betragen für 4700 Stück 200,00 EUR.

(2) Elektroteile Ulm GmbH vom 27. Januar 20..:

Lieferung für 3,10 EUR/Stück, frei Haus, innerhalb vier Wochen nach Bestelleingang; Mengenrabatt ab 500 Stück 10%, ab 1000 Stück 15%, ab 5000 Stück 20%; zahlbar innerhalb 20 Tagen unter Abzug von 2% Skonto oder innerhalb 60 Tagen rein netto.

(3) Hans Haas e.Kfm., Köln, vom 25. Januar 20..:

Sonderangebot bis 10. Februar gültig. Bei Lieferung von 500 oder mehr Transistoren 3,00 EUR/Stück, frei Haus. Bei Abnahme von weniger als 500 Stück werden für Verpackung, Fracht und Bearbeitungsgebühr 50,00 EUR gesondert in Rechnung gestellt. Ab 1000 Stück werden 10%, ab 5000 Stück 15% Mengenrabatt gewährt; Rechnungen sind zahlbar innerhalb von 30 Tagen ohne Abzug.

Um die optimale Bezugsquelle zu ermitteln, werden vom Lager, von der Fertigung und vom Einkauf **Berichte über die Geschäftsverbindung mit den Verkäufern** zusammengestellt.

Den Qualitätsanforderungen (mindestens vier von acht Punkten) genügen alle Anbieter:

Elektronik Werke Freiburg AG

Die Qualität ist mit acht Punkten sehr hoch. Geliefert wurde meistens fehlerfrei, nur einmal enthielt eine Lieferung einen beachtlichen Teil falscher Artikel. Die verwaltungstechnische Abwicklung der Einkäufe verlief stets ohne Beanstandungen. Liefertermine wurden allerdings mehrmals nicht eingehalten; einmal mussten sogar drei Mahnungen gesandt werden.

Verpackung und Auslieferung hingegen waren makellos. Die technische Beratung seitens der Elektronik Werke Freiburg AG lässt zu wünschen übrig. Direkte, persönliche Auskünfte sind nicht zu erhalten; der zuständige Fachmann ist „nie zu erreichen". Auch werden Rückfragen nachlässig behandelt.

Elektroteile Ulm GmbH

Die Elektroteile GmbH, Ulm, praktisch in Sichtweite gelegen, hat die Produktion erst vor etwa 15 Monaten aufgenommen. Die Qualitätsstufe ist 6. Angenehm ist die räumliche Nähe bei Rückfragen und technischer Beratung. Letztere allerdings ist nicht allzu qualifiziert. Aufgrund der geografischen Nähe legt die Elektroteile GmbH keinen Wert auf Verpackung bei Anlieferung. Lieferzusagen werden eingehalten. Bei schriftlichen Unterlagen (Auftragsbestätigung, Rechnung etc.) sind jedoch fast immer Beanstandungen aufgetreten, manchmal sogar sehr ärgerliche. Auf den schriftlichen Informationsverkehr ist wenig Verlass.

Hans Haas e. Kfm., Köln

Obwohl die Qualität mit 7 hoch ist, reicht die schriftlich angeforderte Beratung nicht aus. Dafür werden Verpackung und Anlieferung stets besonders gelobt. Auch Liefertermine wurden – ausgenommen eine unverschuldete Verzögerung – pünktlich eingehalten. Rückfragen jeder Art werden schnell bearbeitet und beantwortet. In zwei Fällen musste die Auftragsbestätigung angemahnt werden. Sonst waren keine besonderen Beanstandungen festgestellt worden.

Aufgaben:

1.1 Führen Sie anhand der Entscheidungsbewertungstabelle einen Angebotsvergleich durch!

Entscheidungsbewertungstabelle: Angebotsvergleich

Kriterien	Gewichtung d. Kriterien	Elektronik Werke Freiburg AG		Elektroteile Ulm GmbH		Hans Haas e. Kfm. Köln	
		Punkte	gewicht. Pkt.	Punkte	gewicht. Pkt.	Punkte	gewicht. Pkt.
Ermittlung der Einstandspreise 4700 Stück – Rabatt = Zieleinkaufspreis – Skonto = Bareinkaufspreis + Fracht = Einstandspreis							
1. Preis							
2. Qualität							
3.							
4.							
5.							
Summe der Punkte	**100**						

Hinweis zur Spalte: Punkte 5 ≙ sehr gut; 4 ≙ gut; 3 ≙ befriedigend; 2 ≙ ausreichend; 1 ≙ schlecht.

1.2 Treffen Sie eine begründete Entscheidung, welcher Verkäufer aufgrund der Summe aller relativierten Punkte den Auftrag erhalten wird!

2. Erstellen Sie eine Gegenüberstellung mit Pro- und Kontra-Argumenten zum Einfaktoren- und Mehrfaktorenvergleich!

4 Abwicklung von Beschaffungsprozessen

4.1 Anfrage

(1) Begriff Anfrage

Durch die **Anfrage** wird der Verkäufer in aller Regel zur **Abgabe** eines **verbindlichen Angebots** aufgefordert.

!

Der Käufer ist durch seine Anfrage **rechtlich nicht gebunden** (keine Willenserklärung). Er kann deshalb auch gleichzeitig bei mehreren möglichen Verkäufern anfragen.

(2) Inhalt der Anfrage

Arten der Anfragen	Inhalt der Anfragen
Allgemeine Anfragen (unbestimmt gehaltene Anfragen)	Hier wird der Anbieter unter allgemeiner Schilderung des Problems gebeten, z. B. die aus seiner Sicht geeignetsten Materialien und Qualitäten anzubieten. Allgemeine Anfragen sind besonders dann sinnvoll, wenn neue Sachgüter beschafft werden sollen, mit denen der Anfragende noch keine Erfahrung hat.
Bestimmte Anfragen	Sie beziehen sich auf ein bestimmtes Erzeugnis bzw. auf eine bestimmte Dienstleistung.

(3) Form der Anfrage

Für die Anfrage ist gesetzlich **keine bestimmte Form** vorgeschrieben. Ob diese mündlich, fernmündlich, schriftlich oder elektronisch (per Fax, E-Mail) erfolgt, hängt vor allem vom Umfang der Anfrage und der Art der angefragten Güter ab.

(4) Prüfung der Anfrage

Unter Umständen (z.B. bei Anfragen neuer Kunden) ist eine mehrfache Prüfung der Anfrage erforderlich. Hierbei können folgende Fragen von Bedeutung sein:

- Welche Erfahrung haben wir mit der **Bonität** des Kunden in der Vergangenheit gemacht?
- Gehört das angefragte Erzeugnis überhaupt in unser **Produktprogramm?**
- Ist das Erzeugnis ein **Standardprodukt** und kann es aus den Vorräten der Fertigerzeugnisse geliefert werden?
- Sind notwendige Produkte der Vorstufe innerhalb der Zeit **verfügbar,** dass das Erzeugnis zum Kundenwunschtermin hergestellt werden kann?
- Sind die Preisvorstellungen des Kunden so, dass die Herstellung des Erzeugnisses für uns einen **Gewinn** bringt?
- Sind die **technischen Voraussetzungen** zur Erfüllung des Kundenwunsches vorhanden?
- Sind genügend **freie Kapazitäten** vorhanden, dass die Fertigstellung zum Kundenwunschtermin zugesichert werden kann?

18 Speth u.a. - ISBN 978-3-8120-0497-8

Beispiel: Kundenanfrage

Möblix Import Export GmbH

Möbelix GmbH · Schonhauser Allee 187 · 10119 Berlin

Heinrich KG
Herrn Theo Krämer
Urbanstr. 4
73728 Esslingen

Ihr Zeichen:
Ihre Nachrich vom:
Unser Zeichen: ku
Unsere Nachricht vom:

Name: Frau Kuhn
Telefon: +49 (0)30 4471156-25
Fax: +49 (0)30 4471156-01
E-Mail: eva.kuhn@moebelix.de

Datum: 20..-11-06

Anfrage Nr. 563/58397 – e-desk 203

Sehr geehrte Damen und Herren,

als Großhändler von Büromöbeln sind wir ständig bemüht, unsere Produktpalette zu erweitern. Ihren elektronisch verstellbaren Schreibtisch „e-desk 203“ würden wir gerne in unser Verkaufsprogramm aufnehmen.
Senden Sie uns bitte ein ausführliches Angebot über 50 Stück dieser Schreibtische in der Massivholz-Ausführung, Holzart Buche, zu.

Mit freundlichen Grüßen

Möblix GmbH
Einkauf

i.A. Eva Kuhn

Eva Kuhn

Geschäftsräume
Schönhauser Allee 187
10119 Berlin

Tel.: +49(0)30 4471156-0
Fax: +49(0)30 4471156-1

Deutsche Bank Berlin
IBAN DE36 1007 0000 0000 7305 83
BIC DETDEBBXXX

Registergericht
Berlin HRB 48397
USt-IdNr. DE812123852

4.2 Angebot

4.2.1 Begriff Angebot

Das **Angebot** ist eine bestimmte, verbindliche Willenserklärung des Verkäufers, die an eine **bestimmte Person** oder **Personengruppe – nicht an die Allgemeinheit** – gerichtet ist.

Inserate in Zeitungen, im Internet, Schaufensterauslagen, Verkaufsprospekte, Wurfsendungen, Plakate sowie das Aufstellen von Waren in Selbstbedienungsläden sind an die Allgemeinheit gerichtet, somit **nicht bestimmt.** Sie sind deshalb keine Angebote, sondern Aufforderungen an den möglichen Käufer, einen Auftrag zu erteilen.

Ausnahme: Wenn nach Sachlage nur ein Angebot an die Allgemeinheit möglich ist und der Anbieter mit **jedem,** der auf das Angebot eingeht, abschließen will, liegt ein Angebot vor.

Beispiele für Angebote an die Allgemeinheit:

Aufstellen eines Automaten, Angebote öffentlicher Verkehrsmittel. Mit dem Geldeinwurf in den Automaten, mit dem Lösen der Fahrkarte, Einsteigen in das Verkehrsmittel wird das Angebot angenommen.

Eine bestimmte **Form** ist für das Angebot **gesetzlich nicht vorgeschrieben.** Zur Vermeidung von Irrtümern ist jedoch die **Schriftform** angebracht und auch praxisüblich.

4.2.2 Bindung an das Angebot

Gibt ein Anbieter ein **Angebot ohne Einschränkung** ab, so ist er an dieses **Angebot gebunden.**

Bindungsfristen	Erläuterungen	Beispiele
Gesetzliche Bindungsfrist unter Anwesenden (auch fernmündlich)	Die Angebote müssen sofort, d.h. solange das Gespräch dauert, angenommen werden.	Verlässt z. B. ein Kunde einen Laden, weil er sich noch nicht zum Kauf der angebotenen Waren entschließen kann und deshalb weitere Geschäfte aufsucht, muss er mit dem Verkauf der ihm angebotenen Ware an einen anderen Kunden rechnen.
Gesetzliche Bindungsfrist unter Abwesenden[1]	Die Bindungsfrist für den Anbieter besteht, solange er unter regelmäßigen Umständen mit dem Eingang der Antwort (Auftrag) rechnen kann. Dabei muss das Angebot mindestens mit dem gleich schnellen Nachrichtenmittel angenommen werden wie es abgegeben wurde.	Ein Angebot per E-Mail erfordert z. B. eine Annahme (Auftrag) auf gleich schnellem Weg. Ein Briefangebot im Expressdienst erfordert mindestens eine Annahme (Auftrag) durch den Expressdienst.

1 Die Annahmefrist setzt sich zusammen aus der Zeit für die **Übermittlung** des Angebots, einer angemessenen **Überlegungs-** und **Bearbeitungszeit** beim Empfänger und der Zeit für die **Übermittlung der Antwort** an den Anbieter.

Bindungsfristen	Erläuterungen	Beispiele
Vertragliche Bindungsfrist	Die Annahme bei einem befristeten Angebot kann nur **innerhalb der gesetzten Frist** erfolgen. Der Auftrag muss dem Anbieter bis zur gesetzten Frist zugegangen sein.	Das vorliegende Angebot ist gültig bis zum 28. Juli 20..
Freiklauseln	Der Anbieter kann die Bindung an das Angebot durch Freiklauseln ausdrücklich ganz ausschließen oder einschränken.	Das vorliegende Angebot ist unverbindlich. Zwischenverkauf vorbehalten.

Wird das Angebot vom Empfänger **abgelehnt, abgeändert** oder **nicht rechtzeitig** angenommen, so **erlischt die Bindung** an das Angebot. Ein abgeändertes Angebot bzw. eine verspätete Annahme des Angebots gilt als **neuer Antrag** [§ 150 BGB].

Die Bindung an ein Angebot entfällt auch, wenn der Anbieter sein Angebot **rechtzeitig widerruft.** Das ist möglich, da das Angebot erst mit Zugang beim Empfänger rechtswirksam wird. Der Widerruf muss jedoch vor, spätestens **zusammen mit dem Angebot** beim Empfänger eingehen [§ 130 I, S. 2 BGB].

4.2.3 Inhalt des Angebots

4.2.3.1 Art, Güte, Beschaffenheit und Menge der Produkte

Art der Produkte	Genaue Bezeichnung der Produkte wie z.B. Verpackungsmaschine MX3, Laptop 3000, Bürotisch Typ B1.
Güte der Produkte	■ **Qualitätsangabe.** Es sind Angaben zu machen in Bezug auf die **Haltbarkeit** (z.B. bei Lebensmitteln), auf den **Geschmack** (z.B. Wein, Schokolade), auf die **äußere Form** (z.B. Möbel, Büromaschinen, Autos), auf die **Leistungsfähigkeit** (z.B. Kassenautomat), auf die **Nutzungsdauer** (z.B. Abfüllanlage, Autos), auf die **Belastungsfähigkeit** (z.B. Zerbrechlichkeit von Glas oder Kunststoff) usw. ■ **Umweltverträglichkeit.** Eine Prüfung der Umweltverträglichkeit ist erforderlich, denn durch die Verschärfung der Gesetze, die dem Schutz der Umwelt dienen, wurde die Haftung der Unternehmen ständig erhöht.
Beschaffenheit der Produkte	■ **Gattungswaren** sind Produkte, die nur der **Art nach bestimmt** sind (z.B. Mehl einer bestimmten Type, serienmäßig hergestellte Autos eines bestimmten Typs, Eier einer bestimmten Handelsklasse). Im Angebot müssen keine ausdrücklichen Regelungen hinsichtlich der Güte und Beschaffenheit getroffen werden, weil das Gesetz hier bestimmt, dass bei fehlender Vereinbarung **Produkte mittlerer Art und Güte** zu liefern sind. ■ Bei **Speziessachen** wird eine ganz genau bestimmte Sache geschuldet (z.B. **dieses** Ölgemälde, **das** Springpferd „Rex", **dieser** Modellmantel).
Menge der Produkte	In der Regel wird die Menge in handelsüblichen Maßeinheiten geschuldet (z.B. t Kohle, l Heizöl, Stück Vieh, m^3 Boden, kg Getreide usw.).

4.2.3.2 Preis der Produkte

Der Preis der Produkte muss **unbedingt** im Angebot angegeben und zum Vertragsabschluss **unverändert** angenommen werden. Mögliche **Preisstellungen** sind z. B.:

(1) Nettopreis

Beim Nettopreis sind keinerlei Preisabzüge mehr möglich. Der Anbieter hat knapp kalkuliert, d. h. mögliche Abzüge bereits vorweggenommen. Die Formulierung lautet z.B. „Zahlbar netto Kasse“ oder „Zahlbar ohne jeden Abzug“.

(2) Bruttopreis

Beim Bruttopreis lässt der Anbieter noch Preisabzüge zu, die allerdings an bestimmte Bedingungen geknüpft sind. Mögliche Abzüge sind:

- **Rabatt**

Der Rabatt ist ein Preisnachlass. Er wird gewährt als

Mengenrabatt	Er wird bei Abnahme größerer Mengen gewährt. Steigt der Rabattsatz mit zunehmenden Abnahmemengen an, spricht man von „Staffelrabatt“.
Personalrabatt	Er wird den Mitarbeitern des Unternehmens eingeräumt.
Treuerabatt	Er wird langjährigen Kunden gewährt.
Wiederverkäuferrabatt	Er wird solchen Kunden eingeräumt, die die Produkte weiterverkaufen oder -verarbeiten.
Naturalrabatt	Der Kunde erhält eine (unberechnete) Dreingabe oder Draufgabe. ▪ **Dreingabe:** Es wird weniger berechnet als geliefert wurde (z. B. 10 Packungen bestellt, 10 Packungen geliefert, 8 Packungen berechnet). ▪ **Draufgabe:** Es wird eine bestimmte Menge zusätzlich unentgeltlich geliefert (z. B. 10 Packungen bestellt, 12 Packungen geliefert, 10 Packungen berechnet).

- **Bonus**

Bonus ist ein Preisnachlass, der **nachträglich** gewährt wird.

Beispiel:

Ein Hersteller gewährt einem Großhändler einen Bonus von 5 %, wenn dieser im Jahr für mindestens 30 000,00 EUR bei ihm einkauft.

Kauft der Großhändler z. B. für 35 000,00 EUR im Jahr ein, erhält er nachträglich einen Preisnachlass von 1 750,00 EUR.

4.2.3.3 Lieferungsbedingungen

(1) Beförderungsaufwendungen

Ist im Angebot nichts anderes gesagt und wird das Angebot unverändert angenommen, so hat der **Käufer** grundsätzlich die **Beförderungsaufwendungen** (z. B. Frachten, Porti) **zu bezahlen.**

Warenschulden sind **gesetzlich im Zweifel**[1] **Holschulden** [§ 269 BGB].[2] Das bedeutet: Der Verkäufer kann im Angebot andere Regelungen vorschlagen.

Im Kaufvertrag sind z. B. folgende andere Regelungen denkbar:

Verkäufer	Vorlauf	Versand-station	Hauptlauf	Empfangs-station	Nachlauf	Käufer
①	②	③	④	⑤	⑥	⑦
Übergabe-kosten	Rollgeld Hausfracht	Verlade-kosten	Fracht	Entlade-kosten	Rollgeld Hausfracht	Abnahme-kosten

Lieferung:

Lieferung	Verkäufer	Käufer
ab Werk, ab Lager, ab Fabrik	Verkäufer ①	Käufer zahlt ② – ⑦ gesetzliche Regelung beim Platzkauf
unfrei, ab hier, ab Bahnhof	Verkäufer ① – ②	Käufer ③ – ⑦ gesetzliche Regelung beim Versendungskauf
frei Waggon	Verkäufer ① – ③	Käufer ④ – ⑦
frachtfrei, frei dort, frei Bahnhof	Verkäufer ① – ④	Käufer ⑤ – ⑦
frei Haus, frei Lager	Verkäufer zahlt ① – ⑥	Käufer ⑦

(2) Verpackungsaufwendungen

Ist im Angebot nichts anderes gesagt und wird das Angebot unverändert angenommen, trägt der **Käufer** die **Aufwendungen** für die **Versandverpackung**.

Im Geschäftsleben sind nähere Vereinbarungen über die Frage, wer die Aufwendungen für die Verpackung tragen soll, zweckmäßig. In einem Angebot könnten sich z. B. folgende Angaben finden:

- „32,00 EUR je Verkaufspackung", d. h., die Verpackung wird nicht getrennt berechnet.
- „Leihpackung! Bei Rücksendung erhalten Sie den berechneten Wert gutgeschrieben." Hier trägt der Verkäufer die gesamten Verpackungsaufwendungen.
- „Die Verpackungskosten gehen zulasten des Käufers".
- Eine andere handelsübliche Klausel ist „brutto für netto", abgekürzt „bfn" (z. B. auf Farbdosen), d. h., der Kunde zahlt das Verpackungsgewicht (Tara) wie das Inhaltsgewicht (Nettogewicht).

(3) Lieferzeit

Ist im Angebot die Lieferzeit nicht bestimmt, muss der **Verkäufer** auf Verlangen des **Käufers sofort liefern** [§ 271 I BGB].

1 Im **Zweifel** bedeutet, dass die Regel nur dann gilt, wenn durch individuelle vertragliche Vereinbarungen nichts anderes bestimmt ist.

2 In der Geschäftspraxis sind die Warenschulden bei zweiseitigen Handelskäufen jedoch meistens **Schickschulden**.

Abweichend von der gesetzlichen Regelung kann der Verkäufer im Angebot **andere Regelungen** vorschlagen:

- Lieferung innerhalb eines **bestimmten Zeitraums** (z.B. Lieferung innerhalb von 10 Tagen).
- Lieferung zu einem **bestimmten Termin** (z.B. Lieferung bis Ende Mai).
- Lieferung zu einem **genau bestimmten Termin** (z.B. Lieferung am 30. April 20.. fix). Es handelt sich hier um einen Fixkauf.[1]

4.2.3.4 Zahlungsbedingungen

(1) Skonti

Unter **Skonti** (Einzahl: Skonto) versteht man einen Preisnachlass, der dann gewährt wird, wenn der Schuldner innerhalb einer bestimmten Frist bezahlt.

Beispiel:

„3 % Skonto bei Zahlung innerhalb von 10 Tagen, 30 Tage netto ab Rechnungsdatum". (Zweck: Anreiz für den Kunden, früher zu zahlen, d.h. in diesem Fall am 10. anstatt am 30. Tag.)

(2) Zahlungsfristen

Ist im Angebot der **Zahlungszeitpunkt nicht bestimmt**, muss der **Käufer sofort nach Übergabe der Ware** bezahlen [§ 271 I BGB].

Der Anbietende kann bestimmte Zahlungsbedingungen vorschlagen, die von der gesetzlichen Regelung abweichen:

- **Teilweise oder vollständige Zahlung vor der Lieferung.** Die Zahlungsbedingungen können z.B. lauten: „Nur gegen Vorauskasse", „Nur gegen Vorauszahlung", „Anzahlung $^1/_3$ des Kaufpreises bei Auftragserteilung, $^1/_3$ bei Lieferung, $^1/_3$ drei Monate nach Erhalt der Ware".
- **Zahlung nach der Lieferung.** In diesem Fall erhält der Käufer ein **Zahlungsziel.** Die Klauseln im Angebot können z.B. lauten: „Zahlbar innerhalb 4 Wochen nach Rechnungserhalt", „Zahlbar innerhalb 8 Tagen mit 2 % Skonto", „14 Tage Ziel".

4.2.3.5 Leistungsort und Gerichtsstand

In einem Angebot muss festgelegt werden, wo der Anbieter seine Leistung zu erbringen hat.

Der **Leistungsort** ist der Ort, an dem der Anbieter (Schuldner) seine Leistung zu erbringen hat.[2]

Gleichzeitig wird in der Regel im Angebot festgelegt, welcher Gerichtsort[2] bei eventuellen Streitigkeiten zuständig sein soll.

---

1 Ein **Fixkauf** liegt dann vor, wenn mit der genauen Einhaltung bzw. Nichteinhaltung des vereinbarten Liefertermins das Geschäft steht oder fällt.

2 Leistungsort und Gerichtsstand werden auf S. 287f. behandelt.

Beispiel: Angebot

Heinrich KG
Büromöbel und Zubehör

Heinrich KG · Urbanstr. 4 · 73728 Esslingen

Möblix GmbH
Im- und Export
Schönhauser Allee 187
10119 Berlin

Ihr Zeichen:	ku
Ihre Nachricht:	20..-11-06
Unser Zeichen:	sc
Unsere Nachricht:	
Name:	Julia Schulze
Telefon:	+49 (0)711 62745-12
Telefax:	+49 (0)711 62745-22
E-Mail:	schulze@heinrich-kg.de
Datum:	20..-11-08

Schreibtisch e-desk 203
Angebot Nr. 20../472943 zu Ihrer Anfrage Nr. 563/58397

Sehr geehrte Frau Kuhn,

wir freuen uns über Ihr Interesse an unseren Produkten.
Den Schreibtisch „e-desk 203“ in der Ausführung Buche-Massiv können wir Ihnen bei einer **Abnahme von 50 Stück** zu

370,00 EUR pro Stück zzgl. 19 % MwSt.

anbieten.

Die Lieferung erfolgt frei Lager innerhalb von 10 Tagen nach Auftragseingang.
Unsere Zahlungsbedingungen: 2 % Skonto bei Zahlung innerhalb von 14 Tagen, 30 Tage Ziel.
Erfüllungsort und Gerichtsstand für beide Teile ist Esslingen. Die Ware bleibt bis zur vollständigen Bezahlung unser Eigentum.

Für weitere Beratung stehen wir Ihnen gern zur Verfügung.

Mit freundlichen Grüßen

Heinrich KG
Verkauf

i. A. *Julia Schulze*

Julia Schulze

Heinrich KG
Geschäftsführung: Gerda Heinrich
Amtsgericht Esslingen: HRA 1101
St-Nr.: 27/430/0027
USt-ID Nummer: DE 68 609 3911

Geschäftszeit:
07:00–16:00 Uhr
14:00–16:00 Uhr

Registergericht
Esslingen HRA 554

Bankverbindungen:
Volksbank Esslingen eG
IBAN: DE73 6119 0110 0000 0987 65
BIC:GENODES1ESS
Steuer-Nr. 25172008
FA: Esslingen

Kreissparkasse Esslingen
IBAN: DE03 6115 0020 0000 0457 68
BIC:ESSLDE66XXX

4.3 Bestellung

(1) Begriff Bestellung

Die **Bestellung**[1] ist eine **empfangsbedürftige Willenserklärung des Käufers,** bestimmte Güter (z. B. Erzeugnisse) zu den im Angebot **angegebenen Bedingungen** zu kaufen.

Zu diesen Bedingungen gehören, z. B.

- Angaben über die Art, Güte, Beschaffenheit der Produkte,
- Bestellmenge,
- Preise mit Preiszu- und/oder -abschlägen,
- Zahlungsbedingungen usw.

Gesetzlich ist für die Erteilung einer Bestellung **keine bestimmte Form vorgeschrieben.** Um ein „Beweismittel" in der Hand zu haben und möglichen Irrtümern vorzubeugen, sollten vor allem mündliche und fernmündliche Bestellungen schriftlich wiederholt werden.

(2) Rechtliche Bindung an die Bestellung

Grundsatz	■ Der Kunde ist rechtlich an seine Bestellung gebunden. Diese Bindung tritt mit Zugang der Bestellung beim Verkäufer ein. ■ Mit der unveränderten Bestellung aufgrund eines vorausgegangenen Angebots verpflichtet sich der Käufer, alle im Angebot enthaltenen Vertragsbedingungen einzuhalten.
Widerruf	Der Widerruf einer Bestellung muss vor, spätestens gleichzeitig mit der Bestellung beim Verkäufer eingehen.

Zusammenfassung

- Durch **Anfragen** werden Angebote eingeholt.
- **Anfragen sind erforderlich,** wenn
  - die zur Bestellung erforderlichen Beschaffungskonditionen (z. B. Preise, Lieferqualitäten, Lieferfristen) nicht bekannt oder überholt sind (z. B. alte Preislisten),
  - zum günstigen Einkauf Konkurrenzangebote eingeholt,
  - der Liefererkreis zur Absicherung der Bedarfsdeckung erweitert und/oder
  - völlig neue Güter eingekauft werden sollen.

1 Aus der Sicht des Verkäufers handelt es sich bei der Bestellung um einen Auftrag. Bestellung und Kundenauftrag sind somit zwei verschiedene Begriffe für ein und denselben Vorgang – je nach Standpunkt des Betrachters.

Beispiel: Bestellung

Möblix Import Export GmbH

Möbelix GmbH · Schonhauser Allee 187 · 10119 Berlin

Heinrich KG
Herrn Theo Krämer
Urbanstr. 4
73728 Esslingen

Ihr Zeichen:
Ihre Nachrich vom:
Unser Zeichen: ku
Unsere Nachricht vom:

Name: Frau Kuhn
Telefon: +49 (0)30 4471156-25
Fax: +49 (0)30 4471156-01
E-Mail: eva.kuhn@moebelix.de

Datum: 20. .-11-06

Bestellung Nr. 176/1775 – e-desk 203 zu Ihrem Angebot Nr. 20. ./472943

Sehr geehrte Damen und Herren,

hiermit bestellen wir bei Ihnen 50 Schreibtische „e-desk 203" in der Ausführung Buche-Massiv zu 370,00 EUR netto pro Stück.

Die Lieferung erfolgt frei Lager innerhalb von 10 Tagen und bei einer Zahlung innerhalb von 14 Tagen erhalten wir 2 % Skonto.

Mit freundlichen Grüßen

Möblix GmbH
Einkauf

i. A. *Eva Kuhn*

Eva Kuhn

Geschäftsräume
Schönhauser Allee 187
10119 Berlin

Tel.: +49(0)30 4471156-0
Fax: +49(0)30 4471156-1

Deutsche Bank Berlin
IBAN DE36 1007 0000 0000 7305 83
BIC DETDEBBXXX

Registergericht
Berlin HRB 48397
USt-IdNr. DE812123852

- Der Anfragende ist durch seine **Anfrage rechtlich nicht gebunden,** er muss die angefragten Erzeugnisse oder Fremdleistungen nicht bestellen (kaufen).
- Für die Anfrage besteht **kein gesetzlicher Formzwang.** Bei komplizierten Produkten und einem umfangreichen Bedarf sollen die Anfragen zur Vermeidung von Fehlern möglichst schriftlich erfolgen.
- Das **Angebot** ist eine Willenserklärung des Verkäufers an eine bestimmte Person.
- Der Anbieter ist **rechtlich** an sein Angebot **gebunden.** Die rechtliche Bindung an das Angebot **kann eingeschränkt werden.**
- Der **Inhalt eines Angebots** sollte alle Einzelheiten festlegen, sodass der Käufer nur noch zuzustimmen braucht. Wichtige Inhalte des Angebots sind:

Art, Güte, Beschaffenheit und Menge der Produkte	Preis der Produkte	Lieferungs- und Zahlungsbedingungen	Leistungsort und Gerichtsstand

- Die **Bestellung** ist eine **empfangsbedürftige Willenserklärung des Käufers,** bestimmte Sachen zu dem in der **Bestellung** und/oder im **Angebot enthaltenen Bedingungen** (z. B. Preise, Qualitäten, Mengen, Lieferungs- und Zahlungsbedingungen) **zu kaufen.** Aus der Sicht des Verkäufers handelt es sich bei der Bestellung um einen **Auftrag.**
- Für die Bestellung besteht **keine gesetzliche Form** und **kein gesetzlich vorgeschriebener Inhalt.** Um Irrtümer und Streitigkeiten zu vermeiden (aus Gründen der Rechtssicherheit), sollten jedoch umfangreiche und wichtige Bestellungen grundsätzlich schriftlich erfolgen.
- Der Käufer ist an seine Bestellung **grundsätzlich rechtlich gebunden.** Bei einem vorausgegangenen verbindlichen Angebot muss er somit die bestellten Produkte abnehmen und bezahlen.
- Die **Bindung des Käufers** an seine Bestellung **entfällt** bei einer **verspäteten Annahme der Bestellung,** wenn der **Verkäufer die erhaltene Bestellung ablehnt** oder **der Käufer seine Bestellung rechtzeitig widerruft.**

Übungsaufgaben

101

1. Erklären Sie, aus welchen Gründen ein Käufer Anfragen stellt!
2. Begründen Sie, warum die Anfrage keine Willenserklärung ist!
3. Erläutern Sie, unter welchen Bedingungen Sie eine Anfrage schriftlich abfassen würden!
4. Erklären Sie, welche rechtlichen Voraussetzungen erfüllt sein müssen, damit ein Angebot eine Willenserklärung ist!
5. Erläutern Sie, was die rechtliche Bindung an ein Angebot bedeutet!
6. 6.1 Begründen Sie, warum gesetzliche Annahmefristen notwendig sind!

   6.2 Erklären Sie, bis zu welchem Zeitpunkt der Anbieter an sein Angebot unter Anwesenden bzw. Abwesenden und bei einer bestimmten Annahmefrist rechtlich gebunden ist!

7. Der Inhaber einer Textilfabrik informiert sich auf der Modemesse über Neuheiten und Modetrends für die Sommersaison. Er führt mit mehreren Stoffherstellern Einkaufsgespräche, wobei ihm ein günstiges Angebot unterbreitet wird.

   Aufgaben:

   7.1 Stellen Sie dar, wie lange der Hersteller an das mündliche Angebot gebunden ist!

   7.2 Nennen Sie vier wesentliche Bestandteile eines vollständigen schriftlichen Angebots!

   7.3 Nennen Sie zwei weitere Gründe, die für die Kaufentscheidung des Geschäftsinhabers von Bedeutung sind!

   7.4 Begründen Sie, bei welchen Gütern der Einkaufspreis der wichtigste Entscheidungsgrund bei der Beschaffung sein wird!

8. Erklären Sie die wirtschaftlichen und rechtlichen Merkmale der Bestellung!

9. Begründen Sie, warum der Käufer an seine Bestellung rechtlich gebunden ist!

10. Erläutern Sie mit den §§ des BGB, unter welchen Bedingungen die rechtliche Bindung des Käufers an seine Bestellung entfällt!

11. Erläutern Sie die Rechtswirkungen, wenn eine Bestellung vom Angebot abweicht, der Empfänger das erhaltene Angebot ablehnt oder der Anbieter sein Angebot nach dessen Zugang beim Empfänger widerruft!

102 Josef Meyer e. K., Schaltergerätewerk in Flensburg, unterbreitet der Elektrogroßhandlung Franz Bührer e. K. in Weimar am 2. Mai ein schriftliches Angebot über

Wechselschalter Typ Fl 4/1,5/b zum Preis von 4,45 EUR/Stück und

Serienschalter Typ Fl 6/1,5/c zum Preis von 6,12 EUR/Stück

bei Abnahme von jeweils mindestens 800 Stück.

Aufgaben:

1. Stellen Sie dar, wie lange Josef Meyer e. K. an dieses Angebot gebunden ist! (Datum und Begründung!)

2. Nennen Sie Zusätze, durch die die Bindung an ein solches Angebot

   2.1 eingeschränkt (zwei Beispiele),

   2.2 ganz ausgeschlossen werden (zwei Beispiele) könnte!

3. Franz Bührer e. K. bestellt am 10. Mai 600 Stück Wechselschalter zu 3,45 EUR und 800 Stück Serienschalter zu 5,12 EUR/Stück. Begründen Sie, ob Josef Meyer e. K. liefern muss!

4. Im Angebot steht als Lieferungsbedingung: „Lieferung frachtfrei".

   4.1 Erläutern Sie diesen Begriff!

   4.2 Prüfen Sie, wer die Beförderungskosten übernehmen müsste, wenn vertraglich nichts vereinbart ist!

5. Im Angebot steht als Zahlungsbedingung: „Zahlungsziel 30 Tage, bei Zahlung innerhalb von 8 Tagen 2 % Skonto ... Bei Abnahme von 800 Stück gewähren wir 5 % Rabatt."

   5.1 Erklären Sie den Unterschied zwischen Rabatt und Skonto!

   5.2 Erklären Sie den Unterschied zwischen Rabatt und Bonus!

   5.3 Begründen Sie, warum ein Verkäufer Skonti gewährt!

6. Begründen Sie, warum bei Gattungswaren die Güte und Beschaffenheit der Waren nicht ausdrücklich vereinbart werden müssen!

4.4 Kaufvertrag

4.4.1 Abschluss des Kaufvertrags (Verpflichtungsgeschäft)

4.4.1.1 Begriff und Zustandekommen von Kaufverträgen

(1) Begriff Kaufvertrag

Das Kaufvertragsrecht unterscheidet grundsätzlich in **allgemeines Kaufvertragsrecht** [§§ 433ff. BGB] und in den **Verbrauchsgüterkauf** [§ 474ff. BGB]. Diese Unterscheidung wurde unter anderem deshalb notwendig, weil der Gesetzgeber die stark am Verbraucherschutz orientierten Regelungen nicht auf alle Kaufverträge (z.B. nicht auf den zweiseitigen Handelskauf) angewendet haben wollte.

> Ein **Kaufvertrag** kommt durch **inhaltlich übereinstimmende, rechtsgültige Willenserklärungen** von mindestens **zwei Personen** – Käufer und Verkäufer – und durch **rechtzeitigen Zugang** der zweiten Willenserklärung beim Erklärungsempfänger zustande.

Beide Willenserklärungen müssen in allen wesentlichen Vertragsbedingungen übereinstimmen. Die Vertragspartner müssen sich somit über alle wichtigen Einzelheiten geeinigt haben [§ 154 I, S. 1 BGB].

(2) Verschiedene Möglichkeiten des Kaufvertragsabschlusses (Verpflichtungsgeschäft)

- **Der Verkäufer macht ein verbindliches Angebot, der Käufer bestellt (unter Bezugnahme auf das Angebot) rechtzeitig und ohne Änderung.**

Der Kaufvertrag ist zustande gekommen (geschlossen), sobald der Verkäufer die Bestellung erhalten hat, dieser ihm **rechtzeitig zugegangen** ist.

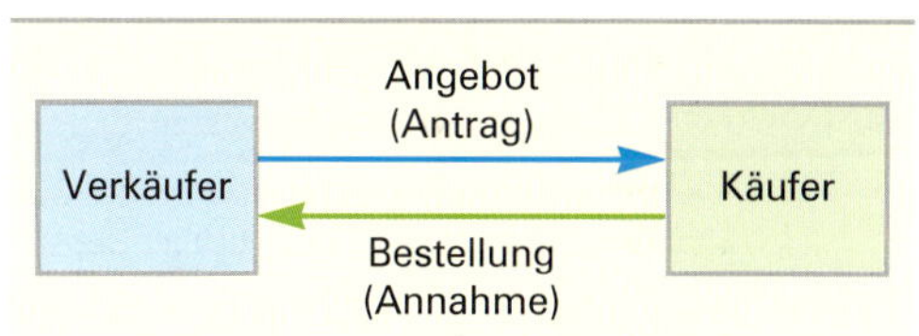

- **Der Käufer bestellt ohne vorhergehendes verbindliches Angebot des Verkäufers und der Verkäufer nimmt die Bestellung rechtzeitig und ohne Änderung an.**

Dies kann z.B. der Fall sein, wenn der Käufer den Verkäufer (seine Waren, Preise) aus früheren Lieferungen kennt und aufgrund gültiger Verkaufsprospekte mit Preislisten oder aufgrund eines freibleibenden (unverbindlichen) Angebots eine Bestellung erteilt.

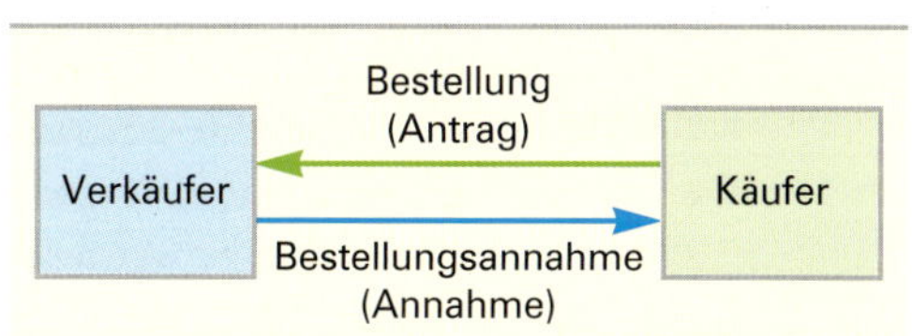

Der Kaufvertrag ist zustande gekommen (geschlossen), sobald die Bestellungsannahme des Verkäufers dem Käufer rechtzeitig zugegangen ist.

- **Der Verkäufer macht ein verbindliches Angebot, der Käufer bestellt jedoch zu spät oder mit Abänderungen des Angebots, z.B. mit kürzerer Lieferzeit, höheren Mengen, niedrigeren Preisen.**

Der Kaufvertrag kommt erst zustande, wenn der Verkäufer die verspätete oder abgeänderte Bestellung des Käufers (neuer Antrag) angenommen hat, d.h. durch die Bestellungsannahme des Verkäufers und nach deren rechtzeitigem **Zugang** beim Käufer.

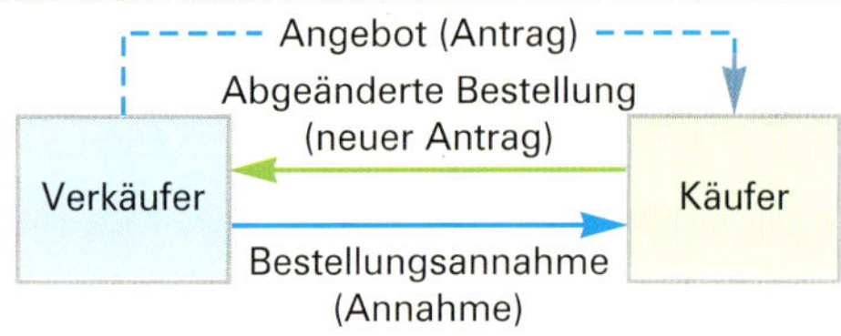

Die Bestellungsannahme ist deshalb erforderlich, weil die verspätete Annahme eines Antrags oder eine Annahme mit Erweiterungen, Einschränkungen oder sonstigen Änderungen als Ablehnung gilt, verbunden mit einem neuen Antrag [§ 150 I, II BGB].

4.4.1.2 Rechte und Pflichten aus dem Kaufvertrag

Mit dem Abschluss des Kaufvertrags übernehmen Käufer und Verkäufer Rechte und Pflichten, die sie zu erfüllen haben. Der Abschluss des Kaufvertrags ist daher ein **Verpflichtungsgeschäft,** dem ein **Erfüllungsgeschäft** folgen muss.

Verpflichtungsgeschäft: Übernahme von Rechten und Pflichten

Pflichten des Verkäufers (Rechte des Käufers) [§ 433 I BGB]	Kaufvertrag	**Pflichten des Käufers (Rechte des Verkäufers)** [§ 433 II BGB]
- Die bestellte Sache muss mängelfrei und fristgemäß übergeben[1] werden. - Das Eigentum an der Kaufsache muss auf den Käufer übertragen werden.		- Die bestellte Sache muss abgenommen werden. - Die ordnungsgemäß gelieferte Sache muss vereinbarungsgemäß bezahlt werden.

⇩

Erfüllungsgeschäft: Erfüllung der eingegangenen Verpflichtungen

Das Verpflichtungsgeschäft erlischt, wenn die geschuldeten Leistungen nach den Vereinbarungen des Kaufvertrags gegenüber dem **Gläubiger erfüllt sind** [§ 362 I BGB].[2]

Dies ist der Fall, wenn die mängelfreie und fristgemäße Übergabe und Übereignung der Sache durch den Verkäufer sowie die Abnahme der Sache und die Kaufpreiszahlung durch den Käufer vereinbarungsgemäß erfolgt ist.

1 **Übergabe:** Verschaffung des unmittelbaren Besitzes nach § 854 I oder II BGB.

2 Bei **„Zug-um-Zug-Geschäften"** (z B. Käufe im Ladengeschäft, bei denen Waren und Geld „Zug um Zug" übergeben werden) fallen Vertragsabschluss und Erfüllung des Vertrags zeitlich zusammen.
Bei **Zielgeschäften** (Warenlieferung später oder Zahlung später) wird jedoch deutlich, dass hinter dem Kauf **zwei Rechtsgeschäfte** unterschiedlicher Art stehen, nämlich ein **Verpflichtungsgeschäft** und ein **Erfüllungsgeschäft.**

4.4.2 Erfüllung des Kaufvertrags

4.4.2.1 Erfüllung des Kaufvertrags durch den Verkäufer

Die **Erfüllung** des **Kaufvertrags** durch den **Verkäufer** umfasst

- die **Lieferung (Besitzverschaffung** durch **Übergabe** der **Kaufsache** an den **Käufer)** und
- die **Eigentumsübertragung** an den Käufer [§ 433 I BGB].

4.4.2.1.1 Lieferung der Kaufsache

(1) Leistungszeit und Leistungsort

Leistungszeit	Ist eine Zeit für die Leistung weder bestimmt noch aus den Umständen zu entnehmen, so kann der Käufer die vertragliche Leistung **sofort verlangen,** der Verkäufer sie **sofort bewirken** [§ 271 I BGB].
Leistungsort	▪ Leistungsort ist der Ort, an dem die **Warenschuld** des Verkäufers bzw. die **Geldschuld** des Käufers **erfüllt** wird. ▪ Leistungsort ist nach der gesetzlichen Regelung der **Wohn- bzw. Geschäftssitz** des **Warenschuldners (Verkäufer)** bzw. des **Geldschuldners (Käufer)**. **Beispiel:** Hat der Verkäufer seine gewerbliche Niederlassung in Pforzheim und der Käufer seine Niederlassung in Biberach, so ist der gesetzliche Leistungsort für den Warenschuldner Pforzheim, der gesetzliche Leistungsort für den Geldschuldner Biberach.

(2) Bedeutung des Leistungsorts

- **Für den Warenschuldner (Verkäufer)**

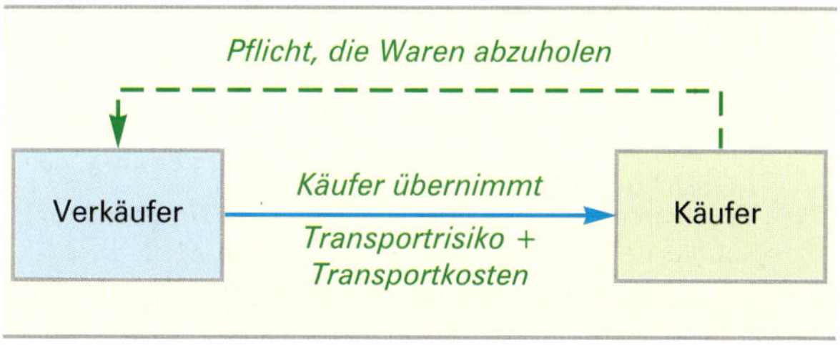

Warenschulden sind gesetzlich im **Zweifel Holschulden** [§ 269 BGB]. Wenn nichts anderes vereinbart ist, „reisen die Waren auf Gefahr und Kosten des Käufers".

Der **Käufer** trägt somit beim gesetzlichen Leistungsort mit der **Übergabe** der **Kaufsache** das **Transportrisiko** (Gefahr des zufälligen Untergangs oder der zufälligen Verschlechterung der Ware auf dem Weg vom Verkäufer zum Käufer) und die **Transportkosten** [§ 446 S. 1 BGB].

Beachte:

Werden die Waren **mit dem unternehmenseigenen Fahrzeug transportiert,** dann befinden sich die Waren beim Transport noch in der Verfügungsgewalt des Verkäufers. Deswegen hat in diesem Fall der Verkäufer erst erfüllt, wenn die Waren dem Käufer übergeben worden sind.

Für den Geldschuldner (Käufer)

Geldschulden sind gesetzlich im Zweifel **Schickschulden.** Der Geldschuldner hat den geschuldeten Zahlungsbetrag auf **seine Gefahr** und **seine Kosten** dem Gläubiger zu übermitteln. [§ 270 I, II BGB].

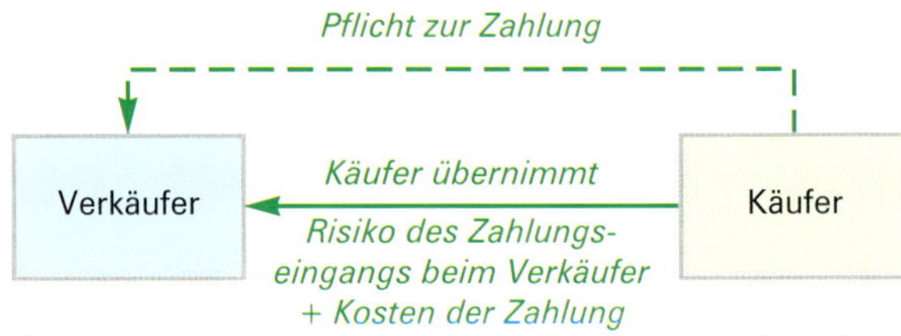

Für den Gerichtsstand

Für Streitigkeiten aus einem Vertragsverhältnis ist das Gericht des Ortes zuständig, an dem die streitige Verpflichtung zu erfüllen ist [§ 29 I ZPO],[1] also der Leistungsort.

Der gesetzliche Leistungsort zieht den **gesetzlichen Gerichtsstand** nach sich.

Dies bedeutet, dass der **Käufer** den Verkäufer bei dem **Gericht** verklagen muss (z.B. auf Lieferung der Ware), das für den **Leistungsort des Verkäufers** zuständig ist. Will hingegen der **Verkäufer** den Käufer verklagen (z.B. auf Zahlung des Kaufpreises), so muss er die Klage bei dem **Gericht** einreichen, das für den **Leistungsort des Käufers** zuständig ist.

Beachte:

Zum **Käuferschutz** sind Vereinbarungen über den **Gerichtsstand** mit **Nichtkaufleuten** grundsätzlich **unzulässig**. Vertragliche Vereinbarungen über den Gerichtsstand sind daher nur unter **Kaufleuten** möglich.

4.4.2.1.2 Eigentumsübertragung an den Käufer

(1) Besitz und dessen Übertragung

Besitz ist die **tatsächliche Gewalt** über eine Sache [§ 854 BGB].

Der Besitz wird bei **beweglichen Sachen** durch **Übergabe,** bei **unbeweglichen Sachen** durch **Gebrauchsüberlassung** verschafft.

(2) Eigentum und dessen Übertragung

Begriff Eigentum

Eigentum im Privatrecht (BGB) ist die **rechtliche Verfügungsgewalt** einer Person über Sachen [§ 903 BGB].

1 **ZPO**: Zivilprozessordnung.

Eigentumsübertragung an beweglichen Sachen

Ausgangssituation	Eigentumsübertragung durch	Beispiel
Ware ist beim Verkäufer (Eigentümer).	**Einigung** und **Übergabe** [§ 929, S. 1 BGB]	Emmy Reisacher, die Inhaberin des Kosmetikinstituts Beauty Moments, übergibt Frau Schnurr die gekaufte Bio-Gesichtscreme. Mit der Einigung und der Übergabe der Bio-Gesichtscreme ist Frau Schnurr Eigentümerin geworden.
Ware ist bereits beim Käufer.	**Einigung,** dass das Eigentum auf den Käufer übergehen soll. [§ 929, S. 2 BGB]	Herr Schmidt hat sich von einem Fernsehfachgeschäft einen LCD-Fernseher ins Wohnzimmer stellen lassen, um diesen auszuprobieren. Nach 8 Tagen teilt er dem Händler mit, dass er das Gerät erwerben möchte. Stimmt der Händler zu, wird Herr Schmidt Eigentümer des Geräts. (Der Eigentumsübergang hat nichts damit zu tun, ob Herr Schmidt das Gerät bereits bezahlt hat oder nicht!)

Eigentumsübertragung an unbeweglichen Sachen

Ausgangssituation	Eigentumsübertragung durch	Beispiel
Verkäufer verkauft ein Grundstück bzw. Gebäude.	**Einigung (Auflassung)** und **Eintragung des Eigentumsübergangs im Grundbuch** [§§ 925 I, 873 I BGB]	Die Einigung zwischen dem Eigentümer und dem Erwerber ist ein zweiseitiges Rechtsgeschäft mit dem Inhalt, dass das Eigentum vom bisherigen Eigentümer (Verkäufer) auf den Käufer übergehen soll. Da ein Grundstück nicht wie eine bewegliche Sache „übergeben" werden kann, tritt anstelle der körperlichen Übergabe die Eintragung ins Grundbuch. Jeder, der ein berechtigtes Interesse hat, kann daraus ersehen, wie die Eigentumsverhältnisse bei einem bestimmten Grundstück sind.

(3) Eigentumsvorbehalt[1]

Begriff Eigentumsvorbehalt

Will der Käufer sofort in den Besitz der Kaufsache kommen, aber erst zu einem späteren Zeitpunkt bezahlen, so können Verkäufer und Käufer vereinbaren, dass der Verkäufer bis zur Zahlung des Kaufpreises Eigentümer der Kaufsache bleibt [§ 449 I BGB].

Der **Eigentumsvorbehalt** ist eine zusätzliche Vereinbarung beim Abschluss eines Kaufvertrags, wonach der **Käufer** mit der Übergabe der Kaufsache zunächst nur **unmittelbarer Besitzer,** nicht aber Eigentümer werden soll.

1 Ein Eigentumsvorbehalt kann nur beim Kauf beweglicher Sachen und beim Werkvertrag, nicht jedoch beim Grundstückskauf [§ 925 II BGB], bei Forderungen und sonstigen Rechten vereinbart werden.

19 Speth u.a. - ISBN 978-3-8120-0497-8

Die Einigung über den Eigentumsübergang ist zwar erfolgt, der Käufer erwirbt jedoch durch die sogenannte **aufschiebend bedingte Einigung** [§§ 929, 158 I BGB] nur ein Recht auf Erlangung des vollständigen Eigentums an der Kaufsache. Die Vereinbarung des Eigentumsvorbehalts bedarf keiner bestimmten Form. Allerdings muss der Käufer in irgendeiner Art und Weise sein Einverständnis zum Ausdruck bringen.

Zweck des Eigentumsvorbehalts

Der Eigentumsvorbehalt sichert den Anspruch des Verkäufers auf Zahlung des Kaufpreises durch den Käufer **(Mittel der Kreditsicherung).** Der Eigentumsvorbehalt gibt dem Verkäufer einen Rückforderungsanspruch (Herausgabeanspruch auf das „Vorbehaltseigentum"), wenn der Käufer nicht zahlt und der Verkäufer vom Kaufvertrag zurückgetreten ist.[1]

Ende des Eigentumsvorbehalts

Der Eigentumsvorbehalt erlischt z.B., wenn die Ware

- vom Käufer bezahlt wird,
- verarbeitet oder umgebildet wird [§ 950 BGB],
- mit einem Grundstück als wesentlicher Bestandteil fest verbunden wird [§ 946 BGB],
- an einen gutgläubigen Dritten veräußert wird [§ 932 BGB],
- zerstört wird, oder wenn
- der Verkäufer vom Kaufvertrag zurücktritt und die Kaufsache zurückverlangt.

4.4.2.2 Erfüllung des Kaufvertrags durch den Käufer

Die **Erfüllung des Kaufvertrags durch den Käufer umfasst**

- die **Abnahme des Kaufgegenstands** und
- die **Zahlung des Kaufpreises.**

(1) Abnahme[2] des Kaufgegenstands

Warenabnahme und Warenannahme

Vertragsgemäß gelieferte Waren muss der Käufer **abnehmen.** Bei der Abnahme der Ware muss die Unversehrtheit der Verpackung sowie die Übereinstimmung der Warensendung mit der Bestellung überprüft werden.

1 Voraussetzung für den Rücktritt des Verkäufers ist, dass der Käufer eine angemessene Frist zur Leistung setzt und diese Frist erfolglos abgelaufen ist.

2 Die Abnahme und Annahme des Kaufgegenstands ist rechtlich scharf zu trennen.
- Die **Abnahme** ist die tatsächliche Entgegennahme der Ware, wodurch der Käufer (unmittelbaren) Besitz erlangt.
- Die **Annahme** des Kaufgegenstands ist hingegen eine Willenserklärung und bedeutet die Erklärung der vertragsmäßigen Erfüllung des Kaufvertrags. Auf die Annahme der Leistung durch den Käufer hat der Verkäufer keinen Anspruch.

■ **Warenprüfung**

Da die Warenprüfung meistens während der Übergabe der Ware zeitlich nicht abgeschlossen werden kann, ist es angebracht, eine Empfangsbestätigung stets mit einem Vermerk zu versehen, der darauf hinweist, dass mit dieser Bestätigung nicht die vertragsgemäße (ordnungsgemäße) Lieferung bescheinigt wird (übliche Klausel z.B. „Vorbehaltlich der noch nicht abgeschlossenen Warenprüfung ..."). Werden Mängel festgestellt, so muss der Käufer diese Mängel dem Verkäufer **unverzüglich** anzeigen.

(2) Zahlung des Kaufpreises

Der Käufer ist nach § 433 II BGB verpflichtet, dem Verkäufer den vereinbarten Kaufpreis zu zahlen. Nach § 270 BGB übernimmt der Käufer im Zweifel die Gefahr und die Kosten der Geldübertragung. Die Zahlungsart ist in der Regel dem Käufer überlassen.

Zusammenfassung

- **Abschluss des Kaufvertrags**
  - Der **Kaufvertrag** kommt durch mindestens **zwei inhaltlich übereinstimmende** und rechtzeitig aufeinanderfolgende empfangsbedürftige Willenserklärungen zustande.
  - Die erste Willenserklärung ist der **Antrag,** die auf den Antrag folgende zweite Willenserklärung die **Annahme.**
  - Durch den Abschluss eines Kaufvertrags ist zunächst ein gegenseitiges Schuldverhältnis entstanden, das zu gegenseitigen Leistungen verpflichtet, das sogenannte **Verpflichtungsgeschäft.**
- **Rechte und Pflichten aus dem Kaufvertrag**
  - Dem Verpflichtungsgeschäft muss das **Erfüllungsgeschäft** folgen, weil erst durch das Erfüllungsgeschäft die tatsächlichen Rechtsänderungen (z.B. Besitz- und Eigentumsübertragung), d.h. die Erfüllung, erfolgt.
  - Der **Verkäufer ist verpflichtet,** dem Käufer die verkaufte Sache in der richtigen Art und Weise, mängelfrei, rechtzeitig und am richtigen Ort zu übergeben und dem Käufer das Eigentum an dem Kaufgegenstand frei von Rechtsmängeln zu übertragen.
  - Der **Käufer ist verpflichtet,** den vereinbarten Kaufpreis zu zahlen und die ordnungsgemäß (mängelfrei) gelieferte Kaufsache abzunehmen.
  - Ist über die **Leistungszeit** nichts vereinbart und ist diese auch nicht aus den Umständen des Rechtsgeschäfts zu entnehmen, kann der Gläubiger die vereinbarte Leistung sofort verlangen, der Schuldner sie sofort bewirken.
  - Der **Leistungsort** ist der Ort, an dem die geschuldete **Leistung zu erbringen** ist.
  - Der Leistungsort hat folgende **Bedeutung:**

Am Leistungsort befreit sich der Schuldner von seiner Leistungspflicht	Der Leistungsort bestimmt den Gefahrenübergang (Ausnahme: Geldschulden)	Ab Leistungsort trägt der Gläubiger die Versendungskosten (Ausnahme: Geldschulden)	Der Leistungsort bestimmt den Gerichtsstand

- Unter **Besitz** versteht man die **tatsächliche Gewalt** über eine Sache. („Besitz hat man".)
- Unter **Eigentum** versteht man das Recht, über eine Sache (oder eine Forderung) im Rahmen der gesetzlichen Vorschriften frei verfügen zu können. („Eigentum gehört einem".)
- Wichtige **Möglichkeiten des Eigentumserwerbs** sind
  - an **beweglichen Sachen**:

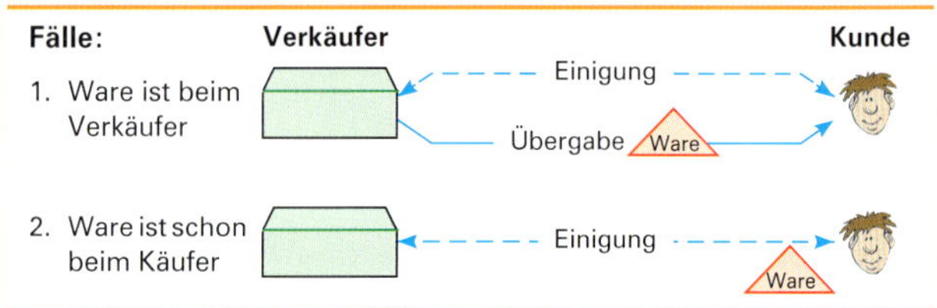

  - an **unbeweglichen Sachen**: Einigung (Auflassung) und Eintragung im Grundbuch.
- Beim **Eigentumsvorbehalt** vereinbaren Verkäufer und Käufer, dass der **Käufer** mit der Übergabe der Kaufsache zunächst nur **unmittelbarer Besitzer** und **nicht Eigentümer** werden soll.
  - Mit der vollständigen Zahlung des Kaufpreises geht das Eigentum ohne weitere Willenserklärungen (automatisch) auf den Käufer über.
  - Der Eigentumsvorbehalt muss vereinbart werden. Eine einseitige Erklärung des Verkäufers, nur unter Eigentumsvorbehalt zu liefern, reicht nicht.
- Vertragsgemäß gelieferte Waren muss der Käufer **abnehmen.** Bei einem zweiseitigen Handelskauf muss der Käufer die erhaltenen Waren **unverzüglich untersuchen** und **festgestellte Mängel unverzüglich rügen**.
- Der Käufer ist verpflichtet, dem Verkäufer den vereinbarten **Kaufpreis zu zahlen** und die gekaufte **mängelfreie Sache abzunehmen**.

Übungsaufgaben

103

1. Erläutern Sie, unter welchen Bedingungen ein Kaufvertrag bereits mit dem Auftrag zustande kommt!
2. Erklären Sie den Unterschied zwischen Verpflichtungsgeschäft und Erfüllungsgeschäft!
3. Erläutern Sie die Bedeutung des gesetzlichen Leistungsorts für den Warenschuldner!
4. Stellen Sie die Abweichungen beim gesetzlichen Leistungsort zwischen Waren- und Geldschulden dar!
5. Die Büromöbel Gera AG bestellt aufgrund eines freibleibenden Angebots Eichenholz bei dem Sägewerk Wattenbach GmbH.

   Aufgaben:

   5.1 Erläutern Sie, wie der Kaufvertrag zwischen den beiden Unternehmen zustande kommt!

   5.2 Notieren Sie die Pflichten, die die Büromöbel Gera AG aus diesem Kaufvertrag hat!

   5.3 Begründen Sie, wo sich der gesetzliche Leistungsort für die Holzlieferung befindet!

6. Betrachten Sie die nachstehende Skizze! Begründen Sie, in welchen Fällen (7.1, 7.2) der Käufer den Kaufpreis für die auf dem Transport durch den Unfall vernichtete oder beschädigte Ware zahlen muss! Stellen Sie dar, ob der Verkäufer nochmals liefern muss!

Aufgaben:

6.1 Über den Leistungsort wurden keine Vereinbarungen getroffen.

6.2 Der vereinbarte Leistungsort ist Jena.

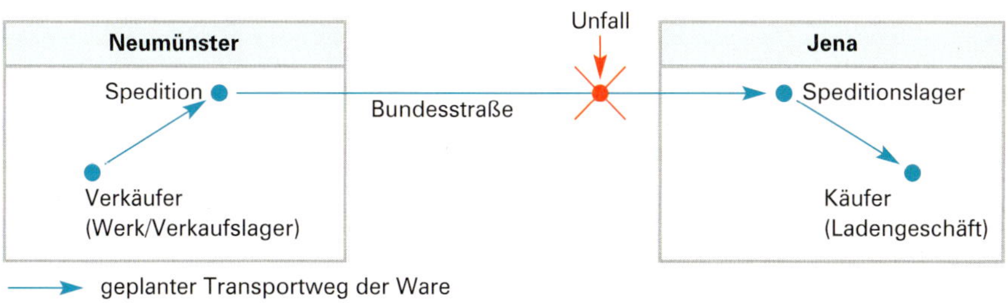

6.3 Stellen Sie die Rechtslage dar, wenn der Käufer die Ware abholt und der Unfall auf der Wegstrecke zwischen dem Werk des Verkäufers und dem Ladengeschäft des Verkäufers passieren würde!

104 1. In den nachfolgenden Abbildungen sind symbolisch zwei verschiedene Möglichkeiten der Eigentumsübertragung durch Rechtsgeschäft dargestellt. Die Symbole bedeuten:

⟶ Übergabe einer Sache
← – – → Einigung zwischen Erwerber und Veräußerer

□ Veräußerer
○ Erwerber
bewegliche Sache

1.1 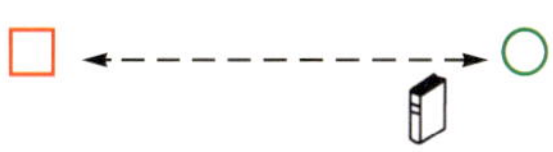

1.2 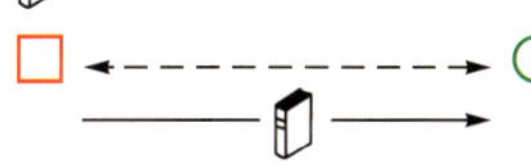

Aufgabe:

Beschreiben Sie, welche rechtsgeschäftlichen Möglichkeiten der Eigentumsübertragung dargestellt werden!

2. Markus Schmidt hat sich ein Einfamilienhaus gebaut. Er nennt sich jetzt stolz „Hausbesitzer“.

   Aufgabe:

   Beschreiben Sie, inwiefern dieser Ausdruck zutreffend ist, inwiefern nicht! Beschreiben Sie, wie Ihre Antwort lautet, wenn Markus Schmidt das Haus mietet!

3. Beschreiben Sie, warum Eigentum nicht gleich Vermögen ist!

4. Das Eigentum wird vom Gesetz grundsätzlich geschützt. Klären Sie, ob das auch für den Besitz zutrifft!

5. Erklären Sie den Zweck des Eigentumsvorbehalts!

6. Begründen Sie, warum ein Eigentumsvorbehalt nur durch eine Vereinbarung zwischen dem Verkäufer und Käufer und nicht allein durch die Willenserklärung des Verkäufers, nur unter Eigentumsvorbehalt zu liefern, rechtswirksam werden kann!

7. Nennen Sie Gründe, bei deren Vorliegen der Eigentumsvorbehalt erlischt!

4.5 Wareneingang

(1) Lieferterminüberwachung

Insbesondere dann, wenn ein Unternehmen in seinem Bemühen um Kostensenkung die Lagervorräte minimiert, ist es auf eine reibungslose Versorgung mit Werkstoffen und Handelswaren angewiesen, um nicht in Gefahr der Unterdeckung und damit in eigene Lieferungsverzögerungen zu geraten. Wird das Beschaffungswesen mit Unterstützung einer integrierten Unternehmenssoftware abgewickelt, dann ist eine präzise Überwachung der Liefertermine quasi ein „Abfallprodukt" der Bestellabwicklung. Aus der Menge der Liefererbestellungen kann sich der Einkaufsdisponent für einen vor ihm liegenden Zeitraum alle fälligen bzw. überfälligen Liefertermine anzeigen lassen und entsprechende Maßnahmen ergreifen – bei entsprechender IT-Ausstattung sogar online. So wird er – bei negativen Erfahrungen in der Vergangenheit mit einem bestimmten Lieferanten – diesem unter Umständen rechtzeitig eine Liefererinnerung zusenden, welche den Lieferanten auf den bevorstehenden Termin hinweist.

(2) Warenprüfung und Einlagerung der Ware

Rechtliche Aspekte	Die rechtlichen Aspekte der Warenprüfung wurden bereits dargestellt (vgl. S. 291).
Prozessorientierte Aspekte der Bestellabwicklung	Die Warenprüfung ist Teil des Qualitätsmanagements.[1] In aller Regel wird sich das Qualitätsmanagement nicht damit begnügen, die Ware im eigenen Unternehmen zu überprüfen. Vielmehr wird es bestrebt sein, die Materialprüfung bereits beim Lieferanten zu installieren. Dies geschieht gewöhnlich durch die **Zertifizierung der Bestellabwicklung**. Die grundlegende Norm hierfür ist die DIN EN ISO 9000 : 2008ff.[1] Das **Lieferantenaudit** kann bezogen sein auf die Überprüfung des bezogenen Fertig- oder Bauteils **(Produktaudit)**, die Überprüfung bestimmter Arbeitsfolgen bzw. -verfahren **(Prozessaudit)** und/oder die Überprüfung des gesamten Qualitätsmanagements eines Lieferers **(Systemaudit)**. Rechtliche Grundlage des Lieferantenaudits ist der Abschluss eines entsprechenden Vertrags mit dem Lieferanten.
Einlagerung der Ware	Im Kapitel 2.3.1, S. 265f. wurde die Bedarfsdeckung durch Vorratshaltung beschrieben. Wählt ein Betrieb diese Art der Bedarfsdeckung, dann ist es erforderlich, die vom Lieferanten bezogenen Waren einzulagern. Eine ausführliche Darstellung zum Thema Lagerhaltung finden Sie in Kapitel 6, S. 323ff.

(3) Rechnungseingang und -prüfung

Eine sorgfältige Rechnungsstellung des Lieferanten gegenüber dem Kunden ist ein Beleg für eine sorgfältige Abwicklung des gesamten Bestellvorgangs. Auch kleine Fehler in einer Rechnung sind in der Regel eine Ermunterung an den Kunden, den gesamten Rechnungsbetrag bis zur vollständigen Klärung zurückzuhalten. Daher hat Letzterer ein verständliches Interesse, die inhaltliche und rechnerische Korrektheit der Liefererrechnung zu überprüfen.

1 Das Qualitätsmanagement und die Norm DIN EN ISO 9000 : 2008ff. werden im Kapitel „Qualitätsmanagement" behandelt. Vgl. hierzu S. 393.

Die Rechnungsprüfung bezieht sich in der Regel auf folgende Prüfungsvorgänge:

sachliche Richtigkeit	rechnerische Richtigkeit	richtiger Ablauf
Richtiger Artikel, richtige Menge und richtiger Preis gemäß Auftragsbestätigung des Lieferers.	Richtige Durchführung der Multiplikationen, Aufsummierungen, Rabatte und USt-Berechnungen.	Vergleich der tatsächlich gelieferten Ware in Art und Menge mit der in Rechnung gestellten.

(4) Rechnungsausgleich

Der Käufer ist nach § 433 II BGB verpflichtet, dem Verkäufer den vereinbarten Kaufpreis zu zahlen. Geldschulden sind gesetzlich im Zweifel **Schickschulden** [§ 270 BGB], d. h., der Käufer übernimmt im Zweifel die Gefahr und die Kosten der Geldübertragung (vgl. S. 288).

Zusammenfassung

- Vertragsgemäß gelieferte Waren und Werkstoffe muss der Käufer **abnehmen** und – sofern er Kaufmann ist – die erhaltenen Waren und Werkstoffe **unverzüglich untersuchen** und **festgestellte Mängel unverzüglich rügen.**
- Der Käufer ist verpflichtet, dem Verkäufer den vereinbarten Kaufpreis zu zahlen und die gekaufte mängelfreie Sache abzunehmen.

Übungsaufgabe

105 Beschreiben Sie kurz die Funktionsschritte, nach denen ein reibungsloser Beschaffungsprozess abgewickelt wird!

4.6 Buchungen des Wareneingangs

4.6.1 Buchhalterische Behandlung von Sofortnachlässen und Bezugskosten

(1) Buchhalterische Behandlung von sogenannten Sofortnachlässen

Nachlässe, die der Lieferer sofort bei Rechnungsstellung gewährt, zählen nicht zu den Anschaffungskosten. Sie erscheinen in der Buchführung nicht. Gebucht wird der verminderte Einkaufspreis.

Beispiel:

Geschäftsvorfall		Konten	Soll	Haben
Kauf von Betriebsstoffen				
auf Ziel	2 000,00 EUR	6030 Aufw. f. Betriebsstoffe[1]	1 800,00	
– 10 % Mengenrabatt	200,00 EUR	2600 Vorsteuer	342,00	
	1 800,00 EUR	an 4400 Verb. a. Lief. u. Leist.		2 142,00
+ 19 % USt	342,00 EUR			
	2 142,00 EUR			

Sofortnachlässe, die der Lieferer gewährt, werden **nicht gebucht.** Sie zählen **nicht** zu den **Anschaffungskosten.**

(2) Buchung von Bezugskosten

Die Bezugskosten, die dem Käufer zusätzlich in Rechnung gestellt werden, zählen zu den Anschaffungskosten. Sie können direkt auf dem jeweiligen Werkstoffaufwandskonto gebucht werden. Um die Bezugskosten für die Kalkulation leichter erfassen zu können, werden sie jedoch zunächst auf einem gesonderten Konto erfasst. Man will wissen, wie hoch der reine Warenwert und wie hoch die Nebenkosten sind.

Der Industriekontenrahmen sieht für jedes Werkstoffaufwandskonto ein gesondertes Bezugskostenkonto vor:

6001 **Bezugskosten** (Bezugskosten für Aufwendungen für Rohstoffe)

6011 **Bezugskosten** (Bezugskosten für Aufwendungen für Vorprodukte)

6021 **Bezugskosten** (Bezugskosten für Aufwendungen für Hilfsstoffe)

6031 **Bezugskosten** (Bezugskosten für Aufwendungen für Betriebsstoffe)

6081 **Bezugskosten** (Bezugskosten für Aufwendungen für Waren)

Beispiel:

Geschäftsvorfälle		Konten	Soll	Haben
1. Rohstoffeinkauf auf Ziel,				
netto	1 500,00 EUR			
+ Verpackung	50,00 EUR	6000 Aufwend. f. Rohstoffe	1 500,00	
+ Fracht	150,00 EUR	6001 Bezugskosten	200,00	
	1 700,00 EUR	2600 Vorsteuer	323,00	
+ 19 % USt	323,00 EUR	an 4400 Verb. a. L. u. Leist.		2 023,00
	2 023,00 EUR			

1 Die Buchungen im Rahmen des Absatzprozesses werden in der Anlage 1 dargestellt. Vgl. S. 404 ff.

Geschäftsvorfälle		Konten	Soll	Haben
2. Kauf von Hilfsstoffen auf Ziel,				
netto	850,00 EUR	6020 Aufwend. f. Hilfsstoffe	850,00	
+ Verpackung	40,00 EUR	6021 Bezugskosten	110,00	
+ Fracht	70,00 EUR	2600 Vorsteuer	182,40	
	960,00 EUR	an 4400 Verb. a. L. u. Leist.		1 142,40
+ 19 % USt	182,40 EUR			
	1 142,40 EUR			

Das **Konto Bezugskosten** stellt ein **Unterkonto** des **jeweiligen Werkstoffaufwandskontos** dar.

Übungsaufgabe

106 Bilden Sie für eine Werkzeugfabrik zu folgenden Geschäftsvorfällen die Buchungssätze!

1. Wir kaufen Stahlbleche auf Ziel, Listeneinkaufspreis 12 000,00 EUR zuzüglich 19 % USt. Der Lieferer gewährt uns 20 % Rabatt. Die Fracht und Verpackungskosten betragen 510,00 EUR zuzüglich 19 % USt.
2. Kauf von Dichtungsringen von einem ausländischen Exporteur auf Ziel, Listeneinkaufspreis 795,20 EUR zuzüglich 19 % USt. Zölle und Gebühren: 8 % vom Listeneinkaufspreis.
3. Kauf von Elektromotoren gegen Bankscheck. Lieferung frei Haus 2400,00 EUR zuzüglich 19 % USt. Für Fracht werden 150,00 EUR zuzüglich 19 % USt in Rechnung gestellt.
4. Für eine erhaltene Schleifmittellieferung zahlen wir die Frachtkosten in bar 60,00 EUR zuzüglich 19 % USt.
5. Einkauf einer Partie Kupplungen zum Listeneinkaufspreis von 8500,00 EUR zuzüglich 19 % USt gegen Banküberweisung.
6. Die Frachtkosten (zu Geschäftsvorfall 5) in Höhe von 198,50 EUR zuzüglich 19 % USt werden bar bezahlt.
7. Wir beziehen Waschbenzin auf Ziel im Gesamtwert von 5880,00 EUR zuzüglich 19 % USt. Der Rabattsatz unseres Lieferers beträgt 30 %. An Verpackungskosten werden uns 180,00 EUR in Rechnung gestellt.
8. Wir erhalten eine Rechnung für die Lieferung von 4500 Stück Kleinmotoren zum Preis von 150,00 EUR je Stück zuzüglich 19 % USt. Der Warenwert der Rechnung wird um 20 % Mengenrabatt gekürzt. Für Fracht und Verpackung werden 350,00 EUR zuzüglich 19 % USt in Rechnung gestellt.
9. Uns liegt folgende Eingangsrechnung für Handelsware vor:

5 Bürotische zu je 950,00 EUR	4750,00 EUR
– 20 % Händlerrabatt	950,00 EUR
	3800,00 EUR
+ Fracht	320,00 EUR
+ Verpackung	90,00 EUR
+ Transportversicherung	47,50 EUR
	4257,50 EUR
+ 19 % USt	808,93 EUR
Rechnungsbetrag	5066,43 EUR

4.6.2 Rücksendungen an den Lieferer

Beispiel:

Ausgangssituation: Folgende Eingangsrechnung für einen Einkauf von Rohstoffen auf Ziel wurde bereits bei uns gebucht. Rohstoffwert 15000,00 EUR zuzügl. 19% USt.

Problemfall: Von der bereits bei uns gebuchten Rohstofflieferung senden wir Rohstoffe zurück (Falschlieferung).

Rohstoffwert	500,00 EUR
+ 19% USt	95,00 EUR
Gutschriftsbetrag	595,00 EUR

Aufgaben:

1. Buchen Sie den Problemfall auf den Konten des Hauptbuches!
2. Bilden Sie dazu den Buchungssatz!

Lösungen:

Zu 1.: Buchung auf den Konten des Hauptbuches

S	6000 Aufwend. f. Rohstoffe		H
4400	15000,00	4400	500,00

S	4400 Verb. a. Lief. u. Leist.		H
6000/2600	595,00	6000/2600	17850,00

S	2600 Vorsteuer		H
4400	2850,00	4400	95,00

Zu 2.: Buchungssätze

Geschäftsvorfall	Konten	Soll	Haben
Von der bereits gebuchten Rohstofflieferung schicken wir Rohstoffe zurück: Nettowert 500,00 EUR + 19% USt 95,00 EUR Bruttowert 595,00 EUR	4400 Verb. a. Lief. u. Leist. an 6000 Aufw. f. Rohstoffe an 2600 Vorsteuer	595,00	 500,00 95,00

Erläuterungen:

Durch die Rücksendung von Werkstoffen (oder auch von gesondert in Rechnung gestelltem Verpackungsmaterial) nimmt der ursprünglich gebuchte Bruttowert der Eingangsrechnung um den Bruttowert der Rücksendung ab. Daher muss eine **Sollbuchung auf dem Konto 4400 Verbindlichkeiten aus Lieferungen und Leistungen** erfolgen.

Gleichzeitig nehmen auch die ursprünglich gebuchten Werkstoffaufwendungen (Nettowerte) auf den Stoffaufwandskonten in der Kontenklasse 6 ab. Daher hat in Höhe des Nettowertes der Rücksendung eine **Habenbuchung auf dem entsprechenden Werkstoffaufwandskonto** zu erfolgen.

Da sich durch die nachträgliche Änderung der Werkstoffaufwendungen auch die Berechnungsgrundlage für die Umsatzsteuer (hier Vorsteuer) geändert hat, muss auch die **Vorsteuer** durch eine entsprechende **Habenbuchung korrigiert** werden.

Bei anderen Rücksendungen liegen die gleichen Überlegungen zugrunde.

Beispiel:

Geschäftsvorfall	Konten	Soll	Haben
Gutschrift für eine Rücksendung von Verpackungsmaterial, das auf einer Eingangsrechnung für Rohstoffe gesondert in Rechnung gestellt wurde: Nettowert 350,00 EUR + 19 % USt 66,50 EUR Bruttowert 416,50 EUR	4400 Verb. a. Lief. u. Leist. an 6001 Bezugskosten an 2600 Vorsteuer	416,50	 350,00 66,50

Rücksendungen an den Lieferer vermindern unsere Verbindlichkeiten gegenüber dem Lieferer in Höhe des Bruttowertes der Rücksendung, die ursprünglich gebuchten Werkstoffaufwendungen um den Nettowert und die Vorsteuer in Höhe der Differenz aus den beiden Werten.

Übungsaufgabe

107 Bilden Sie für folgende Geschäftsvorfälle die Buchungssätze!

1. 1.1 Wir kaufen Betriebsstoffe im Gesamtwert von 2150,00 EUR zuzüglich 19 % USt gegen Rechnung.
   1.2 Nach Buchung und Überprüfung der Sendung wird ein Teil der Betriebsstoffe wegen Qualitätsmängeln zurückgesandt, 430,00 EUR zuzüglich 19 % USt.
2. 2.1 Wir kaufen Hilfsstoffe auf Ziel im Warenwert von 2900,00 EUR zuzüglich 19 % USt.
   2.2 Einen Teil der bereits gebuchten Hilfsstoffe senden wir wegen Beschädigung zurück. Warenwert 480,00 EUR zuzüglich 19 % USt.
3. 3.1 Wir kaufen Handelswaren im Gesamtwert von 6324,00 EUR zuzüglich 19 % USt gegen Rechnung.
   3.2 Nach Buchung und Überprüfung der Sendung wird ein Teil der Ware wegen Qualitätsmängeln zurückgesandt, 830,50 EUR zuzüglich 19 % USt.

4.6.3 Preisnachlässe von Lieferern

Bei den hier zu behandelnden Preisnachlässen handelt es sich um Preisnachlässe, die ein Lieferer **nach** der beim Empfänger gebuchten Eingangsrechnung gewährt.

Als nachträglich gewährte Preisnachlässe kommen infrage:

- Preisnachlässe aufgrund beanstandeter Mängel der Lieferung **(Mängelrüge),**
- nachträglich gewährte Rabatte **(Umsatzboni),**
- von Lieferern gewährte Skonti **(Liefererskonti).**

Der hier zugrunde liegende Industriekontenrahmen sieht für solche Nachlässe folgende Unterkonten vor:

6002 Nachlässe (Nachlässe für Aufwendungen für Rohstoffe)

6012 Nachlässe (Nachlässe für Aufwendungen für Vorprodukte)

6022 Nachlässe (Nachlässe für Aufwendungen für Hilfsstoffe)

6032 Nachlässe (Nachlässe für Aufwendungen für Betriebsstoffe)

6082 Nachlässe (Nachlässe für Aufwendungen für Waren)

Beachte:

Gewährt uns der Lieferer **nachträglich einen Preisnachlass,** hat das die gleichen Auswirkungen wie bei einer Warenrücksendung. Daher liegen auch hier die gleichen Überlegungen zugrunde.

- **Sollbuchung** auf dem Konto **4400 Verbindlichkeiten aus Lieferungen und Leistungen.**
- **Habenbuchung** auf dem Konto **2600 Vorsteuer.**
- **Habenbuchung** auf dem entsprechenden Konto **Nachlässe.**

Nr.	Geschäftsvorfälle	Konten	Soll	Haben
1.	Wegen Mängel an der Betriebsstofflieferung erhalten wir eine **Lieferergutschrift** über 300,00 EUR zuzüglich 19 % USt.	4400 Verb. a. Lief. u. Leist. an 6032 Nachlässe an 2600 Vorsteuer	357,00	 300,00 57,00
2.	Ein Hilfsstofflieferer gewährt uns einen **Umsatzbonus** in Form folgender Gutschrift: Halbjahresbonus 2 % von 35 000,00 EUR = 700,00 EUR + 19 % USt 133,00 EUR Gutschriftsbetrag 833,00 EUR	4400 Verb. a. Lief. u. Leist. an 6022 Nachlässe an 2600 Vorsteuer	833,00	 700,00 133,00
3.	Wir bezahlen eine Liefererrechnung für Rohstoffe unter Abzug von **Skonto** Rechnungsbetrag 7 140,00 EUR – 2 % Skonto 142,80 EUR Banküberweisung 6 997,20 EUR	4400 Verb. a. Lief. u. Leist. an 2800 Bank an 6002 Nachlässe an 2600 Vorsteuer	7 140,00	 6 997,20 120,00 22,80

Berechnung der Vorsteuerkorrektur:

119 % ≙ 142,80 EUR
100 % ≙ x EUR

$$x = \frac{142{,}80 \cdot 100}{119} = 120{,}00 \text{ EUR}$$

$$120{,}00 \text{ EUR} \cdot 19\,\% = 22{,}80 \text{ EUR}$$

Übungsaufgaben

108 1. Der Lieferer sendet uns für zurückgesandte Schrauben eine Gutschrift in Höhe des Bruttowertes von 386,75 EUR.

2. Unser Lieferer für Schmieröl gewährt uns am Jahresende einen Bonus in Höhe von 1863,00 EUR zuzüglich 19% Umsatzsteuer.
3. Wir senden Leihverpackungen für Stahlbleche zurück und erhalten eine Gutschrift in Höhe des Bruttowertes von 856,80 EUR.
4. Wir senden einen Elektromotor wegen Beschädigung zurück und erhalten vom Lieferer eine Gutschrift in Höhe des Bruttowertes von 1483,93 EUR.
5. Auf eine Lieferung Pflegemittel (Handelswaren) gewährt uns der Lieferer nachträglich einen Rabatt in Form einer Gutschrift in Höhe des Bruttowertes von 452,20 EUR.
6. Vom Lieferer für die Computer-Steuerung der Maschinen erhalten wir am Jahresende einen Bonus in Höhe von 2160,00 EUR zuzüglich 19% Umsatzsteuer.
7. Wir kaufen Maschinenöl auf Ziel. Rechnungsbetrag einschließlich 19% Umsatzsteuer 9686,60 EUR.
8. Für Verpackungs- und Versandkosten stellt der Lieferer für Schweißmaterial eine gesonderte Rechnung aus, die wie folgt lautet: Verpackungskosten 115,00 EUR, Transportkosten 90,00 EUR jeweils zuzüglich 19% USt.

109 Bilden Sie die Buchungssätze zu den nachfolgenden Geschäftsvorfällen!

1. 1.1 Wir erhalten von einem Lieferer eine Rechnung über bezogene Betriebsstoffe in Höhe von 1760,00 EUR zuzüglich 19% USt.
   1.2 Wir begleichen die Rechnung innerhalb der Skontofrist unter Abzug von 2% Skonto mit Bankscheck.
2. 2.1 Wir erhalten von einem Lieferer eine Rechnung über bezogene Handelswaren in Höhe von 4150,00 EUR zuzüglich 19% USt.
   2.2 Wir begleichen die Rechnung innerhalb der Skontofrist unter Abzug von 3% Skonto mit Bankscheck.
3. Der Lieferer sendet uns eine Gutschrift für zurückgesandte Hilfsstoffe zu:

Nettowert	350,00 EUR
+ 19% USt	66,50 EUR
Gutschrift	416,50 EUR

4. Unser Betriebsstoffe-Lieferer gewährt uns am Jahresende einen Bonus in Höhe von 820,00 EUR zuzüglich 19% USt.
5. Wir senden Leihverpackung für Rohstoffe zurück und erhalten eine Gutschrift von 85,00 EUR zuzüglich 19% USt.

4.6.4 Abschluss der Unterkonten Bezugskosten und Nachlässe

Die Bezugskosten und Nachlässe stellen Unterkonten des betreffenden Werkstoffaufwands- bzw. Warenaufwandskontos dar. Diese Unterkonten werden über das betreffende Hauptkonto abgeschlossen. Nach Abschluss der Konten Bezugskosten und Nachlässe erscheinen auf dem entsprechenden Werkstoffaufwandskonto dann die auf das GuV-Konto zu übernehmenden Aufwendungen.

Beispiel:

Summe der Aufwendungen auf dem Konto 6000 Aufwendungen für Rohstoffe: 87400,00 EUR, Summe der Bezugskosten auf dem Konto 6001 Bezugskosten: 7980,00 EUR, Summe der Nachlässe auf dem Konto 6002 Nachlässe: 3420,00 EUR.

Aufgaben:

1. Übertragen Sie die Angaben auf die entsprechenden Konten und schließen Sie die Konten 6001 und 6002 ab!
2. Berechnen Sie die Aufwendungen für Rohstoffe!

Lösungen:

Zu 1.:

S	6001 Bezugskosten		H
Su	7980,00	6000	7980,00

S	6000 Aufw. f. Rohstoffe		H
Su	87400,00	6002	3420,00
6001	7980,00	8020	91960,00
	95380,00		95380,00

S	6002 Nachlässe		H
6000	3420,00	Su	3420,00

Zu 2.: Die Aufwendungen für Rohstoffe betragen 91960,00 EUR.

Übungsaufgaben

110 **I. Richten Sie die folgenden Konten ein:**

6020 Aufwendungen für Hilfsstoffe, 6021 Bezugskosten, 6022 Nachlässe, 6030 Aufwendungen für Betriebsstoffe, 6031 Bezugskosten, 6032 Nachlässe.

II. Saldovorträge:

6020: 142780,00 EUR, 6021: 12940,00 EUR, 6022: 7160,00 EUR,
6030: 74560,00 EUR, 6031: 4330,00 EUR, 6032: 2860,00 EUR.

III. Aufgaben:

1. Übertragen Sie die Saldovorträge auf die entsprechenden Konten und schließen Sie die Unterkonten ab!
2. Weisen Sie buchhalterisch die Aufwendungen für Hilfsstoffe und die Aufwendungen für Betriebsstoffe aus!

111 Bilden Sie die Buchungssätze zu den nachfolgenden Geschäftsvorfällen!

1. 1.1 Für den Bezug von Vorprodukten liegen folgende Rechnungsdaten vor: Warenwert 1760,00 EUR, Frachtpauschale 172,50 EUR, Transportversicherung 20,40 EUR jeweils zuzüglich 19 % USt.

   1.2 Aufgrund eines Qualitätsmangels senden wir Vorprodukte im Wert von netto 105,00 EUR zuzüglich 19 % USt an den Lieferer zurück.

   1.3 Für die verspätete Lieferung der Vorprodukte gewährt uns der Lieferer eine Gutschrift in Höhe von 80,00 EUR zuzüglich 19 % USt.

   1.4 Am Fälligkeitstag der Rechnung bezahlen wir den Restbetrag durch Banküberweisung an den Lieferer unter Abzug von 2 % Skonto.

   1.5 Richten Sie die Konten 6010 Aufwendungen für Vorprodukte, 6011 Bezugskosten und 6012 Nachlässe ein. Tragen Sie die Beträge der vier Geschäftsvorfälle in diese Konten ein (die Gegenkonten sind anzugeben, aber nicht zu führen). Schließen Sie die Konten ab und bestimmen Sie buchhalterisch die Aufwendungen für Vorprodukte.

2.

Beleg für den Kontoinhaber/Zahler-Quittung

UniCredit Bank Kiel

Name und Sitz des überweisenden Kreditinstituts

HYVEDEMM372

BIC

Nur für Überweisungen in Deutschland, in andere EU-/EWR-Staaten und in die Schweiz, sowie nach Monaco in Euro.

Angaben zum Zahlungsempfänger: Name, Vorname/Firma (max. 27 Stellen, bei maschineller Beschriftung max. 35 Stellen)

Max Heiler GmbH

IBAN

DE72840948140062556648

BIC des Kreditinstituts/Zahlungsdienstleisters (8 oder 11 Stellen)

GENODEF1SHL

Die Angabe des BIC kann entfallen, wenn die IBAN des Zahlungsempfängers mit DE beginnt.

Betrag: Euro, Cent

408,17 ------------

Kunden-Referenznummer - Verwendungszweck, ggf. Name und Anschrift des Zahlers - (nur für Zahlungsempfänger)

Rechnungsausgleich für gel. Betriebsstoffe:

noch Verwendungszweck (insgesamt max. 2 Zeilen à 27 Stellen, bei maschineller Beschriftung max. 2 Zeilen à 35 Stellen)

R.-Nr. 4155138 v. 24.Februar./. 2% Skonto

Angaben zum Kontoinhaber/Zahler: Name, Vorname/Firma, Ort (max. 27 Stellen, keine Straßen- oder Postfachangaben)

Kempf GmbH, Heider Str. 20, 24106 Kiel

IBAN

DE57210300000199108844

113 377.000 35735

Datum Unterschrift(en)

27.März 20.. F.Gut

Bilden Sie den Buchungssatz aus Sicht der Kempf GmbH Heider Str. 20, 24106 Kiel!

3. Am Monatsende ergeben sich bei einem Industriebetrieb folgende Werte:

S	2000 Rohstoffe		H
AB	81400,00		

S	6000 Aufwendungen für Rohstoffe		H
Su	114800,00		

S	6001 Bezugskosten		H
Su	2100,00		

S	6002 Nachlässe		H
		Su	1700,00

Der Inventurbestand der Rohstoffe beträgt 78760,00 EUR.

Aufgabe:

Ermitteln Sie buchhalterisch den Rohstoffverbrauch!

112 Bilden Sie die Buchungssätze aus der Sicht der Franz Bäumler GmbH!

1. Für die Eingangsrechnung!
2. Für die Zahlung innerhalb von 8 Tagen unter Abzug von 2 % Skonto per Bankscheck!

Rollladenfabrik Sprinz GmbH

56235 Ransbach-Baumbach

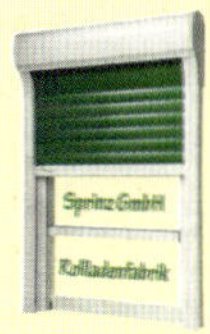

Franz Bäumler GmbH
Erfurter Str. 10 – 14
10825 Berlin

Rechnung

Kd.-Nr.	R.-Nr.	R.-Datum
11737	0727	27.07.20..

Ihr Auftrag vom 27. Juni 20.. Restlieferung Versand unfrei

Art.-Nr.	Artikel-Bezeichnung	Menge	E-Preis	EUR-Betrag
431	Kunststoff-Blöcke	4	563,00	2252,00
127	Bleche für Rollladen-Laufschienen	20 m	8,50	170,00
301	Material für Rollladen-Gurtbänder	50 m	1,80	90,00

Warenwert	Fracht	Verpackung	EUR-Betrag	MWSt %	MWSt EUR	Rechn.-Betrag
2512,00	20,90	7,20	2540,10	19	482,62	3022,72

Zahlbar innerhalb von 8 Tagen mit 2 % Skonto oder 30 Tage rein netto

Sie sparen 60,45

Sitz der Gesellschaft: Ransbach-Baumbach Registergericht Ransbach-Baumbach: HRB 71 St.-Nr.: 33/123

113 1. Formulieren Sie aufgrund der Belege den jeweils zugrunde liegenden Geschäftsvorfall!

2. Buchen Sie die Geschäftsvorfälle im Grundbuch der Fahrradfabrik Fritz Schnell e.Kfm, Ohmstr. 14, 23566 Lübeck!

Beleg 1

Epple Werke GmbH Rostock

Fahrradfabrik
Fritz Schnell e. Kfm.
Ohmstr. 14
23566 Lübeck

Rechnung Nr. 1420 **Rostock: 05. März 20..**

Sehr geehrter Herr Schnell,

aufgrund Ihrer Reklamation über gelieferte Schmiermittel erhalten Sie eine Gutschrift:

15 % von 4 500,00 EUR

Warenwert	675,00 EUR
+ 19 % USt	128,25 EUR
	803,25 EUR

Mit freundlichen Grüßen

i.V. *Mennel*

Sitz der Gesellschaft: Rostock Registergericht Rostock: HRB 1612 St.-Nr.: 207/3080

Beleg 2

Einkaufsverband Thüringen GmbH
07973 Greiz, Oderstraße 15 – 18

Fahrradfabrik
Fritz Schnell e. Kfm.
Ohmstr. 14
23566 Lübeck

Greiz: 06. März 20..

Sehr geehrter Herr Schnell,

wir bestätigen die Rücksendung von zwei Stahlrahmen wegen Qualitätsmangel

Warenwert	995,80 EUR
+ 19 % USt	189,20 EUR
Gesamtwert	1 185,00 EUR

Bitte nehmen Sie eine entsprechende Verrechnung in Ihrer Buchhaltung vor.

Mit freundlichen Grüßen

ppa. *Franz Maier*

Sitz der Gesellschaft: Greiz Registergericht Greiz: HRB 4080 St.-Nr.: 220/3456

Beleg 3

Werkstoffe Hans Waibel GmbH 99099 Erfurt

Fahrradfabrik
Fritz Schnell e. Kfm.
Ohmstr. 14
23566 Lübeck

Erfurt: 04. März 20..

Sehr geehrter Herr Schnell,

Sie erhalten für bezogene Rohstoffe den Jahresbonus!

5 % von 165 000,00 EUR =	8 250,00 EUR
+ 19 % USt	1 567,50 EUR
Gesamtwert	9 817,50 EUR

Mit freundlichen Grüßen

i.A. *Weiss*

Beleg 4

Beleg für den Kontoinhaber/Zahler-Quittung

Sparkasse zu Lübeck
Name und Sitz des überweisenden Kreditinstituts

NOLADE21SPL
BIC

Nur für Überweisungen in Deutschland, in andere EU-/EWR-Staaten und in die Schweiz, sowie nach Monaco in Euro.

Angaben zum Zahlungsempfänger: Name, Vorname/Firma (max. 27 Stellen, bei maschineller Beschriftung max. 35 Stellen)
Fritz Schnell e. Kfm., Ohmstr. 14, 23566 Lübeck

IBAN
DE13230707000062556671

BIC des Kreditinstituts/Zahlungsdienstleisters (8 oder 11 Stellen)
DEUTDEDB237

Die Angabe des BIC kann entfallen, wenn die IBAN des Zahlungsempfängers mit DE beginnt.

Betrag: Euro, Cent
999,60-------------

Kunden-Referenznummer - Verwendungszweck, ggf. Name und Anschrift des Zahlers - (nur für Zahlungsempfänger)
Gutschrift für zurückgesandte Hilfsstoffe:

noch Verwendungszweck (insgesamt max. 2 Zeilen à 27 Stellen, bei maschineller Beschriftung max. 2 Zeilen à 35 Stellen)
R.-Nr. 1750

Angaben zum Kontoinhaber/Zahler: Name, Vorname/Firma, Ort (max. 27 Stellen, keine Straßen- oder Postfachangaben)
Max Weber GmbH, Galileiweg 7, 23560 Lübeck

IBAN
DE 42230501010011471456

113 377 000 35735

Datum
05. März 20..

Unterschrift(en)
M. Weber

114 Wie ist der Geschäftsvorfall „Rücksendungen von Handelswaren an den Lieferer" zu buchen?

1	4400 Verbindl. a. Lief. u. Leist.	an 6080 Aufwend. f. Waren an 4800 Umsatzsteuer
2	4400 Verbindl. a. Lief. u. Leist.	an 6080 Aufwend. f. Waren an 2600 Vorsteuer
3	6080 Aufwend. f. Waren 2600 Vorsteuer	an 4400 Verbindl. a. Lief. u. Leist.

Übertragen Sie die entsprechende Ziffer als Lösung in Ihr Hausheft!

115 1.

Holzwerke Ratinger KG

Holzwerke Ratinger KG · Europaring 8–10 · 07333 Unterwellenborn

Möbelfabrik
Alex Hauser OHG
Augustusplatz 15
04109 Leipzig

Rechnung 1790

Ihre Bestellung	Lieferdatum	Rechnungsdatum
13.07.20..	15.09.20..	20.09.20..

Wir lieferten Ihnen Sperrholzplatten:

Listenpreis	1890,00 EUR
– 30 % Kundenrabatt	567,00 EUR
	1323,00 EUR
– 5 % Einführungsrabatt	66,15 EUR
	1256,85 EUR
+ 19 % USt	238,80 EUR
Rechnungspreis	1495,65 EUR

Bilden Sie den Buchungssatz für die Möbelfabrik Alex Hauser OHG!

2.

Kochwelt AG

Kochwelt AG · Lunestr. 40–42 · 44287 Dortmund

Möbelfabrik
Friedrich Lenz e. Kfm.
Wielandstr. 21
99096 Erfurt

Rechnung 1799

Ihre Bestellung	Lieferdatum	Rechnungsdatum
15.08.20..	18.09.20..	21.09.20..

Wir lieferten Ihnen Küchengeräte:

Listenpreis	865,00 EUR
– 10 % Rabatt	86,50 EUR
	778,50 EUR
+ Zustellkosten	25,00 EUR
	803,50 EUR
+ 19 % USt	152,67 EUR
Rechnungspreis	956,17 EUR

Bilden Sie den Buchungssatz für die Möbelfabrik Friedrich Lenz e. Kfm.!

5 Vertragsstörungen im Beschaffungsbereich

Nicht alle Kaufverträge werden den getroffenen Vereinbarungen entsprechend erfüllt. Es kommt zu **Leistungsstörungen.**

Zu einer **Leistungsstörung** kommt es, wenn der Schuldner die geschuldete Leistung nicht, nicht rechtzeitig oder nicht in der geschuldeten Weise erbringt.

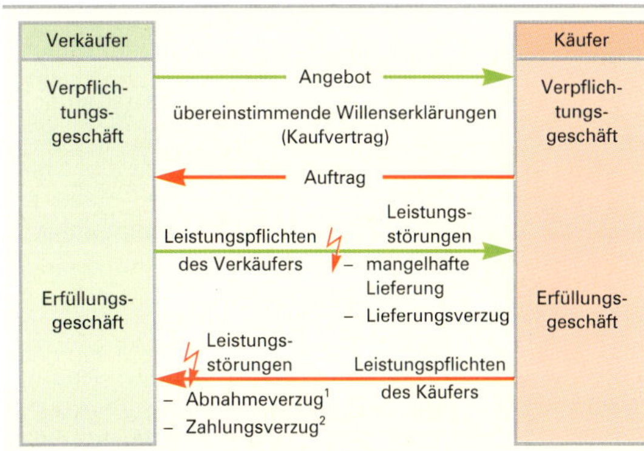

5.1 Mangelhafte Lieferung (Schlechtleistung)

5.1.1 Begriff mangelhafte Lieferung

Eine mangelhafte Lieferung liegt vor, wenn

- eine im Kaufvertrag vereinbarte Sache (Leistung) vom Verkäufer an den Käufer **übergeben und übereignet** und

1 Auf den Abnahmeverzug wird im Folgenden nicht eingegangen.
2 Siehe Anlage II, S. 412ff.

20 Speth u.a. - ISBN 978-3-8120-0497-8

- diese Sache **mit Mängeln behaftet** ist.

Dies stellt eine Pflichtverletzung im Sinne des § 280 I BGB dar. Es handelt sich um einen **Schuldnerverzug.**

5.1.2 Mängelarten

(1) Erkennbarkeit der Mängel

Mängelarten	Erläuterungen	Beispiele
Offene Mängel	Sind Mängel, die bei gewissenhafter Prüfung der Kaufsache **sofort** entdeckbar sind.	Brot ist schimmlig, Spiegel hat einen Sprung.
Versteckte Mängel	Diese Mängel sind bei der Übergabe der Waren trotz gewissenhafter Prüfung zunächst **nicht** entdeckbar. Sie werden erst später, z. B. während ihres Gebrauchs oder ihrer Verarbeitung, erkennbar.	Regenmantel ist nicht wasserdicht, Konserven sind verdorben. Fehlende Seiten in einem Buch.
Arglistig[1] verschwiegene Mängel	Es sind versteckte Mängel, die der Verkäufer dem Käufer **absichtlich** verschweigt.	Beim Pkw-Verkauf wird ein Unfall verschwiegen.

(2) Sachmängel

Mängel	Beispiele
Mangel in der **Beschaffenheit**	■ Im Kaufvertrag ist vereinbart, dass die maximale Leistung der Stanzmaschine 1 200 Teile je Maschinenstunde betragen soll. Die tatsächliche Leistung beträgt jedoch nur 1 080 Stück je Maschinenstunde. ■ Das eBike hat eine defekte Steuerungselektronik und liefert daher am Berg nicht die erforderliche Unterstützung. ■ Die Abstände der Regalbretter eines Ordnerschrankes sind kleiner als die Höhe eines DIN-A4-Ordners.
Mangel durch **falsche Werbeversprechungen** bzw. **falsche Produktbeschreibung**	Der Energieverbrauch eines Schleifautomaten wird als besonders niedrig beschrieben, obwohl er nur geringfügig unter dem durchschnittlichen Energieverbrauch von vergleichbaren Schleifautomaten liegt.
Fehlerhafte Montageanleitungen bzw. Montagemangel[2]	Kevin Huber kauft eine Küche und übernimmt die Aufstellung der Küche selbst. Aufgrund einer falschen Montageanleitung misslingt der Einbau der Dunstabzugshaube.
Falschlieferung (Aliud) oder **Minderlieferung**	■ Geliefert wurden Gurken in Dosen statt Bohnen in Dosen. ■ Geliefert wurden 20 Stück statt 200 Stück.

1 **Arglistig** handelt, wer wahre Tatsachen unterdrückt (der Verkäufer kennt z. B. den erheblichen Mangel der Kaufsache bereits bei Übergabe der Kaufsache an den Käufer) oder falsche Tatsachen „vorspiegelt" (der Verkäufer erklärt z. B. wahrheitswidrig, dass das verkaufte Auto für 100 km Fahrstrecke auch bei Höchstgeschwindigkeit höchstens 6,0 Liter Treibstoff verbraucht).

2 Man spricht hier auch von **IKEA-Klausel,** da in der Vergangenheit einige wenige Montageanleitungen schwer verständlich waren.

(3) Fristen für die Mängelrüge

Beim **zweiseitigen Handelskauf** muss der **offene Mangel** dem Verkäufer unverzüglich nach der Entdeckung bei der Wareneingangskontrolle angezeigt werden. **Versteckte Mängel** müssen unverzüglich nach ihrer Entdeckung, spätestens aber innerhalb der Frist für Sachmängelhaftung von 2 Jahren angezeigt werden.

	offene Mängel	versteckte Mängel
Zweiseitiger Handelskauf	unverzüglich	unverzüglich, nach Entdeckung, spätestens innerhalb von 2 Jahren

Beachte:

Versäumt ein Unternehmen einen Mangel termingerecht zu rügen, **verliert es alle Rechte** aus der mangelhaften Lieferung **gegenüber dem Lieferer.**

5.1.3 Rechte des Käufers (Gewährleistungsrechte)

(1) Überblick

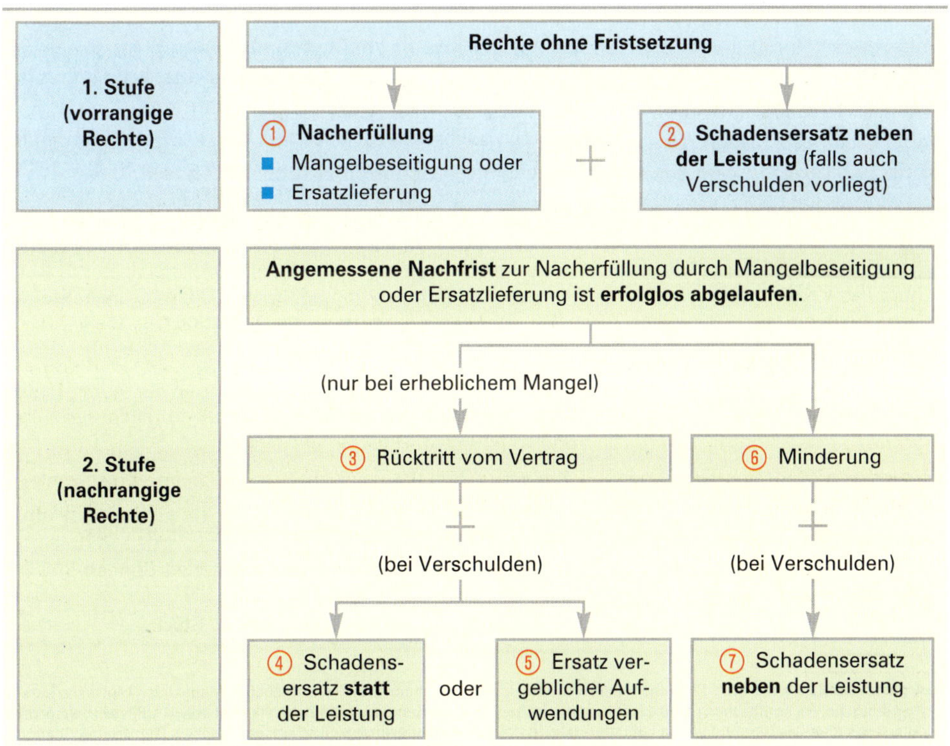

(2) Rechte ohne Fristsetzung

① Nacherfüllung [§ 439 BGB]

Der Käufer kann, **unabhängig vom Verschulden** des Verkäufers, auf **Nacherfüllung** bestehen. Dabei kann der **Käufer** nach **seiner Wahl**

- die **Beseitigung des Mangels** oder
- die **Lieferung einer mangelfreien Sache (Ersatzlieferung)**

verlangen. Er hat hierfür dem Verkäufer eine **angemessene**[1] **Zeit** einzuräumen. Die Kosten der Nacherfüllung hat der Verkäufer zu tragen. Der **Verkäufer** kann allerdings die Leistung **verweigern,** wenn die vom Käufer gewählte Art der Nacherfüllung für ihn nur mit **unverhältnismäßigen Kosten** verbunden ist. Eine Nacherfüllung ist nur bei **Gattungswaren (Gattungskauf),** nicht aber bei **Speziessachen (Stückkauf)** möglich.[2]

Beispiel:

Kimmerle kauft eine Armbanduhr für 60,00 EUR. Nach einer Woche stellt sich heraus, dass das Glas innen mit Feuchtigkeit beschlägt. Kimmerle verlangt die Reparatur. Der Verkäufer weigert sich und bietet als Alternative eine neue Uhr des gleichen Typs an.

Eine Nacherfüllung gilt als fehlgeschlagen, wenn der **zweite Nachbesserungsversuch erfolglos** war [§ 440, S. 2 BGB]. Die **Fristsetzung** zur Nacherfüllung ist **entbehrlich bei** ernsthafter und endgültiger **Leistungsverweigerung** durch den Schuldner [§ 281 II BGB].

② Schadensersatz neben der Leistung [§ 280 I BGB]

Neben dem Recht auf Nacherfüllung hat der Käufer **zusätzlich** noch einen **Anspruch auf Schadensersatz neben der Leistung.** Dabei gilt: Der **Verkäufer (Schuldner)** muss gegenüber dem **Käufer** beweisen, dass er die Pflichtverletzung nicht zu vertreten hat.

Schadensersatz neben der Leistung wird der Käufer verlangen, wenn er den **Kaufgegenstand behält** und einen zusätzlich angefallenen **Schaden ersetzt haben will.**

Beispiel:

Der Stahlbau Biedenkapp GmbH in Brandenburg kauft eine Lackiereinrichtung. Bei der Inbetriebnahme wird übersehen, dass die Absaugvorrichtung der neuen Anlage defekt ist. Die Anlage wird zwar unverzüglich repariert, dennoch kann sie erst drei Tage später in Betrieb genommen werden. Dadurch entsteht ein Gewinnausfall von 1 400,00 EUR. Dieser Betrag kann als Schadensersatz neben der Leistung geltend gemacht werden.

Beachte:

Für **alle Formen des Schadensersatzes** gilt: Der Anspruch hängt davon ab, ob ein **Verschulden vorliegt,** der Verkäufer (Gläubiger) den Mangel also zu vertreten hat.

---

1 **Angemessen** besagt, dass die Frist so lange sein muss, dass der Schuldner die Leistung tatsächlich noch erbringen kann. Allerdings muss sie dem Schuldner nicht ermöglichen, mit der Leistungserbringung erst zu beginnen. Der Schuldner soll nur die Gelegenheit bekommen, die bereits in Angriff genommene Leistung zu beenden.

2 Zu den Begriffen siehe S. 276.

Ein **Verschulden („vertreten müssen")** setzt voraus:

- **Pflichtverletzung**

Sie kann darin bestehen, dass der Schuldner **überhaupt nicht leistet** (z. B. weil die Leistung unmöglich geworden ist),[1] zu **spät leistet**[2] oder **schlecht leistet**.

+

- **Schuldhaftes Verhalten** (Vorsatz oder Fahrlässigkeit)
  - **Vorsätzlich** handelt, wer einen bestimmten Erfolg willentlich herbeiführt und sich dabei der Rechtswidrigkeit bewusst ist. Anders ausgedrückt: Wer vorsätzlich handelt, der **will** die Rechtsverletzung.
  - **Fahrlässig** handelt, wer die im Verkehr erforderliche Sorgfalt außer Acht lässt [§ 276 II BGB]. Da das Gesetz an dieser Stelle den Begriff „Fahrlässigkeit" nicht näher bestimmt, ist **jede (!)** Fahrlässigkeit gemeint – sowohl grobe als auch leichte.

(3) Rechte nach Ablauf einer angemessenen Frist zur Mangelbeseitigung (erfolglose Nacherfüllung)

③ Rücktritt vom Kaufvertrag [§§ 323–326 BGB]

- Durch den **Rücktritt vom Vertrag** wird der **Kaufvertrag rückgängig gemacht.**[3] Bereits gelieferte Ware ist zurückzuschicken, ein bereits gezahlter Kaufpreis ist zu erstatten.
- Das Rücktrittsrecht ist **nicht von einem Verschulden des Verkäufers** abhängig.

!

Beim Rücktritt muss der Käufer die erhaltene **Leistung zurückgeben** und den **Nutzen** aus der Leistung **ersetzen.**

Beispiel:

Ein Käufer, der einen mangelhaften Pkw erhalten und genutzt hat, muss zum einen den Pkw zurückgeben und zum anderen sich vom Verkäufer ein Nutzungsentgelt anrechnen lassen.

Der Rücktritt des Käufers ist **ausgeschlossen,** wenn der **Mangel unerheblich** ist.

Beispiel:

Befindet sich an einem neuen Pkw ein kleiner Kratzer unter der Motorhaube, ist kein Rücktritt möglich, weil die Schlechtleistung unerheblich ist.

Einen Rücktritt vom Kaufvertrag wird der Käufer z. B. dann verlangen, wenn

- er den Lieferer nicht für leistungsfähig hält,
- der Preis für die Ware in der Zwischenzeit gefallen ist,
- er die Ware nicht mehr benötigt.

---

1 In diesem Fall ist der Anspruch auf Leistungserfüllung ausgeschlossen [§ 275 I BGB]. Auf die Unmöglichkeit der Leistung wird im Folgenden nicht eingegangen.

2 Die Sache wird vom Verkäufer zu spät geliefert (Lieferungsverzug, siehe S. 315 ff.) oder der fällige Zahlungsbetrag wird vom Käufer zu spät entrichtet (Zahlungsverzug, siehe Anlage 2, S. 412 ff.).

3 Als Folge des Rücktritts wird der ursprüngliche Kaufvertrag in ein neues Schuldverhältnis, ein sogenanntes **Rückabwicklungsschuldverhältnis** umgewandelt.

④ **Schadensersatz statt der Leistung** [§ 325; § 280 I, II; § 281 BGB]

Liegt ein Verschulden des Verkäufers vor, dann kann der Käufer **zusätzlich** zum Rücktritt Ersatz des ihm entstandenen Schadens verlangen.

Damit ist aber der Anspruch auf Erfüllung der Leistung ausgeschlossen.

Einen Schadensersatz statt der Leistung wählt der Käufer, wenn er den gelieferten **Kaufgegenstand zurückgibt** und ihm ein **Schaden entstanden** ist. Abgedeckt wird sowohl der **eigentliche Mangelschaden** als auch ein sich anschließender eventueller **Mangelfolgeschaden.**

Beispiel:

Eine Bäckerei kauft für ihre Kaffeeecke eine neue Espressomaschine. Diese ist jedoch fehlerhaft und erzeugt nicht den erforderlichen Druck. Nachdem die Nacherfüllung zweimal fehlgeschlagen ist und der Hersteller die Schuldvermutung nicht widerlegen kann, tritt der Bäcker vom Vertrag zurück und erwirbt bei einem anderen Verkäufer eine gleichartige Maschine **(Deckungskauf).** Dabei entstehen Mehrkosten in Höhe von 180,00 EUR. Außerdem kann eine Woche lang kein Kaffee ausgeschenkt werden. Der dadurch entgangene Gewinn beträgt 250,00 EUR. Die gesamte Schadenssumme in Höhe von 430,00 EUR kann als Schadensersatz statt der Leistung geltend gemacht werden.

⑤ **Ersatz vergeblicher Aufwendungen** [§ 284 BGB]

Anstelle des Schadensersatzes statt der Leistung kann der Käufer auch Ersatz vergeblicher Aufwendungen verlangen. Vergebliche Aufwendungen sind solche, die im Vertrauen auf eine ordnungsgemäße Leistung erbracht wurden, die aber aufgrund der mangelhaften Leistung unnütz geworden sind.

⑥ **Minderung** [§ 441 BGB]

- **Minderung** bedeutet, dass der ursprüngliche Kaufpreis um die Wertminderung, die der Mangel verursacht hat, gekürzt wird.
- Der **Kaufvertrag bleibt bestehen.**

Minderung wird in der Regel verlangt, wenn die Ware nur kleinere Mängel aufweist, sodass der Käufer die Ware weiterverwenden (z.B. verarbeiten oder weiterveräußern) kann.

Das Recht auf Minderung gilt auch für **unerhebliche Mängel.**

Beispiel:

Eine Musikanlage, die von einem Medienhaus für 300,00 EUR gekauft wurde, leistet nicht wie vertraglich vorgesehen 500 Watt, sondern nur 400 Watt. Da es nicht innerhalb einer gesetzten Frist zur Nacherfüllung durch den Lieferer kommt, verlangt das Medienhaus Minderung. Eine Musikanlage mit einer Leistung von 400 Watt könnte es für 200,00 EUR erwerben. Dem Medienhaus steht ein Minderungsanspruch in Höhe von 100,00 EUR zu.

⑦ **Schadensersatz neben der Leistung**

Liegt ein Verschulden des Verkäufers vor, dann kann der Käufer neben der Minderung auch noch Schadensersatz neben der Leistung verlangen.

Sonderregelungen zu den Gewährleistungsrechten beim Verbrauchsgüterkauf

Der Verbrauchsgüterkauf ist durch **vier Merkmale** definiert:

- Es muss ein **Kaufvertrag** vorliegen.
- Der **Verbraucher** muss der **Käufer** sein.
- Der **Unternehmer** muss der **Verkäufer** sein.
- Der **Kaufgegenstand** muss eine **bewegliche Sache** sein.

Gefahrübergang

Beim Verbrauchsgüterkauf tritt der Gefahrübergang erst ein, wenn der Verbraucher die Kaufsache erhalten hat [§ 474 II, S. 2 BGB].

Beweislastumkehr

Beim Auftreten eines Sachmangels in den ersten sechs Monaten nach Gefahrübergang wird zugunsten des Verbrauchers gesetzlich vermutet, dass der Mangel bereits beim Gefahrübergang der Kaufsache vorhanden war.

Beispiel:

Bei einem im Juli erworbenen Dachfenster tritt im Oktober bei Regen Wasser ein. Es zeigt sich, dass sich Dichtungen im Rahmen großflächig ablösen. Hier spricht die Vermutung für eine von Anfang an fehlerhafte Qualität der Dichtungen bzw. ihrer Verklebung.

Bestreitet der Verkäufer, dass der Mangel bereits beim Gefahrübergang bestand, dann muss er dies dem Verbraucher beweisen. Die Beweislastumkehr kann durch „Allgemeine Geschäftsbedingungen" nicht ausgeschlossen werden.

Abweichende vertragliche Regelungen

Abweichende Regelungen zum Nachteil des Verbrauchers sind unwirksam [§ 475 I, II BGB].

5.1.4 Verjährungsfristen[1] von Mängelansprüchen

Der Käufer muss seine Gewährleistungsansprüche innerhalb bestimmter Fristen geltend machen. Werden diese Fristen vom Käufer nicht beachtet, kann er seine Rechte, die sich aus der mangelhaften Lieferung ergeben, nicht mehr gerichtlich durchsetzen.

Verjährungsgegenstand	Verjährungsfrist	Beginn der Verjährung
Ansprüche auf Nacherfüllung, Schadensersatz, Ersatz vergeblicher Aufwendungen bei **offenen** und **versteckten Mängeln.**	2 Jahre (Regelfall)	Unmittelbar mit Lieferung der beweglichen Sache.
Mängelansprüche, bei denen der Verkäufer einen **Mangel arglistig verschwiegen** hat.	3 Jahre (regelmäßige Verjährungsfrist)	Mit Schluss des Jahres, in dem der Anspruch entstanden ist und der Gläubiger davon und vom konkreten Schuldner Kenntnis erlangt oder grob fahrlässig nicht erlangt hat.

1 Wiederholen Sie zur Verjährung die Ausführungen auf S. 192ff.

Zusammenfassung

- Eine **mangelhafte Lieferung** liegt vor, wenn die im Kaufvertrag vereinbarte Lieferung zum **Zeitpunkt** der **Übergabe** mit einem **Mangel** behaftet ist.
- Wir unterscheiden folgende **Sachmängel:**

Mängel in der **Beschaffenheit**	Mängel durch **falsche Werbeversprechungen/Produktbeschreibung**	Mängel in der **Montage bzw. Montageanleitung**	**Falschlieferung** oder **Minderlieferung**

- Bei der Lieferung mangelhafter Sachen hat der Käufer folgende **Gewährleistungsrechte ohne Fristsetzung:**
  - Nacherfüllung durch Mangelbeseitigung oder Ersatzlieferung,
  - Schadensersatz neben der Leistung (bei Verschulden).
- Ist eine angemessene **Nachfrist** zur Nacherfüllung oder Ersatzlieferung **erfolglos abgelaufen,** verfügt der Käufer über folgende **(nachrangige) Rechte:**
  - Rücktritt vom Kaufvertrag und Schadensersatz statt der Leistung/Ersatz vergeblicher Aufwendungen,
  - Minderung und Schadensersatz neben der Leistung.
- Bei einem **Verbrauchsgüterkauf** gelten zu den Gewährleistungspflichten **ergänzende Vorschriften zum Schutz des Verbrauchers** z. B. in Bezug auf
  - Gefahrübergang,
  - Beweislastumkehr,
  - abweichende vertragliche Regelungen.
- Der Käufer muss seine Gewährleistungsansprüche innerhalb bestimmter Fristen (im Regelfall 2 Jahre) geltend machen. Ansonsten unterliegen sie der **Verjährung.**

Übungsaufgaben

116 Klären Sie folgende Begriffe:

1. Leistungsstörung
2. mangelhafte Lieferung
3. Pflichtverletzung
4. Vorsatz
5. Fahrlässigkeit
6. Sachmangel
7. Nacherfüllung durch Mangelbeseitigung
8. Nacherfüllung durch Ersatzlieferung
9. Rücktritt vom Vertrag
10. Minderung
11. Ersatz vergeblicher Aufwendungen
12. Verbrauchsgüterkauf

117

1. Stellen Sie dar, welche Leistungsstörungen vom Verkäufer ausgehen und welche vom Käufer!
2. Nennen Sie die Voraussetzungen, die gegeben sein müssen, damit ein Verschulden des Verkäufers vorliegt!
3. Notieren Sie die entscheidende Voraussetzung, die gegeben sein muss, damit Schadensersatz verlangt werden kann!

4. Erklären Sie den Unterschied zwischen Schadensersatz statt der Leistung und Schadensersatz neben der Leistung!

5. Erläutern Sie, warum der Gesetzgeber vorsieht, dass die Erfüllung durch den Schuldner zunächst Vorrang hat gegenüber einem Anspruch des Gläubigers auf Schadensersatz statt der Leistung!

6. Unterscheiden Sie zwischen einem versteckten Mangel und einem arglistig verschwiegenen Mangel!

7. Beschreiben Sie, warum für die Vorschriften des § 434 II BGB (fehlerhafte Montageanleitung bzw. Montagemangel) auch die Bezeichnung IKEA-Klausel verwendet wird!

8. Nennen Sie die Voraussetzungen, unter denen die folgenden Rechte geltend gemacht werden können:

   8.1 Nachbesserung durch Mangelbeseitigung

   8.2 Nachbesserung durch Ersatzlieferung

   8.3 Mangelbeseitigung + Schadensersatz neben der Leistung

   8.4 Minderung

   8.5 Minderung + Schadensersatz neben der Leistung

   8.6 Rücktritt vom Vertrag

   8.7 Rücktritt vom Vertrag + Schadensersatz statt der Leistung

9. Begründen Sie, ob ein Rücktritt vom Vertrag und Schadensersatz neben der Leistung möglich ist!

10. Sowohl in § 280 BGB als auch in § 476 BGB wird die Beweislast zugunsten des Käufers umgedreht. Erläutern Sie, worin der Unterschied liegt!

118 Klären Sie die folgenden Rechtsfälle (jeweils mit Begründung!):

1. Käufer Kimmerle kauft vom Autohaus Veigel e. Kfm. einen Neuwagen. Vier Wochen nach Übergabe funktioniert die Klimaanlage auf langen Fahrten nicht ordnungsgemäß. Der Mangel war für das Autohaus Veigel e. Kfm. trotz intensiver Prüfung des Pkw nicht zu erkennen.

   Aufgabe:

   Erklären Sie, welche Rechte Kimmerle gegen das Autohaus Veigel e. Kfm. geltend machen kann und welche Voraussetzungen dabei zu beachten sind!

2. Käufer Kern kauft im Elektrogeschäft Lisa Vetter e. Kfr. einen DVD-Player. Beim Anschluss an sein Fernsehgerät stellt Kern kleinere Farbflecken fest, die dem Elektrohaus Lisa Vetter e. Kfr. nicht aufgefallen waren.

   Aufgabe:

   Begründen Sie, ob Kern Nachbesserung bzw. Neulieferung verlangen kann!

3. Kramer kauft vom Autohaus Veigel e. Kfm. einen Neuwagen. Nach einigen Wochen stellt Kramer erhebliche Mängel fest. Außerdem ist ihm durch die Mängel ein Schaden in Höhe von 200,00 EUR entstanden.

   Aufgabe:

   Nennen Sie die Voraussetzungen, die vorliegen müssen, damit Kramer im Normalfall das Recht „Schadensersatz statt Leistung" geltend machen kann!

4. Herr Krimmer kauft vom Autohaus Veigel e. Kfm. einen neuen Pkw (Marke „SX") des Produzenten Pollux, der in Werbebroschüren mit dem Slogan *„Mit durchschnittlich fünf Litern pro 100 km sind Sie beim SX dabei"* wirbt. Nach Übergabe stellt Krimmer fest, dass der tatsächliche Verbrauch des „SX" bei sieben Litern liegt.

   Aufgabe:

   Stellen Sie die Rechte dar, die Krimmer zustehen!

Ausnahmen: In folgenden Fällen ist keine Mahnung erforderlich	Beispiele
Als Liefertermin ist ein **bestimmter Kalendertag** festgelegt.	„Warenlieferung am 24. April 20..", „Lieferung Ende Mai 20.."
Die Lieferung lässt sich aufgrund eines vorausgegangenen Ereignisses **genau berechnen.**	„Die Lieferung der Kaufsache erfolgt innerhalb von vierzehn Kalendertagen nach Bestelldatum", „Lieferung im Juni", „Lieferung innerhalb 10 Tagen nach Abruf", „Lieferung zwischen dem 5. und 12. Juni".
Fixkauf[1] oder Zweckkauf, d.h. die **verspätete Lieferung** ergibt für den Käufer **keinen Sinn** mehr.	„Lieferung fix am 14. Juni 20..", „Lieferung fix zum Eröffnungstag am 31. Juli 20..".
Ernsthafte und endgültige Verweigerung der **geschuldeten Leistung** durch den Verkäufer (Selbstinverzugsetzung).	„Zu dem vereinbarten Preis werde ich die Ware keinesfalls liefern".

(4) Verschulden des Verkäufers

Ein Verschulden liegt vor, wenn der Verkäufer **vorsätzlich**[2] oder **fahrlässig**[2] gehandelt hat.

Ausnahme: Der Verkäufer hat solche Lieferungsverzögerungen **nicht zu vertreten,** die z.B. auf höhere Gewalt zurückzuführen sind (z.B. Unwetter, Hochwasser, Streik).

Beispiele:

- **Fall 1: Verschulden liegt vor**
  Der Verkäufer kann deshalb nicht termingerecht liefern, weil er sich nicht rechtzeitig bei seinem Lieferer mit den Waren, die er verkauft, eingedeckt hat.

- **Fall 2: Verschulden liegt vor nicht**
  Der Verkäufer kann nicht termingerecht liefern, weil ein Blitzschlag im Lager einen Brand verursacht hat. Dadurch wurde die versandfertige Ware zerstört. Die Neuproduktion nimmt eine Woche in Anspruch.

Beachte:

Nach dem Eintritt des Lieferungsverzugs haftet der Verkäufer – unabhängig von einem Verschulden – für **Vorsatz,** für **Fahrlässigkeit** und für **Zufall.**

- Ein Schuldner gerät mit seiner geschuldeten Leistung **in Verzug,** wenn er
  - **trotz Mahnung** (sofern sie erforderlich ist)
  - **nicht oder nicht rechtzeitig leistet,**
  - **obwohl die Leistung möglich ist und**
  - **er die Nichtleistung oder die zu späte Leistung verschuldet hat.**
- Der Lieferungsverzug ist ein **Schuldnerverzug.**

1 Vgl. Fußnote 1, S. 279.

2 Wiederholen Sie hierzu die Ausführungen auf S. 309.

5.2.2 Rechte des Käufers

(1) Überblick

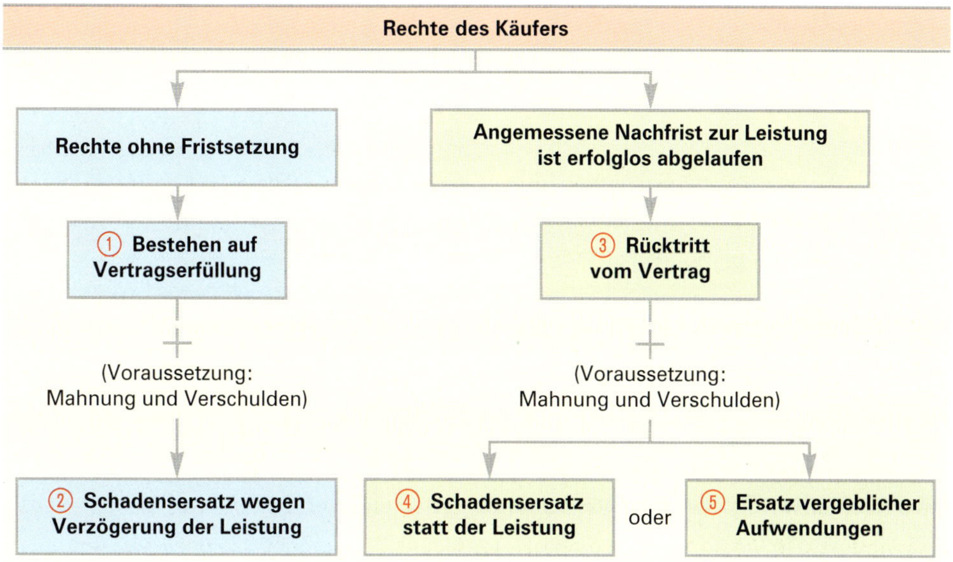

(2) Rechte, die der Käufer ohne Fristsetzung geltend machen kann

① Bestehen auf Vertragserfüllung

Da der Verkäufer seiner Lieferungspflicht aus dem Kaufvertrag noch nicht nachgekommen ist, hat der Käufer das Recht, weiterhin auf **Vertragserfüllung** zu bestehen.

Gründe des Käufers, keine weitergehenden Rechte geltend zu machen, sind z.B.

- langjährige gute Geschäftsbeziehungen mit dem Verkäufer,
- die Lieferungsverzögerung ist für den Käufer von untergeordneter Bedeutung,
- bei anderen Verkäufern bestehen längere Lieferfristen, höhere Preise und/oder ungünstigere Zahlungsbedingungen als beim säumigen Verkäufer.

② Schadensersatz wegen Verzögerung der Leistung

Besteht der Käufer auf Vertragserfüllung und möchte er gleichzeitig den durch die Verzögerung der Leistung verursachten Schaden ersetzt haben, so kann er **Schadensersatz wegen Verzögerung der Leistung (Verzugsschaden)** verlangen.

Gefordert werden können insbesondere

- der Ersatz **aller Mehraufwendungen,** die durch die Verzögerung angefallen sind, wie z.B. die **Kosten einer Ersatzbeschaffung** für die Dauer des Verzugs (z.B. Miete einer Ersatzmaschine) sowie
- ein **entgangener Gewinn** (z.B. infolge der verspäteten Lieferung einer Ware).

Beispiel:

Elektrohändler Ludwig Bühler OHG kauft bei der Düsseldorfer Elektrogesellschaft mbH einen Kühlschrank zum Preis von 500,00 EUR. Diesen hat er lt. Kaufvertrag an Anna Bergmann zu 800,00 EUR weiterverkauft. Wegen der Lieferungsverzögerung scheitert der Weiterverkauf. Abzüglich aller Kosten hätte die Ludwig Bühler OHG einen Gewinn von 240,00 EUR erzielt. Die Ludwig Bühler OHG kann nach § 252 BGB 240,00 EUR entgangenen Gewinn als Verzugsschaden geltend machen.

(3) Rechte, die der Käufer nach Ablauf einer angemessenen Nachfrist geltend machen kann

③ Rücktritt vom Kaufvertrag

Der Käufer kann vom Kaufvertrag zurücktreten, wenn die dem Verkäufer vorher gesetzte angemessene Nachfrist zur Lieferung erfolglos abgelaufen ist. Diese Fristsetzung ist z.B. entbehrlich, wenn der Verkäufer die Lieferung ernsthaft und endgültig verweigert oder beim Fixkauf. Ein Rücktritt ist nicht möglich, wenn die **Pflichtverletzung unerheblich** ist [§ 323 V, S. 2 BGB].

Beispiel:

Der Verkäufer liefert nicht innerhalb der ihm gesetzten angemessenen Nachfrist. Der Käufer tritt vom Kaufvertrag zurück, weil er die bestellte Sache inzwischen anderweitig zu einem günstigeren Preis kaufen kann.

④ Schadensersatz statt der Leistung

Tritt der Käufer vom Kaufvertrag zurück, so kann er bei Verschulden zusätzlich **Schadensersatz statt der Leistung** verlangen [§ 325 BGB]. Ersatzfähig sind in diesem Fall insbesondere die Mehrkosten eines **Deckungskaufs.**[1] Daneben kann der Käufer auch einen **entgangenen Gewinn** geltend machen. Verlangt der Käufer Schadensersatz statt der Leistung, hat er **keinen Anspruch** mehr auf die Lieferung.

Bei der **Schadensberechnung** sind **drei Vorgehensweisen** zu unterscheiden:

Konkrete Schadensberechnung	**Abstrakte Schadensberechnung**	**Konventionalstrafe**[2]
Der Käufer kann den Preisunterschied zwischen dem Vertragspreis und dem Preis des Deckungskaufs verlangen.	Der Käufer kann Schadensersatz für den ihm durch den Lieferungsverzug „entgangenen" Gewinn geltend machen.	Eine Vertragsstrafe wird in der Regel vom Verkäufer bei einer Bank hinterlegt. Die Auszahlung an den Käufer wird fällig, sobald der Verkäufer in Verzug ist.

⑤ Ersatz notwendiger vergeblicher Aufwendungen

Der Käufer kann anstelle des Schadensersatzes statt der Leistung auch Ersatz vergeblicher Aufwendungen verlangen. Die Aufwendungen müssen aber angemessen sein und nachgewiesen werden.

1 Ein **Deckungskauf** liegt vor, wenn sich der Käufer die mangelhaft gelieferte Ware ersatzweise von einem anderen Lieferer beschaffen muss.

2 Bei Vertragsabschluss vereinbarte Geldsumme, die ein Vertragspartner erbringen muss, wenn er die vertraglich vereinbarte Leistung nicht zum festgelegten Zeitpunkt oder in der festgelegten Weise erfüllt hat.

Zusammenfassung

- **Lieferungsverzug** liegt vor, wenn der Schuldner
  - **trotz Mahnung** (sofern sie erforderlich ist),
  - **nicht oder nicht rechtzeitig leistet,**
  - obwohl die **Leistung möglich** ist und
  - er die Nichtleistung oder die zu späte Leistung **verschuldet** hat.
- **Fälligkeit** der Leistung ist der Zeitpunkt, zu dem der Schuldner die Leistung erbringen muss und der Gläubiger das Recht hat, sie zu fordern.
- Eine **Mahnung** ist z. B. in folgenden Fällen **nicht erforderlich:**
  - Der Liefertermin ist kalendermäßig bestimmt oder bestimmbar.
  - Die geschuldete Leistung wird durch den Verkäufer (Schuldner) ernsthaft und endgültig verweigert.
- **Rechtsfolge des Lieferungsverzugs:**

  Erweiterte Haftung des säumigen Verkäufers während des Verzugs, auch für Zufall (z.B. höhere Gewalt).
- Die **Rechte des Käufers beim Lieferungsverzug** sind:
  - **ohne** das Setzen einer **Nachfrist:** Bestehen auf Vertragserfüllung **und,** sofern eine notwendige Mahnung erfolgt ist und ein Verschulden aufseiten des Verkäufers vorliegt, Schadensersatz wegen Verzögerung der Leistung;
  - **nach erfolgslosem Ablauf einer angemessenen Frist:** Rücktritt vom Kaufvertrag und, sofern eine notwendige Mahnung erfolgt ist und ein Verschulden aufseiten des Verkäufers vorliegt, Schadensersatz statt der Leistung oder Ersatz vergeblicher Aufwendungen.

Übungsaufgaben

122 Klären Sie folgende Begriffe:

1. 1.1 Lieferungsverzug

   1.2 Fälligkeit der Leistung

   1.3 Fixgeschäft

   1.4 Schadensersatz wegen Verzögerung der Leistung
2. Nennen Sie die Voraussetzungen für den Eintritt eines Lieferungsverzugs!
3. Angenommen, es ist keine Vereinbarung über einen Zeitpunkt zur Leistung getroffen. Stellen Sie dar, wann die Leistung dann fällig ist!
4. Erklären Sie den Begriff Mahnung!
5. Bilden Sie drei Beispiele für Vertragsformulierungen, die einer Mahnung bedürfen, damit Lieferungsverzug eintritt!
6. 6.1 Beschreiben Sie, in welchen Fällen keine Mahnung erforderlich ist!

   6.2 Bilden Sie hierzu jeweils ein Beispiel!

7. Entscheiden Sie bei folgenden Vertragsvereinbarungen über die Leistungszeit, ob der Verkäufer vom Käufer durch eine Mahnung in Verzug gesetzt werden muss:

7.1	Heute in drei Monaten,	7.5	14 Tage nach Weihnachten 20..,
7.2	Im Juli 20..,	7.6	8 Tage nach Abruf,
7.3	Im Laufe des März 20..,	7.7	sofort,
7.4	Am 28. Juli 20..,	7.8	20 Tage nach Erhalt der Auftragsbestätigung.

8. Notieren Sie die Voraussetzungen, die gegeben sein müssen, damit ein Gläubiger die folgenden Rechte geltend machen kann:
   8.1 Bestehen auf Vertragserfüllung,
   8.2 Bestehen auf Vertragserfüllung und Schadensersatz wegen Verzögerung der Leistung,
   8.3 Rücktritt vom Vertrag,
   8.4 Schadensersatz statt der Leistung,
9. Erläutern Sie, wodurch sich der Schadensersatz neben der Leistung vom Schadensersatz wegen Verzögerung der Leistung unterscheidet!
10. Erläutern Sie, wodurch sich der Schadensersatz wegen Verzögerung der Leistung vom Schadensersatz statt der Leistung unterscheidet!
11. Damit ein Gläubiger vom Vertrag zurücktreten kann, muss er dem Schuldner zunächst eine Nachfrist setzen. Ist diese erfolglos abgelaufen, dann kann er vom Vertrag zurücktreten.

    Aufgabe:

    Stellen Sie dar, warum der Gesetzgeber vorgesehen hat, dass erst der erfolglose Fristablauf abgewartet werden muss!
12. Bilden Sie ein Beispiel, nach dem der Gläubiger zwar vom Vertrag zurücktreten, aber keinen Schadensersatz statt der Leistung verlangen kann!

123 Klären Sie die folgenden Rechtsfälle:

1. Die Sägewerk Gnädinger KG hat am 29. Juni 20.. 60 m^3 Eichenschnittholz zu liefern. Weil die Gnädinger KG den Termin vergessen hat, liefert sie nicht vereinbarungsgemäß. Am 4. Juli 20.. verbrennt ihr Holzlager aufgrund eines Blitzschlags.

   Aufgabe:

   Prüfen Sie rechtlich, ob die Gnädinger KG hierdurch von ihrer Leistungspflicht befreit ist!
2. Die Büromöbel Leipzig AG (Verkäufer) und Maria Kieble e.Kfr. (Käuferin) vereinbaren im Kaufvertrag den 20. April 20.. als Liefertermin für die Sonderanfertigung eines Eckregals.

   Maria Kieble e.Kfr. schreibt der Büromöbel Leipzig AG am 10. April 20.., sie würde sich in Lieferungsverzug befinden, da die Lieferung bis jetzt noch nicht bei ihr eingegangen sei.

   Aufgaben:

   2.1 Erläutern Sie, was Sie der Büromöbel Leipzig AG raten würden, an Maria Kieble e.Kfr. zu schreiben!
   2.2 Die Büromöbel Leipzig AG hat bis zum vereinbarten Liefertermin am 20. April 20.. nicht geliefert. Begründen Sie, ob sie sich in Lieferungsverzug befindet, wenn sie die Kaufsache wegen eines mehrwöchigen Streiks nicht produzieren konnte!

124

„Ich weiß auch nicht, warum unser Verkäufer ...“

Über den Versuch eines Kunden, bestellte Möbel auch geliefert zu bekommen

Der Kunde, der an einem schönen Mittwochmorgen am 23. August ein Möbelhaus betritt, wendet sich an einen Verkäufer: „Guten Tag, ich hätte gerne die 4 Regalteile dort, diesen Schreibtisch, beides in Kirschbaum, und dazu noch einen solchen Bürostuhl.“ Zunächst irritiert über die Entschlussfreudigkeit des Kunden, greift der Verkäufer sofort zum Auftragsbuch, nimmt die Wünsche entgegen, rechnet den Gesamtpreis aus und weist den Kunden auf die übliche Anzahlung von 20% hin. „Kein Thema“, sagt der Kunde. Bis zu diesem Zeitpunkt also nahezu ein Bilderbuchfall. Dann versteigt sich der Verkäufer zu einer Äußerung, die sich im nachhinein als fatal[1] erweisen sollte: „Dieser Hersteller liefert nach meinen Erfahrungen sehr zügig, die Möbel sind in ungefähr drei Wochen da.“

Am 19. September mahnt der Kunde das Möbelhaus an, um sich nach dem Verbleib seiner Möbel zu erkundigen, auf die er bereits seit einer Woche wartet. Die Antwort: „Der Hersteller hat uns die Lieferung der Möbel bis zum Ende dieser Woche, also bis zum 24. September versprochen. Wir liefern Ihnen dann unverzüglich am 27. September.“

Nächster Anruf des Kunden am 28. September. Eine Schreckensnachricht: Die Möbel sollen jetzt erst in der 41. Woche ankommen, also Mitte Oktober, glatte 4 Wochen nach dem vorgesehenen Termin. Als der Kunde seinen Unmut darüber äußert, entgegnet ihm seine Gesprächspartnerin, sie „könne ja nichts dafür“, wenn der Hersteller nicht pünktlich liefere. „Ich vermittle doch nur zwischen Ihnen und dem Hersteller.“ Der Käufer stellt klar: „Ich will die Möbel bis zum 5. Oktober haben!“

Am 5. Oktober sind die Möbel endlich beim Kunden eingetroffen. Beim Auspacken stellt der Kunde fest, dass die Möbel bis in das kleinste Teil nach Lego-Art zerlegt sind, kein Teil ist montiert. Zum Zusammenbau der Regale benötigt der Kunde vier Stunden.

Den Höhepunkt bildet jedoch der Schreibtisch: In den Holzplatten sind nicht einmal Löcher gebohrt! „Wie soll ich denn die Schrauben hineindrehen ohne Löcher?“, stöhnt der Kunde. Entnervt wendet er sich seiner letzten Neuerwerbung zu. Endlich klappt alles. Der Bürostuhl ist äußerst bequem. Am nächsten Tag sitzt der Käufer auf seinem Stuhl und ruft wieder beim Möbelhaus an, um seinen Schreibtisch zu reklamieren. Plötzlich bricht die Rückenlehne ab und er stürzt schwer zu Boden und bricht sich beide Arme.

Quelle: In Anlehnung an Martin T. Roht, FAZ vom 28. November 2000.

Aufgaben:

1. Beschreiben Sie mit Worten oder mithilfe einer Skizze, wie in vorliegendem Fall ein Kaufvertrag zustande kommt!
2. Der Kunde wartet auf seine Möbel.
   2.1 Nennen Sie das Datum, ab wann das Möbelhaus in Verzug ist!
   2.2 Nennen Sie die Rechte, die der Kunde zu diesem Zeitpunkt hat!
   2.3 Beschreiben Sie, was der Käufer mit seiner Fristsetzung am 28. September erreicht!
3. Beurteilen Sie die Aussage: „Ich vermittle doch nur zwischen Ihnen und dem Hersteller“ aus rechtlicher Sicht!
4. Prüfen Sie rechtlich, ob der Kunde die Zeit zum Aufbau der Regale dem Möbelhaus in Rechnung stellen kann!
5. Bestimmen Sie den Sachmangel, um den es sich beim Fehlen von Montagebohrungen handelt!

1 **Fatal:** verhängnisvoll.

21 Speth u.a. - ISBN 978-3-8120-0497-8

125 1. Das Kinderland Hannelore Schlegel e.Kfr., Rostock, erhielt folgendes schriftliches Angebot der Textilwerke Maucher GmbH, Braunlage (Datum des Angebots: 10. Mai 20..):

> Kindermatratze Schlafwohl, 100 x 48 x 10 cm
> Preis pro Stück 35,00 EUR
>
> Lieferbedingungen: Die Lieferung erfolgt 10 Tage nach Auftragserteilung durch die Deutsche Bahn AG „frachtfrei". Mindestbestellmenge: 50 Stück. Es gilt der gesetzliche Leistungsort.

Am 15. Mai 20.. bestellt das Kinderland Hannelore Schlegel e.Kfr. lt. Angebot 80 Matratzen.

Aufgaben:

1.1 Begründen Sie, ob durch die Bestellung ein Kaufvertrag zustande kam!

1.2 Nennen Sie die Pflichten, die beim Abschluss eines Kaufvertrags für den Käufer und den Verkäufer entstehen!

1.3 Stellen Sie dar, wie die Transportkosten in diesem Fall aufgeteilt werden!

1.4 Stellen Sie dar, wo sich jeweils der gesetzliche Leistungsort befindet!

1.5 Am 10. Juni 20.. sind die Kindermatratzen noch nicht eingetroffen.

1.5.1 Prüfen Sie, ob sich die Maucher GmbH in Lieferungsverzug befindet!

1.5.2 Prüfen Sie, ob sich an der Rechtslage etwas ändern würde, wenn als Liefertermin der 28. Mai 20.. vereinbart worden wäre!

1.5.3 Nennen Sie die Rechte, die der Käufer grundsätzlich beim Lieferungsverzug geltend machen kann!

1.5.4 Erläutern Sie, für welches Recht Sie sich entscheiden würden, wenn die Matratzen dringend benötigt werden und diese kurzfristig von keinem anderen Lieferanten bezogen werden können!

2. Die Lebensmitteleinzelhandlung Heinz Schaffer KG, Calw, bestellte am 20. Februar 20.. telefonisch bei der ERNTEFRISCH-Conserven GmbH, Groß-Gerau, 200 1/1 Dosen Mischpilze zum Preis von 0,65 EUR netto wie gehabt zur Lieferung bis 28. Februar fest. Der Auftrag wurde umgehend schriftlich bestätigt.

Aufgaben:

2.1 Nennen Sie die vorliegende Kaufvertragsart!

2.2 Trotz Auftragsbestätigung mit fest zugesagtem Liefertermin trifft die dringend benötigte Ware am 28. Februar nicht ein. Herr Oberem, Einkäufer bei der Heinz Schaffer KG, bestellt deshalb am 1. März bei den Lebensmittelwerken Schübel KG, Goslar, 200 1/1 Dosen Mischpilze zum Preis von 0,80 EUR je Dose. Am 2. März trifft die bei der Schübel KG bestellte Ware ein.

2.2.1 Prüfen Sie, welche Rechte der Lebensmitteleinzelhandlung Heinz Schaffer KG gegenüber der ERNTEFRISCH-Conserven GmbH wahlweise zustehen!

2.2.2 Begründen Sie, für welchen Anspruch sich Herr Oberem entscheiden wird!

3. Das Spielwarenhaus Götz Strübel OHG bestellt Spielwaren bei der Erzgebirge Spiele GmbH. Vereinbarter Liefertermin: fix 14. Oktober d.J. Am 14. Oktober teilt die Erzgebirge Spiele GmbH mit, dass sich die Lieferung wegen einer Überschwemmung nach einem Unwetter um einige Wochen verzögern wird.

Aufgaben:

3.1 Prüfen Sie, ob sich die Erzgebirge Spiele GmbH in Lieferungsverzug befindet! Begründen Sie Ihre Ansicht.

3.2 Erläutern Sie, ob sich die Rechtslage ändert, wenn es sich um Spielwaren handelt, die nur die Erzgebirge Spiele GmbH herstellt und vertreibt!

6 Lagerung der Erzeugnisse

6.1 Begriff, Aufgaben und Arten des Lagers

6.1.1 Begriff und Aufgaben des Lagers

Unter einem **Lager** versteht man einen Raum oder eine Fläche zum Aufbewahren von Sachgütern. Die Sachgüter werden mengen- und/oder wertmäßig erfasst.

Die Sachgüter werden im Wesentlichen aus vier Gründen gelagert:

Funktionen des Lagers	Erläuterungen
Sicherungsfunktion	Die einzelnen Verbrauchsstellen eines Industriebetriebs müssen jederzeit über die notwendigen Werkstoffe verfügen, wenn die Produktion störungsfrei ablaufen soll. Aus diesem Grund wird in den Industriebetrieben meistens ein Sicherheitsbestand (eiserner Bestand) gehalten.
Zeitüberbrückungsfunktion/ Mengenausgleichsfunktion	■ Witterungseinflüsse (z.B. verspätete Ernten), Liefererausfälle, Transportschwierigkeiten, politische Entscheidungen (z.B. Ausfuhrstopps) können die Produktion zum Erliegen bringen. Ein Roh-, Hilfs- und Betriebsstofflager sichert die Funktionsfähigkeit des Betriebs. ■ Ein plötzlicher Nachfrageanstieg kann die Lieferbereitschaft beeinträchtigen. Das Lager an Fertigerzeugnissen gleicht die Marktschwankungen aus. Bei steigender Nachfrage werden die Lager abgebaut, bei sinkender Nachfrage aufgestockt.
Umformungsfunktion	Bei bestimmten Gütern hat die Lagerhaltung auch die Aufgabe, die Eigenschaften der Güter an die Anforderungen der Produktion und/oder des Absatzes anzupassen. Hierzu gehört z.B. das Austrocknen von Holz, das Aushärten von Autoreifen oder das Reifen alkoholischer Getränke (z.B. Bier, Wein).
Spekulationsfunktion	Durch Großeinkäufe (z.B. durch das Ausnutzen von Mengenrabatten, Transportkostenvergünstigungen und Verbilligungen bei den Verpackungskosten) sowie durch Gelegenheitskäufe werden die Betriebe in die Lage versetzt, die Preise auch bei steigender Nachfrage stabil zu halten.

6.1.2 Arten des Lagers

(1) Lagerarten nach dem Bearbeitungszustand der Erzeugnisse

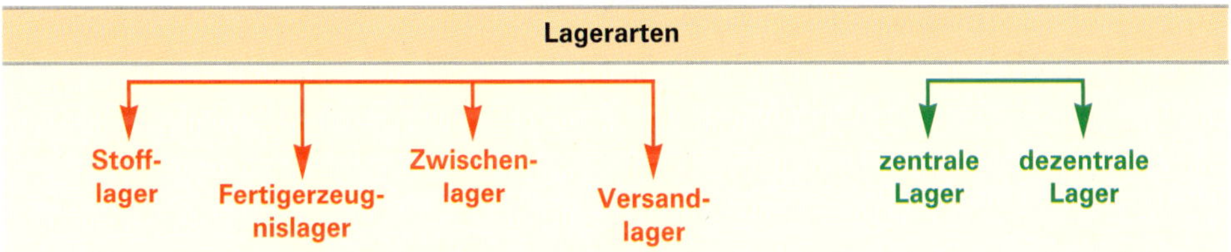

- **Roh-, Hilfs- und Betriebsstofflager (kurz Stofflager).** Diese Lager haben die Aufgabe, die Zeitspanne zwischen Beschaffung und Produktion (Verbrauch der Roh-, Hilfs- und Betriebsstoffe) zu überbrücken.

- **Zwischenlager.** Sie nehmen unfertige, noch weiter zu bearbeitende Erzeugnisse auf. Zwischenlager sind häufig deshalb erforderlich, weil die Fertigungsstufen innerhalb des Produktionsprozesses – besonders in Mehrproduktunternehmen – selten so genau aufeinander abgestimmt werden können, dass in jeder Produktionsstufe die erforderlichen Teile in der benötigten Menge zur Verfügung stehen. Außerdem würde ohne Zwischenlager bei der geringsten Betriebsstörung in einer Vorstufe (z.B. aufgrund eines Maschinenschadens) der gesamte Produktionsprozess zum Stillstand kommen.
- **Fertigerzeugnislager.** In diesen Lagern werden die fertiggestellten Erzeugnisse gelagert, um sie für den Absatz bereitzuhalten.
- **Versandlager.** Hierbei handelt es sich um die kurzfristige Lagerung von Gütern, die versandfertig gemacht (z.B. seemäßig verpackt) werden. Versandlager sind Durchgangslager bereits bestellter Erzeugnisse.

(2) Lagerarten nach dem Lagerort (Lagerstandort)

	Zentrallager	**Dezentrale Lager (Regionallager, Auslieferungslager)**
Funktionen	■ Sie lagern jeweils das gesamte Vertriebssortiment. ■ Sie sichern einen hohen Servicegrad.[1] ■ Sie haben eine Ausgleichsfunktion zwischen Produktionsmengen und Absatzmengen. ■ Von ihnen aus werden die Regionallager beliefert.	■ Sie beliefern einen regional begrenzen Absatzmarkt. ■ Sie stellen aus den gelagerten Erzeugnissen und Handelswaren die von den Endkunden georderten Aufträge zusammen. ■ Es werden kleinere Transporteinheiten gebildet.
Eigenschaften	■ Die Lagerprozesse stehen gegenüber den Transport- und Bewegungsprozessen im Vordergrund. ■ Die Förder- und Lagersysteme innerhalb des Lagergebäudes sind technisch aufwendig und verfügen über einen hohen Automatisierungsgrad, z.B. Hochregallager. ■ Zentrallager haben aufgrund ihrer Betriebsgröße Kostenvorteile bei Personaleinsatz, Organisation und Betriebstechnik – bezogen auf eine Lagereinheit. ■ Vom Charakter her handelt es sich um ein Vorratslager. ■ Wirksame Kontrolle über Bestände, Fehlmengen, Verderb.	■ Sie enthalten – im Gegensatz zu den Zentrallagern – nicht jederzeit das gesamte Sortiment. ■ Ist eine Mischform aus Vorrats-, Umschlags- und Verteilungslager. ■ Transportsystem auf der Eingangsseite sind überwiegend Waggon- und Lastwagenladungen, auf der Ausgangsseite hingegen schnelle Kurierdienste.

1 Siehe auch S. 266.

6.2 Bestandsoptimierung in der Lagerhaltung auf der Basis von Lagerkennzahlen

6.2.1 Festlegung von Mindest- und Meldebeständen

(1) Mindestbestand

In den meisten Industrieunternehmen werden für produktionswichtige Rohstoffe, Fabrikationsmaterialien, Ersatzteile, Handelswaren usw. Mindestbestände festgelegt, die ohne Genehmigung des Leiters der Materialwirtschaft, oft sogar ohne Zustimmung der Unternehmensleitung, nicht unterschritten werden dürfen.

Die **Mindestbestände (eiserne Bestände**) sind so hoch zu bemessen, dass sie auch bei vorübergehenden Beschaffungsschwierigkeiten eine reibungslose Betriebsfortführung garantieren.

Die Mindestbestände sollten umso größer sein, je größer das Risiko von Beschaffungsstockungen für die Produktion ist. Sie müssen für jede Stoffart (jedes Sachgut) gesondert festgestellt werden. Ändern sich die Beschaffungskonditionen (insbesondere der Lieferfristen) und die Bedarfsmengen, ist auch die Höhe der Mindestbestände an die neuen Bedingungen anzupassen.

(2) Meldebestand

Der **Meldebestand** ist jene Lagermenge, bei deren Erreichung beim „Bestellpunktverfahren" dem Einkauf Meldung (Bedarfsmeldung) zur Neuanschaffung (Auffüllung der Läger) zu machen ist. Der Meldebestand bestimmt somit den Zeitpunkt der Bestellung.

Der Meldebestand muss so hoch sein, dass das Auffüllen des Lagers vor Erreichung des Mindestbestands möglich ist. Der Meldebestand liegt um die Bedarfsmenge während der Wiederbeschaffungszeit über dem Mindestbestand.

Der Meldebestand wird wie folgt berechnet:

$$\text{Meldebestand} = (\text{Beschaffungszeit} \cdot \text{täglicher Verbrauch}) + \text{Mindestbestand}$$

Bei der Bestimmung der Wiederbeschaffungszeit sind unbedingt die Lieferfrist, die Transportzeit, aber auch die gesamte Bearbeitungszeit der Bedarfsmeldung, vor allem im Einkauf (Angebotseinholung, Angebotsprüfung, Verhandlungen, Schreiben der Bestellungen), und die Laufzeit der Bestellungen zum Lieferer zu berücksichtigen (zu addieren).

Beispiel:

100 Stück Verbrauch täglich, 6 Tage Wiederbeschaffungszeit insgesamt, 600 Stück Mindestbestand

Meldebestand: 100 · 6 + 600 = 1 200 Stück

6.2.2 Berechnung von Lagerkennzahlen

(1) Durchschnittlicher Lagerbestand

Der durchschnittliche Lagerbestand bildet die Grundlage für die Bestimmung der Lagerumschlagshäufigkeit und der durchschnittlichen Lagerdauer. Der durchschnittliche Lagerbestand kann z.B. als arithmetisches Mittel (Durchschnitt) aus dem **Jahresanfangsbestand** und dem **Jahresschlussbestand** berechnet werden.

Beispiel:

Der Jahresanfangsbestand in einem Lager beträgt 72000,00 EUR, der Schlussbestand 68000,00 EUR.

$$\text{Durchschnittlicher Lagerbestand} = \frac{72\,000 + 68\,000}{2} = \underline{\underline{70\,000{,}00 \text{ EUR}}}$$

Außerdem gibt es z.B. folgende Berechnungsmöglichkeiten:

$$\text{Durchschnittlicher Lagerbestand}^{1} = \frac{\text{Jahresanfangsbestand} + 12 \text{ Monatsendbestände}}{13}$$

Der **durchschnittliche Lagerbestand** sagt aus, welcher Werkstoffwert (oder Handelswarenwert) zu Einstandspreisen durchschnittlich auf Lager ist. In dieser Höhe ist ständig Kapital des Unternehmens gebunden.

(2) Lagerumschlagshäufigkeit

Sie gibt an, wie oft die Menge oder der Wert des durchschnittlichen Lagerbestands in einer Zeitperiode, z.B. in einem Jahr, „abgegangen", d.h. Werkstoffe verbraucht bzw. Handelswaren verkauft worden sind. Die Lagerumschlagshäufigkeit schwankt je nach Branche, Warenart und Organisationsstandard der Lagerwirtschaft eines Unternehmens.

$$\text{Lagerumschlagshäufigkeit}^{2} = \frac{\text{Lagerabgang (z. B. Verbrauch von Werkstoffen) zu Einstandspreisen}}{\text{durchschnittlicher Lagerbestand zu Einstandspreisen}}$$

Beispiel:

Beträgt der Lagerabgang zu Einstandspreisen z.B. 840000,00 EUR und der durchschnittliche Lagerbestand 70000,00 EUR (siehe obiges Beispiel), so ergibt sich die Lagerumschlagshäufigkeit wie folgt:

$$\text{Lagerumschlagshäufigkeit} = \frac{840\,000}{70\,000} = \underline{\underline{12}}$$

Ergebnis: Die Zahl 12 besagt, dass der durchschnittliche Lagerbestand in der Rechnungsperiode zwölfmal umgeschlagen wurde.

1 Außerdem gibt es folgende Berechnungsmöglichkeit:

$$\text{Durchschnittlicher Lagerbestand} = \frac{\text{Anfangsbestand} + \text{Endbestand}}{2}$$

2 Außerdem gibt es folgende Berechnungsmöglichkeiten:

$$\text{Lagerumschlagshäufigkeit} = \frac{\text{Verbrauch pro Jahr}}{\text{durchschnittlicher Lagerbestand}} \text{ oder } \frac{360}{\text{durchschnittliche Lagerdauer}}$$

Durch die **Lagerumschlagshäufigkeit** erfährt der Unternehmer, wie oft sich der durchschnittliche Lagerbestand in einer Rechnungsperiode umgeschlagen hat.

(3) Durchschnittliche Lagerdauer

Sie ist die Zeit (z.B. in Tagen ausgedrückt) zwischen dem Eingang der Werkstoffe (oder Handelswaren) im Lager und deren Abgabe an die Produktion (bzw. den Verkauf), und zwar im Durchschnitt gerechnet. Die Lagerdauer soll so kurz wie möglich sein, um z.B. die Lagerzinsen zu senken sowie Schwund, Diebstahl und technische und wirtschaftliche Überholung zu vermeiden.

$$\text{Durchschnittliche Lagerdauer in Tagen} = \frac{\text{360 Tage}}{\text{Umschlagshäufigkeit}}$$

Beispiel:

Bei einer im vorherigen Beispiel ermittelten Lagerumschlagshäufigkeit von 12 errechnet sich die durchschnittliche Lagerdauer wie folgt:

$$\text{Durchschnittliche Lagerdauer} = \frac{\text{360 Tage}}{12} = \underline{\underline{\text{30 Tage}}}$$

Ergebnis: Das Lagergut liegt durchschnittlich 30 Tage im Lager.

Aus der **durchschnittlichen Lagerdauer** sieht der Unternehmer, wie lange die Werkstoffe (oder Handelswaren) im Durchschnitt im Lager waren.

Wichtig: Je höher die Lagerumschlagshäufigkeit, desto kürzer ist die durchschnittliche Lagerdauer und umgekehrt.

(4) Lagerzinssatz

Der Lagerzinssatz (Lagerzinsfuß) gibt an, wie viel Prozent Zinsen für das in den Lagervorräten investierte Kapital z.B. in die Verkaufspreise einkalkuliert werden müssen.

$$\text{Lagerzinssatz}^{1} = \frac{\text{Marktzinssatz} \cdot \text{durchschnittliche Lagerdauer}}{\text{360 Tage}}$$

Je kürzer die durchschnittliche Lagerdauer ist, desto niedriger sind die auf den Werkstoffeinsatz (oder Handelswareneinsatz) entfallenden Zinskosten der Lagerhaltung, d.h. desto niedriger ist der Lagerzinssatz.

1 Außerdem gibt es folgende Berechnungsmöglichkeit: $\text{Lagerzinssatz} = \frac{\text{Marktzinssatz}}{\text{Umschlagshäufigkeit}}$

Beispiel:

Bei einer im vorherigen Beispiel ermittelten Lagerdauer von 30 Tagen und einem angenommenen Marktzinssatz von 9 % beträgt der Lagerzinssatz:

$$\text{Lagerzinssatz} = \frac{9 \cdot 30}{360} = \underline{\underline{0{,}75\,\%}}$$

(5) Sinkender Lagerhaltungskostenanteil mit steigender Lagerumschlagshäufigkeit

Mit zunehmender Lagerumschlagshäufigkeit (abnehmender durchschnittlicher Lagerdauer) verringert sich die durchschnittliche Kostenbelastung des Materialeinsatzes (z.B. des Einsatzes von Roh-, Hilfs- und Betriebsstoffen) bzw. des Handelswareneinsatzes sowie die Kostenbelastung für das im Lager gebundene Kapital.

Beispiel:

Der Lagerabgang beträgt konstant 600000,00 EUR. Der Jahreszinssatz beträgt 9 %.

Lagerabgang in EUR	600000,00	600000,00	600000,00	600000,00	600000,00
Umschlagshäufigkeit	2	4	6	8	10
Durchschnittliche Lagerdauer	180	90	60	45	36
Durchschnittlicher Lagerbestand	300000,00	150000,00	100000,00	75000,00	60000,00
Lagerzinsen/Umschlag	13500,00	3375,00	1500,00	843,75	540,00
Lagerzinsen/Jahr[1]	27000,00	13500,00	9000,00	6750,00	5400,00

Da der Lagerabgang eine Größe ist, die vom Unternehmen nicht ohne Weiteres vergrößert werden kann, liegen die beeinflussbaren Kostenpotenziale darin, dasselbe Absatzziel mit höherer Umschlagshäufigkeit und damit kürzerer Lagerdauer zu erreichen.

Es ist nachvollziehbar, dass die damit verbundene Senkung des durchschnittlichen Lagerbestands auch einhergeht mit einer Senkung der übrigen Lagerkosten. Zwar verläuft die Senkung dieser Lagerkosten nicht direkt proportional zur Verringerung des Lagerbestands (z.B. bleiben die Raumkosten weitestgehend fix). Dennoch gewinnt das Unternehmen dadurch einen Kostenvorteil, der genutzt werden kann zur Verbesserung der Gewinnsituation oder zur Senkung der Preise und damit zur Verbesserung der eigenen Marktposition.

1 $\text{Lagerzinsen} = \frac{\text{Wert des durchschnittlichen Lagerbestands} \cdot \text{Lagerzinssatz}}{100}$

Zusammenfassung

- Das Lager erfüllt fünf **Aufgaben (Funktionen)**: Sicherungs-, Zeitüberbrückungs-, Mengenausgleichs-, Umformungs- und Spekulationsfunktion.
- Das Lager kann nach verschiedenen Gesichtspunkten unterteilt werden **(Lagerarten)**:

Gliederungsgesichtspunkt	Lagerart
Nach dem Bearbeitungszustand der Erzeugnisse	■ Stofflager ■ Zwischenlager ■ Fertigerzeugnislager ■ Versandlager
Nach dem Lagerort	■ zentrale Lager ■ dezentrale Lager

- Für produktionswichtige Rohstoffe, Halbfabrikate, Ersatzteile und Handelswaren werden **Mindest-** und **Meldebestände** festgelegt.
- Bei Erreichen des Meldebestands muss das Lager dem Einkauf eine **Bedarfsmeldung** zwecks Auffüllung des Lagers (Neuanschaffung) machen.
- Die wichtigsten **Lagermesszahlen** sind der **durchschnittliche Lagerbestand,** die **Lagerumschlagshäufigkeit,** die **durchschnittliche Lagerdauer** und der **Lagerzinsfuß.**
- Je **höher** die **Lagerumschlagshäufigkeit** ist, desto **niedriger** sind die **durchschnittliche Lagerdauer** und der **Lagerkostenanteil** (und umgekehrt).

Übungsaufgaben

126 1. Eine Erweiterung des Produktprogramms bedeutet häufig gleichzeitig eine Erweiterung des Lagerraums.

Aufgaben:

1.1 Für die Lagerkosten gilt stets: „Je kürzer die Lagerdauer, desto geringer die Kosten." Nennen Sie zwei Maßnahmen, durch die eine Verkürzung der durchschnittlichen Lagerdauer erreicht werden kann!

1.2 Berechnen Sie den durchschnittlichen Lagerbestand, die Lagerumschlagshäufigkeit, die durchschnittliche Lagerdauer, den Lagerzinssatz (landesüblicher Zinsfuß 9 %) nach den folgenden Angaben:

Anfangsbestand an Handelswaren am 1. Januar 20..	150 000,00 EUR
Zugänge an Handelswaren	700 000,00 EUR
Schlussbestand an Handelswaren am 31. Dezember 20..	250 000,00 EUR

1.3 Begründen Sie, wie sich eine Erhöhung der Lagerumschlagshäufigkeit auf die Lagerkosten und das Lagerrisiko auswirkt!

2. Der Jahresanfangsbestand eines Rohstoffs beträgt 590 000,00 EUR, der Jahresschlussbestand 670 000,00 EUR und der Verbrauch an Rohstoffen (Lagerabgang) zu Einstandspreisen 6 300 000,00 EUR.

Aufgaben:

2.1 Berechnen Sie

2.1.1 den durchschnittlichen Lagerbestand,

2.1.2 die Lagerumschlagshäufigkeit und

2.1.3 die durchschnittliche Lagerdauer!

2.2 Unterbreiten Sie Vorschläge, wie die durchschnittliche Lagerdauer verkürzt werden kann!

3. Die Lagerzinsen sind von der Lagerdauer des eingelagerten Guts abhängig.

Aufgabe:

Begründen Sie diese Aussage, indem Sie die Lagerzinsen bei einer Lagerdauer von 14, 16, 18 und 20 Tagen berechnen! Zugrunde gelegter Zinssatz 10%; Wert des durchschnittlichen Lagerbestands 400000,00 EUR.

4. Lagerkosten und Lagerrisiko stehen in engem Zusammenhang mit den Lagermesszahlen. Die Lagerbuchhaltung liefert für ein Holzlager folgende Informationen:

Anfangsbestand am 1. Januar	120000,00 EUR
12 Monatsschlussbestände insgesamt	1180000,00 EUR

Berechnen Sie den durchschnittlichen Lagerbestand!

127 1. Eine Lageranalyse bei der Kleiner OHG ergab folgende Situation:

Lagerabgang zu Einstandspreisen pro Jahr:	600000,00 EUR
Der Lagerkostensatz beträgt	30%

Hinweis:

Der Lagerkostensatz ist ein Prozentsatz, der angibt, wie hoch die Lagerkosten, gemessen am durchschittlichen Lagerbestand, sind.

Aufgabe:

Stellen Sie tabellarisch dar, wie sich die Lagerkosten ändern, wenn es dem Betrieb gelingt, die Umschlagshäufigkeit schrittweise zu steigern von 3, über 4, 6, 8 bis 10!

2. Bei der Schweikert OHG, einem Baustoffgroßhändler, sieht die Lagerdatei für Aluminiumprofile, Artikel-Nr. 35847, wie folgt aus (in lfd. Meter):

Artikel: Aluminiumprofil **Artikel-Nr.: 35847**		**Meldebestand: 100 lfd. Meter**	
Datum	**Eingang**	**Ausgang**	**Bestand**
01.01.			100
18.01.	50		150
09.02.		70	80
12.03.	80		160
05.04.		90	70
28.04.		30	40
05.05.	150		190
05.06.		140	50
20.06.	120		170
26.06.		50	120
15.07.		70	50
05.09.	190		240
01.10.		120	120
05.11.		40	80
25.11.	120		200
12.12.		60	140
31.12.			140

Aufgaben:

Berechnen Sie folgende Kennzahlen:

2.1 Durchschnittlicher Lagerbestand! Berücksichtigen Sie dabei den Jahresanfangsbestand und die 12 Monatsschlussbestände!

2.2 Umschlagshäufigkeit!

2.3 Durchschnittliche Lagerdauer!

128 Die Polstermöbelwerke Schwerstedt AG haben in letzter Zeit dank neuer und besonders ansprechender Modelle Produktion und Absatz wesentlich steigern können. Immer wieder gab es aber empfindliche Engpässe, besonders bei der Versorgung der Polsterabteilung mit Bezugsleder. Die Einhaltung von Lieferfristen gegenüber Kunden bereitete deshalb oft Schwierigkeiten. Folglich sollen Lagerhaltung und Beschaffung neu überdacht werden. Die Bestandskarte für Bezugsleder weist aus: Mindestlagerbestand 1000 m^2; Meldebestand 4000 m^2.

Aufgaben:

1. Zunächst soll geprüft werden, ob die bisher üblichen Mindestlagerbestände an Fertigungsmaterial ausreichen:

   1.1 Nennen Sie vier Gründe, weshalb es notwendig ist, einen Mindestlagerbestand zu halten!

   1.2 Nennen Sie die Voraussetzungen, unter welchen der Mindestlagerbestand angegriffen werden darf!

2. Der Lagerverwalter soll künftig Neubestellungen rechtzeitig bei der Einkaufsabteilung veranlassen.

   2.1 Erklären Sie, bei welchem Lagerbestand er die Einkaufsabteilung informieren muss!

   2.2 Berechnen Sie die Wiederbeschaffungszeit bei einem durchschnittlichen Tagesbedarf von 100 m^2!

   2.3 Nennen Sie zwei Gründe, die dazu führen können, dass der Meldebestand erhöht werden muss!

3. Die Lagerbuchhaltung liefert für das Holzlager folgende Informationen:

Anfangsbestand am 1. Januar	120000,00 EUR
12 Monatsschlussbestände insgesamt	1180000,00 EUR

   Berechnen Sie den durchschnittlichen Lagerbestand!

4. Bei der Holzart „Buche" werden folgende Zahlen angegeben:

Anfangsbestand am 1. Januar	80000,00 EUR
Zugänge 1. Januar – 31. Dezember	960000,00 EUR
Schlussbestand am 31. Dezember	240000,00 EUR

   Berechnen Sie die Lagerumschlagshäufigkeit und die durchschnittliche Lagerdauer!

7 Beschaffungscontrolling

7.1 Begriff und Elemente des Controllings (operatives und strategisches Controlling)

7.1.1 Begriff Controlling

Der Begriff Controlling ist von dem angelsächsischen Wort „to control" abgeleitet und kann mit steuern, führen und kontrollieren übersetzt werden. Der Ausdruck Controlling darf also nicht dazu verleiten, ihn inhaltlich ausschließlich mit kontrollieren gleichzusetzen.

- **Controlling** ist eine Methode, die den Entscheidungs- und Steuerungsprozess von Führungskräften durch die Bereitstellung entsprechender Informationen unterstützt.
- Controlling muss sicherstellen, dass die Unternehmensführung die **Entwicklung von Marktprozessen** frühzeitig aufnimmt und für das **eigene Unternehmen nutzbar** macht.
- Gleichzeitig muss das Controlling darauf achten, eventuelle **Gefahren aus Marktveränderungen** rechtzeitig zu erkennen und deren **negative Auswirkungen vom Unternehmen** abzuwenden.

So übernimmt Controlling z. B. die Gestaltung von Informationssystemen, koordiniert die Planungen der einzelnen organisatorischen Einheiten (z. B. Abteilungen), lässt die Zielerreichung messen, analysiert Abweichungen, diskutiert über Korrekturmaßnahmen und überwacht z. B. die Realisierung von Maßnahmen.

Die Unterstützungsfunktion des Controllings endet mit Analysen, Empfehlungen usw. Die **Entscheidung selbst** wird letztendlich aber von der **Unternehmensführung** getroffen.

7.1.2 Aufgaben des Controllings

Bezogen auf die Führungsaufgaben der Unternehmensleitung kommt dem Controlling die **generelle Aufgabe** zu, eine **ergebnisorientierte Planung, Steuerung** und **Überwachung** des Unternehmensgeschehens zu **sichern.** Das setzt voraus, dass das Controlling alle Informationen über das Unternehmensgeschehen erfasst, aufbereitet und koordiniert. Basis für die Informationsgewinnung ist das Rechnungs- und Finanzwesen verbunden mit dem dahinterstehenden betriebswirtschaftlich-technischen Datenmaterial.

Aus dieser generellen Aufgabe leiten sich für das Controlling insbesondere folgende **spezielle Aufgaben** ab:

- Mitwirkung und Mitentscheidung bei der **Planung der Unternehmensziele,** bei der **strategischen und operativen Planung** und deren **Kontrolle,**
- Abwicklung des **Rechnungswesen** (Durchführung der Kosten- und Leistungsrechnung, Buchhaltung, Jahresabschluss, Steuerwesen),
- Erstellung **ergebnisorientierter Informationen** für die Führungskräfte auf allen Ebenen,
- Mitgestaltungsrecht bei Fragen der **Organisation** und der **Informationssysteme**.

Controlling umfasst also Dienstleistungs- bzw. Beratungsaufgaben sowie Entscheidungsaufgaben bezogen auf das gesamte Unternehmen, Unternehmensbereiche, Aufgabenbereiche, Produkte und Projekte, und zwar auf allen organisatorischen Ebenen.

7.1.3 Arten des Controllings

Der Controllingbereich lässt sich unter verschiedenen Gesichtspunkten betrachten und aufgliedern. Im Folgenden beschränken wir uns auf die Gliederung des Controllings nach dem **Gesichtspunkt des Zeithorizonts** und nach der **betrieblichen Funktion (Aufgabe).**

(1) Gliederung des Controllings unter dem Gesichtspunkt des Zeithorizonts

- **Operatives Controlling**

Das operative Controlling bezieht sich auf einen **kurz- bis mittelfristigen Zeitraum** und operiert mit **messbaren Daten,** d.h. mit Mengen- und/oder Wertgrößen. Es ist sowohl **vergangenheits-, gegenwarts- als auch zukunftsbezogen**. Durch Sicherung von Liquidität, Rentabilität und Wirtschaftlichkeit soll die Lebensfähigkeit des Unternehmens gewährleistet werden. Daten der Vergangenheit werden teilweise auch in Planvorgaben für die naheliegende Zukunft transformiert.

- **Strategisches Controlling**

Das strategische Controlling ist auf die **langfristige Existenzsicherung** des Unternehmens bedacht. Es ist überwiegend nach außen gerichtet und verzichtet auf messbare Daten. Es bezieht rechtliche, politische und wirtschaftliche Entwicklungen in die Überlegungen ein und ist in zeitlicher Hinsicht völlig offen. So werden z.B. die Entwicklungen auf dem Gebiet des Umweltschutzes verfolgt, um frühzeitig umweltfreundliche Produkte in das Produktprogramm aufnehmen zu können.

Dem strategischen Controlling fällt die **Aufgabe** zu, im Hinblick auf eine dauerhafte Existenzsicherung des Unternehmens **Chancen** und **Risiken** für das Unternehmen abzuschätzen. Die **Stärken** und **Schwächen** des Unternehmens sind herauszustellen, um darauf aufbauend Risiken und Chancen abzuwägen und entsprechende Maßnahmen zur Begünstigung der Stärken und zur Behebung der Risiken einzuleiten.

(2) Gliederung des Controllings nach dem Gesichtspunkt der betrieblichen Funktion (Bereichs-Controlling)

Unter dem Gesichtspunkt wichtiger betrieblicher Funktionen unterscheidet man folgende Arten des Bereichs-Controllings:

Bereiche	Gegenstand
Beschaffungs-Controlling	Es ist auf jene Marktaktivitäten ausgerichtet, die sich auf die Bereitstellung der Einsatzgüter beziehen.
Marketing-Controlling	Es bezieht sich auf jene Marktaktivitäten, die der Verwertung der Unternehmensprodukte dienen.

Bereiche	Gegenstand
Produktions-Controlling	Es ist insbesondere ausgerichtet auf das Kostenverhalten, die Produktivitäts- und Wirtschaftlichkeitsentwicklung sowie das Qualitätsmanagement.
Personal-Controlling	Es befasst sich mit dem Aufbau und der Entwicklung der Personalkosten und entwickelt Grundlagen für Personalentscheidungen.

7.1.4 Instrumente des Controllings

Controlling-Instrumente sind alle methodischen und sachlichen Hilfsmittel, die der Erfüllung der Controllingaufgaben dienen. Wichtige Controlling-Instrumente sind:

- **Kennzahlen und Kennzahlensysteme.**

Kennzahlen sind ein wichtiges Instrument zur Konzentration von Informationen, um betriebliche Sachverhalte überschaubar abzubilden. Sie haben die Aufgabe, betriebliche Zielgrößen quantitativ (mengenmäßig) auszudrücken und den Erfolg betrieblicher Lenkungsmaßnahmen zu messen. Unter einem Kennzahlensystem versteht man eine Vernetzung von miteinander in Bezug stehenden betrieblichen Kennzahlen.

Beispiel:

Ein Unternehmen erwirtschaftete in einem Geschäftsjahr mit einem Eigenkapital von 800000,00 EUR einen Jahresüberschuss von 90000,00 EUR.

$$\text{Eigenkapitalrentabilität} = \frac{90\,000{,}00 \cdot 100}{800\,000{,}00} = \underline{\underline{11{,}25\,\%}}$$

- **Soll-Ist-Vergleich**

Hier werden die Sollzahlen (Planzahlen) den tatsächlichen Zahlen (Istzahlen) gegenübergestellt. Mögliche Abweichungen werden in absoluten Zahlen (z.B. Mengen, Gewichte, Werte) und relativen Zahlen (z.B. Prozent, Promillezahlen) ausgedrückt.

- **Budgetierung**[1]

Den einzelnen Verantwortungsbereichen eines Betriebs werden die Kosten vorgeschrieben, unter denen die vorher festgelegten Leistungsziele erreicht werden sollen. Alle Einzelbudgets (z.B. Beschaffungsbudget, Projektbudget) werden zu einem Gesamtbetriebsbudget zusammengefasst.

- **Berichte**

Zur Planung, Steuerung und Kontrolle eines Unternehmens müssen Informationen zur Verfügung stehen. Die Berichterstattung hat die Aufgabe, diese benötigten Informationen zu sammeln, aufzubereiten, sinnvoll darzustellen und an die Informationsempfänger weiterzuleiten. Berichte können die Ergebnisse der Soll-Ist-Vergleiche erläutern oder, auch – bei einem hohen Verdichtungsgrad – nur aus Kennzahlen bestehen.

1 **Budget**: Haushaltsplan.

7.2 Operatives Controlling durch Kennzahlen aus Beschaffungs- und Lagerbereich

7.2.1 Aufgaben der Kennzahlen im Beschaffungs- und Lagerbereich

- Die Kennzahlen aus dem Beschaffungs- und Lagerbereich geben Auskunft über Zustände, Eigenschaften und Leistungen dieses Bereiches.
- Kennzahlen machen die Wirkung von Maßnahmen sichtbar, können Ziele formulieren (Soll-Vorgaben) und die Zielerreichung belegen.
- Kennzahlen sind ein wichtiges Instrument des Controllings.

Urteile „aus dem Bauch heraus" werden ersetzt durch objektiv nachvollziehbare Informationen. Dadurch sind Vergleiche möglich

- zwischen einzelnen Abrechnungsperioden,
- zu Soll-Vorgaben,
- zu Durchschnittswerten,
- zu den Besten der Branche (Benchmarking).

7.2.2 Bedeutung der Kennzahlen für die verschiedenen Unternehmensebenen

(1) Kennzahlen für die Ebene der Abteilungen

Die Kennzahlen der untersten Ebene erlauben eine sehr detaillierte Analyse in den einzelnen Abteilungen der Unternehmung.

Die gewonnenen Informationen beziehen sich auf einzelne Waren bzw. Warengruppen, Lieferer oder Mitarbeiter. Bereits geringfügige periodische Abweichungen z.B. bei Preisen oder Mengen werden erkennbar.

Beispiele für Kennzahlen der Abteilungsebene:

- **aus dem Beschaffungsbereich**
  - Anzahl der Beschaffungsvorgänge je Periode
  - Wert/Häufigkeit der Beschaffungsvorgänge
    - je Lieferer
    - je Warengruppe
  - Beschaffungskosten je Lieferung
  - Kosten je Disponent
  - Anzahl der Anfragen, Bestellungen
  - Lieferzeitenabweichungen
  - Beanstandungsquote
    - nach Lieferern
    - nach Warengruppen
- **aus dem Lagerbereich**
  - Ø Lagerzugangsmenge
  - Ø Lagerabgangsmenge
  - Ø Lagerbestand
  - Ø Lagerwert
    - pro m^2
    - pro Mitarbeiter im Lager
  - Ø Verweildauer
  - Ø Ausreichungszeit
  - Wertminderung im Lager
  - Inventurdifferenz
  - Lagerhüter

(2) Kennzahlen für die Ebene der Bereichsleitung bzw. der Leitung der Zweigwerke

In der Ebene der Bereichsleitung unterstützen die Kennzahlen die Vorgabe und Kontrolle untergeordneter Teilziele.

Diese Verdichtung hilft der Unternehmensleitung, Ziele für größere Unternehmensbereiche zu formulieren und deren Einhaltung durch Soll-Ist-Vergleich zu kontrollieren.

Die Kennzahlen beziehen sich auf Verantwortungsbereiche im Unternehmen, auf höhere Ebenen der Warengruppen (z.B. Metall, Holz, Kunststoff oder A-Güter, B-Güter usw.). Da die Verdichtung eine Zusammenfassung auf der Ebene von Warengruppen oder Lieferergruppen beinhalten, gleichen sich Schwankungen von einzelnen Waren oder Lieferern gegenseitig aus. Die tolerierbare Schwankungsbreite nimmt also ab. Akzeptiert ein Automobilhersteller eine Schwankungsbreite von 30% bei einem ganz bestimmten Dachgepäckträgersystem, wird er einen Nachfragerückgang von 10% bei der Summe aller Dachgepäckträgersysteme als alarmierend bezeichnen.

Beispiele für Kennzahlen dieser Ebene:

- **aus dem Beschaffungsbereich**
  - Anteil der Rahmenkaufverträge am Einkaufsvolumen
  - durchschnittliches Auftragsvolumen der Rahmenverträge
  - Anteil des Importvolumens am Einkaufsvolumen
  - Kosten der Beschaffung nach Kostenarten und Kostenstellen
  - Einkaufsvolumen nach Warengruppe
  - Servicegrad
  - Lagerkostensatz
- **aus dem Lagerbereich**
  - Quote der Bevorratung
  - Ø Lagerbestand für A-Waren
  - Ø Lagerwert der A-Waren
  - Ø Lagerreichweite der A-Waren
  - Ø Verweildauer der A-Waren

(3) Kennzahlen für die Ebene der Unternehmensleitung

Die 3. und oberste Ebene der Verdichtung liefert Kennzahlen für das Informationssystem der Unternehmensleitung und unterstützt langfristige Beschaffungsentscheidungen. Zu diesen Kennzahlen gehören z.B.:

- Liquiditätsgrad,[1]
- Kennzahlen der Rentabilität und der Produktivität,[2]
- Lagerkennzahlen.

Auf dieser Ebene sind die tolerierten Schwankungsbreiten sehr eng. So könnte eine Erhöhung der durchschnittlichen Lagerwerte des gesamten Unternehmens um 3% bereits vom EDV-System die Auslösung eines Warnhinweises verursachen.

---

1 Unter der **Liquidität** eines Unternehmens versteht man seine Zahlungsfähigkeit, d.h. die Fähigkeit, jederzeit die Zahlungsverpflichtungen erfüllen zu können.

2 Siehe hierzu S. 397f.

7.2.3 Ausgewählte Kennzahlen aus dem Beschaffungs- und Lagerbereich

Insbesondere auf der ersten Ebene der Verdichtung ist eine Vielzahl von Kennzahlen möglich. Ein Unternehmen wird nicht alle theoretisch möglichen Kennzahlen führen, sondern sich ein „Sortiment" an Kennzahlen zusammenstellen, welches mit der eigenen „Unternehmensphilosophie" übereinstimmt. So wird ein Unternehmen, das Kostenführerschaft für sich beansprucht, ein besonderes Augenmerk auf jene Kennzahlen richten, die Auskunft geben über Kostensenkungspotenziale. Wählt ein Unternehmen hingegen Kundenfreundlichkeit als höherrangiges Ziel, dann wird es besonders auf Kennzahlen achten wie z. B. Lieferzeitenabweichung, Servicegrad o. Ä.

Nachfolgend finden Sie eine Zusammenstellung bisher nicht angesprochener Kennzahlen aus dem Beschaffungs- und Lagerbereich.

Kennzahl	Formel	Kriterien z. B.	Benötigt für ...
Beschaffungskosten je Lieferung	$\frac{\text{Summe Beschaffungskosten}}{\text{Anzahl Beschaffungsvorgänge}}$	■ Wahl des Transportsystems ■ Kapazität des Transportsystems	■ Kostenkontrolle
Beanstandungsquote nach Lieferer	$\frac{\text{Wert der erhaltenen Gutschriften} \cdot 100}{\text{Umsatzwert des Lieferers}}$	■ Zahl der Fehler aus der Wareneingangskontrolle ■ Retouren ■ Gutschriften	■ Kreditorenbuchhaltung ■ Lieferantenauswahl
Lieferzeitenabweichung	$\frac{\text{Anzahl verspäteter Lieferungen} \cdot 100}{\text{Anzahl der Lieferungen}}$	■ Zahl der Mahnungen ■ Anzahl verspäteter Tage	■ Lieferantenauswahl
Wert der Beschaffungsvorgänge je Lieferer	Summe der Werte, gruppiert nach Lieferer	■ Optimale Losgröße	■ Finanzplanung ■ Lagerraumplanung
Ø Lagerzugangsmenge	$\frac{\text{Summe Lagerzugangsmenge}}{\text{Anzahl der Lagerzugangsbuchungen}}$	■ Optimale Losgröße ■ Liquide Mittel ■ Verderblichkeit der Ware	■ Finanzplanung ■ Lagerraumplanung ■ Planung des Bereitstellungsverfahrens
Verweildauer	$\frac{360}{\text{Umschlagshäufigkeit}}$	■ Lagerzugangsmenge ■ Absatzvolumen	■ Vertriebsaktivitäten ■ Planung des Bereitstellungsverfahrens
Servicegrad	$\frac{\text{Anzahl der bedienten Entnahmeanforderungen} \cdot 100}{\text{Anzahl aller Anforderungen}}$	■ Dringlichkeit einer hohen Lieferbereitschaft	■ Planung der Vorratsmenge

Zusammenfassung

- Der **Begriff Controlling** kann **aufgabenorientiert** (Controlling als Methode), aus **institutioneller Sicht** (Controlling z. B. als Abteilung) oder **instrumentell** (Einsatz von Controllinginstrumenten) betrachtet werden.
- **Generelle Aufgabe des Controllings** ist, Informationen so aufzubereiten, dass eine ergebnisorientierte Führung des Unternehmens möglich wird.
- Die **speziellen Aufgaben** des Controllings betreffen insbesondere die Planungs- und Kontrollrechnung, das Rechnungswesen als Dokumentationsrechnung, die Erstellung ergebnisorientierter Informationen, Gestaltungsaufgaben bezogen auf Informationssysteme und Organisationsfragen.

22 Speth u.a. - ISBN 978-3-8120-0497-8

- **Controlling** kommt die Aufgabe zu, die Geschäftsleitung bei der Steuerung des Unternehmens durch Beschaffung und Aufbereitung von Informationen, durch Koordinieren, Analysieren und Kontrollieren zu unterstützen.
- Unter dem Gesichtspunkt **wichtiger betrieblicher Funktionen** unterscheidet man z.B.:
  - Beschaffungs-Controlling,
  - Produktions-Controlling,
  - Marketing-Controlling,
  - Personal-Controlling.
- Unter dem Gesichtspunkt des **Zeithorizonts** (des Planungszeitraums) unterscheidet man:
  - **operatives Controlling** (kurzfristiger Planungszeitraum) und
  - **strategisches Controlling** (langfristige, existenzsichernde Planungsperspektive).
- Instrumente zur Erfüllung der Controllingaufgaben sind z.B.:
  - Kennzahlen und Kennzahlensysteme,
  - Budgetierung,
  - Soll-Ist-Vergleich,
  - Berichte.
- Kennzahlen sind ein wichtiges Instrument des Managements und bei der Wahrnehmung der Controlling-Aufgaben.
- Sie werden entwickelt aus den Grunddatenbeständen, die aufgrund der Beschaffungs- und Lagerhaltungsvorgänge anfallen.
- Je höher die Position des Informationsempfängers in der Unternehmenshierarchie angesiedelt ist, desto mehr werden die Kennzahlen verdichtet und desto geringer sind die Toleranzbreiten, die im Falle der Abweichung akzeptiert werden.

Übungsaufgabe

129 1. Geben Sie in einer allgemein gehaltenen Kurzfassung an, was man unter dem Begriff Controlling versteht!

2. Nennen Sie einige Merkmale, durch die sich das operative Controlling vom strategischen Controlling unterscheidet!

3. Bei den Niederrheinischen Metallwerken GmbH wurden für eine ausgewählte Warengruppe folgende Kennzahlen ermittelt:

Kennzahl	Berechnungsformel	Vorjahr	aktuelles Jahr
Beanstandungsquote	$\frac{\text{Nettowert der Gutschriften} \cdot 100}{\text{Nettoeinkaufswert}}$	0,5 %	0,25 %
Anteil des Importvolumens am Einkaufsvolumen	$\frac{\text{Nettowert der Auslandsumsätze} \cdot 100}{\text{Nettoeinkaufswert}}$	20 %	23 %
Anteil der Rahmenkaufverträge am Einkaufsvolumen	$\frac{\text{Nettowert des Einkaufs durch Rahmenverträge} \cdot 100}{\text{Nettoeinkaufswert}}$	50 %	55 %
Servicegrad	$\frac{\text{Anzahl der sofort bedienten Lageranforderungen} \cdot 100}{\text{Anzahl aller Lageranforderungen}}$	98 %	97 %

Aufgabe:
Analysieren Sie die Kennzahlen und deren Veränderung vom Vorjahr zum aktuellen Jahr.

4. Die Lagerbestandsführung ermittelt für das 1. Quartal des aktuellen Geschäftsjahres folgende Daten:

Datum	Zugang	Abgang	Lagerbestand
31.12.			2450
17.01.	2400		4850
21.01.		250	4600
28.01.		350	4250
05.02.		1200	3050
10.02.		600	2450
15.02.		450	2000
23.02.		360	1640
28.02.		450	1190

Datum	Zugang	Abgang	Lagerbestand
07.03.		750	440
12.03.	1800		2240
15.03.		750	1490
18.03.		680	810
22.03.		430	380
23.03.	2100		2480
25.03.		530	1950
31.03.			1950

Aufgabe:

Ermitteln Sie die nachfolgenden Kennzahlen unter Verwendung der beigefügten Formeln!

	Kennzahl	Formel
4.1	Ø Lagerzugangsmenge	$\frac{\text{Summe Lagerzugangsmenge}}{\text{Anzahl der Lagerzugangsbuchungen}}$
4.2	Ø Lagerabgangsmenge	$\frac{\text{Summe Lagerabgangsmenge}}{\text{Anzahl der Lagerabgangsbuchungen}}$
4.3	Ø Lagerbestand (anhand der Quartalsendbestände)	$\frac{\text{Anfangsbestand} + \text{3 Monatsendbestände}}{4}$
4.4	Ø Umschlagshäufigkeit	$\frac{\text{Summe Lagerabgänge}}{\text{Ø Lagerbestand}}$
4.5	Ø Verweildauer	$\frac{\text{Anzahl Tage der Periode}}{\text{Umschlagshäufigkeit der Periode}}$
4.6	Ø Ausreichungszeit	$\frac{\text{Aktueller Lagerbestand}}{\text{Ø Tagesverbrauch}}$

Lernbereich 6: Leistungserstellungsprozesse

1 Leistungserstellungsprozesse als Kernprozesse eines Industrieunternehmens

Der Kernprozess Leistungserstellungsprozesse lässt sich wie alle Kernprozesse, in Planungs-, Steuerungs- und Controllingprozesse untergliedern.

Die **Planungsprozesse** umfassen die Teilprozesse Produktentstehung, Rechtsschutz der Produkte sowie die Festlegung der einzusetzenden Fertigungsverfahren.

Bevor die Produkte hergestellt werden, müssen in der **Steuerungsphase** zunächst der Materialeinsatz, die zeitliche und örtliche Reihenfolge der Produktionsaufträge sowie die Kapazitätsbelegung festgelegt werden. Dies geschieht im Rahmen der Produktionsprozessplanung. Es schließt sich die Phase der Produktionsprozesssteuerung an, in der dann die endgültige Kapazitätsbelegung bzw. Arbeitsverteilung nach vorheriger Kontrolle der Materialverfügbarkeit festgelegt wird.

Das **Produktions-Controlling** ist insbesondere darauf ausgerichtet, das Kostenverhalten, die Produktivitäts- und Wirtschaftlichkeitsentwicklung, die Qualitätsentwicklung sowie die getroffenen Maßnahmen zum Umweltschutz zu überprüfen und Verbesserungsvorschläge zu entwickeln.

Gliedert man die Leistungsprozesse in ihre Teilprozesse auf, so können diesen die jeweiligen betriebswirtschaftlichen Inhalte zugeordnet werden (siehe S. 341).

2 Produktentstehung

Der **Planungsprozess der Produktentstehung** umfasst fünf Schritte. Zunächst gilt es eine **Produktidee** zu entwickeln, durch die Abteilung **Forschung und Entwicklung** abzusichern und **„Probeprodukte"** zu erstellen. Entscheidet sich die Unternehmensleitung zur Aufnahme der neuen Produkte in das bestehende Produktprogramm, werden in einem weiteren Schritt die **Produktdokumente** erstellt. Als letzter Schritt der Produktentstehung wird der **Produktionsprozess** geplant.

Produktidee → Forschung und Entwicklung[1] → Produktgestaltung und -entwicklung → Erstellung der Produktdokumente → Produktionsplanung

2.1 Produktidee

Produkte sind **Sachgüter** und **Dienstleistungen.**

1 Auf die Thematik Forschung und Entwicklung wird im Folgenden nicht eingegangen.

Leistungserstellungsprozesse	Teilprozesse	Betriebswirtschaftliche Inhalte
Planungsprozesse	**Produktentstehung**	■ Produktidee ■ Forschung und Entwicklung[1] ■ Prozesse der Produktgestaltung und Produktentwicklung ■ Produktdokumente: Konstruktionszeichnung, Grafischer Baum, Stücklisten, Basisarbeitsplan, Teileverwendungsnachweis. ■ Planung des Produktionsprozesses
	Produkt schützen	■ Rechtsschutz der Erzeugnisse[1] – Patent, Gebrauchsmuster, Design, Marken- und sonstige Kennzeichen, Gütezeichen
	Planung des Fertigungsverfahrens	■ Planung der fertigungstechnischen Rahmenbedingungen – Fertigungsorganisation – Fertigungstypen ■ Optimale Losgröße ■ Nachhaltigkeit der Leistungserstellung
Steuerungsprozesse	**Produktionsprozessplanung**	■ Materialbedarfsplanung ■ Bedarfsarten ■ Nettobedarfsrechnung ■ Produktionsterminplanung ■ Kapazitätsbelegungsplan/Kapazitätsausgleich
	Produktionsprozesssteuerung	■ Fertigungsveranlassung und Fertigungsdokumente ■ Fertigungsüberwachung mithilfe der Betriebsdatenerfassung
Controllingprozesse	**Produktions-Controlling**	■ Qualitätsmanagement ■ Betriebliche Kennzahlen – Produktivität und Wirtschaftlichkeit – Rentabilität – Kennzahlen zur Beurteilung der Prozessqualität

1 Diese betriebswirtschaftlichen Inhalte werden nicht behandelt.

2.1.1 Ideengewinnung

Für die Ideengewinnung gibt es zwei Möglichkeiten:

(1) Passive Ideenfindung

- Ideen kommen **aus dem eigenen Unternehmen,** z. B.
  - von Mitarbeitern aus dem Vertrieb, Marketing und der Produktion,
  - aus dem betrieblichen Vorschlagswesen,
  - aus der eigenen Forschungs- und Entwicklungsabteilung,
  - aus Kundenbeschwerden dank eines eingerichteten Beschwerdemanagements.
- Ideen kommen **aus externen Quellen,** z. B.
  - durch Befragungen von Endverbrauchern oder Händlern,
  - von Experten an Forschungsinstituten oder Hochschulen,
  - durch Publikationen,
  - durch Beobachtung der Konkurrenz,
  - über Patentämter.

(2) Aktive Ideensuche durch Anwendung bestimmter Kreativitätstechniken

Hierfür gibt es eine Reihe von Verfahren mit der Gemeinsamkeit, dass sie die Abwicklung **kreativer**[1] **Prozesse** unterstützen. Exemplarisch wird das **Brainstorming-Verfahren** skizziert. Das Brainstorming-Verfahren setzt in erster Linie auf Spontaneität der Teammitglieder und hat das Ziel, möglichst viele neue Ideen in kurzer Zeit zu entwickeln.

Brainstorming-Verfahren	
Es trifft sich eine Gruppe von Experten unterschiedlicher Fachrichtungen (Techniker, Kaufleute usw.) zu einer Ideenkonferenz. Ein Moderator übernimmt die Leitung der Gruppe. Alle vorgebrachten Ideen und Vorschläge werden kritiklos akzeptiert, nach Möglichkeit aufgegriffen und weiterentwickelt. In dieser **ersten Phase** hat die **Menge der Ideen Vorrang** vor deren Qualität. Die Beiträge werden entweder schriftlich protokolliert oder der Ablauf wird elektronisch aufgezeichnet. Eine Bewertung der Ideen findet in dieser Phase nicht statt, sondern erst nach Ablauf der Konferenz. **Kritik ist also nicht zugelassen.**	▪ Intensiver Ideenfluss mit vielen, bereits bekannten, naheliegenden Ideen, ▪ wenig neue Vorschläge. ▪ nachlassender Ideenfluss, ▪ längere Pausen.
Die **Ideen mit innovativem Charakter** ergeben sich vorwiegend erst in der **zweiten Phase.** Der Brainstorming-Prozess darf also nicht zu früh abgebrochen werden. Vielmehr muss er gezielt überzogen werden, da das kreative Potenzial erst „herausgepresst“ werden muss und andernfalls verloren wäre.	▪ Bereits vorgebrachte Gedanken werden jetzt verstärkt aufgegriffen und weiterentwickelt. ▪ Dies ist die eigentliche kreative Phase mit höherem Anteil an innovativen Ideen.
Im Anschluss an die Ideensammlung werden gleichartige Vorschläge zusammengefasst und auf ihre Umsetzbarkeit hin überprüft. Nicht brauchbare Vorschläge werden gestrichen.	

1 **Kreativität:** schöpferische Fähigkeit, hier: Fähigkeit von Personen, zur Lösung von Problemen neue Ideen zu entwickeln.

Interessant ist auch die **Ideengewinnung aus unerwarteten Fehlschlägen.**

Beispiel:

Ende der 60er-Jahre versuchte die 3M-Company einen neuen Klebstoff zu entwickeln. Heraus kam ein Kleber, der zwar überall haftete, aber sich rasch ablösen ließ. Jahre später erinnerte sich ein Arbeitskollege des Klebstoffentwicklers, der ein Lesezeichen für sein Gesangbuch benötigte, an diese Entwicklung. Das Lesezeichen haftete und ließ sich leicht entfernen, ohne dass die Seiten des Liederbuches beschädigt wurden. Die „Post-it"-Haftnotizen gehören heute zu den wichtigsten Erfindungen des 20. Jahrhunderts und verschaffen der 3M-Company jährlich Umsätze in dreistelliger Millionenhöhe.

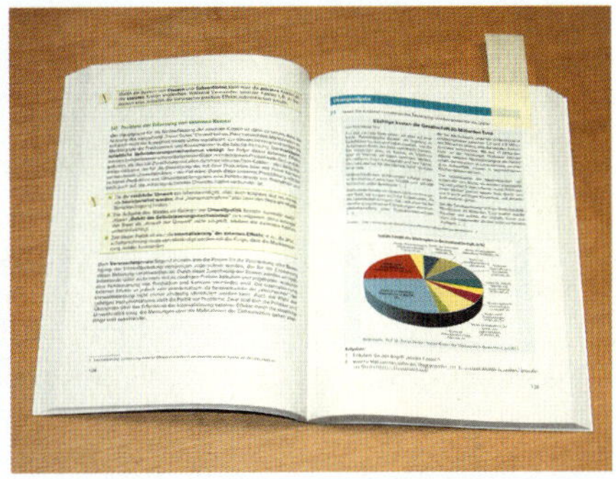

Dass man sich aber auch gewaltig irren kann und Gefahr läuft, Chancen zu verpassen, belegt das nebenstehende Beispiel, über welches wir aus heutiger Sicht nur schmunzeln können.

Beispiel:

„Es gibt keinen Grund, warum irgendjemand einen Computer in seinem Haus wollen würde."[1]

Ken Olson, Präsident von
Digital Equipment Corp., 1977

2.1.2 Ideenbewertung und Ideenauswahl

Empfehlenswert ist ein **mehrstufiges Verfahren**:

Stufe 1	Stufe 2	Stufe 3	Stufe 4	Stufe 5	Stufe 6
Dubletten (gleichartige Ideen) werden **zusammengefasst** zu einem Ideenpool.	Die danach vorhandenen Ideen werden **geordnet**, z. B. nach Kreativität. Die Ideen mit hohem Innovationswert werden gesondert herausgestellt, weil sich mit ihnen besondere Chancen verbinden.	**Bewertung** der Ideen, z. B. durch **Vergabe von Punkten** von + 6 (sehr gut) bis – 2 (sehr schlecht), jeweils für einzelne Kategorien, wie Absatzeignung, Produktionseignung, Beschaffungseignung usw. (siehe Grafik auf S. 344).	Die erreichten Punkte werden mit **Gewichtungsfaktoren,** die die Bedeutung der Kategorie wiedergeben, multipliziert.	Aus der **Addition der gewichteten Punkte** ergibt sich die Gesamteignung.	 **TOP 5!** Beschränkung auf z. B. die **TOP 5,** um die Energie auf die erfolgreichsten Ideen zu fokussieren.[2]

1 Quelle: http://www.r-winners/sonstige/spass6.htm [Stand: 28. 10. 2014].

2 **Fokussieren:** auf einen zentralen Punkt ausrichten.

Beispiel für die Bewertung von Ideen (siehe Stufe 3, S. 343)

Produktbewertungsprofil[1]

	sehr gut (6)	gut (4)	durchschnittl. (2)	schlecht (0)	sehr schlecht (- 2)	Punktzahlen	Gewichtungsfaktoren	gewichtete Punktzahlen
Absatzeignung:								
Markteignung	●					6	2	12
Vertriebseignung	●					6	2	12
Produktionseignung:								
Verfahrensbeherrschung			●			2	2	4
Kapazitätsbeanspr.		●				4	1,5	6
Beschaffungseignung:								
Rohstoffverfügbarkeit		●				4	1,5	6
Lieferantenabhängigkeit			●			2	1	2
F&E-Eignung:								
Know-how d. Mitarb.			●			2	1	2
techn. Ausstattung					●	- 2	1	- 2
Kapitalbindung:								
Anlagevermögen			●			2	0,5	1
Umlaufvermögen		●				4	0,5	2
Ergebnisbeiträge nach produktspezifischen fixen Kosten (ggf. inkl. Lizenzk.)	●					6	2	12
GESAMTEIGNUNG								57

2.2 Prozesse der Produktgestaltung und Entwicklung

2.2.1 Kostenentwicklung im Rahmen der Produktgestaltung und die Produktentwicklung

(1) Kostenentwicklung und Produktgestaltung

Bei der Gestaltung eines neuen Erzeugnisses ist der gesamte Produkt-Lebenszyklus in den Gestaltungsprozess einzubeziehen, da die späteren Phasen des Lebenszyklus bereits im Entwurf des Erzeugnisses berücksichtigt werden müssen. Dies ist insbesondere deshalb wichtig, weil Änderungen an der Konzeption des Erzeugnisses immer teurer werden, je später sie in der Produktentwicklung eingeleitet werden. Änderungen an der Produktidee sind nahezu gratis, während Änderungen in einer angelaufenen Serienproduktion unter Umständen mit teuren und rufschädigenden Rückrufaktionen verbunden sein können.

1 Nach: Hahn, D./Laßmann, G.: Produktionswirtschaft, 3. Aufl. Heidelberg 1999, S. 220. Beim Produktbewertungsprofil handelt es sich um einen Mehrfaktorenvergleich (Scoring-Modell).

Die nachfolgende Grafik zeigt den Zusammenhang zwischen Gestaltungsspielraum und Kosten einer Produktänderung in Abhängigkeit von der Phase der Produktentwicklung.

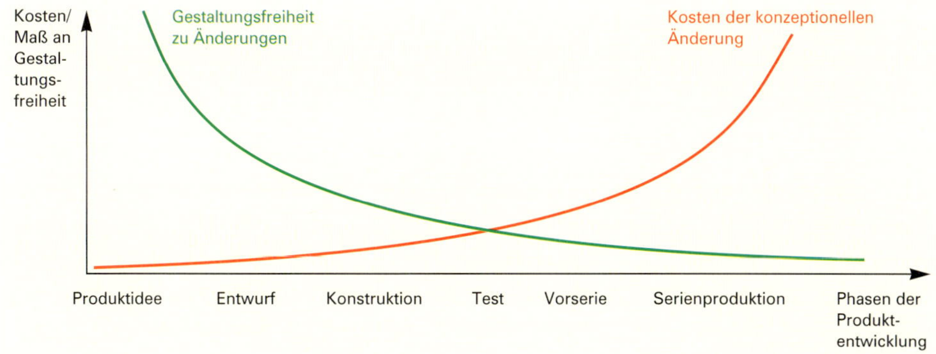

Man erkennt, dass in der Phase der „Produktidee" Änderungen kaum Kosten verursachen, da sie noch „im Kopf" stattfinden. Der Entwickler hat also noch ein hohes Maß an Gestaltungsfreiheit. Mit zunehmendem Reifegrad der Produktentwicklung gewinnt der Konstrukteur dann Erkenntnisse über die Machbarkeit seiner Idee, ob er der richtigen Idee oder einem Irrweg gefolgt ist.

Gleichzeitig wird der Entwickler jedoch in seinen Freiheitsgraden mehr und mehr eingeschränkt, denn notwendige Änderungen werden immer teurer. Darüber hinaus entscheiden die Festlegungen im Rahmen der Konstruktion darüber, inwieweit das Erzeugnis fertigungsgerecht ist. Der Konstrukteur trägt somit ein besonders hohes Maß an Kostenverantwortung.

(2) Entwicklung unter Berücksichtigung der Lebensphasen des Produkts

■ Konstruktion

Die Produktentwicklung lässt sich in weitere Teilprozesse untergliedern. Im Mittelpunkt dieses Prozesses steht die **Konstruktion.** In dieser Entwicklungsphase müssen bereits die Einflussfaktoren berücksichtigt werden, die erst in den späteren Lebensphasen eines Produkts wirksam werden. Die nachfolgende Funktionskette zeigt, auf welche Weise die Entwicklungs- und Lebensphasen eines Erzeugnisses bereits im Voraus im Rahmen der Konstruktion berücksichtigt werden müssen.

In der senkrechten Anordnung zeigt das Schaubild auf S. 346 die Lebensphasen eines Produkts, wobei der Prozess der Produktentwicklung besonders hervorgehoben ist. Diese Wirkungsrichtung ist durch die rückführenden Pfeile dargestellt.

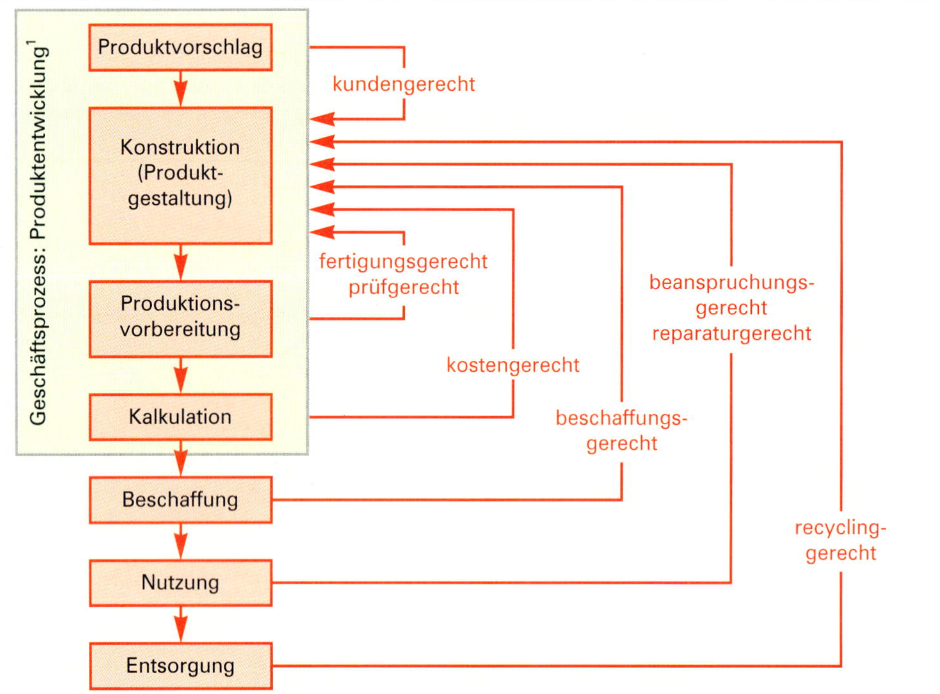

Produktionsvorbereitung

Hier sind eine Fülle von Faktoren zu berücksichtigen. Nachfolgend werden beispielhaft einige wichtige Faktoren vorgestellt:

Nominierte Passstellen	Bei einem Pkw, der mit unterschiedlichen Motorvarianten geliefert werden kann, müssen alle Motorblöcke an jener Stelle einheitlich konstruiert sein, an denen der Motor in der Karosserie aufgehängt wird.
Fertigungsgerechte Materialien	Montageroboter können z. B. weiche Teile (Membran) nicht greifen. Hier müssen Materialien verwendet werden, welche die gewünschte Funktion erfüllen und gleichzeitig „robotergerecht“ sind.
Rückgriff auf bereits konstruierte Komponenten[2]	Dies erspart sowohl erheblichen Konstruktions- und Entwicklungsaufwand als auch Fertigungskosten. Bereits die Bildung von Teilefamilien[3] trägt zur Kostensenkung bei.
Berücksichtigung von Toleranz-grenzen	Sinnvoll ist es, nur jene Toleranzgrenze zu fordern, die für die Funktion des Erzeugnisses notwendig ist. Exaktere Toleranzen werden in der Regel nur mit teureren Maschinen erreicht. Damit steigen die Fertigungskosten.

1 Vgl. Scheer, A. W.: Wirtschaftsinformatik, 2. Aufl., Berlin 1997, S. 533.

2 **Komponente**: Teil.

3 Das sind Teile, die in Bezug auf eine oder mehrere Eigenschaften untereinander gleich sind.

Kalkulation

Die Herstellkosten des Erzeugnisses werden in starkem Maße beeinflusst durch die Art des verwendeten Materials und die damit verbundenen Herstellungsverfahren. So lassen sich z. B. Tanks aus Kunststoff kostengünstig durch ein Blaseverfahren herstellen. Darüber hinaus sind Kunststofftanks eher geeignet, Hohlräume im Unterbau eines Autos auszunutzen.

Beschaffung des Vormaterials

Die Anforderungen an das Vormaterial (Roh-, Hilfs- und Betriebsstoffe, Fertigteile, Baugruppen) lassen sich in einem **Lastenheft** formulieren. Es beinhaltet aus der **Sicht des Anwenders** bzw. **des Kunden** alle Anforderungen, die das Erzeugnis erfüllen soll. Das Lastenheft ist Basis für Ausschreibungen und Verhandlungen mit den Zulieferern. Es klärt, **WAS** verlangt wird und **WOFÜR** etwas verlangt wird.

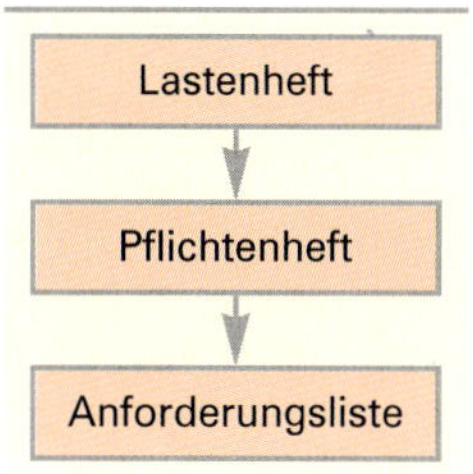

Aus dem Lastenheft entwickelt sich das **Pflichtenheft.** Es wird vom **Auftragnehmer** erstellt und beschreibt, **WIE** und **WOMIT** die im Lastenheft formulierten Anforderungen gelöst werden.

Konkretisiert wird das Pflichtenheft durch die **Anforderungsliste.** Die Anforderungsliste enthält die **Einzelanforderungen,** die konkret zu beschaffen sind. Sie ist Basis für die vertragliche Vereinbarung zwischen Auftraggeber und Auftragnehmer.

Nutzung

Produkteigenschaft	Erläuterungen
beanspruchungs-gerecht	Der Kunde erwartet, dass das Erzeugnis für den Zweck geeignet ist, für den er es gekauft hat. Je nach Erzeugnis werden unterschiedliche Erwartungen gestellt wie z. B. Robustheit, vielfältige Kombinationsmöglichkeit, Stabilität, Leichtigkeit usw.
reparaturgerecht	Hier fördert z. B. die konsequente Modulbauweise eine rasche und kostengünstige Reparatur.

Entsorgung

Die Verwendung weniger, sortenreiner Materialien und eine demontagegerechte Konstruktion (schrauben statt schweißen, zerstörungsfreie Demontage) unterstützen eine kostengünstige Entsorgung. Allerdings befindet sich der Konstrukteur hier unter Umständen in einem Dilemma.[1] So wird z. B. bei einem Autounfall von der Karosserie ein hohes Maß an Verformbarkeit zur Energieverzehrung erwartet, ohne dass sich allerdings die Struktur des Autos auflöst. Gerade Letzteres wird aber bei der Entsorgung gewünscht.

1 **Dilemma:** Wahl zwischen zwei (unangenehmen) Dingen; Zwangslage.

Zusammenfassung

- Unter **Produkten** werden sowohl Sachgüter als auch Dienstleistungen verstanden.
- Der Ablauf der Produktplanung und der Produktentwicklung sind aus der nachfolgenden Tabelle zu entnehmen.[1]

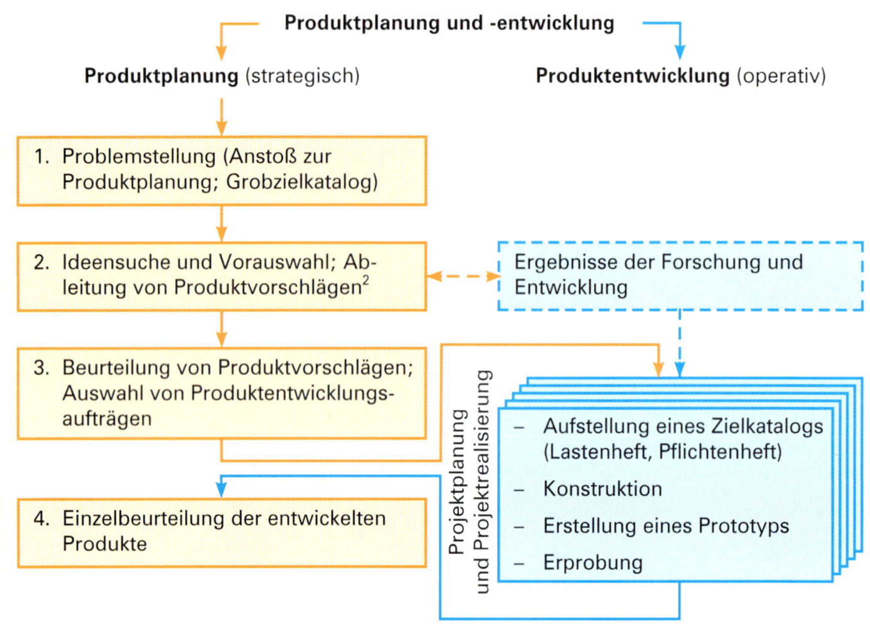

- **Brainstorming** ist ein Verfahren zur aktiven Ideensuche.
- Mit zunehmendem **Fortschritt in der Produktentwicklung**
  - **steigen die Kosten** für Konstruktionsänderungen,
  - **sinkt die Gestaltungsfreiheit** des Konstrukteurs.
- Die Anforderungen an das Produkt werden im **Lasten-** und **Pflichtenheft** festgehalten.

Übungsaufgabe

130 1. Beschreiben Sie, weshalb der Konstruktion ein besonderes Maß an Kostenverantwortung zukommt!

2. Veranschaulichen Sie grafisch das Problem des Konstrukteurs mit fortschreitender Produktentwicklung zwischen steigenden Kosten und sinkender Gestaltungsfreiheit!

3. Zeigen Sie auf, in welcher Weise nachfolgende Phasen des Produktlebenszyklus bereits im Rahmen der Konstruktion berücksichtigt werden müssen!

1 Nach: Hahn, D./Laßmann, G: Produktionswirtschaft, 2. Aufl., Heidelberg 1999, S. 213.
2 Aufgrund des Lehrplans wurde hierauf nicht eingegangen.

2.3 Produktdokumente

2.3.1 Ziel der Produktdokumentation

Die Schaffung der Produktdokumente hat das Ziel, das Erzeugnis in seinem **strukturellen Aufbau** (seinen Komponenten) darzustellen. Die Darstellung erfolgt entweder grafisch oder in Tabellen.

Die Fragestellung heißt: Aus welchen Komponenten (Einzelteilen, Baugruppen) besteht das Erzeugnis und wie lässt sich der Aufbau des Erzeugnisses stufenweise gliedern?

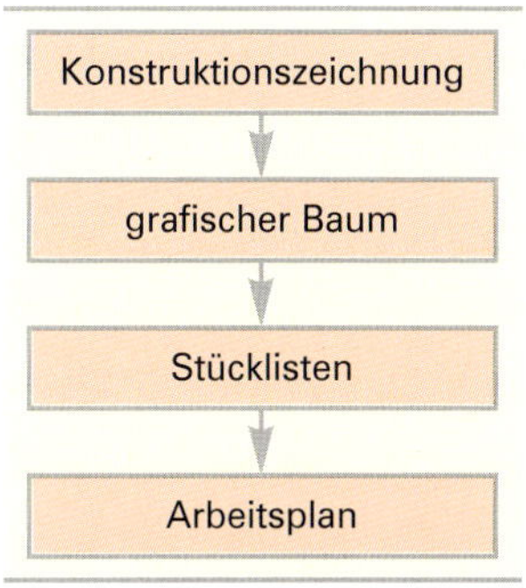

Über jedes Erzeugnis wird zunächst eine **Konstruktionszeichnung** angefertigt, die das Erzeugnis grafisch darstellt. Aus der Konstruktionszeichnung wird anschließend ein **grafischer Baum** erstellt, der den logischen Aufbau der Erzeugnisse aus Baugruppen und Einzelteilen ausweist. Auf der Basis der Konstruktionszeichnung erstellt der Konstrukteur **Stücklisten.** Stücklisten sind Verzeichnisse der in den Zeichnungen enthaltenen Teile. Da die Stücklisten keine Auskunft darüber geben, auf welche Weise das Erzeugnis zusammengesetzt wird, ist noch ein **Arbeitsplan** zu erstellen.

2.3.2 Arten der Produktdokumente

2.3.2.1 Konstruktionszeichnung

Die Konstruktionszeichnung ist eine grafische Darstellung des Erzeugnisses. Sie zeigt die Lage der Teile zueinander, ihre Funktion, die Maße, evtl. Leistungen, Toleranzen in der Oberflächenbeschaffenheit und Normen. Dargestellt wird in der Regel eine Vorder-, Seiten- und Draufsicht. Damit erhält der Benutzer eine Vorstellung über die räumliche Gestalt des Produkts.

Weiterentwicklungen im computergestützten Arbeiten (CAD-Bereich)[1] erlauben 3-D-Darstellungen, Farbe, Licht- und Schatteneffekte, Zoom-Einstellungen, Drehungen um jede beliebige Achse. Mithilfe spezieller Verfahren können Berechnungen durchgeführt werden, z.B. das Biegeverhalten von Trägern, das Crash-Verhalten von Karosserien. Auf diese Weise lässt sich durch Simulation am Computer das Verhalten des Endprodukts vorausberechnen. Das erspart kostspielige Versuche mit Testmodellen und verkürzt die Entwicklungszeit.

1 **CAD**: Unter Computer Aided Design versteht man computerunterstütztes Konstruieren. Das Zeichenbrett wird hier durch den Bildschirm ersetzt.

In der Phase der Konstruktion werden die Herstellkosten des Produkts weitestgehend bestimmt, d.h., durch die konstruktionsbedingte Festlegung des Erzeugnisses entscheidet der Konstrukteur auch über die Materialart, den logischen Aufbau des Erzeugnisses, seine Kombinationsfähigkeit mit anderen Produkten im Rahmen eines Baukastensystems.

Beispiel:

Im Folgenden stellen wir ein Erzeugnis der Weber Metallbau GmbH vor. Sie führt in einem Nebenprogramm auch Arbeitstische. Die nachfolgenden Konstruktionszeichnungen sind Beispiele für Gesamtzeichnung, Baugruppenzeichnung und Einzelteilzeichnung zum Arbeitstisch T160 (Grafischer Baum siehe S. 351).

Gesamtzeichnung des Arbeitstisches T160

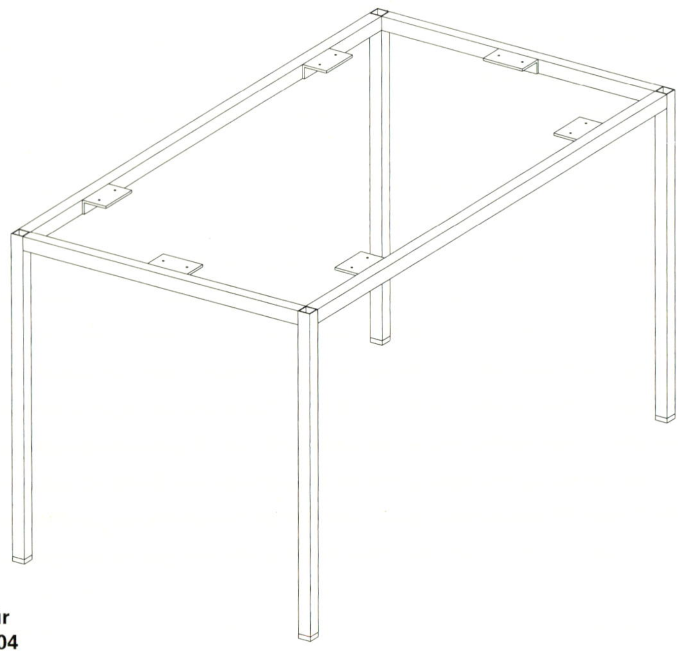

Baugruppenzeichnung für Seitenkomponente 210104

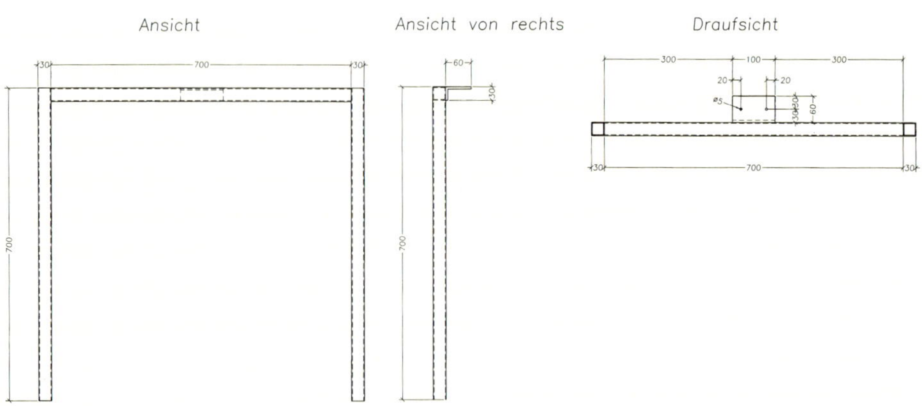

2.3.2.2 Grafischer Baum (Erzeugnisstruktur)

Sie ist eine grafische Darstellung des Erzeugnisses, wobei nicht die Form des Erzeugnisses im Vordergrund steht, sondern der logische Aufbau des Erzeugnisses aus Baugruppen[1] und Einzelteilen.

Für den Arbeitstisch T160 wurde vom Konstrukteur folgender **struktureller Aufbau** festgelegt:

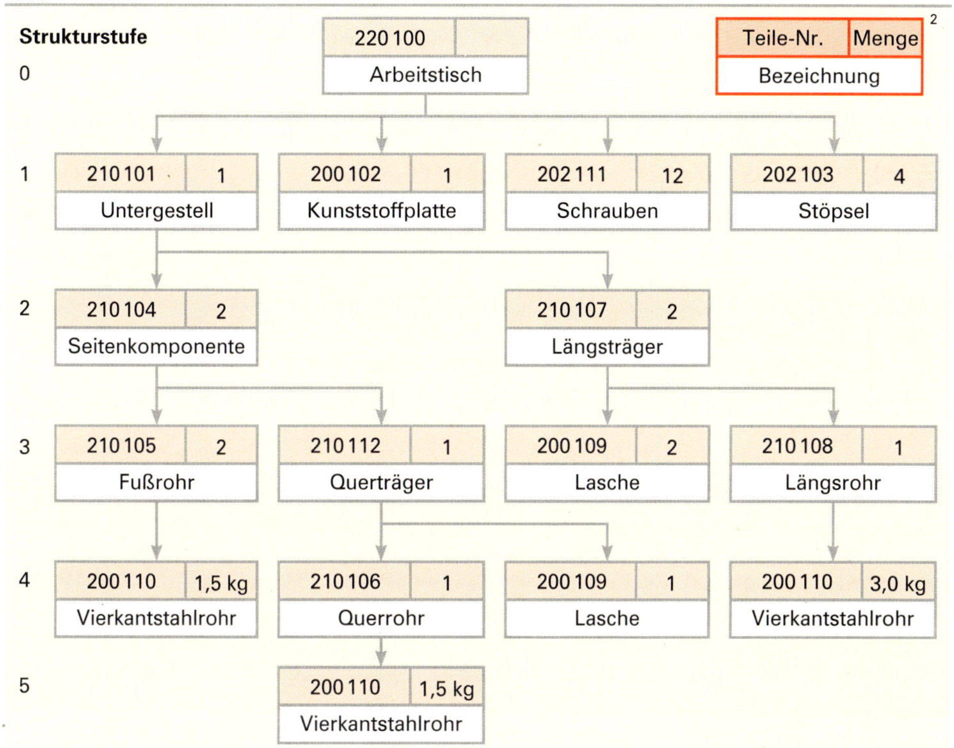

Beschreibung der Erzeugnisstruktur:

In der Endmontage auf der Strukturstufe 1 werden für den Zusammenbau des Arbeitstisches ein Untergestell, eine Kunststoffplatte, 12 Schrauben und 4 Stöpsel benötigt. Das Untergestell wiederum setzt sich aus jeweils 2 Seitenkomponenten und 2 Längsträgern zusammen. Denkbar ist auch die Bildung von anderen Baugruppen, z. B. die Verbindung von 2 Längsträgern (in diesem Fall bestehend aus 2 Fußrohren und dem Längsrohr) und einem Querträger. Die jetzige Strategie erlaubt es jedoch, mehrere Varianten dieses Grunderzeugnisses kostengünstiger herzustellen, z. B. quadratische Tische oder Tische in Trapezform. Die Mengenangaben beziehen sich auf jeweils **eine Einheit** der übergeordneten Komponente, dies bedeutet z. B., **ein Untergestell** (übergeordnete Komponente) besteht aus zwei Seitenkomponenten und jeweils **eine Seitenkomponente** (als übergeordnete Komponente) besteht wiederum aus zwei Fußrohren.

1 Bezeichnung für eine Gruppe von Einzelteilen, die als Einheit in das Endprodukt eingeht (z. B. Klimaanlagen, Kühlsysteme, auf Grundrahmen montierte Systeme, Druckluftzufuhr in Fabriken).

2 Vgl. hierzu die Ausführungen auf S. 352.

2.3.2.3 Stücklisten

(1) Begriff Stückliste

Auf Basis der Konstruktionszeichnung erstellt der Konstrukteur Stücklisten.

Stücklisten sind Verzeichnisse der in den Zeichnungen enthaltenen Teile.

Eine Stückliste hat folgenden grundsätzlichen Aufbau:

Teile-Nummer	**210104**	
Bezeichnung	**Seitenkomponente**	
Teile-Nummer	**Bezeichnung**	**Menge**
210112	Querträger	1
210105	Fußrohr	2

Kopfteil mit Angaben zu dem Erzeugnis, das zergliedert wird.

Tabellenteil mit Angaben zu den Komponenten, die im Erzeugnis des Kopfteils enthalten sind.

(2) Gliederung der Stücklisten nach dem Aufbau der Stückliste

Nach dem Aufbau der Stückliste untergliedert man in Mengenübersichtsstücklisten und in Strukturstücklisten.

- **Mengenübersichtsstücklisten**

Sie weisen alle Baugruppen und Einzelteile auf, die direkt oder indirekt in das Produkt eingehen. Sie sind nicht auf Fertigungsstufen ausgerichtet und sind deshalb nicht dafür geeignet, einzelne Produktionsaufträge zu planen.

Innerhalb einer Erzeugnisstruktur kann eine Komponente mehrfach an unterschiedlichen Positionen vorkommen. In der Mengenübersichtsstückliste wird jedoch jede Komponente nur ein Mal mit ihrer kumulierten Menge aufgeführt. Sie ist daher sinnvoll bei Erzeugnissen mit einfacher Struktur, zur Vorkalkulation oder zur Materialbereitstellung. Sie gibt aber keine Auskunft über den logischen Aufbau des Erzeugnisses.

Beispiel:

Mengenübersichtsstückliste		
Teile-Nr. **Bezeichnung**	**220 100** **Arbeitstisch**	
Teile-Nr.	**Bezeichnung**	**Menge**
210 101	Untergestell	1
200 102	Kunststoffplatte	1
202 103	Stöpsel	4
210 104	Seitenkomponente	2
210 105	Fußrohr	4
210 106	Querrohr	2
210 107	Längsträger	2
210 108	Längsrohr	2
200 109	Lasche	6
200 110	Vierkantstahlrohr	15
202 111	Schrauben	12
210 112	Querträger	2

■ **Strukturstücklisten**[1]

Stücklisten, die die Aufgliederung von Produkten nach **konstruktiv zusammengehörende Baugruppen** zeigen, nennt man **Strukturstücklisten.**

Bezogen auf den Arbeitstisch ergibt sich folgende Strukturstückliste:

Strukturstückliste							
Teile-Nr. 220 100 **Bezeichnung** Arbeitstisch							
Strukturstufe[2]					**Teile-Nr.**	**Bezeichnung**	**Menge**
1	**2**	**3**	**4**	**5**			
x					210 101	Untergestell	1
	x				210 104	Seitenkomponente	2
		x			210 105	Fußrohr	4
			x		200 110	Vierkantstahlrohr	6
		x			210 112	Querträger	2
			x		210 106	Querrohr	2
				x	200 110	Vierkantstahlrohr	3
			x		200 109	Lasche	2
	x				210 107	Längsträger	2
		x			200 109	Lasche	4
		x			210 108	Längsrohr	2
			x		200 110	Vierkantstahlrohr	6
x					200 102	Kunststoffplatte	1
x					202 111	Schrauben	12
x					202 103	Stöpsel	4

2.3.2.4 Arbeitsplan

Aus der Stückliste ist lediglich zu erkennen, aus welchen Komponenten sich ein Erzeugnis zusammensetzt. Sie gibt aber keine Auskunft darüber, **wie** das Erzeugnis zusammengebaut wird. Diesen Mangel überwindet der **Arbeitsplan.** Der **Basisarbeitsplan** ist die auftragsneutrale Version des Arbeitsplans, da sich seine Daten auf die fiktive (angenommene) Herstellung von **einem Erzeugnis** beziehen.

Liegt ein Kundenauftrag vor, werden die dort angegebenen Ausführungszeiten mit den Auftragsmengen multipliziert. Auf diese Weise entsteht der **Auftragsarbeitsplan.**

Die Konstruktionszeichnung und die Stückliste liefern dabei die Ausgangsdaten für den Arbeitsplan. Aus der Konstruktionszeichnung entnimmt der Planer die Angaben über die geometrische Form des Teils, über dessen Maß- und Toleranzangaben sowie über Oberflächeneigenschaften. Aus der Stückliste gewinnt er Aussagen darüber, welche Teile und

1 Mengenübersichts- bzw. Strukturstücklisten bezeichnet man auch als **Aufbaustücklisten.**

2 Siehe grafischer Baum auf S. 351.

23 Speth u.a. - ISBN 978-3-8120-0497-8

Baugruppen für den Zusammenbau benötigt werden. Darüber hinaus sind bei der Arbeitsplanerstellung noch zusätzliche Betriebsdaten heranzuziehen, z.B. Informationen über die einzusetzenden Maschinen, die Werkzeuge, Vorrichtungen, Messwerkzeuge, Prüfmittel und die Vorgabezeiten.

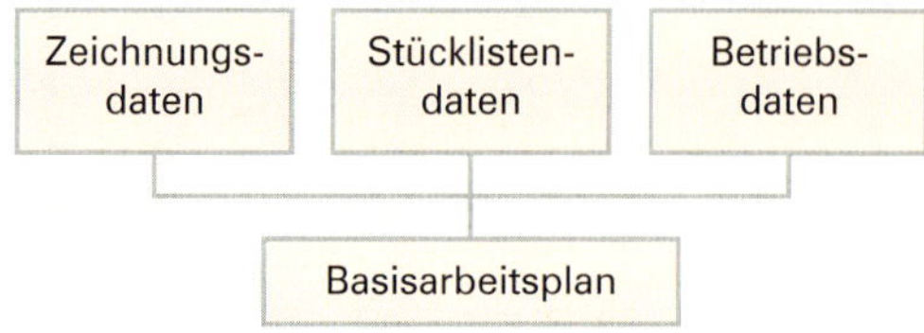

Zusammenfassung

- Zu den **Dokumenten** im Rahmen der **Produktentwicklung** gehören
  - die **Konstruktionszeichnung,**
  - die **Erzeugnisstruktur,**
  - die **Stückliste,**
  - der **Arbeitsplan.**[1]
- Die **Konstruktionszeichnung** ist eine **grafische Darstellung** des Erzeugnisses. Sie zeigt die Lage der Teile zueinander, ihre Funktion, die Maße, evtl. Leistungen, Toleranzen in der Oberflächenbeschaffenheit und Normen. Dargestellt wird in der Regel eine Vorder-, Seiten- und Draufsicht.
- Die **Erzeugnisstruktur (grafischer Baum)** ist eine **grafische Darstellung** des Erzeugnisses, wobei nicht die Form des Erzeugnisses im Vordergrund steht, sondern der **logische Aufbau** des Erzeugnisses aus Baugruppen und Einzelteilen.
- Die **Stückliste** ist die **tabellarische Darstellung** und beantwortet die Frage: *„Aus welchen Komponenten besteht das Erzeugnis?"* Die Blickrichtung ist also analytisch.[2]
  - In der **Mengenübersichtsstückliste** wird jede Komponente nur ein Mal mit ihrer **kumulierten Menge** aufgeführt.
  - Die **Strukturstückliste** gibt Auskunft über den strukturellen Aufbau des Erzeugnisses. Alle Mengenangaben beziehen sich auf das im Kopfteil angegebene Erzeugnis.
- Die **Daten des Arbeitsplans** beziehen sich auf die angenommene Herstellung einer Einheit eines Erzeugnisses. Er gibt darüber Auskunft
  - in welcher Reihenfolge,
  - an welchem Ort,
  - welche Tätigkeit,
  - bei welcher Vergütung (Lohngruppe) und
  - in welcher Zeit

  durchgeführt wird.

---

1 In der Praxis wird der Arbeitsplan häufig mit einem NC-Programm verknüpft.

2 **Analytik**: Zerlegungslehre. **Analytisch**: zerlegend, entwickelnd.

Übungsaufgabe

131 Zum Produktionsprogramm der Weber Metallbau GmbH gehört auch ein höhenverstellbarer Montagebock, wie er in nebenstehender Abbildung zu erkennen ist. Vom zuständigen Konstrukteur wurde die nachfolgende Erzeugnisstruktur gefertigt.

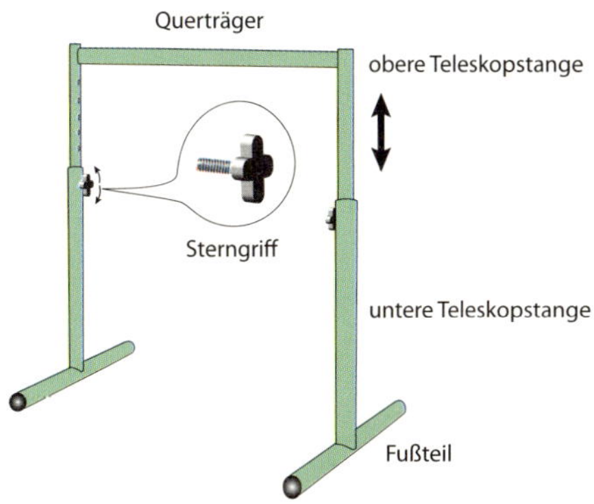

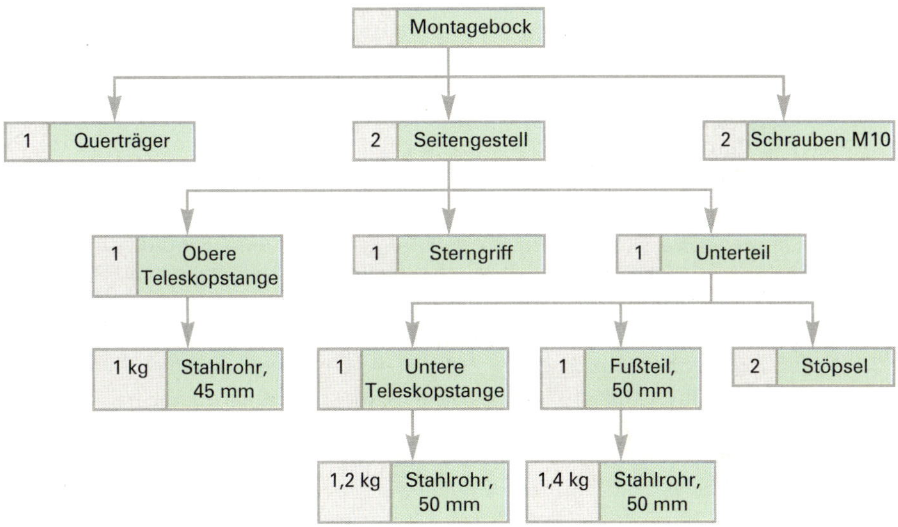

Aufgaben:

1. Erläutern Sie, worüber eine Erzeugnisstruktur Auskunft gibt!
2. Erstellen Sie die Strukturstückliste für den Montagebock!
3. Um das Unterteil zu fertigen, muss ein Fußteil mit einer unteren Teleskopstange verschweißt werden. Hierfür sind mehrere Arbeitsgänge erforderlich, deren Arbeitsgangdaten in einem Arbeitsplan festgehalten sind.

   Beschreiben Sie, woher die Daten stammen, die in einem Arbeitsplan zusammengetragen werden!

2.4 Planung des Produktionsprozesses

2.4.1 Begriffe Produktprogramm und Produktionsprogramm

Zu den strategisch bedeutsamen Festlegungen eines Industriebetriebs gehört die Entscheidung über die Zusammensetzung des Produktprogramms.[1]

Im **Produktprogramm** sind Art und Menge der Produkte festgelegt, die ein Unternehmen anbietet.

Die Gestaltung des Produktprogramms kann unter strategischen oder operativen Gesichtspunkten betrachtet werden.

- Im Rahmen der **strategischen Produktprogrammplanung** wird der **Produktprogrammrahmen** hinsichtlich Art und Menge der herzustellenden Produkte festgelegt.
- Im Rahmen der **operativen Produktprogrammplanung** wird das **Produktionsprogramm (Fertigungsprogramm)**[2] bestimmt. Es legt konkret die Art und Menge der in den nächsten kurzfristigen Perioden zu produzierenden Produkte fest. Die operative Produktprogrammplanung wird in der Praxis meist als Jahres-, Quartals- und Monatsplanung durchgeführt. Häufig erfolgt die Monatsprogrammplanung zusammen mit dem Planungsprozess für die Leistungserstellung, der die Grundlage für die Produktionsprozesssteuerung ist.

- Die strategische Produktprogrammplanung schafft den **Produktprogrammrahmen.**
- Das **Produktionsprogramm** (die operative Produktprogrammplanung) legt für eine gegebene Planungsperiode Art, Menge und Zeitpunkt der herzustellenden Produkte fest. Das Produktionsprogramm schafft die Basis für die weitere Planung, Steuerung und Kontrolle des Produktionsprozesses.

2.4.2 Arten des Produktionsprogramms

Betrachtet man das Produktionsprogramm unter den Aspekten Breite und Tiefe, dann kann einerseits zwischen einem breiten und schmalen Produktionsprogramm und andererseits zwischen einer hohen und einer geringen Produktionstiefe unterschieden werden.

1 Auf die Entwicklung, den Aufbau und die Zusammensetzung des Produktprogramms wird im Folgenden nicht eingegangen.

2 Die Begriffe Produktionsprogramm und Fertigungsprogramm werden im Folgenden synonym verwendet.

(1) Gliederung des Produktionsprogramms unter dem Gesichtspunkt der Programmbreite (Fertigungsbreite)

Art des Produktionsprogramms	Erläuterungen	Beispiele
Breites Produktionsprogramm	Es werden viele Produktarten, Sorten und Qualitäten hergestellt.	Eine Möbelfabrik stellt Küchenmöbel, Arbeits-, Wohn- und Schlafzimmer her.
Schmales Produktionsprogramm	Es wird nur ein Produkt oder nur wenige Produktarten hergestellt. Die Verringerung der Produktbreite bezeichnet man auch als Spezialisierung.	Eine Möbelfabrik spezialisiert sich auf die Herstellung von Einbauküchen.

(2) Gliederung des Produktionsprogramms unter dem Gesichtspunkt der Programmtiefe (Fertigungstiefe)

Hohe Produktionstiefe

Dies bedeutet, dass das Unternehmen im eigenen Haus einen hohen Grad der Wertschöpfung erzielt. Dies kommt dadurch zustande, dass auf der Beschaffungsseite überwiegend Rohstoffe (z.B. Walzblech, Stangenmaterial an Eisen unterschiedlicher Breite und Länge, Kunststoffgranulat usw.) beschafft werden. Dieser Rohstoff wird zunächst zu Einzelteilen (z.B. Tischbeine), dann zu Baukastenkomponenten und letztlich zu Enderzeugnissen verarbeitet.

Eine große Produktionstiefe verbindet sich mit folgenden Rahmenbedingungen:

- Das erfolgsspezifische Know-how bleibt überwiegend im eigenen Unternehmen.
- Hohes Maß an Fixkostenbelastung, weil für alle Produktionsschritte Menschen, Maschinen und Räume vorhanden sein müssen.
- Geringes Maß an Flexibilität in Bezug auf veränderte Marktanforderungen.

Geringe Produktionstiefe

Dies bedeutet, dass im eigenen Haus nur ein geringer Grad der Wertschöpfung erzielt wird. Ein Großteil der Produktion und Entwicklung findet bereits beim Lieferanten statt und wird als komplette Systemkomponente (z.B. vollständiges Auspuffsystem mit Katalysator, Getriebe usw.) in das Enderzeugnis eingebaut.

Eine geringe Produktionstiefe verbindet sich mit folgenden Rahmenbedingungen:

- Das erfolgsspezifische Know-how muss mit dem Lieferer geteilt werden. Entsprechende Rahmenvereinbarungen schützen das Unternehmen vor Missbrauch.
- Weniger fixe Kosten, da ein Großteil der Produktionsschritte entfällt und – salopp ausgedrückt – nicht mehr produziert, sondern vielmehr nur noch montiert wird.
- Hohes Maß an Flexibilität in Bezug auf veränderte Marktanforderungen, da der Lieferer einen Teil des Fixkostenrisikos trägt und es leichter ist, einen anderen Lieferer zu gewinnen als auf eine vorhandene Fertigungsausstattung umzustellen.

2.4.3 Bestimmungsfaktoren zur Planung des Produktionsprogramms

Bestimmungsfaktoren für die Planung des Produktionsprogramms sind zum einen absatzwirtschaftliche und zum anderen produktionswirtschaftliche Überlegungen.

(1) Absatzwirtschaftliche Bestimmungsfaktoren

Bei dem derzeit vorherrschenden Käufermarkt verhalten sich die Kunden in aller Regel passiv, d. h., sie warten auf die Angebote der Verkäufer. Die Hersteller sind daher gezwungen, festzustellen, woran Bedarf herrscht und inwieweit unbewusst vorhandene Bedürfnisse vorliegen und geweckt werden können.

(2) Produktionswirtschaftliche Bestimmungsfaktoren

Ein Betrieb, der sehr viele Produktarten herstellt, arbeitet in der Regel mit hohen Kosten, vor allem mit hohen **Umstellungskosten.** Sie entstehen durch die Umrüstung und Neueinrichtung der Maschinen. Hinzu kommen unter Umständen noch Kosten für Probedurchläufe. Je weniger Produktarten – bei gleichbleibender Kapazität – hergestellt werden, desto niedriger sind die Rüstkosten.[1] Darüber hinaus macht sich der Betrieb das „Gesetz der Massenproduktion" zunutze, das besagt, dass bei steigender Produktmenge die Stückkosten sinken.

Weitere Bestimmungsfaktoren sind die Beschaffungsmärkte, die angetroffenen Marktbedingungen, die Gesetzgebung sowie die persönlichen Ansichten der Geschäftsleitung.

2.4.4 Festlegung des Produktionsprogramms

Aus **Sicht der Leistungserstellung** ist aus Kostengründen ein möglichst **schmales Produktionsprogramm** wünschenswert, während aus **absatzwirtschaftlicher Sicht** ein **breites Produktionsprogramm** wünschenswert ist.

Der Wunsch der „Verkaufsstrategen" des Betriebs bietet die Möglichkeit, unterschiedliche Kundenbedürfnisse zu befriedigen, streut das Risiko bei einem Nachfrageausfall für ein Produkt und erleichtert die Kapazitätsanpassungen bei saisonalen Nachfrageschwankungen. Die technische Betriebsleitung strebt dagegen die Verminderung der Erzeugnisarten auf wenige Typen an, um Kosten einzusparen (z. B. geringere Differenzierung bei den Materialbeständen, verringerte Rüstkosten, vereinfachte Arbeitsvorbereitung, Stärkung der Automatisierung, geringere Loswechselkosten). Die Festlegung des Produktionsprogramms ist deswegen regelmäßig ein Kompromiss.

Um das Spannungsverhältnis zwischen Leistungserstellung und Absatz zu mildern, geht die Entwicklung der Fertigungstechnik dahin, die Fertigungssysteme zu flexibilisieren.[2] Unter **flexiblen Fertigungssystemen** versteht man mehrere Bearbeitungszentren (z. B. Industrieroboter), die über ein elektronisch gesteuertes Transportsystem miteinander verbunden sind und von einem übergeordneten Informations- und Steuerungssystem gelenkt werden. Flexible Fertigungssysteme sind in der Lage, unterschiedliche Aufträge (z. B. verschiedene Gerätetypen) automatisch zu fertigen.

1 Vgl. hierzu S. 368.

2 **Flexibel:** beweglich, anpassungsfähig.

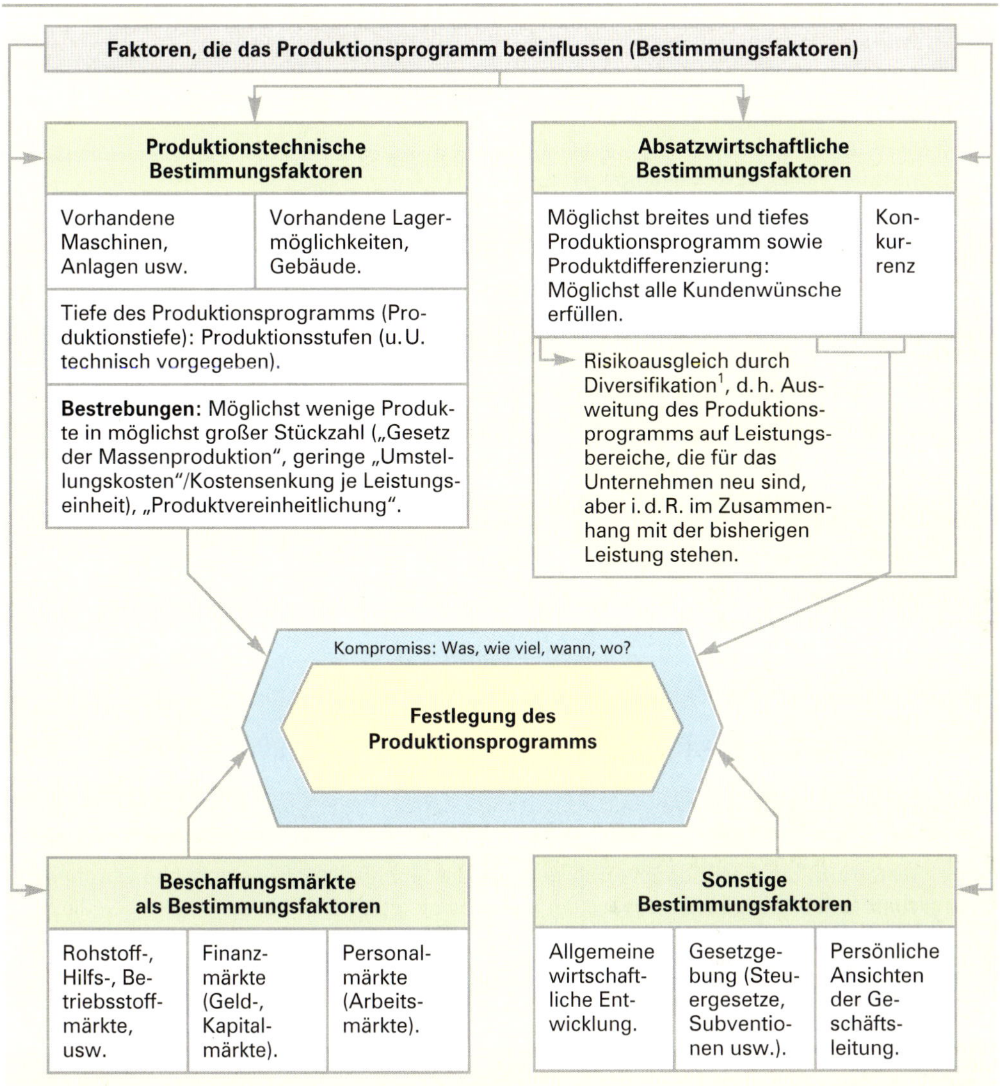

Zusammenfassung

- Unter dem **Produktprogramm** versteht man die Anzahl der verschiedenen Produkte und ihre Ausführungen, die ein Industrieunternehmen anbietet.
- Das **Produktionsprogramm** legt für eine gegebene Planungsperiode Art, Menge und Zeitpunkt der herzustellenden Produkte fest.

1 **Diversifikation** (lat): Abwechslung, Veränderung.

- Nach dem **Gesichtspunkt der Programmbreite** kann zwischen einem **breiten** und einem **schmalen Produktionsprogramm** unterschieden werden.
- Nach dem **Gesichtspunkt der Produktionstiefe** kann zwischen einer **hohen** und einer **geringen Produktionstiefe** unterschieden werden.
- Die **Planung des Produktionsprogramms** hängt insbesondere von **absatz-** und **produktionswirtschaftlichen Bestimmungsfaktoren** ab.
- Die **Festlegung des Produktionsprogramms** ist immer ein **Kompromiss.**

Übungsaufgabe

132 1. Nennen Sie jeweils drei Argumente, die für bzw. gegen ein breites Produktionsprogramm sprechen!

2. Stellen Sie die Konsequenzen dar, die sich aus einer hohen bzw. geringen Produktionstiefe ergeben!

3 Planung des Fertigungsverfahrens

3.1 Gründe für die Festlegung auf ein Fertigungsverfahren

Fertigungsverfahren sind die Betriebsmittel und deren Organisation.

Die **Gestaltung der Fertigungsverfahren,** also die technisch-organisatorische Durchführung der Produktion, hängt u.a. ab

vom **Produktionsprogramm**	So ist z.B. bei der Baustellenfertigung verhältnismäßig viel, bei der Massenfertigung verhältnismäßig wenig Handarbeit erforderlich. In der chemischen Industrie unterscheiden sich die Fertigungsverfahren völlig von denen der Textilindustrie und die wiederum von denen des Maschinenbaus.
von der **Höhe der Lohnkosten**	In Regionen mit niedrigem Lohnniveau sind in der Regel mehr Menschen in der Produktion beschäftigt als in Regionen mit hohen Lohnkosten.
von der **Höhe des Kapitalbedarfs**	Kapitalintensive Fertigungsverfahren wie z.B. die Massenfertigung mit „Automaten“ erfordern einen viel höheren Kapitaleinsatz als arbeitsintensive Verfahren. Sie verursachen deshalb auch höhere Kapitalkosten (z.B. Zinskosten). Die erforderlichen hohen Finanzmittel müssen auf dem Kapitalmarkt beschafft werden. Je höher die Zinskosten in einem Land sind, desto geringer wird die Neigung sein, in kapitalintensive Fertigungsverfahren zu investieren.
von **staatlichen Vorschriften**	Regierungen in den verschiedenen Ländern nehmen mit unterschiedlichen Vorschriften (z.B. Umweltauflagen, Verbot der Kinderarbeit, Arbeitsschutz) Einfluss auf die Wahl der Fertigungsverfahren.

3.2 Arten von Fertigungsverfahren

3.2.1 Fertigungsverfahren nach dem Grad der Automatisierung

(1) Handarbeit

Unter Handarbeit wird sowohl die vorwiegend körperliche Arbeit als auch die handwerkliche oder künstlerische manuelle Fertigung (Produktion) verstanden. Die Handarbeit ist die älteste Form der Fertigung. Hilfsmittel ist das Werkzeug, aber nicht die Maschine. Die schwere körperliche Arbeit wird in den hochindustrialisierten Ländern immer seltener, weil aufgrund der hohen Löhne der Einsatz kapitalintensiverer Fertigungsverfahren (d.h. die Substitution[1] der Handarbeit durch Maschinenarbeit) rentabel wird. Arbeiten mit gestalterischem Inhalt (z.B. Anfertigen von Entwürfen, Modellen, Mustern) werden auch in der Industrie ihre Bedeutung behalten.

(2) Maschinenarbeit

Von Maschinenarbeit wird gesprochen, wenn dem Arbeitenden ein wesentlicher Teil der Arbeitsvorgänge – vor allem schwere körperliche Tätigkeiten – durch Maschinen abgenommen wird. Wird dem Arbeitenden lediglich die Energie für den Antrieb der Maschine abgenommen, so spricht man von **Kraftmaschinen.**

Beispiel:

Die Drehbewegungen einer Drehbank werden nicht mehr durch den Menschen, sondern mithilfe eines Elektromotors erzeugt. Das Herausarbeiten des Profils bleibt der Geschicklichkeit des Arbeitenden überlassen.

Kraftmaschinen bedürfen gut ausgebildeter Arbeitskräfte, weil das Werkzeug manuell geführt werden muss.

Ist die Maschine so konstruiert, dass sie selbst die Führung des Werkzeugs übernehmen kann, handelt es sich um eine **Arbeitsmaschine.**

Beispiel:

Eine Drehbank kann, nachdem der Arbeitende die erforderlichen Einstellungen vorgenommen hat, den Abdrehstahl selbst an dem zu drehenden Material entlangführen und das vorgeschriebene Profil herausarbeiten.

(3) Automatische Fertigung

Unter **Automation** versteht man die vollständige mechanisierte Durchführung von Arbeiten mithilfe von Maschinen, die in der Lage sind, **selbsttätig** einen oder mehrere Arbeitsgänge ohne menschliches Zutun durchzuführen.

Die in der Fertigung eingesetzten Automaten verrichten nicht nur eine bestimmte Arbeit, sondern sie kontrollieren und korrigieren sich selbst.

---

1 **Substitution**: Gegenseitiger Austausch von Produktionsfaktoren (Leistungsfaktoren).

Beispiel:

Eine Maschine in einer Zwirnerei ist so konstruiert, dass die gewünschte Stärke des Wollfadens vollkommen gleichmäßig und selbsttätig hergestellt wird. Da das Material der Maschine in unterschiedlichen Mengen zugeführt wird, kann eine gleichbleibende Stärke des Fadens nur erreicht werden, indem die Maschine langsamer läuft (weniger Material ansaugt), wenn die Materialmenge zu groß ist. Dagegen wird bei zu knapper Materialzufuhr ein Ausgleich durch erhöhte Geschwindigkeit (größere Ansaugmenge) herbeigeführt.

Die Automation stellt an den arbeitenden Menschen **andere Anforderungen** als die Maschinenarbeit:

- Die Kontrollen (z.B. Ablesen der Instrumente, Proben) können in unregelmäßigen Abständen erfolgen. Der Arbeitstakt wird von der Maschine vorgegeben.
- Die Kontrollaufgaben erfordern Konzentration und Wachsamkeit, um bei Störungen sofort eingreifen zu können.
- Die Verantwortung für Mensch und Maschine ist größer als bei manueller oder maschineller Fertigung.

3.2.2 Fertigungsverfahren nach der Häufigkeit der Prozesswiederholung (Fertigungstypen)

Die Unterscheidung in Fertigungstypen richtet sich danach, inwieweit ein Betrieb das **Prinzip der Massenfertigung** verwirklicht. Die nachfolgende Grafik gibt einen Überblick über die Fertigungstypen:

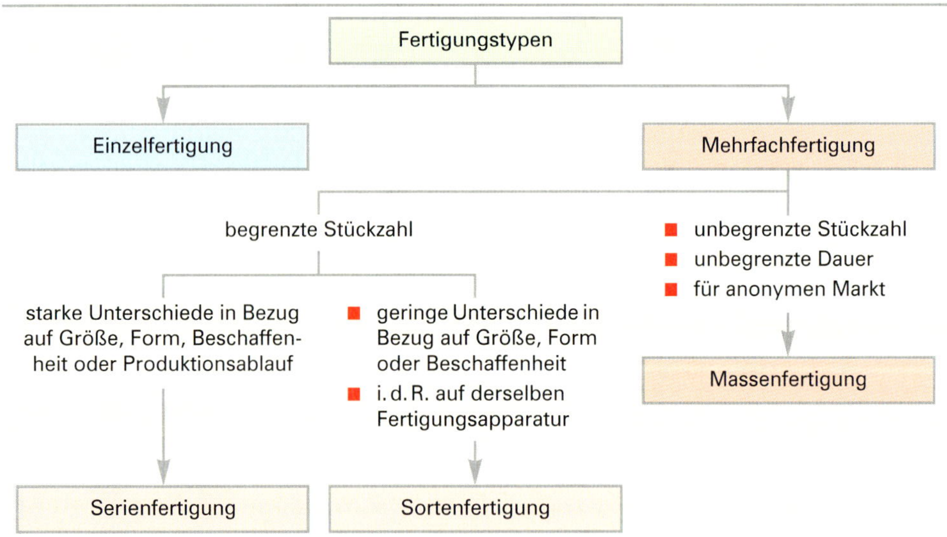

(1) Einzelfertigung

Hier wird ein bestelltes Produkt nur einmal in seiner Art gefertigt. Die Einzelfertigung ist in der Lage, individuelle Wünsche zu berücksichtigen.

Beispiele:

Anfertigen eines Maßanzugs, Konstruktion einer Spezialmaschine, Bau von Häusern, Fabriken, Schiffen, Straßen, Brücken oder Turbinen.

(2) Serienfertigung

Werden bei der industriellen Fertigung von einem Produkt größere Stückzahlen erzeugt (z.B. Werkzeugmaschinen oder Autos), spricht man von Serienfertigung. Durch den Übergang von der Einzel- zur Serienfertigung sinken die Stückkosten: Einerseits muss die Vorplanung und Arbeitsvorbereitung nicht mehr für jedes einzelne Produkt gesondert, sondern nur einmal für die ganze Serie durchgeführt werden, andererseits kann infolge der Arbeitsteilung der Einsatz der Betriebsmittel rationalisiert werden.

Bei der Serienfertigung mit **kontinuierlicher (ununterbrochener) Fertigung** werden die Fertigungsanlagen einmal für die Produktion der Serie vorbereitet, sodass nur ein bestimmtes Produkt während des geplanten Zeitraums gefertigt werden kann. Verlangt der Markt ein verbessertes Produkt, wird die Produktion der bisherigen Serie eingestellt und die neue Serie aufgelegt (z.B. Motorräder, Automobile). Der Übergang dieser sogenannten **Großserienfertigung** zur Massenfertigung ist fließend.

(3) Sortenfertigung

Hier weisen die Endprodukte bestimmte Größen-, Formen- und Beschaffenheitsunterschiede auf, die mit der gleichen, allerdings zumeist verstellbaren Produktionseinrichtung und dem **gleichen Rohmaterial** mit **unterschiedlichen Zusatzstoffen** erreicht werden.

Beispiele:

Die Bekleidungsindustrie bietet konfektionierte[1] Herren- und Knabenanzüge, Damen- und Herrenmäntel in den verschiedensten Größen, in anderen Musterungen und mit unterschiedlichen Qualitäten an. Schokoladenfabriken bringen verschiedene Sorten mit z.B. spezifisch bitterem oder zartbitterem oder anderem Geschmack auf den Markt.

(4) Massenfertigung

Erstellt ein Unternehmen ein ausgereiftes Produkt und sieht es sich einem praktisch unbegrenzt aufnahmefähigen Markt gegenüber, wird es zur **Massenfertigung** übergehen (z.B. Zigaretten, Ziegelsteine, Stahlbleche, Waschmittel, Zement).

3.2.3 Fertigungsverfahren nach der Anordnung der Betriebsmittel im Produktionsprozess (Organisationstypen)

(1) Werkstättenfertigung

Werkstättenfertigung bedeutet die Zusammenfassung aller artgleichen Fertigungsmaschinen und Fertigungseinrichtungen in besonderen Abteilungen, z.B. Drehbänke in der Dreherei, Fräsmaschinen in der Fräserei usw. Das Werkstück wandert von Abteilung zu Abteilung, wobei es wiederholt in die gleiche Abteilung zurückkommen kann.

1 **Konfektioniert**: Serienmäßig hergestellt, verkaufsfertig.

Das folgende Organisationsschema zeigt das Prinzip der Werkstättenfertigung.

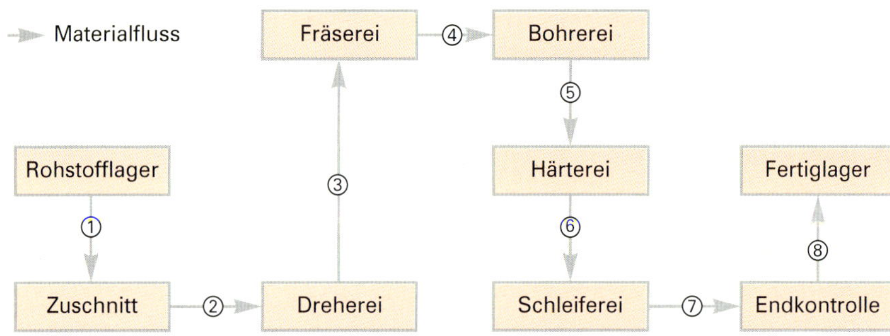

Werkstättenfertigung aus Sicht des Unternehmers	
Vorteile	**Nachteile**
▪ Geeignetes Fertigungsverfahren für Einzel- und Kleinserienfertigung. ▪ Große Anpassungsfähigkeit an Nachfrageänderungen, da der häufige Wechsel der Kundenaufträge hinsichtlich Art und Qualität der Produkte den Einsatz von umrüstbaren Maschinen (Universalmaschinen im Gegensatz zu Spezialmaschinen) verlangt. ▪ Guter Überblick über Kapazitätsauslastung.	▪ Hohe Fertigungskosten im Vergleich zur Fließfertigung aufgrund – langer innerbetrieblicher Transportwege, – ungleicher Kapazitätsauslastung der Werkstätten, – hoher Zwischenlagerkosten, – hoher Lohnkosten (Facharbeiterlöhne) und – hoher Kosten der Arbeitsvorbereitung (z. B. Bereitstellung der Arbeitsunterlagen, Reihenfolgeplanung, Terminplanung, Maschinenbelegungsplanung).

(2) Fließfertigung

Von **Fließfertigung** spricht man, wenn sich die Anordnung der Maschinen und der Arbeitsplätze nach der technisch erforderlichen Bearbeitungsreihenfolge richtet.

Zu unterscheiden sind zwei Formen von Fließfertigung:

- die Reihenfertigung und
- die Fließbandfertigung.

Reihenfertigung

Gelingt es, innerhalb der einzelnen Werkstätten die Maschinen und damit die Arbeitsplätze nach dem Fertigungsablauf anzuordnen, spricht man von **Reihenfertigung**. Hier wird der Produktionsprozess in kleine und kleinste Arbeitsgänge zerlegt, die entsprechend dem Produktionsfortschritt miteinander verbunden sind.

Das folgende Organisationsschema zeigt das Prinzip der Reihenfertigung.

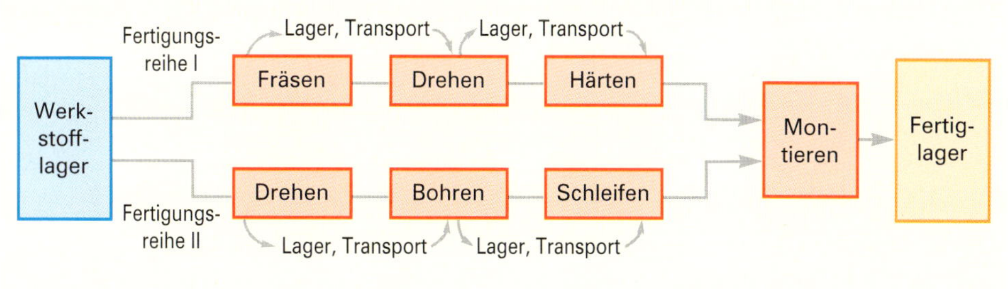

Reihenfertigung aus Sicht des Unternehmers	
Vorteile	**Nachteile**

■ Geeignetes Fertigungsverfahren für größere Serien.
■ Niedrigere Fertigungskosten gegenüber der Werkstättenfertigung aufgrund
  ■ kurzer innerbetrieblicher Transportwege,
  ■ gleichmäßiger Kapazitätsauslastung in den Fertigungsreihen,
  ■ niedrigerer Lohnkosten (an Spezialmaschinen ist der Einsatz angelernter Arbeitskräfte möglich),
  ■ niedriger Kosten für die Arbeitsvorbereitung.
	■ Hohes Unternehmerwagnis (steigende Stückkosten bei zurückgehender Nachfrage aufgrund hoher fixer Kosten).
	■ Mangelnde Anpassungsfähigkeit an Nachfrageänderungen. (Spezialmaschinen können entweder überhaupt nicht oder nur mit hohen Kosten umgerüstet werden, falls andere Erzeugnisse hergestellt werden sollen.)

■ Fließbandfertigung

Die **Fließbandfertigung** ist dadurch charakterisiert, dass sie, bei einem gleichmäßigen Arbeitsfluss, Arbeitsgänge in einer zeitlich bestimmten, lückenlosen Folge ausführt. Die Bearbeitungsgänge von unterschiedlicher Dauer sind daher aufeinander abzustimmen, „auszutakten“, damit das Werkstück alle Fertigungsstufen mit der gleichen, planmäßig vorgegebenen Geschwindigkeit durchläuft. Bei diesem Taktverfahren ist die Arbeit an dem sich bewegenden Werkstück in der festgesetzten Zeit auszuführen. Die Arbeitsausführung ist an den Takt (Rhythmus) gebunden.

Das folgende Organisationsschema zeigt das Prinzip der Fließbandfertigung.

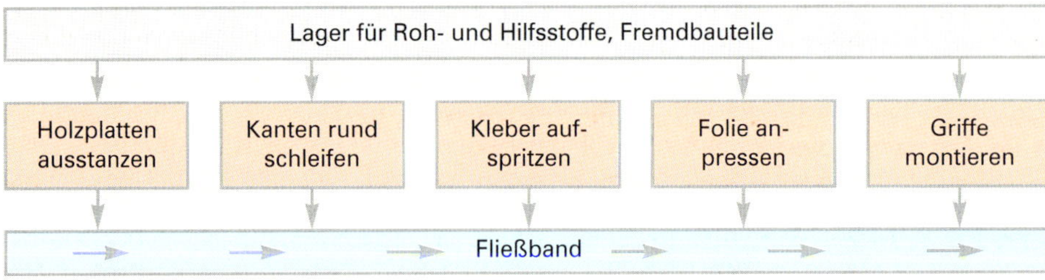

Die Fließbandfertigung galt lange Zeit als das bestmögliche Produktionsverfahren, weil sie eine hohe Arbeitsproduktivität garantiert (geringer Raumbedarf je Arbeitsplatz, schnelle Durchlaufzeiten des Materials, höchstmögliche Ausnutzung der Arbeitskapazität des Arbeitenden).

Seit Beginn der siebziger Jahre haben Gewerkschafter, Arbeitspsychologen, Soziologen und Techniker erkannt, dass die Nachteile der Fließbandarbeit überwiegen können.

Die **Nachteile der Fließbandfertigung** aus **Sicht des arbeitenden Menschen** sind vor allem:

- Der Mitarbeiter kann sich **nicht mehr mit dem Produkt identifizieren.** Er weiß häufig gar nicht mehr, welchen Anteil er am Gesamtprodukt hat. Die Arbeitsfreude kann dadurch verloren gehen.
- Die ständige Wiederholung von gleichartigen Arbeitsgängen führt zur **Monotonie.** Die einseitige Beanspruchung bei der Arbeit führt möglicherweise zu **physischen** (körperlichen) und **psychischen** (seelischen) **Belastungen**.
- Für viele Tätigkeiten am Fließband ist keine umfassende Berufsausbildung mehr notwendig. Ungelernte oder angelernte Arbeit genügt. Damit entsteht eine **neue, wenig angesehene Bevölkerungsschicht.**

Die angeführten Nachteile sind ein Grund dafür, dass viele große Industriebetriebe entweder das Fließband „humanisieren" (menschlicher gestalten) oder abschaffen.

Fließbandfertigung aus Sicht des Unternehmers	
Vorteile	**Nachteile**

■ Geeignetes Fertigungsverfahren für die Großserien- und Massenproduktion,
■ niedrige Fertigungskosten, weil
  ■ die Zwischenlagerung der Werkstücke verringert wird,
  ■ die Fertigungszeiten verkürzt werden,
  ■ der Ausschuss abnimmt (die Spezialisierung der Arbeitenden auf wenige Handgriffe erhöht die Geschicklichkeit),
  ■ die Lohnkosten verhältnismäßig niedrig sind (angelernte statt gelernte Arbeitskräfte). Die angelernten Arbeitskräfte können an Spezialmaschinen eingesetzt werden.
	■ Hohes Unternehmerwagnis (steigende Stückkosten bei zurückgehender Nachfrage aufgrund hoher fixer Kosten),
	■ mangelnde Anpassungsfähigkeit an Nachfrageänderungen (geringe Flexibilität),
	■ Probleme beim „Austakten" (Abstimmen) der einzelnen Fertigungsbereiche (z. B. Fertigungsstraßen),
	■ hohe Störanfälligkeit, denn beim Ausfall eines Arbeitsplatzes muss die Fertigung gestoppt werden, falls keine Zwischenlager vorhanden sind,
	■ starke einseitige Beanspruchung des arbeitenden Menschen.

(3) Inselfertigung (Gruppenfertigung)

Die Nachteile der Fließbandarbeit führen dazu, dass immer mehr Betriebe dazu übergehen, die Fließbandfertigung durch die Inselfertigung (auch Gruppenfertigung genannt) zu ersetzen.

Bei der Inselfertigung werden Elemente der Werkstättenfertigung mit der Fließfertigung kombiniert, indem der Montageablauf in genau definierbare Arbeitsabschnitte gegliedert wird. Wie die Arbeit im einzelnen Abschnitt erledigt wird, regelt kein Einzelner, sondern die Gruppe. Die Gruppe organisiert in eigener Verantwortung den Materialabruf, die Belegung der Maschinen sowie das Arbeitstempo. Je nach Bedarf wechseln die Gruppenmitglieder – bei gegenseitiger Abstimmung – die Arbeitsplätze (Jobrotation). Diese Eigenverantwortung führt zu einer Steigerung der Arbeitsmotivation und erhöht die Produktqualität. Die Gruppen können dabei sehr unterschiedliche Produkte herstellen. Dies reicht von der Produktion bestimmter Einzel- oder Bauteile bis hin zu einem Fertigerzeugnis.

Das folgende Organisationsschema zeigt das Prinzip der Inselfertigung (Gruppenfertigung).

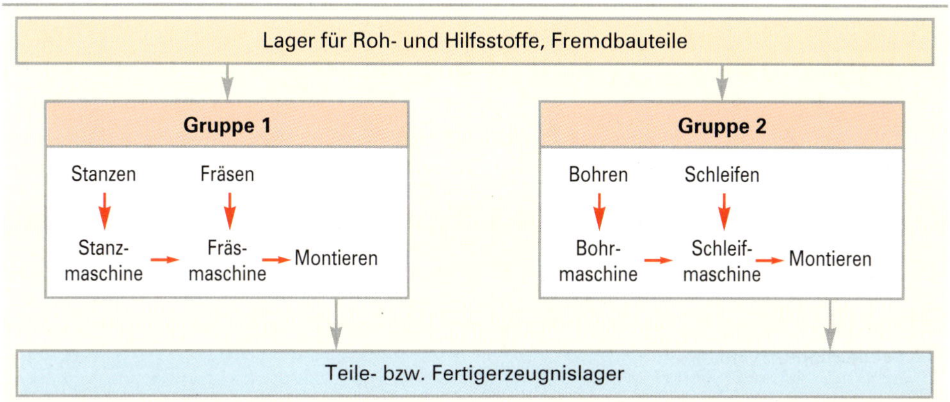

Nachteile der Inselfertigung sind z. B. die schwierigere Entgeltfestsetzung für die einzelnen Arbeitskräfte und der zwischen den Arbeitskräften bestehende Gruppenzwang.

Vorteile der Inselfertigung gegenüber der Werkstättenfertigung	Vorteile der Inselfertigung gegenüber der Fließbandfertigung
■ Kürzere Transportwege, ■ schnellere Fertigungsdurchlaufzeiten, ■ niedrigere Kosten für die Zwischenlagerung, ■ übersichtlicherer Produktionsablauf, ■ überwiegender Einsatz von Spezialmaschinen.	■ Höhere Anpassungsfähigkeit an Nachfrageänderungen (höhere Flexibilität), ■ abwechslungsreichere Tätigkeiten der Arbeitskräfte, ■ bessere Motivation der Arbeitskräfte durch Übertragung von Eigenverantwortlichkeiten, ■ geringere Störanfälligkeit des Produktionsablaufs.

3.2.4 Optimale Losgröße

Werden die einzelnen Produkte nicht kontinuierlich, sondern **mit Unterbrechungen** hergestellt, handelt es sich um **Intervallfertigung.** Außerhalb der „Intervalle" werden mit den gleichen Fertigungsanlagen andere Erzeugnisse produziert. Die Intervallfertigung ist häufig eine **Kleinserienfertigung**. Auch bei der **Sortenfertigung** findet sich die Intervallfertigung.

(1) Begriff und Bestimmungsfaktoren der optimalen Losgröße

Ein wichtiges Problem der Intervallfertigung ist die Bestimmung der optimalen Losgröße (Seriengröße, Auflagengröße).

Ein **Los (Serie, Auflage)** ist die Menge, die ohne **Umrüsten der Anlage** produziert wird.

Die Losgröße wird von der Kostenseite her von den Rüstkosten und den Lagerhaltungskosten beeinflusst.

Bestimmungsfaktoren der optimalen Losgröße	Erläuterung	Beispiele
Rüstkosten	Sie entstehen durch das Einrichten der Produktionsanlagen auf die Herstellung einer anderen Produktart. Rüstkosten treten je Los nur einmal auf und entstehen unabhängig von der Stückzahl der in einem Los gefertigten Produkte. Man bezeichnet sie daher auch als **auflagefixe Kosten.** Durch die Verminderung der Anzahl der durchgeführten Rüstvorgänge bzw. Erhöhung der in einem Los gefertigten Güter werden die Umrüstkosten insgesamt abgesenkt und damit auch die Losstückkosten.	■ Zinskosten, Abschreibungen, Wagniskosten oder Miete für die ruhenden maschinellen Anlagen und Räume; ■ Heiz-, Strom-, Be- und Entlüftungskosten; ■ Personalkosten während der Umrüstungszeit.
Lagerhaltungskosten	Es handelt sich um mengenabhängige Kosten. Sie steigen mit wachsender Losgröße an und sinken mit fallender Losgröße. Die Lagerhaltungskosten bezeichnet man auch als **auflagevariable Kosten**.	■ Versicherungskosten für die Lagervorräte, ■ Zinskosten für das im Lager gebundene Kapital, ■ Wagniskosten für Lagerschwund durch Güterverderb und Diebstahl, ■ Personalkosten, ■ Abschreibung der Lagereinrichtung, ■ Mietkosten.

Rüstkosten und Lagerhaltungskosten verlaufen, bezogen auf die Losgröße, entgegengerichtet, d.h., eine hohe Auflage (geringe Anzahl von Losen) führt zu niedrigen Rüstkosten, aber zu höheren Lagerkosten und umgekehrt.

Die **optimale Losgröße (Seriengröße, Auflagengröße)** ist gegeben, wenn die Summe aus Rüst- und Lagerhaltungskosten in einem bestimmten Planungszeitraum ein Minimum bildet.

(2) Berechnung der optimalen Losgröße

Ermittlung der auflagevariablen Lagerhaltungskosten

Die Ermittlung der **auflagevariablen Lagerhaltungskosten** (K_e) ist in der Praxis sehr schwierig. An einem sehr vereinfachenden Beispiel wird gezeigt, warum die variablen Lagerhaltungskosten auch **je Stück** steigen.

Beispiel:

Die Büromöbel Leipzig AG produziert pro Jahr 12000 Auszugssysteme für ihre Schreibtische, Büroschränke und Rollcontainer. Deren Selbstkosten betragen 10,00 EUR je Stück. Der Lagerhaltungskostensatz[1] beträgt 30 %.

Aufgaben:

1. Berechnen Sie, wie sich die Lagerhaltungskosten für die Lagerung je Stück entwickeln, wenn der Monatsbedarf, der Zweimonatsbedarf, der Dreimonatsbedarf, der Viermonatsbedarf, der Halbjahresbedarf und der Jahresbedarf zu Beginn der jeweiligen Periode produziert und auf Lager genommen wird! Es wird eine kontinuierliche Lagerabgangsrate unterstellt.
2. Stellen Sie den Sachverhalt grafisch dar!

Lösungen:

Zu 1.: Entwicklung der Lagerhaltungskosten

Losgröße	Auflagen-häufigkeit	Durchschn. Lagerbestand in Stück	Durchschn. Lagerbestand in EUR	Lagerhaltungskosten in EUR	Lagerhaltungskosten pro Jahr und Stück in EUR
1000	12	500	5000,00	1500,00	0,125
2000	6	1000	10000,00	3000,00	0,250
3000	4	1500	15000,00	4500,00	0,375
4000	3	2000	20000,00	6000,00	0,500
6000	2	3000	30000,00	9000,00	0,750
12000	1	6000	60000,00	18000,00	1,500

Zu 2.: Grafische Darstellung

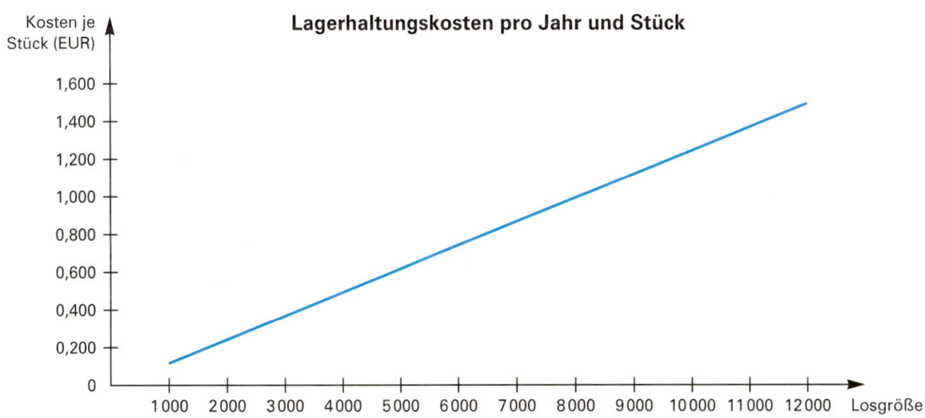

1 Der **Lagerhaltungskostensatz** gibt in Prozent an, wie hoch die Lagerhaltungskosten im Vergleich zum durchschnittlichen Wert des Lagerbestandes sind.

24 Speth u.a. - ISBN 978-3-8120-0497-8

Ermittlung der optimalen Losgröße

Beispiel:

Ausgehend von den Daten des Beispiels von S. 369 betragen die Rüstkosten (auflagefixen Kosten) 1 000,00 EUR.

Aufgaben:

1. Berechnen Sie die optimale Losgröße!
2. Stellen Sie die optimale Losgröße grafisch dar!

Lösungen:

Zu 1.: Rechnerische Ermittlung der optimalen Losgröße

Losgröße	Auflagen-häufigkeit	Rüst-kosten pro Jahr in EUR	Durchschn. Lager-bestand in Stück	Durchschn. Lager-bestand in EUR	Lager-haltungs-kosten in EUR	Gesamt-kosten in EUR
1 000	12	12 000,00	500	5 000,00	1 500,00	13 500,00
2 000	6	6 000,00	1 000	10 000,00	3 000,00	9 000,00
3 000	**4**	**4 000,00**	**1 500**	**15 000,00**	**4 500,00**	**8 500,00**
4 000	3	3 000,00	2 000	20 000,00	6 000,00	9 000,00
6 000	2	2 000,00	3 000	30 000,00	9 000,00	11 000,00
12 000	1	1 000,00	6 000	60 000,00	18 000,00	19 000,00

☐ optimale Losgröße

Zu 2.: Grafische Darstellung

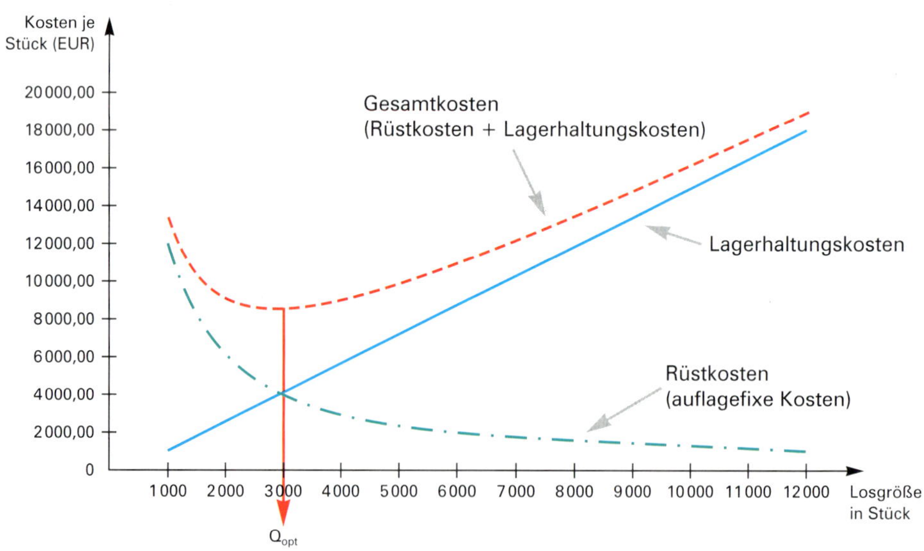

3.3 Nachhaltigkeit im Rahmen der Leistungserstellung

3.3.1 Bedeutung der Nachhaltigkeit

(1) Elemente der Nachhaltigkeit

Nachhaltigkeit als unternehmerische Zielsetzung ging hervor aus der ökologischen Diskussion, hat aber einen erheblich umfassenderen Anspruch. Nachhaltigkeit umfasst folgende drei Dimensionen:

Elemente der Nachhaltigkeit

ökologische Nachhaltigkeit

Diese befasst sich mit einem verantwortungsbewussten Umgang mit den benötigten Ressourcen, d.h. sparsamen Verbrauch an Energie und Rohstoffen, geringe Belastung der Umwelt durch die erforderlichen Transporte und Minimierung von Umwelt belastenden Emissionen.

wirtschaftliche Nachhaltigkeit

Sie zielt darauf ab, dass das Unternehmen auf Dauer eine wettbewerbsfähige Wertschöpfung erzielt und somit langfristig am Markt bestehen bleibt.

soziale Nachhaltigkeit

Humane Arbeitsbedingungen, gerechtes Einkommen und Förderung der Bildung sind Faktoren, die zur dauerhaften Stabilität einer gesellschaftlichen Infrastruktur[1] beitragen.

In der öffentlichen Wahrnehmung wird Nachhaltigkeit in der Regel mit der ökologischen Nachhaltigkeit gleichgesetzt und damit auf die Umweltebene reduziert.

(2) Beziehungen zwischen Ökonomie und Ökologie bei der Leistungserstellung

Ökonomie und Ökologie sind untrennbar miteinander verbunden. Zwangsläufig müssen bei der industriellen **Herstellung** von Gütern die Ressourcen der Umwelt genutzt werden. Rohstoffe werden der Erde entnommen, Energie wird verbraucht, Emissionen werden in Luft, Boden und Wasser geleitet, Produktionsrückstände werden, sofern nicht wiederverwertbar, entsorgt. Auch die **Verwendung** der hergestellten Güter ist in der Regel nicht möglich ohne Beeinträchtigung der Umwelt (Beispiel Kraftfahrzeug: Abgase, Energieverbrauch, Landschaftsverbrauch, Lärm und Entsorgung).

Beispiele:

- Stetiger Abbau nicht ersetzbarer Rohstoffe,
- Zerstörung der natürlichen Umwelt durch Verbauung und Verschmutzung,
- Entstehen von Krankheiten durch Lärm, Schmutz und Unfälle.

1 **Infrastruktur**: notwendiger wirtschaftlicher und organisatorischer Unterbau einer hoch entwickelten Wirtschaft (z.B. Verkehrsnetz, Arbeitskräfte, ...).

Jene Kosten, die nicht vom Verursacher im Rahmen der Produktion bzw. der Nutzung der Güter übernommen werden, führen zu negativen **„externen Effekten" (Social Costs)**. Sie werden zum Beispiel in Form von Umweltschäden der Allgemeinheit aufgebürdet.

Andererseits stehen Ökonomie und Ökologie auch in einem Konflikt zueinander, denn sie verfolgen unterschiedliche Zielsetzungen. Die **Ökonomie strebt nach Wachstum.** Betriebswirtschaftlicher Erfolg wird häufig daran gemessen, wie viel an „Mehr" gegenüber der vorherigen Periode erzielt worden ist. Wachstum ist in der Ökologie hingegen eher negativ besetzt und oft ein Zeichen von Krankheit, z. B. wuchert ein Tumor. **Ökologie strebt** in der Regel **nach Stabilität,** nach Gleichgewicht.

- Ökonomie und Ökologie **prallen aufeinander,** weil die Ökonomie die Umwelt als Ressourcenlieferant und als Aufnahmemedium für Emissionen und Abfälle in Anspruch nimmt. Somit werden die **Umwelt belastet** und das **ökologische Gleichgewicht gestört.**
- Das **Ziel** besteht darin, Ökonomie und Ökologie so zusammenzubringen, dass die Nachhaltigkeit als Wachstumsmotor dient und daraus eine Wertschöpfung erzielt werden kann. **Gewinn** soll also **nicht trotz**, sondern **gerade durch Nachhaltigkeit** erzielt werden.

3.3.2 Lösungsansätze

Beispielhaft wird im Folgenden auf ein Unternehmen des Automobilbaus Bezug genommen, das auf **Ökologie im Rahmen des Herstellungsprozesses** und auf die **umweltverträgliche Verwendung seiner Produkte** über den gesamten Lebenslauf achtet.

(1) Ansatzpunkte im Rahmen des Herstellungsprozesses

- **Montagegerechte Konstruktion** spart Energie im Rahmen der Herstellungsprozesse.
- **Moderne Werkzeugmaschinen** mit **CNC-Steuerung** sind vielseitig einsetzbar (ersparen damit mehrere Spezialmaschinen), arbeiten sehr präzise (weniger Arbeitsgänge sind notwendig), haben geringere Anlauf- und Umrüstzeiten und senken damit die Stückkosten.
- **Energieeffiziente Gestaltung der Fertigungsprozesse** (z. B. Nutzung der Restwärme, Energierückgewinnung) und **des Gebäudes** (z. B. Lichter werden durch Bewegungsmelder eingeschaltet und automatisch wieder ausgeschaltet, Verwendung von LED-Lampen).
- **Vorbeugende Instandhaltung** und **Werkzeugpflege** verringert das Risiko von Materialausschuss und störungsbedingten Ausfallzeiten.
- Die **traditionellen Fertigungsorganisationen** beruhen noch auf der Denkweise vom **Gesetz der Massenproduktion,** also: Große Produktionsmengen eines einheitlichen Erzeugnisses über einen längeren Zeitraum an einem zentralen Ort bringen Kostenvorteile. Dies führt zu starker Abhängigkeit von Auslastungsschwankungen, weiten Transportwegen zum Kunden und hohen Energieverbrauchen.

  Um effizient, flexibel und Ressourcen schonend zu produzieren, ist ein Umdenkprozess erforderlich. Eine Lösung ist möglicherweise die **Schaffung von** kundennahen, zwischenbetrieblich **vernetzten Fertigungsorganisationen** (gegenseitiger Austausch von Arbeitskräften und Fertigungskapazitäten je nach Auslastung).

(2) Ansatzpunkte im Rahmen der Produktnutzung

- Einrichtungen von **Abgasrückführung, Katalysatoren** und **Partikelfilter** verringern die Emissionen in die Luft.
- Der **Einbau von Dämmstoffen** mindert die Lärmbelastung fahrender Fahrzeuge.
- Besondere **Sicherheitssysteme** (zur Spur- und zur Abstandshaltung, intelligente Lichtsysteme, ABS usw.) senken das Unfallrisiko und verringern die Verletzungsgefahr von Menschen.
- Die Ausstattung mit einer Vielzahl von **Sensoren, Computern** und einem **Auto-Diagnose-Speicher** unterstützt einerseits den Kundendienst in einer zielgerichteten, werterhaltenden Wartung, andererseits auch den Fahrer (z. B. Warnung vor Reifendruckverlust) und bewahrt ihn so vor dem Risiko eines Schadens.
- Eine **hohe Recyclingquote** der verwendeten Materialien schont den Rohstoffeinsatz.
- **Gewichtsreduzierung** durch Leichtbau, aerodynamische Karosserie, **Start-Stopp-Automatik** und gezielte **Fahrerinformationen zur energiesparenden Fahrweise** (momentaner Benzinverbrauch) führen zu geringerem Energieverbrauch.

Zusammenfassung

- Nach dem **Einsatz menschlicher Arbeitskraft** unterscheidet man folgende Fertigungsverfahren: **Handarbeit, Maschinenarbeit** und **automatische Fertigung.**
- **Fertigungsverfahren nach der Häufigkeit der Prozesswiederholungen** sind:
  - Einzelfertigung
  - Serienfertigung
  - Sortenfertigung
  - Massenfertigung
- **Fertigungsverfahren nach der Anordnung der Betriebsmittel im Produktionsprozess** sind:
  - Werkstättenfertigung
  - Inselfertigung
  - Fließfertigung
    - Reihenfertigung
    - Fließbandfertigung
- Ein **Los** ist die Menge, die **ohne Umrüstung der Anlage** produziert wird.
- Bei der **optimalen Losgröße** bildet die **Summe aus Rüst- und Lagerhaltungskosten** in einem bestimmten Planungszeitraum ein **Minimum.**
- **Nachhaltigkeit** im Rahmen der Leistungserstellung bezieht sich einerseits auf nachhaltiges Handeln im **Rahmen des Herstellungsprozesses,** aber auch auf eine umweltverträgliche **Verwendung der Produkte.**

Übungsaufgaben

133 1. Beschreiben Sie Fertigungsverfahren nach dem Grad der Automatisierung!

2. Erläutern Sie, welche Vor- und Nachteile die Automation für den Betrieb, die Belegschaftsmitglieder und die Verbraucher bringt!

3. Beschreiben Sie die Fertigungsverfahren nach der Häufigkeit der Prozesswiederholung!

4. Bei der Intervallfertigung tritt u.a. das Problem der optimalen Losgröße auf.

Aufgaben:

4.1 Erklären Sie, was unter optimaler Losgröße zu verstehen ist!

4.2 Berechnen Sie die optimale Losgröße für Edelstahl-Handläufe unter folgenden Bedingungen:
- Der Jahresbedarf beträgt 18000 Stück.
- Die Herstellkosten je Einheit betragen 15,00 EUR.
- Der Lagerhaltungskostensatz beträgt 25 %.
- Die auflagefixen Kosten betragen 2000,00 EUR.
- Die Losgröße beträgt 1000 Stück oder ein Mehrfaches davon!

134
1. Erläutern Sie den Begriff Werkstättenfertigung!
2. Erklären Sie den Begriff Reihenfertigung!
3. Erläutern Sie, inwiefern die Fließfertigung (einschließlich Fließbandfertigung) eine Weiterentwicklung der Reihenfertigung ist!
4. Erklären Sie den Unterschied zwischen Fließfertigung (einschließlich Fließbandfertigung) und Reihenfertigung!
5. Erläutern Sie den Zusammenhang zwischen der Anzahl gleichartiger Erzeugnisse und der Organisation der Fertigung!
6. Veranschaulichen Sie in einer Grafik den Zusammenhang zwischen der Organisation der Fertigung und der Dauer der Durchlaufzeit!

135 Lesen Sie zunächst sorgfältig nachstehenden Textauszug:

Peter Holzer ist ein gestandener Mann. Sechs Jahre lang hat der 43-jährige Kfz-Elektriker im Lastwagenwerk geschuftet, zuletzt in der Nachbearbeitung und Endkontrolle. Peter Holzer weiß aber auch, was es heißt, monatelang nichts anderes zu tun, als Kotflügel zu montieren. Kotflügel, Kotflügel, nichts als Kotflügel – acht Stunden am Tag, fünf Tage die Woche, mitunter auch nachts, je nach Schicht. Alles ein geschlossener Kreislauf, monoton und ermüdend. Auch Willi Bayer mit seinen 19 Jahren weiß schon gut, was das bedeutet. Er hat Kfz-Elektriker gelernt und dann in einer Automobilfabrik Kabelsätze montiert. Nichts als Kabelsätze, Tag für Tag – jeder für sich, keiner für alle.

Doch jetzt ist alles anders. Hightech, die den Mitarbeiter zum Handlanger macht, sucht man vergebens. Spektakuläre Automation gibt es nicht, lediglich das induktionsgesteuerte Transportsystem, das die Karossen wie von Geisterhand über den hellgrauen Betonboden schweben lässt, mutet futuristisch an. „Verrenken" muss sich keiner mehr: Über-Kopf-Arbeit ist vorbei, sogenannte Hub-Schwenk-Plattformen und Hänge-Dreh-Plätze ermöglichen ergonomisches Arbeiten und halten die Körperbelastung deutlich geringer. Auch die Endkontrolle entfällt. Der Arbeiter ist der Letzte vor dem Kunden und zeichnet mit einem Stempel für sorgfältig erledigte Arbeit.

Im neuen Werk arbeiten auf einer Fertigungsinsel acht bis maximal zwölf Mitarbeiter, die ihre Arbeit im Wesentlichen selbst organisieren und für ihren Arbeitsabschnitt die volle Verantwortung übernehmen. Das soll für die Motivation sorgen. Nicht umsonst erwarten die Verantwortlichen, dass statistisch gesehen pro Mann und Jahr ein Verbesserungsvorschlag kommt. Zum Vergleich: In anderen Werken liegt die Quote zehnmal niedriger.

Aufgaben:

1. Arbeiten Sie heraus, von welcher Fertigungsart in Bezug auf die Anordnung der Betriebsmittel im Produktionsverfahren im ersten Abschnitt des obigen Textes die Rede ist!
2. Erläutern Sie, welche Fertigungsart in Bezug auf die Häufigkeit der Prozesswiederholung vorliegt!
3. Nehmen Sie das Internet bzw. ein Lexikon zu Hilfe und erklären Sie folgende im zweiten Textabschnitt erwähnten Begriffe:

   3.1 Hightech,
   3.2 Automation,
   3.3 ergonomisch,
   3.4 futuristisch,
   3.5 Motivation und
   3.6 statistisch!
4. Arbeiten Sie heraus, welche Fertigungsart in Bezug auf die Anordnung der Betriebsmittel im Produktionsprozess im zweiten Abschnitt beschrieben wird!

136 1. Beschreiben Sie, auf welche Weise Ökonomie und Ökologie zwangsweise verknüpft sind!

2. Begründen Sie den Zielkonflikt zwischen Ökonomie und Ökologie!
3. Definieren Sie den Begriff externe Effekte (Social Costs)! Nennen Sie hierfür zwei Beispiele!
4. Beschreiben Sie kurz die Möglichkeiten eines Industriebetriebes zu nachhaltigem Handeln
   4.1 im Rahmen des Herstellungsprozesses,
   4.2 bei der späteren Nutzung seiner Produkte!
5. Schauen Sie auf Ihren ganz privaten Lebensbereich. Überlegen Sie, durch welche Maßnahmen in der Lebensführung und durch welche Güter Ihres täglichen Bedarfes Sie Ihren persönlichen Beitrag zu einem nachhaltigen Wirtschaften erbringen könnten!
6. Gehen Sie auf folgende Web-Site:
   http://reset.to/handeln/dein-oekologischer-fussabdruck-co2-footprint [Stand: 28.10.2014].

   Informieren Sie sich, was ein ökologischer Fußabdruck ist. Wählen Sie einen der möglichen Fußabdruck-Rechner und bestimmen Sie Ihren persönlichen ökologischen Fußabdruck!

   Bereiten Sie eine kurze Stellungnahme zu Ihrem Ergebnis vor und machen Sie Vorschläge zur Verbesserung!

4 Produktionsprozessplanung

Abgestimmt mit dem vorab festgelegten Produktionsprogramm legt die Produktionsprozessplanung

- den **Materialbedarf,**
- die **jeweiligen Produktionstermine** sowie
- die **Kapazitätsbelegung**

fest.

4.1 Materialbedarfsplanung

4.1.1 Bedarfsarten

(1) Primärbedarf, Sekundärbedarf, Tertiärbedarf

Im Rahmen der Bedarfsplanung werden die Materialbedarfsmengen, die zur Auftragsabwicklung erforderlich sind, ermittelt. Nach dem **Ursprung des Bedarfs** und der **Erzeugnisebene** unterscheidet man in Primärbedarf, Sekundärbedarf und Tertiärbedarf.

Primärbedarf	Ist die **Menge an verkaufsfähigen Gütern** (Marktbedarf). Bei Ersatzteilaufträgen kann ein Primärbedarf auch für Baugruppen oder Einzelteile bestehen. (Beispiel: Ein Nutzfahrzeughersteller liefert an einen Wohnmobilhersteller das Grundfahrzeug ohne Aufbauten mit Kabine und Fahrwerk, auf welches dann das Wohnmobil montiert wird.) Datenbasis zur Ermittlung des Primärbedarfs sind vorliegende Kundenaufträge und/oder Vorgaben aus der Absatzplanung. Die Vorgaben aus der Absatzplanung betreffen in der Regel Standardprodukte. Die ausreichende Produktion von Standardprodukten versetzt das Unternehmen in die Lage, auftretende Kundenwünsche nach einem Erzeugnis „von der Stange" direkt aus dem Lagervorrat zu bedienen.
Sekundärbedarf	Sind die **Komponenten** (Baugruppen, Einzelteilen, Rohstoffen), die man zur Fertigung des Primärbedarfs benötigt. Der Sekundärbedarf wird aus den Stücklisten entnommen.
Tertiärbedarf	Dies ist der Bedarf an **Hilfs- und Betriebsstoffen,** der zwar zur Herstellung der Erzeugnisse benötigt wird, dessen Mengen aber nicht über die Stücklistenauflösung ermittelt werden können.

(2) Bruttobedarf, Nettobedarf

Bruttobedarf[1]	Dies ist der Bedarf einer Periode, der aufgrund der unterschiedlichen Verfahren der Bedarfsermittlung als Primär-, Sekundär- und Tertiärbedarf berechnet wurde. Vorhandene Lagerbestände werden dabei nicht berücksichtigt. Der Bruttobedarf gibt an, wie viel von einer Komponente für die Herstellung der nächst höheren Komponente zur Verfügung gestellt werden muss.
Nettobedarf	Er wird dadurch ermittelt, indem vom Bruttobedarf der disponierbare Lagerbestand abgezogen wird. Der Nettobedarf ist der Bedarf, der bei Eigenteilen durch entsprechende Fertigungsaufträge abgedeckt werden muss bzw. bei Fremdteilen zu Beschaffungsaufträgen führt.

4.1.2 Nettobedarfsrechnung

(1) Beispiel für eine Nettobedarfsrechnung (Arbeitstisch, Schrauben, Stöpsel)

Da das Unternehmen in der Regel über Bestände an Halb- und Fertigerzeugnissen verfügt, muss nicht jeweils die volle Bruttomenge, die bereitgestellt werden muss, auch erzeugt werden. Der Nettobedarf wird wie folgt ermittelt:

Bruttobedarf = Nettobedarf der übergeordneten Komponente · Stücklistenmenge

Nettobedarf = Bruttobedarf – Lagerbestand

1 Auf die Bruttobedarfsrechnung wird im Einzelnen nicht eingegangen.

Beispiel 1:[1]

Aufgrund eines vorliegenden Kundenauftrags (A 1005) über 200 Arbeitstische soll der Bruttobedarf über alle Stücklistenstufen hinweg ermittelt werden. Der Bruttobedarf an Schrauben (Teilenummer 202111) von 2400 Stück ermittelt sich aus dem Bruttobedarf der Arbeitstische (200 Stück lt. Kundenauftrag) multipliziert mit der Menge lt. Stückliste, mit denen die Schrauben im Tisch enthalten sind (12).

In der nachfolgenden Übersicht ist der Bruttobedarf an Komponenten für den Kundenauftrag über 200 Arbeitstische ausgewiesen.

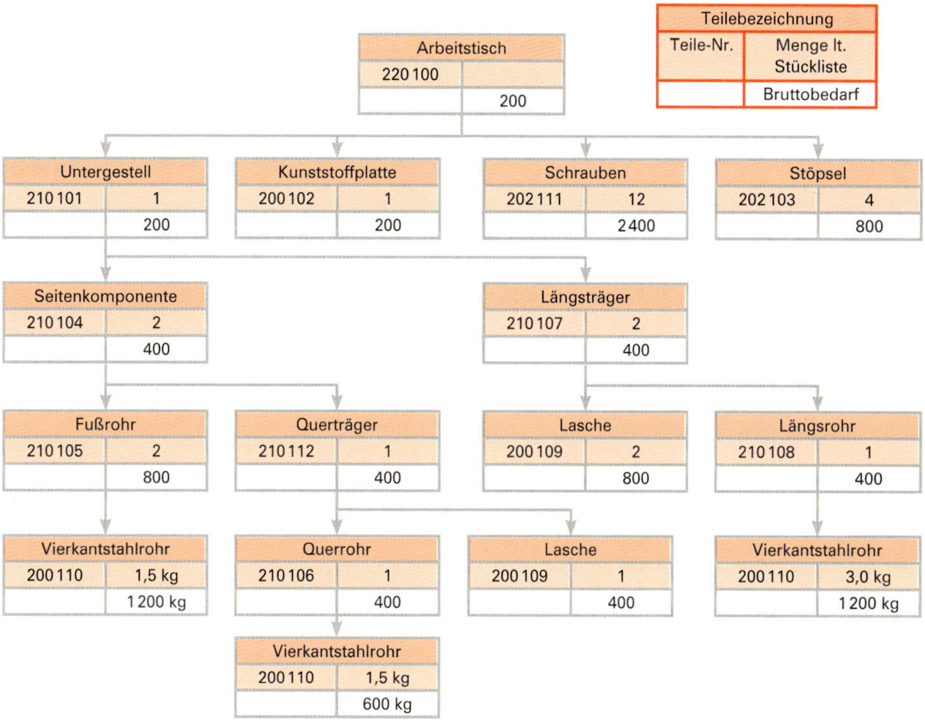

Erläuterung:

Aus der Grafik ist die Erzeugnisstruktur zu erkennen. Je Komponente werden die Teilebezeichnung, die Teilenummer und die Bedarfsmenge für eine Einheit der übergeordneten Komponente aufgeführt. Damit kann dann stufenweise der Bruttobedarf für jede Position ermittelt werden.

1 Siehe Strukturstückliste S. 353.

Beispiel 2:

Ausgehend vom Beispiel auf S. 377 mit einem Kundenauftrag über 200 Stück wird unterstellt, dass bei den Arbeitstischen noch ein Lagerbestand von 50 Stück vorhanden ist. Bei den Schrauben sind noch 10 000 Stück und bei den Stöpseln noch 200 Stück vorhanden.

Aufgabe:

Berechnen Sie den Nettobedarf aller Komponenten des Arbeitstisches!

Lösung am Beispiel Schrauben und Stöpsel:

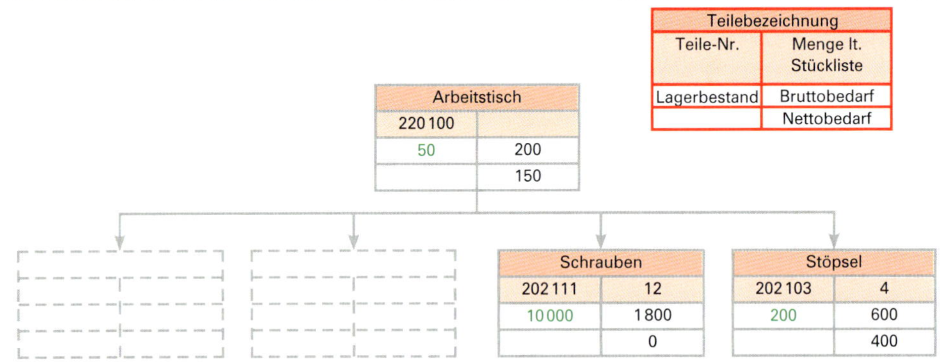

Erläuterungen:

Für den Arbeitstisch gilt folgende Berechnung:

Bruttobedarf: gegeben lt. Kundenauftrag

Nettobedarf: Bruttobedarf – Lagerbestand
200 – 50 = 150

Für den Stöpsel gilt folgende Berechnung:

Bruttobedarf: Nettobedarf des Tisches · Stücklistenmenge
150 · 4 = 600

Nettobedarf: Bruttobedarf – Lagerbestand
600 – 200 = 400

Für die Schrauben gilt folgende Berechnung:

Bruttobedarf: Nettobedarf des Tisches · Stücklistenmenge
150 · 12 = 1 800

Nettobedarf: Da der Lagerbestand (10 000 Stück) größer ist als der Bruttobedarf, entsteht kein Nettobedarf, der produziert bzw. gekauft werden müsste.

Der **Nettobedarf** ist kein vorhandener Bestand, sondern im Grunde ein Fehlbestand, der durch Fertigungsaufträge oder Lieferantenbestellungen auszugleichen ist.

(2) Nettobedarfsrechnung für den vollständigen Arbeitstisch

Um den Nettobedarf für den Arbeitstisch (die vollständige Struktur) zu ermitteln, muss der Lagerbestand für alle Positionen gegeben sein.

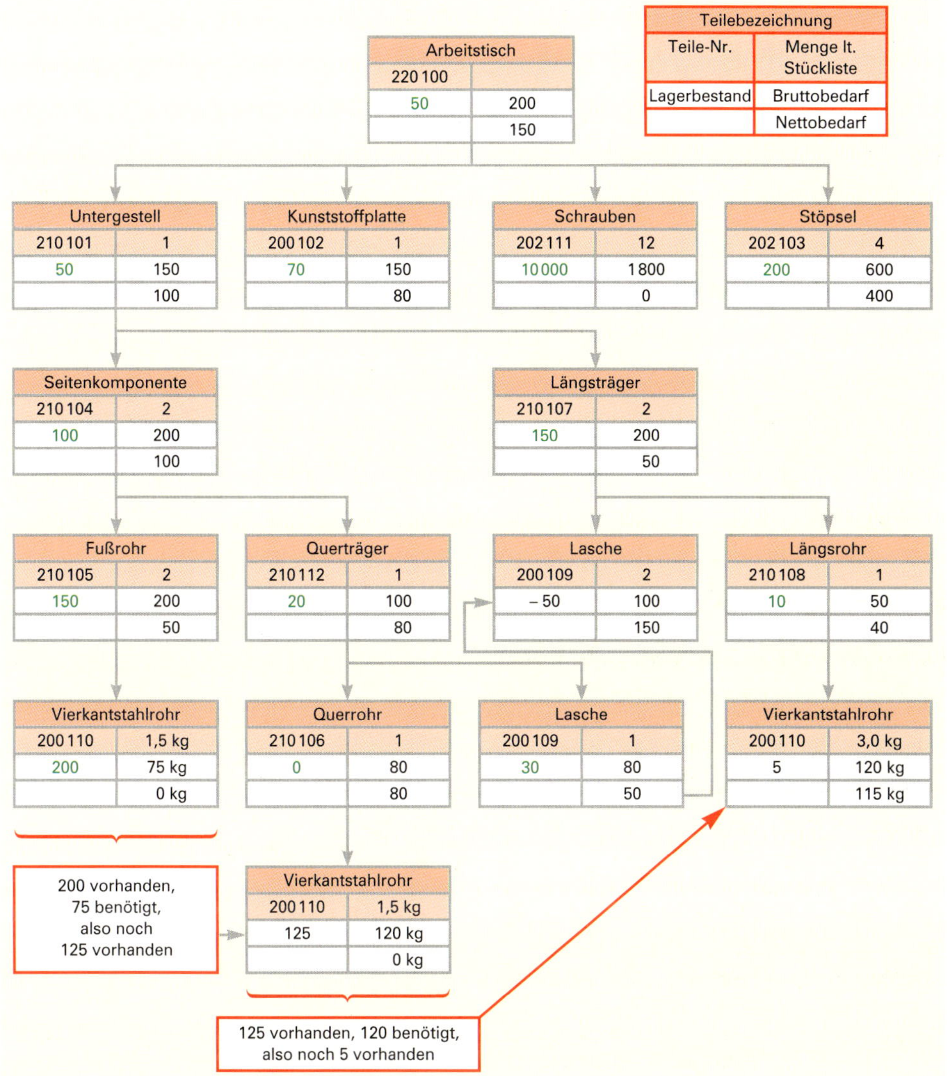

Zusammenfassung

- Man unterscheidet folgende **Bedarfsarten:**

  (1) Nach dem Ursprung des Bedarfs und der Erzeugnisebene

  - **Primärbedarf:** Menge an verkaufsfähigen Einheiten. Basis hierfür sind die vorliegenden Kundenaufträge und die Vorgaben aus der Absatzplanung.
  - **Sekundärbedarf:** Bedarf an nachrangigen Komponenten. Er wird ermittelt durch die Stücklistenauflösung.
  - **Tertiärbedarf:** Bedarf an Hilfs- und Betriebsstoffen.

  (2) Gliederung des Bedarfs unter Berücksichtigung der Lagerbestände

  - **Bruttobedarf:** Gesamter Primär-, Sekundär- und Teritärbedarf, der auf der jeweiligen Dispositionsstufe zur Verfügung gestellt werden muss.
  - **Nettobedarf:** Bruttobedarf abzüglich Lagerbestand. Er muss durch Fertigungsaufträge (oder Beschaffungsaufträge) abgedeckt werden.

- Die **Nettobedarfsermittlung** durchläuft je Stücklistenposition 2 Rechenschritte:
  - Bruttobedarf = Nettobedarf der übergeordneten Komponente · Stücklistenmenge
  - Nettobedarf = Bruttobedarf – Lagerbestand

- Der Nettobedarf ist ein Fehlbestand, der durch Fertigungsaufträge oder Lieferantenbestellungen ausgeglichen werden muss.

Übungsaufgabe

137 Die Möbelwerke Leipzig GmbH stellen unter anderem folgenden Gartenstuhl her:

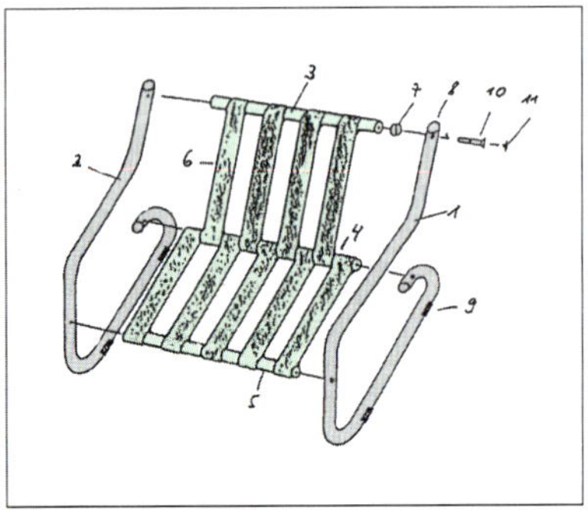

1, 2	Standrohre
3, 4, 5	Sitzrohre
6	Sitzband aus Kunststoff
7	Abstandhalter
8	Rohrkappe
9	Schutzkufe
10	Gewindeschraube
11	Abdeckkappe für Schraube

Ein Auftrag von Möbel Fritz Ungerer e.Kfm. über 300 Gartenstühle liegt vor.

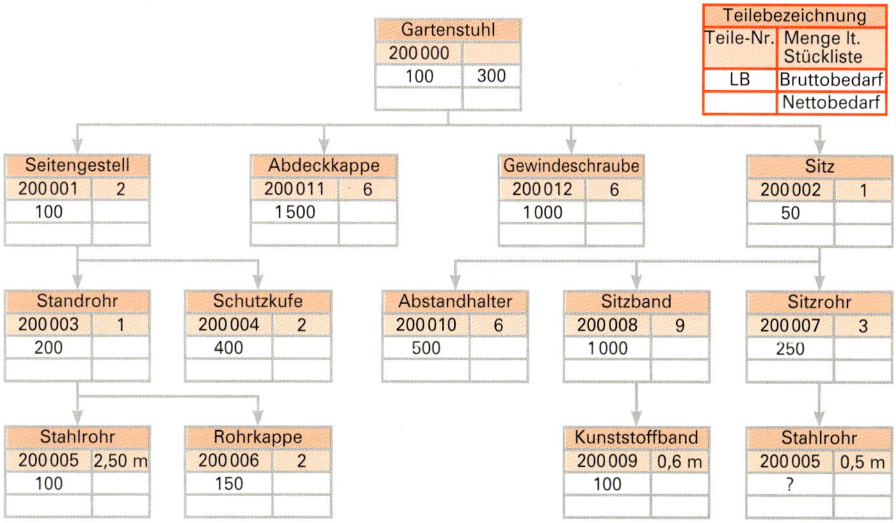

Aufgabe:

Führen Sie die Nettobedarfsrechnung unter Berücksichtigung der angegebenen Lagerbestände durch! (Zeiten sind nicht zu berücksichtigen.)

4.2 Produktionsterminplanung (Ermittlung der Vorlaufzeiten)

4.2.1 Aufgaben und Planungshorizonte der Produktionsterminplanung

(1) Aufgaben

Die Aufgabe für die Produktionsterminplanung besteht darin,

- einen gegebenen Bestand an Aufträgen,
- dessen Mengen und Endtermine bekannt sind,
- auf die vorhandenen Fertigungseinrichtungen

einzuplanen.

Der verantwortliche Sachbearbeiter hat das Problem, dass Aussagen über die verfügbaren Kapazitäten und über deren Inanspruchnahme aufgrund der möglichen Aufträge immer unsicherer werden, je weiter der Planungshorizont in die Zukunft reicht. Daher hat es sich bewährt, die Terminplanung in mehreren Stufen (Grob-, Mittel- und Feinplanung) mit jeweils zunehmendem Genauigkeitsgrad zu durchlaufen. Vergleichbar einem Autoscheinwerfer, der ein Objekt in der Ferne zunächst nur diffus[1] und dann mit zunehmender Fahrstrecke immer präziser erkennen lässt, so werden mit fortschreitendem Zeitablauf, d.h. mit jedem neuen Planungszyklus, die Terminfestlegungen immer konkreter.

1 **Diffus**: zerstreut, ungenau.

(2) Planungshorizonte

Grobplanung	In dieser Phase werden vorhandene Kundenaufträge grob auf die Fertigungskapazitäten abgestimmt. Da in dieser Phase der Planungsaufwand möglichst gering gehalten werden soll und die Daten über Mengen und Termine noch unvollständig sind, erfolgt eine Terminfestlegung nur auf der Ebene der Enderzeugnisse, aber noch nicht für die nachgeordneten Komponenten.
Mittelfristige Planung	Die zweite Phase bezieht die Terminierung der Unterkomponenten mit ein. Sie setzt also voraus, dass Durchlaufzeiten für die Baugruppen und Teile bekannt sind.
Feinterminierung	In der dritten Phase werden die einzelnen Arbeitsvorgänge mit der Dauer ihrer Belegung laut Auftragsarbeitsplan auf die verschiedenen Maschinen und Arbeitsplätze zugeordnet.

Die nachfolgende Grafik veranschaulicht die Phasen der Produktionsterminplanung. Es ist auch zu erkennen, dass die Terminierung einen zyklischen Prozess darstellt, d.h., die Festlegungen im Rahmen der Feinplanung haben zur Folge, dass sie Auswirkungen auf die Grobplanung des nächsten Zyklus haben.

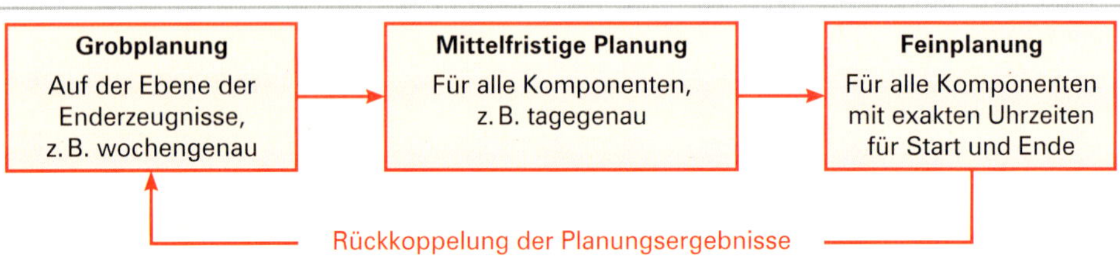

Endergebnis der Terminierung ist die Ermittlung der **voraussichtlichen Durchlaufzeit.**

4.2.2 Mittelfristige Terminplanung

(1) Mittelfristige Terminplanung für das Beispiel Arbeitstisch

Die Problematik der Terminierung wird exemplarisch an der mittelfristigen Terminplanung aufgezeigt. Bei ihr werden den einzelnen Komponenten des Erzeugnisses bestimmte Durchlaufzeiten zugeordnet. Diese Zeiten beruhen auf Durchschnittswerten und sind tagegenau festgelegt. Im Falle von **Eigenteilen** bezeichnen sie die **Fertigungszeit,** bei **Fremdteilen** die **Wiederbeschaffungszeit.**

Um die Terminplanung in das bereits bekannte Stücklistenschema (siehe S. 353) integrieren zu können, wird für jede Position der Erzeugnisstruktur eine Datenzeile zur Verwaltung der Termine hinzugefügt. In dieser Zeile steht der Betriebskalendertag für den **Start** (Beginn), die **Dauer** der **Fertigungs-** bzw. der **Wiederbeschaffungszeit** und das **Ende** dieser Tätigkeit. Hierbei handelt es sich um eine retrograde (rückwärtsgerichtete) Terminbestimmung. Ausgehend vom Kundenwunschtermin für das Endprodukt wird Position für Position die Struktur vollständig durchgerechnet. Der Beginn für die Bearbeitung der übergeordneten Komponente entspricht jeweils dem spätest zulässigen Ende für die unmittelbar untergeordneten Komponenten.

Beispiel:

Wir erweitern unsere Betrachtung aus der Nettobedarfsrechnung und nehmen an, dass der Kundenauftrag A1005 über 200 Arbeitstische zum Betriebskalendertag 300 fertiggestellt sein muss (vgl. S. 378). Die Fertigungs- bzw. Wiederbeschaffungszeiten der einzelnen Teile sind der folgenden Tabelle zu entnehmen:

Teile-Nr.	Bezeichnung	Fertigungs- bzw. Wiederbeschaffungszeit (Tage)
220 110	Arbeitstisch	3
210 101	Untergestell	5
200 102	Kunststoffplatte	15
202 103	Stöpsel	9
210 104	Seitenkomponente	5
210 105	Fußrohr	7
210 106	Querrohr	6
210 107	Längsträger	8
210 108	Längsrohr	5
200 109	Lasche	10
200 110	Vierkantstahlrohr	12
202 111	Schrauben	10
210 112	Querträger	8

Aufgabe:

Erstellen Sie für den Kundenauftrag A1005 die Terminplanung!

Erläuterung zur Lösung von S. 384:

Die Terminplanung ergibt, dass mit der Endmontage des Arbeitstisches am Betriebskalendertag 297 begonnen werden muss, damit der Auftrag am Tag 300 fertiggestellt ist. Dies wiederum setzt voraus, dass alle unmittelbar nachgeordneten Komponenten (Untergestell, Kunststoffplatte, Schrauben und Stöpsel) ihrerseits am Tag 297 hergestellt bzw. beschafft sein müssen. Zieht man von diesem Endtermin (überall Tag 297) die jeweilige Dauer ab, dann erhält man die Anfangstermine für die jeweiligen Tätigkeiten.

Bei den über die Rückwärtsrechnung gewonnenen Terminen handelt es sich um **spätest zulässige Termine.** Dies hat sowohl positive als auch negative Konsequenzen:

- Nach Fertigstellung einer Komponente ist keine Zwischenlagerung erforderlich. An die Fertigstellung der Komponente schließt sich unmittelbar deren weitere Verarbeitung an. Diese Terminierung unterstützt somit wirkungsvoll das Bestreben nach minimalen Beständen und geringen Kapitalbindungskosten.
- Verzögerungen im Fertigungsablauf haben zwangsläufig Auswirkungen auf die nachgeordneten Fertigungsstufen. Da keine Zeitpuffer vorhanden sind, wirken sich diese letztlich auch auf den Endtermin aus. Eine solche Terminierung und Verzicht auf Puffer setzen also voraus, dass ein hohes Niveau an Fertigungsqualität sichergestellt ist.

Lösung (zu S. 383):

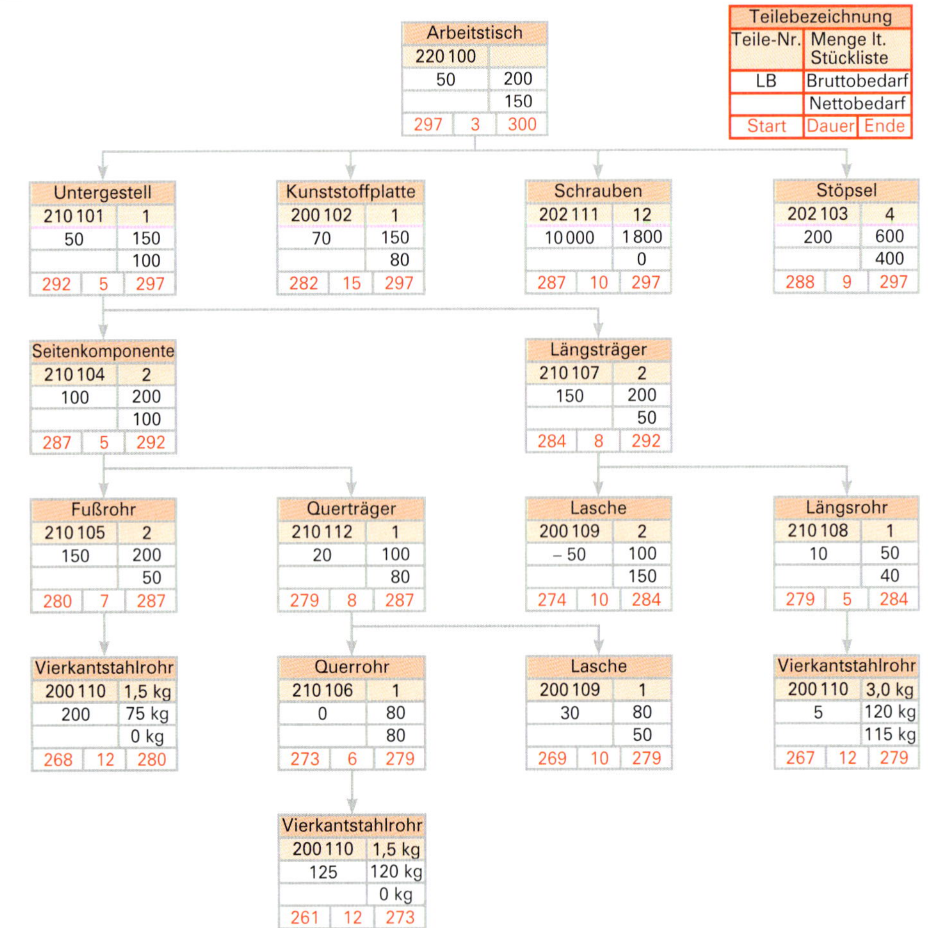

(2) Übergang von Bedarfen zu Losen (vom Kundenauftrag zum Fertigungsauftrag)

Der Kalender auf S. 385 zeigt den Zusammenhang zwischen Betriebskalendertag (BKT) und Kalenderdatum.

Betrachten wir in der obigen Grafik die Bedarfe an Laschen, so stellen wir fest, dass zum Betriebskalendertag 269 (11. Mai) ein Nettobedarf von 50 und zum Betriebskalendertag 274 (18. Mai) ein Nettobedarf von 150 Stück besteht.

Daraus ergibt sich folgende Bedarfsreihe:

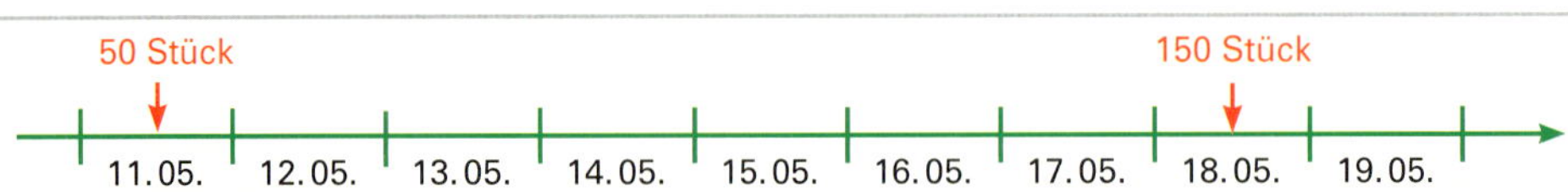

	April						Mai						Juni					
Mo			12	248	26	258			10	268	24	278			7	288	21	298
Di			13	249	27	259			11	269	25	279			8	289	22	299
Mi			14	250	28	260			12	270	26	280			9	290	23	300
Do	1	241	15	251	29	261			13	271	27	281			10	291	24	301
Fr	2	242	16	252	30	262			14	272	28	282			11	292	25	302
Sa	3	–	17	–			1	–	15	–	29	–			12	–	26	–
So	4	–	18	–			2	–	16	–	30	–			13	–	27	–
Mo	5	243	19	253			3	263	17	273	31	283			14	293	28	303
Di	6	244	20	254			4	264	18	274			1	284	15	294	29	304
Mi	7	245	21	255			5	265	19	275			2	285	16	295	30	305
Do	8	246	22	256			6	266	20	276			3	286	17	296		
Fr	9	247	23	257			7	267	21	277			4	287	18	297		
Sa	10	–	24	–			8	–	22	–			5	–	19	–		
So	11	–	25	–			9	–	23	–			6	–	20	–		

Die Auswertung der Bedarfsreihe von S. 383 zeigt, dass das Unternehmen vor einem Dilemma steht. Die **getrennte, termingenaue Herstellung** der beiden Bedarfe führt zwar dazu, dass sie unmittelbar nach ihrer Fertigstellung auch weiterverarbeitet werden und damit die Lagerkosten entfallen. Jedoch fallen die Umrüstkosten bei den Maschinen zweimal an. Legt man dagegen die beiden Bedarfe zu einem einzigen Fertigungslos zusammen, dann muss die Herstellung dieses Loses von 200 Stück auf den 11.05. festgelegt werden. Die 50 Stück aus dem ersten Bedarf würden sofort zur Herstellung der Querträger weiterverarbeitet werden, während die 150 Stück des zweiten Bedarfs zwischengelagert werden müssten, und zwar vom 11.05. bis zum 18.05.

Es ist also zwischen der **Einsparung von Umrüstkosten** einerseits und **zusätzlichen Lagerkosten** andererseits **abzuwägen.**

4.3 Kapazitätsbelegungsplanung und Kapazitätsabgleich

Die Kapazitätsbelegungsplanung führt die für die Fertigungsabwicklung erforderliche Belegung der maschinellen Anlagen durch. Ausgangspunkt für die Kapazitätsbelegungsplanung sind die **Kapazitätsbedarfsdaten je Fertigungslos.**[1] Werden diese addiert, so ergibt sich hieraus der gesamte **Kapazitätsbedarf je Arbeitssystem und Kapazitätsträgern** (z.B. Maschine, Zahl der Mitarbeiter) für einen bestimmten Zeitraum. Damit entsteht ein Belastungsprofil für die einzelnen Kapazitätsträger.

1 Die bisher dargestellte Terminierung und Losgrößenbildung berücksichtigt nicht, dass verschiedene Fertigungsaufträge zur gleichen Zeit an einem Arbeitsplatz zueinander in Konkurrenz stehen können. Die vereinfachende Strategie, nicht kapazitäts-, sondern rein auftragsbezogen zu planen, erleichtert erheblich die mittelfristige Terminplanung.

25 Speth u.a. - ISBN 978-3-8120-0497-8

In der Kapazitätsbelegungsplanung werden anschließend der ermittelte Kapazitätsbedarf für alle Fertigungslose dem Kapazitätsangebot gegenübergestellt, um Kapazitätsüber- und -unterdeckungen zu ermitteln und gegebenenfalls auszugleichen. Es handelt sich hier um den sogenannten **Kapazitätsabgleich.** Ein Kapazitätsabgleich kann prinzipiell dadurch erreicht werden, dass das Kapazitätsangebot angepasst wird (d.h. die Kapazität erweitert oder verringert wird) oder aber dass die Durchführung des Fertigungsauftrags zeitlich, räumlich und technisch verlagert wird.

Beispiel:

In der Weber Metallbau GmbH wird aufgrund der Mengen- und Terminvorgaben der Fertigungslose für eine bestimmte Arbeitsstation, z.B. eine Drehbank, ein Belastungsprofil ermittelt, das für kurze Planungsperioden (z.B. Tage) deren Inanspruchnahme zeigt. In der nachfolgenden Grafik ist zu erkennen, dass die maschinenbedingte, starre Kapazitätsgrenze sowohl über- als auch unterschritten wird.

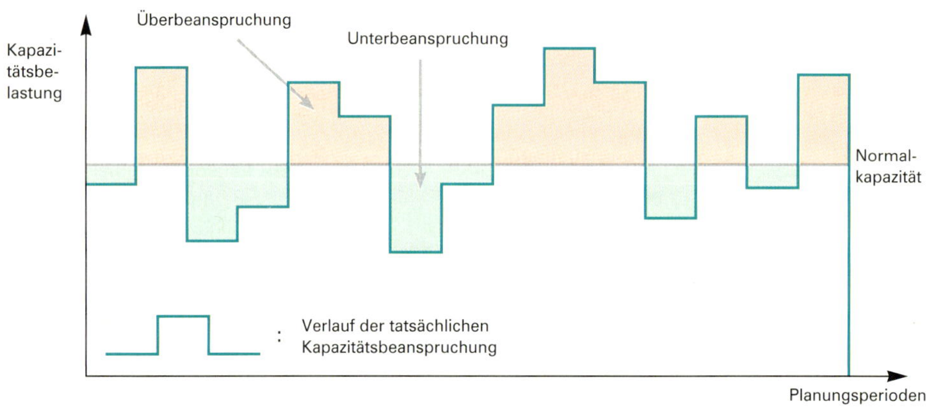

Langfristig ist es möglich, die Kapazitätsgrenze durch Erweiterungsinvestitionen dauerhaft zu erhöhen. Mittelfristige Anpassungen der Kapazität an Über- oder Unterbeanspruchung sind z.B. möglich durch Überstunden, zusätzliche Schichten oder durch Kurzarbeit. Im Normalfall muss aber die Diskrepanz zwischen Beanspruchung und verfügbarer Kapazität durch Anpassung der Belastung an die Normalkapazität ausgeglichen werden. Ziel ist es also, den Kapazitätsbedarf der tatsächlichen Maschinenbelastung so anzupassen, dass die Kapazitätsgrenze nicht überschritten wird.

Hierfür bieten sich kurzfristig insbesondere folgende Möglichkeiten an:

Kurzfristige Auswärtsvergabe	Dies bedeutet, dass einzelne Arbeitsgänge an Fremdbetriebe vergeben werden. Die Belastung wird also aus dem Kapazitätsgebirge entfernt.
Zeitliche Verlagerung	Dies hat zur Folge, dass Arbeitsgänge zur späteren Bearbeitung auf derselben Maschine zeitlich nach hinten verlegt werden.
Technische Verlagerung	In diesem Fall wird der Arbeitsgang auf eine Maschine vergleichbaren Typs mit gerade freien Kapazitäten verlagert.

Zusammenfassung

- Aufgabe der **Produktionsterminplanung** ist es, für den vorhandenen Bestand an Aufträgen die **Start-** und **Endtermine** an den vorhandenen Fertigungseinrichtungen zu planen.
- Man unterscheidet:
  - **Grobplanung:** Grobe Termine auf der Ebene der Enderzeugnisse.
  - **Mittelfristige Terminplanung:** Tagegenaue Planung auch für die nachgeordneten Komponenten.
  - **Feinplanung (Kapazitätsterminierung):** Präzise Terminierung je Arbeitsgang an den einzelnen Arbeitsstationen.
- Im Rahmen der **retrograden Terminbestimmung** werden – ausgehend vom Kundenwunschtermin – die spätest zulässigen Termine ermittelt.
- Die **Kapazitätsbelegungsplanung** führt die für die Auftragsabwicklung erforderliche Belegung der maschinellen Anlagen mit den dazugehörigen Mitarbeitern durch.
- Die tatsächliche Inanspruchnahme an den einzelnen Stationen führt häufig zu einer Unter- oder Überbelastung der Fertigungskapazitäten. Im Rahmen des **Kapazitätsabgleichs** müssen die Spitzen der Überbelastung abgebaut werden, z.B. durch **kurzfristige Auswärtsvergabe, zeitliche Verlagerung, technische Verlagerung** oder durch **Kombinationen** der genannten Maßnahmen.

Übungsaufgabe

138 In der nachstehenden Tabelle finden Sie für einen Gartenstuhl (siehe Aufgabe 137, S. 380) die Herstell- bzw. Wiederbeschaffungszeiten der einzelnen einzusetzenden Komponenten. Die Stühle sollen am Betriebskalendertag 280 fertiggestellt sein.

Aufgabe:

Ergänzen Sie die Nettobedarfsrechnung im Rahmen einer mittelfristigen Terminplanung um die Vorlaufverschiebung!

Komponente	Herstell- bzw. Wiederbeschaffungszeit
Gartenstuhl	5
Seitengestell	3
Abdeckkappe	12
Gewindeschraube	14
Sitz	5
Standrohr	5
Schutzkufe	8

Komponente	Herstell- bzw. Wiederbeschaffungszeit
Abstandhalter	15
Sitzband	3
Sitzrohr	4
Stahlrohr	10
Rohrkappe	14
Kunststoffband	14

5 Produktionsprozesssteuerung

5.1 Überblick

Die Produktionsprozesssteuerung setzt die Vorgaben der Produktionsprozessplanung um, indem sie den **Ablauf der Produktionsprozesse festlegt** (z. B. endgültige Kapazitätsbelegung bzw. Arbeitsverteilung) und die **Durchführung der Produktion** veranlasst. Die Produktionsprozesssteuerung erfolgt dabei in engster Verzahnung mit der **Produktionsprozesskontrolle.** Die Kontrolle ist wichtig, da es bei der Realisierung der Planungsvorgaben zu Abweichungen durch Störungen kommen kann (z. B. Maschinenausfall, Krankheit von Mitarbeitern, Lieferungsverzögerungen beim Material).

Die Produktionsprozesssteuerung setzt also grundsätzlich voraus, dass Verfahren existieren, mit denen der **Ist-Zustand des Fertigungsfortschritts zurückgemeldet** wird. Dies ist auch notwendig, weil nur durch Rückmeldungen dem DV-System bekannt ist, ob und gegebenenfalls seit wann die einzelnen Arbeitsschritte erledigt worden sind und zu welchem Zeitpunkt demzufolge der nächste Arbeitsgang veranlasst werden kann.

Die Erfassung dieser Produktionsdaten unterstützt nicht nur die Fertigungsüberwachung, sondern sie dient auch der **Erfassung der Verbrauchsdaten** zum Zweck der **Nachkalkulation.**

5.2 Aufgaben der Produktionsprozesssteuerung

5.2.1 Fertigungsveranlassung und Fertigungsdokumente

(1) Arbeitsverteilung, Kapazitätsbelegung, Materialdisposition

Im Rahmen der Steuerung wird die Abwicklung des festgelegt. Die Festlegung betrifft die genaue Terminplanung, die Belegungsintensität der Kapazitätsträger, die Disposition des benötigten Materials sowie die Abfolge der Fertigungslose.

(2) Fertigungsveranlassung

Im Rahmen der Fertigungsveranlassung werden die bisher geplanten und terminierten Fertigungsaufträge in die Produktion eingeschleust. Dies setzt voraus, dass rechtzeitig alle für die Fertigung erforderlichen Dokumente erstellt, das erforderliche Material, Werkzeuge, Vorrichtungen usw. bereitgestellt werden.

(3) Fertigungsdokumente

In einem traditionellen, mit Belegen arbeitenden Unternehmen werden für die Fertigung eine Reihe von Dokumenten zur Verfügung gestellt. Hierzu gehören:

Fertigungsdokument	Erläuterung
Auftragsstückliste	Die Auftragsstückliste leitet sich aus der Basisstückliste ab und multipliziert deren Positionen mit der Fertigungsmenge.
Auftragsarbeitsplan	Er baut auf dem Basisarbeitsplan auf. Die Ausführungszeiten werden mit der Anzahl der herzustellenden Erzeugnisse multipliziert. Somit ist dem Auftragsarbeitsplan zu entnehmen, wie lange die Arbeitsplätze für die Durchführung der einzelnen Arbeitsgänge belegt sind.

Lohnschein

Er bezieht seine Daten jeweils aus den Positionszeilen eines Arbeitsplans. Da bei dessen Erstellung noch nicht geklärt ist, welche Mitarbeiter die im Arbeitsplan vorgesehene Arbeit ausführen wird, sind auf dem Lohnschein Felder vorgesehen, auf dem die Personalnummer des Mitarbeiters, seine tatsächliche Arbeitszeit, Gut-Stückzahl (fehlerfreie Stückzahl), Datum, Uhrzeit und die Unterschrift des Meisters einzutragen sind.

Lohnschein

FertAuftrNr	Auftr.Menge	Zugeh. Kunden/BetrAuftr	B:Tag/Zeit	E:Tag/Zeit
F10000	257,00	Teile-Sonderfertigung	254/07:00	256/13:35

Tisch Modell 325
Teile-Nr:F10000 Klassifikation:1***** TA:E
Tisch Modell 325

AVO	Platz	U.Menge	SP	LA	LG	ZE	RüstZt	StückZt	BelegZt	ÜbergZt	KU	St
10	**P10000**	0,00	1	ZL	7	MIN	10,00	5,00	1.295,00	60,00	9	GP

Tischplatte auf Gestell montieren

Datum	Werker Name	Personal-Nr	LG	LA	Arbeits-Aus.	Material-Aus.
Bez.M	Meister/Kost	Zeit		Ist-Menge		Ist-ArbPlatz
Code						

Materialliste

Sie dient der Lagerverwaltung, um die erforderlichen Komponenten zur Durchführung eines Fertigungsauftrags rechtzeitig bereitzustellen.

Materialliste

FertAuftrNr	Auftr.Menge	Zugeh. Kunden/BetrAuftr	B:Tag/Zeit	E:Tag/Zeit
F10000	257,00	Teile-Sonderfertigung	254/07:00	256/13:35

Tisch Modell 325
Teile-Nr:F10000 TA:E
Tisch Modell 325

Pos	Baustufe	Teile-Nummer	Benennung	TA	BA	ME	Menge	St
10		T09	Tischplatte Modell 325	T	F	ST	257,00	A
20		T11	Anschraublasche	T	F	ST	1.028,00	A
30		T12	Flachrundschraube	T	F	ST	1.028,00	A
40		T13	Spanplattenschraube	T	F	ST	2.056,00	A
50		T20	Komplettes Gestell	G	E	ST	257,00	A
60		T14	Unterlegscheibe	T	F	ST	1.028,00	A
70		T15	Flügelmutter	T	F	ST	1.028,00	A

Datum	Werker Name	Personal-Nr	LG	LA	Arbeits-Aus.	Material-Aus.
Bez.M	Meister/Kost	Zeit		Ist-Menge		Ist-ArbPlatz
Code						

Material(entnahme)-schein

Er belegt die Entnahme des Materials aus dem Lager. Als Rücklaufdatenträger dient er zur Erfassung der Lagerabgänge und zur Buchung des Materialverbrauchs.

Materialschein

FertAuftrNr	Auftr.Menge	Zugeh. Kunden/BetrAuftr	B:Tag/Zeit	E:Tag/Zeit
F10000	257,00	Teile-Sonderfertigung	254/07:00	256/13:35

Tisch Modell 325
Teile-Nr:F10000 Klassifikation:1***** TA:E
Tisch Modell 325

Pos	Baustufe	Teile-Nummer	Benennung	TA	BA	ME	Menge	St
10		**T09**	Tischplatte Modell 325	T	F	ST	257,00	A

Datum	Werker Name	Personal-Nr	LG	LA	Arbeits-Aus.	Material-Aus.
Bez.M	Meister/Kost	Zeit		Ist-Menge		Ist-ArbPlatz

Werkzeugentnahme-schein	Vergleichbar dem Materialentnahmeschein belegt er die Entnahme der Werkzeuge aus dem Werkzeuglager.
Arbeitsanweisung	Sie beschreibt exakt den Ablauf komplizierterer Arbeitsvorgänge.
Prüfanweisung	Sie gibt vor, nach welchen Verfahren und mit welchem Maß an Toleranz die hergestellten Erzeugnisse zu prüfen sind.
Einstellplan	Aus dem Einstellplan ist zu entnehmen, wie die Fertigungsmaschinen zur Durchführung eines bestimmten Auftrags einzurichten sind. Er legt z. B. fest, mit welchen Drehzahlen und welcher Vorschubgeschwindigkeit ein Werkstück von bestimmter Materialart und -stärke zu bohren ist.
Werkzeugwechselplan	Werkzeuge unterliegen bei Gebrauch einer Abnutzung. Nach einer bestimmten Laufzeit sind sie zu wechseln, damit sichergestellt ist, dass sie mit der erforderlichen Präzision genutzt werden können.

5.2.2 Fertigungsüberwachung mithilfe der Betriebsdatenerfassung

Die Fertigungsüberwachung beinhaltet die Überwachung und Kontrolle des Produktionsprozesses im Hinblick auf Qualitätsmerkmale, Input- und Outputmengen, Zeitverbrauch, Kapazitätsbeanspruchung und Termineinhaltung. Um jederzeit aktuelle Informationen über den Produktionsfortschritt zu erhalten, wird in der Praxis für die Produktionsfortschrittskontrolle meistens eine Aufteilung in **personenbezogene Leistungsdaten** und in auftragsbezogene Fertigmeldungen vorgenommen.

- Die **personenbezogenen Leistungsdaten** werden anhand der ausgefüllten Lohnscheine erfasst. So eignet sich ein ausgefüllter Lohnschein z. B. zur

  - Erfassung der tatsächlichen Beanspruchung eines Arbeitsplatzes.
  - Feststellung des Belastungszuflusses an die nachfolgenden Arbeitsplätze, da der ausgefüllte Lohnschein den Status „fertig“ für einen Arbeitsgang signalisiert.
  - Ermittlung der gesamten Durchlaufzeit für den Auftrag. Sie errechnet sich aus der Summe aller Zeiten auf den Lohnscheinen.

  Weitere Auswertungen erlauben es z. B., Informationen über Produktionsstörungen und personenbezogene Leistungsdaten zu gewinnen. Diese lassen sich nutzen, um über eine systematische Wartungs- und Instandhaltungsplanung einen störungsfreien Ablauf sicherzustellen bzw. die Mitarbeiter leistungsgerecht zu entlohnen.

- Für die **auftragsbezogenen Fertigmeldungen** werden insbesondere die Material(entnahme)scheine, die Werkzeugentnahmescheine und die Werkzeugwechselprotokolle herangezogen. Daneben ist in diesem Bereich der Einsatz von Betriebsdatenerfassungssystemen für die laufende Erfassung und frühzeitige Verarbeitung von Informationen, zur zeitgerechten Rückmeldung der Istdaten und für den jederzeitigen Datenzugriff auf den Ist-Zustand des Produktionsprozesses, unverzichtbar.

  Organisatorisch lässt sich die Betriebsdatenerfassung und Auftragsüberwachung mittels eines **elektronischen Fertigungsleitstandes** durchführen. Er erlaubt es nicht nur, Beginn und Ende der Arbeitsgänge zu protokollieren, die kurzfristige Termin- und Kapazitätsplanung (z. B. Maschinenbelegung) zu kontrollieren, den Material- und Werkzeugeinsatz zu erkennen, die Auftragsfreigabe und Auftragssteuerung einschließlich der Überwachung des Fertigungsfortschritts zu überblicken. Vielmehr werden die gewonnenen Daten aus der aktuellen Situation auch mit den Planungsdaten für die nahe Zukunft verknüpft. Auf diese Weise lassen sich z.B. bevorstehende Engpasssituationen rechtzeitig erkennen und durch entsprechende Planungsmaßnahmen mildern.

Zusammenfassung

- Im Rahmen der **Produktionsprozesssteuerung** wird die **Ausführung des Fertigungsauftrags** veranlasst und die hierfür erforderlichen **Dokumente** erstellt. Zu diesen gehören u.a. die **Auftragsstückliste, Auftragsarbeitsplan, Lohnschein, Materialliste, Materialentnahmeschein, Werkzeugentnahmeschein, Prüfanweisung** und **Einstellplan.**
- Die **Fertigungsüberwachung** geschieht – im Fall traditioneller Belegorganisation – über **Rücklaufdatenträger,** wie z.B. die **Lohn-** und **Materialentnahmescheine** oder über einen **elektronischen Fertigungsleitstand.**
- Durch die Zuteilung wird die verloren gegangene **Verknüpfung zwischen Kundenauftrag** und **Fertigungsauftrag** wieder hergestellt.

Übungsaufgabe

139 1. Im Rahmen der Auftragsveranlassung werden auftragsbezogene Dokumente in die Fertigung eingeschleust.

Aufgabe:

Nennen Sie 5 dieser Dokumente und beschreiben Sie kurz deren Inhalt!

2. Einige dieser Dokumente haben (in einer traditionellen Belegorganisation) die Eigenschaft eines Rücklaufdatenträgers.

Aufgabe:

Erklären Sie, an welchen Informationen der Betrieb besonders interessiert ist und wofür diese Informationen genutzt werden!

3. Stellen Sie dar, welche Funktionen durchlaufen werden müssen, um

3.1 aus dem Primärbedarf den Sekundärbedarf zu ermitteln,

3.2 aus den Bedarfen aufgrund der Kundenaufträge die Fertigungsaufträge zu gewinnen.

6 Produktions-Controlling

6.1 Aufgaben des Produktions-Controllings

Die **generelle Aufgabe** des **Produktions-Controllings** besteht darin, die Informationen aus dem Leistungserstellungsprozess so aufzubereiten und anschließend bereitzustellen, dass die Unternehmensleitung den **Entstehungsprozess von Produkten ergebnisorientiert planen, steuern** und **überwachen** kann. Ihre Informationen gewinnt das Produktions-Controlling insbesondere aus der Kostenrechnung und der Investitionsrechnung sowie aus der Aufbereitung technischer Daten.

Aus den generellen Aufgaben lassen sich sodann **spezielle Aufgaben** des **Produktions-Controllings** ableiten.

Aufgaben des Produktions-Controllings	Beispiele
Regelmäßige Aufgaben	Mitarbeit bei der kurz- und mittelfristigen Produktprogrammplanung, der Materialbedarfsplanung, der Produktionsprozessplanung und -kontrolle (z. B. Terminüberwachung, Kapazitätsbelegungs-, Materialeinsatz- sowie Instandhaltungsplanung und -kontrolle) sowie bei der Budgetplanung und Kontrolle des Produktionsbereichs.
Aufgaben von Fall zu Fall	Auswahl, Einführung und Weiterentwicklung eines Planungs-, Steuerungs- und Kontrollsystems, die Beurteilung von technischen Investitionen, die Mitarbeit bei Fragen der Betriebsorganisation (z. B. Arbeits- und Betriebszeitregelungen) sowie die Begleitung spezifischer Maßnahmen im Produktionsbereich (z. B. Verlegung eines Standorts, Einführung eines neuen Fertigungsverfahrens).

6.2 Kontroll- und Qualitätssicherungsverfahren

6.2.1 Begriffe Qualität und Qualitätsmanagement

Qualität ist kein feststehender Begriff, sondern hängt ab vom Verwendungszweck. Ob die geforderte Qualität erfüllt ist, wird über sogenannte **Qualitätsmerkmale** beurteilt.

Beispiele:

- So muss ein Fahrrad, das für ein Zeitfahren verwendet wird, ganz andere Qualitätsmerkmale erfüllen als ein Mountainbike.
- Ein Speiseapfel wird nach den Qualitätsmerkmalen Geschmack, Festigkeit, Frische beurteilt. Wird er jedoch für eine Wilhelm-Tell-Aufführung benötigt, so stehen die Merkmale Größe und Farbe im Vordergrund.

Der Begriff **Qualität** kann aus Sicht der Qualitätskontrolle (Funktionstüchtigkeit) oder aus Sicht der Kunden verstanden werden.

- Aus **Sicht der Qualitätskontrolle** (Funktionstüchtigkeit) gibt die Qualität an, in welchem Maße die **Eigenschaften einer Leistung** (eines Produkts/einer Dienstleistung) die festgelegten, vorausgesetzten oder verpflichtenden **Anforderungen erfüllt.**
- Aus **Sicht der Kunden** ist Qualität dann gegeben, wenn eine Leistung (ein Produkt, eine Dienstleistung) alle vom **Kunden gewünschten Eigenschaften** besitzt.

Die Festlegung, **welche qualitativen Ansprüche** an ein Produkt zu stellen sind, ist nur der erste und deutlich leichtere Schritt. Wichtiger und schwieriger ist es, dieses Qualitätsziel zu **erreichen** und zu **sichern.** Letzteres ist Aufgabe des Qualitätsmanagements.

Das **Qualitätsmanagement** hat zum einen die Aufgabe, **Fehler zu vermeiden,** und zum anderen soll im Rahmen eines kontinuierlichen Verbesserungsprozesses ein beständig **höheres Qualitätsniveau** erreicht werden.

6.2.2 Maßnahmen für ein Qualitätsmanagement

6.2.2.1 Qualitätsmanagementsysteme

Bei der Umsetzung des Qualitätsmanagements leisten Qualitätsmanagementsysteme eine wichtige Hilfestellung. Das derzeit bekannteste Qualitätsmanagementsystem ist die **DIN EN ISO 9000 Serie.**[1] Sie gibt Mindestanforderungen (ein System von Normen[2] und Vorgehensweisen) für die Bildung betrieblicher Prozesse vor, die die Unternehmen darin unterstützen, die gesteckten Qualitätsziele systematisch und sicher zu erreichen.

Wer in einem Unternehmen ein Qualitätsmanagementsystem nach den modellhaften Anforderungen der DIN EN ISO 9001:2008 eingeführt hat, kann die Überprüfung (auch **Audit** genannt) durch eine Zertifizierungsstelle beantragen.

Zertifizierung ist ein **Überprüfungs- und Bestätigungsverfahren** durch eine **unparteiische Instanz,** das zeigt, dass sich ein entsprechend bezeichnetes Erzeugnis, Verfahren oder eine Dienstleistung in Übereinstimmung mit einer **bestimmten Norm** befindet.

Zwar ist die Zertifizierung keine Pflicht, jedoch ist es z.B. in der Branche der Automobilindustrie eine Eingangsvoraussetzung für die Zulieferer. Der Nachweis einer Zertifizierung nach ISO 9001 signalisiert einem Kunden, dass die unternehmensinternen Abläufe, Prozesse und Strukturen definiert sind, dass sie funktionieren und der Betrieb sich um eine kontinuierliche Qualitätssteigerung bemüht. Halten sich alle Mitarbeiter an diese definierten Abläufe, dann ist eine qualitativ einwandfreie Leistung zu erwarten.

6.2.2.2 Konzept des Total Quality Managements (TQM)

Zerlegt man den Begriff Total Quality Management in seine Bestandteile, dann steht

- **Total** dafür, dass alle Mitarbeiter auf allen Ebenen, insbesondere auch die Kunden und Lieferanten in ein ganzheitliches Denken einbezogen werden.
- **Quality** dafür, dass die fast selbstverständliche Qualität der Produkte und Dienstleistungen eine Folge der Qualität der Arbeit und der Prozesse ist.
- **Management** dafür, dass es primär der Führungsaufgabe und der Führungsqualität des Managements bedarf, um dieses Konzept im gesamten Unternehmen lebendig sein zu lassen.

Ziel ist die Einrichtung eines ständigen Verbesserungsprozesses, der seine Dynamik aus den Vergleichen zum Branchenführer **(„Best in Class")** oder aus branchenübergreifenden Vergleichen **(„Benchmarks")** gewinnt. Es handelt sich um ein langfristiges Unternehmenskonzept, das die Mitarbeiter als wichtigsten Garant zur Erreichung des Qualitätsziels begreift. Das Unternehmen erwartet z.B. von den Mitarbeitern, dass nicht erst eine Beschwerde des Kunden notwendig ist, um eine Verbesserung einzuleiten, sondern dass die Mitarbeiter vorausschauend nach neuen Verbesserungsvorschlägen suchen.

---

1 **DIN** Deutsches Institut für Normung (bundesweite Anerkennung)
EN Europäische Norm (europaweite Anerkennung)
ISO International Organization for Standardization (weltweite Anerkennung)

2 **Norm:** hier Richtlinie (Vorschrift, Regel) für die Herstellung von Produkten bzw. die Anwendung von Verfahren.

6.2.2.3 Kontinuierlicher Verbesserungsprozess (KVP) – Kaizen

(1) Begriff

- Der **kontinuierliche Verbesserungsprozess** (KVP) ist ein Bündel von Maßnahmen mit dem Ziel, **Erzeugnisse** und **betriebliche Prozesse** weiterzuentwickeln und zu verbessern.
- Die Weiterentwicklung erfolgt nicht in einem Schritt oder wenigen großen Schritten, sondern in einer Vielzahl von **beständigen (kontinuierlichen) kleinen Verbesserungsschritten,** die erst in ihrer Gesamtheit zum erwünschten Erfolg führen.[1]

(2) Erläuterung des KVP-Konzepts

In westlichen Industrienationen dominiert das Denken in Innovationssprüngen, während in der asiatischen Denkweise die kleinen alltäglichen Verbesserungen im Vordergrund stehen.

Die nachfolgende Tabelle zeigt eine Gegenüberstellung des KVP-Konzepts[2] zum Konzept der Innovation mit seinen sprunghaften Veränderungen durch neue Technologien, neue Produktionstechniken, Organisationsmodelle und Managementkonzepte (westliche Denkweise).

	KVP-Konzept	**Innovation**
Zeitlicher Rahmen	stetig und ununterbrochen	kurzfristig und sprunghaft
Ziel	Streben nach detaillierter Verbesserung von Produkt und Prozess	Streben nach großen Fortschritten in kurzer Zeit
Basis	auf bestehenden Systemen und Technologien aufbauend	ständige Suche nach Entwicklung von neuen Technologien
Personaleinsatz	jeder Mitarbeiter und jede Führungskraft	Spezialisten, Konstrukteure
Erforderliche Eigenschaften	▪ Anpassungsfähigkeit ▪ Kollektivgeist ▪ Leistungsbereitschaft	▪ Kreativität ▪ Individualität ▪ individuelle Leistung
Devise (Leitlinie)	Erhaltung und Verbesserung	Abbruch und Neuaufbau
Investitionsmittel	geringer Kapitalbedarf	hoher Kapitalbedarf
Erfolgschance	gleichbleibend hoch	abrupt und unbeständig
Bewertungskriterien	Produktivitäts- und Qualitätskennzahlen	ergebnisorientierte Kennziffern (z. B. Umsatz, Kosten, Deckungsbeitrag)
Tendenzieller Einsatz	in langsam wachsenden Branchen	in schnell wachsenden Branchen

1 Diese Vorgehensweise geht auf die insbesondere aus Japan stammende Kaizen-Philosophie (Verbesserung in kleinen Schritten [KAIZEN]) zurück.

2 Vgl. „Lean Production", Institut für angewandte Arbeitswissenschaft, Köln 1992, siehe auch Kapitel 2.1.2, S. 280.

(3) PDCA-Kreislauf (Deming-Kreislauf)

Für den Prozess der kontinuierlichen Verbesserung und damit für ein wirksames Qualitätsmanagement-System im Sinne eines „Immer-besser-Modells" ist die Einführung eines Plan-Do-Check-Act-Regelkreises nach W. Edwards Deming von besonderer Bedeutung. Schematisch lässt sich dieser Regelkreis wie folgt darstellen:

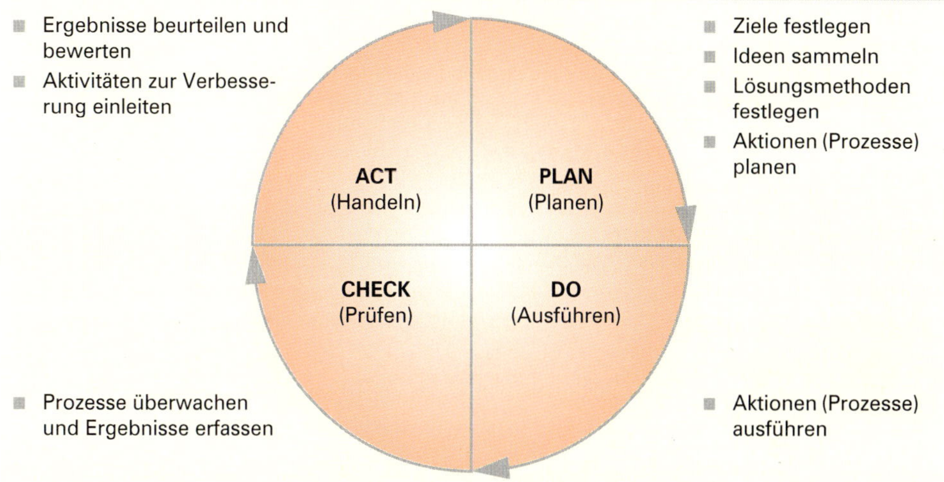

Mit jedem Durchlauf des Zyklus verbessert sich das Qualitätsniveau der Organisation und setzt damit das Ziel der kontinuierlichen Verbesserung in die Realität um.

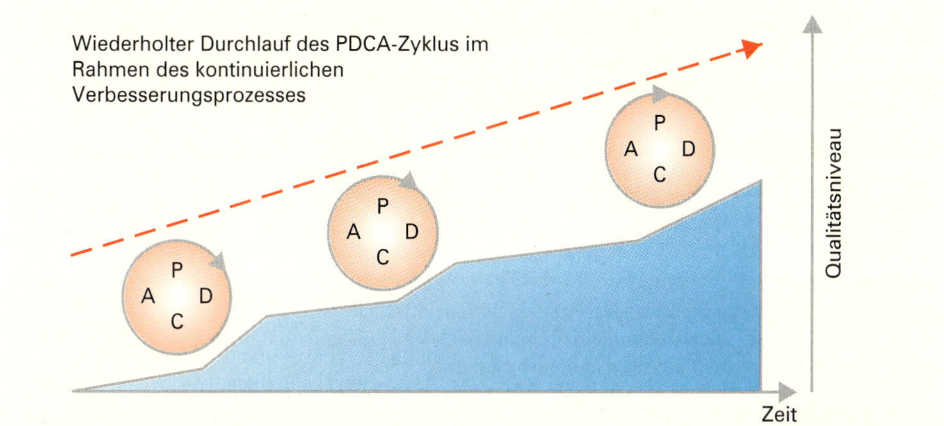

Im Rahmen des kontinuierlichen Verbesserungsprozesses werden die bestehenden Strukturen, Prozesse und Regelungen ständig dahingehend hinterfragt, ob sie nicht qualitativ verbessert werden könnten. Ziel ist also nicht die Umwälzung, die völlige Neuordnung, sondern die beständige Analyse, Bewertung und Verbesserung des eigenen Handelns.

Zusammenfassung

- Die **Notwendigkeit** des **Qualitätsmanagements** ergibt sich aus
  - gesetzlichen Vorgaben (z.B. Produkthaftungsgesetz, Produktsicherheitsgesetz),
  - steigenden Ansprüchen der Kunden,
  - verschärftem Wettbewerb und
  - der eigenen Unternehmensphilosophie.
- Maßnahmen eines Qualitätsmanagements sind die Zugrundelegung der **Normenreihe DIN EN ISO 9000:2008ff.**, das **Konzept des Total Quality Managements** (TQM) sowie die Verwendung des **KVP-Konzepts (Kaizen)**.
  - Das derzeit bekannteste Qualitätsmanagementsystem ist die **DIN EN ISO 9000:2008ff.** Sie enthält ein System von Normen und Vorgehensweisen und legt die Grundlage für die Bewertung und Optimierung betrieblicher Prozesse fest. Sie enthält Mindestanforderungen an ein Qualitätsmanagementsystem, die ein Unternehmen erfüllen muss, damit es von einer unabhängigen Zertifizierungsgesellschaft zertifiziert werden kann.
  - Das **TQM** ist eine auf der Mitwirkung aller Mitarbeiter beruhende Führungsmethode, die die Qualität in den Mittelpunkt stellt, um durch die Zufriedenheit der Kunden einen langfristigen Geschäftserfolg sowie einen Nutzen für die Mitarbeiter und die Gesellschaft zu erzielen.
  - Beim **kontinuierlichen Verbesserungsprozess (KVP)** erfolgt die Weiterentwicklung der Erzeugnisse und der betrieblichen Prozesse in einer Vielzahl von kleinen Verbesserungsschritten. Diese Schritte werden im Rahmen eines PDCA-Regelkreises verwirklicht.
- Die **Ziele** des **Qualitätsmanagements** bestehen insbesondere darin, die Produktqualität zu sichern und zu verbessern, die Qualität der betrieblichen Prozesse zu steigern und damit die Kundenzufriedenheit zu stärken.

Übungsaufgabe

140 1. Gegen die traditionelle Qualitätskontrolle am Ende der Fertigung wird argumentiert, dass durch dieses Verfahren keine Fehler vermieden und die Fehlerursachen nicht beseitigt werden.

Aufgabe:

Nehmen Sie hierzu und zu weiteren Schwachstellen der sogenannten Endkontrolle Stellung!

2. Nennen Sie mindestens drei umgangssprachliche Qualitätsmerkmale für ein technisches Gebrauchsgut (z.B. Flachbildfernseher, Bohrmaschine, Waschmaschine), das in einem Privathaushalt verwendet werden soll!

3. Nennen Sie Vorteile, die mit der Einführung eines Qualitätsmanagements, insbesondere mit dessen Zertifizierung, verbunden sind!

4. **Textauszug:**

„Wir sind der Partner unserer Kunden in der Dichtungs- und Schwingungstechnologie; die Vorstellungen, Ideen und Ansprüche unserer Kunden prägen unsere Aktivitäten. Ihre Zufriedenheit sichern wir mit einem umfassenden Produktangebot und beispielhaften Serviceleistungen – dabei beziehen wir, wenn sinnvoll, auch Kooperationspartner ein.

Kundenzufriedenheit ist damit die Basis für die erfolgreiche Zukunft der Freudenberg Dichtungs- und Schwingungstechnik.

Wir sind gewohnt, auf höchster Qualitätsstufe zu fertigen und streben das Ziel der Nullfehlerqualität an.

Dadurch tragen wir zu höchster Kundenzufriedenheit bei. Im In- und Ausland arbeiten wir nach einem einheitlichen, hohen Ansprüchen genügenden Qualitätsmanagementsystem, aufbauend auf der DIN EN ISO 9000:2008. Alle unsere Standorte sind heute nach DIN EN ISO 9000:2008 zertifiziert.

Reaktionsschnelligkeit und engster Kontakt zum Kunden sowie kostengünstige, flexible Fertigung sichern die Versorgung unserer Kunden. Lieferungen von höchster Qualität, Standardgarantien von 20 Jahren nach Erstlieferung sichern unseren Kunden die Ersatzteilversorgung. Das Erreichen höchster Produktivität und hoher Zuverlässigkeit der Produktion für unsere Kunden ist das Maß, das laufend zu verbessern ist."

Quelle: Auszüge aus einem Prospekt der Freudenberg GmbH Dichtungs- und Schwingungstechnik, Weinheim.

Aufgaben:

4.1 Arbeiten Sie heraus, welche Textstellen auf TQM hinweisen!

4.2 Erläutern Sie den Begriff TQM!

4.3 Der Text nennt „DIN EN ISO 9000:2008". Erklären Sie, was unter dieser DIN zu verstehen ist!

5. Recherchieren Sie, wer das hier abgebildete Gütesiegel erlassen hat und welche grundlegenden Qualitätsmerkmale dieses Qualitätssiegel beinhaltet!

6. Erklären Sie, ob durch die Verwirklichung eines Total Quality Managements Qualitätskontrollen weiterhin notwendig sind oder ob darauf verzichtet werden kann!

6.3 Betriebliche Kennzahlen der Leistungserstellung

6.3.1 Produktivität

(1) Begriff Produktivität

Die **Produktivität** ist die technische Ergiebigkeit eines Produktionsvorgangs. Sie stellt das Verhältnis von Ausbringungsmenge zu den Einsatzmengen der Produktionsfaktoren dar.

$$\text{Produktivität} = \frac{\text{Ausbringungsmenge}}{\text{Einsatzmenge}}$$

Aus dieser allgemeinen Formulierung der Produktivität lassen sich **Teilproduktivitäten** ableiten. Die wichtigsten sind die **Arbeitsproduktivität** und die **Kapitalproduktivität.**

(2) Arten der Produktivität

Arbeitsproduktivität

Bei der Arbeitsproduktivität wird die Ausbringungsmenge auf eine Arbeitsstunde bezogen.

Beispiel:

Ein Bauunternehmen erstellte im Monat April mit seinen Beschäftigten 2000 m^3 umbauten Raum, im Mai 2400 m^3. Die geleisteten Arbeitsstunden betrugen im April 3840 und im Mai 4416 Arbeitsstunden. Der Einsatz von Werkzeugen, Maschinen, Fahrzeugen, Ausstattung und Gebäude blieb unverändert (Wert 300000,00 EUR).

Die Arbeitsproduktivität berechnet sich dann wie folgt:

$$\text{Arbeitsproduktivität} = \frac{\text{Ausbringungsmenge}}{\text{geleistete Arbeitsstunden}}$$

Mit den Zahlen des Beispiels erhält man folgende Werte:

Monat	Arbeitsproduktivität	Monat	Arbeitsproduktivität
April	$\frac{2000}{3840} = \underline{\underline{0{,}52}}$	Mai	$\frac{2400}{4416} = \underline{\underline{0{,}54}}$

Das Ergebnis zeigt, dass sich die Arbeitsproduktivität im Mai erhöht hat. Da sich die Ausstattung mit z.B. Maschinen und Werkzeugen nicht geändert hat, ist die Produktivitätssteigerung ausschließlich auf die Arbeiter zurückzuführen. Gründe können sein: besseres Wetter (die Arbeitskräfte fühlen sich wohler), die Aufsicht wurde verbessert, die Arbeitskräfte befürchten Entlassungen und strengen sich daher mehr an, das Betriebsklima ist besser geworden, die im April gewonnene Routine (Gewandtheit) nach der Winterpause führte im Mai zur Leistungssteigerung.

Kapitalproduktivität

Bezieht man die Ausbringungsmenge auf das eingesetzte Sachkapital, erhält man die Kapitalproduktivität.

$$\text{Kapitalproduktivität} = \frac{\text{Ausbringungsmenge}}{\text{Sachkapital}}$$

Mit den Zahlen des Beispiels erhält man folgende Werte:

Monat	Kapitalproduktivität	Monat	Kapitalproduktivität
April	$\frac{2000}{300000} = \underline{\underline{0{,}00\overline{6}}}$	Mai	$\frac{2400}{300000} = \underline{\underline{0{,}008}}$

Die Kapitalproduktivität ist (um 20 %) gestiegen, obwohl sich am Kapitaleinsatz nichts geändert hat.

(3) Zurechen- und Messprobleme

Zurechenprobleme

Produktivitätssteigerungen lassen sich nur dann einem Produktionsfaktor (z.B. Arbeit) zurechnen, wenn die Leistung aller anderen Produktionsfaktoren konstant (unverändert) bleibt. In Wirklichkeit sind Produktivitätssteigerungen i.d.R. auf die Beiträge aller Produktionsfaktoren zur Leistungserstellung zurückzuführen.

■ **Messprobleme**

Bei Mehrproduktunternehmen lässt sich die Ausbringungsmenge nicht mehr in Mengeneinheiten messen, weil verschiedene Dinge (z.B. Produktarten) nicht addiert werden können. Man behilft sich dadurch, dass man die Ausbringungsmengen mit ihren Preisen vervielfacht und den Wert der Ausbringungsmengen in Euro angibt. Produktivitätsvergleiche können jedoch nur dann vorgenommen werden, wenn mit gleichbleibenden Preisen (konstanten Preisen, Verrechnungspreisen) gearbeitet wird. Werden sowohl die Ausbringungsmenge als auch die Einsatzmenge zu konstanten Preisen angegeben, spricht man auch von **mengenmäßiger Wirtschaftlichkeit.**

6.3.2 Wirtschaftlichkeit

Wirtschaftlichkeit ist das Verhältnis erbrachter Erträge zu den für diese Erträge aufgewendeten Mitteln, also deren Aufwendungen je Periode (z.B. je Geschäftsjahr).

$$\text{Wirtschaftlichkeit} = \frac{\text{Erträge}}{\text{Aufwendungen}}$$

Der **Unterschied zwischen Wirtschaftlichkeit und Produktivität** besteht darin, dass die **Produktivität** ein **Mengenverhältnis** ausdrückt, während die **Wirtschaftlichkeit** ein **Wertverhältnis** darstellt. Praktisch heißt das, dass die Wirtschaftlichkeit – bewertet zu tatsächlichen Preisen – bei gleichbleibender Produktivität steigen oder fallen kann, wenn beispielsweise die Absatzpreise bei gleichbleibenden Kosten steigen bzw. fallen.

6.3.3 Rentabilität

Bei der Rentabilität wird der Erfolg eines Unternehmens (z.B. der Gewinn) in Beziehung zu jener Größe gebracht, die ihn ermöglicht hat (z.B. das eingesetzte Kapital). Je nachdem, ob man als Bezugsgröße das Eigenkapital oder das Gesamtkapital wählt, erhält man als Kennziffer die **Eigenkapitalrentabilität** oder die **Gesamtkapitalrentabilität.** Die Eigenkapitalrentabilität wird häufig auch als Unternehmerrentabilität und die Gesamtkapitalrentabilität als Unternehmensrentabilität bezeichnet.

(1) Eigenkapitalrentabilität (Unternehmerrentabilität)

Bei der Eigenkapitalrentabilität wird der erzielte Gewinn in Prozenten zum Eigenkapital ausgedrückt. Es soll festgestellt werden, welche Rendite das durchschnittlich eingesetzte Eigenkapital insgesamt erbracht hat.

$$\text{Eigenkapitalrentabilität} = \frac{\text{Gewinn} \cdot 100}{\text{Eigenkapital}}$$

Beispiel:

Gewinn	55 076,00 EUR
Eigenkapital	524 537,00 EUR

$$\text{Eigenkapitalrentabilität} = \frac{55\,076 \cdot 100}{524\,537} = \underline{\underline{10{,}5\,\%}}$$

(2) Gesamtkapitalrentabilität (Unternehmensrentabilität)

Wählt man als Bezugsgröße das durchschnittlich eingesetzte Gesamtkapital, dann muss der Gewinn um die angefallenen Zinsen für das Fremdkapital erhöht werden. Das ist deshalb erforderlich, weil die Fremdkapitalzinsen im Rahmen der Gewinnermittlung als Aufwendungen abgezogen wurden. Erst durch die Hinzurechnung der Zinsen für das Fremdkapital sind die in Beziehung zu setzenden Größen miteinander vergleichbar.

$$\text{Gesamtkapitalrentabilität} = \frac{(\text{Gewinn} + \text{Fremdkapitalzinsen}) \cdot 100}{\text{Gesamtkapital}}$$

Beispiel:

Gewinn	55 076,00 EUR
Fremdkapitalzinsen	52 581,00 EUR
Gesamtkapital	1 223 378,00 EUR

$$\text{Gesamtkapital-rentabilität} = \frac{(55\,076 + 52\,581) \cdot 100}{1\,223\,378} = \underline{\underline{8{,}8\,\%}}$$

Die Gesamtkapitalrentabilität sagt dem Unternehmer, ob sich die Investierung von Fremdkapital in seinem Unternehmen lohnt. Dies ist dann gegeben, wenn der Zinssatz für Fremdkapital unter der Gesamtkapitalrentabilität liegt. Beträgt z. B. der Zinssatz für Fremdkapital 6 % und liegt die Gesamtkapitalrentabilität bei 8 %, dann verdient der Unternehmer am Einsatz von Fremdkapital, d. h., die Eigenkapitalrentabilität steigt an.

6.3.4 Kennziffern zur Beurteilung der Prozessqualität

Die Kennziffern Produktivität, Wirtschaftlichkeit und Rentabilität haben statischen Charakter, weil sie Momentaufnahmen sind, die einen Periodenabschluss voraussetzen. Sie geben aber wenig Informationen darüber, inwieweit Prozessabläufe verbessert werden konnten. Die Qualität der Prozesse im Rahmen der Leistungserstellung muss sich aber insbesondere daran messen lassen, ob z. B. Fortschritte erzielt wurden im Rahmen der Terminierung, in einer Verkürzung der Durchlaufzeit, und damit der Kapitalbindungsdauer bzw. in einer Einhaltung zugesagter Liefertermine.

Beispiele für solche prozessorientierten Kennziffern sind

- ein Prozentsatz, der angibt, wie viel Prozent der veranlassten Fertigungsaufträge auch termingetreu beendet und ausgeliefert wurden.

$$P_z = \frac{\text{Zeitgerecht ausgeführte Fertigungsaufträge} \cdot 100}{\text{veranlasste Fertigungsaufträge}}$$

- ein Prozentsatz, der angibt, wie viel Prozent der Durchlaufzeit beansprucht wird für
  - die reine Bearbeitungszeit am Werkstück

$$P_b = \frac{\text{Ist-Bearbeitungszeit/Werkstück} \cdot 100}{\text{Ist-Durchlaufzeit/Werkstück}}$$

- die Transportzeit zwischen den einzelnen Bearbeitungsstationen bzw. für die Wartezeit vor/nach der Bearbeitung

$$P_t = \frac{\text{Ist-Transportzeit/Werkstück} \cdot 100}{\text{Ist-Durchlaufzeit/Werkstück}}$$

$$P_w = \frac{\text{Ist-Wartezeiten/Werkstück} \cdot 100}{\text{Ist-Durchlaufzeit/Werkstück}}$$

Vergleicht man die Entwicklung dieser Kennziffern von Periode zu Periode, dann erhält man sehr klare Informationen darüber, ob es gelungen ist, die Maßnahmen zur Prozessoptimierung in der Realität umzusetzen.

Zusammenfassung

Die Begriffe Produktivität, Rentabilität und Wirtschaftlichkeit weisen folgende Zusammenhänge auf:

- Die **Produktivität** gibt ein rein **mengenmäßiges Verhältnis** wieder und sagt nur etwas über die technische Ergiebigkeit der Produktion aus. Ob dadurch auch ein finanzieller Erfolg erzielt wird, lässt sich aus der Produktivität nicht ersehen. Allerdings wird eine unproduktive Produktion zu Verlusten führen und kann damit langfristig die Betriebsaufgabe zur Folge haben.
- Die **Wirtschaftlichkeit** setzt die Erträge zu den Aufwendungen ins Verhältnis und zeigt damit auf, ob die erstellten Erträge zu einem Betriebsgewinn geführt hat. Es handelt sich um ein **Wertverhältnis.**
- Die **Eigenkapitalrentabilität** bezieht den Gewinn auf das durchschnittlich eingesetzte Eigenkapital und rechnet so dessen Verzinsung aus.
- Die **Gesamtkapitalrentabilität** bezieht den Gesamterfolg (Gewinn + Fremdkapitalzinsen) auf das durchschnittlich eingesetzte Gesamtkapital (Eigenkapital + Fremdkapital) und rechnet so dessen Verzinsung aus.
- Auf Dauer besteht zwischen diesen drei Größen folgender enger Zusammenhang:
  Durch den technischen Fortschritt wird das mengenmäßige Ergebnis der Produktion steigen (hohe Produktivität). Die Steigerung der Produktionsmenge führt in der Regel zu einer Senkung der Kosten je Stück (Massenproduktionsgesetz) und damit zu einer höheren Wirtschaftlichkeit, die im Normalfall auch zu einer Steigerung der Rentabilität führt.
- Die Qualität des Produktionsprozesses wird durch Prozesskennziffern dokumentiert.

Übungsaufgaben

141 1. 1.1 Erklären Sie die Begriffe Produktivität und Wirtschaftlichkeit!

1.2 Stellen Sie dar, ob sich Produktivität und Wirtschaftlichkeit gegenläufig entwickeln können! Begründen Sie Ihre Meinung an einem Beispiel!

1.3 Nennen Sie die ökonomische Kennziffer, die wie folgt ermittelt wird!

$$\frac{\text{mengenmäßige Ausbringung}}{\text{mengenmäßiger Einsatz}}$$

26 Speth u.a. - ISBN 978-3-8120-0497-8

2. 2.1 Erklären Sie den Begriff Rentabilität!

   2.2 Machen Sie den Unterschied zwischen Rentabilität und Produktivität deutlich!

   2.3 Weisen Sie nach, dass Folgendes möglich ist: Das Unternehmen A arbeitet zwar produktiver als sein Konkurrent B, dennoch ist das Unternehmen A unwirtschaftlicher!

   2.4 Nennen Sie Maßnahmen zur Steigerung der Arbeitsproduktivität im personellen Bereich!

   2.5 Erklären Sie, worin prinzipiell der Unterschied zwischen der Kennziffer Wirtschaftlichkeit und der Kennziffer Termintreue besteht!

3. Glaser Müller stellte zusammen mit seinen drei Gesellen im Monat Mai in 720 Arbeitsstunden 100 Fenster gleicher Größe und Qualität her, die auch verkauft wurden. Der Verkaufspreis je Stück betrug 150,00 EUR. Die gesamten Aufwendungen der Glaserei beliefen sich im Mai auf 11500,00 EUR. Das Eigenkapital betrug 280000,00 EUR.

   Aufgaben:

   3.1 Berechnen Sie die Arbeitsproduktivität!

   3.2 Berechnen Sie die Wirtschaftlichkeit!

142 Der Geschäftsleitung der Stehlin KG stehen folgende statistische Angaben zur Verfügung:

Monate	Mai	Juni	Juli
Leistung (umbauter Raum in m^3)	4000	4400	4850
Arbeitsstunden	3520	3696	3520
investiertes Kapital	3 Mio. EUR	3 Mio. EUR	3,2 Mio. EUR

Aufgaben:

1. Berechnen Sie die Entwicklung der Arbeits- und der Kapitalproduktivität für die Monate Mai und Juni!

2. Im Monat Juli hat das investierte Kapital zugenommen, weil ein Förderband im Wert von 200000,00 EUR angeschafft wurde.

   2.1 Berechnen Sie die Arbeits- und die Kapitalproduktivität für den Monat Juli!

   2.2 Stellen Sie dar, wie sich die Zunahme der Arbeits- und der Kapitalproduktivität erklärt! Erläutern Sie in diesem Zusammenhang das Zurechenproblem!

3. Aus der Buchführung sind folgende Zahlen zu entnehmen:

Monate	Mai	Juni	Juli
Eigenkapital	2,00 Mio. EUR	2,05 Mio. EUR	2,10 Mio. EUR
Fremdkapital	1,00 Mio. EUR	1,00 Mio. EUR	1,10 Mio. EUR
Umsatz	1,31 Mio. EUR	1,44 Mio. EUR	1,42 Mio. EUR
Aufwendungen	1,25 Mio. EUR	1,30 Mio. EUR	1,28 Mio. EUR
davon Zinsaufwendungen	0,24 Mio. EUR	0,24 Mio. EUR	0,27 Mio. EUR

   3.1 Berechnen Sie die Entwicklung der Wirtschaftlichkeit von Mai bis Juli!

   3.2 Berechnen Sie die Entwicklung der Eigenkapital- und Gesamtkapitalrentabilität von Mai bis Juli!

   3.3 Berechnen Sie die Umsatzrentabilität in den drei Berichtsmonaten! Unter Umsatzrentabilität versteht man den prozentualen Anteil des Reingewinns (hier: des Betriebsgewinns) am Umsatz.

   3.4 Beurteilen Sie die von Ihnen errechneten Kennziffern!

143 Ein Unternehmen möchte eine neue Stanzmaschine kaufen. Ihm stehen zwei Angebote zur Auswahl:

Maschine I: Anschaffungskosten 54 000,00 EUR; Ausbringungsmenge pro Jahr: 41 800 Stück; erforderliche Arbeitskräfte: 2; Arbeitsstunden pro Jahr je Arbeiter: 2 040; Stundenlohn: 22,00 EUR; Aufwendungen der Maschine je Tag laut Werksangabe: 60,00 EUR; Wert des erzeugten Produkts: 3,00 EUR; Arbeitstage: 240 im Jahr.

Maschine II: Anschaffungskosten 46 000,00 EUR; Ausbringungsmenge pro Jahr: 33 900 Stück; erforderliche Arbeitskräfte: 1; Arbeitsstunden pro Jahr je Arbeiter: 2 040; Stundenlohn: 22,00 EUR; Aufwendungen der Maschine je Tag laut Werksangabe: 110,00 EUR; Wert des erzeugten Produkts: 3,00 EUR; Arbeitstage: 240 im Jahr.

Aufgaben:

1. Berechnen Sie die Arbeitsproduktivität, Wirtschaftlichkeit und Rentabilität der beiden Maschinen!
2. Führen Sie Gründe auf, die für die Beschaffung der Maschine I bzw. der Maschine II sprechen!

144 Eine Schleifmaschine der Weber Metallbau GmbH, die für 65 000,00 EUR gekauft wurde, stellt im Monat Juni bei 240 Arbeitsstunden 7 200 Metallrohlinge her. Die monatlichen Fixkosten betragen 33 200,00 EUR und die Lohnkosten je Arbeitsstunde einschließlich der Nebenkosten 36,40 EUR. Mit der bisherigen Maschine, die weiterhin in Betrieb ist, werden in der gleichen Arbeitszeit 6 000 Metallrohlinge produziert. Die Anschaffungskosten dieser Maschine lagen bei 48 000,00 EUR. Die Fixkosten je Monat belaufen sich auf 30 160,00 EUR. Der Wert der Metallrohlinge liegt bei 6,60 EUR.

Aufgaben:

1. Berechnen Sie den Anstieg bzw. Rückgang der Arbeitsproduktivität, der Kapitalproduktivität, der Wirtschaftlichkeit sowie der Rentabilität!
2. Treffen Sie eine begründete Entscheidung, ob sich die Investition gelohnt hat!

Anlage 1: Besondere Buchungen im Rahmen des Absatzprozesses

1 Buchhalterische Behandlung von Sofortnachlässen und Versandkosten

(1) Buchhalterische Behandlung von Sofortnachlässen gegenüber Kunden

Die dem Kunden sofort bei Rechnungserteilung gewährten Nachlässe (Sofortnachlässe) vermindern unsere Verkaufserlöse und erscheinen daher in der Buchführung nicht.

Geschäftsvorfall		Konten	Soll	Haben
Wir verkaufen eigene Erzeugnisse auf Ziel laut folgender Ausgangsrechnung:		2400 Ford. a. L. u. L.	2677,50	
		an 5000 UE f. eigene Erzeugnisse		2250,00
Listenpreis	2500,00 EUR	an 4800 Umsatzsteuer		427,50
– 10 % Rabatt	250,00 EUR			
	2250,00 EUR			
+ 19 % USt	427,50 EUR			
Rechnungsbetrag	2677,50 EUR			

(2) Buchhalterische Behandlung der den Kunden zusätzlich in Rechnung gestellten Nebenkosten

Vertriebskosten, die wir den Kunden in Rechnung stellen

Die von uns zusätzlich in Rechnung gestellten Vertriebskosten erhöhen die Verkaufserlöse. Im Gegensatz zum Einkaufsbereich wird im Verkaufsbereich **kein** Unterkonto geführt. Die zusätzlich in Rechnung gestellten Versandkosten werden daher zusammen mit dem Stoffwert direkt auf dem entsprechenden Umsatzerlöskonto gebucht.

Geschäftsvorfall		Konten	Soll	Haben
Wir verkaufen Erzeugnisse auf Ziel laut folgender Ausgangsrechnung:		2400 Ford. a. Lief. u. Leist.	1618,40	
		an 5000 UE f. eigene Erzeugnisse		1360,00
Listenverkaufspreis	1200,00 EUR	an 4800 Umsatzsteuer		258,40
+ Verpackung	55,00 EUR			
+ Fracht	105,00 EUR			
	1360,00 EUR			
+ 19 % USt	258,40 EUR			
	1618,40 EUR			

- **Vertriebskosten, für die Eingangsrechnungen vorliegen**

Nr.	Geschäftsvorfälle	Konten	Soll	Haben
1.	Wir zahlen folgende noch nicht gebuchte Eingangsrechnung für Verpackungsmaterial bar: 247,00 EUR + 19 % USt 46,93 EUR 293,93 EUR	6040 Aufwend. für Verpackungsmat. 2600 Vorsteuer an 2880 Kasse	247,00 46,93	 293,93
2.	Wir begleichen eine noch nicht gebuchte Rechnung unseres Spediteurs durch Banküberweisung für Fahrten im Monat März 380,00 EUR + 19 % USt 72,20 EUR 452,20 EUR	6140 Frachten und Fremdlager 2600 Vorsteuer an 2800 Bank	380,00 72,20	 452,20
3.	Wir zahlen Vertriebsprovision bar 460,00 EUR + 19 % USt 87,40 EUR 547,40 EUR	6150 Vertriebsprovision 2600 Vorsteuer an 2880 Kasse	460,00 87,40	 547,40

2 Rücksendungen durch Kunden

Beispiel:

Ausgangssituation: Folgende Ausgangsrechnung für auf Ziel verkaufte Erzeugnisse wurde bereits bei uns gebucht.

Warenwert netto	20000,00 EUR
+ 19 % USt	3800,00 EUR
	23800,00 EUR

Problemfall: Von der bereits bei uns gebuchten Lieferung schickt uns der Kunde wegen Falschlieferung Erzeugnisse zurück im Werte von:

Wert der Erzeugnisse netto	800,00 EUR
+ 19 % USt	152,00 EUR
Rechnungsbetrag	952,00 EUR

Aufgaben:

1. Buchen Sie die Rücksendung des Kunden auf den Konten des Hauptbuches!
2. Bilden Sie dazu den Buchungssatz!

Lösungen:

Zu 1.: Buchung auf den Konten des Hauptbuches

S	2400 Ford. a. Lief. u. Leist.		H
5000/4800	23800,00	5000/4800	952,00

S	5000 Umsatzerl. f. eig. Erzeugn.		H
2400	800,00	2400	20000,00

S	4800 Umsatzsteuer		H
2400	152,00	2400	3800,00

Zu 2.: Buchungssatz

Geschäftsvorfall		Konten	Soll	Haben
Ein Kunde sendet Erzeugnisse zurück:		5000 Umsatzerl. f. eig. Erz.	800,00	
Nettowert	800,00 EUR	4800 Umsatzsteuer	152,00	
+ 19 % USt	152,00 EUR	an 2400 Ford. a. Lief. u. Leist.		952,00
	952,00 EUR			

Übungsaufgabe

145 1. **Beleg 1:**

Möbelfabrik Wohnwelt AG

Möbelfabrik · Igor Magers · Brucknerstr. 8–10 · 90429 Nürnberg

Möbelhaus
Alex Hauser OHG
Augustusplatz 15
04109 Leipzig

Rechnung 1790

Ihre Bestellung	Lieferdatum	Rechnungsdatum
13.07.20..	15.09.20..	20.09.20..

Wir lieferten Ihnen eine Küchenzeile:

Listenpreis	1 890,00 EUR
– 30 % Kundenrabatt	567,00 EUR
	1 323,00 EUR
– 5 % Einführungsrabatt	66,15 EUR
	1 256,85 EUR
+ 19 % USt	238,80 EUR
Rechnungspreis	1 495,65 EUR

Beleg 2:

Möbelfabrik Wohnwelt AG

Möbelfabrik · Igor Magers · Brucknerstr. 8–10 · 90429 Nürnberg

Möbelhaus
Friedrich Lenz
Wielandstr. 21
39108 Magdeburg

Rechnung 1799

Ihre Bestellung	Lieferdatum	Rechnungsdatum
15.08.20..	18.09.20..	21.09.20..

Wir lieferten Ihnen einen Orientteppich:

Listenpreis	865,00 EUR
– 10 % Rabatt	86,50 EUR
	778,50 EUR
+ Zustellkosten	25,00 EUR
	803,50 EUR
+ 19 % USt	152,67 EUR
Rechnungspreis	956,17 EUR

Aufgabe:

Bilden Sie die Buchungssätze zu den Belegen 1 und 2 für die Möbelfabrik Wohnwelt AG!

2. Ausgangsrechnung Nr. 2654 für Handelswaren

Warenwert	2 390,00 EUR
+ Verpackungskosten	105,00 EUR
+ Frachtkosten	132,00 EUR
+ Transportversicherung	25,00 EUR
	2 652,00 EUR
+ 19 % USt	503,88 EUR
Rechnungsbetrag	3 155,88 EUR

Aufgabe:

Bilden Sie den Buchungssatz für die Ausgangsrechnung!

3. 3.1 Ein Kunde kauft zwei Erzeugnisse im Bruttowert von 124,95 EUR je Erzeugnis gegen Rechnung. Bilden Sie den Buchungssatz!

   3.2 Nach einigen Tagen gibt er einen Artikel zurück und bezahlt den anderen bar. Bilden Sie den Buchungssatz!

3 Preisnachlässe gegenüber Kunden

(1) Grundlagen

Neben den Preisänderungen, die sofort bei Rechnungserteilung gewährt werden, gibt es auch im Verkaufsbereich Preisnachlässe, die nach der Buchung einer Ausgangsrechnung auftreten. Es sind drei Fälle zu unterscheiden:

- Preisnachlässe aufgrund beanstandeter Mängel des Kunden **(Mängelrüge)**,
- den Kunden nachträglich gewährte Rabatte **(Umsatzboni)**,
- den Kunden bei vorzeitiger Zahlung gewährte Skonti **(Kundenskonti)**.

(2) Ein Kunde erhält eine Gutschrift aufgrund seiner Reklamation

Beispiel:

Ausgangssituation: Folgende Ausgangsrechnung für auf Ziel verkaufte Erzeugnisse wurde bereits bei uns gebucht: Warenwert 30000,00 EUR zuzüglich 19 % USt.

Problemfall: Der Kunde reklamiert an den gelieferten Erzeugnissen Mängel und erhält daraufhin von uns einen Preisnachlass in Form einer Gutschrift in Höhe von

Wert der Erzeugnisse netto	800,00 EUR
+ 19 % USt	152,00 EUR
Kundengutschrift	952,00 EUR

Aufgaben:

1. Buchen Sie den Problemfall auf den Konten des Hauptbuches!
2. Bilden Sie den Buchungssatz für den Problemfall!

Lösungen:

Zu 1.: Buchung auf den Konten des Hauptbuches

S	2400 Ford. a. Lief. u. Leist.		H
5000/4800	35 700,00	5001/4800	952,00

S	5000 Umsatzerlöse f. eig. Erzeugnisse		H
		2400	30 000,00

S	5001 Erlösberichtigungen		H
2400	800,00		

S	4800 Umsatzsteuer		H
2400	152,00	2400	5 700,00

Zu 2.: Buchungssatz

Geschäftsvorfall	Konten	Soll	Haben
Wir gewähren einem Kunden eine Gutschrift aufgrund seiner Mängelrüge	5001 Erlösberichtigungen 4800 Umsatzsteuer an 2400 Ford. a. L. u. L.	800,00 152,00	 952,00

(3) Ein Kunde erhält eine Umsatzrückvergütung (Bonus) in Form einer Gutschrift

Die Buchung des Kundenbonus löst auf den Konten die gleichen Wirkungen aus und führt daher zum gleichen Buchungssatz.

Geschäftsvorfall	Konten	Soll	Haben
Wir gewähren einem Kunden auf gelieferte Erzeugnisse einen Umsatzbonus in Form einer Gutschrift 600,00 EUR zzgl. 19 % USt.	5001 Erlösberichtigungen 4800 Umsatzsteuer an 2400 Ford. a. L. u. Leist.	600,00 114,00	 714,00

(4) Kundenskonti

Zahlt der Kunde unter Skontoabzug, ist der Skonto auf dem Unterkonto **5001 Erlösberichtigungen** zu erfassen.

Beispiel:

Ein Kunde bezahlt eine bereits gebuchte Rechnung für die Lieferung von Fertigerzeugnissen in Höhe von	11 900,00 EUR
unter Abzug von 2 % Skonto durch Banküberweisung	238,00 EUR
Bankgutschrift	11 662,00 EUR

Aufgabe:

Bilden Sie den Buchungssatz!

Lösung:

Geschäftsvorfall	Konten	Soll	Haben
Ein Kunde überweist uns einen Rechnungsbetrag über 11 900,00 EUR unter Abzug von 2 % Skonto 238,00 EUR Bankgutschrift 11 662,00 EUR	2800 Bank 4800 Umsatzsteuer 5001 Erlösberichtigungen an 2400 Ford. a. L. u. Leist.	11 662,00 38,00 200,00	 11 900,00

Zur Berechnung der Steuerberichtigung:

Der Skontoabzug in Höhe von 238,00 EUR stellt eine nachträgliche Preisminderung dar, die eine Korrektur der ursprünglich gebuchten Umsatzsteuer nach sich ziehen muss. Da der Skontobetrag vom Bruttowert der Ausgangsrechnung berechnet wurde, ist der Korrekturbetrag im Skontobetrag enthalten. Er kann wie folgt berechnet werden:

$$119\ \% \mathrel{\widehat{=}} 238{,}00\ \text{EUR}$$
$$19\ \% \mathrel{\widehat{=}} x\ \text{EUR}$$
$$x = \frac{238 \cdot 19}{119} = \underline{\underline{38{,}00\ \text{EUR}}}$$

4 Abschluss des Kontos Erlösberichtigungen

Das Konto Erlösberichtigungen stellt ein Unterkonto des betreffenden Umsatzerlöskontos dar. Es wird über das betreffende Hauptkonto abgeschlossen.

Beispiel:

Summe der Erträge auf dem Konto 5000 Umsatzerlöse für eigene Erzeugnisse: 321 480,00 EUR, Summe der Erlösberichtigungen auf dem Konto 5001: 19 190,00 EUR.

Aufgaben:

1. Übernehmen Sie die angegebenen Beträge auf die entsprechenden Konten und schließen Sie die Konten ab!
2. Wie viel EUR betragen die Umsatzerlöse?

Lösungen:

Zu 1.:

S	5001 Erlösberichtigungen		H
Su	19 190,00	5000	19 190,00

S	5000 Umsatzerlöse für eig. Erzeugnisse		H
5001	19 190,00	Su	321 480,00
8020	302 290,00		
	321 480,00		321 480,00

Zu 2.: Die Umsatzerlöse betragen 302 290,00 EUR.

Übungsaufgaben

146 Bilden Sie zu den folgenden Geschäftsvorfällen die Buchungssätze:

(**Hinweis:** Bei allen Geschäftsvorfällen ist davon auszugehen, dass die ursprüngliche Rechnung bereits bei uns gebucht war.)

1. Aufgrund seiner Reklamation erhält ein Kunde auf die gelieferten Erzeugnisse nachträglich einen Preisnachlass in Form einer Gutschrift. Gutschriftbetrag einschließlich 19 % USt 476,00 EUR.

2. Ein treuer Kunde erhält durch Gutschriftanzeige den vierteljährlichen Umsatzbonus. Berechnen und buchen Sie den Bonus aufgrund folgender Daten:

   Erzielter Umsatz aus dem Verkauf von Fertigerzeugnissen einschließlich 19 % USt 177 310,00 EUR.

Bonusstaffelung:	Nettoumsatz:	bis	50 000,00 EUR	Bonus:	1 %
		bis	100 000,00 EUR		2 %
		bis	150 000,00 EUR		3 %
		über	150 000,00 EUR		4 %

3. Ein Kunde schickt einen Teil unserer Erzeugnisse zurück

Nettowert	291,30 EUR	
+ 19 % USt	55,35 EUR	346,65 EUR

4. Der Betriebsstoffe-Lieferer gewährt uns aufgrund unserer Reklamation einen Preisnachlass in Form einer Gutschrift über netto	720,00 EUR	
+ 19 % USt	136,80 EUR	856,80 EUR
5. Wir erteilen einem Kunden aufgrund einer Mängelrüge an zugesandten Erzeugnissen eine Gutschrift über brutto (19 % USt)		221,58 EUR
6. Wir erhalten eine Falschlieferung an Rohstoffen von unserem Lieferer und senden diese zurück. Bruttowert einschließlich 19 % USt		773,50 EUR
7. Wir schicken Hilfsstoffe an den Lieferer zurück Nettowert	1 123,40 EUR	
+ 19 % USt	213,45 EUR	1 336,85 EUR

147 Richten Sie folgende Konten ein: 2000 Rohstoffe, 6001 Bezugskosten, 6002 Nachlässe, 5000 Umsatzerlöse für eigene Erzeugnisse, 5001 Erlösberichtigungen, 6000 Aufwendungen für Rohstoffe, 8010 SBK und 8020 GuV-Konto.

Tragen Sie die folgenden Beträge auf den Konten vor und ermitteln Sie buchhalterisch den Rohgewinn:
Anfangsbestand an Rohstoffen 71 000,00 EUR, Rohstoffeinkäufe 142 200,00 EUR, Bezugskosten 7 200,00 EUR, Nachlässe 2 100,00 EUR, Umsatzerlöse 235 700,00 EUR, Erlösberichtigungen 5 300,00 EUR, Inventurbestand an Rohstoffen 61 800,00 EUR.

148

Quittung
Nr. 1420

Warenwert netto	EUR	850	Ct	00
19 % MWSt	EUR	161	Ct	50
gesamt	EUR	1 011	Ct	50

Gesamtbetrag EUR in Worten
eintausendelf
Cent wie oben

von Textilfabrik Magdeburg GmbH
für Warenrückgabe
dankend erhalten
Ort Magdeburg Datum 5. April 20..

Buchungsvermerke

Stempel/Unterschrift des Empfängers
Hempel

Sitz der Gesellschaft: Magdeburg Registergericht: Magdeburg HRB 520 Steuer-Nr.: 8942/273

Bilden Sie den Buchungssatz für die Textilfabrik Magdeburg GmbH!

149 Bilden Sie die Buchungssätze aus der Sicht der Fritz Pfennig OHG!

1. Für die Ausgangsrechnung!
2. Für den Zahlungseingang auf dem Bankkonto der Fritz Pfennig OHG am 9. Juli unter Abzug des vereinbarten Skontobetrags.

Fritz Pfennig OHG – Hersteller von Bürobedarf

Fröbelstraße 10
09126 Chemnitz

Bürozentrum
Ulrike Schnell (e. Kfr.)
Lortzingstr. 57
30177 Hannover

Rechnung Nr. 58/102
Datum 30. Juni 20..

Menge	Artikel-Bezeichnung		Einzelpreis	Betrag EUR
	Warenlieferungen laut beiliegender Lieferkarte:			280,00
	Mai – Juni 20..	10 % Rabatt		28,00
				252,00
		19 % MWSt		47,88
	Bei Bezahlung innerhalb 10 Tagen abzüglich 6,00 EUR Skonto.			299,88

Sitz der Gesellschaft: Chemnitz; Registergericht: Chemnitz; HRA 119; St.-Nr.: 55/12345

150 Bilden Sie den Buchungssatz für den nachfolgenden Beleg aus Sicht der Wipper GmbH!

IBAN		BIC
DE62120965970094006491	Sparda-Bank Berlin-Schwerin	GENODEF1510

Buchungstag	Tag der Wertstellung	Verwendungszweck/Buchungstext		alter Kontostand 4791,20+
12.05.	12.05.	Heimann KG Urbanstr. 2 33106 Paderborn Rechnung-Nr. 2007 ./. 2 % Skonto	9224	2507,33+

Wipper GmbH
Greifswalder Str. 15
19057 Schwerin

7298,53+
neuer Kontostand

Kontoauszug vom	Auszug	Blatt
12.05.20..	24	1

Bitte beachten Sie die Hinweise auf der Rückseite

SIK - KAD 8/98 S

50/00

Anlage 2: Zahlungsverzug (Nicht-Rechtzeitig-Zahlung)

1 Begriff Zahlungsverzug

Nach dem „Gesetz zur Bekämpfung von Zahlungsverzug im Geschäftsverkehr“ vom 29. Juli 2014 dürfen bei allen **Geschäften zwischen Unternehmen**[1] nur noch Zahlungsfristen von maximal 60 Tagen[2] vertraglich verinbart werden [§ 271a I BGB]. Die Zahlungsfrist beginnt zum Zeitpunkt

- des **Empfangs der Leistung** (z. B. der Waren) oder
- des **Rechnungszugangs** oder
- des in der Rechnung **genannten Zeitpunkts.**

Ein Schuldner gerät mit seiner geschuldeten Zahlung **in Verzug,**[3] wenn

- der **Gläubiger** seinen Teil des **Vertrags erfüllt** hat,
- der **Gläubiger** den fälligen Betrag **nicht oder nicht rechtzeitig** erhalten hat und
- der **Schuldner** den Zahlungsverzug **verschuldet**[4] hat.

Der Gläubiger muss **in der Regel** den Zahlungspflichtigen **nicht mahnen,** es sei denn der Zahlungszeitpunkt ist nicht genau bestimmt und nicht berechenbar (siehe S. 413).

Beim Zahlungszeitpunkt handelt es sich um eine nur **vorübergehende Leistungsstörung.** Die Nachholbarkeit ist grundsätzlich immer möglich.[5]

2 Eintritt des Zahlungsverzugs

(1) Zahlungszeitpunkt nach dem Kalender genau bestimmt oder berechenbar

Ist der **Zahlungszeitpunkt** nach dem Kalender **genau bestimmt** oder lässt sich der Zahlungszeitpunkt **kalendermäßig genau berechnen,** so tritt der Zahlungsverzug **unmittelbar nach Überschreiten** des Zahlungstermins ein [§ 286 II BGB].

Beispiele:

- Im Vertrag wird ein **kalendermäßig genau bestimmter Zahlungszeitpunkt** vereinbart:
  - *„Der Kaufpreis ist bis zum 15. Januar auf das vom Verkäufer genannte Konto zu überweisen.“* Der Käufer kommt mit Ablauf des 15. Januars in Verzug.
  - *„Der Kaufpreis ist zahlbar im Mai 20..“* Der Käufer kommt mit Ablauf des 31. Mai 20.. in Verzug.

1 Diese Regelung gilt **nicht** für Geschäfte mit Verbrauchern.

2 Im Einzelfall können längere Zahlungsfristen vereinbart werden, sofern sie **ausdrücklich getroffen** werden und den **Gläubiger nicht grob benachteiligen.**

3 Der Zahlungsverzug ist ein Schuldnerverzug.

4 Ein Verschulden wird bei Zahlungsverzug immer unterstellt.

5 Der Käufer kann **nicht** auf eine **unverschuldete Mittellosigkeit verweisen**: „Geld hat man zu haben“, gegebenenfalls durch Aufnahme eines Darlehens.

Ein **Zahlungstermin** ist nur dann **genau bestimmt,** wenn er **vertraglich vereinbart** ist [§ 286 II BGB].

Eine Leistungszeit kann nicht durch eine einseitige Erklärung bestimmt werden. Durch den bloßen Aufdruck des Zahlungstermins durch den Verkäufer auf einer Rechnung kann somit der Zahlungstermin nicht festgelegt werden.

- Im Vertrag wird ein **kalendermäßig genau berechenbarer Zahlungszeitpunkt** vereinbart:
  - *„Der Kaufpreis ist innerhalb von 10 Kalendertagen nach Rechnungs*__datum__ *zu leisten."* Ist die Rechnung auf den 17. Juni datiert, ist der Käufer mit Ablauf des 27. Juni in Zahlungsverzug.
  - *„Der Kaufpreis ist innerhalb von 8 Kalendertagen nach dem Mitteilungsdatum des Notars vom Vorliegen der Eintragungsvoraussetzungen auf das vom Verkäufer benannte Konto zu überweisen."* Lautet das Datum der Mitteilung des Notars am 1. Juli, so befindet sich der Käufer mit Ablauf des 9. Juli in Zahlungsverzug.

(2) Zahlungszeitpunkt nicht genau bestimmt und nicht berechenbar

Ist der Zahlungszeitpunkt weder genau bestimmt noch kalendermäßig berechenbar, dann kommt der Käufer in Zahlungsverzug, wenn er auf eine vom Verkäufer **nach der Fälligkeit erfolgte Mahnung** nicht zahlt [§ 286 I, S. 1 BGB].

Beispiele:

- *„zahlbar 14 Tage nach Rechnungs**erhalt**"*
- *„zahlbar sofort"*
- *„zahlbar ab 20. April 20.."*

Beachte:

- **Verzichtet der Verkäufer auf eine Mahnung** oder **verweigert der Käufer die Zahlung** ernsthaft und endgültig, so befindet sich der Käufer **spätestens 30 Tage nach Fälligkeit und Zugang einer Rechnung** in Zahlungsverzug [§ 286 III, S. 1 BGB].[1]
- Der **Verkäufer kann** somit **wählen,** ob er z.B.
  - nach Zugang einer Rechnung beim Käufer durch eine **rasche Mahnung nach Fälligkeit** schon **vor Ablauf von 30 Tagen** den Zahlungsverzug herbeiführen will oder ob er
  - durch **bloßes Zuwarten** den Verzug **erst nach 30 Tagen** eintreten lässt.
- Beim **Verbrauchsgüterkauf** gilt diese Regel nur, wenn in der **Rechnung besonders darauf hingewiesen** wurde. Fehlt dieser Hinweis, dann bedarf es einer **Mahnung,** damit Verzug eintritt.

Beispiel:

Die Elektroeinzelhandlung Heinz Strom e.K. erhält am 2. August 20.. von der Tele-AG München eine Rechnung über gelieferte Fernseher. Bei Nichtzahlung ist die Elektroeinzelhandlung Heinz Strom e.K. **ohne Mahnung am 2. September 20..** in Zahlungsverzug.

Erhält die Elektroeinzelhandlung Heinz Strom e.K., am 17. August eine **Mahnung** der Tele-AG München wegen Nichtzahlung, dann ist sie **ab dem 17. August** in Zahlungsverzug, sofern sie auf die Mahnung nicht zahlt.

1 Die **30-Tage-Regelung** gilt nur für **Entgeltforderungen.**

3 Rechtsfolgen (Rechte des Verkäufers)

(1) Überblick

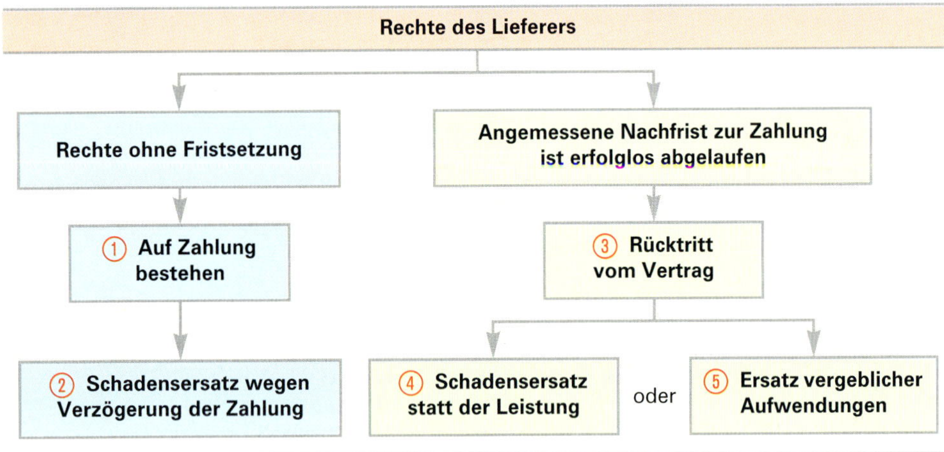

(2) Rechte ohne Fristsetzung

① Auf Zahlung bestehen

Der Verkäufer besteht auf dem vereinbarten Kaufpreis. Zahlt der Käufer nach dem Zahlungstermin, stellt der Verkäufer keine weiteren Ansprüche.

② Schadensersatz wegen Verzögerung der Zahlung

Der Verkäufer ist berechtigt, vom Käufer einen angemessenen Ersatz **aller** durch den Zahlungsverzug bedingten Verzugsschäden zu verlangen. Der Verkäufer ist so zu stellen, wie er vermögensmäßig stehen würde, wenn der Käufer rechtzeitig gezahlt hätte [§ 249 I BGB].[3]

Beispiele für Verzugsschäden:

- Gesetzliche Verzugszinsen (beim Verbrauchsgüterkauf 5 %, unter Kaufleuten 9 % über dem Basiszinssatz).[1]
- Kosten des Inkassobüros,[2] Anwalts- und Gerichtskosten, Porto.

(3) Rechte nach erfolgloser angemessener Fristsetzung zur Zahlung

③ Rücktritt vom Kaufvertrag

Ist eine vom Verkäufer gesetzte angemessene Frist zur Zahlung erfolglos abgelaufen, kann der Verkäufer vom Vertrag zurücktreten [§ 323 I BGB]. Beim Rücktritt sind alle bereits erbrachten Leistungen zurückzuerstatten, beispielsweise die gelieferte Ware durch den Käufer oder eine erhaltene Zahlung durch den Verkäufer.

Ein Rücktritt ist **nicht möglich,** wenn der **Schaden unerheblich** ist [§ 323 V, S. 2 BGB].

1 Der **Basiszinssatz** wird von der Europäischen Zentralbank bestimmt.

2 **Inkasso:** Einzug von Geldforderungen.

3 Grundsätzlich kann der Gläubiger jedoch bei jedem Verzugsschaden eine Verzugspauschale von 40,00 EUR beanspruchen [§ 288 V BGB].

④ Schadensersatz statt der Leistung

Dies kann der Verkäufer zusätzlich zum Rücktritt vom Vertrag verlangen. Voraussetzung ist, dass den Käufer ein Verschulden trifft. Der Anspruch auf Zahlung ist damit ausgeschlossen.

Beispiel:

Ein Käufer zahlt nicht. Der Verkäufer nimmt die Ware zurück und verkauft sie anderweitig, jedoch zu einem niedrigeren Preis. Den Preisunterschied, die Rücknahmekosten und gegebenenfalls weitere entstandene Verzugskosten (z.B. Verzugszinsen) hat der Käufer zu tragen.

⑤ Ersatz vergeblicher Aufwendungen

Anstelle des Schadensersatzes statt der Leistung kann der Verkäufer auch Ersatz vergeblicher Aufwendungen verlangen.

Zusammenfassung

- **Voraussetzungen** für den Zahlungsverzug sind:
  - Fälligkeit der Schuld,
  - Verschulden des Schuldners (wird unterstellt).
- Der **Zahlungsverzug** tritt ein:

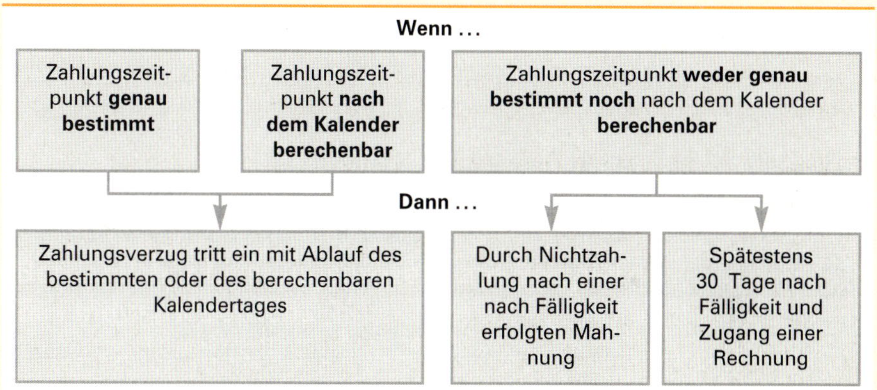

- Die **Rechte des Lieferers (Gläubigers) beim Zahlungsverzug** sind:
  - **ohne** Setzen einer **Nachfrist** das Bestehen auf Zahlung **und,** sofern eine evtl. notwendige Mahnung erfolgt ist und Verschulden aufseiten des Zahlungspflichtigen vorliegt, Schadensersatz wegen Verzögerung der Zahlung (insbesondere Verzugszinsen);
  - **nach erfolglosem Ablauf einer angemessenen Frist**: Rücktritt vom Kaufvertrag **und,** sofern eine notwendige Mahnung erfolgt ist und ein Verschulden aufseiten des Zahlungspflichtigen vorliegt, Schadensersatz statt der Leistung oder Ersatz vergeblicher Aufwendungen.

Übungsaufgabe

151 1. Nennen Sie die Voraussetzungen, die geprüft werden müssen, wenn beurteilt werden soll, ob ein Zahlungsverzug vorliegt oder nicht!

2. Geben Sie Vertragsformulierungen an, die einer Mahnung bedürfen, damit Zahlungsverzug eintritt!

3. Nennen Sie die Bedingungen unter welchen eine Mahnung entbehrlich ist!

4. Erläutern Sie die 30-Tage-Regel!

5. Geben Sie für die folgenden Fälle an, wann das Entgelt spätestens zu zahlen ist, wenn Zahlungsverzug vermieden werden soll!

Nr.	Vereinbarte Zahlungsbedingung
5.1	Zahlbar innerhalb von 10 Tagen ab Rechnungsdatum unter Abzug von 3% Skonto, Ziel 30 Tage ab Rechnungsdatum (zweiseitiger Handelskauf)
5.2	Ziel 20 Tage ab Rechnungsdatum (zweiseitiger Handelskauf)
5.3	Sofort (zweiseitiger Handelskauf)
5.4	Sofort (einseitiger Handelskauf, kein Hinweis auf „30-Tage-Regel")
5.5	Keine Zahlungsbedingungen vereinbart (zweiseitiger Handelskauf)
5.6	Keine Zahlungsbedingungen vereinbart (einseitiger Handelskauf, mit Hinweis auf „30-Tage-Regel")
5.7	Keine Zahlungsbedingungen vereinbart (einseitiger Handelskauf, Hinweis auf „30-Tage-Regel" fehlt)

6. Klären Sie die folgenden Rechtsfälle:

6.1 Die Baumaschinenhandlung Feuchtbeiner e. Kfm. erhält am 2. Juni 20.. von ihrem Lieferer folgende Rechnung 44000,00 EUR zuzüglich 19% USt. Als Zahlungsbedingungen wurden vereinbart: Zahlung innerhalb von 10 Tagen ab Rechnungsdatum mit 2% Skonto oder 30 Tage netto Kasse. Rechnungsdatum ist der 1. Juni 20..

Aufgaben:

Erläutern Sie, ob Feuchtbeiner in Zahlungsverzug ist, wenn er

6.1.1 den Rechnungsbetrag abzüglich 2% Skonto am 12. Juni 20.. überweist,

6.1.2 den Rechnungsbetrag ohne Skonto am 15. Juli 20.. bezahlt hat!

6.2 Privatmann Schneider kauft sich einen Pkw vom Autohaus Gruber OHG. Er leistet eine Anzahlung, der Rest von 25000,00 EUR ist fällig und bereits angemahnt zum 10. November. Der Restbetrag trifft beim Autohaus jedoch erst am 10. Januar ein. Das Autohaus hat in der Zwischenzeit bei seiner Bank einen Kontokorrentkredit zu 9% Zins über dem Basiszinssatz in Anspruch genommen.

Aufgaben:

6.2.1 Klären Sie rechtlich, ob das Autohaus Gruber OHG die Erstattung der Zinsen verlangen kann!

6.2.2 Erläutern Sie die Rechtslage, wenn beide Personen Kaufleute und dieser Kauf für beide ein Handelsgeschäft gewesen wäre!

Stichwortverzeichnis

27 Speth u.a. - ISBN 978-3-8120-0497-8

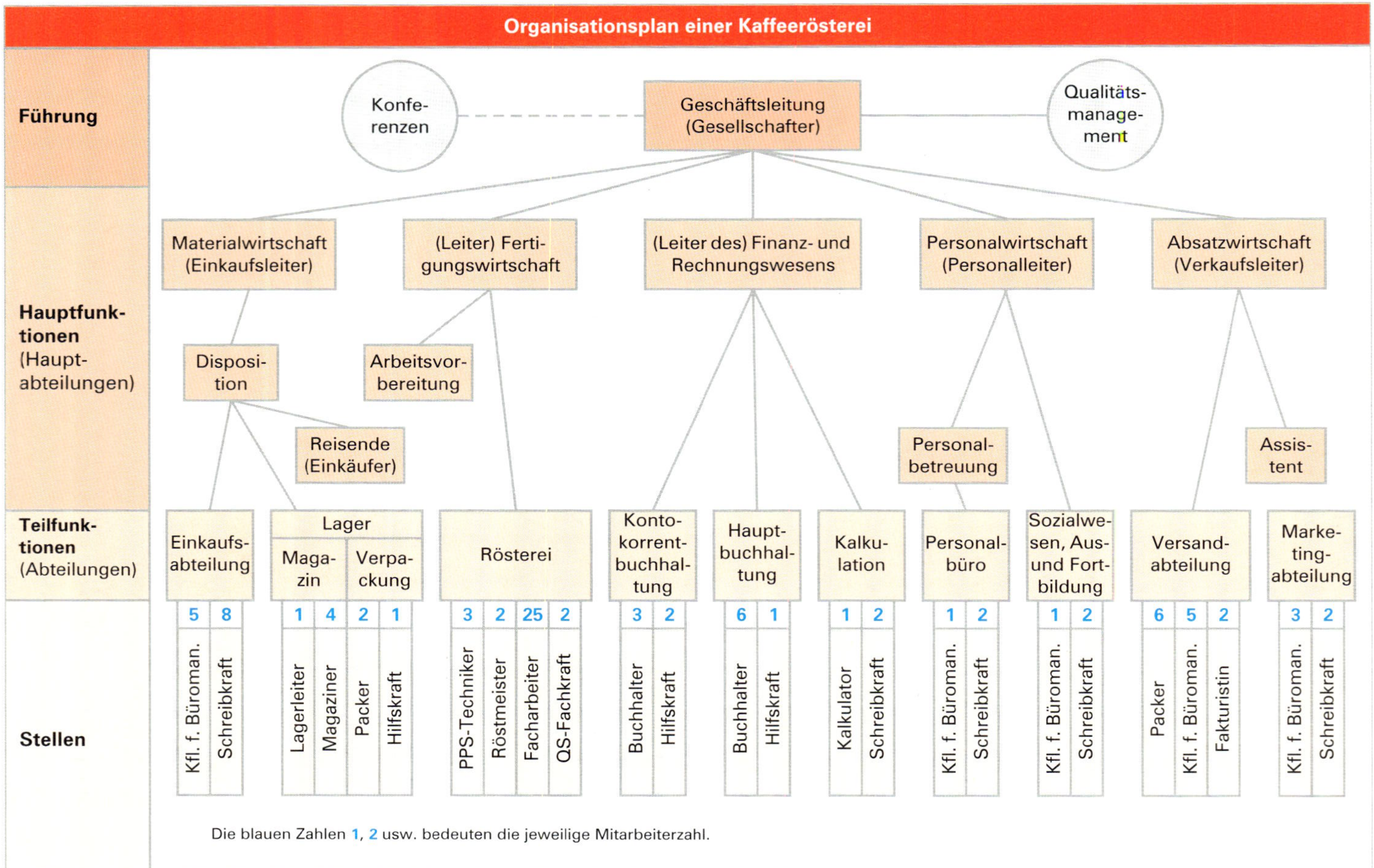
Organisationsplan einer Kaffeerösterei
Führung
Hauptfunktionen (Hauptabteilungen)
Teilfunktionen (Abteilungen)
Stellen
Konferenzen
Geschäftsleitung (Gesellschafter)
Qualitätsmanagement
Materialwirtschaft (Einkaufsleiter)
(Leiter) Fertigungswirtschaft
(Leiter des) Finanz- und Rechnungswesens
Personalwirtschaft (Personalleiter)
Absatzwirtschaft (Verkaufsleiter)
Disposition
Arbeitsvorbereitung
Reisende (Einkäufer)
Personalbetreuung
Assistent
Einkaufsabteilung
5 Kfl. f. Büroman.
8 Schreibkraft
Lager
Magazin
1 Lagerleiter
4 Magaziner
Verpackung
2 Packer
1 Hilfskraft
Rösterei
3 PPS-Techniker
2 Röstmeister
25 Facharbeiter
2 QS-Fachkraft
Kontokorrentbuchhaltung
3 Buchhalter
2 Hilfskraft
Hauptbuchhaltung
6 Buchhalter
1 Hilfskraft
Kalkulation
1 Kalkulator
2 Schreibkraft
Personalbüro
1 Kfl. f. Büroman.
2 Schreibkraft
Sozialwesen, Aus- und Fortbildung
1 Kfl. f. Büroman.
2 Schreibkraft
Versandabteilung
6 Packer
5 Kfl. f. Büroman.
2 Fakturistin
Marketingabteilung
3 Kfl. f. Büroman.
2 Schreibkraft
Die blauen Zahlen 1, 2 usw. bedeuten die jeweilige Mitarbeiterzahl.

- Nach dem **Umfang der Aufgabenbereiche** entstehen

Hauptaufgaben	Teilaufgaben (Abteilungen)	Stellen
z. B. Absatzwirtschaft	z. B. – Versandabteilung – Marketingabteilung	z. B. ▪ Packer ▪ Kfm. f. Büromanagement ▪ Schreibkraft

- Unter einer **Stelle** verstehen wir die Zusammenfassung von Teilaufgaben zu einem Arbeitsbereich für eine Person. Für eine Stelle wird in der Regel eine Stellenbeschreibung angefertigt.
- Eine **Abteilung** besteht aus mindestens einer **Instanz** und mehreren zugeordneten rangniedrigeren **Stellen**.
- Das Ergebnis der Aufgabengliederung ist die Festlegung von **Stellen- und Abteilungsgliederungsplänen**. Ihre Zusammenfassung ergibt den **Organisationsplan** (das **Organigramm**) des Betriebs.
- **Nachteile** der aufgabenorientierten Organisation sind:
  - Zwischen den einzelnen Aufgabenbereichen können Konflikte entstehen.
  - Bei der Auftragsabwicklung kommt es zu Zeitverzögerungen, worunter die Servicequalität und die Nähe zum Kunden leidet.

Übungsaufgabe

5

1. Beschreiben Sie den Begriff Organisation mit eigenen Worten!
2. Erläutern Sie, wo Sie die Hauptaufgabe der betrieblichen Organisation sehen!
3. Beschreiben Sie den Begriff Aufbauorganisation mit eigenen Worten!
4. Beschreiben Sie die Kriterien, nach denen die betriebliche Gesamtaufgabe gegliedert werden kann!
5. Erläutern Sie den Begriff Stellenbildung!
6. Beschreiben Sie anhand eines Beispiels die Möglichkeiten der Stellenbildung!
7. Stellen Sie dar, was durch eine Stellenbeschreibung alles geregelt werden muss!
8. Erklären Sie den Begriff Abteilungsbildung!
9. Grenzen Sie die Begriffe Stelle, Instanz und Abteilung voneinander ab! Fertigen Sie hierzu eine Skizze an!
10. Nennen Sie die Hauptaufgabenbereiche, die ein Industriebetrieb hat!
11. Beschreiben Sie die Aufgabe eines Organisationsplans!

4.3 Ablauforganisation

(1) Begriff

Unter **Ablauforganisation** versteht man die **optimale Gestaltung von Arbeitsabläufen**. Die Gestaltung erfordert, dass zunächst die für den Arbeitsvorgang benötigten **Arbeitsschritte** bestimmt werden und anschließend die **Reihenfolge der Arbeitsschritte** festgelegt wird.

Arbeitsvorgang

Arbeitsschritt 1 → Arbeitsschritt 2 → weitere Arbeitsschritte → weitere Arbeitsschritte → Abschluss des Arbeitsvorgangs

Bestimmung durch die Arbeitsablauforganisation

(2) Darstellung von Arbeitsabläufen

Mit **Arbeitsablaufdiagrammen (Arbeitsablaufkarten)** können **einfache Arbeitsabläufe** grafisch dargestellt werden. Die Teilaufgaben werden dabei senkrecht in ihrer **zeitlichen Abfolge** angegeben. Dadurch werden die Vor- und Nachteile des betreffenden Arbeitsablaufs besser sichtbar gemacht. Gleichzeitig bietet sich die Möglichkeit, Verbesserungsvorschläge zu machen.

Symbolik	Tätigkeit	Beispiel
(Pfeil)	Transport	Arbeiter bringt Werkstoffe (z. B. Bretter) zum Arbeitsplatz
(Dreieck)	Lagerung	gehobelte Bretter werden aufgeschichtet
(Kreis)	Bearbeitung	Bretter werden auf gleiche Länge gesägt
(Rechteck)	Prüfung	Meister prüft stichprobenweise die Qualität der Hölzer
(Halbkreis)	Wartezeiten	Arbeiter wartet auf Empfang der Bretter im Rohstofflager
(Kreis im Viereck)	Bearbeitung und Prüfung	Arbeiter prüft die Bretter und sägt sie anschließend auf gleiche Länge

Beispiel:

Die Arbeitsgangfolge „Verpacken" soll in einem Arbeitsablaufdiagramm erfasst werden. Dabei wird der gesamte Arbeitsgang in seine Elemente zerlegt: (1) die Ware wird zum Verpackungsstand transportiert, (2) die Ware wird verpackt, (3) die verpackte Ware wird zur Waage gebracht und (4) gewogen, (5) die Versandpapiere werden aufgeklebt und – (6) nach Ablauf einer Wartezeit von 2 Minuten – (7) zur Versandstelle gebracht. Anschließend (8) wird die abgepackte Ware in der Versandstelle gelagert.

Das **Arbeitsablaufdiagramm** mit den „Istwerten" kann wie folgt gestaltet sein:

3 Speth u.a. - ISBN 978-3-8120-0497-8

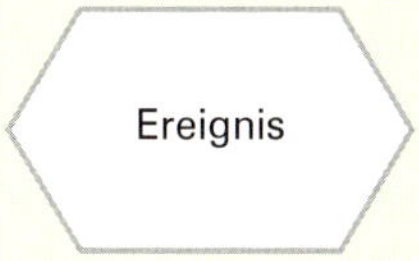 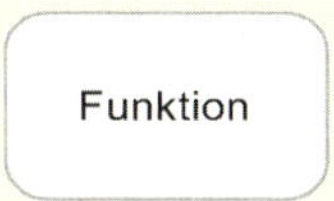 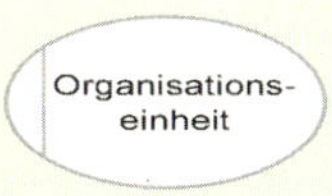 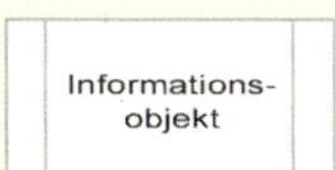  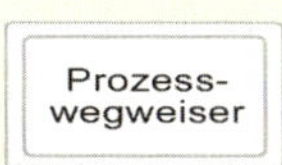 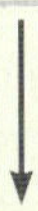 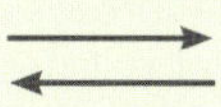 **Beispiel: Darstellung des Teilprozesses „Angebote vergleichen und bestellen"**

Die eingegangenen Angebote werden mithilfe eines Kalkulationsprogramms verglichen. In der Regel erhält der günstigste Lieferer den Zuschlag. Bei ihm wird daher bestellt.

Teilprozess: Angebote vergleichen und bestellen

Betriebswirtschaftliche Inhalte

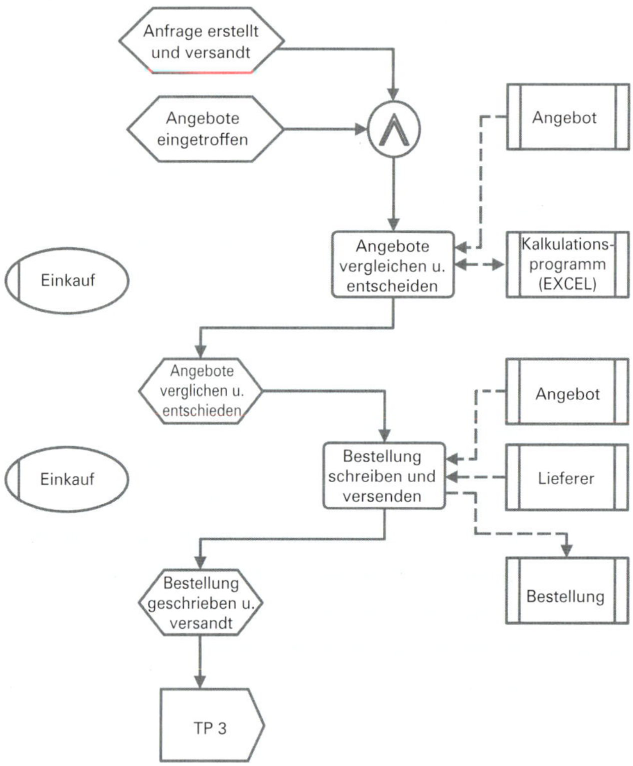

- Angebot
- Angebotsvergleich
- Bestellung

4.4.2 Auswirkungen der Geschäftsprozessbildung auf die Organisationsform

In einer **prozessorientierten Organisation** wird die darstellte Form der **Auftragsbearbeitung** z. B. dadurch gelöst, dass alle bisher isolierten Teilaufgaben **einem** oder **mehreren Prozessverantwortlichen** übertragen werden. Eine Weitergabe der Aufgabe mit den beschriebenen negativen Wirkungen ist damit vermieden. Der Geschäftsprozess wird angestoßen durch den Eingang des Kundenauftrags, und er wird beendet mit der Leistungsübergabe an den Kunden **(„Kunde-Kunde"-Prozesskette)**.

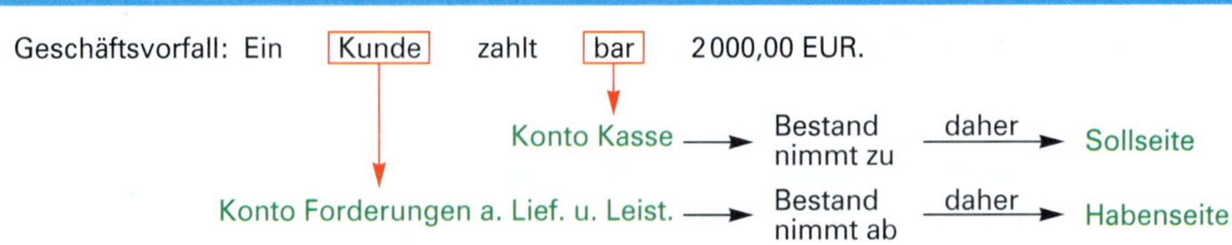

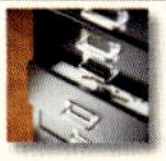

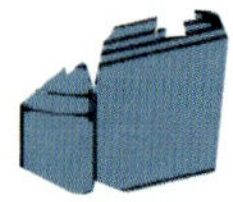

9.3 Buchung der Abschreibungen

Die Wertminderung des Anlagevermögens stellt einen **betrieblichen Aufwand** dar. Er wird buchhalterisch auf dem Konto **6520 Abschreibungen auf Sachanlagen** erfasst.

Beispiel:

Die Anschaffungskosten zu Beginn einer Geschäftsperiode für eine EDV-Anlage betragen 21 000,00 EUR. Am Ende des Geschäftsjahres werden 7 000,00 EUR abgeschrieben.

Aufgaben:

1. Buchen Sie die Abschreibung auf Konten und schließen Sie die Konten ab!
2. Bilden Sie die Buchungssätze!

Lösungen:

Zu 1.: Buchung auf den Konten

S	0860 Büromaschinen		H
AB	21 000,00	6520	7 000,00
		8010	14 000,00
	21 000,00		21 000,00

S	6520 Abschreib. auf Sachanlagen		H
0860	7 000,00	8020	7 000,00

S	8010 SBK		H
0860	14 000,00		

S	8020 GuV		H
6520	7 000,00		

Wirkungen

- Erfassung der Wertminderung bei den Vermögensgegenständen.
- Dadurch richtiger Ausweis der Vermögenswerte in der Bilanz.

- Erfassung der Vermögensminderung als Aufwand.
- Dadurch Verringerung des Gewinns.

Zu 2.: Buchungssätze

Geschäftsvorfälle	Konten	Soll	Haben
Buchung der Abschreibung	6520 Abschr. a. Sachanlagen an 0860 Büromaschinen	7 000,00	 7 000,00
Buchungen beim Abschluss	8010 SBK an 0860 Büromaschinen 8020 GuV an 6520 Abschr. a. Sachanlagen	14 000,00 7 000,00	 14 000,00 7 000,00

Erläuterungen:

Für die ergebniswirksame Erfassung der jährlichen Abschreibungen auf das abnutzbare Anlagevermögen richten wir das Aufwandskonto **6520 Abschreibungen auf Sachanlagen** ein. Das Abschreibungskonto erfasst am Jahresende den festgestellten Abnutzungsbetrag als Aufwand. Dieser erscheint auf der **Sollseite** des Kontos 6520 Abschreibungen auf Sachanlagen.

(3) Anfechtung wegen widerrechtlicher Drohung

Damit eine widerrechtliche Drohung vorliegt, müssen folgende Tatbestandsmerkmale vorliegen: Dem Erklärungsempfänger wird, falls er sich weigert, ein „Übel“ (z.B. eine Körperverletzung) angedroht. Die Drohung muss widerrechtlich sein und der Drohende muss sich außerdem bewusst sein, dass seine Drohung den Willensentschluss des Bedrohten herbeiführt oder mitbestimmt hat. Die Anfechtung wegen widerrechtlicher Drohung muss **innerhalb eines Jahres vom Wegfall der Zwangslage** gerechnet, angefochten werden [§ 124 I, II, S. 1, 2. HS BGB].

Beispiele:

- Ein Räuber droht Ihnen: „Geld her oder das Leben!“
- Ein Gläubiger droht: „Bezahlung der Schulden oder das Leben“; oder er droht „sanft“: „Wenn Sie nicht zahlen, erzähle ich Ihrer Frau, dass ich Sie am letzten Sonntag mit Ihrer Sekretärin gesehen habe.“

Beachte:

Eine **Widerrechtlichkeit** liegt **nicht** vor, wenn der Erklärende ein Recht auf eine Erklärung des anderen hat und er ihn hierzu mit angemessenen Mitteln zwingt.

Beispiel:

Der Gläubiger droht dem säumigen Schuldner damit, ihn – falls er nicht leistet – „zu verklagen“ oder „den Kaufvertrag durch Rücktritt aufzulösen“.

Zusammenfassung

- **Nichtige Rechtsgeschäfte** sind von Anfang an nichtig (ungültig). Sie kommen erst gar nicht zustande. Das BGB versagt ihnen jede Rechtswirkung (Rechtsfolge).
- **Anfechtbare Rechtsgeschäfte** sind bis zur Anfechtung voll rechtswirksam (gültig).
- Nach einer rechtswirksamen (gesetzlich zugelassenen und fristgemäßen) **Anfechtung** werden die anfechtbaren **Rechtsgeschäfte rückwirkend, d.h. von Anfang an, nichtig.**

Gründe für eine Anfechtung
- Rechtserheblicher Irrtum
  - Irrtum in der Erklärungshandlung (Erklärungsirrtum)
  - Irrtum über die Erklärungsbedeutung (Inhaltsirrtum)
  - Irrtum bei der Übermittlung einer Willenserklärung
  - Irrtum über verkehrswesentliche Eigenschaften einer Person oder Sache
- Arglistige Täuschung
- Widerrechtliche Drohung

- Rechtsgeschäfte (Willenserklärungen), die einen der nachfolgenden Mängel aufweisen, sind von Anfang an nichtig.

Zusammenfassung

- **Rechtsformen**
  - Einzelunternehmen
  - Gesellschaftsunternehmen
    - Personengesellschaften
      - z. B.:
        - offene Handelsgesellschaft
        - Kommanditgesellschaft
        - GmbH & Co. KG[1]
      - Leitung obliegt i. d. R. Eigentümerunternehmern
    - Kapitalgesellschaften
      - z. B.:
        - Gesellschaft mit beschränkter Haftung
        - Aktiengesellschaft
      - Leitung obliegt i. d. R. Auftragsunternehmern (Managerunternehmern)

3 Einzelunternehmung

(1) Begriff Einzelunternehmer

Einzelunternehmer ist, wer es selbst „unternimmt“, Geschäfte in **eigenem Namen** und auf **eigene Rechnung** mit **vollem Risiko** zu tätigen und hierzu sein **eigenes Geld- und Sachkapital** einsetzt.

(2) Firma

Die Firma der Einzelunternehmung richtet sich i. d. R. nach dem Vor- und Zunamen des Einzelunternehmers. Sie muss die Bezeichnung „eingetragener Kaufmann“ bzw. „eingetragene Kauffrau“ oder eine allgemein verständliche Abkürzung dieser Bezeichnung enthalten [§ 19 I, Nr. 1 HGB].

Beispiele:

Beauty-Farm Julia Starnecker, eingetragene Kauffrau; Textilwerke Daniel Schmidt e. Kfm.

1 Diese Rechtsform wird nicht behandelt.

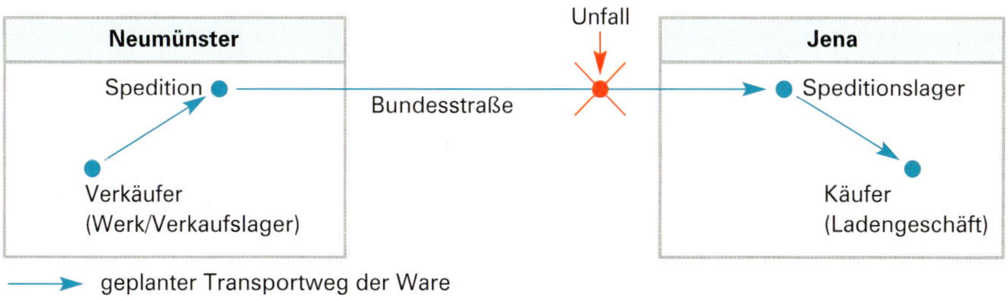

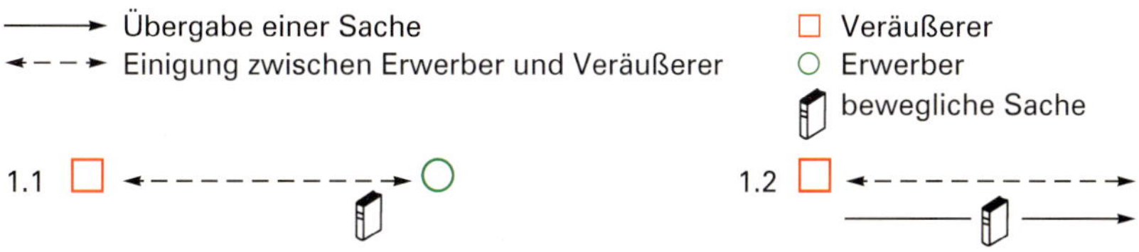

C

D

E

F

G

H

I

J

K

Z